中国年鉴资源全文数据库核心年鉴

2016

XISHAN YEARBOOK

锡山年鉴

无锡市锡山区人民政府 主办

无锡市锡山区档案局 编

方志出版社

Publishing House of Local Records

图书在版编目（CIP）数据

锡山年鉴. 2016 / 无锡市锡山区档案局编. — 北京：方志出版社，2016.7
ISBN 978-7-5144-2016-6

Ⅰ. ①锡… Ⅱ. ①无… Ⅲ. ①区（城市）—无锡市—2016—年鉴 Ⅳ. ①Z525.33

中国版本图书馆CIP数据核字（2016）第133326号

锡山年鉴（2016）

编　　者：无锡市锡山区档案局
责任编辑：李　静

出 版 人：冀祥德
出 版 者：方志出版社
地址　北京市朝阳区潘家园东里9号（国家方志馆4层）
邮编　100021
网址　http://www.fzph.org
发　　行：方志出版社发行中心
电话（010）67110500
经　　销：各地新华书店
印　　刷：无锡市人民印刷厂有限公司

开　　本：889×1194　　1/16
印　　张：31
字　　数：802千字
版　　次：2016年7月第1版　　2016年7月第1次印刷
印　　数：0001～1000册

ISBN 978-7-5144-2016-6　　定价：180.00元

《锡山年鉴》编纂委员会

《锡山年鉴》编辑部

△ 10月23日，省委书记罗志军（前排中）到锡山区调研无锡市第一棉纺织厂发展运行状况　（过亚叶 摄）

△2月16日，农业部副部长张桃林（前排左一）率队到锡山台创园调研 （沈 忱 摄）

△6月23日，省委常委、市委书记李小敏（左二）在红豆集团调研　　（过亚叶 摄）

△2月，锡山区“两车”出口基地获批国家级出口质量安全示范区
（《新锡山》 供稿）

△2月，台创园被科技部认定为国家级农业科技园。图为台创园三阳农业梦工厂一角 （《新锡山》 供稿）

△ 2月5日，注册资本3000万美元的德国博戈项目落户锡山经济技术开发区。图为签约现场

（过亚叶 摄）

△ 5月25日，无锡邮政跨境电商产业园锡山园区签约落户锡山经济技术开发区（《新锡山》 供稿）

△ 5月18日，世界顶级钢琴品牌德国门德尔松钢琴国内第二大制造基地在锡山经济技术开发区动工开建（过亚叶 摄）

△ 7月21日，锡山区重大产业项目集中开工暨国宏硬质合金刀具项目奠基仪式活动中，总投资100亿元的25个项目集中开工 （过亚叶 摄）

△ 9月18日，江苏省农科院与锡山区政府举行科技合作签约仪式，由双方共建的江苏省农科院锡山设施园艺研究中心在无锡现代农业博览园挂牌 （沈 忱 摄）

△10月21日，科瑞莱（无锡）日用品有限公司开业典礼举行 （《新锡山》 供稿）

△ 10月21日，中国科学院金属研究所南方（无锡）工作站在锡山经济技术开发区挂牌成立　（过亚叶 摄）

△ “荟聚·云林”购物中心鸟瞰图　（《新锡山》 供稿）

△ 10月23日，无锡恩福油封有限公司举行成立二十周年庆典活动 （《新锡山》 供稿）

△ 2月28日，锡北镇获“全国文明镇”荣誉称号。图为锡北镇联东U谷标准化厂房　　（孙剑光 摄）

△ 锡北镇陆家水渠小桥流水　　（《新锡山》 供稿）

△ 10月31日，厚桥街道谢埭荡村荣获“2015中国最美村镇最佳农家乐奖”　　（《新锡山》 供稿）

△ 宛山石塔　　（《新锡山》 供稿）

△ 东北塘街道新貌 （郅恒发 摄）

△ 东港镇黄土塘“小太湖” （《新锡山》 供稿）

安镇凤凰山下千亩玫瑰园 （《新锡山》 供稿）

△ 东亭街道隆亭新苑　（《新锡山》 供稿）

△ 锡虞路　（《新锡山》 供稿）

荡口古镇

△4月2日，华氏宗祠修复落成暨祭祖典礼在荡口古镇修复好的祠堂内举行

（上图 华 佳 摄）

（下图 曾 艳 摄）

△ 6月19日，“洋眼看江苏——遇见无锡最美乡村”活动走进荡口古镇，30余位外国友人通过实地体验当地文化，遇见“最美无锡”

（徐　俊　摄）

△ 10月31日，荡口古镇被授予“2015中国最美村镇榜样奖”

（《新锡山》供稿）

△ 古镇映斜阳

（《新锡山》供稿）

△荡口古镇夜景　　（《新锡山》供稿）

锡山区第八届校园文化艺术节掠影

（以上照片由区教育局提供）

△6月6日，红豆集团被授予“全国企业文化示范基地”奖牌

（沈 忱 摄）

△3月24日，红豆集团董事局主席周耀庭、总裁周海江父子个人捐资1000万元成立无锡耀庭慈善基金会。图为周耀庭向东港镇12位百岁老人发放慰问金 （《新锡山》 供稿）

△6月14日，外国友人走进斗山体验端午节风俗

（沈 忱 摄）

△ 6月25日，区委常委、锡东新城商务区党工委副书记、锡东新城商务区管委会副主任方力（右二），副区长言国强（右三）为安镇街道养老服务中心揭牌　　　　（《新锡山》 供稿）

▽ 6月25日，拥有390张床位的安镇街道养老服务中心启用　　　　（《新锡山》 供稿）

△ 6月27日，“昊元地产杯”第五届中国（锡山）国际象棋女子名人赛车轮指导赛在锡山区举行（华 珏 摄）

△ 棋逢对手（《新锡山》 供稿）

△ 9月6日，农工党锡山区基层委员会医疗专家到锡北镇开展义诊活动 （《新锡山》 供稿）

▽ 9月19日，位于东亭街道隆亭公园内的东亭文史馆建成开馆
（《新锡山》 供稿）

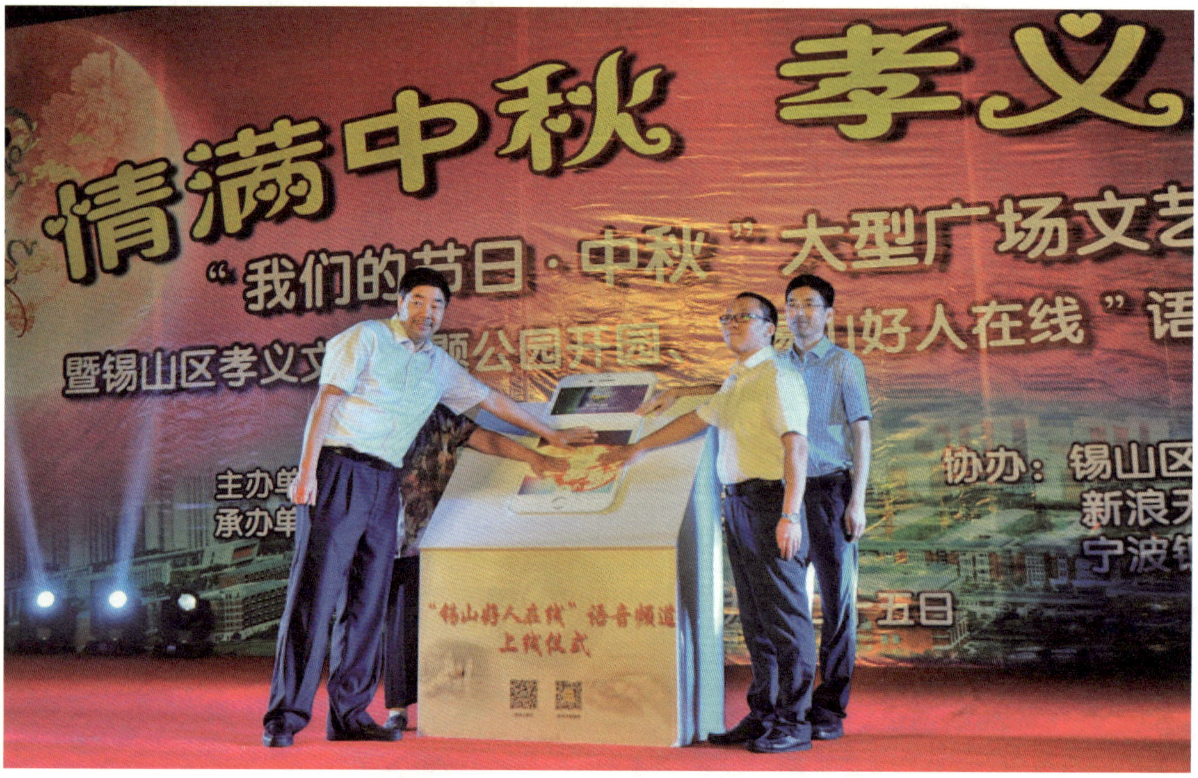

△ 9月25日，“情满中秋，孝义锡山”——“我们的节日·中秋”大型广场文艺晚会暨锡山区孝义文化主题公园开园、“锡山好人在线”语音频道上线仪式在安镇街道和泽公园举行。图为“锡山好人在线”语音频道上线

（《新锡山》 供稿）

△ 锡山区孝义文化主题公园揭幕 （《新锡山》 供稿）

△ “十大孝义崇善家庭”颁奖现场 （《新锡山》 供稿）

△ 10月16日，无锡首个水稻自主品牌——“锡稻1号”开镰　（沈　忱　摄）

△ 10月17日，锡山区第三届少先队鼓号大赛在安镇实验小学举行（《新锡山》供稿）

△ 11月23日，东港镇入围“全国科学发展百强镇”。图为东港镇新貌　　（《新锡山》 供稿）

△ 12月21日，“悦徒步悦健康悦生活”——农博园第二届公益徒步节启动
（《新锡山》 供稿）

△ 中国农科院太湖水稻示范园精心打造的稻田艺术作品——“米宝宝”
（《新锡山》 供稿）

△ 羊尖镇南村村现代高效农业展示馆内引进可智能化种植的“植物工厂” （过亚叶 摄）

△ 游客满座的东港镇山联村茶坊　　（《新锡山》 供稿）

△ 锡北镇老年健身操展示　　（《新锡山》 供稿）

△5月30日，“漫步九里河”锡东新城首届徒步活动吸引全市众多户外运动爱好者参与

（《新锡山》 供稿）

△ 全长7.5千米的九里河慢行步道 （《新锡山》 供稿）

△映月湖中央公园 （《新锡山》 供稿）

△ 胶阳路景观带 （《新锡山》 供稿）

△ 锡东新城晨景 （《新锡山》 供稿）

△ 锡东创融大厦建成投用　　　　　　　　　　　　（《新锡山》 供稿）

△ 锡东新城创融互联网产业园打造的“创融汇”建成开放

（《新锡山》 供稿）

▽ 润发购物中心 （《新锡山》 供稿）

帮扶重点群体就业

以被征地农民、未就业高校毕业生、就业困难人员等为重点，加大就业帮扶力度，全年实现被征地农民就业再就业2365人、就业困难人员再就业2597人，分别完成目标任务的157.6%和288%，全区户籍实名制登记高校毕业生就业率92.8%。图为人才招聘活动现场

（《新锡山》 供稿）

开展自主创业服务

强化创业扶持和指导服务，支持和鼓励城乡居民自主创业，全年开展创业培训1108人，重点扶持自主创业1227人，分别完成目标任务的110.8%和111.5%。图为2015年宏源技师学院创业培训现场

（《新锡山》 供稿）

促进被征地农民参保

积极落实被征地农民参保补贴政策，引导和促进被征地农民参加城镇职工养老保险缴费，全年实现断保被征地农民接续缴费4356人，完成目标任务的217.8%。图为锡山区居民养老、居民医疗保险业务培训

（《新锡山》 供稿）

加大特困救助力度

充分发挥特困帮扶基金作用，加大对深度贫困家庭等弱势群体的救助力度，全年发放深度贫困帮扶资金1718.96万元，比2014年提高31.23%。其中，发放生活慰问金1329户次，合计1454.04万元；向238名低保大学生和45名孤儿、困境儿童发放春节慰问金84.9万元；向304名深度贫困家庭学生、13名孤儿发放暑期学业补贴180.02万元。图为区委书记陆志坚（右一）一行走访慰问贫困家庭

（华 佳 摄）

优化城乡医疗服务

建成城乡协同医疗服务体系与应用项目，全区所有社区卫生服务站都已能够提供心电图检查服务。无锡市120急救网络锡北分站如期建成，有效提高了农村医疗急救能力。青少年特发性脊柱侧凸筛查与防治工作全面完成，共筛查在校初中生和小学5~6年级学生2.4万余名，为防治青少年脊柱畸形提供了基础条件。图为无锡市120急救网络锡北分站 （《新锡山》 供稿）

改善居民出行条件

为解决无锡地铁2号线、公交站点与居民区“最后一公里”的出行要求，缓解城区交通压力，建成一期公共自行车系统，投放公共自行车520辆。新开辟及优化调整778路、162路、708路、716路、720路、722路、730路、802路8条公交线路，有力改善全区居民的出行条件。图为馨和园公共自行车停放点

（华 佳 摄）

推进农贸市场改造

八士农贸市场改造全面完工并投入运营；东湖塘农贸市场、甘露农贸市场改造于12月底顺利竣工；水岸佳苑农贸市场投入运营，签约入驻商户达到80%。图为水岸佳苑农贸市场

（《新锡山》 供稿）

加快学校工程建设

锡山实验小学于2015年秋学期投用，云林街道春雷小学于8月完成主体工程，太湖大道南恒大地块配套小学、幼儿园新建工程均顺利完工。图为建成投用的锡山实验小学

（《新锡山》 供稿）

区政府 为民办实事
QU ZHENGFU WEIMIN BAN SHISHI

加强民生水利建设

建成和尚圩、解放桥2座排涝站，新开沟通鹅湖黄塘河、五星河和锡北横河3条河道，完成西仓浜等26条河道清淤，整修汤村联河等护岸6.55千米，新建梨园喷灌等防渗渠道12.1千米，翻建厚桥俞北等标准化灌溉站40座，完成厚桥梨园等高效节水灌溉面积20公顷。图为清淤后的西仓浜（《新锡山》供稿）

实施文体惠民工程

全年举办各类大型广场文艺、书画摄影展87场次，东北塘街道文体服务中心建成并通过验收，90套公共健身器材完成安装并投入使用；制定出台《关于推进学校体育设施向社会开放工作实施意见》和《锡山区学校体育设施向社会开放考核管理办法》，全区有仓下中学、隆亭实验小学等29所学校向社会开放体育场地和设施，开放率87.8%。图为4月25日，笑语欢歌走进安镇街道暨“文明新城、善义安镇”主题教育活动启动仪式在安镇街道和泽公园举行（华 佳 摄）

编辑说明

一、《锡山年鉴》指导思想：以马克思列宁主义、毛泽东思想、邓小平理论和“三个代表”重要思想为指导，全面贯彻落实科学发展观，坚持辩证唯物主义和历史唯物主义的立场、观点和方法。

二、《锡山年鉴》是由中共锡山区委领导、锡山区人民政府主办，各有关部门共同参与编撰的综合性地方资料工具书。其前身为《锡山区概览》，自2002年起，每年编印一册，2007年更名为《锡山年鉴》。其宗旨是全面、系统、翔实地载录锡山区经济社会的基本面貌和发展情况，为社会各界和海外人士了解和研究锡山提供基本资料。

三、《锡山年鉴》采用类目、分目和条目三个层次的结构形式，其中条目是本书反映情况的主要形式，其标题统一加方头括号（【】）表示。全书前有目录，后有索引，具有比较完善的检索系统。

四、《锡山年鉴》以出版年号为刊次名称，《锡山年鉴（2016）》主要载录锡山区2015年经济社会发展的基本资料，设有特载、大事记（2015年）、锡山区概况、中共锡山区委员会、锡山区人大常委会、锡山区人民政府、政协锡山区委员会、中共锡山区纪委（含监察）、民主党派·工商联·无党派联委会、人民团体、武装、法治、农业·水利、工业·电力、开放型经济、服务业、经济管理、城镇建设和管理·环境保护、教育、科学技术、文化、卫生和计划生育、体育、人力资源和社会保障、社会生活、各镇（街道）、人物·荣誉栏、经济和社会发展统计资料、文件汇编、索引30个类目。

五、本卷年鉴的条目由各撰稿单位确定专人撰写，并经单位主要领导审定。撰稿人姓名署于条目之后，若同一人撰写数个相连的条目，则在最后一个条目后署名。

六、本卷年鉴所用统计数据，因统计来源、口径、方式、方法和时间的不同而有一定的差异，使用时请以锡山区统计局提供的数据为准。

七、本卷年鉴在编辑过程中得到各撰稿单位和社会各界的大力支持，在此深表谢意。如有疏漏和错误之处，恳请读者批评指正。

审稿领导名单

（以姓氏笔画为序）

丁益民	方　力	毛　晨	王　琪	王　彪	王　澄
王立新	王利江	王祖庚	邓加红	邓重高	石国洪
刘飞平	华　兴	华　炜	华　星	吕　斌	孙军伟
朱　惕	朱一丹	朱洪元	朱晓军	许雷亮	严卫中
宋永敏	张　杰	张　晔	张　瑜	张立新	张映雪
张荣兴	张骁杰	张晓庆	张锦标	李佩东	杨自安
言国强	陆晓飞	陆晓波	陈亚萍	陈旭东	陈秋峰
陈荣伟	周　勇	周建伟	周柏平	周嘉模	孟静卫
欧文钺	郁　枫	胡小坚	唐中明	唐进华	席子南
徐　悦	徐卫兵	徐吉雯	徐志军	徐建东	浦向民
钱　斌	钱雨晨	陶　波	曹显华	黄朝奎	黄懿斌
蒋　飞	蒋文伟	谢　军（纪委）		谢　军（邮政分局）	
谢旭东	窦　虹	鲍雪峰	蔡　伟		

《锡山年鉴》部分机构（单位）简称全称对照表

简称	全称	简称	全称
区委	中国共产党锡山区委员会	区城管局	锡山区城市管理局
区委办	中国共产党锡山区委员会办公室	区民宗局	锡山区民族宗教局
区人大常委会	锡山区人民代表大会常务委员会	区政务办	锡山区政务服务管理办公室
区政府	锡山区人民政府	区重点办	锡山区重点工程建设管理办公室
区政府办	锡山区人民政府办公室	区供销社	锡山区供销合作总社
区法制办	锡山区人民政府法制办公室	团区委	中国共产主义青年团锡山区委员会
区政协	中国人民政治协商会议锡山区委员会	区妇联	锡山区妇女联合会
区纪委	中国共产党锡山区纪律检查委员会	区科协	锡山区科学技术协会
区法院	锡山区人民法院	区残联	锡山区残疾人联合会
区检察院	锡山区人民检察院	区工商联	锡山区工商业联合会
区委统战部	中共锡山区委统一战线工作部	民革锡山总支	中国国民党革命委员会锡山区总支部委员会
区侨办	锡山区人民政府侨务办公室	民盟锡山总支	中国民主同盟锡山区总支部委员会
区人武部	锡山区人民武装部	民建锡山总支	中国民主建国会锡山区总支部委员会
区委政法委	中共锡山区委政法委员会	区无党派联委会	锡山区无党派代表人士联络委员会
区委农办	中共锡山区委农村工作办公室	锡山公安分局	无锡市公安局锡山分局
区委台办	中共锡山区委台湾工作办公室	锡山国土分局	无锡市国土资源局锡山分局
区编办	锡山区机构编制委员会办公室	区市场监管局	锡山区市场监督管理局
区级机关党工委	中共锡山区委区级机关工作委员会	区国税局	无锡市锡山区国家税务局
区发改局	锡山区发展和改革局	锡山地税局	无锡市锡山地方税务局
区经信局	锡山区经济和信息化局	锡山规划分局	无锡市规划局锡山分局
区科技局	锡山区科学技术局	开发区	国家级锡山经济技术开发区
区人社局	锡山区人力资源和社会保障局	商务区	无锡锡东新城商务区
区住建局	锡山区住房和城乡建设局	台创园	无锡锡山台湾农民创业园
区人防办	锡山区人民防空办公室	西港特区	西哈努克港经济特区
区卫计局	锡山区卫生和计划生育局	红豆集团	红豆集团有限公司
区环保局	锡山区环境保护局	农博园	无锡现代农业博览园
区安监局	锡山区安全生产监督管理局		

无锡市锡山区区域示意图

总　目

目　录

特　载
Special Record

大事记（2015年）
Chronicle of Major Events (2015)

锡山区概况
Survey of Xishan District

中共锡山区委员会
CPC Xishan District Committee

重要会议
Important Conferences

组织工作
Organizational Work

宣传思想工作
Publicity and Ideological Work

统战工作
United Front Cooperation

对台工作
Taiwan Affairs

农村农经工作
Agricultural and Rural Economy

机要保密工作
Information Security and Confidential Education

老干部工作
Senior Cadres' Life Services

人民团体
People's Organization

锡山区总工会
Federation of Trade Unions of Xishan District

共青团锡山区委员会
The Communist Youth League of Xishan District

锡山区妇女联合会
Women's Federation of Xishan District

锡山区科学技术协会
Science and Technology Association of Xishan District

武　装
Armed Force

人民武装
People's Armed Force

人防工作
People's Air Defence

法 治
Rule of Law

农业·水利
Agriculture, Water Conservancy

锡山经济技术开发区
Xishan Economic and Technical Development Zone

锡东新城商务区
Business District of Eastern Wuxi New City

服务业
Service Industry

综述
Briefs

粮食
Grain

安全生产监管
Production Safety Supervision

市场监督管理
Market Supervision and Management

海关
Custom

城镇建设和管理·环境保护
Urban Construction and Management,Environmental Protection

城乡规划
Urban and Rural Planning

城市建设
Urban Construction

村镇建设
Village and Town Construction

建筑业
Architecture Industry

房地产业
Real Estate Industry

交通基础设施建设
Transportation Infrastructure Construction

交通行业管理
Transportation Industry Management

城市管理
Urban Management

公用事业
Public Utilities

环境保护
Environmental Protection

教　育
Education

综述
Briefs

基础教育
Basic Education

职社教育
Vocational and Community Education

教师队伍
Teachers' Team

教育督导
Education Supervision

教育研究
Education Study

招生考试
Enrollment Examination

文 化
Culture

卫生和计划生育
Health and Family Planning

羊尖镇
Yangjian Township

鹅湖镇
E-hu Township

东北塘街道
Dongbeitang Sub-district

锡北镇
Xibei Township

东港镇
Donggang Township

云林街道
Yunlin Sub-district

厚桥街道
Houqiao Sub-district

人物·荣誉栏
Figures, Honor List

先进人物
Advanced Figures

荣誉栏
Honor List

经济和社会发展统计资料
Statistics of Economic and Social Development

综合
General Data

农业
Agriculture

工业・交通
Industry and Transportation

固定资产投资
Investment in Fixed Assets

贸易业・开放型经济
Trade Industry and Open Economy

财政・金融
Finance,Credit and Loans

教育・文化・卫生
Education, Culture and Health

人民生活
People's Life

文件汇编
Document Collection

区委、区政府主要文件目录
Main Document Compilation of CPC Xishan District Committee and Government

指导性文件
Instruction Documents Compilation

索　引
Index

图片专辑
Picture Edition

特　载

Special Record

锡山电动车产业园　　　　　　（安镇街道 供稿）

抢抓新机遇　开启新征程
奋力推动锡山经济社会更好更快发展

——在区委三届八次全会上的讲话

区委书记　陆志坚

（2015年12月30日）

同志们：

今天，我们在这里召开区委三届八次全会，主要任务是深入贯彻党的十八届五中全会、中央经济工作会议和省委十二届十一次全会、全省经济工作会议精神，按照市委十二届九次、十次全会的部署要求，回顾总结全年工作，谋划部署明年任务，审议通过《中共无锡市锡山区委关于制定无锡市锡山区国民经济和社会发展第十三个五年规划的建议》，动员全区各级党组织和广大干部群众，进一步统一思想、坚定信心，抢抓机遇、开拓奋进，全力推动锡山经济社会更好更快发展。下面，我根据区委常委会研究的意见，讲三个方面的问题。

一、凝心聚力，真抓实干，“十二五”实现圆满收官

今年以来，全区上下深入贯彻党的十八届四中、五中全会和习近平总书记系列重要讲话特别是视察江苏重要讲话精神，按照省市委工作部署，坚持稳中求进总基调，统筹做好稳增长、调结构、促改革、惠民生各项工作，全区经济社会发展取得新的进展，为“十二五”画上了圆满的句号。全年预计实现地区生产总值640亿元，比上年增长7.2%；预计完成一般公共预算收入66.2亿元，比上年增长9.3%左右；预计完成规模以上工业总产值1161亿元，比上年增长2%；预计固定资产投资比上年增长9%；预计完成社会消费品零售总额148.7亿元，比上年增长9.5%；预计完成外贸进出口总额43.5亿美元，其中出口额34亿美元；预计完成到位注册外资及港澳台资3.3亿美元；预计实现城乡居民人均可支配收入43006元和24491元，分别比上年增长8%和8.9%。

1．经济运行保持平稳健康。坚持把稳增长作为首要任务，积极应对经济下行压力，全力狠抓项目建设，提振企业信心，造浓发展氛围，全区经济运行总体平稳、稳中有进。一是项目引建稳步推进。坚持把项目建设作为“重点的关键”，成立重大项目建设审批服务督导办公室，全力推进招商引资和项目建设，全年在建超1亿元重大产业项目85个，鹰普二期、西达生物等10个重大产业项目竣工落成。强攻项目招引，新引进博戈车辆减震、欣创重装机械、海尔日日顺电商产业园、宇培电商物流园等重大项目50个；全年出让工业用地近163.33公顷，是2014年的2.81倍。二是企业发展平稳健康。积极开展“企业服务月”活动，帮助企业解决经营发展中的困难和问题，推动企业做强实力、提升效益。全区167家超1亿元企业预计完成产值938.8亿元，比上年增长1.7%；规模工业企业预计实现利税总额69.1亿元，比上年增长6.3%。完善企业上市激励政策，持续加大企业上市扶持力度，全年新增IPO过会企业1家、申请企业2家、新三板挂牌企业10家，上市工作取得显著成效。三是财税收入稳定增长。坚持把财政收入的增长点落实到具体的产业和项目上，大力培植增量税源，切实加强产出监督和税收征管，财税收入稳步增长，全年预计完成一般公共预算税收收入56.3亿元，比上年增长11.5%，税收占比达到85%左右。

2．产业转型迈出坚实步伐。按照智能化、绿色化、服务化、高端化的要求，加快推动产业转型升级，经济发展的质量和效益持续提升。一是工业经济提档升级。深入落实“千企技改”行动，积极引导企业实施技改项目、加大技改投入，预计全年完成技改投资225.45亿元，比上年增长31.8%，占全部工业投资的比重比上年提高10.7个百分点。培育壮大新兴产业，新能源和新能源汽车、生物医药、智能传感等新兴产业产值快速增长，新能源电动车产业园获评省新型工业化产业示范基地。纵深推进工业化与信息化融合发展，新增省级两化融合试点示范企业8家。二是服务

业经济加快发展。大力发展现代服务业，预计电子商务零售额比上年增长12%，服务业增加值占GDP的比重达到45%，比上年提高0.8个百分点。旅游业持续升温，翠屏山省级旅游度假区成功获批，荡口古镇全年客流量超300万人次，全区预计全年旅游营业收入比上年增长10%。三是现代农业亮点显现。纵深推进无锡国家现代农业示范区核心区建设，成立全省首个海峡两岸农业交流培训中心，全省唯一的以色列农业技术转移平台成功落户，以台创园为核心区的国家级农业科技园正式获批。大力发展优质高效农业，全年预计新增高标准农田55.6公顷，农业园区化面积比重达到56%。四是创新能力持续增强。深化政产学研合作，中国科学院金属研究所南方（无锡）工作站、江苏省跨国技术转移中心锡山分中心、南京理工大学无锡新能源电动车产业技术研究院等创新平台相继建立，区域创新能力持续提升。积极推进大众创业、万众创新，2个众创空间获评省级科技企业孵化器。加大高层次人才引育力度，引进海外院士1人、国家“千人计划”人才3人，培育省“双创计划”人才6人。

3．城乡建设呈现崭新面貌。按照新型城镇化的要求，统筹抓好城乡建设管理和生态文明建设，城乡环境面貌持续改善。一是城市功能优化完善。有序推进规划编制，完成新一轮镇村布局规划调整方案论证，燃气管网、热电联产等专项规划编制完成。加快完善城市功能配套，蓝光商业街、润发购物中心、红豆城市广场建成开业，映月天地商业广场基本建成，网新国际科创园（一期）、数字动漫（二期）结构封顶。二是城市管理规范有序。深化市容环境综合整治，完成背街小巷整治3条，改造城中村6个，拆除违法建设6.28万平方米，新三年城市环境整治任务顺利完成。巩固深化文明城市创建成果，高质量完成全国文明城市复查迎检任务，城区文明程度指数、未成年人思想道德建设在市级测评中持续位居第一位。三是生态环境持续改善。扎实推进节能减排，完成“三高两低”企业整治30家，预计万元GDP能耗比上年下降3.5%、主要污染物排放量在2010年基础上削减4%。纵深推进水生态综合整治，启动九里河、伯渎港综合整治工程，完成河道综合整治45条。完善生态补偿机制，建立镇级出入境断面水质监测通报制度，出台全市首个镇级之间水环境区域补偿办法。落实大气污染综合防治措施，预计空气质量优良天数比例比上年提高2.5个百分点。四是农村发展活力增强。深入推进农村产权制度改革，全市首家农村产权交易服务中心建成运行，镇级农村产权交易市场建设实现全覆盖。农村土地确权工作有序推进，农业新型经营主体活力提升。加大经济薄弱村扶持力度，引导薄弱村发挥自身优势，增强“造血”功能，市级薄弱村脱贫转化目标全面完成。

4．民生福祉得到持续改善。坚持把保障和改善民生放在重要位置，持续加大民生投入和社会事业建设力度，人民群众的“获得感”和幸福感不断增强。一是就业保障稳步提升。落实更加积极的就业创业政策，完善公共就业服务体系，加大创业技能培训和政策扶持力度，全年城镇新增就业1.3万人，扶持自主创业1227人，创业带动就业5524人。深入实施“全民参保登记计划”，发放被征地农民参保补贴3576万元，新增被征地农民接续缴费4356人。二是社会事业协调发展。优化整合教育资源，云林街道春雷小学新建工程、厚桥实验小学一期改扩建工程主体完工，锡山实验小学建成开学。健全医疗卫生体系，锡山人民医院新建工程主体完工，城乡协同医疗服务体系与应用项目基本建成，社区卫生服务站规范化建设实现全覆盖。繁荣发展文体事业，东北塘街道文体服务中心全面建成。三是特困救助扩面提标。持续加大弱势群体救助力度，依托特困帮扶基金，扩大救助范围、提高救助标准，全年发放深度贫困救助资金1718.96万元，比上年提高31.2%。注重从源头上实施帮扶，完善深度贫困家庭子女就业帮扶机制，探索建立深度贫困家庭子女及孤儿就学就业数据库和爱心企业数据库，帮助深度贫困家庭子女实现就业。四是社会大局和谐稳定。优化社区管理模式，全面推行政社互动工作机制，东亭街道映月社区被列入2015年省级“三社联动”试点社区。创新完善基层治理机制，“互联网+”社会治理模式在鹅湖镇试点运行。深化矛盾纠纷网格化排查预警模式，开展化解信访积案专项行动，矛盾纠纷调处成功率达到99.3%。严格执行安全生产“一岗双责、党政同责”制度，深入开展危化品、特种设备等重点领域专项整治行动，全区安全生产形势持续稳定。

5．从严治党取得务实成效。全面落实从严治党新要求，统筹推进党的思想、组织、作风、反腐倡廉和制度建设，党建工作科学化水平不断提高。一是“三严三实”专题教育扎实开展。按照中央和省市委的部署要求，认真谋划，精心组织，有力有序推进全区专题教育深入开展。区委常委会自觉作好示范、以上率下，常委班子成员带头上好专题党课，带头开展专题调研，带头开展集中交流研讨，不断将专题教育引向深入。牢固树立问题导向，紧扣中央提出的“三个着力解决”和省市委提出的“六查六看六整治”要求，坚持边查边改、立行立改，推动全区党员干部不断锤炼严和实的好作风、形成严和实的新气象。二是干部队伍活力有效增强。强化政治理论学习，组织区委中心组各类学习活动21次，荣获“全省基层党员冬训工作示范区”称号。健全干部选拔任用机制，制定“1+12”干部制度文件，形成了科学的干部选任制度体系，选人用人公信度满意度不断提高。三是基层组织建设不断加强。扎实推进基层服务型党组织建设，积极探索农村专业合作社党建新模式，江苏新日电动车股份有限公司、江苏爱玛车业科技有限公司等一批“两新”组织党群公共服务中心建成运行。狠抓基层党组织带头人队伍建设，组织村（社区）党组织书记集中轮训，基层党组织书记服务发展、服务群众的能力水平不断提高。四是党风廉政建设取得实效。全面落实党风廉政建设“两个责任”，开展首轮党风廉政建设巡察工作。健全作风建设常态化督查机制，集中开展“中梗阻”问题整治，全区机关部门的行政效能稳步提升。加强权力运行的制约监督，开展廉政文化“六进”活动，推进廉政文化示范点建设，加大违法违纪案件查处力度，营造了风清气正的良好环境。同时，人大、政协充分发挥作用、积极履行职能，人武、统战、对台、民族、宗教、档案史志等各项工作全面加强，工会、共青团、妇联、科协、工商联、老龄和残疾人事业健康发展，全区上下形成了合力推动发展的良好局面。

二、突出重点，狠抓落实，奋力实现“十三五”良好开局

明年是“十三五”规划的开局之年，也是推动锡山经济社会更好更快发展的关键之年，做好明年工作意义重大、影响深远。明年工作的总体要求是：深**入贯彻党的十八大、十八届三中、四中、五中全会和中央经济工作会议精神，认真落实习近平总书记系列重要讲话特别是视察江苏重要讲话精神，按照省委十二届十一次全会、全省经济工作会议和市委十二届九次、十次全会的部署要求，紧紧围绕高水平全面建成小康社会和建设富强美丽和谐幸福新锡山的奋斗目标，全面落实“五位一体”总体布局和“四个全面”战略布局，自觉践行创新、协调、绿色、开放、共享发展理念，大力实施创新驱动、产业强区、全面开放、城乡一体、绿色发展、民生共享六大战略，适应经济发展新常态，坚持稳中求进总基调，更加注重提高发展质量和效益，全面深化改革创新，坚持稳增长、调结构、惠民生、防风险，全力推动全区经济社会更好更快发展，奋力实现“十三五”良好开局。**

明年经济社会发展的主要预期目标是：地区生产总值比2015年增长7.5%左右；一般公共预算收入比2015年增长8%左右；固定资产投资比2015年增长10%左右；城乡居民收入增长与经济增长同步。

围绕上述目标，明年要着重抓好五个方面的工作：

1．坚持稳中求进，推动经济平稳增长。按照中央、省经济工作会议和市委全会关于适应经济发展新常态、加强供给侧结构性改革的要求，加快培育新的发展动能，增强持续增长动力，不断巩固经济平稳健康发展的良好势头。要突出项目核心。坚持把项目建设作为推动经济发展的主抓手，全力加快项目招引和建设步伐，不断增强经济发展后劲。要狠抓招商引资，密切关注世界500强、大型央企、知名民企的投资意向，精心组织招商活动，全面发动招商攻势，力争在先进制造业项目和重大外资及港澳台资项目的招引上取得新突破。要提速项目建设，强化动态跟踪、服务督导、约谈考核、检查评估等举措，对重大产业项目建设全过程进行督查，全力提高项目推进效率。要突出实力支撑。强化财政增收、资源运筹和资产增值，促进区域发展实力持续稳步提升。要加强财源建设，巩固壮大高效支柱财源，积极培育新兴后续财源，保持财政收入平稳较快增长。要加强资源运筹，密切关注土地市场动向，积极开展经营性地块推介活动，保障土地经营收入持续稳定。要强化资产经营，加快盘活国有闲置资产和集体存量资产，释放资产价值，提升资产收益，努力实现国有（集体）资产保值增值。要突出企业主体。企业是经济发展的主体，稳定经济增长，首先要稳住企业发展。要把推动企业稳健发展作为重中之重，引导和扶持企业健康快速成长，以企业的加快发展、规模发展推动全区经济的持续健康发展。要鼓励企业根据自身需求，实施技术创新、产品创新、管理创新、商业模式创新，推动企业加快转型、提升效益。要引导企业积极抢抓当前国家推进股票发行注册制改革的契机，充分利用我区业已形成的有利条件，全力加快企业上市工作推进步伐，

促进企业做大做强、裂变发展。要突出优化服务。前不久，市委、市政府出台了《关于推进现代产业发展的政策意见》，“十三五”期间将累计安排总额不低于200亿元的现代产业发展资金，全力扶持龙头骨干企业、高成长性企业和小微企业发展。区相关部门要强化政策宣传，做好政策解读，帮助企业用足用好政策，真正让想发展的企业得到支持、发展好的企业得到奖励。要结合锡山发展实际，制定更加具体管用的“微政策”，为企业发展创造良好环境。要深入开展服务企业活动，竭尽所能优化服务，用实际行动帮助企业树信心、鼓士气、增动力，努力形成政企一心、共谋发展的生动格局。

2. 加快转型升级，打造产业发展高地。坚持以提高发展的质量和效益为中心，加快推进产业转型升级，推动现代产业加速崛起，全力打造现代产业发展新高地。要提升主导产业支撑力。工业经济是锡山当前发展的重要支柱，更是锡山未来发展的强力支撑。要强化工业经济主体地位，突出抓好存量提升和增量培育，不断增强工业经济的实力和活力。要改造提升传统产业，深入落实“千企技改”行动，积极引导企业运用先进适用技术和现代信息技术，加快技术改造、装备升级，不断提升制造业的技术水平。要大力培育新兴产业，围绕新材料、高端装备、智能传感等产业发展方向，集聚产业项目，延伸产业链条，不断形成新兴产业集群，使新兴产业成为锡山工业经济新的增长极。要提高服务业经济竞争力。坚持服务业与制造业融合发展、与城市化协同推进，大力发展现代服务业，促进服务业比重提高、层次提升。要加快发展生产性服务业，围绕研发、物流、商务等领域，引导有条件的企业加快主辅分离，促进服务业与制造业同步提升、同步发展。要繁荣发展都市商贸业，精心谋划地铁沿线商业布局，推进特色商业街区建设，全面提升商贸业的档次和水平。要积极发展旅游产业，加快推进翠屏山旅游度假区建设，大力整合荡口古镇、农博园等优质旅游资源，创新旅游业态、丰富旅游产品，不断提升锡山旅游的知名度。要加大现代农业拓展力。纵深推进无锡国家现代农业示范区核心区建设，加快实施园区配套设施和重点治理项目改造，突出抓好以色列现代农业科技园、农业科技成果展示中心等重点项目建设，推动园区在形象上做靓、在产业上做强、在品牌上做精、在效益上做优。要加快推进无锡现代渔业产业园、安镇凤凰山生态园等重点园区建设，努力打造一批特色化园区新亮点。要增强科技创新驱动力。积极抢抓苏南国家自主创新示范区建设的重大机遇，大力实施创新驱动战略，促进科技与产业紧密结合，助推产业转型提升。要深化国际合作，纵深推进与麻省理工学院的战略合作，推动科技成果与锡山产业需求有效对接。要大力推进产学研协同创新基地建设，加快推动南京理工大学无锡新能源电动车产业技术研究院、中国科学院金属研究所南方（无锡）工作站等平台开展实质性运作，更好地为企业发展提供公共技术服务，解决共性技术难题。要纵深推进“人才强企”工程，鼓励企业引进一批高端型、领军型、复合型创新人才，不断提高企业的人才竞争力。

3. 注重统筹协调，加快城乡一体发展。按照中央和省市实施新型城镇化的要求，统筹推进城乡建设与发展，着力提升城乡规划、建设和管理水平，不断增强锡山的美誉度和吸引力。要完善城乡规划布局。立足优化锡山发展空间，结合“十三五”规划编制，统筹推进城乡功能分区、用地布局、综合交通等专项规划研究，真正以高水平规划引领高品质建设。要加快完成镇级总体规划编制和控规修编，有序推进布点村庄详细建设规划编制，着力构建功能互补、协同发展的城镇化布局。要提升城市功能品质。强化功能导向，统筹推进主城改造和新城建设，促进城市功能和形象整体提升。要丰富城市内涵，适时启动八佰伴生活广场项目，加快推进中隆城市广场、绿地中央广场建设，建成投用映月天地商业广场，全面提升城市氛围和功能品位。要提高城镇管理水平。加强数字化城管平台建设，推动数字化城管系统向镇（街道）延伸，着力构建覆盖全面、衔接顺畅的城市管理网络，提高城镇管理水平和管理效率。要持续开展市容环境秩序专项整治，扎实做好背街小巷治理、公共设施管养、城区道路保洁等工作，大力整治占道经营、违章停车等突出问题，确保市容环境整洁有序。要铁腕拆违，严格落实属地管理责任，强势推进违法建设整治，坚决遏制新增违建。要增强农村发展活力。深入推进城乡发展一体化先导示范区建设，更好地发挥示范带动作用，促进基本公共服务均衡配置和合理布局。要深化农村产权制度改革，推进农村产权流转交易市场建设，促进农村产权交易公开、公正、规范运行。要加快承包经营权确权登记步伐，基本完成各项确权任务。要大力扶持农村集体经济发展，突出抓好富民合作组织建设和股份合作联社项目培育，不断拓展村级增收渠道。要开展新一轮薄弱村帮扶工作，强化落实精准帮扶措施，促进薄弱村加快脱贫转化。

4．坚持绿色发展，建设宜居美丽家园。围绕建设国家生态文明示范区目标，标本兼治、注重长效，扎实推进生态文明建设，有效改善城乡环境质量。要狠抓节能减排。严格实施能源消耗总量控制，加快推进东亚电力（无锡）燃气电厂一期项目建设，加速淘汰燃煤锅炉，从源头上减少废气污染物排放。要加快推进污水处理厂扩容提标工程，着力提升污水处理能力和效率，促进水污染物排放总量持续下降。要坚持铁腕治污。纵深推进水生态综合整治，严格落实“河长制”管理，持续加大对重点流域、重点河道的整治力度，有效改善区域水环境质量。要大力实施大气污染综合防治，突出抓好工业废气治理、建筑工地和道路扬尘控制、秸秆禁烧等工作，促进空气质量稳步提升。要积极推广清洁生态养殖，落实畜禽养殖综合整治长效管理机制，进一步减少农业面源污染。要加强生态修复。围绕水质净化、地面绿化、环境美化的目标，严格落实生态红线保护和生态补偿制度，持续加大生态修复力度，全面提升生态保护水平。要扎实推进“绿色锡山”建设，加强鹅真荡、宛山荡等湿地保护，努力构建环境优美、布局合理、功能完善的生态绿地系统。要巩固创建成果。近年来，我们通过持续深入开展城乡环境综合整治，有效改善了全区环境面貌，先后通过了国家级生态区、全国文明城市等创建大考。要巩固来之不易的创建成果，必须建立健全务实管用的长效管理机制。要坚持多管齐下，采取法律手段与行政手段相结合、专业管理与群众管理相结合、日常管理与集中管理相结合等多种方式，努力构建长效管理机制，使创建工作步入规范化、制度化、常态化轨道。

5．致力改善民生，提高群众幸福指数。坚持把保障和改善民生作为工作的出发点和落脚点，扎实办好各项民生实事，使改革发展的成果更多更公平地惠及全区人民，不断提升人民群众的幸福感和满意度。要拓宽富民增收渠道。加强公共就业服务，落实就业困难群体登记管理、“一对一帮扶”“送岗上门”等帮扶机制，及时开展就业援助和技能培训，不断提高城乡劳动力就业水平。要充分发挥创业带动就业的倍增效应，落实开业补贴、租金补贴、免费培训等创业扶持政策，努力营造良好的创业环境，激发全社会的创业热情。要依法推进企业职工参保，持续推动断保被征地农民接续缴费，巩固实施居民养老和居民医疗保险制度，加快完善覆盖全民的社会保障体系，稳步提高社会保障水平。要加大特困救助力度。深入实施精准扶贫，持续深化深度贫困家庭救助工作，依托特困帮扶基金，进一步完善长效化救助体系、提升帮扶救助水平。要合理提高救助标准，适当扩大救助范围，确保救助覆盖和救助金额逐年提高。要完善社会力量补充救助机制，鼓励社会力量参与社会救助，充分发挥政府救助和慈善救助的叠加效应。要进一步健全完善深度贫困家庭子女及孤儿就学就业数据库，全面掌握深度贫困家庭子女就学就业情况，研究制定个性化帮扶方案，从源头上帮助特困家庭摆脱贫困。要提升公共服务水平。优化教育资源配置，启动东亭中学、查桥中学等改扩建工程，启用云林街道春雷小学，推动各级各类教育优质均衡发展。要提升医疗卫生水平，基本完成锡山人民医院新建工程，建成投用东亭街道、东北塘街道社区卫生服务中心；积极推进“医联体”建设，提高全区公立医疗资源的配置水平、利用效率和服务能力。要大力发展文体事业，组织开展群众文艺汇演，完善全民健身服务体系，让群众享受到更优质的文体服务。要创新社会治理方式。积极化解矛盾纠纷，扎实推进社会稳定风险评估全覆盖工作，深入开展化解信访积案专项行动，从源头上减少社会矛盾。要深化社区扁平化管理，优化“三社联动”机制，切实提升社区服务效能。要深化平安锡山、法治锡山建设，不断提升公众安全感和法治建设满意率。要加强安全生产监管，健全完善信息通报机制，持续加大隐患排查和整治力度，严格落实责任追究办法，确保安全生产形势持续稳定。

三、加强党建，锤炼作风，为经济社会发展提供坚强保障

全区各级党组织和广大党员干部要认真贯彻落实中央和省市委关于全面从严治党的部署要求，以更强意识、更实举措、更大作为，严格落实管党治党责任，不断提升党建工作科学化水平，为推动经济社会更好更快发展提供有力的政治保证。

1．强化思想引领，凝聚干事创业的强大合力。坚持把思想政治建设放在首位，突出抓好理论武装、主流宣传和舆论引导，切实为经济社会发展营造浓厚氛围。要重视理论学习。认真抓好各级党委（党组）中心组理论学习，深入学习贯彻党的十八大、十八届二中、三中、四中、五中全会和习近平总书记系列重要讲话特别是视察江苏重要讲话精神，引导广大党员干部在把握核心要义、领会思想精髓上下功夫，切实用科学理论武装头脑、指导实践、推动工作。要加强学习型党组织、学习型领导班子建设，引导党员干部进一步开阔眼界、开阔思路，不断提升领导水平和执政能力。要突出主流宣传。精心组织策划系列宣传活动，大力宣传全区改革发展取得的良好成效，广泛报道各个板块强攻招商、狠抓项目和各条战线创新创业、服务发展的先进典型，着力营造开拓奋进、昂扬向上的良好氛围。要融合新兴媒体与传统媒体之间的互补优势，加强整体策划、宣传推介、内涵挖掘，进一步扩大锡山的影响力。要强化舆情导控。按照积极主动、科学应对、正确引导的要求，进一步加大网络舆情导控力度，及时回应社会热点和群众关切，不断巩固壮大网上主流舆论阵地。要健全舆情收集研判、突发事件快速反应机制，积极运用法治思维、法治方式疏导舆情、处置舆情。要培育文明风尚。深入推进“孝义崇善之区”精神文明建设工程，不断丰富品牌内涵、扩大传播影响，努力在全区上下形成讲正气、做奉献、促和谐的良好风尚。要以培育和践行社会主义核心价值观为根本，广泛开展以社会公德、职业道德、家庭美德、个人品德为主要内容的道德实践活动，进一步提升市民文明素质和社会文明程度。

2. 科学选人用人，打造务实担当的干部队伍。按照“信念坚定、为民服务、勤政务实、敢于担当、清正廉洁”好干部标准，加强干部选任和管理，有效提升干部队伍的整体素质。要配强领导班子。明年是区、镇（街道）、村（社区）集中换届之年。能否通过换届选举，选优配强新一届领导班子，是衡量这次换届选举成功与否的重要标志。要按照干部管理权限，认真研究和准确把握换届政策，择优选配班子成员，优化班子结构，增强整体功能。特别是要选好配强正职人选，按照重点岗位重点选配的原则，把最合适的干部选配到“一把手”岗位。要激发队伍活力。加强干部交流轮岗，严格执行中央和省市委关于干部交流、任期、回避等相关规定，加大党政正职和优秀干部的交流力度，使优秀干部得到多岗位培养锻炼。要加强年轻干部培养，选派优秀年轻干部到基层一线经受实践磨炼，形成人才到基层锻炼、干部从一线选拔的培养选拔链，使更多优秀人才脱颖而出。要严格监督管理。认真落实省市有关从严管理干部的要求，严格执行关于进一步从严干部管理监督的实施意见等系列制度，有效提升干部管理的针对性和实效性。严格干部日常监督管理，突出规范言行、防微杜渐、纠偏纠错，加强对领导干部特别是“一把手”的权力运行监督，切实约束干部从政行为。

3. 夯实基层基础，筑牢坚强稳固的战斗堡垒。牢固树立抓基层强基础的鲜明导向，大力推进基层服务型党组织建设，不断增强基层党组织的创造力凝聚力战斗力。要建强基层队伍。选优配强基层党组织带头人，合理优化村（社区）“两委”班子结构，努力建设一支高素质的基层党组织领导班子和带头人队伍。要强化党员发展和管理工作，把严入口，疏通出口，进一步提升党员队伍整体素质。要提升服务水平。强化基层组织服务功能，根据不同领域基层组织实际，引导其根据群众需求，提供针对性服务，切实帮助群众解决实际困难和问题。要完善干部联系群众的体制机制，健全党员干部联系基层、联系企业等工作制度，推动党员干部联系服务群众常态化、制度化。要打造特色品牌。深入开展“一党委一特色”活动，精心打造一批具有锡山特色的党建工作品牌，激发党建服务发展活力。要打造特色化党建服务平台，推进荡口古镇、农业产业链、“两新”组织党建服务平台建设，构建区域化党建新格局。

4. 从严管党治党，营造风清气正的发展环境。按照中央和省市委关于全面从严治党的要求，深入推进党风廉政建设和反腐败斗争，着力营造风清气正的发展环境。要落实“两个责任”。各级党委（党组）要站在全面从严治党的新高度，严格落实主体责任，把党风廉政建设纳入经济社会发展和党的建设总体布局，统一部署实施、统一检查考核，切实把党风廉政建设不断引向深入。党委（党组）书记要履行好第一责任人的职责，做到党风廉政建设重要工作亲自部署、重大问题亲自过问、重点环节亲自协调、重要案件亲自督办，切实把党风廉政建设主体责任抓在手上、落实在行动上。纪检监察机关要围绕“两个责任”落实情况，深入开展督促检查和巡察工作，加强对党委（党组）主体责任履行情况的监督检查，推动各级党委和纪委始终把责任扛在肩上。要狠抓“四风”整治。聚焦“四风”问题，持续开展监督检查，防止“四风”问题变异和反弹。要加大典型案例曝光力度，用好用活反面教材，发挥警示、震慑和教育作用。要建立“中梗阻”问题查纠机制，严肃整治“不作为、慢作为、乱作为”和“庸、懒、散、浮、拖”等突出问题，进一步营造鼓励干事创业的良好氛围。要坚持惩防并举。注重源头预防，深入学习《中国共产党廉洁自律准则》和《中国共产党纪律处分条例》，推进廉政文化建设，常敲“警示钟”、常打“预防针”，提高廉政教育实效。要加大执纪力度，坚持用“零容忍”的态度惩治腐败，切实做到有案必查、有贪必治、有腐必惩，始终保持惩治腐败的高压态势。要强化制度约束，围绕权力比较集中的重点岗位、事关群众切身利益的关键环节，健全机制、完善制度，把权力关进制度的“笼子”，着力形成不敢腐、不能腐、不想腐的体制机制。

同志们，新征程孕育新希望，新挑战催生新动力。让我们更加紧密地团结起来，按照中央和省市委的部署要求，坚定信心、振奋精神，开拓进取、真抓实干，扎实推进富强美丽和谐幸福新锡山建设，为高水平全面建成小康社会而努力奋斗！

政府工作报告

——2016年1月6日在无锡市锡山区

第三届人民代表大会第五次会议上

区　长 顾中明

各位代表：

现在，我代表区人民政府，向大会报告工作，请予审议，并请各位政协委员和其他列席会议的同志提出意见。

2015年工作回顾及“十二五”发展成就

2015年，在中共锡山区委的正确领导下，区政府紧密团结和依靠全区人民，坚持稳中求进，注重提质增效，深化改革创新，加强民生保障，统筹做好新常态下各项发展工作，较好完成了区三届人大四次会议确定的目标任务。全年预计实现地区生产总值640亿元，比上年增长7.2%。完成一般公共预算收入66.24亿元，比上年增长9.4%。预计城乡居民人均可支配收入达43006元和24491元，分别比上年增长8%和8.9%。

一、强化服务，助推实体，经济增长保持平稳

面对经济下行压力加大的严峻形势，坚持稳存量、拓增量相结合，积极应对、多方施策，全区经济运行保持平稳，预计全年完成规模以上工业总产值1161亿元，比上年增长2%。政策扶持力度加大。出台促进工业经济、外贸增长、科技人才、服务业发展等一系列扶持政策，区、镇（街道）两级投入引导资金达2.3亿元。切实减轻企业负担，建立涉企收费目录清单，落实小微企业税收优惠政策，预计全年“营改增”减税1.6亿元、出口退税37亿元，为小微企业减免税费8930万元。为企服务全面加强。设立“71580”服务企业区长热线网上受理平台，构建线上线下全天候响应的服务机制，企业诉求办理满意率达到91%。组织开展“企业服务月”活动，对全区重点企业进行全覆盖大走访，帮助企业协调解决了要素保障、信贷融资、“两证”办理等一批实际问题。举办电子商务、“工业4.0”等主题培训活动，全年培训企业家550人次。项目引建成效明显。加大招商工作力度，新引进德国博戈车辆减震、中铁一局城轨公司等重大项目50个，签约总投资183亿元；出让工业项目用地163.33公顷，合同投资总额105.68亿元，分别是2014年的2.81倍和2.79倍。狠抓项目建设推进，设立重大项目建设审批服务督导办公室，对项目审批服务实行全过程、动态化跟踪督查，全年在建超1亿元重大产业项目85个，鹰普二期等10个项目顺利竣工。预计全年固定资产投资比上年增长9%，其中工业投资比上年增长13%、服务业投资比上年增长4.2%。对外开放纵深推进。全年预计完成到位注册外资及港澳台资3.3亿美元，制造业到位外资及港澳台资占比提高8个百分点；预计完成外贸进出口总额43.5亿美元，其中出口总额34亿美元，“两车”出口基地获批国家级出口工业产品质量安全示范区，4家企业获评全国首批出口质量安全示范企业；新批境外投资项目8个，预计全年境外中方投资额达1.29亿美元，比上年增长28.2%，西港特区建设取得新进展。

二、调整结构，力促转型，产业质态不断优化

制造业加快提升。加大技改引导力度，预计全

年技改投资比上年增长31.8%，占全部工业投资的比重提高10.7个百分点；实施两化融合重点项目55项，新增省级两化融合试点示范企业8家；加强质量品牌建设，新申报“三名”商标24个，制（修）订国际标准2项、国家标准15项、行业标准7项。积极培育新兴产业，预计新兴产业项目投资比上年增长19%、高新技术产业产值占比达到42%，新能源电动车产业园获评全省新型工业化产业示范基地。服务业规模壮大。预计服务业增加值占GDP的比重达到45%，比上年提高0.8个百分点。市场消费稳中有升，预计社会消费品零售总额比上年增长9.5%。新兴业态快速发展，获评市级电子商务示范园区2个，预计电子商务零售额比上年增长12%；接待游客突破540万人次，翠屏山省级旅游度假区获批设立，预计旅游营业收入比上年增长10%。房地产市场有所回暖，预计商品房成交面积和成交金额分别比上年增长25%和21%。现代农业提质发展。新增高标准农田55.6公顷、省级农业产业化重点龙头企业1家，生物农业产值预计可达7.3亿元，农业园区化面积比重达到56%。台创园引进现代农业项目15个，以台创园为核心区的国家级农业科技园正式获批。创新能力不断增强。启动实施创新载体“3620”工程，8个众创空间建设加快推进，“星创工场”等2个众创空间获评省级科技企业孵化器，国家服务外包人力资源研究院跨境电商（无锡）产业孵化中心落户运营。新增国家级博士后科研工作站3家、省级以上企业技术中心2家、工程技术中心5家，预计发明专利授权量比上年增长45%。深化政产学研合作，中国科学院金属研究所南方（无锡）工作站、江苏省跨国技术转移中心锡山分中心、江苏省农科院锡山设施园艺研究中心、南京理工大学无锡新能源电动车产业技术研究院相继成立。农业科技创新成效显著，无锡首个水稻自主品牌“锡稻1号”培育成功，沙塘鳢人工繁育取得突破，全省唯一的以色列农业技术转移平台落户台创园。加快集聚创新创业人才，引育国家“千人计划”人才3名、省“双创计划”人才6名、海归人才102名。集约发展落实有力。在全市率先完成工业性用地调查，获评全省国土资源节约集约利用模范区和土地执法模范区，全年盘活存量土地266.25公顷。实施市级以上节能和循环经济项目18项，整治“三高两低”企业30家，淘汰燃煤小锅炉162台，预计万元GDP能耗比上年下降3.5%、主要污染物排放量在2010年基础上削减4%。

三、探索实践，深化改革，内生动能加快激发

市场活力不断增强。推进商事登记制度改革，落实注册资本认缴等改革举措，在全市率先于乡镇推行“三证合一、一照一码”，企业设立办理时限由10天压缩至5天，全年新增市场主体2282户，注册资本84.13亿元，分别比上年增长4.2%和14.6%。积极推动个体工商户转型升级为企业，实现“个转企”登记146户。加大上市扶持力度，强化上市分类指导，全年完成股改企业15家，新增IPO过会企业1家、申请企业2家，报江苏证监局辅导企业2家，江苏新广联科技股份有限公司、无锡聚丰数控金属制品有限公司、无锡兴达泡塑新材料股份有限公司等12家企业成功在新三板挂牌上市。政府职能加快转变。深化行政管理体制改革，组建成立市场监管局、卫计局和住建局。大力推进简政放权，建立并公开行政权力事项、行政审批事项目录、政府专项资金管理和行政事业性收费目录4张清单，事中事后监管体系加快构建，在全市率先建成投运行政审批“中介服务超市”。农村改革扎实推进。农村集体资产市场交易试点取得成功，镇级农村产权交易市场建设实现全覆盖。土地确权有序推进，完成确权1.1万户、2386.67公顷。积极培育新型农业经营主体，新增家庭农场17个、农民专业合作社9个。完善村级增收长效机制，预计村均可支配收入比上年增长6.3%。加大薄弱村扶持力度，10个市级薄弱村有望实现全面脱贫。

四、建管并举，优化环境，城乡品质持续提升

规划编制有序开展。规划统筹全面强化，“多规融合”加快推进，镇级总体规划编制形成初步成果，充分研讨论证并完成新一轮镇村布局规划修编，最大限度保障城镇用地规模。专项规划深层覆盖，编制完成燃气管网、热电联产、户外广告等专项规划及V-park片区、吼山入口片区城市设计，修编各板块水系详细建设规划和锡东新城污水专项规划。工程建设加快推进。建成泉山大道北延、春丰河桥等重点道桥工程，改造加固农村危桥45座、拆除10座。启动望虞河除险加固和九里河综合整治工程，完成小型农田水利重点县4个片区53个项目建设。完成14个地块清点拆迁，竣工安置房55.16万平方米，交付安置3964套，全面实现补偿安置“零过渡”。启动东亭、安镇、鹅湖污水处理厂扩容提标工程，竣工人防工程8.2万平方米，完成羊尖粮食烘干设施改造提升。配套功能不断完善。新开辟及优化调整公交线路8条，建成公共

自行车服务系统一期工程、投用公共自行车520辆，增设地铁站点周边公共停车点25个。改造提升农贸市场4个。锡山人民医院新建工程主体封顶，云林街道春雷小学新建工程、厚桥实验小学改扩建一期主体工程顺利完工，锡山实验小学、云林街道社区卫生服务中心、安镇街道养老服务中心建成启用。润发购物中心、红豆城市广场开业运营，映月天地商业广场基本建成，中隆城市广场、锡北星邻里生活广场、荡口古镇精品酒店加快建设。城市管理更加精细。完善网格化管理机制，制定精细化管理菜单及标准，数字化城管体系实现上下联动。开展村庄环境长效管理提升行动，实施生活垃圾分类收集试点，市政公用设施管养切实加强。整治背街小巷3条，改造城中村6个，拆除违法建设6.28万平方米，顺利完成新三年城市环境整治目标。生态治理力度加大。生态文明建设工程扎实推进，生态补偿制度有效落实。强化水环境综合整治，建立镇级出入境断面水质监测通报制度，出台全市首个镇级之间水环境区域补偿办法，完成45条河道综合整治和31条河道清淤轮浚，新开河道3千米。落实大气污染综合防控措施，预计空气质量优良天数比例比上年提高2.5个百分点，PM2.5平均浓度比上年下降12%。新增造林绿化155.33公顷，创建市级“两型社会”示范村2个。加大环保执法力度，开展环境保护大检查，115件环境违法案件移交法院强制执行，5件移交公安机关追究刑事责任。

五、保障民生，综合治理，社会大局和谐稳定

促进就业成效明显。加强就业帮扶和技能培训，发放“两项补贴”4642万元、惠及就业困难人员2.47万人次，全年城镇新增就业1.3万人，实现就业困难人员再就业2597人、本地农村劳动力就业3481人，帮扶被征地劳动力就业2365人，本区户籍实名制登记高校毕业生就业率达到92.8%。注重以创业带动就业，开展创业培训1108人，新建市级大学生创业园2个，全年扶持自主创业1227人、大学生创业146人，创业带动就业5524人。保障水平持续提升。全民参保登记顺利试点。发放被征地农民参保补贴3576万元，新增被征地农民接续缴费4356人。发放居民养老保险待遇资金6.03亿元。低保标准提高至月人均700元。加大深度贫困家庭救助力度，完善深度贫困家庭子女（孤儿）就学就业帮扶机制，全年发放救助资金1718.96万元，比上年增长31.23%。各项事业协调发展。各级各类教育优质发展水平均衡提升，锡山中等专业学校与教师进修学校整合到位，高考本二以上进线率比上年提高10.71%，全年完成教育基础设施建设投资1.16亿元。卫生计生融合发展，建成城乡协同医疗服务体系与应用项目，社区卫生服务站规范化建设实现全覆盖。公共文体服务进一步优化，建成东北塘街道文体服务中心，举办各类大型群众文化活动87场次，新增公共健身器材90套，学校体育场地开放率达到88%，获评全省“扫黄打非”工作先进区。社会治理切实加强。完善社区工作准入机制，实施公益创投项目35个，建成东北塘街道梓旺、锦旺社区服务中心，“互联网+”社会治理模式在鹅湖镇试点运行，东亭街道映月社区被列为省级“三社联动”试点。建成省级民主法治示范村（社区）40个，公共法律服务全覆盖体系建设和社区矫正工作走在全省前列，“六五”普法通过终期考核验收。建立依法打击恶意欠薪行为、保障劳动者合法权益工作机制，建成阳光信访信息系统，社会矛盾纠纷调处成功率达99.3%。社会治安持续好转，“八大类”案件比上年下降6.48%。安全监管全面加强，生产安全事故死亡人数比上年下降7.7%，道路交通事故死亡人数比上年下降12.9%，食品安全检测合格率达到98%。

过去一年，区政府切实加强自身建设，严格依照法定权限和程序行使职权、履行职责。认真贯彻区人大及其常委会的各项决议，定期向区人大报告工作、向区政协通报情况，如期办复69件人大代表建议和88件政协委员提案。大力推进行政权力网上公开透明运行，全面推行政府法律顾问制度。发挥审计监督作用，强化预算约束，严肃财经纪律，部门预决算全面公开。加大反腐倡廉工作力度，切实履行“一岗双责”，党风廉政建设扎实推进。深入开展“作风建设突破年”活动，自觉践行“三严三实”，政风建设取得积极成效，服务水平有了新的提升。此外，人武、双拥、民族、宗教、侨务、对台、档案史志、外事、物价、工会、妇女、儿童、青少年、科普、慈善、供销、残疾人等工作也取得了新成效。

各位代表，2015年工作任务的完成，标志着“十二五”发展顺利收官。五年来，我们在科学发展道路上迈出了坚实步伐，取得了令人振奋的发展成就。综合实力跃上新台阶。经济总量持续扩大，主要经济指标在全市占比稳步提高。地区生产总值从402.8亿元提高到640亿元左右，年均增长9.7%（现价），常住人口人均地区生产总值可望达到1.5万美元；一

般公共预算收入从36.08亿元提高到66.24亿元，年均增长12.92%，增幅年年位居全市前列，占全市比重较“十一五”期末提高0.94个百分点。转型升级取得新突破。规模以上工业总产值跃上1000亿元台阶，新增产值超1亿元工业企业32家，营业收入超100亿元工业企业达到3家，服务业增加值占GDP的比重提高约7个百分点，农业基本现代化综合得分位居全市第一位、全省前茅。万元GDP能耗下降、主要污染物减排均完成“十二五”目标。高新技术企业数量实现倍增，全社会研发投入占GDP的比重提高0.6个百分点，累计引进各类高层次人才1327名，连续蝉联全国科技进步先进区。改革开放迈出新步伐。重点领域和关键环节改革持续深化，经济社会发展动能有效增强。股改上市取得新突破，31家企业完成股改，全区上市企业累计达到4家、新三板挂牌企业累计达到17家。开放水平不断提升，累计到位注册外资及港澳台资约17.9亿美元、进出口总额近220亿美元、境外中方投资超过5.6亿美元，开发区晋升为国家级经济技术开发区。城乡发展彰显新气象。锡东新城开发建设取得重大进展，主城区功能品位不断提升，新市镇和新农村建设特色彰显，荡口古镇获评国家AAAA级旅游景区，锡虞路、泉山大道等重点基础设施以及宜家“荟聚·云林”购物中心等功能载体相继建成，常住人口城镇化率达到69.5%，城市文明程度测评指数位居全市城区前茅。生态环境持续优化，累计铺设污水主管网125千米，村庄环境综合整治实现全覆盖，成功创建为国家级生态区。人民生活实现新改善。五年累计新增城镇就业7万人，城乡居民人均可支配收入年均增长9.1%和11.9%。社会保障待遇逐年提高，特困帮扶机制不断完善，居民养老保险、居民医疗保险参保覆盖率分别达到98.5%和99%以上，累计发放深度贫困家庭救助资金5265.78万元。社会事业长足进步，新建改建各类学校25所、医疗卫生机构9家，人均拥有公共文化体育设施面积达到2.85平方米，获评全国义务教育发展基本均衡区和慢性非传染性疾病综合防控示范区。法治锡山、平安锡山建设取得明显成效，社会大局和谐安定。

各位代表，“十二五”时期全区经济社会发展取得的每一个成就，是全区广大干部群众在区委坚强领导下团结奋斗的结果，得益于方方面面的关心支持。在此，我代表区人民政府，向全区人民，向人大代表、政协委员，向各民主党派、工商联、无党派联委会、各人民团体、驻区各条线单位和各界人士，向离退休老同志，向公安干警、双拥共建部队官兵、民兵预备役人员，向所有参与、支持和关心锡山发展的海内外朋友，表示衷心的感谢并致以崇高的敬意！

在总结成绩的同时，我们也看到存在的问题和不足，主要是：经济下行压力加大，企业生产经营面临不少困难，一些经济指标未能达到预期；产业整体竞争力和自主创新力还不强，支撑长远持续领先发展的增量投入有所不足；城乡建设管理还存在一些短板，公共服务资源配置不够均衡，人居生态环境有待进一步提升；改革措施落地见效还不够快，个别部门和少数工作人员缺乏担当、消极作为，基层、企业和群众对机关政务服务不尽满意；财政收支矛盾日益凸显，民生投入与群众期盼还有差距，一些群众关切的问题尚未得到有效解决；社会治理面临许多新情况，一些领域的风险隐患有所增多，等等。对这些问题，我们将在今后的工作中，采取措施认真解决。

“十三五”规划目标及2016年主要工作

各位代表，根据《中共锡山区委关于制定锡山区国民经济和社会发展第十三个五年规划的建议》精神，区政府组织编制了《锡山区国民经济和社会发展第十三个五年规划纲要（草案）》，提请本次大会审议。

“十三五”时期，是推动我区经济社会更好更快发展、建设富强美丽和谐幸福新锡山的关键阶段。今后五年，我们要全面贯彻党的十八大和十八届三中、四中、五中全会精神，深入贯彻习近平总书记系列重要讲话特别是视察江苏重要讲话精神，全面落实“五位一体”总体布局和“四个全面”战略布局，自觉践行创新、协调、绿色、开放、共享的发展理念，坚持以“智能化、绿色化、服务化、高端化”为引领，以提高发展的质量效益为中心，以改革开放和科技创新为动力，以保障和改善民生为根本，大力实施创新驱动、产业强区、全面开放、城乡一体、绿色发展、民生共享六大战略，奋力开创更好更快科学发展新局面，在高水平全面建成小康社会的基础上，积极探索开启基本实现现代化新征程，加快打造富强美丽和谐幸福新锡山。

今后五年，全区经济社会发展的主要预期目标是：经济保持中高速增长，主要经济指标在全市贡献份额稳步提升，地区生产总值提前实现比2010年翻一番，年均增长7.5%左右；产业结构更加优化，现代产业新高地建设取得重要成效，科技创新逐渐成为驱动转型的主引擎，高新技术产业产值占规模以上工业总产值的比重达到45%，服务业增加值占GDP的比重达到47%，现代农业发展水平继续走在全省前列，累计新增到位注册外资及港澳台资18亿美元，全社会研发投入占GDP的比重达到3.2%；城镇化发展质量不断提高，城乡“六个一体化”进程全面加快，锡东新城人口导入、产城融合取得突破，城乡互动并进、共同繁荣的发展新格局基本构建形成，常住人口城镇化率达到74%；生态环境持续优化，全面完成“十三五”节能减排目标，资源节约型、环境友好型社会建设取得新成效，生产和生活方式绿色、低碳水平上升，人居环境更加宜人，争创国家级生态文明试点示范区；人民生活得到更好改善，城乡居民人均可支配收入提前实现比2010年翻一番，社会保障体系更加完善，基本公共服务均等化水平、社会治理现代化水平和社会文明程度持续提高，依法治区取得明显成效，人民群众的“获得感”和幸福感进一步增强。

今年是实施“十三五”规划的第一年，做好今年工作，对于实现新一轮发展的良好开局具有重要意义。我们将紧紧围绕市委十二届十次全会和区委三届八次全会的决策部署，奋发有为，倾力履职，统筹推进经济社会发展，力促各项工作取得新成效，确保“十三五”发展起好步、开好局。综合考虑各方面因素，今年全区经济社会发展的主要预期目标是：地区生产总值比上年增长7.5%左右；一般公共预算收入比上年增长8%左右；固定资产投资比上年增长9%左右；社会消费品零售总额比上年增长8.5%左右；城乡居民收入增长与经济增长同步；节能减排完成市下达指标。围绕上述目标，今年区政府将重点做好以下六个方面的工作：

一、稳定经济增长，调优产业结构，为新一轮发展奠定坚实基础

力助企业发展。认真落实企业发展扶持政策，结合实际完善政策配套，定向施策、精准发力、及时兑现，推动各项政策措施更快落地见效。建立服务企业常态化工作机制，着力提高企业诉求事项的办理效率，千方百计帮助企业协调解决实际问题。继续开展企业家主题培训活动，支持企业拓展国内外市场。加大金融服务力度，完善信贷融资对接平台，积极促成银企保合作。推进结构调整。加快改造传统产业，鼓励企业实施技改提升与装备升级，引导企业加大新产品开发和质量品牌创建力度，扶持中小企业向“专精特新”方向发展，新增高新技术企业27家。积极对接“中国制造2025”“互联网+”等产业行动计划，聚焦智能制造，培育示范企业，新增省级两化融合示范试点企业5家。加快发展现代服务业，扎实推进宇培电商物流园等重点项目建设，积极培育电子商务、文化旅游、健康养老等新兴业态，着力打造一批商业特色街区，不断拓展旅游产业链，年内服务业增加值占GDP的比重达到45.4%。加快建设现代农业，大力发展生物农业、设施农业等高附加值产业，积极推进农业产业化经营，提高农业社会化服务水平，加强耕地保护、农田水利和粮食烘干设施建设，新增高效设施农业面积46.67公顷。积极推动互联网经济、生产性服务业、农业旅游、农产品深加工发展，促进三次产业互动融合。强化项目引建。围绕现代产业发展方向和投资需求新动向，突出项目信息源全区统筹和板块联动，持续加大重大产业项目招引力度，力求在吸引新增投资、集聚优质项目、促进转型升级上取得更大成效、实现新的突破。强化动态跟踪、督导服务等工作机制，更高效率加快项目建设步伐，年内计划推进落实超1亿元产业项目100个以上。深入开展供地项目检查，全面评估履约情况及准入把关、落地服务的质效。提升载体能级。加快开发区“二次创业”步伐，全面强化项目招商、集群打造与科技创新，不断提高对全区发展的支撑力和贡献度，力争在全省同类开发区中位次前移。依托省级现代服务业集聚区和旅游度假区，加强产业培育和人口导入，增强集聚带动效应，促进商务区产城融合发展。加强各镇（街道）专业园区建设，推动园区特色化、集约化发展。纵深推进无锡国家现代农业示范区核心区建设，加强台创园科技合作成果转化和现代农业项目引建，提升无锡现代渔业产业园、安镇凤凰山生态园等重点农业园区建设水平。

二、推进改革创新，拓展对外开放，为新一轮发展增添强劲动力

深化改革举措。加大简政放权、放管结合力度，推进“一办三中心”政务服务平台建设，进一步向基层镇村下放（前移）审批服务事项，建立健全“1主5辅”事中事后监管体系。深化商事登记制度改革，全面推行“三证合一、一照一码”制度，引导和促进个体工商户转型升级为企业。加强企业投资建设项目并联审批，进一步完善机制、优化流程，切实提高审批服务效率。更大力度推进企业股改上市，力争年内股改企业15家、境内外上市企业3家、新三板挂牌企业6家以上。深化农村改革，继续开展农村土地确权和家庭农场认定登记工作，大力培育新型农业经营主体，推进农村产权流转交易市场规范化运行，加快股份合作社"政经分设"。深化医药卫生体制改革，稳步推进医疗联合体建设，有序构建分级诊疗新机制，力争公立医院药占比降低到40%以下。按照国家和省市统一部署，稳步开展机关事业单位养老保险制度等改革。突出创新驱动。抢抓苏南国家自主创新示范区建设契机，突出企业创新主体地位，推进企业研发机构建设，力争年内新增市级以上工程技术中心8家、企业技术中心8家、高新技术产品80个。积极推进大众创业、万众创新，深入实施创新载体建设"3620"工程，大力推动众创空间建设和创业主体孵育，年内建成众创空间5000平方米、培育创新型孵化器4个。深化拓展与麻省理工学院的战略合作，充分发挥江苏省跨国技术转移中心锡山分中心的纽带作用，加快开发区中韩（无锡）国际技术转移中心、台创园以色列现代农业科技园建设，积极促进企业技术需求与国际科技成果有机衔接；大力推进产学研协同创新基地建设，加快中国科学院金属研究所南方（无锡）工作站、南京理工大学无锡新能源电动车产业技术研究院、浙江大学无锡现代农业产业研究院合作共建步伐。加强自主知识产权和自主品牌培育，力争万人发明专利拥有数达到25件，新增省名牌产品3个、著名商标3个。围绕产业导向和企业需求，落实推进"太湖人才计划"，大力培育引进科技领军人才、高层次管理人才、高技能人才和创新创业团队，为创新驱动发展提供强有力的人才支撑。提高开放水平。以扩大利用外资及港澳台资规模、提高利用外资及港澳台资质量为主线，突出新兴产业、先进制造业和现代服务业等重点领域，加大外资及港澳台资项目招引力度，力争年内引进重大外资及港澳台资项目3个，到位注册外资及港澳台资3亿美元以上。认真落实外贸发展扶持政策和外贸便利化措施，推进国家级"两车"外贸出口基地建设，引导企业开拓"一带一路"沿线国家市场，加强境外商标及专利注册、国际质量标准认证，扩大先进技术、关键设备等进口贸易，积极发展跨境电子商务和服务贸易，促进外贸进出口在稳定增长中加快转型。加强对外经贸合作，支持西港特区开发建设，推动更多企业"走出去"，力争年内完成境外中方投资1亿美元。

三、注重互动融合，促进城乡一体，为新一轮发展构筑良好平台

突出规划导控。坚持以科学规划引领城乡建设发展，完成镇级总体规划编制和控规修编，有序推进布点村庄详细建设规划编制；启动全区旅游发展规划编制，完善翠屏山旅游度假区规划。突出规划执行刚性，严格规划监督管理。完善功能设施。加强城乡道桥基础设施建设管理，深入推进农村危桥改造，开展荡口古镇周边路网改造，配合实施锡太高速公路、S340省道、新锡路北延等市级重点工程。积极发展公共交通，启动锡东新城客运（出租车）服务中心建设，新开辟及优化公交线路8条，适时推进公共自行车服务系统二期项目。加大小型农田水利重点县建设力度，推进望虞河除险加固和九里河综合整治工程，新（改）建排涝站10座，翻建标准化灌溉站10座。加强社会事业领域重点工程建设，启动东亭中学、查桥中学和厚桥实验小学二期改扩建，基本完成锡山人民医院工程建设，建成启用东亭街道、东北塘街道社区卫生服务中心和云林街道春雷小学、羊尖镇廊下小学。完善城市功能载体，推进中隆城市广场、红豆财富广场等商务楼宇建设，建成投用映月天地商业广场、荡口古镇精品酒店。加强城市管理。健全网格化城管架构，推进数字化城管平台建设，提高市容监管案件整改效率，加强城市管理目标、对象和标准的精细化管理。持续开展市容环境秩序专项整治，健全文明城市创建工作长效机制，强化违法建设源头防控。加强市政公用设施管养，建立道路照明设施长效管理机制，提高绿化养护水平。推动农村发展。大力扶持农村集体经济发展，加强富民合作组织建设和股份合作联社项目载体培育，积极拓展村级增收新渠道。开展新一轮薄弱村帮扶工作，完善政策措施，加大扶持力度。深入推进城乡发展一体化先导示范区建设，加强重点领域创新突破，进一步增强示范带动效应。

四、坚持节约集约，加快生态建设，为新一轮发展积蓄环境优势

节约利用资源。严格控制能源消耗总量，切实加强重点领域节能基础管理，大力推进节能技术改造，加快淘汰高耗能机电设备和落后产能。巩固提升国土资源节约集约利用模范区创建成果，严格落实用地指标管理和产业项目供地标准，加快推进国土资源管理信息化建设，持续加大存量用地挖潜力度，严肃查处违法用地行为，不断提高土地节约集约利用水平。实行最严格的水资源管理制度，积极争创节水型社会建设示范区。狠抓污染防治。严格落实污染物总量减排任务，推进实施污水处理厂扩容提标等重点减排项目，大力开展强制性清洁生产审核，切实提高企业治污设施的稳定运行率和达标排放率。全面强化“河长制”履责监督，严格落实断面水质监测通报、水环境区域补偿等工作措施，加大重点流域、河道及沿岸排污企业整治力度，进一步巩固河道综合整治成果，促进水环境质量稳步提升。更大力度实施大气污染综合防治，突出抓好燃煤锅炉整治、工业废气治理、秸秆禁烧等治气工程，加快推进东亚电力（无锡）燃气电厂一期项目建设，推动PM2.5平均浓度持续下降、空气质量持续改善。健全环保执法与公安、司法、金融联动机制，加强对重点排污企业和污染源的常态化监管，依法严惩环境违法行为。加快生态修复。深入实施生态文明示范区建设，全面落实生态红线保护和生态补偿制度，扎实推进年度各项生态文明建设工程。深入开展覆盖拉网式农村环境综合整治，大力实施村庄环境整治提升行动，落实奖惩措施，加强绩效考核，进一步巩固提升长效管理水平，推动美丽乡村建设取得新成效。深入推进“绿色锡山”建设，切实加强九里河、宛山荡等湿地保护。健全生态文明全民参与机制，支持各类环保志愿活动，发动社会力量加强监督。

五、致力改善民生，优化公共服务，为新一轮发展营造和谐氛围

促进就业创业。落实就业优先战略和更加积极的就业政策，着力创造更多的就业岗位，积极化解结构性就业矛盾，年内实现城镇失业人员再就业1500人以上、被征地农民就业再就业1500人以上、就业困难人员再就业1000人以上，本区户籍实名制登记高校毕业生就业率达到90%以上。完善创业扶持政策，健全创业服务平台，重点扶持自主创业1000人以上。落实社会保障。开展全民参保登记，建立完善常住人口社会保险基础数据库。持续推动断保被征地农民接续缴费，年内实现断保被征地农民接续缴费2000人以上。依法推进企业职工参保，积极引导自由职业者、被征地农民参保缴费，不断扩大社会保险参保覆盖面。深化实施居民养老和居民医疗保险，推动适龄居民应保尽保。实施精准帮扶助困，持续加大深度贫困家庭救助力度，强化深度贫困家庭子女（孤儿）就学就业帮扶，集成政府、企业、社会各方力量，帮助其顺利完成学业、实现充分较好就业。全面落实残疾人生活保障、康复服务、教育就业、权益保护等政策措施，促进残疾人事业加快发展。优化公共服务。加大教育事业财力投入，优化师资队伍建设，深化素质教育，提高教学质量，促进教育公平，努力办好人民满意的教育。优化公立医疗服务体系，健全卫生投入保障机制，加强卫计人才队伍建设，着力完善绩效分配政策，积极发展非公医疗机构，不断提高智慧健康建设水平，促进基本医疗卫生和计生服务均等化，建成鹅湖镇医疗急救分站。加强公共文体服务设施和基层文体社团建设，支持群众文艺创作，加强全民健身服务，组织开展群众文艺汇演、国际象棋、棒垒球等品牌文体活动。推进公共法律服务体系建设，提高法律援助水平。加强社会治理。深化社区扁平化管理，优化“三社联动”机制，总结推广鹅湖镇“互联网+”社会治理模式试点经验；加快新建小区建居步伐，完成村（社区）“两委”换届选举。建立物业管理协调机制。全面启动“七五”普法，加强司法行政基层基础建设。深入推进社会矛盾纠纷排查化解，继续开展信访积案化解专项行动。加大劳动监察执法力度，依法打击恶意欠薪行为，切实保障劳动者合法权益。严格落实安全监管责任，运用信息化大数据平台狠抓各类安全隐患整治，加强动态管理，严肃问责问效，切实做到应检尽检、应改尽改，全力保障人民群众生命财产安全。健全社会治安防控体系，严密防范、依法打击违法犯罪活动。

六、认真履职尽责，切实转变作风，为新一轮发展提供有力保障

坚持依法行政。强化法治观念，严格按照法定权限和程序履行政府职能，切实做到法定授权必须为、法无授权不可为。认真落实重大行政决策法定程序，完善公众参与、专家论证、集体讨论决定和社会稳定风险评估等制度，进一步加强行政决策合法性审查，建立健全决策后评估和纠错机制。严格行政执法责任制，规范行政执法行为，建立执法全过程记录制度，探索开展重点领域跨部门综合执法。依法接受人大及其常委会的法律监督和工作监督，自觉接受政协的民主监督，主动接受司法监督，重视社会监督和舆论监督，加强行政监督和审计监督，让行政权力在阳光下运行。深化推进政务公开，及时回应社会关切。加强作风建设。严守政治纪律和政治规矩，严格执行

中央八项规定和省、市、区、委十项规定，巩固深化党的群众路线教育实践活动和“三严三实”专题教育活动成果，持之以恒整治“四风”。深入基层了解社情民意，主动问需于民、问计于民，认真办好民生实事项目和人大代表建议、政协委员提案，着力把联系服务群众工作做得更好。大力弘扬“马上就办、真抓实干”的好作风，强化绩效管理、效能监察和行政问责，切实提高政府执行力，推动各项工作不折不扣落到实处。强化责任担当，加大难点问题攻坚力度，在化解矛盾、破解难题中推动改革发展。推进反腐倡廉。严格落实党风廉政建设责任制，带头落实廉洁自律准则，认真履行“一岗双责”，坚持不懈推进廉洁政府建设。加强反腐倡廉警示教育，严格用制度管权管事管人，严肃查处发生在重点领域、关键环节和群众身边的腐败案件，坚决纠正各类行业不正之风。加大财政资金监管力度，实行全口径预算管理，推行专项资金使用绩效管理，进一步规范政府采购行为，加强财政投资评审，严控“三公”经费支出，把更多的财力用在保障和改善民生上，切实做到为民务实清廉。

各位代表，新的征程已经开启，新的目标催人奋进。让我们在中共锡山区委的正确领导下，紧密团结和依靠全区人民，开拓创新，锐意进取，奋力拼搏，为推动全区经济社会更好更快发展、加快建设富强美丽和谐幸福新锡山而共同努力奋斗！

相关链接

新三板：即全国中小企业股份转让系统，是经国务院批准设立的全国性证券交易场所，全国中小企业股份转让系统有限责任公司为其运营管理机构。

两化融合：信息化和工业化的高层次深度结合，以信息化带动工业化、以工业化促进信息化，走新型工业化道路。

国家“千人计划”：从2011年开始，每年引进400名左右海外优秀青年人才，至2015年共引进2000人。

省“双创计划”：江苏省高层次创业创新人才引进计划。“十一五”期间，重点围绕省优先发展的重点产业，引进500名左右的高层次创业创新人才和若干人才团队。

“三高两低”企业：高污染、高能耗、高排放企业，低效益、低产出企业。

三社联动：社区、社会组织和社会工作人才联动。

“互联网+”：就是“互联网+各个传统行业”，且不是简单的两者相加，而是利用信息通信技术以及互联网平台，让互联网与传统行业进行深度融合，创造新的发展生态。

三严三实：严以修身、严以用权、严以律己，谋事要实、创业要实、做人要实。

三个着力解决：着力解决“四风”突出问题，着力解决联系服务群众“最后一公里”问题，着力解决关系群众切身利益的问题。

六查六看六整治：查修身严不严，看是否做到信念坚定、党性坚强、道德高尚，着力整治理想信念动摇、信仰迷茫、精神迷失，宗旨意识淡薄、借为民办事搞个人政绩、侵害群众利益，党性修养缺失、不讲党的原则等问题；查用权严不严，看是否做到为民用权、秉公用权、依法用权，着力整治权力寻租、权钱交易、以权谋私，侵吞国有资产、插手工程建设和土地出让等问题；查律己严不严，看是否做到心存敬畏、手握戒尺、遵纪守法，着力整治无视党的政治纪律和政治规矩，心中无党纪、眼中无国法，听信和传播甚至制造政治谣言，搞团团伙伙、小圈子，重大问题不请示、不报告，边整边犯、顶风违纪等问题；查谋事实不实，看是否做到尊重规律、尊重科学、尊重实际，着力整治政绩观不正确、拍脑袋决策、搞形象工程，脱离实际、好大喜功、盲目攀比，急功近利、重显绩轻实干等问题；查创业实不实，看是否做到真抓实干、锐意进取、敢于担当，着力整治“乱作为”“慢作为”“不作为”，自满懈怠、斗志消退、故步自封，见到矛盾推、遇到问题躲、碰到难事拖等问题；查做人实不实，看是否做到忠诚老实、襟怀坦白、公道正派，着力整治执行中央和省市委决策打折扣、搞变通，阳奉阴违、自行其是，弄虚作假、投机钻营，心浮气躁、贪图虚名，私心严重、处事不公等问题。

“两新”组织：新经济、新社会组织。

党风廉政建设“两个责任”：党风廉政建设主体责任、监督责任。

廉政文化“六进”：廉政文化进机关、进社区、进家庭、进学校、进企业、进农村。

五位一体：经济建设、政治建设、文化建设、社会建设、生态文明建设“五位一体”。

四个全面：全面建成小康社会、全面深化改革、全面推进依法治国、全面从严治党。

四风：形式主义、官僚主义、享乐主义和奢靡之风。

两证：房产证、土地证。

工业4.0：指以智能制造为主导的第四次工业革命，利用信息通信技术和网络空间虚拟系统——信息物理系统相结合的手段，推动制造业向智能化转型。按照国际共识，目前全球工业化已经历了3个时代，即蒸汽机时代（1.0）、电气化时代（2.0）、信息化时代（3.0），目前正在向智能化时代（4.0）迈进。

“三名”商标：中国驰名商标、省著名商标、市知名商标。

创新载体“3620”工程：计划用三年时间，建成3家产业研究院、6家创新型孵化器（众创空间）、20家企业研究院。

“三证合一、一照一码”登记制度：将企业登记时依次申请，分别由工商行政管理部门核发工商营业执照、质量技术监督部门核发组织机构代码证、税务部门核发税务登记证，改为一次申请、由工商行政管理部门核发一个营业执照的登记制度。

两型社会：资源节约型、环境友好型社会。

两项补贴：就业困难人员的社会保险补贴和公益性岗位招用就业困难人员的就业岗位补贴。

“八大类”案件：故意杀人、故意伤害、强奸、抢劫、绑架、放火、爆炸、投毒案件。

六个一体化：城乡规划、产业发展、基础设施、公共服务、就业社保、社会治理一体化。

一办三中心：政务服务管理办公室、政务服务中心、公共资源交易中心、政府公共服务热线受理中心。

1主5辅：区政府出台的《关于深化行政审批制度改革加强事中事后监管的意见》；在投资管理、信用管理、维护市场公平交易秩序、加强产品质量、食品安全、安全生产、环境保护等关键领域制定的5个事中事后监管办法。

一带一路：“丝绸之路经济带”和“21世纪海上丝绸之路”的简称。

“三公”经费：政府部门人员因公出国（境）经费、公务车购置及运行费、公务招待产生的消费。

（区委办　区政府办　区档案局）

编辑：吴　霞

【锡山旅游集锦】

画不完的家乡情　　（区旅游局 供稿）

荡口古镇

荡口古镇位于无锡、苏州、常熟三地交界的鹅湖镇，素有“小无锡”“银荡口”之美誉。荡口古镇（历史文化街区）占地面积20.68公顷，有省级文物保护单位4个（12处），市级文物保护单位1个，控保单位3个。荡口古镇先后被评为“江苏省历史文化名镇”“无锡市五个重点保护的历史文化街区（名镇）之一”“中国历史文化名镇”“国家AAAA级旅游景区”“2014中国最美村镇人文环境奖”“2015中国最美村镇榜样奖”。

大事记（2015年）

Chronicle of Major Events（2015）

江苏隆达集团

（安镇街道 供稿）

1月

3日　以荡口古镇为主题的大型音乐晚会《中华情·音乐版图·烟雨荡口》于22点整在中央电视台第四频道播出。

4日　中共锡山区委召开三届六次全体会议。会议深入学习贯彻中共十八届四中全会、中央经济工作会议、习近平总书记在江苏视察调研时的重要讲话精神，按照省委十二届八次、九次全会和市委十二届八次全会的部署要求，回顾总结2014年工作，深入分析当前形势，谋划部署2015年任务，动员全区各级党组织、广大党员和干部群众，统一思想、坚定信心，以务实的举措推进法治建设，以创新的理念推动改革发展，为建设富强美丽和谐幸福现代化新锡山而努力奋斗。

5日　锡山区首批名师工作室课堂教学展示活动（小学专场）在云林实验小学举行。全区各名师工作室成员、各小学骨干教师等80余人参加该活动。

9日　“2014年度国家科学技术奖励大会”在北京人民大会堂举行。锡山区东北塘街道的无锡市东舟船舶附件有限公司参与完成的“超深水半潜式钻井平台研发与应用”项目获“国家科技进步奖特等奖”。该项目成为国家科学技术奖2000年启动后，首次有无锡企业参与完成的国家科技进步奖特等奖项目。

12日　锡山区组织收听收看省委、省政府召开的全省农村工作会议暨推动现代农业建设迈上新台阶部署会。会议学习贯彻习近平总书记视察江苏时的重要讲话精神，按照中央农村工作会议和省委十二届九次全会的要求，分析农业农村形势，进一步明确推进现代农业建设的新思路、新举措，部署2015年及今后一个时期的“三农”（农村、农业、农民）工作。

13日　锡山区人口和计划生育工作领导小组会议召开，观看流动人口计生公共服务均等化微电影，全面总结2014年工作，并细致部署2015年工作重点。

14日　无锡卫生高等职业技术学校、锡山人民医院、东南大学中大医院无锡分院校院合作揭牌仪式在锡山人民医院举行。市医院管理中心副主任韩晓枫和区政协副主席、区卫生局局长石国洪为教学医院揭牌。锡山人民医院从无锡卫生高等职业技术学校的实习基地成为教学医院。

15日　锡山区召开党外代表人士区情通报会。区委书记陆志坚在会上通报2014年全区经济社会发展情况和下阶段工作安排。区政府党外副区长，区各民主党派、工商联、无党派联委会负责人出席会议。

16日　“2014～2015年度全市基层党员干部冬训工作部署暨骨干培训会”在锡山区红豆集团会议中心召开。各市（县）区委宣传部分管部长、理论（党教）科长及全市镇（街道）宣传委员等100余人参加培训会。

19日　无锡市宇寿医疗器械股份有限公司成功挂牌新三板，成为锡山区第六家新三板挂牌企业。

21日　江苏利特尔绿色包装股份有限公司成功挂牌新三板，成为锡山区第七家新三板挂牌企业。

29日　东港镇红豆万花城一期——红豆影城试营业。红豆影城位于东港镇港下核心商圈，香山路与健康路交汇处，面积逾2.8万平方米，是一个集星级影院、特色餐饮、时尚购物、休闲娱乐于一体的“一站式”商业生活中心。

1月　异地新建的云林街道社区卫生服务中心投用，坐落于云林路318号，总建筑面积6000平方米。

2月

3日　大润发超市锡山店开业迎客。该店位于商务区锡沪路与润锡路交叉口，南依碧桂园等大型社区，北邻安镇老街区，经营面积约2万平方米。

5日　开发区与德国BOGE（博戈）集团就设立车辆减震橡胶金属件项目举行签约仪式。该项目主要从事车辆减震橡胶金属件生产，注册资本3000万美元，投资总额9000万美元，占地面积约4.4公顷。

6日　荡口古镇与春秋旅游战略合作签约仪式暨上海推介会举行。会上，荡口古镇与上海春秋国旅（集团）有限公司签订5年战略合作协议，建立全面合作关系。

7日　锡山优质农副产品迎新春展销会在农博园举办，台创园、各镇（街道）以及徐州市丰县的特产吸引了许多市民。展销会持续至2月15日。

7日　无锡电视台第五频道的王牌栏目《扯扯老空》2015年度贺岁大片《五福临门之荡口奇缘》首映式暨观众见面会在“荟聚·云林”购物中心举行。

8日　中央统战部光彩事业指导中心主任余敏安一行参观调研锡山区红豆集团光彩公益事业。

11日　上海春秋国旅（集团）有限公司与荡口古镇联合召开荡口古镇战略发展研讨会，进一步探索如何充分科学利用荡口古镇及周边景区资源，实现打造一流AAAAA级景区目标。

16日　农业部副部长张桃林率调研组到锡山区羊尖农机专业合作社、台创园等地开展专题调研。

17日　无锡捷阳节能科技股份有限公司成功挂牌新三板，成为锡山区第八家新三板挂牌企业。

26日　全区农村工作会议在区会议中心召开。区委书记陆志坚对新时期全区农村工作提出要求。

26日　全区作风建设突破年动员大会在区会议中心召开。区委书记陆志坚讲话。区委常委、纪委书记方力通报2014年“作风建设深化年”及机关作风与效能建设民主评议工作情况。

28日　全国精神文明建设工作表彰暨学雷锋志愿服务大会在北京人民大会堂举行，锡山区锡北镇获“全国文明镇”荣誉称号，成为全区首个获得该荣誉的乡镇。

3月

1～5日　第25届中国华东进出口商品交易会在上海新国际博览中心举行。锡山区组织15家企业参展，展品涵盖服装、家居和家纺三个展区。

4日　在第49届德国柏林国际旅游交易会上，锡山区荡口古镇与无锡其他景区共同参展，向世界展示无锡的优质风景资源及丰富文化内涵。

4日　无锡市第十三届志愿者活动月锡山区集中行动暨“三下乡”活动在荡口古镇举行。30余个区级机关部门和志愿者团队为市民群众提供疾病义诊、健康保健、皮具养护、法律咨询、假币辨别、电动车维修等便民利民服务，拉开2015年锡山区志愿者活动月的序幕。

6日　在市政府新闻发布厅举办的市政府促进境外投资工作新闻发布会上，作为无锡市境外投资的企业代表，全国工商联副主席、红豆集团总裁周海江作《西港特区致力打造“一带一路”合作共赢样板》的情况介绍。

10日　区委书记陆志坚、区政协主席蒋群等区四套班子领导，率机关干部到鹅湖镇会通路绿化样板段，挥锹培土，栽下新绿，掀起全区新一轮造林绿化的热潮。

10日　区首家儿童博物馆——东港镇港下中心幼儿园幼儿博物馆建成并对外开放。该博物馆面积约200平方米，有精品玩具300余件（套）。

11日　锡山区召开“2015无锡锡山—麻省理工学院新材料研讨会”。麻省理工学院T材料工艺中心副主任马克·比尔斯与无锡兴达泡塑新材料股份有限公司、江苏新日电动车股份有限公司、无锡日月合金材料有限公司等10余家企业负责人共同探讨材料科学领域的最新发展动态和研究成果。

18日　锡东大道北延工程竣工通车，成为京沪高铁无锡东站、苏南硕放国际机场沟通江阴市东片乡镇的首条便捷通道。锡东大道全长16千米，被命名为锡山区首条“生态公路”。

20日　全区卫生工作会议召开，细致总结2014年工作，全面部署2015年重点工作。副区长陈奕到会讲话，区政协副主席、区卫生局局长石国洪作工作报告。

24日　红豆集团董事局主席周耀庭、总裁周海江个人捐赠1000万元成立无锡耀庭慈善基金会。

25日　由市委组织部主办的学习红豆党建经验实施“雁阵计划”启动仪式暨非公企业党组织书记培训班在红豆集团举行，全市50余家企业、100余名非公企业党组织书记到红豆集团集体“取经”。

31日　省台办主任杨峰调研锡山区对台工作。区领导顾中明、陈建清等陪同。

3月31日至4月2日　政协锡山区三届四次会议举行。会议听取和讨论区委书记陆志坚所作的讲话，听取和讨论政府工作报告以及其他报告，审议通过区政协主席蒋群所作的区三届政协常委会工作报告和区政协副主席章建新所作的提案工作情况报告。会议期间收到提案123件。

4月

1～3日　锡山区三届人大四次会议举行。区长顾中明作政府工作报告。区人大常委会主任华炳泉作区人大常委会工作报告。大会听取并通过议案审查委员会主任委员郑永君所作的议案审查报告。大会通过关于《政府工作报告》《无锡市锡山区2014年国民经济和社会发展计划执行情况与2015年国民经济和社会发展计划》等多项决议。

10日　全区质量工作会议在区会议中心召开。会议总结2014年工作，部署2015年工作并下达目标任务书。副区长陈建清参加会议并讲话。

上旬　无锡市公路养护应急处置中心锡山基地投用。该基地集日常养护、路网监控、应急处置、公共服务等功能于一体，有助于进一步提升锡东、锡北片区国省干线公路路网管理、应急指挥和突发事件应急处置能力。

16日　无锡聚丰数控金属制品股

份有限公司实现新三板挂牌，成为全区第九家、羊尖镇第一家新三板挂牌企业。

20日 锡山区举办“2015无锡锡山国际技术与人才合作交流会”。会上，锡山区与江苏省跨国技术转移中心签订战略合作协议，成立江苏省跨国技术转移中心锡山分中心。

25日 锡山区首个以弘扬社会主义核心价值观、孝义崇善为内容的“锡山区孝义文化主题公园”在安镇街道和泽公园揭牌。

28日 2015年庆祝“五一”国际劳动节暨表彰全国劳动模范和先进工作者大会在北京市举行，无锡锡山建筑实业有限公司项目部经理、工程师王英明获评全国劳动模范并参加大会。

29日 全区庆祝“五一”国际劳动节大会举行，会议表彰2014年全区各行各业的先进典型，共同庆祝“五一”国际劳动节。

29日 锡山区首家农村产权交易服务机构——安镇街道农村产权交易服务中心揭牌，同时启动第一笔农村集体资产交易业务：安镇街道商贸中心二期W20号商铺租赁项目以2.7万元成交，溢价率350%。

29日 “幸福无锡·欢庆五一”无锡市文艺家志愿者文化惠民走进锡北镇文艺演出在锡北镇泉山商业广场举行。

30日 人民日报数字媒体公益社区行暨法制大舞台走进锡北启动仪式在锡北镇泉山商业广场举行。该活动由人民日报数字媒体、无锡市供销社、无锡市农业委员会联合无锡市交警支队、无锡市司法局等主办，依托当地名优特农产品直销活动平台，集中开展法治宣传服务活动。活动持续至5月3日。

5月

1日 1日起，荡口古镇景区由无锡荡口古镇旅游发展有限公司实施封闭式运营，实行景区门票收费政策，定价为80元。

1日 荡口古镇与国内顶级旅行社——上海春秋国旅（集团）有限公司实施全面战略合作。

4日 锡山区举行纪念五四运动九十六周年暨“青春展翅”锡山区青年创新创业计划启动仪式。区委副书记章红新与团市委副书记吴莉萍共同为锡山青年创业协会揭牌。

6日 由新加坡“智慧工场”旗下Wealthan（唯杉）公司与以色列SNE技术转移公司共同投资建设的无锡唯杉现代农业发展有限公司“以色列现代农业科技园”项目在锡山台创园举行签约暨奠基仪式。项目位于锡山台创园下属子园区锡山生物农业产业园内，总投资1500万美元，占地面积20公顷。

8日 2015“流光溢彩映锡山”广场文艺演出开幕式暨锡山区第三届“锡东新城杯”全健排舞大赛专场在安镇街道和泽公园举行。

15日 “携手助残圆梦，共建幸福锡山”——关爱孤独症儿童联谊会在锡山特殊教育学校举行。

16～18日 以“宜新、宜创、时尚、健康”为主题的2015第九届中国无锡国际电动车展在无锡太湖国际博览中心举行。展会设1200余个国际标准展位，全国各地的200余家整车厂、部件厂参展洽谈，展览面积超过3万平方米，参观人数5万人次。

18日 世界顶级钢琴品牌德国门德尔松钢琴在中国的第二大制造基地在开发区动工开建。德国门德尔松钢琴公司在开发区购地2.33公顷设立外商独资企业。新公司注册资本1000万美元，总投资2500万美元。

18日 江苏台新东机械科技有限公司在开发区开工奠基。该公司由中国台湾新东机械股份有限公司和百利达股份有限公司共同投资建设，注册资本810万美元，项目用地约1.8公顷，主要生产汽车外壳的砂处理、表面处理及环境污染防治等表面处理流水线设备，主要客户是丰田、现代等知名汽车公司。

20日 由市委宣传部、区委宣传部以及红豆集团组织的西港特区媒体报道团赴柬埔寨采访启动仪式举行，由12家中央和省级媒体的记者组成的媒体报道团将在四天时间内，深入柬埔寨西港特区采访，实地感受园区的发展脉搏，宣传报道“一带一路”框架下西港特区打造合作共赢样板的情况。

22日 省人大常委会常务副主任、党组副书记蒋宏坤率领调研组调研锡山区农田水利设施建设情况。

22日 国家粮食局副局长卢景波、调控司司长周冠华及省市相关部门负责人一行，专题调研锡山区夏粮收购准备工作、粮库信息化改造等工作。

22日 “墨润江南”——中国艺术研究院中国画院“双扎根”无锡采风活动作品展在中国艺术研究院中国画院无锡研创基地开幕，展出作品97幅。

22日 2015“流光溢彩映锡山”广场文艺演出在云林街道祇陀寺广场举行，为期一周的云林街道2015年民俗文化周启动。云林街道将连续举办20余场活动，展现云林街道的民俗、宗教和群众文化。

22日 西港特区公司与柬埔寨默得朗乡小学举行“爱心助学，结对帮扶”活动，西港特区公司13名员工与该校13名小学生结成“扶贫帮困，捐资助学”对子。

22～23日 “2015麻省理工学院中国（无锡）年会开幕式及论坛活动”举行，锡山区50余家企业代表参加会议。

23日 第四届“太湖奖”设计大赛颁奖仪式在无锡太湖国际博览中心举行。锡山区江苏新日电动车股份有限公司的“电动两轮车——米酷”获产品组特等奖，雅迪科技集团有限公司的电动车获产品组一等奖。

25日 由中国邮政集团公司无锡市分公司和开发区管委会共同投资建设的无锡邮政跨境电商产业园锡山园区签约落户开发区，面积约5000平方米。

27日 江苏新广联光电股份有限公司在新三板挂牌，成为锡山区第十家、开发区第三家新三板挂牌企业。

28～29日 “2015年区媒体融合与运用暨新闻发言人专题培训班”举办，锡山区各板块和部门的新闻发言人及有关宣传干部80余人参加培训班。

29日 江苏首个大型实景冰雕主题展——“荟聚Frozen冰雪奇妙世界”对外开放，活动持续至10月7日。该活动设于“荟聚·云林”广场，占地面积2000余平方米，由35名世界最顶尖的冰雕大师，将9000余块真冰雕刻成造型各异的冰雕艺术作品。

31日 红豆电信试商用启动会暨红豆电信无锡市民卡有限公司合作签约发布会在红豆集团举行，标志着红豆电信进入市场化运营。

5月 共青团中央印发《关于表彰2014年度“全国优秀共青团员”“全国优秀共青团干部”“全国五四红旗团委（团支部）”的决定》，锡山区江苏新日电动车股份有限公司团委获“全国五四红旗团委”称号，锡山地税局团总支获“全国五四红旗团支部”称号。

6月

6日 由中国企业联合会、中国企业家协会组织的“2015全国企业文化示范基地建设现场会”在锡山区红豆集团召开。会上，全国各地的200余家大中型企业代表参观红豆集团企业文化建设成果；红豆集团被授予“全国企业文化示范基地”奖牌。

15日 中国中铁一局集团城市轨道交通工程有限公司落户锡东新城签约仪式，在中铁一局集团总部大楼举行。中铁一局集团城市轨道交通工程有限公司总部将从陕西省西安市搬迁至无锡市，进驻商务区网新国际科技创新园。

18日 润发购物中心开业，总面积9.4万平方米，有大润发超市、屈臣氏、肯德基、大地数字影院、普乐迪KTV、元祖、豪味家等100余个品牌入驻，是商务区首个集购物、餐饮、娱乐、休闲于一体的现代商业中心。

18日 由经济界专家和财经界人士共同评出的“2015中国最具投资价值公司100强榜单”发布，锡山区红豆集团下属企业江苏红豆杉生物科技股份有限公司入选榜单。

20～29日 中国（锡山）第五届国际象棋女子名人赛在锡山区举办。该比赛由国家体育总局棋牌运动管理中心、中国国际象棋协会、锡山区人民政府、无锡市体育局、无锡市体育场馆和训练管理中心主办，锡山区文体局、中国国际象棋高水平后备人才（无锡）培训基地承办。谭中怡、黄茜、雷挺婕、沈阳、丁亦昕、郭琦、章晓雯、朱锦尔、赵盛鑫，以及由中国国际象棋高水平后备人才（无锡）培训基地培育的周子润共十位棋手参赛。谭中怡获冠军，雷挺婕、沈阳分别获得亚军、季军。

25日 安镇街道养老服务中心启用。该中心由原查桥敬老院改扩建而成，坐落于吼山脚下，环境清幽，功能齐全；占地面积1.53公顷，建筑面积9867平方米，设置床位390张，总投资4000万元。

28日 中国最有价值品牌500强评审委员会发布“2015年中国最有价值品牌500强榜单”。在电动车行业，锡山区江苏新日电动车股份有限公司凭借83.95亿元的品牌价值荣登行业榜首。

29日 锡山区召开“2015年农业保险工作会议”，贯彻落实2015年省市农业保险相关政策文件精神，研究部署2015年的各项工作。

6月 中国轻工业联合会公布“2014年度中国轻工业行业十强企业”评价结果，锡山区雅迪科技集团有限公司连续六年蝉联中国轻工业电动自行车行业十强企业第一名。

7月

1日 全国首创区域理论学习App——锡山理论随身充电宝上线。该平台利用移动互联网新媒体技术，创新党的理论宣传和理论学习方式、方法。

3日 全区征兵工作会议召开。区

委常委、人武部部长周柏平总结2014年征兵工作情况，部署2015年征兵工作任务。副区长言国强出席会议并讲话。

11日　由锡山区青少年活动中心主办，东亭实验小学、鹅湖玫瑰文化园、无锡市梁鸿湿地公园协办的锡山区青少年活动中心2015暑期夏令营开营。全区近100名小学优秀艺术特长生参加活动。

14日　中国香港的十家旅行社董事长、总经理到荡口古镇走访考察，开展江苏精品旅游踩线行活动。

21日　在锡山区重大产业项目集中开工暨无锡国宏硬质合金刀具项目奠基仪式活动中，25个项目集中开工，项目总投资100.87亿元，其中工业项目21个，服务业项目4个。

24日　锡山区首个众创空间——“创融汇”在锡东创融大厦建成开放，国内一线创业品牌“学习宝”“小萝贝”等入驻。

25～26日　由中国企业联合会、中国企业家协会主办的“2015年全国企业文化年会”在北京市召开，锡山区红豆集团党委书记、总裁周海江荣膺“2014～2015年度全国企业文化建设突出贡献人物”。

26日　无锡电视台经济频道《扯扯老空》栏目到中国传统村落——羊尖镇严家桥村开展锡剧夏令营活动，50余名小朋友在家长陪伴下参加夏令营。

29日　无锡捷德标准技术服务有限公司领取到全市首张“三证合一”营业执照。

31日　由市文明办组织开展的“红色之旅——走进抗战纪念馆”实地采访活动在锡山区锡北镇新四军六师师部旧址纪念馆举行，全市各区文明网信息员及文明办综合处工作人员共40余人参加活动。

7月　区首个街道职工之家——安镇街道职工之家对外开放。该职工之家坐落于安镇街道鑫安苑大型安置房小区，共三层，设置健身房、乒乓室、棋牌室、舞蹈排练房、桌球室等体育健身功能用房，并建有视听室、书画室、电子阅览室、职工书屋等职工文化阵地，同时拥有职工帮扶室、心理辅导室、争议调解室、多功能会议室等，为职工提供生活帮扶、心理疏导、权益维护等服务。

7月　中央电视台第七套节目《农广天地》栏目组到锡山区采访东港镇黄土塘农业发展有限公司蒋建康和无锡甘露青鱼现代水产园，拍摄《从农田到餐桌》专题宣传片。

8月

1日　国家服务外包人力资源研究院跨境电商（无锡）产业孵化中心开园仪式在锡东创融大厦举行。无锡市波海光学仪器电子有限公司、无锡锦奇纺织品有限公司等13家企业签订入驻协议，成为首批入驻该跨境电商孵化器的企业。

2日　中央电视台新闻联播节目播放锡山区江苏新日电动车股份有限公司产学研合作推动科技创新的新闻报道，同时采访公司董事长张崇舜。

5日　锡山区民主党派、工商联、无党派联委会主要负责人会议在区“党外人士之家”举行，标志着锡山区“党外人士之家”投入使用。

5日　南京市旅游协会与无锡市旅游协会联手组织荡口古镇南京专场推介会。南京市旅游协会会长张农、无锡市旅游协会会长王洁平出席推介会，南京市40余家旅行社及《南京日报》《扬子晚报》等5家媒体参加推介会。

14日　中共锡山区委召开三届七次全体会议。会议深入贯彻中共十八大、十八届三中、四中全会和习近平总书记系列重要讲话及视察江苏时的重要讲话精神，全面贯彻落实省委十二届十次全会和市委十二届九次全会精神，回顾总结上半年工作，研究部署下阶段工作思路和举措，动员全区各级党组织和广大干部群众，统一思想、坚定信心，振奋精神、加压奋进，全力推动全区经济社会更好更快发展。

19日　区市场监管局东北塘登记窗口发出全市乡镇首张“三证合一”营业执照。

19～21日　区政协党组书记章红新，区委常委、副区长言国强率区有关部门、镇（街道）负责人赴新疆阿合奇县考察对接区县友好和乡镇结对共建工作，并看望慰问锡山区援疆干部。

20日　农历七月初七，由江苏省书法家协会、无锡市文学艺术界联合会、无锡市文化广电新闻出版局、无锡日报社、锡山区红豆集团主办的“七夕红豆情——全国书法名家邀请展”在无锡博物院开展，活动为期一周。

26日　“2015第二届麻省理工学院中国创新与创业论坛（MIT-CHIEF）海外高层次人才创业项目团队锡山行系列活动”举行。

27日　由省委宣传部组织的“江苏省百名专家学者千场文艺欣赏讲座”锡山首场开讲，南京师范大学美术学院教授、博士生导师林逸鹏在锡山区图书馆作一场主题为“水墨艺术的魅力”的专题讲座，受到广大书画艺术爱好者的追捧。

28日　“相约周家阁，共圆中国梦”——2015无锡市文艺家志愿者文化惠民演出暨周家阁文化公园启用仪式在锡北镇周家阁文化公园举行。

30日　以“金融与互联网+：苏南转型的两只翅膀”为主题的“2015正和岛太湖论坛暨苏南岛邻机构两周年庆典”在锡山区红豆集团举行，全国各地的企业家精英们论道太湖，把脉时代、共谋未来。

31日　由中央文明办主办、中国文明网承办的“我推荐、我评议身边好人”活动8月“中国好人榜”名单揭晓，锡山区东北塘街道推荐的无锡市海联舰船附件有限公司董事长戴三南入选8月助人为乐类“中国好人”。按照评选规则，戴三南同时入选“江苏好人”。全区累计入选“中国好人”8名、“江苏好人”12名。

9月

1日　坐落于锡东新城九里河畔映月湖旁的区直属锡山实验小学投入使用。学校设置规模为10轨60个班、学生数2700人，绿地面积近1.8万平方米，绿地率31.4%，是名副其实的绿色校园。

1日　由团区委举办的“勿忘国耻，圆梦中华”——纪念中国抗日战争胜利暨世界反法西斯战争胜利70周年主题团日活动拉开序幕。100余名各界青少年代表齐聚锡北镇新四军六师师部旧址纪念馆，纪念中国人民抗日战争暨世界反法西斯战争胜利70周年。

1日　无锡市民卡锡东营业处对外营业，该营业处位于锡东创融大厦D座丹山路82号，为锡山区首个无锡市民卡公司自营网点，可办理售卡、补换卡、挂失、年审等业务。

2日　为纪念中国人民抗日战争暨世界反法西斯战争胜利70周年，区委书记陆志坚、区长顾中明分别走访慰问锡山区部分抗战老战士、老同志，并为他们送上中共中央、国务院、中央军委颁发的中国人民抗日战争胜利70周年纪念章。

7日　锡山公安分局出入境受理点在锡山区政务服务中心对外试运行，全面受理市民的各项出入境业务申请。

8日　爱康集团·慧谷金融电商产业园在锡北园区开工奠基。项目总投资2亿美元，一期启动用地10.8公顷。

上旬　长三角旅游摄影总会采风基地在荡口古镇成立，长三角旅游摄影总会秘书长周宴为古镇授牌。

14日　“江苏省百名专家学者千场文艺欣赏讲座”之“品味国乐”在锡山区图书馆举行，该讲座由南京师范大学音乐学院教授岳峰讲授。

17日　开发区举行“2015中秋台商恳谈会”，与台商代表共叙友情，共谋发展大计，共商发展未来。

18日　江苏省农科院与锡山区政府签订科技合作协议，由双方共建的江苏省农科院锡山设施园艺研究中心揭牌成立。

18～20日　“2015中国江苏旅行商交易大会暨新浪金足迹旅游网络盛典”在苏州国际博览中心开幕。锡山区荡口古镇参加大会。

19日　无锡市第十二届社会科学普及周活动在锡山区馨和园广场启动，30余家协会参与活动并接受市民咨询，发放各类社会科学宣传手册、图书近1万册。

19日　由商务区、《江南晚报》共同组织的“网络大V看锡东”主题活动走进商务区，“斗山星辰”“无锡东侠”“头条无锡”等30余名无锡知名网络大V们到锡东新城，线上线下进行交流，共同感受锡东新城的蝶变。

19日　位于东亭街道隆亭公园的东亭文史馆建成开馆。

19～22日　中国学前教育研究会“2015年幼儿园课程建设学术研讨会”在锡山区举行。全国500余名学前教育专家、学者和教师参加活动。

19～22日　“2015中国国际摩托车、电动车及零部件交易会”在上海国家会展中心举行。锡山区有8家“两车”基地企业抱团参加交易会。该展会是国内唯一一个“两车”产业的国际性专业展，已连续举办六届。

22日　由区委、区政府主办的“2015无锡创新创业周之锡山区新能源车辆高峰论坛”举行，全区近100家电动车等相关行业企业负责人参加论坛。

25日　“情满中秋、孝义锡山”——“我们的节日·中秋”大型广场文艺晚会暨锡山区孝义文化主题公园开园、“锡山好人在线”语音频道上线仪式在安镇街道和泽公园举行。

28日　全区村、社区党组织书记培训班开班。培训班为期三天，通过专题讲座、业务辅导、分组座谈、交流研讨等多种形式，进一步提高村、社区党组织书记履职尽责本领和服务群众能力。

10月

10日　10名德国老车手驾驶着5辆老爷车，历经40多天，横跨欧亚大陆1.6万千米的行程开进锡山区荡口古镇。该活动由中德文化交流协会发起，被称为“2015德国—上海欧亚新丝路老爷车拉力赛”。荡口古镇成为无锡站中重要的停靠点，也是荡口古镇首次参与该项活动。

10日　第二届江苏工业设计周无锡分会场活动在锡山区红豆集团举行。围绕“服装设计与品牌创新暨智慧红豆成果展示”主题，红豆集团充分展示了红豆“智造”，首次推出的炫酷文化衫等穿戴智能产品成为全场最大亮点；红豆电信的智慧服装、手机一卡通等技术运用和红豆绒发热内衣、通用轮胎等多项前沿设计成果吸人眼球，获得好评。

16日　无锡首个水稻自主品牌——“锡稻1号”在锡山台创园开镰。由锡山区政府与浙江大学开展深度合作，孵化出的产学研平台选育而成的“锡稻1号”，是无锡历史上首个本地优质高产水稻品种。

16日　锡山区组织20余家科技型企业以及省电动车产业产学研协同创新基地相关负责人，到南京国际展览中心参加第五届江苏产学研合作成果展示洽谈会，与武汉大学、东华大学、江苏大学等省内外多名高校专家展开“面对面”交流，达成合作意向6项。

16日　“江苏省百名专家学者千场文艺欣赏讲座”之“漫说‘五四’人文风范”在天一中学举行。该讲座由南京师范大学副教授赵普光讲授。

21日　中国科学院金属研究所南方（无锡）工作站在开发区揭牌成立，标志着中国科学院金属研究所在南方的唯一基地启动运行。

23日　省委书记罗志军到锡山区调研企业。省委常委、市委书记李小敏，省委常委、省委秘书长樊金龙，省委副秘书长、省委办公厅主任陈建刚，市、区领导张叶飞、陆志坚、顾中明、李佩东参加调研。

23日　无锡市台湾同胞投资企业协会第八、第九届理监事换届交接典礼在锡山区举行，无锡百和织造有限公司董事长郑国烟当选新一届会长。

23日　中国国民党主席特别顾问兼大陆事务部主任高孔廉一行到锡山区走访台资企业，看望台商同胞并亲切座谈交流。

26日　省委常委、宣传部部长王燕文到锡山区调研基层宣传思想文化工作“加强年”措施落实情况，调研内容涵盖文化旅游、文化产业、文化惠民等。

26日　国家质检总局公布第一批“中国出口质量安全示范企业”名单，锡山区雅迪科技集团有限公司入选第一批名单。

27日　“江苏省百名专家学者千场文艺欣赏讲座”之“当代电影中的经典文化存在及其意义”在锡山区图书馆举行。该讲座由南京师范大学文学院副教授蒋俊讲授。

28日　锡山区老区开发促进会四届一次、扶贫开发协会三届一次会议在区会议中心召开。

30日　无锡农村商业银行锡山办事处的张会计在锡山地税局办税服务大厅，领取到锡山地税局为某一制衣有限公司出具的“信用信息报告表”，成为锡山区首笔办理成功的“税易贷”业务。

31日　寻梦·2015第三届中国最美村镇《中国梦·村镇梦》市长论坛暨“中国最美村镇颁奖典礼”在贵州省贵阳市举办。锡山区荡口古镇继2014年荣获最美村镇后，再度被评为“2015中国最美村镇榜样奖”；厚桥街道谢埭荡村获“2015中国最美村镇最佳农家乐奖”。

31日　31日起，锡山人民医院、锡山人民医院分院、锡北人民医院、鹅湖人民医院、东亭医院、东港医院6家公立医院实施城市公立医院医药价格综合改革。

10月　位于锡东新城的翠屏山旅游度假区获省政府批复。翠屏山旅游度假区将以翠屏山为主体，规划范围东至锡东大道，南至锡沪路—胶西路—胶阳中路—锦安路—安国路沿线，西至鸭荡圩，北至双泾河，总面积16平方千米，是锡东新城建设的首个大型旅游度假园区。

11月

2日　新疆阿合奇县优秀干部赴锡山学习锻炼培训班开班仪式在区委党校举行。阿合奇县的40名优秀干部将在锡山区进行为期1个月的培训。

6日　九三学社锡山区基层委员会召开换届会议，选举产生新一届基层委员会领导班子。殷晓伟当选为主委。

10日　锡山区举行江苏省老年人体育节锡山区分会场闭幕式，全区各镇（街道）的250余名老年人参加大会展示表演。

10日　无锡兴达泡塑新材料股份有限公司登陆新三板挂牌交易，锡山区新三板挂牌企业增至13家。

12日　民革锡山区支部召开换届暨总支部成立大会，选举产生新一届总支部委员会领导班子。保海燕当选为主委，张如丹、陶碧舸当选为副主委。

19日　《人民日报》对锡山区国税局第三分局局长蒋岳30年如一

日替牺牲战友照顾双亲感人事迹进行专题报道。年内，《新华日报》《法制日报》《光明日报》等国家级媒体先后报道蒋岳的感人事迹，新华社编发新闻通稿。

20日 锡山台商联谊会一年一度的品牌活动“煮酒品蟹话锡山”联谊晚会在锡州花园酒店举行。区领导蒋群、张映雪、李佩东等与数百名台商欢聚一堂，共度美好时光。

中旬 锡东汽车综合性能检测站安全技术性能检测线投入运行，成为锡山区首家交通检测、公安安检、环保检测“三检合一”的机动车检测站。该站占地面积约2.23公顷，能满足锡山及附近地区10万辆机动车的检测需求。

23日 中国中小城市科学发展评价指标体系研究课题组、中国城市经济学会中小城市经济发展委员会、中小城市发展战略研究院联合发布“2015年中国中小城市科学发展评价指标体系研究成果”，公布2015年度全国综合实力（科学发展）百强县市、区、镇的名单，锡山区东港镇位列“2015年度建制镇综合实力前100个镇”（全国科学发展百强镇）第57名。

27日 民进锡山区基层委员会换届大会在区会议中心举行，选举产生新一届基层委员会领导班子。朱卓君当选为主委，章晓东、刘水长、皮郁清当选为副主委。

27日 “2015年胡润百富周年庆暨颁奖晚宴”在北京市诺金酒店举行，锡山区红豆集团董事局主席周耀庭获“胡润百富终生成就奖”。

28日 “2015新材料产业发展高峰论坛（无锡）暨中国仪表功能材料行业协会第六届会员代表大会”在锡山区召开。会上，中国科学院院士曹春晓、锡山区区长顾中明为“平板显示稀贵金属材料及装备研发中心”国家工程实验室揭牌。

12月

1日 锡山区国家艾滋病综合防治示范区工作会议召开。副区长陈奕到会并讲话，区政协副主席、区卫计局局长石国洪回顾锡山区历年艾滋病疫情和防治工作开展情况，并解读锡山区国家艾滋病综合防治示范区实施方案。

2日 全区党外（统战）干部学习培训班在区会议中心举办。区各民主党派、工商联、无党派联委会班子及骨干成员，开发区、商务区、各镇（街道）统战干部参加培训班。

3日 省国土资源厅通过视频会议的形式召开顾哲同志先进事迹报告会，全省各市、县、区共设112个分会场，全系统4500余名干部职工收看视频报告会。顾哲被省国土资源厅追记二等功。顾哲，锡山国土分局地籍科副科长，长期工作在锡山区地籍管理和信息化建设工作岗位上，任劳任怨，最终积劳成疾。2015年9月2日，因患晚期肝癌和肺癌去世。

5日 商务区查桥生活垃圾中转站配套基建工程投入使用。该工程通过对原查桥生活垃圾中转站的改造，可实现日处理生活垃圾100吨，提升了锡东新城生活垃圾压缩转运能力。

7日 中国科学院2015年院士增选结果对外公布，锡山籍教授杜江峰当选中国科学院院士。杜江峰，1969年6月生，无锡市锡山区东港镇人，物理学家。

7日 锡山区首个宗教界慈善基金会——祥云慈善基金会成立，第一届理事会第一次会议召开。该基金会由锡北镇石村古寺和斗山禅寺联合发起，注册资本200万元，安笑明当选为理事长。

10日 民盟锡山区总支部举行换届大会，选举产生新一届总支部委员会领导班子。毛晨当选为主委，朱小红、郭明洲、段哲当选为副主委。

15日 为期两天的全区组工干部培训班在区委党校开班，全区64名组工干部参加培训班。

16日 东港镇农村产权交易服务中心启用，标志着东港镇农村集体资产进入“公开化、市场化”交易的新阶段。

18日 中国少年先锋队锡山区第四次代表大会在区会议中心举行。全区各中小学校的少先队员、少先队辅导员、少年儿童工作者代表160余人参加大会。大会听取、审议并通过第三届委员会所作的工作报告，选举产生中国少年先锋队无锡市锡山区第四届工作委员会。会议还表彰2015年“锡山区十佳少先队员”和“锡山区十佳少先队辅导员”。

19日 浙江省台州市组织的“万人游荡口”活动启动，180余辆大巴载着近1万名游客同时走进荡口古镇。

中旬 由中国汽车工业进出口有限公司、无锡市经济和信息化委员会联合主办的“2015年全国汽车零部件协作配套对接会”在无锡市举行。锡山区组织20余家企业的负责人参加现场对接洽谈会。

21日 省妇女儿童工作委员会督导组对锡山区“十二五”妇女儿童发展规划实施情况进行专项督导，充分肯定锡山区的妇女儿童工作。

21日 省公安厅举行中国赴南苏丹维和警队出征仪式，根据公安部授权，江苏省13名民警组成中国赴南苏丹维和警队。锡山公安分局高铁商务区派出所所长邱海波成为其中一员。该次是邱海波第二次受命参与维和重任。

22日 区委宣传部和区教育局联合开展“江苏省百名专家学者千场文艺欣赏讲座”活动，特邀江南大学人文学院副院长、教授符姗姗作“走进舞蹈，感受艺术”的讲座。该活动由云林实验小学承办，区各中小学音乐骨干教师和云林街道舞蹈爱好者参加讲座。

23日 锡山区2015年市、区联动招商对接会暨第四期招商专题培训举行。围绕“推介优势投资环境、对接优质意向项目”主题，市、区招商局和各板块招商部门主要负责人和业务骨干，通过座谈交流，进一步构建招商联动工作机制，做好项目信息、载体资源无缝对接工作，全面优化招商工作绩效。

25日 蓝光·耍街川派美食街在东亭街道开业，标志着蓝光旗下长三角第一条耍街落户锡山区。

28日 锡山区老年人体育工作协会在区会议中心召开第四届委员会第二次会议，回顾总结2015年老年体育工作，并对2016年全区老年体育工作作出部署。

30日 中共锡山区委三届八次全会在区会议中心举行。会议深入学习贯彻中共十八届五中全会、中央经济工作会议和省委十二届十一次全会、全省经济工作会议精神，按照市委十二届九次、十次全会的部署要求，回顾总结全年工作，谋划部署2016年任务，审议通过《中共无锡市锡山区委关于制定无锡市锡山区国民经济和社会发展第十三个五年计划的建议》和《中国共产党无锡市锡山区第三届委员会第八次全体会议决议》，动员全区各级党组织和广大干部群众，进一步统一思想、坚定信心，抢抓机遇、开拓奋进，全力推动锡山经济社会更好更快发展。

（区档案局）

编辑：吴　霞

【锡山旅游集锦】

晨雾下的斗山　　（陈惠初 摄）

斗山农业生态园

斗山农业生态园位于锡北镇斗山，距无锡市中心10公里，北与江阴市为界，西与惠山区相接，占地面积约21.11平方公里，集高效农业、生态旅游观光、休闲度假及科普体验等多功能于一体，是名茶“太湖翠竹”的原产地。斗山农业生态园先后被评为“无锡市三星级农家乐”“无锡市五星级农家乐”“江苏省四星级乡村旅游点”。

锡山区 概况

Survey of Xishan District

九里河景观带　　　　（区档案局 供稿）

地情概要

【位置面积】锡山区位于长江三角洲腹地，江苏省东南部，无锡市东北部。南临太湖，北通长江，东邻苏州、常熟，东至上海128千米，西至南京177千米，为苏锡常中心地区，水陆空交通十分便捷。沪宁、锡澄（京沪）、锡张高速公路在区内交汇，G312国道穿境而过，京杭大运河贴界而过，距苏南硕放国际机场仅15千米。设立在锡山区安镇街道的京沪高铁无锡东站于2011年6月竣工并投入使用。无锡地铁2号线于2014年12月28日开通运行，起于滨湖区梅园，终于锡山区安镇街道。全区土地面积399.1平方千米。境内土地肥沃，物产丰富，经济繁荣，是近代民族工业和现代乡镇工业的发祥地。

（区档案局）

【气候】2015年，锡山区气温正常，降水偏多，日照正常。年内，4月下旬出现伴有冰雹、雷雨大风、短时强降水的强对流天气；梅汛期强降水创多项历史极值纪录；台风外围影响较多；全年连阴雨（雪）天气过程7次；高温日数正常，并在7月下旬到8月上旬集中出现。主要气象灾害有暴雨洪涝、连阴雨、强对流、寒潮、高温、雾霾等。气象条件对全区主要农作物、水资源、旅游为较好的气候年景，对人体健康和交通等行业为正常或正常略差的气候年景。

气温正常。年平均气温16.8℃，年极端最高气温38.5℃，年极端最低气温-5.3℃。年高温日数（日最高气温≥35℃）14天，年低温日数（日最低气温<0℃）21天。

降水偏多。年降水量1545.7毫米，6月和11月降水异常偏多；年雨日135天，日最大降水量151.1毫米（6月16日），年暴雨日数5天。日照正常。年日照时数1767.5小时，11月日照时数显著偏少。

（市史志办　区档案局）

【人口】2015年年末，全区户籍总户数12.99万户，总人口435107人，其中男性人口213032人，女性人口222075人。全年出生人口3142人，其中男婴1666人，女婴1476人；死亡人口3201人。全年人口自然增长率呈现微弱负增长，人口自然增长率为-0.14‰。

（刘异伟）

【区划建置】商末（约公元前12世纪），古公亶父（周太王）之长子泰伯，为让位于三弟季历，偕二弟仲雍南奔南蛮，定居梅里（今无锡市新区梅村街道），自号“句吴”。汉高祖五年（公元前202年），始设无锡县，属会稽郡。清雍正二年（1724年），分无锡县为无锡、金匮两县。民国元年（1912年），又合二为一，复称无锡县，初属江苏苏常道，1927年直属江苏省。1949年4月23日，无锡解放，析城区及近郊，置无锡市，市、县分置。1983年3月，江苏省实行市管县新体制，无锡县属于无锡市。1995年6月8日，经国务院批准，撤销无锡县，设立锡山市。2000年12月，经国务院批准，撤销锡山市，分设锡山区和惠山区，隶属无锡市，沿太湖7个镇分别归无锡市滨湖区和新区 。

（区档案局）

【行政区划】4月17日，经区政府批准，鹅湖镇撤销原燕水庄村村民委员会与彩桥村村民委员会建制，合并设立新的彩桥村村民委员会。12月3日，经区政府批准，安镇街道设立锦安社区居民委员会。至2015年年末，锡山区辖5个街道、4个镇，75个行政村、43个社区居委会和1个国家级开发区、1个锡东新城商务区。

（区档案局）

表1

2015年年末锡山区村（居）委会一览

单位	村（居）委会名称	个数
东亭街道	东街社区　柏庄一村社区　桑达园社区　春江花园社区　门楼社区　柏庄社区　春星社区　春合社区　庄桥社区　北街社区　东亭社区　新屯社区　映月社区　华亭社区	14
安镇街道	鑫安社区　吼山社区　谈村社区　锦安社区　白丹山村　大厍头村　先锋村　查桥村　山河村　春光村　安南村　胶西村　安西村　胶山村　胶南村　安镇村　团结村	17

续表1

单位	村（居）委会名称	个数
羊尖镇	羊尖社区 羊尖村 南村村 宛山村 廊下村 南丰村 严家桥村 丽安村 龙凤巷村	9
鹅湖镇	人民路社区 青虹路社区 甘露社区 尚书苑社区 鹅湖村 青荡村 三新村 圆通村 新桥村 圩厍村 群联村 松芝村 彩桥村	13
东北塘街道	严埭社区 锡通社区 东北塘社区 梓旺新村社区 裕巷村 坎坝村 大马巷村 正阳村 锦阳村 梓旺村	10
锡北镇	八士社区 张泾社区 斗山花苑社区 新坝村 八士村 联新村 劲丰村 斗山村 春风村 东房桥村 光明村 寨门村 泾西村 泾新村 新明村 周家阁村	16
东港镇	东湖塘社区 港下社区 湖塘桥社区 蠡漍西社区 东湖村 朝阳村 东升村 黄土塘村 亚光村 东青河村 东南村 华东村 新巷村 张缪舍村 港东村 山联村 勤新村 港南村 陈墅村	19
云林街道	云昌社区 云龙社区 云林社区 云祥社区 云扬社区 春雷社区 竹园社区 新农丰社区 蓉阳村 芙蓉村 双桥村	11
厚桥街道	厚桥社区 南桥头村 年余村 太芙村 新联村 新厚桥村 嵩山村 中东村 谢埭荡村	9

（区民政局 区档案局）

经济和社会发展

【概况】 2015年是“十二五”规划收官之年，面对严峻复杂的宏观经济形势，全区上下深入贯彻中共十八大和十八届四中、五中全会精神，紧紧围绕建设富强美丽和谐幸福新锡山的总目标，主动适应经济发展新常态，统筹做好稳增长、促改革、调结构、惠民生、防风险各项工作，全区经济总体保持平稳健康发展。

【综合实力稳步提升】 2015年，全区地区生产总值（GDP）650.18亿元，可比价增长7.2%；一般公共预算收入66.2亿元，比上年增长9.4%；固定资产投资比上年增长9.1%；规模以上工业总产值1178.1亿元，比上年增长3.5%；社会消费品零售总额148.58亿元，比上年增长9.4%；进出口总额43.2亿美元，其中出口额33.9亿美元；到位注册外资及港澳台资3.34亿美元。

【产业结构逐步优化】 2015年，高新技术产业和新兴产业加快培育，全区高新技术产业产值占规模以上工业总产值的比重为42%，新兴产业项目投资比上年增长19%。大力推动电子商务、楼宇经济、旅游等现代服务业发展，无锡翠屏山省级旅游度假区成功获批，全区服务业增加值占GDP的比重为45%，比2014年提高0.8个百分点。现代农业发展态势良好，全区农业园区化面积比重为56%，以台创园为核心区的国家级农业科技园获批，成立全省首个海峡两岸农业交流培训中心。

【创新驱动不断增强】 2015年，深入实施创新驱动发展战略，全区全社会研发经费支出占GDP的比重为3%。创新要素不断积聚，启动实施创新载体“3620”工程，8个众创空间建设加快推进，“星创工场”等两个众创空间获评省级科技企业孵化器，国家服务外包人力资源研究院跨境电商（无锡）产业孵化中心落户运营。新增省级以上企业技术中心2家、工程技术研究中心5家，发明专利授权量比上年增长45%。引进国家“千人计划”人才3名、省“双创计划”人才6名、海归人才102 名。深化产学研合作，中国科学院金属研究所南方（无锡）工作站、江苏省跨国技术转移中心锡山分中心、南京理工大学无锡新能源电动车产业技术研究院等相继成立。

【发展后劲加快夯实】 项目建设有效推进。切实加强对重大项目建设的协调服务和督查考核，推动项目建设和投资计划落到实处，全区在建超1亿元重大产业项目85个，鹰普二期、西达生物等10个重大产业项目建成竣工。强化项目审批督导，设立重大项目建设审批服务督导办公室，对项目签约至竣工投产涉及的所有审批环节进行全程督导。企业上市取得新进展。2015年，全区完成股改企业15家，新增IPO过会企业1家，报江苏证监局辅导企业2家，无锡兴达泡塑新材料股份有限公司等10家企业成功在新三板挂牌。

【城乡建设有序推进】 城乡规划顺利开展，完成燃气管网、热电联产等市政基础设施专项规划编制工作。城市功能不断提升，润发购物中心、红豆城市广场开业运营，映月天地商业广场基本建成，中兴隆购物广场、锡北星邻里生活广场加快建设。新开辟和优化调整公交线路8条；建成公共自行车服务系统一期工程，投用公共自行车520辆。无锡地铁2号线映月湖公园和迎宾广场站开通，增设地铁站点周边公共停车点25个。路网结构不断优化，完成泉山大道北延等重点道路工程建设。

【生态环境持续改善】 2015年，生态工程扎实推进，新增造林绿化155.33公顷，林木覆盖率24%。切实加强水生态综合治理，水质呈逐年改善趋势，地表水好于Ⅲ类水质比例为50%。着力开展大气污染防治“蓝天工程”，全区环境空气质量优良（AQI≤100）天数比例比上年提高1.9个百分点，PM2.5平均浓度比上年下降8.7%。深入实施节能减排，大力推进热电厂脱硫脱硝、燃煤锅炉整治、工业废气治理，整治“三高两低”企业30家，淘汰燃煤小锅炉162台，万元GDP能耗比上年下降3.5%，主要污染物排放量在2010年基础上累计削减20%。

【社会事业加速发展】 2015年，居民收入持续提高，城乡居民人均可支配收入分别为43045元和24355元，分别比上年增长8.1%和8.3%。社会保障水平持续调高，居民养老保险、居民医疗保险参保覆盖率分别在98.5%和99%以上。卫生计生融合发展，区域医疗联合体建设不断深化，社区卫生服务站规范化建设实现全覆盖，城乡协同医疗服务体系与应用项目建成，“十二五”省人口协调发展先进区通过市级评审。教育基础设施建设不断推进，全区2015年教育基础设施投资总量为1.16亿元。文化体育事业健康发展，区文化馆功能用房装潢工程基本完成，区图书馆汇文图书馆集群系统成功运行，学校体育场地向社会开放工作有效推进。社会管理水平不断提升，全区累计建成市级“幸福镇”7个、“幸福村”71个。建成省级民主法治示范村（社区）40个，公共法律服务全覆盖体系建设和社区矫正工作走在全省前列。 （张　诚）

精神文明建设

【概况】 2015年，全区精神文明创建工作围绕区委、区政府中心工作，以深化“孝义崇善之区”精神文明建设工程为抓手，以弘扬“孝义崇善”优秀传统文化为牵引，深度融合城区创建、身边好人、志愿服务、未成年人思想道德建设等工作，把握品牌建设、主题活动、典型举荐、氛围营造等环节，推动全区广大群众践行社会主义核心价值观。

【“孝义崇善之区”精神文明建设工程深化】 2015年，区文明委突出自身工作特色、亮点，注重群众广泛参与，策划开展“孝义崇善”系列主题活动。区级层面相继开展“孝义文化主题公园”建设、“孝义崇善”主题摄影展、“踏寻红色印记”走进新四军六师师部旧址纪念馆活动、“我们的节日·中秋”孝义崇善主题晚会、“九九重阳——关爱空巢老人”志愿行动五大主题活动；与新浪无锡网合作，开展“孝义崇善”LOGO作品征集评选、十大“孝义崇善”家庭评选、“孝义崇善”摄影作品展播、“锡山好人在线”语音频道上线、“孝义崇善”网络文化体验夏令营等网络文化系列活动。镇（街道）层面开展“一镇（街道）一特色（品牌）”项目9大特色活动（东亭街道：奏响孝义崇善和谐曲；安镇街道：文明安镇、善义街道；羊尖镇：笃行向善、大美羊尖；鹅湖镇：弘扬孝义文化、打造孝义乡镇；东北塘街道：弘扬孝义礼、爱在东北塘；锡北镇：孝义满锡北；东港镇：尊孝崇义、善美东港；云林街道：党建组团服务、传美德倡文明；厚桥街道：孝礼善诚、最美厚桥）。活动从细小着眼、为群众着想，引发了锡山市民的强烈共鸣，提升了“孝义崇善”知名度，深化了锡山“孝义崇善”精神文明建设品牌。以该工程为内容的《无锡市锡山区多措并举推进“孝义崇善之区”建设》一稿被《江苏宣传工作动态》第34期录用，《锡山区着力打造“孝义崇善”精神文明品牌》一稿被《无锡宣传》录用，“益起来微孝”——建设锡山孝义崇善之区网络文化活动项目获“2015年无锡市网络文化系列活动优秀活动二等奖”。

【道德模范和身边好人推荐宣传】 制定下发《关于进一步落实“无锡好人”推荐工作的通知》，明确各板块、部门年度推荐任务，充实210余人的备选好人库。8月，东北塘街道推荐的无锡市海联舰船附件有限公司董事长戴三南入选“中国好人（助人为乐类）”；12月，锡山国土分局推荐的地籍科副科长顾哲入选“中国好人（敬业奉献类）”；5月，厚桥街道推荐的嵩山村村民孙建英入选“江苏好人（孝老爱亲类）”；7月，东港镇推荐的山联村党总支书记吴岳平入选“江苏好人（敬业奉献类）”。2015年，锡山区入选“中国好人”2名、“江苏好人”4名、“无锡好人”12名，并向市文明办上报推荐全国道德模范候选人蒋岳、周海江2人。在区情简报《新锡山》开设“身边好人专栏”，官方微博《锡山发布》、微信公众号“锡山发布”同步发布好人事迹。在《无锡日报》《现代快报》《江南晚报》等媒体刊登各类身边好人事迹。联合新浪无锡网，在喜马拉雅移动应用开设“锡山好人在线”语音频道，52名道德模范、身边好人故事集中上线展示。

【“我们的节日”主题活动】 根据市文明办安排部署，于中秋来临之际，在安镇街道和泽公园举办“情满中秋、孝义锡山”——“我们的节日·中秋”大型广场文艺晚会，参加群众近3000人。在晚会上，锡山区孝义文化主题公园开园、“锡山好人在线”语音频道上线、表彰“锡山十大孝义崇善家庭”和“孝义崇善”摄影获奖人员贯穿始终，极大地宣扬了锡山“孝义崇善”理念。

【学雷锋志愿服务活动】 3月4日，为弘扬“奉献、友爱、互助、进步”的志愿精神，无锡市第十三届志愿者活动月锡山区集中行动暨“三下乡”活动在鹅湖镇荡口古镇北门牌坊下开展，30余个区级机关部门和志愿者团队为市民群众提供疾病义诊、健康保健、皮具养护、法律咨询、假币辨别、电动车维修等便民利民服务，拉开了2015年锡山区志愿者活动月的序幕。区各级志愿服务团队围绕“学习雷锋好榜样，孝义崇善见行动”主题，在各镇（街道）开展文明创建志愿服务行动、文明交通志愿服务行动、村（社区）帮扶志愿服务行动、扶贫助困志愿服务行动、敬老助残志愿服务行动、关微扶弱志愿服务行动和生态环保志愿服务行动，用各种形式，把温暖送到基层、把健康送给百姓、把技术送到田间地头，让广大群众广受益、多受益。在重阳节来临之际，全区各板块、部门开展“九九重阳——关爱空巢老人”志愿行动，把学雷锋志愿服务活动推向高潮。

【“讲文明树新风”公益广告宣传】 落实通稿刊载工作，按照《关于落实“讲文明树新风”公益广告和“遵德守礼”提示牌目标任务责任的通知》的具体要求，持续推进公益广告展架、建筑工地围挡、电子屏、LED显示屏等载体“讲文明树新风”公益广告落实工作，公共场所、建筑围挡“讲文明树新风”公益广告占比分别在40%、50%以上，《新锡山》定期刊发通稿作品，中国锡山网站开设公益广告专栏，登载通稿作品。

【未成年人思想道德建设】 根据《2015年度锡山区未成年人思想道德建设目标管理项目》，明确各板块、各未成年人成员单位以区域精神文明建设品牌“孝义崇善”内涵，共同推进未成年人思想道德建设，年终推荐乡村小导游项目参与全市优秀项目角逐。以学校为主阵地，深化“八礼四仪”养成教育，新增2所小学纳入省级彩票公益金扶持项目，至2015年年末，锡山区有中央彩票公益金扶持学校3所，分别为甘露学校、东湖塘中心小学、羊尖实验小学；省彩票公益金扶持学校5所，分别为港下实验小学、东北塘实验小学、张泾实验小学、八士实验小学、荡口实验小学。开展第三届省市“美德少年”推荐评选活动，荡口实验小学学生钱思熠入选第三届无锡市“美德少年标兵”、江苏省“美德少年”，另有9名学生入选市“美德少年”。在全省童谣征集活动中，云林实验小学学生章馨尹创作的《过端午》获省三等奖（全市共3个作品获奖）。年内先后部署开展“网上祭英烈”“七彩的夏日”“向国旗敬礼”等主题活动。

相关链接

八礼四仪：仪表之礼、餐饮之礼、言谈之礼、待人之礼、行走之礼、观赏之礼、游览之礼、仪式之礼；7岁入学仪式、10岁成长仪式、14岁青春仪式、18岁成人仪式。

【文明城市创建测评迎检】继续抓好城区文明程度指数、未成年人思想道德建设工作季度测评迎检工作，区委宣传部主要领导亲自协调部署，发挥卫生、城管、文体、工商、交警等部门和东亭街道等板块的作用，定期召开季度测评迎检部署会、编发两项测评成绩通报。至2015年，锡山区连续4年两项测评成绩稳居全市第一名。11月，省文明办对无锡市开展文明城市年度复检测评，锡山区根据市深化文明城市创建工作推进会精神，以申报材料、实地考察、问卷调查三个块面开展相关迎检准备工作，为无锡市文明城市年度复检测评得高分做出应有的贡献。 （安志强）

组织机构和领导人员名单
（2015.1～2015.12）

中共锡山区委

书　记　陆志坚
副书记　顾中明
　　　　章红新（至7月）
常　委　李　江　张映雪
　　　　窦　虹　邓加红
　　　　方　力　周柏平
　　　　朱洪元
　　　　言国强（7月任）
　　　　谢　军（7月任）

区委办公室

主　任　徐　悦
副主任　孙　伟　徐　星
　　　　黄　庆
　　　　李　冰（7月任）

区委研究室

区委机要保密局

局　长　徐　悦
副局长　徐　星

区委组织部

部　长　邓加红
副部长　孙军伟
　　　　殷旭东（至8月）
　　　　徐建东
　　　　王美娟（8月任）

区新经济社会组织党工委

书　记　王美娟（9月任）
副书记　周志刚（7月任）

区委宣传部

部　长　窦　虹
副部长　张　晔　冯筱虹

区精神文明建设指导委员会办公室

主　任　张　晔
副主任　王　强

区委统战部

部　长　张映雪
副部长　陈荣伟（至4月）
　　　　陈志贤（4月任）
　　　　丁益民　王祖庚

区政府侨务办公室

主　任　丁益民

区委政法委

书　记　朱洪元
副书记　盛汉平

区社会管理综合治理委员会办公室

主　任　盛汉平
副主任　沈　锋
　　　　陈涌浩

区委农村工作办公室

主　任　华　星
副主任　费晨波

区委台湾工作办公室

主　任　谢旭东
副主任　陆志斌

区政府台湾事务办公室

主　任　谢旭东
副主任　陆志斌

区委党校

校　长　陆志坚
副校长　周　勇
　　　　江兴荣（至7月）　王丽霞

区行政学校

校　长　陆志坚
副校长　周　勇
　　　　江兴荣（至7月）
　　　　王丽霞

区委区级机关工委

书　记　朱晓军
副书记　许虎良（至7月）
　　　　戴文明（7月任）

区机构编制委员会办公室

主　任　孙军伟
副主任　王华珍（至4月）
　　　　李婷婷（7月任）

区事业单位登记管理局

局　长　王华珍（至4月）

区委老干部局

局　长　殷旭东（至7月）
　　　　徐建东（7月任）
副局长　邓建华

区档案局、区档案馆
局长、馆长 宋永敏
副局长、副馆长 周红亚
倪 勇
周 枫

锡山区人大常委会

党组书记 华炳泉（至8月）
蒋 群（8月任）
党组副书记 张黎平
郑永君
主 任 华炳泉（至8月）
代理主任 张黎平（8月任）
副主任 张黎平 郑永君
周 挥（至4月）
姚永新

区人大常委会办公室
主 任 吕 斌（至4月）
华 兴（4月任）
副主任 钱智卿

区人大常委会研究室
主 任 吕 斌（至4月）
华 兴（4月任）

区人大常委会人事代表联络工作委员会
主 任 邓建华

区人大常委会内务司法工作委员会
主 任 童建伟

区人大常委会财政经济工作委员会
主 任 胡建明

区人大常委会教科文卫工作委员会
主 任 许 晔

区人大常委会环境资源城乡建设工作委员会
主 任 朱 华
副主任 顾国清

区人大常委会农业农村工作委员会（12月机构增设）
主 任 胡建明（12月任）

锡山区人民政府

党组书记 顾中明
党组副书记 李 江
区 长 顾中明
副区长 李 江 言国强
陈建清 包 鸣
陈 奕 李佩东
李永明（挂职）
姜晓翔（挂职，7月至12月）

区政府办公室
主 任 张 瑜
副主任 张立新
王美娟（至8月）
莫祚文 刘飞平
王 洪 李广飞
许雷亮（至9月）
洪 叶（7月任）
滕国良（9月任）
党委书记 张 瑜

区政府法制办公室
主 任 刘飞平

区信访局
局 长 张立新
副局长 王安华 许孝强

区外事和接待办公室
主 任 徐 悦（至7月）
孙 伟（7月任）
副主任 洪 叶（至7月）
许 兰（7月任）

区区级机关事务管理局
局 长 张 瑜
副局长 王美娟（至8月）

区采购中心
主 任 王美娟（至8月）

区发展和改革局
局 长 王立新
副局长 陈亚萍 吴健芳
虞科峰 陆 军
党组书记 王立新

区物价局
局 长 陈亚萍

区经济和信息化局
局 长 华 炜
副局长 周建新
张 栋（至7月）
胡亚青 路永明
党委书记 华 炜
党委副书记、纪委书记 周建新

区中小企业局
局 长 周建新
副局长 路永明

区乡镇企业局
局 长 周建新

区教育局
局 长 孟静卫
副局长 孟晓东 朱卓君
吴洪明 范 忠
党委书记 孟静卫
党委副书记、纪委书记 姚华芳

区政府教育督导室
主 任 孟晓东
副主任 华 敏

区科学技术局
局 长 陈新宇（至6月）

王　彪（7月任）
副局长　程宇峰　赵又力
华红丹
赵海军（挂职，至8月）
董占勋（挂职，9月任）
党组书记　陈新宇（至6月）
王　彪（7月任）
纪检组长　薛　静（7月任）

区知识产权局
局　长　陈新宇（至6月）
王　彪（7月任）

区生产力促进中心
主　任　程宇峰

区人力资源和社会保障局
局　长　孙军伟
副局长　钱　伟
俞建国（至12月）
管自力　边荣伟
党组书记　孙军伟

区财政局
局　长　浦向民
副局长　匡凤娟　沈炳伟
吴建一
党组书记　浦向民

区财政结算中心
主　任　周肖平

区财政投资评审中心
主　任　徐　卿（7月任）

区监察局
局　长　周嘉模
副局长　毛　晨（至12月）
华维晔　何建忠

区民政局
局　长　席子南
副局长　陆　军　周　奕
党组书记　席子南

区司法局
局　长　蔡　伟
副局长　谢　敏　徐　军
钱亚锋
党组书记　蔡　伟

区建设局（至4月）
局　长　张　杰
副局长　马益明　张健明
倪宏伟　朱雅明
党委书记　张　杰
党委副书记、纪委书记　朱建英

区住房和城乡建设局
（4月机构调整）
局　长　张　杰
副局长　黄新丰　马益明
张健明　倪宏伟
朱雅明　王赛亮
沈　强
党委书记　唐珏如
党委副书记　张　杰

区人民防空办公室
主　任　张　杰
副主任　朱雅明

区房屋拆迁管理办公室
主　任　马益明

区住房保障和房产管理局
（至4月）
局　长　唐珏如
副局长　黄新丰　王赛亮
沈　强
党组书记　唐珏如

区交通运输局
局　长　朱　惕
副局长　倪大尧
李赛锋
吴健刚
党委书记　朱　惕
党委副书记、纪委书记　华　萍

区重点工程建设管理办公室
主　任　朱　惕
副主任　李赛锋
顾凌峰（7月任）

区水利局
局　长　冯锡生（至4月）
邓重高（4月任）
副局长　吴嘉平（至9月）
许正东　徐　晴
党委书记　冯锡生（至4月）
邓重高（4月任）
党委副书记、纪委书记　徐勇惠

区农林局
局　长　张锦标
副局长　胡建伟　王培军
吴燕南（至12月）
蒋红梅
华　翊
党委书记　张锦标
党委副书记、纪委书记　胡建伟

无锡市现代农业开发试验区管委会
主　任　张锦标

区农业资源开发局
局　长　张锦标

商务局
局　长　钱红星（至7月）
王　琪（7月任）
副局长　丁　磊　汤　沸
滕文杰　陈　冠
党组书记　钱红星（至7月）
王　琪（7月任）

区招商局

局　长　钱红星（至7月）
　　　　王　琪（7月任）
副局长　陈　冠

区旅游局

局　长　钱红星（至7月）
　　　　王　琪（7月任）

区投资促进中心

主　任　钱红星（至7月）
　　　　王　琪（7月任）

区卫生局（至4月）

局　长　石国洪
副局长　钱岷丹　孙根福
　　　　赵　征
党委副书记、纪委书记　钱岷丹

区卫生和计划生育局（4月机构调整）

局　长　石国洪
副局长　钱岷丹　孙根福
　　　　赵　征　朱莉敏
　　　　戴伟东
党委书记　过文洁
党委副书记、纪委书记　钱岷丹

区红十字会

会　长　陈　奕
副会长　张满江

区人口和计划生育局（至4月）

局　长　过文洁
副局长　朱莉敏
　　　　戴伟东
党组书记　过文洁

区市场监督管理局（4月机构调整）

局　长　孙亚君（至9月）
　　　　胡小坚（9月任）
副局长　周　毅　金海荣
　　　　丁军武　顾静燕
　　　　谢旭东　过勤丰
　　　　叶　锋　周　廷
党委书记　华荣清
党委副书记　孙亚君（至9月）
　　　　　　胡小坚（9月任）
纪委书记　许建民
开发区分局分局长
　　　　顾一军（7月任）
开发区分局副分局长
　　　　章红栋（7月任）
商务区分局分局长
　　　　辛红卫（7月任）
东亭分局分局长
　　　　盛　俊（7月任）
羊尖分局分局长
　　　　吕　静（7月任）
鹅湖分局分局长
　　　　华　晟（7月任）
东北塘分局分局长
　　　　吴斌言（7月任）
锡北分局分局长
　　　　瞿幼文（7月任）
东港分局分局长
　　　　王国强（7月任）

区食品药品监督管理局（4月机构调整）

局　长　孙亚君（至9月）
　　　　胡小坚（9月任）
副局长　金海荣　丁军武
开发区分局分局长
　　　　顾一军（7月任）
开发区分局副分局长
　　　　章红栋（7月任）
商务区分局分局长
　　　　辛红卫（7月任）
东亭分局分局长
　　　　盛　俊（7月任）
羊尖分局分局长
　　　　吕　静（7月任）
鹅湖分局分局长
　　　　华　晟（7月任）
东北塘分局分局长
　　　　吴斌言（7月任）
锡北分局分局长
　　　　瞿幼文（7月任）

区审计局

局　长　邓重高（至4月）
　　　　吕　斌（4月任）
副局长　华义良　刘水长
　　　　钱国红
党组书记　邓重高（至4月）
　　　　　吕　斌（4月任）
纪检组长　董　斌（7月任）

区环境保护局

局　长　王　彪（至7月）
　　　　陆晓波（7月任）
副局长　党　政　殷晓伟
　　　　王晓东
党组书记　王　彪（至7月）
　　　　　陆晓波（7月任）
纪检组长　许虎良（7月任）

区环境监察大队

大队长　李　宾（至11月）
　　　　苏　彪（11月任）

区安全生产监督管理局

局　长　张骁杰
副局长　缪可为　林伟庆
　　　　顾君伟
党组书记　张骁杰

区城市管理局

局　长　胡小坚（至9月）
　　　　许雷亮（9月任）
副局长　张文龙　马新华
　　　　张建国（至7月）
党组书记　胡小坚（至9月）
　　　　　许雷亮（9月任）

区城市管理行政执法局
局　长　胡小坚（至9月）
　　　　许雷亮（9月任）
副局长　张建国（至7月）

区城市管理行政执法大队
大队长　周　刚
教导员　施敏宇

区文体局
局　长　郁　枫
副局长　程铭心（至7月）
　　　　邹忆军
　　　　汤　屹（7月任）
党组书记　郁　枫

区文化遗产局

无锡中国乡镇企业博物馆
馆　长　郁　枫
副馆长　程铭心（至7月）

区统计局
局　长　陈旭东
副局长　韩　薇　孙　朝
党组书记　王立新

区粮食局
局　长　陆兴荣（至4月）
　　　　陈荣伟（4月任）
副局长　周国英　陈云山
　　　　杨　超
党组书记　陆兴荣（至4月）
　　　　　陈荣伟（4月任）

区民族宗教事务局
局　长　王祖庚

区行政服务中心
主　任　李　江
副主任　钱雨晨　钱　敏
　　　　徐沫泉
党组书记　钱雨晨

区供销社
主　任　华　炜
副主任　朱　坚　李　宾
党委书记　华　炜
党委副书记、纪委书记　朱　坚

天一中学
校　长　沈茂德
党委书记　冯　朴
副校长　朱卓君　许　芹
　　　　陈梦俭　陈志刚
　　　　周　斌　张春华

区教师进修学校（至3月）
校　长　周静元
党支部书记　周静元
副校长　陈小玮　王　讯

区医院
院长、党委书记　华建平

区卫生局卫生监督所、区疾病预防控制中心
所长、主任　张坚强
党支部书记　张坚强

锡州花园酒店
总经理、党支部书记　凌志刚

政协锡山区委员会
党组书记　蒋　群（至8月）
　　　　　章红新（8月任）
党组副书记　章建新
主　席　蒋　群
副主席　章建新　毛　晨
　　　　石国洪　朱卓君
　　　　金玮琳（至8月）

区政协办公室
秘书长、主任　宋吉雯
副秘书长　吴健龙
副主任　吴健龙

区政协学习文史和社会法制委员会
主　任　李惠珍
副主任　龚　磊　徐　军

区政协提案委员会
主　任　李惠珍
副主任　王美娟（至7月）
　　　　吴健龙

区政协经济科技委员会
主　任　吴伟鸿
副主任　汤　沸　周建新

区政协文教卫体委员会
副主任　查耀金
　　　　王祖庚
　　　　宋铁军（至10月）

区政协人口资源环境和城乡建设委员会
主　任　魏　良
副主任　张健明
　　　　朱莉敏
　　　　吴建伟

中共锡山区纪律检查委员会
书　记　方　力（至4月）
　　　　谢　军（7月任）
副书记　曹敏伟（至9月）
　　　　周嘉模
　　　　金士健（9月任）
常　委　马明初（至1月）
　　　　张小伍
　　　　余宏伟（9月任）
办公室主任　周品飞
纪检监察干部管理监督室主任
　　　　华　军（9月任）
党风政风监督室主任
　　　　钟　昇（9月任）

信访室主任　周达科
第一纪检监察室主任
余宏伟（9月任）
第二纪检监察室主任
马韶军（9月任）
案件审理室主任　蒋德莉
执法监察室主任
马韶军（至9月）
干部教育室主任
华　军（至9月）
纪检监察室主任
余宏伟（至9月）
党风廉政建设室主任
钟　昇（至9月）
纪检监察一室主任　张小伍
纪检监察二室主任
华维晔（9月任）
纪检监察三室主任
华维晔（至9月）

内设机构（9月调整）
执法监察室　（机构撤销）
干部教育室　（机构撤销）
纪检监察室　（机构撤销）
党风廉政建设室　（机构撤销）
纪检监察三室　（机构撤销）
纪检监察干部管理监督室
（机构增设）
党风政风监督室　（机构增设）
第一纪检监察室　（机构增设）
第二纪检监察室　（机构增设）

区检察院

检察长　黄懿斌
副检察长　龚　磊
黄煜明（至9月）
周燕华
金士健（至9月）
徐　峰（9月任）
党组书记　黄懿斌
党组副书记　周燕华
纪检组组长　岳有仁

区法院

院　长　蒋　飞
副院长　李　敏（至9月）
王　春　曹　彪
虞静珠
党组书记　蒋　飞
纪检组长　王　春

人民团体·工商联

区总工会
主　席　张映雪
副主席　鲁晓东　张丽芳
汪海峰
党组副书记　鲁晓东

团区委
书　记　张晓庆
副书记　董　斌（至7月）
余佳欢
于　洁（挂职，9月任）

区妇联
主　席　朱一丹
副主席　华颖珍　巫敏燕

区科协
主　席　张荣兴
副主席　李伏魁　李明杰

区残联
理事长　徐卫兵
副理事长　倪　虹（7月任）
韩庆东

区工商联
主　席　周　挥（至4月）
副主席　陈荣伟（至4月）
陈志贤（4月任）
戈兴栋　华若中
吴　坚　许运枫
王　茂　杨建林
钱云皋
党组书记　陈荣伟（至4月）
陈志贤（4月任）

锡山经济技术开发区

党工委书记　陆志坚
党工委副书记　李佩东
党工委委员　夏养波
华龙兴（至7月）
张学军
周维科（7月任）
邓重高（11月任）
纪工委书记　邓重高（11月任）
管委会副主任　李佩东　夏养波
华龙兴（至7月）
张学军
周维科（7月任）
许雷平（挂职，12月任）
管委会主任助理　周忠林

内设机构
党政办公室主任　张京东
党政办公室副主任　吕颖芳
党群工作部部长　方宏伟
党群工作部副部长
徐秋林（至9月）
经济发展局局长　尤东升
经济发展局副局长　万颖岚
华锡炎
财政局局长　吕政威
财政局副局长　周敏伟（至7月）
华晓东
招商局局长　陈涵杰
招商局副局长　朱　艳
章建芬（至7月）
建设城管局局长　韩邦民
建设城管局副局长　胡建国
拆迁安置管理办公室主任
张京东
拆迁安置管理办公室副主任
张建春
安全环保局局长 蔡晓江（至12月）

安全环保局副局长　张少华
服务外包产业园管理局局长
朱　锋（至7月）
张　栋（7月任）
服务外包产业园管理局副局长
顾　艳
科学技术局局长　史锡联
科学技术局副局长　李　峰
郑海富（挂职，9月任）
监察室主任（审计局局长）
黄维民（至4月）
朱　锋（7月任）
监察室副主任（审计局副局长）
薛　静（至7月）
科技创业服务中心主任　史锡联
科技创业服务中心副主任
程　涛
李　峰

无锡锡东新城商务区

党工委书记　陆志坚
党工委副书记　方　力
党工委委员　周维科（至7月）
陈秋峰
章金伟
徐　悦（至7月）
纪工委书记　徐　悦（至7月）
纪工委副书记　马明初
管委会副主任　方　力
周维科（至7月）
陈秋峰
章金伟

内设机构

党政办公室主任　滕　卫
党政办公室副主任　徐希伟
经济发展局局长　唐　皓
经济发展局副局长　郭明州
缪叶锋
陆彬彬（挂职，至8月）
陈　昊（挂职，9月任）
招商局局长　章金伟
招商局副局长　王季燕
耿志强
财政局副局长　薛　武
陆相林
建设局局长　陈　伟
建设局副局长　高晓伟
王　健
金　一
李　荣
城市管理局局长　戴德峰
城市管理局副局长　陆　敏
李晔军
社会事务局局长
王　琪（至7月）
监察局（审计局）局长　马明初

江苏无锡锡山台湾农民创业园

管委会主任　言国强
管委会副主任　张锦标
徐涵明（至7月）
钱红星（7月任）
程铭心（7月任）

内设机构

党政办公室主任　赵　琰
综合管理部部长　周　斌
招商部部长　唐　浩

条线驻区单位

锡山区人武部

部　长　周柏平
政　委　唐明刚
副部长　孙战地（至3月）

无锡市公安局锡山分局

局　长　蒋文伟
政　委　张正怿
副局长　杨建平（至3月）
陈洪泉（3月任）
朱林弟（至2月）
江　山（2月任）
胡　玮
梁世凯（3月任）
吴永君
黄晋宁（至2月）
纪检组长　梁世凯（至3月）
区维稳办主任　曹伟龙

无锡交警支队锡山大队

大队长　周立平
教导员　雷淦泉
副大队长　肖壮凌
丁　明
范桂锦

无锡市锡山区国家税务局

党组书记、局长　欧文钺
副局长　陈云仙（至7月）
戴秋良
王茹辛
纪检组长　朱　斌

无锡市锡山地方税务局

党组书记、局长　严卫中
党组副书记　吴晓红（1月任）
副局长　吴晓红（至1月）
陶　江　戴　炜
张　益
纪检组长　张　益（至1月）
吴晓红（1月任）

无锡海关驻锡山办事处

主　任　张　浩（至12月）
陆晓飞（12月任）
副主任　朱国正

无锡市国土资源局锡山分局

党委书记、局长　黄朝奎
副局长　张锦锋
曹小龙
纪委书记　刘锁根
开发区国土分局副局长　李惠民

胡中华
王海斌

无锡市规划局锡山分局
局　长　杨自安
副局长　徐国良
　　　　万　骞

锡山区公安消防大队
大队长　李正学
教导员　王　欣（至1月）
　　　　胡育来（7月任）
副大队长　蒋　骅

锡山区邮政分局
局　长　谢　军
副局长　任　鸣

中国电信无锡锡山区局
局　长　唐进华
副局长　徐志豪

锡山区烟草专卖局
局长（经理）　曹显华
副局长（副经理）　王　杰
　　　　钱煜翔

各镇（街道）

东亭街道
党工委书记　周建伟
副书记　范嘉明
　　　　夏养波（挂职，至3月）
　　　　朱锦伟
纪工委书记　朱锦伟
区人大东亭街道工委主任
　　　　虞伟军
办事处主任　范嘉明
副主任　夏养波（挂职，至3月）
　　　　过敏伟
　　　　王　群
　　　　虞　军
　　　　冯汉伟
　　　　马新峰

安镇街道
党工委书记　陈秋峰
副书记　王　琪（至7月）
　　　　徐涵明（7月任）
　　　　张建华（至7月）
　　　　王　澄
　　　　辛　毅（7月任）
纪工委书记　王　澄
区人大安镇街道工委主任
　　　　张建华（至7月）
　　　　陈秋峰（7月任）
办事处主任　王　琪（至7月）
　　　　徐涵明（7月任）
副主任　辛　毅
　　　　高晓伟
　　　　陆　敏
　　　　刘人大
　　　　沈　源
　　　　吴剑峰

羊尖镇
党委书记　鲍雪峰
副书记　司建新
　　　　周凤南（至7月）
纪委书记　周凤南（至7月）
人大主席　鲍雪峰（至8月）
　　　　周凤南（8月任）
副主席　周祖义（至8月）
镇　长　司建新
副镇长　保海燕
　　　　顾正强
　　　　滕国良
　　　　桂　彬
　　　　奚新华
　　　　朱龙彪（挂职，至8月）
　　　　阚兴辉（挂职，9月任）

鹅湖镇
党委书记　钱　斌
副书记　叶上山
　　　　蒋新岐
　　　　李　立
纪委书记　蒋新岐
人大主席　华　兴（至4月）
　　　　冯锡生（4月任）
镇　长　钱　斌（至1月）
　　　　叶上山（1月任）
副镇长　余剑铭
　　　　徐　洁
　　　　蒋红江
　　　　朱继峰
　　　　丁维伟
　　　　潘德安（挂职）

荡口古镇
党工委书记　钱　斌
副书记　李　立
管委会主任　李　立
管委会副主任　朱继峰
　　　　周云芳（7月任）

东北塘街道
党工委书记　徐志军
副书记　陆晓波（至7月）
　　　　殷旭东（7月任）
　　　　陈　钢
纪工委书记　陈　钢
区人大东北塘街道工委主任
　　　　徐志军（至4月）
　　　　陆兴荣（4月任）
办事处主任　陆晓波
副主任　钱献忠
　　　　何鸣宇
　　　　周可军
　　　　陆建伟
　　　　徐石平

锡北镇
党委书记　陶　波
副书记　冯冬雁
　　　　张建国（7月任）

纪委书记 张建国（7月任）
人大主席 李杏根
镇　长 冯冬雁
副镇长 李　松
王　杰（至1月）
张品红
江利民
陆敏方
许　峰（1月任）

东港镇

党委书记 蔡　昌
副书记 张　盛
张　岩
马天元
纪委书记 张　岩
人大主席 李金亭
镇　长 张　盛
副镇长 马天元
沈　勇
陈　忠
时　峰
邹春舫
高　峰（8月任）
程宏英（挂职，至8月）
赵　媛（挂职，9月任）

云林街道

党工委书记 李佩东
副书记 唐中明
浦征宇
纪工委书记 浦征宇
区人大云林街道工委副主任
浦征宇
办事处主任 唐中明
副主任 陶继东
徐志高
顾敏霞
王　杰

厚桥街道

党工委书记 李佩东
副书记 王利江　张锡伟
纪工委书记 张锡伟
区人大厚桥街道工委副主任
张锡伟
办事处主任 王利江
副主任 钱晓东（至8月）
顾黎明（至7月）
万　新
朱　萍（7月任）
汪苏湘（7月任）

（区委组织部　区档案局）

编辑：吴　霞

【锡山旅游集锦】

锡北镇斗山禅寺一角　　（区商务局 供稿）

斗山禅寺

斗山禅寺位于锡北镇斗山之巅，海拔70余米。斗山禅寺相传始于西汉时期三清寺，后遭毁。公元50年重建更名为斗山寺，又遭长矛军烧毁。后又重建取名新殿，又称天皇殿。新中国成立后尚存，最终毁于“文化大革命”期间。1997年在当地政府的支持下，由法海法师住持，建造斗山禅寺。斗山脚下遍布茶园，无锡名茶“太湖翠竹”的原产地即在此。

中共锡山区委员会

CPC Xishan District Committee

2月26日，锡山区农村工作会议在区会议中心举行

（王莉群 供稿）

综　述

【概况】2015年，中共锡山区委团结和带领全区广大干部群众，深入贯彻中共十八届四中、五中全会和习近平总书记系列重要讲话特别是视察江苏重要讲话精神，按照省市委工作部署，坚持稳中求进总基调，统筹做好稳增长、调结构、促改革、惠民生各项工作，全区经济社会发展取得新的进展，为“十二五”画上圆满的句号。全年实现地区生产总值650.18亿元，比上年增长7.2%；完成一般公共预算收入66.2亿元，比上年增长9.4%；完成规模以上工业总产值1178.1亿元，比上年增长3.5%；固定资产投资比上年增长9.1%；完成社会消费品零售总额148.58亿元，比上年增长9.4%；完成外贸进出口总额43.2亿美元，其中出口额33.9亿美元；完成到位注册外资及港澳台资3.34亿美元；实现城乡居民人均可支配收入43045元和24355元，分别比上年增长8.1%和8.3%。

【经济运行保持平稳健康】坚持把稳增长作为首要任务，积极应对经济下行压力，全力狠抓项目建设，提振企业信心，造浓发展氛围，全区经济运行总体平稳、稳中有进。项目引建稳步推进。坚持把项目建设作为“重点的关键”，成立重大项目建设审批服务督导办公室，全力推进招商引资和项目建设，全年在建超1亿元重大产业项目85个，鹰普二期、西达生物等10个重大产业项目竣工落成。强攻项目招引，新引进德国博戈车辆减震、欣创重装机械、海尔日日顺电商产业园、宇培电商物流园等重大项目50个；全年出让工业用地163.33公顷，是2014年的2.81倍。企业发展平稳健康。积极开展“企业服务月”活动，帮助企业解决经营发展中的困难和问题，推动企业做强实力、提升效益。全区产值超1亿元企业174家，完成产值981.6亿元，比上年增长6.4%；规模工业企业实现利税总额95.5亿元，比上年增长9%。完善企业上市激励政策，持续加大企业上市扶持力度，全年新增IPO过会企业1家、申请企业2家、新三板挂牌企业10家，上市工作取得显著成效。财税收入稳定增长。坚持把财政收入的增长点落实到具体的产业和项目上，大力培植增量税源，切实加强产出监督和税收征管，财税收入稳步增长，全年完成一般公共预算税收收入56.6亿元，比上年增长12.1%，税收占比为85.5%。

【产业转型迈出坚实步伐】按照智能化、绿色化、服务化、高端化的要求，加快推动产业转型升级，经济发展的质量和效益持续提升。工业经济提档升级。深入落实“千企技改”行动，积极引导企业实施技改项目、加大技改投入，全年完成技改投资232.6亿元，占全部工业投资的比重比上年提高12.7个百分点。培育壮大新兴产业，新能源和新能源汽车、生物医药、智能传感等新兴产业产值快速增长，新能源电动车产业园获评省新型工业化产业示范基地。纵深推进工业化与信息化融合发展，新增省级两化融合试点示范企业8家。服务业经济加快发展。大力发展现代服务业，电子商务零售额增长12%，服务业增加值占GDP的比重为45%，比上年提高0.8个百分点。旅游业持续升温，翠屏山省级旅游度假区获批，荡口古镇全年客流量超300万人次。现代农业亮点显现。纵深推进无锡国家现代农业示范区核心区建设，成立全省首个海峡两岸农业交流培训中心，全省唯一的以色列农业技术转移平台落户，以台创园为核心区的国家级农业科技园获批。大力发展优质高效农业，全年新增高标准农田55.6公顷，农业园区化面积比重为56%。创新能力持续增强。深化政产学研合作，中国科学院金属研究所南方（无锡）工作站、江苏省跨国技术转移中心锡山分中心、南京理工大学无锡新能源电动车产业技术研究院等创新平台相继建立，区域创新能力持续提升。积极推进大众创业、万众创新，2个众创空间获评省级科技企业孵化器。加大高层次人才引育力度，引进海外院士1人、国家“千人计划”人才3人，培育省“双创计划”人才6人。

【城乡建设呈现崭新面貌】按照新型城镇化的要求，统筹抓好城乡建设管理和生态文明建设，城乡环境面貌持续改善。城市功能优化完善。有序推进规划编制，完成新一轮镇村布局规划调整方案论证，燃气管网、热电联产等专项规划编制完成。加快完善城市功能配套，蓝光商业街、润发购物中心、红豆城市广场建成开业，映月天地商业广场基本建成，网新国际科创园（一期）、数字动漫（二期）结构封顶。城市管理规范有序。深化市容环境综合整治，完成背街小巷整治3条，改造城中村6个，拆除违法建设6.28万平方米，新三年城市环境整治任务顺利完成。巩固深化文明城市创建成果，高质量完成全国文明城市复查迎检任务，城区文明程度指数、未成年人思想道德建设在市级测评中持续位居第一位。生态环境持续改善。扎实推进节能减排，完成“三高两低”企业整治30家。纵深推进水生态综合整治，启动九里河、伯渎港综合整治工程，完成河道综合整治45条。完善生态补偿机制，建立镇级出入境断面水质监测通报制度，出台全市首个镇级之间水环境区域补偿办法。落实大气污染综合防治措施，空气质量优良天数比例比上年提高1.9个百分点。农村发展活力增强。深入推进农村产权制度改革，全市首家农村产权交易服务中心建成运行，镇级农村产权交易市场建设实现全覆盖。农村土地确权工作有序推进，农业新型经营主体活力提升。加大经济薄弱村扶持力度，引导薄弱村发挥自身优势，增强“造血”功能，市级薄弱村脱贫转化目标全面完成。

【民生福祉得到持续改善】 坚持把保障和改善民生放在重要位置，持续加大民生投入和社会事业建设力度，人民群众的“获得感”和幸福感不断增强。就业保障稳步提升。落实更加积极的就业创业政策，完善公共就业服务体系，加大创业技能培训和政策扶持力度，全年城镇新增就业1.3万人，扶持自主创业1227人，创业带动就业5524人。深入实施“全民参保登记计划”，发放被征地农民参保补贴3576万元，新增被征地农民接续缴费4356人。社会事业协调发展。优化整合教育资源，云林街道春雷小学新建工程、厚桥实验小学一期改扩建工程主体完工，锡山实验小学建成开学。健全医疗卫生体系，锡山人民医院新建工程主体完工，城乡协同医疗服务体系与应用项目基本建成，社区卫生服务站规范化建设实现全覆盖。繁荣发展文体事业，东北塘街道文体服务中心全面建成。特困救助扩面提标。持续加大弱势群体救助力度，依托特困帮扶基金，扩大救助范围、提高救助标准，全年发放深度贫困救助资金1718.96万元，比上年提高31.23%。注重从源头上实施帮扶，完善深度贫困家庭子女就业帮扶机制，探索建立深度贫困家庭子女及孤儿就学就业数据库和爱心企业数据库，帮助深度贫困家庭子女实现就业。社会大局和谐稳定。优化社区管理模式，全面推行政社互动工作机制，东亭街道映月社区被列入2015年省级“三社联动”试点社区。创新完善基层治理机制，“互联网+”社会治理模式在鹅湖镇试点运行。深化矛盾纠纷网格化排查预警模式，开展化解信访积案专项行动，矛盾纠纷调处成功率99.3%。严格执行安全生产“一岗双责、党政同责”制度，深入开展危化品、特种设备等重点领域专项整治行动，全区安全生产形势持续稳定。

【从严治党取得务实成效】 全面落实从严治党新要求，统筹推进党的思想、组织、作风、反腐倡廉和制度建设，党建工作科学化水平不断提高。“三严三实”专题教育扎实开展。按照中央和省市委的部署要求，认真谋划，精心组织，有力有序推进全区专题教育深入开展。区委常委会自觉作好示范、以上率下，常委班子成员带头上好专题党课，带头开展专题调研，带头开展集中交流研讨，不断将专题教育引向深入。牢固树立问题导向，紧扣中央提出的“三个着力解决”和省市委提出的“六查六看六整治”要求，坚持边查边改、立行立改，推动全区党员干部不断锤炼严和实的好作风、形成严和实的新气象。干部队伍活力有效增强。强化政治理论学习，组织区委中心组各类学习活动21次，获“全省基层党员冬训工作示范区”称号。健全干部选拔任用机制，制定“1+12”干部制度文件，形成科学的干部选任制度体系，选人用人公信度满意度不断提高。基层组织建设不断加强。扎实推进基层服务型党组织建设，积极探索农村专业合作社党建新模式，江苏新日电动车股份有限公司、江苏爱玛车业科技有限公司等一批“两新”组织党群公共服务中心建成运行。狠抓基层党组织带头人队伍建设，组织村（社区）党组织书记集中轮训，基层党组织书记服务发展、服务群众的能力水平不断提高。党风廉政建设取得实效。全面落实党风廉政建设“两个责任”，开展首轮党风廉政建设巡察工作。健全作风建设常态化督查机制，集中开展“中梗阻”问题整治，全区机关部门的行政效能稳步提升。加强权力运行的制约监督，开展廉政文化“六进”活动，推进廉政文化示范点建设，加大违法违纪案件查处力度，营造了风清气正的良好环境。同时，人大、政协充分发挥作用、积极履行职能，人武、统战、对台、民族、宗教、档案史志等各项工作全面加强，工会、共青团、妇联、科协、工商联、老龄和残疾人事业健康发展，全区上下形成合力推动发展的良好局面。（张会坡）

重要会议

【全区农村工作会议】 2月26日，全区农村工作会议在区会议中心召开。会议贯彻落实习近平总书记视察江苏时的重要讲话精神，分析全区农业农村发展形势，对2015年的“三农”工作进行研究部署：一是推进农业现代化向纵深发展，切实提高农业发展的质量和效益；二是着力深化农村各项改革，激发农业农村发展活力；三是加快城乡一体化发展步伐，让广大农民群众共享改革发展成果；四是做好富民惠民各项工作，不断提升群众的幸福感和满意度。会议号召全区上下以习近平总书记视察江苏时的重要讲话精神为指导，锐意进取、真抓实干，奋力开创全区“三农”工作新局面，为建设富强美丽和谐幸福新锡山做出更大的贡献。

【全区党的建设工作会议】 3月6日，全区党的建设工作会议在区会议中心召开。会议深入学习习近平总书记系列重要讲话特别是视察江苏重要讲话精神，贯彻中央和省市一系列党建工作专题会议精神，回顾总结2014年成绩，研究部署全年工作任务。会议就做好2015年党的建设各项工作，强调三点意见：一是提神鼓劲、引领风气，为改革发展注入精神动力；二是建强队伍、夯实基础，为创新创业提供坚实保障；三是正风肃纪、反腐倡廉，为事业发展营造良好环境。会议号召全区各级党组织和全体党务工作者牢牢把握当前党建工作的主旋律、总目标，以更强意识、更实举措、更大作为，深入推进党的建设，推动全区全面从严治党迈上新台阶。

【全区民生改善与社会事业发展工作会议】 3月11日，全区民生改善与社会事业发展工作会议在区会议中心召开。会议贯彻落实习近平总书记视察江苏时的重要讲话精神，研究部署2015年全区民生工作的目标任务和重点措施：牢固确立群众观念，积极回应群众关切，切实解决好人民群众最关心最直接最现实的利益问题；准确把握经济社会发展与人民生活改善的结合点，不断做强锡山综合实力，为改善民生奠定更为坚实的物质基础；围绕群众所忧所需，从精神文化、便民服务、就业创业、特困帮扶、公共配套等方面办实事、办好事，让群众得到看得见、摸得着、感受得到的实惠。会议号召全区各级各部门积极顺应群众期盼，以饱满的热情、昂扬的状态、务实的作风，扎实做好民生改善和社会事业发展各项工作，推动民生建设不断迈上新台阶。

【全区经济工作暨改革创新工作会议】 3月18日，全区经济工作暨改革创新工作会议在区会议中心召开。会议在回顾总结2014年经济工作的基础上，深入分析当前形势，就做好2015年全区经济工作和改革创新工作进行研究部署：更大力度推动产业结构调整、发展方式转变，做强工业、做优服务业、做精农业，切实提高发展的质量和效益；把项目建设摆在重要位置，全力加快项目引建步伐；坚定不移实施创新驱动战略，让创新成为锡山经济社会发展的重要驱动力；全力以赴推进园区开发建设，不断提升园区对锡山经济的支撑和带动作用。会议号召全区上下携手共进，合力开创锡山经济发展新局面，为建设富强美丽和谐幸福新锡山做出新的更大贡献。

【全区城乡建设管理暨生态文明工作会议】 3月18日，全区城乡建设管理暨生态文明工作会议在区会议中心召开。会议贯彻落实中央城镇化工作会议、全省新型城镇化和城乡建设发展一体化工作会议以及全市加快推进城市现代化和城乡发展一体化会议的部署要求，对做好2015年城乡建设管理和生态文明工作提出七点意见：一是规划设计要专适协调，二是城市建设要形神兼备，三是发展模式要产城融合，四是资金运筹要远近兼顾，五是城市管理要治管并重，六是拆迁清点要刚柔并济，七是生态文明要标本兼治。会议号召全区各级各部门把思想和行动统一到区委、区政府的部署要求上来，凝心聚力，真抓实干，推动城乡建设管理和生态文明建设各项工作迈上新台阶，为建设富强美丽和谐幸福新锡山做出新的更大贡献。

【“三严三实”专题党课暨专题教育部署会议】 6月4日，“三严三实”专题党课暨专题教育部署会议召开。会议根据中央和省市委关于党委书记带头讲专题党课的要求，区委书记陆志坚结合自身的学习和思考，就践行“三严三实”谈了认识和体会，并对全区开展“三严三实”专题教育做部署安排：准确把握总体要求，做到突出问题导向、突出知行合一、突出从严要求、突出以上率下、突出融入日常；高质量做好“关键动作”，讲好专题党课、组织好专题学习研讨、搞好专题调研、开好专题民主生活会、强化整改落实和立规执纪；加强组织领导，强化督查指导，加强宣传引导，注重统筹兼顾，始终以严而又严、实而又实的作风组织开展专题教育活动，确保不走过场、取得实效。会议号召全区上下全面贯彻落实中央和省市委部署要求，严肃认真抓好专题教育各项工作，把“三严三实”要求真正落实到管党治党全过程，推动全面从严治党迈上新台阶。

【区委三届七次全体会议】 8月14日，区委三届七次全体会议召开。会议深入贯彻中共十八大、十八届三中、四中全会和习近平总书记系列重要讲话及视察江苏时的重要讲话精神，全面贯彻落实省委十二届十次全会和市委十二届九次全会精神，对上半年工作进行回顾总结，对下半年任务进行研究部署。会议强调，下半年推动经济社会发展重点要抓好五方面工作：一是做强实体经济，筑牢增长根基；二是推进产业转型，提升发展质效；三是注重统筹发展，力促城乡一体；四是狠抓民生改善，促进社会和谐；五是着力深化改革，优化发展环境。会议对全面从严治党进行部署，要求全区各级党组织和广大党员干部严格落实管党治党责任，全面加强党的思想、组织、作风、反腐倡廉和制度建设，推动全面从严治党迈上新台阶。会议号召全区上下紧密团结起来，按照中央和省市委的部署，一心一意谋发展、聚精会神抓党建，为推动锡山经济社会更好更快发展而努力奋斗。

【区委三届八次全体会议】 12月30日，区委三届八次全体会议在区会议中心召开。会议深入学习贯彻中共十八届五中全会、中央经济工作会议和省委十二届十一次全会、全省经济工作会议及市委十二届九次、十次全会精神，充分肯定2015年全区经济社会发展取得的成绩，并回顾总结“十二五”时期锡山发展取得的主要成就。会议审议通过《中共无锡市锡山区委关于制定无锡市锡山区国民经济和社会发展第十三个五年规划的建议》，明确“十三五”时期锡山发展的指导思想、目标要求、基本理念、重大战略、主要任务和重要举措。会议对做好2016年工作进行安排部署：一是坚持稳中求进，推动经济平稳增长；二是加快转型升级，打造产业发展高地；三是注重统筹协调，加快城乡一体发展；四是坚持绿色发展，建设宜居美丽家园；五是致力改善民生，提高群众幸福指数。会议号召全区上下更加紧密地团结起来，坚定信心、振奋精神，开拓进取、真抓实干，扎实推进富强美丽和谐幸福新锡山建设，为高水平全面建成小康社会而努力奋斗。

（张会坡）

组织工作

【概况】 2015年，全区各级党委组织部门和广大组工干部以中共十八大和十八届四中、五中全会精神为指引，紧紧围绕建设富强美丽和谐幸福新锡山目标，选干部配班子，建队伍聚人才，抓基层打基础，各项工作取得明显成效。

【“三严三实”专题教育有序推进】 坚持把“三严三实”专题教育作为重大政治任务来抓，高起点谋划、高标准推进、高质量落实，全区65名县处级以上党员干部参加专题教育。扎实开展教育实践活动后续整改，兑现专项整治承诺，为专题教育开好头、起好步奠定基础。围绕“四专题一强化”，坚持以上率下，发挥领导示范作用，区委书记带头讲党课、带头抓学习、带头交流研讨；贯穿问题导向，聚焦“不严不实”问题，深入基层“三解三促”，做到边学边查边改；创新教育方式，发挥新四军六师师部旧址纪念馆红色资源优势，学习先烈感人事迹，洗礼党性和品格。

相关链接

四专题一强化：讲好“三严三实”专题党课，开展“三严三实”专题学习研讨，组织“三严三实”专题调研，召开“三严三实”专题民主生活会和组织生活会；强化整改落实和立规执纪。

三解三促：了解民情民意，破解发展难题，化解社会矛盾；促进干群关系融洽，促进基层发展稳定，促进机关作风转变。

【干部队伍活力有效激发】 从严教育培训，把学习习近平总书记系列重要讲话特别是视察江苏重要讲话精神作为重中之重，举办党外干部、媒体融合与运用、社会管理创新与社会管理格局完善等12个主体培训班，培训干部3500人。从严选拔任用，认真贯彻《党政领导干部选拔任用工作条例》和从严管理干部“五个要”（管理要全面、标准要严格、环节要衔接、措施要配套、责任要分明）要求，健全干部选拔任用机制，对撤市建区后的干部政策进行全面梳理，废止和修改10项制度文件，制定“1+12”干部制度文件，形成科学的干部选任制度体系，选人用人公信度满意度不断提高；加强领导班子建设，提任区管干部22人，科学推进干部交流，交流区管干部33人次；树立基层用人导向，制定《关于从优秀村（社区）书记、主任中选任镇（街道）属事业单位负责人办法》，3名村（社区）党组织书记选配到镇（街道）党（工）委领导班子中；加强年轻干部培养，出台《关于加强和改进新形势下优秀年轻干部培养选拔工作的实施意见》，选派16名优秀年轻干部到基层一线挂职锻炼；稳步推进机构改革，平稳实施工商质监食品药品、卫生计生、建设住保等单位人员划转和机构改革工作。从严监督管理，抓好干部配备职数预审、个人有关事项报告、超配干部整改消化、规范退离休领导干部在社团兼职、干部档案专项审核、因私出国（境）证件专项治理等工作，以规矩、规范促进公正、公信。

【人才高地建设加快推进】 以政策集成增强制度优势，制定《关于深化科技体制改革加快人才引领创新驱动发展的实施意见》和《锡山区工业科技人才服务业发展扶持资金使用管理暂行办法》，加强对紧缺人才的引育和扶持。以人才集聚引领转型升级，深化“百企百校优才”计划，2015年，全区引进各类人才8665名，其中“双高”（高学历、高职称）人才317人，海归人才102人；加大高层次人才引育力度，引进海外院士1人、国家“千人计划”人才3人，新培育省“双创计划”人才6人；加快创业项目成果转化，“530”企业开票收入4.87亿元，18家企业销售超1000万元；加快企业家队伍建设，举办新能源、新材料产业高峰论坛，增强企业家创新发展理念。以载体提升支撑人才发展，打造国际化载体，挂牌成立江苏省跨国技术转移中心锡山分中心，与以色列、韩国合作建成5个国际性技术转移等平台载体，3家企业新加入麻省理工学院产业技术联盟；加速园区载体建设，台创园获批国家级农业科技园，“星创工场”“创融汇”被认定为首批市级众创空间，“星创工场”获批省级科技企业孵化器；深化产学研合作，成立中国科学院金属研究所南方（无锡）工作站、南京理工大学无锡新能源电动车产业技术研究院、江苏省农科院锡山设施园艺研究中心。

相关链接

百企百校优才：发动锡山区100家以上规模型企业分赴100家对口高校招贤纳才，以吸引优秀大学生和高校科研人员到锡山区创业就业。

“530”：无锡市引进高层次人才计划项目。“十二五”期间，全市将引进30名领军型海外留学归国创业人才。

【基层组织建设不断加强】 建立健全全面覆盖、灵活高效、贴近需求的基层服务网络，云林街道新农丰社区、安镇街道鑫安社区等6个安置型社区积极创新基层组织设置方式和管理模式，进一步夯实基层基础。深化非公企业党建工作标准化建设，培育新日阳光党建、三建文化党建、万迪党代表常任制等一批党群服务新模式，引导非公企业探索符合自身实际、充分发挥“两个作用”（政治核心作用和政治引领作用）的有效途径。全面深化党群公共服务平台建设，新建江苏新日电动车股份有限公司、江苏爱玛车业科技有限公司党群公共服务中心，推动党群共建、功能优化、服务多元、活动常态。推动“江苏先锋”综合服务平台在全区129个基层站点实现全覆盖，基层党组织政治功能、服务效能不断提升。加强基层党组织书记队伍建设，组织全区116名村（社区）党组织书记集中轮训，有效提升为民服务本领。加强党员发展和教育管理工作，进一步规范发展党员工作程序。深入开展“一党委一特色”活动，基层党建特色纷呈，形成鹅湖水产协会专业合作社党建、云林“缤纷彩云、福映万家”党建组团服务项目、东港流动党员关爱驿站等一批特色做法。（李　铭）

【全区党组织和党员情况】 至2015年年末，全区有基层党组织1746个，其中直属党委14个（镇党委4个、机关办局党委10个）、二级党委17个、党总支180个、党支部1535个（包括分支部）。全区有党工委11个（开发区、商务区、台创园、荡口古镇党工委，区级机关党工委，新经济社会组织党工委，5个街道党工委）。至2015年年末，全区有党员31206名，其中女性党员7577名，占党员总数的24.3%；35岁以下的党员8102名，占党员总数的26%；36岁至45岁的党员5765名，占党员总数的18.5%；46岁至60岁的党员8011名，占党员总数的25.7%；61岁及以上的党员9328名，占党员总数的29.9%。初中及以下文化的党员9225名，占党员总数的29.6%；高中、中技文化的党员5634名，占党员总数的18.1%；中专文化的党员2461名，占党员总数的7.9%；大专文化的党员5693名，占党员总数的18.2%；本科文化的党员7484名，占党员总数的24%；研究生学历的党员709名，占党员总数的2.3%。分布在乡镇的党员18926名，占全区党员总数的60.6%，其中分布在建制村的党员11453名，占全区党员总数的36.7%。分布在街道的党员9693名，占全区党员总数的31.1%，其中分布在城市社区（居委会）的党员3706名，占全区党员总数的11.9%。分布在非公经济单位的党员7428名，占全区党员总数的23.8%。 （李红梅）

宣传思想工作

【概况】2015年，全区宣传思想工作围绕中央、省、市关于加强基层宣传思想文化工作和推动文化建设迈上新台阶的精神要求以及构筑“三强两高”的目标定位，遵循科学路径、务实创新举措、开展高效服务，进一步在宣传教育、区域形象、舆论引导、公民道德、精神文明等方面取得新突破，为全力推动锡山经济社会更好更快发展提供思想文化支撑和构筑道德风尚高地。

相关链接

三强两高：把江苏建设成为文化凝聚力和引领力强、文化事业和产业强、文化人才队伍强的文化强省，努力构筑思想文化建设高地、道德风尚建设高地。

【筑牢思想根基】 制定下发《2015年全区党委（党组）中心组专题学习计划》。组织区委中心组各类学习活动25次，举办“锡山论坛”4期。向全区领导干部推荐《习近平用典》《中国震撼》《新加坡发展的经验和教训》等学习书目。编印《区委中心组学习参考文选（三严三实）》3期。创建“锡山理论随身充电宝”App，打造全网智能理论学习平台。进一步优化微信“锡山微学习”、手机短信“微型党课”、电子屏“广场微课堂”、微博“锡山早读”、QQ“头脑风暴微群”五微一体移动云学堂，编印《锡山区理论学习“移动云学堂”使用手册》折页。丰富完善“锡山慕课学习在线”平台，该项目被评为“2014年度全省基层党员冬训工作创新项目”。继续开展理论党教工作“一镇（街道）一品牌（特色）”活动，不断创新提升品牌内容，编印《锡山区学习型党组织建设品牌（特色）项目选编》，宣传推广先进典型和特色经验，发挥示范引领作用。成立锡山区理论宣讲团，有效利用区、镇（街道）、村（社区）三级宣讲网络，进一步加强宣讲工作的主动性、针对性、实效性，实现宣讲效果的分众化、对象化、互动化，不断扩大覆盖面和影响力。发挥“移动云学堂”、“锡山理论随身充电宝”App等载体效能，扩大党员冬训学习对基层党员干部群众的辐射带动效应，锡山区被评为“2014年度全省基层党员冬训工作示范县（市、区）”。

【壮大主流宣传】 围绕区委、区政府中心工作，精心策划组织各级主流媒体宣传报道锡山区项目建设、产城融合、农业科技、文化旅游等方面的亮点、成果与经验。区委宣传部、红豆集团邀请《人民日报》、中央人民广播电台、《中国日报》、凤凰卫视等14家主流媒体组成报道团，赴柬埔寨宣传“一带一路”建设中的西港特区样本，向国内外讲述锡山故事、传播锡山声音。立足民生视角，制定并大力推行融媒体服务民生路线图、时间表，围绕“问需于农、惠农为要”开展宣传服务活动，加强《新锡山》专版策划，加大“锡山发布”政务微博、“锡山发布”公众微信平台（以下简称政务“双微”）的建设力度，组织媒体联合报道“锡山美”文化旅游、特色农副产品、华氏宗祠修复落成等内容，有效发挥媒体融合互补优势。配合省市开展“洋眼看江苏”之荡口古镇游览活动；区委宣传部、商务区、《江南晚报》开展“网络大V看锡东”主题活动；组织开展“益起来微孝”网络文化活动等，培育、壮大粉丝群，提升民众认可度，该项目被评为“全市网络文化系列活动优秀活动”。至2015年年末，“锡山发布”公众微信平台粉丝数近1800人，综合测评指数位列全市县（市）区政务微信排行榜前茅。围绕核心价值观、依法治区、征兵宣传等重大主题，精心设计公益广告进行全方位宣传，生动诠释传统美德、时代精神和法治文化。结合锡山区现代化建设的具体实践，挖掘推荐各行业“最美人物”参加市级评选，有4人入选。开展“微言传大义，影像说价值”微视频和核心价值观微故事征集活动，刻画最美人物、颂扬道德模范、讴歌人间真情、传递社会正能量，不断培育良好社会道德生态。

【维护舆论生态】 调整充实舆情信息员队伍，构建人防报告体系，充分利用互联网舆情信息管理系统，精选关键词，把握全国“两会”、“9·3”阅兵等重要时段、重要节点，定人、定时对热点敏感话题、重大社会事件等进行技术搜索，保持高度敏锐性和判断力，织密防控网络，确保第一时间全面掌握信息。优化与职能部门的联动机制，把在源头上有效化解和调处矛盾纠纷作为舆情预控、疏导的重中之重。以遵循法律为准则，兼顾社会观感，坚持舆情危机事件处置与新闻舆论引导同时布置、同时落实。积极推行舆（网）情分级响应处置，实施差异化处置方案，有效开展全方位舆情应对。注重运用政务“双微”等新媒体及时“发声”规避不利影响、回应百姓关切，努力让健康、主流的声音引领舆论。举办全区媒体融合与运用暨新闻发言人专题培训班，进一步提升领导干部媒体素养，增强新闻舆论意识，培养面对镜头与媒体的沟通应对能力，不断提高新闻发布水平。定期召开网评员舆情分析会，梳理重点网络舆情信息和群众反映的问题，强化数据分析、问题研判和舆论引导。完成政务“双微”版面和栏目的调整升级，加强内容设计，改进话语体系，重视信息原创和首发，精心做好发布工作。

【树立文明新风】 以“创建为民、讲求实效”为出发点和落脚点，聚焦全区公共环境、公共秩序、文明素质等群众关心、关注的热点、难点问题，进一步完善文明城市建设长效机制，明确职责、强化督查、保障创建成效常态化，始终保持良好精神面貌和文明程度，不断提升区域形象、弘扬文明新风、强化道德养成，让广大群众从中受益。锡山区2015年城区文明程度指数、未成年人思想道德建设在市级测评中均获第一名。深化“孝义崇善之区”工程，大力宣扬锡山文化理念和价值导向，取得良好社会反响。区级层面开展“十大孝义家庭”评选、“孝义文化公园”建设等五大主题活动；各镇（街道）围绕主题从细微处着手，开展“一镇（街道）一特色（品牌）”9项具体活动。联合新浪无锡网共同策划有声栏目“锡山好人在线”语音频道，集中上线展示全区52名道德模范、身边好人故事。实施全区未成年人思想道德建设年度工作目标项目化管理，以学校为主阵地，突出抓好未成年人“八礼四仪”养成教育，新增1所小学纳入中央彩票公益金扶持项目。加强全区志愿服务制度化建设，组织开展无锡市第十三届志愿者活动月锡山区集中行动暨“三下乡”活动，区委宣传部被评为“2014年度江苏省文化科技卫生三下乡先进集体”。挖掘、推广道德模范、身边好人、美德少年等典型，全年入选“中国好人”2人、“江苏好人”4人、“无锡好人”12人；省“美德少年”1人、市“美德少年”9人。

【推动文化发展】 围绕市创建国家公共文化服务体系示范区和公共体育服务体系示范区的目标要求，严格对照任务书逐条分析，拾遗补漏，多措并举，及时跟进创建工作中有待解决的问题。坚持高标准、高质量，不断推进公共文体设施建设标准化、公共文体服务全面化、基层文体社团制度化。全面深化全区基层文体设施免费开放、活动开展、管理服务等工作，区文化馆功能用房装潢工程基本完成，区图书馆汇文图书馆集群系统成功运行，对外门户网站、微信平台和地方特色数据库基本建成。及时掌握发展政策、摸清产业动态、跟踪资金申报，为文化企业提供引导、培育和扶持等服务，成功扶持2家公司挂牌上市，并做好1家公司新三板上市筹备工作。推进简政放权工作，厘清行政权力事项，完善审批前期服务指导工作。重点围绕安全生产、扫黄打非、文化市场监管和印刷行业整治等方面，切实加强文体市场监管，着力维护市场经营秩序。积极开展“流光溢彩映锡山”“激情周末”等群众文艺活动，丰富百姓精神生活。有效利用全区公益文化阵地举办“墨润江南”——中国艺术研究院中国画院“双扎根”无锡采风活动作品展、“大道至简”艺术讲座、“品味国乐”专题讲座、“江苏省百名专家学者千场文艺欣赏讲座”等系列活动，发挥文化传播作用。大力弘扬民俗文化，先后开展安镇、云林民俗文化活动周等系列活动，取得良好社会效益。加大对文化社团（协会）联系指导和资金扶持力度，激发群众文艺团队创作热情，不断提升专业技能。（吴 双）

统战工作

【概况】 2015年，锡山区统战工作以凝心聚力助推经济社会发展、群策群力促进社会和谐稳定为目标，认真学习《中国共产党统一战线工作条例（试行）》，深入贯彻落实中央和省市委统战工作会议精神，不断提升统一战线工作科学化水平，充分发挥凝心聚力的积极作用。

【统战共识有效凝聚】组织区各民主党派、工商联、无党派联委会以座谈交流、参观学习等方式学习贯彻中共十八大、十八届四中、五中全会精神和习近平总书记视察江苏时的重要讲话精神及其他会议精神，进一步巩固共同的思想政治基础。指导区各民主党派开展社会主义核心价值观践行活动，以参观革命圣地、座谈交流等方式丰富践行活动内容。继续深入推进“同心”实践基地建设，健全“同心”实践基地建设长效机制。民革锡山区支部的“心心相连·手手相牵”缤纷假日夏令营项目被无锡市精神文明建设指导委员会、无锡市志愿者总会授予“无锡市2014年度最佳志愿服务项目”称号。民革锡山区支部与荡口古镇管委会联合举办的“红色荡口·致敬老兵”纪念活动、民盟锡山总支开展的四川省凉山地区支教活动、民进锡山区基层委员会组织全体会员参与的民进中央“书香彩虹”捐赠图书公益活动和组织会员到贵州省金沙县沙土镇开展的“同心彩虹”送教捐助活动、农工党锡山区基层委员会组织的第三期“健康同行——济困送医”项目和组织会员到广西壮族自治区河池市大化县雅龙乡开展的教育扶贫和义诊活动、民建锡山总支开展的“关爱儿童结对助学”等均取得良好的社会反响。切实加强统一战线教育培训工作，举办全区党外（统战）干部培训班。2015年，民进锡山区基层委员会获“民进全国社会服务工作先进集体”“民进全国先进集体”称号，农工党锡山区基层委员会被农工党中央授予“全国先进基层组织”称号，其他党派组织及个人也获得省市多项荣誉。

【多党合作制度化建设稳步推进】组织统战干部、统战对象深入学习贯彻落实中共中央《关于加强社会主义协商民主建设的意见》，充分发挥党外人士在协商民主中的重要作用。2015年，政治协商活动内容包括专题调研民主协商会、与政协的联合调研、区委主要领导情况通报会、政府工作报告及其他重要事项的座谈通报会5大方面。11月，区委召开党外人士专题民主协商会，就“改革创新强活力，合作共建新锡山”专题，听取区各民主党派、工商联和无党派联委会调研意见和建议。同时，充分利用人大、政协两大建言献策的平台，党外代表人士提交社情民意45条，其中30条得到区委主要领导的批示；提交提案和议案65件，其中重点提案24件。聘用党外人士52人担任司法和政府工作部门民主监督员，聘用8人为区纪委、区监察局软环境监督员。不断完善中共党员领导干部与党外人士结对谈心等制度。区委常委、区人大和区政协的党组主要负责人与区各民主党派班子成员、区无党派联委会班子成员、区工商联非中共班子成员和其他区管以上党外干部共34人进行联系结对交友。规范成员发展工作，与相关民主党派、各级统战部门联合考察17人。协助做好民主党派基层组织换届工作，民盟锡山总支、民进锡山区基层委员会、九三学社锡山区基层委员会完成换届，民革锡山区支部完成换届并成立总支部。

【民族团结、宗教和顺切实维护】认真贯彻落实民族政策，积极开展“民族团结进步宣传月”活动，开展禁止对少数民族群众歧视性做法联合检查，确保无对少数民族群众歧视性做法现象发生。认真贯彻民族政策，走访慰问109户贫困少数民族家庭，对5名企业退休的回族人员发放肉食补贴，办理少数民族子女成分更改11人，区委统战部、区民政局等相关部门为21户少数民族家庭办理低保。举办外来穆斯林法治讲座，切实提升锡山区20余名清真拉面店主守法经营意识。协助无锡市民族团结促进会做好换届相关人选推荐工作。做好民族宗教“大调研、大走访、大调处”活动，继续做好“四项排查”工作，确保民族宗教领域的安全稳定。针对春节期间宗教活动场所开展的各类法事活动，区委、区政府专题召开全区宗教活动场所安全工作会议，并组织相关职能部门对重点宗教活动场所进行安全联合检查，确保无安全事故发生。专题部署“宗教政策法规学习月”活动，确保活动取得实效。开展“基础数据建设年”专项工作，不断强化宗教活动场所的数字化管理。指导督促锡山区宗教活动场所完成宗教活动场所概览，并进行审稿和汇总工作。不断深化星级宗教活动场所创建认定工作，深入推进“十个一”文化工程和档案星级创建工作，全面提升宗教活动场所依法管理水平。全力协助市委统战部、市民宗局做好第四届世界佛教论坛的后勤保障工作。大力开展宗教慈善活动，由锡北镇石村古寺和斗山禅寺联合发起，注册资本200万元，成立区首个宗教界慈善基金会——祥云慈善基金会，并向区贫困学生110人发放助学金11万元。

相关链接

四项排查：民族宗教领域突出信访问题、有风险预警的项目、安全生产事故隐患、基层基础工作薄弱环节集中排查。

十个一：宗教活动场所制作一批反映本场所历史内涵及现状前景等内容的宣传折页或宣传册；开展一系列有影响的讲经论道活动及制作一批讲经说法宣传读本；制作一部场所宣传短片；建成一个场所文化展示室；开发一系列有特色的文化纪念品；制定一套规范的场所参观线路和讲解词；建成一个规范档案室；建成一个数字化管理平台；建立一个宗教学院实习基地或宗教文化研究中心；培育一个慈善公益活动品牌。

【“两个健康”发展持续促进】 围绕“传承弘扬锡商精神，打造百年长盛企业”主题，做好区企业发展历程总体情况汇总工作，夯实工作基础。不断深化两个“百千万工程”，15家非公企业获市级非公企业文化建设“百千万工程”示范单位，28家非公企业获市级非公企业文化建设“百千万工程”示范创建先进单位称号。总结全区非公企业文化建设“百千万工程”三年行动总工作，表彰先进，树立典型，巩固和拓展锡山区非公企业文化建设成果。以守法诚信为重点开展理想信念教育实践活动，成立指导小组和指导小组办公室。进一步充实“三服务三联动”的活动内容，把培育和搭建有效的工作平台作为工作的有效抓手和着力点，为服务企业打下坚实基础。对包括非公经济人士在内的新的社会阶层人士开展经常性培训，组织150余名企业家参加市委统战部开展的“梁溪大讲堂——宝界工商论坛”，组织12名青年企业家参加无锡市青年企业家第七期培训工程，组织11名优秀青年企业家随团到中国台湾游学，组织新、老企业家互动交流，进一步促进非公有制经济人士健康成长。广泛开展光彩公益活动，树立非公经济人士良好社会形象。红豆集团董事局主席周耀庭、总裁周海江个人捐赠1000万元成立无锡耀庭慈善基金会。老船长基金会发起人——无锡市海联舰船附件有限公司董事长戴三南热心社会公益事业，积极回报乡梓，被评为“中国好人”。全面加强各镇（街道）商会建设，不断丰富行业组织建设成果。无锡市建筑装饰设计师协会经市民政局审核通过，无锡市采购与供应链协会的筹备申请报请市民政局审核。

相关链接

两个健康：非公有制经济健康发展和非公有制经济人士健康成长。

两个百千万工程：一是非公企业文化建设“百千万工程”，市委统战部牵头开展的活动，自2012年起，用3年左右的时间，在全市实施非公有制企业文化建设，组织万家以上非公有制企业参与企业文化建设活动，评选千家以上非公有制企业文化建设示范创建先进单位，培育300家非公有制企业文化建设示范单位。锡山区计划用3年左右时间，组织千家以上非公有制企业参与企业文化建设活动，评选百家以上非公有制企业文化建设示范创建先进单位，培育45家以上非公有制企业文化建设示范单位。二是光彩公益“百千万工程”，市委统战部牵头开展的活动，在全市建立百个以上光彩公益小组，开展千次以上光彩公益活动，直接帮扶上万名人员。锡山区开展光彩公益活动，即建立十个以上光彩公益小组，开展百次以上光彩公益活动，直接帮扶上千名人员。

三服务三联动：服务会员企业、基层商会、行业协会，加强部门联动、横向联动、银企联动。

【海外统战领域不断拓展】 认真贯彻落实市委《关于贯彻〈中共江苏省委关于进一步加强和改进新形势下侨联工作的意见〉的实施意见》精神，做好区侨联成立的筹备工作。主动配合主流媒体，加大侨法宣传力度，继续做好“创业中华侨界人士聚无锡”等活动，不断推动海内外文化交流，加强海外侨界对锡山的了解和认同。通过亲情、乡情和商情“三情”并举，以电话、邮件、“走出去、请进来”等多种形式，不断深化与海外乡亲和侨团组织的联谊与合作。加强与华仲厚、华继平和唐氏家属等海外重点骨干人员的联络联系工作，接待欣旺集团（无锡）荷塘叶色大酒店董事长、唐氏后代唐国忠一行150人的严家桥寻根团和旅美华人周炳兴及家人。走访慰问华人、无锡好芳德药业有限公司董事长沈立新，积极为其“530”企业排忧解难。组织1名无锡市海外联谊会理事参加中国香港同乡会成立活动，配合做好美国无锡商会工作。帮助1名华侨家属办理高考加分事项。大力推进基层“侨之家”建设，东亭街道映月社区获“2015年度全国社区侨务工作示范单位”称号，羊尖镇严家桥村获“江苏省社区侨务工作示范单位”称号；继续做好鹅湖镇人民路社区“江苏省社区侨务工作示范单位”的创建工作和华绎之纪念馆建设工作。

【统战基层基础大力夯实】 积极组织统战干部、统战对象深入学习中央和省市委统战工作会议精神。认真开展“三解三促”“三严三实”活动，严格执行中央和省、市、区委关于改进工作作风、密切联系群众的各项规定，认真开展教育实践活动“回头看”相关工作，建立健全锡山区统战系统作风建设长效机制。积极开展意见、建议办理工作，办理政协委员提案3件、社情民意1件。建成党外人士活动室，为各党派组织、党外人士召开会议、举办活动和集中展示荣誉提供专门场所，使之成为锡山区的“党派之家”“党外人士之家”。提升经费标准。经区政府、区财政局同意，区民主党派、无党派人士活动经费和宗教团体活动经费、教职人员生活补贴专项经费得到大幅提升。邀请统一战线各界人士30余人开展“迎中秋、国庆座谈会”，向与会代表传达中央、省市相关会议精神，并通过座谈交流的形式庆佳节，叙友情，商国是，话发展，表达统一战线共同欢度中秋佳节和国庆节的喜悦之情。切实做好宣传信息工作，在各类报纸杂志上刊登稿件300余条。不断完善各板块和区委统战部各科室的考核机制，进一步加大对基层统战工作的考核力度。区委统战部民主党派科科长许芝艳被评为“全省统战系统先进工作者”；东亭街道党政办、区委统战部民主党派科被评为“无锡市统一战线工作先进集体”；3人被评为“无锡市统一战线工作先进工作者”。（陈永光）

对台工作

【概况】2015年，全区对台工作进一步推进台资产业集聚、台企创新发展、台商投资环境和两岸交流交往“四个新高地”建设，深化对台经贸合作，推动台企升级发展，提升交流交往层次水平，各项涉台工作取得较好实效。截至12月底，全区累计批准台资项目481家，总投资56.08亿美元，合同台资30.38亿美元，到位台资16.66亿美元。经江苏省农业委员会和江苏省台办批准，江苏省首个海峡两岸农业交流培训基地——江苏省海峡两岸（无锡）农业交流培训中心在台创园成立。

【推进项目合作】加强与中国台湾各商会、公会、农会的沟通联络，拓展信息渠道，利用原有交流平台、台商台企资源，为对台经贸合作提供项目支撑。在原有信息资源上深入挖掘，做好梳理分析，实现资源共享。为开发区、台创园、商务区提供项目有效信息3个，并积极配合相关部门做好新增台资企业、重点台资项目跟踪服务工作，对在谈、在批、在建台资项目做好推进服务工作。大润发超市的开业进一步提升了锡东新城的商业品质；江苏台新东机械科技有限公司的落户，使锡山区机械装备产业链得到进一步的延伸和完善。

【锡台交流交往】组织台创园、锡北镇赴中国台湾开展农业交流，拜会中国台湾农场经营协会、中华两岸农业交流发展协会，实地考察彰化县魔菇部落生态休闲农场、台中县文山休闲农场，学习中国台湾精致农业、休闲农业、观光农业先进经验。积极响应贯彻“两岸一家亲”大交流计划，为实现“两岸一家亲，共圆中国梦”添助力。与台东县体育发展基金会开展交流，就锡台两地青少年棒球交流活动建立常态互动机制；与桃园市工商妇女协会开展交流，就企业管理、社会事业等领域合作和桃园市企业负责人、妇女干部进行探讨；“青春作伴好还乡暨2015两岸大学生就业创业江苏行”活动走进红豆集团，红豆集团总裁周海江和中国台湾高校学生“面对面”交流，分享两岸就业创业异同和经验。

【服务台商台企和台胞台属】开展“下企业、办实事、解难题”活动，为台商、台企、台胞提供关怀服务，变“被动服务”为“主动上门服务”，及时有效解决台商台企和台胞台属实际困难、问题，及时有效化解涉台矛盾，维护台商台胞权益，优化台商经营环境。指导台商联谊会和台胞台属联谊会开展工作，做好锡山台商联谊会换届前台商走访谈话工作，和重点会员企业负责人进行“面对面”交流，多方听取意见和建议，为顺利完成锡山台商联谊会换届打好基础；开展台胞台属中秋联谊活动，增进锡台两地同胞情感。

【加强涉台宣传】通过走访、座谈等形式，将中央、省、市、区委主要涉台政策传达至各台资企业，鼓励企业抓住机遇加快转型发展，增强持续发展后劲；做好由省台办牵头组织的“台企的社会责任”两岸媒体联合采访台企活动，邀请中央电视台以及国内和中国台湾知名媒体采访报道锡山台资企业在坚持科技创新、加快转型升级方面取得的成效，有力宣传和树立了锡山台资企业在新常态背景下，应对复杂经济环境、打造企业核心竞争力、保持永续发展、勇于承担社会责任的企业新形象。

【台商台企热心公益】引导台商投身公益慈善活动，积极倡导台资企业扶贫帮困、奉献爱心。联茂（无锡）电子科技有限公司向69名锡山区在读优秀贫困大学生发放24万余元“联茂立青”奖、助学金，同时向云林实验小学、云林幼儿园分别捐赠6万元和4.8万元助学款。新麦机械（无锡）有限公司董事长吕国宏获得无锡市人民政府授予的“无锡市荣誉市民”称号。

（翟景璐）

农村农经工作

【概况】2015年，区委农办紧扣城乡一体化发展主题，以农业农村重点工作为抓手，发挥综合协调职能，着力创新突破，推进全区城乡一体化和新农村建设迈上新台阶。多措并举促进农村集体经济持续健康发展，全区村均可支配收入560万元，比上年增长6.3%，全区10个市级薄弱村全部完成脱贫转化目标。深化农村产权制度改革，农村集体资产市场交易试点取得成功，镇级农村产权交易流转市场建设实现全覆盖。土地确权工作有序推进，完成确权农户数11168户，确权土地面积2387.63公顷。积极培育新型农业经营主体，新增家庭农场17个。深化农村集体经济股份合作社转型，加强以项目载体培植为重点的股份合作联社建设，建成镇级股份合作联社5家。

【集体经济改革发展不断深化】着重抓好各项扶持政策在基层的落实转化，完善和提升以物业建设为核心的村级增收长效机制，引导村级通过挖掘优势资源、盘活存量资产、规范“三资”（资金、资产、资源）管理，增强农村集体经济可持续发展实力。2015年，全区村均可支配收入560万元，比上年增长6.3%。本着“强化项目扶持、强化造血功能、强化督查监管”的原则，抓好扶持工作，重点围绕薄弱村基础设施改造和增收项目建设开展扶持奖补，全区10个市级经济薄弱村全面完成脱贫转化目标。以项目载体培植为重点，继续抓好镇级股份合作联社建设发展，锡北镇启动镇级股份合作联社组建，全区镇级股份合作联社累计5家；积极指导股份合作社进行集体资产权属关系再梳理、再明确，安镇街道14家股份合作社全面推进村级集体资产折股量化工作，构建资产与人员的对应关系，并向社员发放股权证书。

【农村产权制度改革加快推进】以农村土地承包经营权确权登记颁证和农村产权流转交易市场建设为重点，将农村产权制度改革引向深入。2015年，全区有45个村开展确权工作，超过任务总数的80%。通过召开全区土地确权工作推进会、开展业务骨干培训、分镇（街道）走访调研和业务指导、下发督查简报等各项举措，进一步统一全区上下思想，促进土地确权工作各环节规范有序，及时处置、化解疑难问题，确保确权工作有条不紊展开，全年完成确权农户数11168户，确权土地面积2387.63公顷。农村产权流转交易成功试点。4月，安镇街道农村产权交易服务中心挂牌，成为全市首家有实质运作的农村产权交易平台。该中心完成第一笔农村集体资产交易业务：安镇街道商贸中心二期W20号商铺租赁项目以2.7万元成交，溢价率350%。安镇街道试点成功后，区委农办积极推广试点经验，及时召开全区推进会，促进各板块迅速行动、加快实施，至年底，全区镇级农村产权流转交易市场建设实现全覆盖，全年发布交易信息52条，成交项目42个，成交总金额579.9万元，有力推动了村级资产流转交易步入“信息公开、机会公平、操作公正”的健康轨道。

【城乡整合发展注重典型培植】发挥“试点先行、典型引路”作用，切实抓好城乡一体先进典型的培育和扶持工作。先导示范区建设稳步推进。根据市级要求，深入开展无锡市城乡一体化先导示范区建设争先创优活动，优化完善先导示范镇（街道）年度建设成果，围绕体制机制创新、示范项目建设、品牌亮点打造等要素开展“回头看”，促进项目示范效应，提升财政奖补资金使用质效。家庭农场发展量质并举。全面推进家庭农场认定工作，建立健全家庭农场认定名录，全年新增家庭农场17个。以创建示范家庭农场为引领，制定下发《锡山区家庭农场项目申报指南》，做好省市示范家庭农场申报工作，加大财政扶持力度，区委农办、农业银行强化融资帮扶工作，助推家庭农场发展。幸福镇村先进单位建设呈现新亮点。围绕“发展先进、生活富裕、生态优美、社会和谐、法治平安”的要求，大力开展幸福农村建设先进镇、先进村评选活动，年内建成市级“幸福农村建设先进镇”2个、市级“幸福农村建设先进村”12个。

【综合协调职能得到有效发挥】找准城乡一体化发展中的重点、热点、难点问题，以问题导向推进农村工作的创新突破。落实农业农村重点工作目标。紧紧围绕市级重点工作目标任务，多次征求意见，组织协调各部门研讨考核目标及内容，本着“结合实际、高定标准、自加压力”的原则，制定下发《2015年度锡山区农业农村重点工作目标体系》，以考核督查推进全区农业农村重点工作质量有保障、发展有特色，确保各项目标任务圆满完成。围绕热点、难点问题开展调研。着重对新一轮薄弱村扶持开展调研，倾听基层真声音，初步拟定扶持政策。针对相关镇村群访事件，开展全区项目建设征（使）用土地补偿安置遗留人员全面摸底清查，积极提出处置建议；组织开展农村金融情况调研，就新型农业经营主体融资难问题，提出合理化建议供领导决策。做好农民收入监测统计。按照省级要求，选定12个行政村（社区）作为监测点，定期召开工作例会，开展业务培训活动；完善农民收入监测统计体系，提高数据上报的准确性，分季度收集汇总监测点数据并研判全区农民收入情况。（王莉群）

机要保密工作

【概况】2015年，锡山区机要工作以密码管理安全可靠、密码通信优质高效为原则，切实做好密码通信和信息化服务保障，全年收发、办理各级各类电报285份，监控、流转各级各类公文75638件，为机关部门排除电脑及网络故障20余次，确保了密码通信和网络公文畅通，为区政令上传下达提供了有力保障。保密工作以新形势下加强保密管理为抓手，积极开展“六五”保密法制宣传教育总结验收工作和保密普查活动，强化涉密重要文件保密管理专项检查，进一步做好涉密废纸销毁工作，加强保密队伍建设，全年下发保密工作指导性文件2个，组织保密宣传教育活动3次、保密培训活动2次，开展保密专项检查3次，切实防止了失泄密事件发生。（杨　真）

老干部工作

【概况】2015年，全区老干部工作紧扣锡山改革发展大局，牢牢把握为党的事业增添正能量的价值取向，以改革创新精神和求真务实作风推进老干部工作，取得新的成效。区委老干部局获“2014年度全省老干部工作部门信息工作先进集体”。全区有离休干部104人，享受地市级政治生活待遇2人，享受地市级医疗乘车待遇5人，享受县处级待遇34人，享受乡科级待遇65人；平均年龄86.88周岁，最高年龄97周岁。

【老干部“两项建设”推进】加强学习教育和思想引导，按照全面从严治党要求抓好离退休干部思想政治建设和党支部建设“两项建设”，筑牢老干部与党同心同德、永远跟党走的思想基础。采取邀请区委党校老师进行讲学辅导，支部书记例会培训骨干领学，到各支部服务送学，组织就近参观实地感知促学的“四学”方式，努力实现支部学习“菜单化”，使老干部能够更好地深入学习党的最新理论。安镇、查桥、厚桥、教育局等离退休干部党支部学习计划周密，组织精心，成效明显。开展离退休干部牵手大学生“村官”（年轻干部）“案例推演·悟道”活动，完成微电影《忘年牵手共筑梦》拍摄制作。区委老干部局通过编印和发送250份《夕阳红》老干部学习读本、召开3次座谈会、组织撰写146篇学习心得等形式，增强学习效果。积极推进“助老上网”工程，利用网络平台加强和改进离退休干部思想政治建设。以党支部建设为重点，利用老干部政治和经验优势为党的事业增添正能量。发挥“锡山老干部夕阳红爱心助学基金会”的作用，为离退休干部关心下一代成长提供平台，全年向区贫困小学生捐款20550元。开展争创“五好”（支部班子好、党员队伍好、组织设置好、活动开展好、群众反映好）支部和“五好”（学习活动好、教育后代好、保持本色好、科学养身好、发挥作用好）离退休干部典型评选宣传等系列活动，积极宣传东港、查桥等老干部先进集体和离休干部朱海容、俞坚平等先进个人事迹，发挥典型示范引领作用，使离退休干部党支部工作成为党委、政府开展工作的有力抓手，使老干部成为党委、政府开展工作的有力助手。

【老干部特色服务开展】认真做好纪念抗日战争胜利70周年、春节和夏季高温走访慰问工作，区委、区政府主要领导、分管领导和区委老干部局领导以上门走访、上医院看望等形式慰问老干部、老党员和部分老干部遗属489人次，发放慰问物资及现金54.62万元。指导和监督全区离休干部普加离休费和生活补贴，通过全面走访、电话了解和支部活动信息报送等方式，掌握离休干部政治、生活“两项待遇”落实情况，及时解决存在的问题。积极与社区沟通协调，扎实推进“四就近”（就近学习、就近活动、就近得到关心照顾、就近发挥作用）服务工作，完善离休干部家庭、原单位、医疗部门、社区、老干部工作部门“五位一体”服务机制，努力为离休干部提供多样化、个性化、亲情化服务。组织全区离休干部年度体检，更新体检档案，及时向老干部或子女反馈体检结论，并请医生进行健康指导。认真做好离休干部自负医药费结报工作，执行好老干部病区巡查制度，对医院服务情况进行走访调研。核发97名离休干部特需费、参观费和增发生活性补贴。细致周到地协调12名离休干部的后事处理工作。充分发挥“夕阳红”老干部24小时服务热线和短信服务平台作用，为老干部、老干部工作专兼职干部发送天气、慰问、健康知识、工作短信5040条次；接听服务热线36人次，进行答疑解惑，协调解决各类生活待遇、医疗等问题；接待老干部来访32人次，件件有回复，老干部普遍感到很满意。

【老干部阵地建设加强】 以纪念抗日战争胜利70周年为主题，组织老干部进行书画摄影创作、文艺演出等活动。老干部奉献爱心，向锡山区阿福颐养院赠送书画作品；举办3个书画摄影展，参加市老干部活动中心、市老龄委办、市老年书画协会等组织的5个书画摄影展。举办以“铭记历史，珍爱和平”为主题的书画展、摄影展和老干部6人书画联展；精选作品25幅，分两期在《新锡山》专版刊登，主题为“铭记历史，珍爱和平”——锡山区老干部纪念抗日战争胜利70周年书画摄影专辑。在纪念抗日战争胜利70周年全市老年书画摄影大赛中，区委老干部局选送的作品有21件作品获奖，其中93岁的离休干部俞坚平获书法一等奖，退休干部辛德甫、吕玉伦分别获得书法、摄影三等奖。在“勿忘国耻，圆梦中华”——纪念抗日战争胜利70周年全市老干部书画摄影作品展中，离休干部俞坚平、退休干部吕玉伦分别获得书画、摄影一等奖。积极参加全国和省市相关单位组织的纪念抗日战争胜利70周年书画摄影展，组织老干部参加第三届“贝杉杯”全国书画作品大赛、江苏省老年大学协会和江苏银行举办的“江苏银行杯”老年书法大赛、无锡将军书画艺术馆举办的“孝德文化”书画展、锡山区“夕阳红”老年书画展等，弘扬中国精神，凝聚中国力量。着力做好纪念抗日战争胜利70周年老干部文艺演出和搭建老干部发挥余热平台。在纪念抗日战争胜利70周年全市老干部广场文艺演出中，锡北镇退休干部王育军创编的锡剧说唱《铭记历史爱和平》，再现无锡英烈奋勇抗战、杀敌救国的历史，得到市委老干部局的充分肯定和群众的一致好评。（薛玉宝）

机关党工委工作

【概况】 区级机关党的工作坚持从加强机关党员干部的教育管理出发，以服务基层、服务群众为目标，坚持以打造有机关文化特色的品牌为主线，牢牢把握服务中心、建设队伍两大核心任务，以贯彻落实《中国共产党党和国家机关基层组织工作条例》为重点，按照走在全区基层党组织建设前列的要求，努力提高机关党的建设科学化水平，有效促进了各项工作任务的完成。

【机关党员思想政治素质提高】 筑牢思想，武装根基。认真学习中共十八届四中全会精神，学习中央和省、市、区委精神，特别是习近平总书记系列重要讲话精神。通过多种形式组织党员加强理论学习，提高理论素养，增强做群众工作的本领、处理复杂问题的本领、履行岗位职责的本领。各党（总）支部结合工作实际，采取个人自学、集中学习、组织研讨交流等方式，提高学习的针对性和实用性。交流互动，加强调研。组织研讨交流和广泛征求意见相结合，通过党建工作片会、到机关部门实地调研、召开座谈会等方式，开展“从严治党要求下，机关基层党建工作如何更加贴近机关基层的实际情况，发挥好走在前作表率的作用”的专题调研，通过交流互动广泛征求意见、建议。积极推进学习型党组织建设。坚持以中心组学习为示范，以支部学习为主体，以个人自学为补充，争创学习型党组织、学习型党员干部。认真落实《关于推进学习型党组织建设的意见》，结合区级机关实际，深入开展学习型党组织创建活动，明确目标任务、工作原则、学习内容和基本要求，建立学习制度，制订学习计划，改进学习方法，认真组织实施，党员个人做好学习笔记、撰写学习心得，支部做好学习记录。充分发挥微博、微信、手机短信等新媒体技术在党建工作中的重要作用，不断拓展党建工作领域、延伸党建工作触角、扩大党建工作覆盖面、增强党建工作渗透性。

【机关党建科学化水平提升】开展各项活动，提高服务本领。区级机关各级党组织大力推动区委、区政府提出的民生工作，切实解决群众关注的民生大事。着力做好“三解三促”“三方结对共建”活动，帮助企业和农村解决发展难题，督促党员干部下基层听民声，切实解决贫困党员生产、生活困难。建设优良队伍，形成进取氛围。根据省、市、区委评选优秀党务工作者、优秀共产党员等先进的要求，积极做好评选推荐工作。广大党员立足本职岗位，勤勉工作、敬业奉献，形成积极进取的良好氛围。组织庆祝活动，发扬光荣传统。在区环保局组织召开区级机关纪念建党94周年座谈会，区级机关先进基层党组织、共产党员先锋岗、优秀党务工作者代表、优秀共产党员代表、入党积极分子代表分别发言回顾党的历程，纪念党的生日，总结工作经验和体会，激励和动员区级机关党组织和广大共产党员以更加振奋的精神投身富强美丽和谐幸福新锡山建设中。组织以“从严治党要求之下，机关党组织的党建工作如何走在前”为主题的征文竞赛活动，收到各单位推荐的参赛作品49篇，经评委组审定，推选出一等奖3名、二等奖6名、三等奖9名、优胜奖31名。区级机关各级党组织以纪念建党94周年为主题，先后组织书法、摄影等活动，回顾党的光辉历程，弘扬党的光荣传统，唱响爱党主旋律。采取多项措施，提升机关干部工作能力。针对机关党务干部队伍中存在着知识、年龄结构不合理和工作面大、知识面窄等问题，研究制订机关党务干部培训计划，提高工作人员素质，明确要求每半年组织一次党务干部培训班，每年组织一次新党员培训班、一次入党积极分子培训班，努力实现机关党务干部“站起来能讲，坐下来能写，蹲下去能抓，靠上去能帮”，切实提高机关党务干部队伍的工作能力和水平。进一步改善离退休支部的服务管理工作。为加强对离退休老干部学习教育的管理和服务工作，建立机关党组织向离退休老干部传达党内文件、通报工作情况、走访老干部等制度；加强离退休老干部党支部建设，从党费中提取专项费用，用于老党员的学习、教育和活动的开展。

【推动反腐倡廉建设出成效】深入开展廉政文化建设活动。围绕廉政教育重点，落实建立长效机制，牢固树立机关干部秉公用权、廉洁从政的执政理念，培育机关干部廉荣贪耻、诚实守信的道德观念。精心设计廉政文化进机关各项活动，抓好廉政文化建设示范点创建培育活动。对建成的廉政文化示范点进行回访，及时总结和推广成功经验和做法，在区级机关内广泛开展各类廉政文化建设活动，丰富党员干部的廉政文化生活，推动区级机关廉政文化建设向纵深发展。切实履行党组织的监督职能。进一步加强机关党组织的监督管理职能，突出抓好党风廉政的监督检查，及时发现和纠正存在的问题。认真落实《信访条例》，保持正常的信访工作秩序，扎实推行信访举报办事公开，化解社会矛盾。积极协助区纪委抓好党员干部廉洁自律工作，及时纠正部门行业不正之风，切实解决党员干部廉洁从政方面存在的突出问题。全力推进党务公开，有效保障党员的民主权利，建立健全惩治和预防腐败体系，实现关口前移，从源头上遏制腐败现象的发生。狠抓违纪党员的处理问题。进一步加大查办案件工作力度，强力打造查办案件的高压态势。积极配合区纪委查处违纪案件，查办案件6件，实施党纪处分6人。集中对2014~2015年的案件整改和纠正情况进行逐案督导、检查和回访，通过实行个案跟踪，切实维护法纪的严肃性。坚持注重预防教育，通过灵活多样的形式抓好警示教育，促使党员干部真正做到为民务实清廉。

【群团组织服务水平提高】区级机关党工委邀请南京师范大学文学院教授蒋俊，在区图书馆五楼报告厅举办《当代电影中的经典文化存在及其意义》讲座。经过多年的探索，机关活动形成有一定影响力的特色文化品牌。机关工会组织登山比赛、羽毛球比赛、乒乓球比赛、射击比赛等活动，机关党员干部积极参与。机关团工委组织“我心向党共成长·青春路上追梦行”演讲比赛，展现了广大机关青年的精神面貌，激发了机关干部的工作热情，更多的团员青年带头弘扬创新精神，争当岗位排头兵。广大党员干部通过参与机关活动，组织归属感进一步增强，服务理念进一步强化，党性修养自觉加强，精神面貌蓬勃向上。（郎　英）

党校工作

【概况】2015年，区委党校有在编教职工25人，其中公务员4名，专业技术人员15名，机关工勤人员

3名，事业编制工勤人员3名。专业技术人员中有专兼职教师9人，其中副教授1人，高级讲师8人，具有研究生（硕士、博士）学历7人。区委党校积极争取财政资金400余万元，用于安全隐患整改和办学条件改善，历时三个月，完善消防系统、改造燃气系统、更新安监系统、实施防漏改造、改善会议条件、新增发电系统，办学条件和会务接待环境得到改善。

【教育培训】 区委党校认真落实区委干部教育培训计划，以增强党性教育、坚定理想信念为重点，注重把中共十八届四中、五中全会精神、习近平总书记的“四个全面”战略布局、习近平总书记系列重要讲话精神等作为教学重点，把提高培训质量和效益摆在更加突出的位置，积极推进干部教育教学工作。在区委组织部、区人社局和相关部门的支持配合下，相继组织2015年锡山区媒体融合与运用暨新闻发言人专题培训班、5期公务员基本能力提升培训班、新疆阿合奇县第二批优秀干部培训班、锡山区新时期社区治理创新专题培训班、锡山区新型城镇化和生态文明专题培训班、锡山区党外（统战）干部培训班等。全年举办各类培训班41期，培训学员4355人次。其中主体班10期、21.5天，培训学员1656人次；联办班14期、26.5天，培训学员675人次；公修课17期、34天，培训学员2024人次。

【智库建设】 学校坚持以问题带动研究，强化教学科研实效。校领导带领全体教师认真研读区委、区政府有关会议文件精神，深入基层调研，弄懂、读透区委、区政府重点工作，精准把握区情、社情民意突出问题，合理确定科研方向与课题，着力提升科研水平和区情、社情民意研究能力，发挥决策咨询作用。全年有8项市委党校课题得以结项，新立6项市委党校课题，在各级各类期刊发表论文7篇，其中《内部参考》刊登1篇。同时，区委党校发挥自身优势，积极加强与机关部门、镇（街道）、村（社区）和企事业单位的合作，承接或参与科研项目，完成《锡山区城市管理岗位培训教材·城管队员理论与实务》的编写，《落实从严治党要求，推进机关党建工作》参与机关党工委征文活动并获二等奖。

【理论宣讲】 发挥理论宣传、宣讲的喉舌作用，选派骨干教师开展送学上门活动。全年开展“十八届四中全会精神”宣传解读11场次，“四个全面”专题宣讲13场次，“十八届五中全会精神”专题宣讲10场次，为各级各类对象学习贯彻党的最新方针政策做好理论宣讲服务。在形势政策宣传和中央、省、市、区会议文件精神宣讲方面，全体教师深入机关部门、镇（街道）、村（社区），结合实际，全年开展宣讲活动72场次。

【校际交流】 长期参与长三角地区县级党校联盟载体建设，借助各种平台，积极“走出去”。相继参加江阴市委党校牵头组织的“中国特色社会主义理论研修班”、无锡市委党校举办的“中国共产党政党文化”和“学习党史基本方法”研修班、无锡市委宣传部组织的基层党校“十八届五中全会与四个全面精神研讨班”等。同时，创新活动方式，4月28～29日，区委党校主办“苏南地区基层党校马克思主义经典精品课展示活动”，邀请省内外20余家基层党校、150余名专家与教师参与，展示了基层党校学科建设的阶段性成果。

【会议接待】 学校服务人员以“三心”（细心、爱心、耐心）为服务指针，内部攻坚克难、凝聚人心、激发积极性，外部加强交流学习、汲取先进经验、积极参加业务技能培训活动，服务保障水平和能力明显提升。特别是在接待一些重要的培训班次如无锡市关工委培训班、全国公益组织“格桑花”藏族助学培训班、新疆阿合奇县优秀干部培训班、锡山区青年骨干教师培训班等，全体服务人员充分发挥创造性，提供有针对性的服务，确保整个接待过程“零差错”，受到客人的一致好评。全年接待会议127个、14230人次，各类培训班41期、3852人次。

（沈　超）

编辑：吴　霞

5月22日，2015麻省理工学院中国（无锡）年会在锡山区举行。图为市、区领导李小敏（左六）、朱劲松（右五）、陆志坚（右三）与麻省理工学院副校长克劳德·卡尼萨雷斯（右六）一行合影

（区科技局 供稿）

8月26日，2015第二届无锡锡山MIT-CHIEF海外高层次人才创业项目合作洽谈会举行 （区科技局 供稿）

2015年，锡山台创园被科技部认定为国家级农业科技园，成为无锡市唯一一个国家级现代农业高科技载体 （台创园 供稿）

9月25日，“情满中秋，孝义锡山”——“我们的节日·中秋”大型广场文艺晚会暨锡山区孝义文化主题公园开园、“锡山好人在线”语音频道上线仪式在安镇街道和泽公园举行　（王　婉　摄）

3月4日，无锡市第十三届志愿者活动月锡山区集中行动暨“三下乡”活动在荡口古镇举行　（华　佳　摄）

2月5日，区委常委、区委统战部部长、区总工会主席张映雪（右一）走访慰问退休民主党派成员（陈永光 供稿）

3月13日，全区统战（民宗、侨务）工作会议在区委党校召开（陈永光 供稿）

9月25日，锡山区统战各界人士中秋国庆座谈会在锡州花园酒店召开（陈永光 供稿）

12月2日，2015年锡山区党外（统战）干部培训班在区委党校召开　（陈永光 供稿）

3月31日，省台办主任杨峰（右一）考察锡山台创园，在园区台湾馆和台商亲切交流　（《新锡山》 供稿）

7月24日，“青春作伴好还乡暨2015两岸大学生就业创业江苏行”活动走进红豆集团，中国台湾高校学生和红豆集团高层分享两岸就业创业异同和经验　（红豆集团 供稿）

11月20日，区委常委、区委统战部部长、区总工会主席张映雪（左）在锡州花园酒店为锡山台商联谊会会长陈炳昌（右）颁发聘书　　（《新锡山》 供稿）

4月29日，安镇街道农村产权交易服务中心启用仪式暨试点交易在安镇街道举行　　（王莉群 供稿）

5月20日，农村产权交易培训班在锡山中等专业学校举办　　（王莉群 供稿）

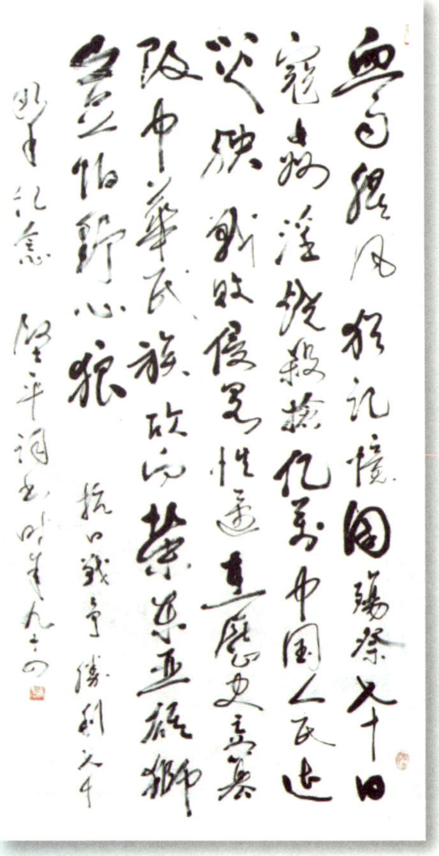

9月8日，在“勿忘国耻，圆梦中华”——纪念抗日战争胜利70周年全市老干部书画摄影作品展活动中，区离休干部俞坚平的书法作品《血雨腥风犹记忆》获“书画一等奖”（卢建行 供稿）

9月8日，在“勿忘国耻，圆梦中华”——纪念抗日战争胜利70周年全市老干部书画摄影作品展活动中，区退休干部吕玉伦创作的《追思》获“摄影一等奖”（吕玉伦 摄）

3月23日，2015年区级机关党的工作会议在区会议中心召开（郎　英 摄）

锡山区人大常委会

The Standing Committee of Xishan District People's Congress

4月1~3日，区三届人大四次会议召开。图为大会表决通过有关决议 （陆晓伟 供稿）

综　述

2015年，区人大常委会在中共锡山区委的正确领导下，深入贯彻落实中共十八大、十八届三中、四中、五中全会和习近平总书记系列重要讲话精神，以促进全面深化改革、全面推进依法治区为主题，以推动人大工作与时俱进为主线，认真履行宪法和法律赋予的各项职责，为推动全区经济社会稳定健康发展、进一步促进民主法治建设做出新的贡献。区人大常委会召开9次常委会会议、19次主任会议，听取和审议“一府两院”（政府、检察院、法院）33项工作报告，作出9项决议、决定，依法任免106名国家机关工作人员，组织开展7次执法检查和视察活动。　（陆晓伟）

重要会议

【区三届人大四次会议】 4月1～3日，区三届人大四次会议召开，会议听取和审议区政府工作报告、区人大常委会工作报告、区法院工作报告和区检察院工作报告，审议无锡市锡山区2014年国民经济和社会发展计划执行情况与2015年国民经济和社会发展计划草案的报告、2014年财政预算执行情况和2015年财政预算草案的报告及区政府关于区三届人大三次会议代表建议办理情况的报告；通过无锡市锡山区2014年国民经济及社会发展计划执行情况和2015年国民经济及社会发展计划的决议；通过关于无锡市锡山区2014年财政预算执行情况和2015年财政预算的决议；会议还通过有关决定、决议。

表2　2015年锡山区三届人大常委会会议情况一览

时间	会议名称	会议内容
3月2日	区三届人大常委会第二十三次会议	会议审议并通过区人大常委会2015年工作要点、2015年区人大代表活动的意见、2015年街道人大工作的指导意见、关于接受方云生辞去无锡市锡山区第三届人民代表大会常务委员会委员职务和关于接受方云生辞去无锡市锡山区第三届人民代表大会代表职务的决定；会议对部分市人大代表履职情况进行测评；通过有关人事任免事项
3月25日	区三届人大常委会第二十四次会议	会议听取关于区三届人大四次会议准备工作情况的汇报；审议并通过关于召开无锡市锡山区第三届人民代表大会第四次会议的决定、关于代表变动情况的报告（草案）、区三届人大四次会议列席人员名单（草案）；讨论并原则通过区三届人大四次会议议程（草案）、日程安排（草案）、区三届人大四次会议组织机构建议名单（草案）、《选举办法（草案）》和区人大常委会工作报告
4月8日	区三届人大常委会第二十五次会议	会议听取区三届人大四次会议代表建议情况和交办督办工作意见；审议并通过关于接受周挥辞去无锡市锡山区第三届人民代表大会常务委员会副主任职务的决定、关于接受吕斌辞去无锡市锡山区第三届人民代表大会常务委员会委员职务和关于接受吕斌辞去无锡市锡山区第三届人民代表大会代表职务的决定；通过有关人事任免事项
5月28日	区三届人大常委会第二十六次会议	会议听取和审议区政府关于深化行政审批制度改革加快政府职能转变情况汇报、社区卫生服务及安置房物业管理专题询问审议意见落实情况汇报；审议《中华人民共和国安全生产法》执法检查报告；通过有关人事任免事项
8月3日	区三届人大常委会第二十七次会议	会议听取和审议区政府关于2015年上半年国民经济和社会发展计划执行情况的报告、2014年度财政决算和2015年上半年财政预算执行情况的报告、2014年度区预算执行和其他财政收支的审计工作报告、区法院关于执行工作情况汇报；通过关于无锡市锡山区2014年度财政决算的决议；审议并通过关于接受华炳泉辞去无锡市锡山区第三届人民代表大会常务委员会主任职务的决定、关于推选张黎平为无锡市锡山区第三届人民代表大会常务委员会代理主任的决定、关于接受张建华辞去无锡市锡山区第三届人民代表大会常务委员会委员职务和关于接受张建华等辞去无锡市锡山区第三届人民代表大会代表职务的决定；通过有关人事任免事项

续表2

时间	会议名称	会议内容
10月9日	区三届人大常委会第二十八次会议	会议听取和审议区政府关于企业上市工作情况汇报、生态文明建设规划实施情况汇报、区三届人大四次会议代表建议办理情况汇报；会议对部分市人大代表履职情况进行测评；通过有关人事任免事项；召开专题询问会，围绕“完善社区公共服务”进行专题询问
12月3日	区三届人大常委会第二十九次会议	会议听取和审议区政府关于2015年为民办实事项目完成情况的报告、2015年度全面推进依法行政情况的报告、2015年度财政预算调整方案（草案）和2016年财政全口径预算安排初步意见的报告，并通过关于批准区政府调整2015年度财政预算内收支计划的决定、关于召开无锡市锡山区第三届人民代表大会第五次会议的决定、关于补选无锡市锡山区第三届人民代表大会代表的决定；会议还听取区人大常委会人事代表联络工委关于区三届人大四次会议代表建议办理工作复查及二次评价情况的报告；审议《中华人民共和国环境保护法》执法检查报告
12月28日	区三届人大常委会第三十次会议	会议听取关于区三届人大五次会议准备工作情况的汇报；审议并通过代表变动情况和补选代表资格的审查报告（草案）、区三届人大五次会议列席人员名单（草案）、关于设立农业农村工作委员会的决定、关于表彰2014～2015年度创先争优活动先进集体和先进个人的决定、关于接受章红新辞去无锡市第十五届人民代表大会代表职务的决定；讨论并原则通过区三届人大五次会议议程（草案）、日程安排（草案）、区三届人大四次会议组织机构建议名单（草案）、《选举办法（草案）》；补选无锡市第十五届人民代表大会代表；通过有关人事任命事项
12月30日	区三届人大常委会第三十一次会议	会议听取和审议区政府关于2016年锡山区一般公共预算收入计划调整情况的汇报；讨论并原则通过《无锡市锡山区第三届人民代表大会法制委员会、财政经济委员会人选的通过办法（草案）》和区人大常委会工作报告

（陆晓伟）

重要工作

【促进经济转型升级】 针对经济下行压力对锡山区经济社会发展带来的影响，区人大常委会及时听取全区工业经济运行情况报告，提出加大扶持力度，壮大实体经济，加快重大项目招引推进，培育经济新的增长点等建议。区人大常委会审议企业上市工作情况报告，建议优化服务，强化政策引导，充分发挥企业主体作用，提振企业转型信心，鼓励企业做大做强，扩大上市资源储备。主任会议听取商务经济情况汇报，督促政府明确产业招商主攻方向，集中力量克服“瓶颈”，加快形成具有锡山特色的产业集群。关注农业产业化发展，区人大常委会视察现代农业建设发展情况，提出要立足本地优势，抓好平台建设，深化产业融合，促进“一二三”产业联动发展。

【监督财政健康运行】 区人大常委会审议2015年上半年国民经济和社会发展计划报告，建议政府进一步优化调控职能，加快经济转型步伐，认真总结“十二五”规划施行经验，立足锡山实际，贴近民生发展，科学制定“十三五”规划。首次听取政府全口径预算编制情况汇报，要求提高编制水平，严肃预算管理，提高财政资金使用效益，审查并通过2016年财政预算初步安排意见。要求审计部门加强财政资金审查，加大整改监督，维护财经秩序。区人大常委会第二十七次会议审查批准2014年度财政决算，区人大常委会第二十九次会议同意区政府调整2015年财政预算。

【推进环境持续优化】 区人大常委会视察开发区建设发展情况，建议开发区坚定发展信心，加大招商引资力度，提升核心竞争力，带动锡山区形成产业结构优化和布局合理的发展环境。主任会议听取商务区建设情况汇报，建议坚持规划引领、产业支撑和产城融合，优化产业布局和人口导入，提升新城整体竞争力，真正将商务区打造成生产生活生态融合、宜居宜商宜业的现代化新城区。听取土地管理工作情况汇报，督促政府及国土部门严格土地管理，促进土地节约集约利用，保证经济社会发展用地需求。在听取规划编制情况时，提出要创新规划理念，强化规划管理，优化城乡发展环境。主任会议还听取国地税工作情况的汇报，建议坚持依法治税，强化税收征管，优化纳税服务，积极为全区经济发展营造良好的税收环境。

【强化法律监督】 区人大常委会把加强法律法规的实施监督作为改善法治环境、服务经济社会的重要举措。组织实施《中华人民共和国安全生产法》执法检查，采取听取汇报、现场座谈、实地察看企业安全生产情况等方法，全面了解《中华人民共和国安全生产法》在锡山区的贯彻实施情况，并在落实责任、整治隐患、严格执法等方面提出具体要求，促进全区安全生产形势持续稳定向好。为推动全区环境保护工作，对政府贯彻落实《中华人民共和国环境保护法》情况组织专项检查，建议坚持疏堵结合，强化综合治理，严厉打击违法行为，及时回应群众关切，推进生态环境持续改善。

【推进依法行政】 区人大常委会审议政府深化行政审批制度改革加快政府职能转变工作报告，要求坚持依法依规，结合区域实际，完善制度规章，加强服务保障，提升行政服务效能。审议依法行政工作报告，提出要强化法治思维，健全依法决策制度，做好规范性文件备案审查，提升依法行政工作水平。主任会议听取推进社区“政社互动”工作情况汇报，建议加强组织领导，总结经验做法，完善工作举措，强化基础建设，提升服务水平。区人大常委会落实区委全面深化改革有关工作任务，研究起草讨论决定重大事项的暂行规定，规范政府重大事项决策行为，促进科学决策、民主决策和依法决策。

【促进公正司法】 区人大常委会审议法院执行工作报告，建议完善工作机制，强化服务保障，争取各方支持，形成工作合力，共同推动执行难问题的解决。主任会议听取区检察院民事行政检察工作情况汇报，建议认真贯彻落实中央和最高人民检察院工作部署，主动适应新时期要求，严格履行检察职能，积极探索工作方式，努力提升民事行政检察实效。听取锡山公安分局深化“法治维稳”工作情况汇报，建议强化法治理念，快速妥善处置涉稳事件，严格执法程序，严肃查处违法行为，维护法律的权威和公民的合法权益。加强人大信访工作，全年受理群众来信、来访19件次，办理上级人大转办的信访件2件次，依法解决人民群众的合理诉求，促进了社会和谐。

【关注群众现实需求】 区人大常委会审议2014年度“社区卫生服务和安置房物业管理”专题询问审议意见落实情况报告，要求明确责任，强化督查，跟踪到底，尽最大努力将群众反映的问题解决好、落实好，让代表和群众真正满意。主任会议听取为民办实事项目安排情况汇报，区人大常委会第二十九次常委会审议完成情况报告，要求定性定量实事项目，加强统筹协调，强化监督检查，从紧有序推进，按期保质完成，让实事项目惠及群众。积极回应社会对社区公共服务的关切，开展“完善社区公共服务”专题询问，区人大常委会组成人员和部分区人大代表与区政府及14个职能部门的负责人“面对面”沟通对话，凝聚共识，共商对策，推动锡山区社区公共服务水平的进一步提升。

【聚焦社会事业发展】 主任会议听取药械安全监管工作情况汇报，建议适应改革新形势，落实监管责任，完善监管网络，强化基础建设，健全保障机制，全面提升药械监管工作水平，切实保障全区人民群众的健康安全。听取教育督导工作情况汇报，在完善督导机制、抓好队伍建设、加强结果运用、增强工作实效等方面提出建议，推进锡山区教育优质均衡发展。视察公共文化服务体系建设，要求贴近基层群众需求，强化政府支持保障，积极推进阵地建设，打造特色品牌，丰富产品供给，增强发展活力，不断扩大受惠面。

【助力城乡一体化发展】 关注和支持生态文明示范区建设，区人大常委会审议生态文明建设规划实施情况报告，提出要严格按照《锡山区生态文明建设规划》部署，推进产业结构调整，抓好环境综合整治，强化部门板块协同，形成环境共治共享格局。视察村庄长效管理工作，建议引导全民参与，层层落实责任，健全管理制度，做好补弱补缺，进一步巩固村庄环境整治工作成果，确保村庄环境干净整洁。视察镇村道路管理及重点工程建设，建议坚持管养并重，优化管理机制，强化队伍建设，提升管养水平。要求政府在保证工程质量和安全生产的前提下，把握时间节点，加大推进力度，确保如期完工，造福广大人民群众。

【深化代表履职活动】 继续把开展代表主题活动作为联系代表、发挥代表作用的有效载体，创新形式方法，汇聚代表智慧和力量。470名区、镇两级人大代表围绕“完善公共服务、增进民生福祉”主题，走访村（社区）117个，联系选民2319人次，收集各种意见、建议228条，梳理形成代表小组建议29件，为推动政府改进工作，提升公共服务水平发挥了积极作用。继续深入推进“人大代表参与化解社会矛盾、促进社会和谐稳定”活动，着力在破解遗留问题、化解突出矛盾上取得新成效，为推动经济社会发展汇聚正能量。拓宽代表履职渠道，邀请代表列席常委会会议，参与执法检查、视察等活动。全年邀请20名代表列席常委会会议，22名代表参加执法检查和视察活动，使代表充分了解全区改革发展情况，更好地履行职责。

【强化代表建议落实】 开展代表建议办理工作“回头看”，对2014年度政府承诺的“正在解决或列入计划逐步解决”的5件建议实行跨年度跟踪督办，督促政府加大研究和办理力度，有力地推进了建议的落实。坚持抓好建议交办，将区三届人大四次会议期间收到的69件代表建议及时转交政府办理。坚持重点督办，确定6件重点督办建议，实行区人大常委会领导牵头、各工委对口联系督办，形成建议办理监督合力，以点带面推动建议办理工作。坚持建议办理落实跟踪督促，采取区人大常委会审议建议办理情况报告、主任会议听取重点督办情况、组织人大机关干部复查、开展建议办理落实情况第二次评价活动等措施，进一步督促建议办理落到实处，提高建议办理质量和办成率。专题调研代表建议办理工作，发放问卷调查，听取意见、建议，改进代表建议办理督办工作。做好闭会期间代表建议交办工作，通过编发《代表之声》，向区委、区政府反映，促进了相关问题的解决。

【密切联系代表选民】 坚持区人大常委会主任、副主任接待代表和区人大常委会组成人员联系代表制度，通过接待来访和固定联系等方式，加强与代表的沟通，了解代表的意愿。用好“主任信箱”“市民建言”“代表履职”三个网络意见、建议收集平台，实现与代表、选民互动。落实代表联系选民制度，充分发挥好“代表之家”“代表工作室”的阵地作用，推动代表深入基层，了解和反映社情民意。继续开展代表向选民述职评议活动，全面完成三届人大代表任期内述职一次的目标。通过述职评议，增强了代表的责任意识、群众意识和服务意识，增进了选民对代表的信任和支持。

【加强党的领导】 认真贯彻落实全面从严治党部署，把常委会党组领导班子建设摆在首位，坚持党组会议制度，集体讨论研究常委会工作中的重要事项、重大问题、重大决定，并向区委请示报告；及时提出常委会贯彻中央、省市区委重要会议精神的指导意见，发挥党组在常委会工作中的领导核心作用，确保常委会各项工作遵循党的主张顺利推进，实现与区委思想同心、目标同向、工作同步。推进作风建设常态化，发挥机关党支部的战斗堡垒作用和党员的先锋模范作用，抓好人大机关干部队伍的建设，做到严政治、严纪律、严作风、严管理，不断提升人大常委会的工作水平。

【加强宣传交流】 不断拓展人大宣传报道涵盖面，通过在报纸、电视、网络媒体等各种宣传载体开辟专版和制作专题栏目等，大力宣传区、镇两级人大工作成效、代表工作亮点、代表履职优秀事迹的报道。全年有50余篇通讯、信息在市级以上媒体刊登，使社会各界更加了解、关注和支持人大工作。积极开展横向联系交流，配合省市人大开展各项专题调研活动，进一步提升锡山区人大工作综合影响力。

（陆晓伟）

人事任免

【概况】 区人大常委会遵循党管干部和依法任免的原则，规范人事任免程序，强化对任命干部的监督。全年依法任免106名国家机关工作人员。其中，7名干部参加任前法律知识考试，22名任命干部作任前承诺。

2015年锡山区人大常委会任免人员主要情况一览

表3

时间	会议名称	任免人员及职务
3月2日	区三届人大常委会第二十三次会议	任命李娟为无锡市锡山区人民法院审判委员会委员、审判监督庭庭长，贾树东为无锡市锡山区人民法院鹅湖人民法庭庭长，杨琦东为无锡市锡山区人民法院东港人民法庭庭长，潘洪峰为无锡市锡山区人民法院东北塘人民法庭庭长，姜中芳为无锡市锡山区人民检察院检察员；免去齐永远的无锡市锡山区人民法院副院长职务，李娟的无锡市锡山区人民法院东港人民法庭庭长职务，贾树东的无锡市锡山区人民法院东北塘人民法庭庭长职务，杨琦东的无锡市锡山区人民法院鹅湖人民法庭庭长职务，潘洪峰的无锡市锡山区人民法院安镇人民法庭庭长职务，薛悠云的无锡市锡山区人民法院审判委员会委员、审判监督庭庭长、审判员职务，丁建兴的无锡市锡山区人民法院审判员职务，蔡建忠的无锡市锡山区人民法院审判员职务，盛九林的无锡市锡山区人民法院审判员职务，张苗的无锡市锡山区人民检察院检察员职务
4月8日	区三届人大常委会第二十五次会议	任命张杰为无锡市锡山区住房和城乡建设局局长，邓重高为无锡市锡山区水利局局长，石国洪为无锡市锡山区卫生和计划生育局局长，孙亚君为无锡市锡山区市场监督管理局局长，吕斌为无锡市锡山区审计局局长，陈荣伟为无锡市锡山区粮食局局长，华兴为无锡市锡山区人大常委会办公室主任、研究室主任，陆兴荣为无锡市锡山区人大常委会东北塘街道工作委员会主任；免去张杰的无锡市锡山区建设局局长职务，邓重高的无锡市锡山区审计局局长职务，石国洪的无锡市锡山区卫生局局长职务，唐珏如的无锡市锡山区住房保障和房产管理局局长职务，冯锡生的无锡市锡山区水利局局长职务，过文洁的无锡市锡山区人口和计划生育局局长职务，陆兴荣的无锡市锡山区粮食局局长职务，吕斌的无锡市锡山区人大常委会办公室主任、研究室主任职务，徐志军的无锡市锡山区人大常委会东北塘街道工作委员会主任职务
5月28日	区三届人大常委会第二十六次会议	任命阮玉兰、陆健、张胜良、丁建兴、邹佳旻、詹旭、杜飞义、郭珈辰、徐馨妍、俞梦琪、金浩、相蓓婷、殷晓伟、王春波、施钰平、华巍峰、孙伟、孙建飞、刘水长、徐科威、刘见、朱坚、王祖庚、沈荣伟、蒋加星、沈东、倪晓峰、华颖珍、朱莉敏、胡中联、蔡晔、顾航、许程凯、姚芸、杨鸿涛、殷洪元、李建新、吴春华、陆秋萍、顾文卫、梁春宝、诸莉花、周斌、梅紫园、张勇、杨石磊、黄雅芳、沈斌、唐云恺、吴倩倩、吴雷宝、诸培南、王强、谢筠、张慧、尤新华、顾豪杰、顾杰、张磊为无锡市锡山区人民陪审员；免去曹兰芳、朱骏杰、朱贞洁的无锡市锡山区人民陪审员职务
8月3日	区三届人大常委会第二十七次会议	任命姜晓翔为无锡市锡山区人民政府副区长，王彪为无锡市锡山区科技局局长，王琪为无锡市锡山区商务局局长，陆晓波为无锡市锡山区环保局局长，陈秋峰为无锡市锡山区人大常委会安镇街道工作委员会主任；免去陈新宇的无锡市锡山区科技局局长职务，钱红星的无锡市锡山区商务局局长职务，王彪的无锡市锡山区环保局局长职务，张建华的无锡市锡山区人大常委会安镇街道工作委员会主任职务，杜一的无锡市锡山区人民法院东港人民法庭副庭长、审判员职务，张金灵的无锡市锡山区人民法院审判员职务，刘新青的无锡市锡山区人民法院审判员职务

续表3

时间	会议名称	任免人员及职务
10月9日	区三届人大常委会第二十八次会议	任命胡小坚为无锡市锡山区市场监督管理局局长，许雷亮为无锡市锡山区城市管理局局长，赵晓燕为无锡市锡山区人民法院刑事审判庭庭长，唐洁为无锡市锡山区人民法院少年审判庭庭长，王玄为无锡市锡山区人民法院民事审判第一庭副庭长，王碧云为无锡市锡山区人民法院东港人民法庭副庭长，徐峰为无锡市锡山区人民检察院副检察长；免去胡小坚的无锡市锡山区城市管理局局长职务，孙亚君的无锡市锡山区市场监督管理局局长职务，李敏的无锡市锡山区人民法院副院长职务，赵晓燕的无锡市锡山区人民法院少年审判庭庭长职务，王玄的无锡市锡山区人民法院劳动争议审判庭副庭长职务，王碧云的无锡市锡山区人民法院民事审判第一庭副庭长职务，陆文辉的无锡市锡山区人民法院民事审判第二庭副庭长职务，黄煜明的无锡市锡山区人民检察院副检察长职务，金士健的无锡市锡山区人民检察院副检察长、检察委员会委员、检察员职务
12月28日	区三届人大常委会第三十次会议	任命胡建明为无锡市锡山区人大常委会农业农村工作委员会主任

（陆晓伟）

编辑：吴　霞

【锡山旅游集锦】

东港镇山联村景区九曲桥　　（区商务局 供稿）

东港镇山联村

山联村位于锡山区东港镇北部，占地面积133.33公顷，既有江南水乡、小桥流水人家的古典之美，又有历史人文、生态环境的和谐之美。山联村先后被评为“江苏最美乡村”“全国休闲农业与乡村旅游示范点”“江苏省水美乡村”“无锡市美丽乡村休闲旅游示范村”。其自然村山前嘉园被评为“江苏省四星级乡村旅游点”“江苏最美乡村”“无锡市农业旅游点”“无锡市四星级农家乐”。

5月5日，区人大常委会开展《中华人民共和国安全生产法》执法检查，实地察看江苏工力重机有限公司安全生产情况 （陆晓伟 摄）

5月29日，锡山区人大代表学习培训暨代表主题活动动员会在区委党校召开 （陆晓伟 摄）

10月9日，区人大常委会召开第二十八次会议就“完善社区公共服务”开展专题询问 （卢 煜 摄）

锡山区人民政府

Xishan District People's Government

3月18日，锡山区经济工作暨改革创新工作会议在区会议中心召开　　（《新锡山》 供稿）

综　述

【概况】2015年，面对复杂严峻的宏观经济形势，区政府紧密团结和依靠全区人民，积极适应经济发展新常态，牢牢把握稳中求进总基调，统筹做好改革发展稳定各项工作，顺利完成“十二五”规划确定的主要目标任务。全年实现地区生产总值650.18亿元，比上年增长7.2%；完成一般公共预算收入66.24亿元，比上年增长9.4%；城乡居民人均可支配收入分别为43045元和24355元，分别比上年增长8.1%和8.3%。

【服务企业稳增长】把服务实体企业放在突出位置，综合施策抓好运行调节，全力推动经济平稳较快增长。注重政策扶持引导，在工业经济、科技创新、外贸增长、服务业发展等领域，整合出台针对性、操作性更强的系列政策措施，最大限度集成政策资源助推企业发展。积极主动为企解难，坚持区、镇（街道）两级领导挂钩服务与职能部门六大团组专业服务相结合，在全区组织开展“企业服务月”活动，对重点企业进行全覆盖大走访，帮助企业协调解决要素保障、信贷融资、“两证”办理等一批实际问题。建立涉企收费目录清单，切实减轻企业负担。举办电子商务、“工业4.0”等主题式培训交流活动，促进企业家开阔眼界、稳心留根，更好地适应市场竞争的新变化。

【引建项目强后劲】全面强化招商工作，围绕现代产业发展方向和投资需求新动向，切实加强招商培训，主动出击招商引资，成功引进德国博戈车辆减震、中铁一局城轨公司等一批优质项目，全年完成到位注册外资及港澳台资3.4亿美元。扎实开展“项目建设突破年”活动，切实强化在建项目的推进落实，专门设立重大项目建设审批服务督导办公室，对项目从签约直至竣工投产涉及的所有审批环节进行全过程、动态化跟踪督查，全年在建超1亿元重大产业项目85个，竣工鹰普二期等项目10个。注重加强落地项目的跟踪评估，对2011～2014年期间供地的工业项目组织开展现场检查，全面评估供地项目的建设进展、投产达效等履约情况以及板块、部门在项目把关和落地服务上的质效，促进项目引建水平不断提升。

【优化结构提质态】围绕以“智能化、绿色化、服务化、高端化”引领打造现代产业新高地，深入推进产业结构调整，不断提升产业发展质态。强化传统制造提升，引导企业加快技术改造和设备更新，鼓励企业加强质量品牌建设，积极推动两化融合发展，全年技改投资比上年增长31.8%，新能源电动车产业园获评省新型工业化产业示范基地。加快发展新兴产业和高新技术产业，全年新兴产业项目投资比上年增长19%，高新技术产业产值占规模以上工业总产值的比重为42%。大力发展现代服务业，积极培育电子商务、旅游等新兴业态，全年服务业增加值占GDP的比重为45%，比上年提高0.8个百分点，翠屏山省级旅游度假区获批设立。现代农业提质发展，成功培育无锡首个水稻自主品牌，以台创园为核心区的国家级农业科技园获批，全区农业园区化面积比重为56%。

【强化创新促转型】积极推动大众创业、万众创新，启动实施创新载体“3620”工程，“星创工场”等2个众创空间获评省级科技企业孵化器，国家服务外包人力资源研究院跨境电商（无锡）产业孵化中心落户运营。突出企业创新主体地位和主导作用，搭建中国科学院金属研究所南方（无锡）工作站等产学研合作平台，积极促进企业与高校院所深度合作，加快集聚创新创业人才，全年新增国家级博士后科研工作站3家，引育国家“千人计划”人才3名、省“双创计划”人才6名。深入实施知识产权战略，鼓励企业加快培育自主知识产权，全年发明专利授权量比上年增长45%。

【深化改革激活力】推进商事登记制度改革，落实注册资本认缴等改革举措，在全市率先于乡镇推行“三证合一、一照一码”制度。出台更大力度的企业上市扶持政策，加强对企业上市工作的分类指导，全年完成股改企业15家，新增IPO过会企业1家、申请企业2家，报江苏证监局辅导企业2家，新三板挂牌企业10家。深化行政管理体制改革，顺利完成工商、质监、食品药品管理体制调整和卫生与计生、建设与房管等职能整合。大力推进简政放权，建立并公开行政权力事项、行政审批事项目录、政府专项资金管理和行政事业性收费目录4张清单，在全市率先建成投运行政审批“中介服务超市”。扎实推进农村改革，农村集体资产市场交易试点取得成功，镇级农村产权流转交易市场建设实现全覆盖。

【统筹城乡抓建管】全面强化规划统筹，完成新一轮镇村布局规划修编，形成镇级总体规划初步成果，编制燃气管网、热电联产等专项规划。推进城乡功能设施建设，完成泉山大道北延、春丰河桥等重点道桥工程，基本建成映月天地商业广场，润发购物中心、红豆城市广场开业运营；建成投用公共自行车服务系统一期工程，新开辟及优化调整公交线路8条。加大安置房建设力度，全面实现补偿安置“零过渡”。完善网格化管理机制，开展村庄环境长效管理提升行动，顺利完成新三年城市环境整治目标。扎实推进生态文明建设，出台全市首个镇级之间水环境区域补偿办法，落实大气污染综合防控措施，开展环境保护大检查，PM2.5平均浓度比上年下降8.7%。

【改善民生增和谐】 把解决民生问题摆在最突出的位置，坚持立足当前办好实事、着眼长远构建体系，扎实推进社会建设，不断保障和改善民生。坚持质效并重，圆满完成年度10件为民办实事项目，有效发挥了实事项目的惠民效益。全面做好促进就业创业、完善社会保障等民生工作，全年城镇新增就业1.3万人，扶持自主创业1227人，新增被征地农民接续缴费4356人，居民养老保险、居民医疗保险参保覆盖率分别在98.5%和99%以上。认真贯彻精准扶贫基本方略，完善深度贫困家庭子女（孤儿）就学就业帮扶机制，全年发放深度贫困救助资金1718.96万元，比上年增长31.23%。协调发展社会事业，锡山人民医院新建工程主体封顶，锡山实验小学、云林街道社区卫生服务中心建成启用，全年完成教育基础设施建设投资1.16亿元，社区卫生服务站规范化建设实现全覆盖，学校体育场地开放率88%。加强和创新社会治理模式，完善社区工作准入机制，建立依法打击恶意欠薪行为、保障劳动者合法权益工作机制，公共法律服务全覆盖体系建设和社区矫正工作走在全省前列，社会治安持续好转，安全监管全面加强，社会大局保持和谐安定。

（陈　晓）

重要会议

【区政府常务会议】 区政府全年召开11次常务会议，审议并通过《无锡市锡山区政府各部门行政权力事项清单》《关于推行政府法律顾问制度的若干意见（试行）》《关于深化行政审批制度改革加强事中事后监管的意见》《关于鼓励扶持企业上市和挂牌的意见》《关于2015年度全区水利工作的意见》《锡山区工业科技人才服务业发展扶持资金使用管理暂行办法》《锡山区促进外贸稳增长扶持资金使用管理暂行办法》《关于进一步做好深度贫困家庭子女就业帮扶的操作办法》《无锡市锡山区政府各部门行政权力事项清单管理办法（试行）》《锡山区现代农业发展专项资金管理暂行办法》《关于建立依法打击恶意欠薪行为保障劳动者合法权益工作机制》《锡山区消防安全委员会工作制度》《锡山区水环境区域补偿工作方案（试行）》《2015年推进简政放权放管结合转变政府职能工作方案》《无锡市锡山区2015年行政审批制度改革工作要点》等事项60件。（陈　晓）

【全区安全生产工作会议】 2月28日，全区安全生产工作会议在区会议中心召开。会议要求，全区各级要坚持“安全第一、预防为主、综合治理”工作方针，以贯彻新修订的《中华人民共和国安全生产法》为主线，以有效防范和压降安全生产事故为目标，突出责任落实，夯实基层基础，深化隐患治理，严格打非治违，强化宣教培训，加强应急管理，健全完善长效机制，为锡山经济社会发展创造良好的安全生产环境。（印宏绯）

【全区民生改善与社会事业发展工作会议】 3月11日，全区民生改善与社会事业发展工作会议在区会议中心召开。会议强调，要更加自觉地把保障和改善民生放在优先位置，以更高水平、更实举措推进民生改善和社会事业发展各项工作，全力推动锡山民生建设迈上新台阶。会议要求，全区各级各部门要带着高度的责任感，立足锡山实际，按照普惠性、全面性、针对性要求，努力构建形成具有锡山特色的民生工作内容及体系；要加强研究谋划，努力让人民群众享有更好的幸福感受；要推进就业创业，努力让人民群众享有更好的工作收入；要拓展制度覆盖，努力让人民群众享有更好的社会保障；要注重普惠均等，努力让人民群众享有更好的公共服务；要改善环境质量，努力让人民群众享有更好的宜居生活；要强化综合治理，努力让人民群众享有更好的社会环境。

（陆　栋）

【全区经济工作暨改革创新工作会议】 3月18日，全区经济工作暨改革创新工作会议在区会议中心召开。会议强调，全区上下要深入贯彻落实中央经济工作会议、省委十二届九次全会以及市委十二届八次全会精神，按照市委“三个突破年”（项目建设突破年、改革创新突破年、作风建设突破年）活动的部署要求，研判当前形势，部署全年工作；要主动适应经济发展新常态，争创改革创新新优势，以提高经济发展的质量和效益为中心，全力推动锡山经济平稳健康发展。

（印宏绯）

【全区城乡建设管理暨生态文明工作会议】 3月18日，全区城乡建设管理暨生态文明工作会议在区会议中心召开。会议指出，城镇化是现代化的必由之路，全区上下要深入贯彻中央城镇化工作会议和省市相关会议精神，结合区情实际，加快推进新型城镇化建设，全力推动城乡建设和生态文明建设取得新突破。会议动员全区各级各部门要把思想和行动统一到区委、区政府的部署要求上来，凝心聚力，真抓实干，推动城乡建设管理和生态文明建设各项工作迈上新台阶，为建设富强美丽和谐幸福新锡山做出新的更大的贡献。会议下达2015年度城乡建设和生态文明建设的目标任务。（周煦杰）

【全区质量工作会议】 4月10日，全区质量工作会议在区会议中心召开。会议指出，质量问题是经济社会发展的战略问题，关系可持续发展，事关群众切身利益。会议要求，全区上下要深入实施质量强区战略，积极打造名品、名牌、名企，让锡山品牌、锡山质量成为推动锡山区经济从传统制造向科技化、智能化、可持续化迈进的有力支撑，使锡山的产品和服务走向全国、全球，适应新常态下经济发展需要。（印宏绯）

【全区生态文明示范区建设工作推进会议】 4月30日，全区生态文明示范区建设工作推进会议在开发区召开。会议强调，全区各级各部门要按照市委、市政府的部署要求，坚持工作在先、谋划在前，增强工作的责任感、主动性，扎实抓好组织落实，全力完成各项任务，加快把锡山打造成“环境美”的生态文明示范区。会议要求，要牢牢把握好完成目标、控源、减排、治污、长效管理等六个方面工作，进一步强化责任意识、法治意识、底线意识。会议下达2015年度生态文明建设目标任务。

【全区项目建设推进会议】 7月21日，全区项目建设推进会在开发区召开。会议强调，全区上下要鼓足干劲、开足马力，以时不我待的紧迫感、不进则退的危机感，抓紧抓实项目建设各项工作，为锡山经济更好更快发展奠定坚实基础。会议要求，要看现状、想长远，增强忧患意识；要提存量、拓增量，理清方向路线；要强队伍、研政策，提升竞争力；要改作风、善服务，提高办事效率；要明目标、严考核，强化督查考评。（华注丰）

重要活动

【第九届中国无锡国际电动车展】 5月16～18日，以“宜新、宜创、时尚、健康”为主题的2015第九届中国无锡国际电动车展在无锡太湖国际博览中心举行。展会设1200余个国际标准展位，规模比2014年增长35%以上，全国各地200余家整车厂、部件厂参展，展览面积超过3万平方米，参观人数5万人次。

（印宏绯）

【中国艺术研究院中国画院“双扎根”无锡采风活动作品展】 5月22日，“墨润江南”——中国艺术研究院中国画院“双扎根”无锡采风活动作品展在中国艺术研究院中国画院无锡研创基地开幕。广大画家以中国艺术研究院中国画院无锡研创基地为重要平台，围绕美丽的江南人文景观、建设景观、新城形态等，进行下乡采风和写真。97幅秀丽之作构图细腻、意境饱满，运笔巧妙、神采高雅，满含着山水画家、花鸟画家、人物画家对秀美江南的热爱，生动展示了锡山的人文精神和时代风貌，是中国艺术研究院中国画院全体画家在无锡艺术采风实践活动的绘画结晶。

（马　军）

【“企业服务月”活动】 6月，全区组织开展“企业服务月”活动，建立完善政府牵头、部门联动的快速反应协调机制，设立政策法律、人才用工、信贷融资、科技创新、项目审批、转型升级六大服务团，对全区规模以上工业企业以及重点服务业企业、农业龙头企业开展走访服务，了解和掌握企业在生产经营中存在的实际问题。针对走访过程中收集到的125家企业反映的要素保障、信贷融资、“两证”办理等193条问题，按照职能部门的职责分工，分门别类进行任务交办，促使企业反映的问题得到妥善解决。

【全区招商专题培训活动】 全年举办以“新常态下企业投资热点、招引方向、招商策略”“项目渠道拓展和信息捕获”“项目质量分析评估”“推介优势投资环境、对接优质意向项目”为主题的招商专题培训活动4期。通过邀请知名投资公司高管、业界专家授课、互动交流等形式，提升全区招商人员的职业素养与业务技能，以适应产业转型升级背景下招商引资的新形势和新要求，为全区经济发展注入强劲动力。（印宏绯）

【江苏省农科院锡山设施园艺研究中心挂牌成立】 9月18日，由江苏省农科院与锡山区政府双方合作共建的江苏省农科院锡山设施园艺研究中心在锡山台创园揭牌成立。该研究中心将充分依托江苏省农科院雄厚的科研实力，全面开展蔬菜花卉、经济林果、水产养殖等特色产业农业项目研究，促进科技新成果转化以及先进适用技术应用推广等方面合作，全面提高锡山现代农业科技创新能力和发展水平。

（陆 栋）

机构编制管理

【概况】 2015年，全区机构编制管理工作以简政放权为核心，以转变政府职能为重点，继续深化政府机构改革，积极开展行政审批制度改革，扎实推进控编减编工作，着力创新机构编制管理，为建设富强美丽和谐幸福新锡山提供强有力的机构编制保障。

【政府机构改革】 调整工商、质监、食品药品行政管理体制，组建区市场监督管理局，完成区市场监督管理局和各分局“三定”（定岗、定员、定责）工作。推进卫生、计生、建设和住房保障等部门的机构优化整合工作，组建区卫生和计划生育局、区住房和城乡建设局，单设区法制办。抓好相关部门职能调整工作，对人口发展战略、规划及人口政策职责，0～3岁婴幼儿早期教养的行政服务工作职责和生猪定点屠宰监督管理职责进行调整。在区政府办公室挂牌的区区级机关事务管理局更名为区机关事务管理局。区行政服务中心更名为区政务服务管理办公室，挂“区政务服务中心”牌子。

【行政审批制度改革】 成立区政府推进职能转变协调小组，制定《2015年推进简政放权放管结合转变政府职能工作方案》。行政审批制度改革工作牵头单位调整至区编办，建立锡山区行政审批制度改革工作联席会议制度。出台《无锡市锡山区2015年行政审批制度改革工作要点》。梳理公布行政审批事项目录清单，公布政府性基金项目目录、行政事业性收费项目目录和政府部门专项资金管理清单。同时，出台《无锡市锡山区政府各部门行政权力事项清单管理办法（试行）》。

【事业单位分类】 印发《关于无锡市锡山区第三批事业单位分类的通知》和《关于无锡市锡山区第四批事业单位分类的通知》，对78家事业单位进行分类。事业单位年度报告统一进行公示。全年办理事业单位设立登记2家、变更登记32家，及时做好事业单位法人登记纸质材料的归档工作。

【控编减编】 出台《关于做好全区控编减编工作的方案》。进一步规范编制使用，加强编制使用审核，严格把好编制“入口”。做好区2016年度公务员公开招录和2015年度事业单位公开招录的编制审核工作。

【机构编制日常管理】 推进“中文域名”注册工作，成功申请中文域名303个。做好机关部门中层和事业单位领导职位审核备案工作，全年完成140人次的职位审核备案手续。做好实名制系统信息数据的实时更新工作，全年完成1127人次的信息审核工作。继续做好“三责联审”工作，全年完成区财政局、民政局、农林局等6个单位党政领导“一把手”离任或任中机构编制审核工作，并形成相关审核报告。

相关链接

三责联审：在党委、政府统一领导下，按照干部管理权限和部门职能分工，由组织部门会同编制、审计等部门，同步联动实施党政领导干部选人用人责任审查、机构编制责任审核和任期经济责任审计。

（李婷婷）

政务服务

【概况】 3月，区委、区政府下发《无锡市锡山区人民政府职能转变和机构改革实施意见》，区行政服务中心更名为区政务服务管理办公室，挂“区政务服务中心”牌子。9月，区政府将原由区政务办承担的区审改办职能调整至区编办，建立锡山区行政审批制度改革工作联席会议制度。区政务办认真贯彻和全面推进“项目建设突破年、改革创新突破年、作风建设突破年”活动，以奋发有为的精神状态迎接挑战，以改革创新的工作思路破解难题，在推进“三证合一、一照一码”、建立中介服务超市、完善和提升镇（街道）行政服务中心建设等重点工作的推进上取得新的成效。区、镇（街道）两级中心受理行政服务事项113613件，办结113217件，按时办结率100%。其中，区政务服务中心受理41618件（即办件25553件，即办率61.4%），各类收费16291.24万元（建设项目前期报批阶段统一收费16210万元）；区房屋权属管理分中心受理22147件；镇（街道）行政服务中心累计办理各类服务事项49848件。

【在全市率先实现镇（街道）行政服务中心发放“一照一码”】 国务院、省市政府就深化商事制度改革分别出台《关于加快推进“三证合一”登记制度改革的意见》，区政务办认真学习贯彻文件精神，主动与区工商、质监、国税、地税等部门沟通对接，并牵头起草实施方案，重点突出“延伸至镇（街道）板块中心窗口服务，实现区域内全覆盖”的特色。精心组织岗前培训，邀请省相关部门的业务办件人员和信息技术人员到锡山区进行现场指导和授课，参加培训人员近100人，确保软件系统操作的熟练性。8月19日，全市乡镇首张“三证合一、一照一码”营业执照“无锡东北塘新超合金科技有限公司”在东北塘街道发放，锡山区成为无锡市第一个在镇（街道）直接办理企业营业执照的城区。《无锡日报》等新闻媒体进行专题报道，民盟无锡市委进行专题调研。企业设立所需申请表格由4张减少至1张，申请材料由26份减少至13份，填写事项由166项减少至74项，办理时间由原来的30个工作日压缩至5个工作日。全年办理1416张新版营业执照。11月12日，区政协三届四十二次主席会议专门听取该项工作的进展情况并给予充分肯定，该项工作获“2015年度锡山区创新工作成果”称号。

【在全市首建中介服务超市】 围绕涉及建设项目“六评一审”，研究出台《关于成立锡山区中介服务超市提升中介服务效能的意见》，在全市范围内首提中介服务超市思路，并以区政务服务中心为平台，建立网上网下中介服务超市。3月2日，区委副书记、区长顾中明专题召开中介服务超市工作推进会，听取汇报并就相关工作作出明确指示。行业主管部门提出标准和要求，在《江南晚报》和中国锡山网站发布招驻公告，经过严格评审后确定进驻单位并再次进行公告。锡山区中介服务超市于4月12日对外运行，锡山区环境科学研究所有限公司等8家中介机构挂牌入驻。区政务办利用中国锡山网站在网上公布26家中介机构信息。全年接受各类咨询近430次，为86家企业提供“六评一审”等相关配套服务，初步形成中介服务线上线下同步运行、窗口公开服务、协同配合审批的良性服务格局。该项工作被锡山区作为“全市攻坚克难”项目上报无锡市。

相关链接

六评一审：建设项目环境影响评价、节能评估、交通影响评价、安全生产评价、社会稳定风险评估、职业病危害评价和施工图设计审查。

【服务重大重点项目能力提升】 区政务办通过进一步细化和完善行政服务“三趟车”（超前直通车、并联服务车、联合验收车）成功做法，全力服务全区重点重大项目建设。注重重点服务。围绕全区“企业服务月”活动，认真履行“项目审批服务团”的牵头职能，主动与区发改局、区经信局、区住建局、区商务局、区市场监管局、区环保局、锡山国土分局、锡山规划分局等成员单位进行沟通联系，制定《关于企业服务月审批服务工作方案》，借助行政服务“三趟车”走进每个板块，收集到15家企业提出的22个问题，年内成功协调18个问题，收到企业一致好评。注重主动服务。区政务办一改以往坐等各板块提出项目审批服务需求的作风，年初便主动联系区发改局获取到全区2015年的53个重大产业、重要民生项目；然后设计相关表格，每月深入到各板块采集项目审批进度信息，第一时间对项目的推进时序、环节、办理状态、在建情况进行汇总，为各窗口对上述项目的审批服务提供基础信息；然后有效通过“超前直通车、并联服务车、联合验收车”载体，以最短时间、最快速度到各板块进行现场办公。全年累计服务25个重大项目，提供近30次“三趟车”服务，完成联合竣工验收11个。注重横向联动。积极参与区重大项目建设审批服务督导办公室的日常工作，并派驻专人值守，制定《督导手册》，涵盖《锡山区重大产业项目建设审批环节流程图》和《重大项目建设审批进程记录表》。

【新增办理出入境业务窗口】根据省、市、区落实简政放权工作精神，落实各项便民利民措施，进一步方便锡山区居民就近办理出入境证件，9月7日，锡山公安分局办理出入境业务的窗口在区政务服务中心运行。区政务办积极配合做好出入境大厅窗口的设置工作，新开辟5个对外服务窗口、1个拍照室，提供一批便民设施。窗口新进5名工作人员，受理省内居民的护照、往来中国港澳通行证及签注、大陆居民往来中国台湾通行证及签注的首次申请、失效重新申领和补换发业务等5项业务。该业务窗口坚持“窗口不断人，处理不停留，上午提前上班，下午延迟下班”，最大限度地保证受理窗口、后台处理的高速运转，累计为965名居民办理相关业务，切实方便了群众。

【镇（街道）行政服务中心建设优化】为进一步加强镇（街道）行政服务中心建设和发展，区委、区政府专门在《2015年度开发区商务区台创园各镇（街道）工作绩效考核的意见》明确“各镇（街道）行政服务中心建设占2分”，该项考核在全市首创。区政务办根据绩效考核意见，一方面迅速制定科学合理的考核细则并下发至各镇（街道）行政服务中心，另一方面通过设计表格重新采集各镇（街道）行政服务中心现状，对各镇（街道）行政服务中心存在的共性问题进行研讨，并提出相应发展规划和提升措施。各镇（街道）高度重视，做好“健全组织，设立专门机构；事项集中，服务高效通畅；建章立制，管理执行到位；公开透明，实行公开公示”等日常工作，服务水平进一步提升。同时，深入贯彻《关于创建无锡市群众满意镇（街道）行政服务中心活动的通知》，安镇、东北塘、云林3个街道行政服务中心顺利通过12月16日市文明办、市政务办的复核验收，被授予“2015年度无锡市群众满意镇（街道）行政服务中心创建先进单位”称号。 （曹志宏）

法治政府建设

【概况】2015年，区政府以建设法治政府为目标，夯实基础工作，提升决策能力，加强执法监督，法治环境不断优化，领导干部的依法行政意识和能力、政府的公信力和执行力不断提高。

【决策能力提升】区政府坚持领导干部学法制度，全年编印《政府常务会议学法资料》9期，内容涉及新修订的《中华人民共和国食品安全法》和《中华人民共和国立法法》以及《最高法通报的十大行政不作为案例》等，进一步提升领导干部依法行政能力。健全政府法律顾问体系，制定《关于推行政府法律顾问制度的若干意见（试行）》，首次以招投标方式向社会公开遴选出12家律师事务所、48名执业律师，为全区重大行政决策提供法律保障，为民众提供法律援助及其他公益性法律服务。召开荡口古镇门票价格听证会，扩大群众参与重大行政决策途径，强化行政决策透明度和公众参与度。

【执法监督加强】严格落实行政执法责任制，全面建立行政执法程序、行政裁量权基准、执法案件法制审核、执法案卷评查等一系列制度，有效规范政府行政行为。组织49名新申领执法人员参加执法资格培训考试，实行执法资格动态管理，按时完成行政执法人员执法证年检注册工作。建立健全行政执法与刑事司法衔接工作联席会议制度，明确相关单位职责和工作规则，协调解决工作中遇到的问题，通过联席会议等制度，将“两法衔接”问题落到实处。

【矛盾化解推进】将行政指导贯穿于执法巡查、行政处罚、行政审批、行政服务等行政管理全过程，加强与行政相对人的沟通交流，通过说理式执法、一次性告知、送达上门等形式，帮助行政相对人依法进行问题整改。畅通复议案件受理渠道，规范复议工作办理流程，建立行政复议委员会，不断提高行政复议规范化建设水平。2015年，办理行政复议案件23件，审结20件，其中维持10件、驳回4件、确认违法2件、终止3件、告知向其他机关提起1件。严格落实行政机关负责人出庭应诉制度，出庭应诉率100%。 （张晓红）

政务信息化

【概况】2015年，顺应政务工作信息化、网络化的新趋势，加强政府网站信息内容建设管理，稳步提升政府网站发布信息、解读政策、引导舆论的能力和水平。

【政府网站体系建立健全】按照集约化建设的要求，完善政府网站体系，优化结构布局，建设全区统一的政府网站技术平台。为保障技术安全，加强信息资源整合，避免重复投资，深度整合全区各镇（街道）网站、政府部门网站、部门（单位）所属机构及下属机关事业单位政府网站。通过开展全面细致的普查申报和评测，优化调整政府网站技术平台的子站、栏目及频道设置，提升网站的编辑集成、技术安全、运营保障管理水平，形成有机结合的全区政府网站体系。2015年，迁移区内网站22个，关停区内网站7个。

【信息内容保障强化】 制订和完善信息发布的内容清单，建立健全政府网站内容更新、信息发布、政策解答、协同联动等工作规程。严格以全国政府网站普查评分体系为标准，全面排查梳理政府网页信息内容的保障情况，确保发布的信息量和更新速度。制订、推行“一月一督查、半年一通报、一年一测评”的运行管理机制，引导和督促责任单位（部门）切实提升信息内容的维护保障水平，提升政府网站信息传播能力。

【信息网络安全防护加强】 为确保全区政务网络安全稳定运行，组织开展全区网络安全检查活动，对重点部门的制度建立和落实情况、机房实体建设情况、计算机操作系统安全漏洞情况等网络安全领域开展定期和不定期抽查。同时，通过加强专项技术培训，提升政务网络的防攻击、防病毒、防篡改的安全等级。（夏潇柯）

政府信息公开

【概况】 2015年，全区各板块、各部门严格贯彻落实《中华人民共和国政府信息公开条例》，按照省市有关文件要求，强化制度机制和平台建设，推进重点领域信息公开，不断增强政府信息公开实效。全年区本级主动公开信息9191条，中国锡山网站信息公开专栏发布信息5321条，资讯中心发布信息908条，公告公示信息692条，《锡山政报》发布信息153条。中国锡山网站公开专栏访问总量125608人次。

【重点领域政府信息公开推进】 深入贯彻落实《国务院办公厅关于印发2015年政府信息公开要点的通知》精神，坚持以深化公开内容为核心，扩大行政权力运行、财政资金使用、环境资源保护、公共资源配置等重点领域的信息公开。根据政府信息公开新形势和新要求，向社会公开《无锡市锡山区政府各部门行政权力事项清单管理办法（试行）》和《无锡市锡山区政府各部门行政权力事项清单》；向社会公开区本级以及部门财政预决算及“三公”经费情况、政府采购和招投标信息等情况，基本涵盖政府总预算的最主要内容。回应社会大众对于区域环境保护的关切，及时公开区域总量减排、环境综合整治、环保专项行动、环保宣传服务、生态文明创建等信息，全年公开环保类信息278条。

【依申请公开机制健全】 通过中国锡山政府门户网站“法规文件及解读”专栏、《锡山政报》、政府信息公共查阅点、政府热线电话、基层便民服务中心等渠道，加强政策法规解读，提升政策法规知晓度。畅通沟通渠道，借助短信平台、政务微博微信等新媒体，针对社会热点关注，及时发布政府信息，增进与公众的互动交流。为申请人提供便捷服务，梳理依申请公开政府信息的渠道、环节、申请方式，优化申请流程，明确答复时限，规范受理和告知文书格式，提升依申请公开的受理和答复工作标准化程度，提升操作性。全年受理、办结依申请公开政府信息申请件10件。

【政府信息基础工作完善】 政府网站群改版提升，迁移和关闭29个子网站，梳理整改政府信息公开目录中27个栏目，通过全国第一次政府网站普查。出台《关于做好政府信息公开工作有关事项的通知》和《关于加强政府网站内容保障工作的通知》，加大政府信息公开指导力度，落实推进行政权力清单、财政资金等重点领域信息公开工作的职责，明确政府信息主动公开发布操作规范、网站内容保障责任清单以及内容保障标准。推进基层政府信息公开，对39个部门、板块网站的栏目内容、网页信息进行梳理完善。强化信息公开工作督查，将信息公开工作列入区政府年度工作目标考核内容和区政府重点工作考核内容，同步部署推进、督促考核。（陈菁华）

外事和接待工作

【概况】 2015年，全区完成接待任务61批、837人次，其中接待中外来宾58批、798人次，包括澳大利亚维多利亚州政府及美国驻上海总领事政务考察团，全国政协副主席罗富和、农业部副部长张桃林、中国残联副主席王乃坤，以及中国关工委、中国工程院、新疆维吾尔自治区伊犁哈萨克自治州、山西省晋城市阳城县、吉林省四平市、山东省烟台市、四川省成都市、湖北省武汉市、浙江省湖州市、上海市奉贤区等地（部门）的党政代表考察团。

【促进友好交流】 1月28日，澳大利亚维多利亚州政府特派员狄龙一行2人到锡山区进行经贸合作交流访问，参观江苏大为科技股份有限公司、江苏知原药业有限公司，并与锡山区有赴澳投资意向的企业进行座谈。3月9日，美国驻上海总领事史墨客一行5人到锡山区进行交流访问，重点参观考察红豆集团。

【规范因公出国（境）管理】 按照中央八项规定以及最新出台的因公出国（境）管理各项规定，从严掌握因公出国（境）任务安排。全年办理因公出国（境）团组30批、51人次，其中党政领导干部出访21批、42人次，学校教师出访9批、9人次。出访美国、德国、法国、加拿大、澳大利亚、日本、新西兰、印度尼西亚、马来西亚等国家和中国香港地区。国际APEC商务旅行卡全年办理28张。

相关链接

APEC商务旅行卡：持卡人凭有效护照和旅行卡在三年内无须办理入境签证，可自由往来于已批准入境的各APEC经济体之间，从而便利APEC范围内各经济体的商务人员往来。

（王 伟）

信访工作

【概况】 2015年，区信访局受理信访事项总量7436件，其中来访263批、1099人次，比上年分别下降31.2%、49.8%（集访61批、794人次，比上年分别下降18.7%、53.7%）；来信454件，比上年下降8.8%；来电11件，比上年下降15.4%；市“12345”政府公共服务热线电子工单及区网上咨询投诉受理总量6708件，比上年上升12%。

【信访热点】 全区信访热点主要集中在十大方面。在城乡建设方面，受理信访事项4429件，占信访及网上咨询投诉总量的60%，主要是咨询城乡建设规划，反映违规拆迁和安置补偿标准低、商品房保修及小区基础设施养护不到位、无证摊贩占道经营以及举报违章搭建等问题；在环境保护方面，受理信访事项1211件，占总量的16%，主要反映违规排污、噪音扰民等问题；在教育、文体方面，受理信访事项333件，占总量的4.5%，主要反映外来务工人员子女上学难、学区划定不合理等问题；在劳动社保方面，受理信访事项273件，占总量的3.7%，主要反映企业违法用工及拖欠工资等问题；在商贸旅游方面，受理信访事项260件，占总量的3.5%，主要反映产品质量监管、物价监管等问题；在民政方面，受理信访事项171件，占总量的2.3%，主要反映优抚待遇和农村低保等问题；在国土资源方面，受理信访事项169件，占总量的2.2%，主要反映违规征地、补偿标准低等问题；在交通运输方面，受理信访事项160件，占总量的2.1%，主要反映道路及设施破损及交警执法等问题；在卫生、计生方面，受理信访事项135件，占总量的1.8%，主要反映医疗单位服务差、餐饮企业卫生不达标等问题；在农村、农业方面，受理信访事项127件，占总量的1.7%，主要反映农村土地承包经营和河道治理等问题。

【信访积案化解推进顺利】 按照省市部署，在全区开展深化信访积案化解专项行动。区委办、区政府办转发区信访联席办相关文件，召开专题会议进行部署，按照“属地管理”原则将省市交办的7件及自排的22件信访积案一同交办，明确化解稳控责任和目标。专项行动由区委、区政府主要领导亲自挂帅，区分管领导为区包案领导；镇（街道）党（工）委书记为第一责任人，镇（街道）分管领导为镇（街道）包案领导；相关部门和村（社区）负责人为具体负责人，形成区、镇（街道）和村（社区）三级工作体系，定期会商、沟通协调，推动信访积案“案结事了、停诉息访”。区、镇（街道）两级对信访积案进行分类梳理，逐案分析研判，根据以往处理情况提出解决问题的思路和要求，明确工作方法和责任，“一案一策”综合运用法律、政策、经济、行政、社会、救助以及思想教育等手段，努力促使信访问题“案结事了”。

【矛盾纠纷排查深入开展】 区信访局每月召开信访工作例会，专题部署矛盾纠纷排查化解工作。各镇（街道）和区各职能部门坚持源头预防、分类化解、属地为主、各方协同，形成合力做好矛盾纠纷排查化解工作。区、镇（街道）两级坚持区每月、镇（街道）每周社会矛盾排查化解工作机制，及时就地做好矛盾化解和稳控。重要敏感时段，区信访联席办将重点信访事项集中交办各镇（街道）化解稳控，对交办的重点信访事项加大督导，对跨地区、跨部门信访问题和疑难复杂信访问题加大协调会办力度，全力做好矛盾化解、缓解和稳控工作。

【阳光信访系统建设着力推进】按照上级统一部署和要求，锡山区于2015年1月1日启动阳光信访信息系统，完成国家、省、市、区、镇（街道）网上办理信访事项的联动，全面实现信访信息网上录入、流程网上管理、活动网上督查、绩效网上考评。阳光信访信息系统使信访问题和矛盾纠纷能够在网上得到妥善处理和解决，使处理环节、进展和结果公开透明，方便群众查询评价，接受社会监督，进一步提高了信访工作水平和工作效率。为确保阳光信访信息系统的高效运行，区信访局先后举办阳光信访系统操作业务培训班2期，区级机关部门、镇（街道）信访工作人员参加培训班。2015年，锡山区阳光信访系统运行良好，实现了每件信访事项的全部录入。（蒋 妤）

侨务工作

【概况】2015年，区侨办牢牢把握“凝心聚力、联系侨界、服务中心”的行动准则，以学习为动力、联系为纽带、服务为重点、经济为主线、宣传为手段、创建为载体，以侨为本，发挥侨力，扎实推进侨务工作有序开展。东亭街道映月社区被国务院侨办授予“2015年度全国社区侨务工作示范单位”称号；羊尖镇严家桥村被省政府侨办授予“江苏省社区侨务工作示范单位”称号。

【联络联谊】6月，接待国内唐氏后代、欣旺集团（无锡）荷塘叶色大酒店董事长唐国忠一行150人的寻根团；春节前后，拜访宴请回乡探亲的周炳兴等旅美华人和中国香港同胞；10月，接待旅美华人华季平，并就如何布置华绎之纪念馆及有关资金等问题进行商讨，同时落实到华绎之纪念馆装修资金13万美元（折合人民币约82万元）。11月，接待尤列曾孙尤迪桓与夫人尤曾家丽（中国香港知名人士）携尤氏海外宗亲一行22人，带领他们参观荡口古镇，并在红豆山庄举行晚宴。

【服务侨界】走访慰问华人、无锡好芳德药业有限公司董事长沈立新，协助企业排忧解难，推介该企业产品，为企业融资牵线搭桥。关注和了解新侨回国创新创业遇到的问题。继续为市举办的“创业中华·魅力无锡”活动中的江苏海泽医疗科技发展有限公司等6家“530”企业在项目、融资及人才方面进行对接的后续工作，协助市侨联组织无锡亮源激光技术有限公司总经理李大明等10名“530”企业主参加“创业中华·魅力无锡——2015侨专委助力新侨创业发展”活动，推动有关政策、法规和服务措施落实，支持和帮助新侨创新创业。协助1名华侨办理子女高考加分事项；积极做好为老侨服务工作，做好各项权益保障和改善民生政策在侨界的落实，尤其是关心帮助困难归侨侨眷及空巢老人，让他们共享祖国改革发展成果。利用海外人脉资源，为国内出国考察旅游人员提供方便和服务。

【走访慰问】春节期间，全区侨务系统利用各种形式开展扶贫帮困送温暖活动，走访慰问归侨5人次、侨眷49人次、探亲华侨华人8人、侨港资企业17家、“530”企业6家；向海外华侨华人发慰问信、邮件106封，打电话25个；慰问金额6.05万元；参加走访慰问的党政领导61人次；召开座谈会、联谊会5次。

【侨法宣传】依托网站、手机短信平台、侨刊、社区服务点等多种形式宣传贯彻侨法。以省人大常委会修订出台《江苏省华侨投资权益保护条例》为契机，开展宣传。加大锡山经济社会发展、风土人情和典型华人华侨侨眷的对外宣传，各级报纸杂志和网站录用涉侨报道24篇（其中省级网站1篇，市级报纸杂志、网站17篇，区级报纸杂志、网站6篇）。（周国明）

机关事务管理

【概况】2015年，区机关事务管理局牢牢把握新常态下对机关事务管理工作提出的新要求，从转变工作作风、强化服务意识、强化管理职能、构建法治后勤入手，积极履行管理、保障、服务职能，较好保障了区级机关正常有序运转。

【机关事务管理职能加强】依法规范机关事务管理行为，善于运用法治思维、法治方式想问题、作决策、办事情，健全机关事务依法管理制度。围绕贯彻落实《机关事务管理条例》《党政机关厉行节约反对浪费条例》《公共机构节能条例》，坚持先易后难、循序渐进的原则，努力完善制度标准、机关资产配置标准，规范机关办公用房和公务用车。全面履行公共机构节能管理职责，继续统筹推进节约型机关建设。着力做好全区行政事业单位办公用房的管理，完成全区机关办公用房清理、面积测算、配置协调等相关工作；着力做好受托国有资产管理，完善国有资产管理制度及工作流程，发挥国有资产管理职能；做好租赁合同管理工作，严格按照合同约定管理房屋租赁；着力做好区公务用车申购等相关管理工作；对区行政事业单位装修、修缮工程和公务用车维修、保险等项目，采取公开招标形式明确定点采购目录；严格执行中央八项规定和省、市、区委十项规定，执行用餐接待标准，控制会议活动经费，规范公务用车使用管理。

【机关事务管理水平提升】 加强落实各项规章制度，将责任目标细化量化到各部门、各岗位，做到一级对一级负责。加强提升服务外包的监管水平，严格按照合同约定进行管理，结合《机关后勤服务外包项目绩效考评办法》推进区机关事务管理服务中心内部管理制度规范化、合法化；加强质量稽核检查机制，由区机关事务管理服务中心稽核检查组、部门兼职行风监督员对后勤项目质量进行稽核评估；加强落实安全生产，对设备设施进行彻底排查，整改安全隐患，年内完成大小餐厅从屋顶防水到地面防滑的改造工程，完成1、2、3号楼及门卫雨棚的改造工程，完成门卫门警系统等更换改造工程；与各部门负责人签订《安全生产责任书》，建立由一把手负责人为第一责任人工作领导机制，明确各岗位责任及安全生产的重要性；加强规范机关大院零星维修工作流程，通过竞争性谈判确定两家合作公司，严格执行工程申请、预算、报批、审计、结算的各项规定。

【机关事务服务质量提高】 积极开展"平安机关"创建活动。设立食品安全工作室，对每批次蔬菜进行农残检测；贯彻"预防为主、防消结合"的理念，开展消防知识培训和消防演练；落实安全生产各项制度，签订《安全生产责任书》。切实做好日常安全保卫、用车安全、门卫上访等工作，加强大院安全值守、技防管理以及设备运行的维护保养。通过引进信誉好、资质高的公司，确保机关餐厅食材采购规范化，不断提高菜肴质量。切实抓好机关大院保洁服务、室内外绿化管理、有害生物防治等服务监管工作，确保机关大院安全卫生、环境优美。对大院内的下水管道、地下管网、电线线路、空调机组、屋顶防水、办公用房等设备设施进行维修改造，确保日常设备安全正常运行。认真做好区级各类会务活动的保障工作，确保"零差错"。合理调配人员，做好报纸杂志收发、车辆服务、人事、档案、电话维护等一系列日常工作。 （陆 丹）

编辑：吴 霞

【锡山旅游集锦】

东港镇黄土塘村 （孙剑光 供稿）

东港镇黄土塘村

黄土塘村位于锡山区东港镇西北边缘，总面积9.18平方千米，"两弹一星"功臣姚桐斌故居全面修复并对外开放。

3月11日，锡山区民生改善与社会事业发展工作会议在区会议中心召开
（区民政局 供稿）

3月18日，锡山区2015年度城乡建设管理暨生态文明工作会议在区会议中心召开
（《新锡山》 供稿）

9月3日，中国人民抗日战争暨世界反法西斯战争胜利70周年纪念大会在北京市举行，锡北镇群众通过周家阁文化公园电子大屏幕观看阅兵式　（《新锡山》 供稿）

12月9日，锡山区企业上市工作交流会召开

（《新锡山》 供稿）

12月17日，锡山区举行顾哲同志先进事迹报告会

（《新锡山》 供稿）

4月12日，全市首家中介服务超市——锡山区中介服务超市对外运行
（曹志宏 供稿）

7月29日，锡山区为无锡捷德标准技术服务有限公司发出首张“三证合一”改革后的营业执照 （曹志宏 供稿）

政协锡山区委员会

National Committee of the Chinese People's Political Consultative Conference of Xishan District

10月29日，锡山区政协三届十七次常委会议在区会议中心召开（马良军 摄）

综　述

2015年，区政协在中共锡山区委的正确领导下，深入贯彻落实中共十八大、十八届三中、四中、五中全会和习近平总书记系列重要讲话精神，以助推改革创新、依法治区和民生改善为履职重点，适应新常态，彰显新作为，为助推全区改革发展大局、加快建设富强美丽和谐幸福新锡山、高水平全面建成小康社会做出了积极的贡献。区政协全年召开常委会议4次、主席会议10次，组织开展视察调研活动8次，形成调研报告24篇，近100篇稿件在各级各类媒体上发表。

（马良军）

重要会议

【政协锡山区三届四次会议举行】3月31日至4月2日，政协锡山区三届四次会议举行。会议期间，委员们听取和讨论区委书记陆志坚所作的讲话，审议区三届政协常委会工作报告和提案工作情况报告，列席区三届人大四次会议，听取并讨论政府工作报告以及其他报告。6名委员代表作大会口头发言。会议期间收到提案123件。

【各党派团体负责人座谈会】4月29日，区政协召开各党派团体负责人座谈会，在“面对面”交流中沟通思想、协商问题、增进共识。区各民主党派、工商联、无党派联委会负责人就参政履职情况作交流发言，并就下阶段如何运用政协舞台、提升履职成效畅所欲言、各抒己见，提出很多意见和建议。

【区政协“委员问政”经济与信息化工作】6月11日，区政协开展民主监督工作“委员问政”活动。区政协委派区经信局民主监督小组成员以及相关委员代表就锡山区经济与信息化工作与区经信局领导班子成员进行问答交流。区政协监督小组成员及委员代表就服务企业区长热线的改进和提升、解决中小企业融资难和融资贵、两化融合推动传统产业转型升级、推动锡山“两车”产业发展等问题提出各自的意见和建议，区经信局领导分别作针对性的回答。

表4　2015年区三届政协常委会议情况一览

时间	会议名称	会议内容
3月24日	区政协三届十五次常委会议	会议听取区政协三届四次会议议程、日程和筹备工作情况汇报；协商通过区政协三届四次会议常委会工作报告（征求意见稿）、三届三次会议以来提案工作情况的报告（征求意见稿）、关于调整和增补区三届政协委员的决定、有关人事任免的决定（草案）、召开区政协三届四次会议的有关事项以及其他有关事项
9月7日	区政协三届十六次常委会议	会议听取并讨论区委常委、常务副区长李江所作的区政府关于2015年以来经济社会发展情况和2015年实事工程进展情况的通报以及关于金融改革创新工作的情况通报；协商通过关于调整和增补区三届政协委员的决定（草案）、有关人事任免的决定（草案）
10月29日	区政协三届十七次常委会议	会议听取并讨论副区长包鸣所作的区政府关于区政协三届四次会议大会发言议题和委员提案办理情况的通报；协商通过关于调整区三届政协委员的决定和有关人事任免的决定；还对区住建局、区文体局承办政协三届四次会议提案的办理工作进行民主评议
12月25日	区政协三届十八次常委会议	会议听取和讨论区委常委、常务副区长李江所作的区政府关于2015年经济社会发展情况及2016年工作打算的通报、区政府关于编制《锡山区国民经济和社会发展第十三个五年规划纲要（草案）》的情况介绍；协商通过关于增补区三届政协委员的决定（草案）、区政协关于表彰2015年度工作先进的决定（草案）；听取区政协三届五次会议议程、日程安排和筹备工作情况汇报；协商通过区政协三届五次会议常委会工作报告（征求意见稿）、区政协三届常委会关于三届四次会议以来提案工作情况的报告（征求意见稿）以及关于召开区政协三届五次会议的有关事项

（马良军）

重要工作

【服务区域中心工作】 2015年，区政协围绕区委、区政府中心工作，牢固树立大局意识，把服务全区经济社会发展作为政协履职的切入点，精心选择议题，履行协商职责，积极建言献策。根据区委全面深化改革的决策部署，围绕区域经济社会发展情况、“十三五”规划编制、金融改革创新、为民办实事项目等方面工作，与区政府开展专题协商，积极建言献策。区政协常委会、各专工委及各党派团体围绕工业经济转型发展、农村土地承包经营权确权登记、法治文化建设等内容，深入基层广泛调研，形成《加快众创空间建设，完善科技创新体系》《农产品电商销售的探索与思考》等调研报告24篇。围绕提高区域经济发展质量和效益，就促进财税增收、实施科技创新驱动、打造地铁经济带商业集聚圈等议题，与职能部门开展协商议政活动；围绕现代化新锡山建设，先后就创新环境监管、推进农村产权制度改革、推进水利基础设施建设等方面工作开展视察调研，并形成多份视察调研建议。

【丰富民主监督内涵】 深入开展提案督办、委员问政、委派民主监督员等活动。为提高提案办理实效，明确8件重点提案由主席包案督办，14件重要提案由各专委会、党派团体对口协商督办，推动提案办理由重答复向重落实转变，其中建立文明城市创建长效管理机制、助推小微企业发展、完善地铁站配套服务等具有针对性、时效性的建议得到较好的办理和落实。围绕当前社会各界关注的焦点和基层百姓关注的热点问题，继续开展“委员问政”活动。委员们就职能部门推进的重点工作，深入调研，了解情况，发现问题，收集建议，与区经信局就为企业服务、融资拓展、技改支持等方面工作，与区人社局就大学生就业创业扶持、和谐劳资关系建设、职工社保扩面等方面工作进行有针对性的协商互动，提出相关工作建议。进一步完善委派民主监督员工作机制，调整和充实民主监督员队伍。委派在15个职能部门的75名民主监督员深入部门、基层和群众，就依法行政、行风建设、效能提升等部门工作广泛了解情况，客观查摆问题，深入分析原因，协商解决建议。

【激发政协组织活力】 发挥政协优势，广泛凝聚力量，携手政协各参加单位、各级政协组织和广大政协委员共同助推全区经济社会发展。大力支持党派团体利用政协平台发挥作用，以学习培训、政协会议、专题活动为载体，形成较为稳定的经常性合作方式，使人民政协真正成为各党派团体展示风采、体现价值的重要舞台。各党派团体及成员发挥自身优势，充分利用政协舞台，参加政协重大履职活动23次，深入参与民主监督活动，提交调研报告7篇、集体提案11件。各专委会注重发挥专业特色，认真配合完成主席会议、主席视察调研等前期调研任务，精心准备专题协商发言。各工委会紧紧围绕所在镇（街道）工作重点，就经济发展和项目建设、环境综合整治、新农村建设等议题开展调研视察活动，全年开展协商调研活动45次，形成一批提案线索、社情民意信息及合理化建议。继续精心组织“立足本职促发展、当好委员献良策”主题活动，开展服务改革发展、助推依法治区、推进民生改善、深化协商民主、完善履职方式五大系列活动，引导和激励委员立足本职、“一岗双责”，委员的主体作用得到进一步体现，政协主题活动的影响力不断增强。2015年，广大委员在各类协商活动中提出合理化建议520余条，获区级以上荣誉或奖项65个，通过各种途径办好事实事200余件，展现了政协委员的精神风采。

（马良军）

编辑：吴　霞

6月11日，区政协委派经信局民主监督小组委员问政活动在区经信局开展

（马良军 摄）

11月27日，区政协视察组一行实地察看锡北镇新明村土地承包经营权确权登记工作

（马良军 摄）

中共锡山区纪委（含监察）

CPC Xishan District Committee of Discipline Inspection & Supervision

8月25日，区委常委、纪委书记谢军（中）在锡山区新（提）任区管领导干部廉政谈话会上讲话　　（张　桦　摄）

综 述

【概况】 2015年，区纪委深化转职能、转方式、转作风，突出党风廉政建设主责主业，履行监督责任，持续纠正“四风”，强化纪律审查，全区党风廉政建设和反腐败工作取得新的成效。区纪委业务范围内的收信接访142件次，比上年增长8.4%。立案查处各类违纪违规案件86件，比上年增长43.3%。纪律处分86人，其中党纪处分84人（警告39人、严重警告9人、撤销党内职务2人、留党察看4人、开除党籍30人），政纪处分3人（警告2人、开除1人），1人受党纪、政纪双重处分；涉及科级干部3人，移送司法机关1人，挽回经济损失362.66万元。年内，区纪委推进纪检监察组织建设，撤销党风廉政建设室、执法监察室，设立党风政风监督室；撤销干部教育室，设立纪检监察干部管理监督室；撤销纪检监察室，设立第一纪检监察室、第二纪检监察室；撤销设在区重点办的区纪委监察局工作三室。加强派驻机构建设，清理规范纪委书记、纪检组长分工和兼职，制定《关于区级党政机关纪检监察机构设置人员编制和干部管理的意见》，核定区级机关部门纪检监察机构领导职数，涉及部门23个。

【严格监督检查】 层层传递压力，推进“两个责任”落实。督促各级各部门梳理党风廉政建设问题清单、整改清单，明确整改责任和措施，积极整改落实，形成落实“两个责任”情况报告。制定《党风廉政建设责任书》，下发责任书72份。协助区委开展落实党风廉政建设责任制检查考核，建立考核检查组11个，对各板块以及住建、交通运输、农林等14个单位进行抽查考核，下发整改意见11份，督促整改问题40余个。转变监督方式，确保政令畅通。收缩监督战线，突出问题导向，从过程参与监督转变为对职能部门履职情况的监督，采取重点抽查、“飞行”检查等方式，督促职能部门抓好重点工程项目合同签订前审核、项目变更审核以及秸秆禁烧、违法建设拆除等工作，保障区委、区政府重大决策部署落实到位。坚持问责前移、抓早抓小，制定《锡山区安全生产工作问责追究办法》，将安全生产问责由事故发生后问责延伸到未发生事故但工作不到位的问责，充分体现党政同责、问责从严。调查处理安全生产事故22起，集体约谈6家单位负责人，问责3人。

【加强机关作风建设】 以“作风建设突破年”活动为主题，制定《关于开展“作风建设突破年”活动的实施意见》，着力从严明党的政治纪律和政治规矩、防止“为官不为”、祛除干部不良作风、查处顶风违纪问题四个方面，进一步提升全区作风建设水平。开展评议机关作风与效能活动，制作蓝、红、黄、绿四色评议表，分别发放给区四套班子领导、镇（街道）领导班子成员、镇（街道）中层干部、企业代表进行集中评议，评议结果与各部门年终绩效考核挂钩。依托电子监察系统开展日常电子监察工作，对各部门行政审批服务事项的办理程序、时限等全程监控、预警纠错、跟踪督办、统计分析，督促纠正各类问题263个。按照区委、区政府《关于全面推动政社互动、促进社区减负增效的实施意见》要求，5月对清理村（社区）机构挂牌工作开展专项督查，全区各村（社区）全部清理到位。督查“政风面对面”投诉整改情况，调查回访37人次。利用“锡山软环境”微信学习交流平台，发布学习资料30余篇，提供给民主监督员学习，进一步提升民主监督员业务水平。

【健全教育警示预防机制】 以开展“5·10”思廉日主题教育活动为契机，组织各级各部门创作书画、漫画、诗歌等廉政作品96件，组织干部群众参观廉政文化专线。组织500万元以上投资建设项目责任人签订廉政承诺书，不定期进行廉政谈话，利用新浪博客每月向其发送一期《心廉信》。对32名新（提）任区管领导干部开展“鉴廉、学廉、考廉、劝廉、诺廉”活动，把好廉政关，提高免疫力。下发《关于学习〈中国共产党廉洁自律准则〉和〈中国共产党纪律处分条例〉的通知》，引导党员干部坚持道德高线，守住纪律底线。开通锡山纪检监察网，拓展廉政宣传教育阵地。

【强化党员干部日常管理监督】 对领导干部因私出国（境）、操办婚丧嫁娶喜庆事宜报告情况进行审核和抽查，103名因私出国（境）、16名办理喜庆事宜的领导干部报告相关情况。对拟（提）任区管干部进行廉政鉴定，鉴定30余人次。参与区级机关行政事业单位投资和控股企业财务检查，促进各企业进一步规范财务报支、薪资发放。深化村级纪律监督工作标准化建设，督促村级纪律监督组织加强对村级干部的监督，使村干部在资金、资产、资源“三资”管理、重点工程建设等方面廉洁履职。

（戴雪泉）

重要会议

【全区作风建设突破年动员大会】 2月26日，全区作风建设突破年动员大会在区会议中心召开。区委书记陆志坚出席会议并讲话。区委常委、纪委书记方力通报2014年“作风建设深化年”及机关作风与效能建设民主评议工作情况。会议强调，要心有群众。广大党员干部要巩固党的群众路线教育实践活动成果，牢固确立“执政为民”的公仆意识，时刻摆正个人与群众的“鱼水”关系，满腔热情做好群众工作。要胸有激情。锡山正处在转型升级的关键期、深化改革的攻坚期、负重前行的拼搏期，迫切需要全区上下激发拼搏奋进的精神动力，以攻坚克难的闯劲、一抓到底的干劲，开拓进取、奋勇争先，不断开创锡山现代化建设新局面。要肩有担当。广大党员干部要进一步增强责任感，对工作中遇到的突出问题和矛盾，领导干部要善于决断、敢于拍板、勇于担当，做到矛盾不上交、困难不下卸、责任不逃避。要手有实招。要始终把抓落实放在第一位，在贯彻落实中央和省、市、区委决策部署上多谋实招，在解决突出矛盾问题上多求实效，在推动改革创新上多见真功，切实创造出经得起实践检验的工作业绩。要身有正气。广大党员干部要坚守正道、弘扬正气，按照习近平总书记“严以修身、严以用权、严以律己”的要求，自觉用党纪政纪严格约束自己，始终保持共产党员的良好形象。

【锡山区新（提）任区管领导干部廉政谈话会】 8月25～26日，锡山区在区政府1号楼3楼西南会议室分两批召开新（提）任区管领导干部廉政谈话会。区委常委、纪委书记谢军出席会议并讲话。会议指出，新（提）任的领导干部要进一步认清当前反腐倡廉的严峻形势，时刻保持头脑清醒，自重自律，慎权慎独，始终保持务实、为民、清廉的政治本色，把握好人生走向，创造出不凡业绩，不辜负组织的重托，也不辜负自己和家人。会议强调，新（提）任的领导干部要认清形势，明纪守法；要加强学习，提高修养；要敢于担当，善于作为；要敬畏权力，廉字当头；要保持操守，维护形象。会上，新（提）任区管领导干部签订廉政承诺书，参加廉政知识测试。

【区纪检监察工作务虚会】 12月10日，区纪检监察工作务虚会在区会议中心召开，回顾总结2015年工作情况，研究谋划2016年工作思路。区委常委、纪委书记谢军出席会议并讲话。会议指出，要深入学习贯彻党内“两项法规”。各级纪检监察组织和纪检监察干部要从讲政治的高度，认真学习《中国共产党廉洁自律准则》和《中国共产党纪律处分条例》，通过学习研讨、专题解读等方式，提高学习实效。要抓实压实“两个责任”。明确责任区分，对照“五个清单”，一项一项抓落实、抓深化；发挥巡察“利剑”作用，深化对各板块的党风廉政建设巡察，严格追责问责。要实现查办案件量质齐升。强化问题线索管理，突出纪律审查重点，坚决查处违反“六大纪律”行为，突出土地征收流转、房屋拆迁补偿、集体“三资”管理等重要环节和关键领域，查处群众身边的“四风”和腐败问题；转变纪律审查方式，运用好监督执纪“四种形态”，抓早抓小，动辄则咎，把纪律和规矩挺在前面。要持续发力纠正“四风”。盯住时间节点和具体问题，采取节点式督查、专项式检查等形式，进一步加大明察暗访频度和密度；以查促治，聚焦“庸、懒、散、拖”“不作为、慢作为、乱作为”等问题，进一步查处“中梗阻”问题。要从严从实抓好自身建设。加强纪检监察干部教育培训，增强业务知识和实战技能；严格监督，带头执行党纪党规，争当忠诚、干净、担当的纪检监察干部；加强工作创新，打造特色和亮点工作。

相关链接

两项法规：《中国共产党廉洁自律准则》和《中国共产党纪律处分条例》。

五个清单：党风廉政建设主体责任清单、班子成员领导责任清单、监督责任清单、问题清单、整改清单。

六大纪律：政治纪律、组织纪律、廉洁纪律、群众纪律、工作纪律、生活纪律。

四种形态：党内关系要正常化，批评和自我批评要经常开展，让咬耳扯袖、红脸出汗成为常态；党纪轻处分和组织处理要成为大多数；对严重违纪的重处分、作出重大职务调整应当是少数；而严重违纪涉嫌违法立案审查的只能是极极少数。

（戴雪泉）

重要工作

【开展党风廉政建设巡察】 加强巡察队伍建设，建立由纪委、组织、审计部门15名业务骨干组成的巡察人才库。制定下发《关于开展党风廉政建设巡察工作的实施方案》，开展首轮党风廉政建设巡察工作，9月起对商务区、安镇街道、鹅湖镇进行巡察。巡察期间，开展谈话250人次，参加座谈63人次，发放调查问卷278张，发现问题62个，梳理问题线索6个。

【落实中央八项规定精神】 紧盯传统节日时间节点，组织5个作风建设督查组，持续开展作风建设明察暗访。派出检查组40余次，检查大型商场、宾馆、酒店等场所130余个，检查区、镇（街道）两级机关部门99个，发现问题线索11个，提出整改意见90余条，并对典型案件通报曝光。联合财政、审计部门重点对各板块及部分区级机关事业单位年终分配及中央八项规定贯彻落实情况进行实地检查，督促整改各类问题25个。开展“会所中的歪风”、公款大吃大喝违规公务接待及公款送礼专项治理，依托GPS公车管理平台对重点时段、重点部门车辆运行情况进行监控。

【狠抓纪律审查】 拓宽问题线索来源，进一步畅通来信、来访、网络、电话“四位一体”举报渠道，健全与公安、检察、审计等反腐败协调小组成员单位问题线索共享机制，每月召开一次问题线索分析评估会议，认真做好党员干部问题线索管理，建立线索管理档案，及时更新线索库，防止线索遗漏现象发生。深化“一信五评”（信访举报件可查性、可结性、风险性、纠错力、满意度五项评估）工作，推行线索可查性评估表、信访可结性评估表、风险性评估表、满意度评估表、信访建议书“四表一书”。健全信访工作制度，落实《关于加强和改进纪检监察信访分析工作的意见》《锡山区纪检监察信访回访暂行办法》。坚持抓早抓小，通过下发信访建议书、信访谈话，推进问题整改、制度完善，开展信访监督12次。按照市纪委办案点建设标准，依托区委党校后勤服务，建设区纪委谈话室，健全谈话室日常管理等制度，为依纪依法安全文明办案提供保障。针对案件质量方面存在的问题，制订案件质量问题清单制度，列出12项问题清单，进行滚动管理整改，实行质量问题清单化、整改落实责任化、质量检查常态化，倒逼案件质量提升。集中整治群众身边的“四风”和腐败问题，多渠道搜集问题线索，健全督办工作机制，严肃查处违纪违规行为。

（戴雪泉）

编辑：吴　霞

【锡山旅游集锦】

羊尖镇绿羊温泉农场一角　　（区商务局 供稿）

绿羊温泉农场

绿羊温泉农场位于羊尖镇安羊路南侧，占地总面积120公顷，是华东地区最大的集温泉休闲旅游、乡村度假体验、儿童综合游玩于一体的综合性旅游度假景点，获“全国农业旅游示范点”“华东十大人气温泉”等荣誉称号。

民主党派·工商联·无党派联委会

Democratic Parties,Industry & Commerce Union and Nonpartisan Commission

8月19日，第四届“心心相连、手手相牵”缤纷假日夏令营的小营员参观惠山泥人博物馆　　　（民革锡山总支 供稿）

中国国民党革命委员会锡山区总支部委员会

【概况】2015年，民革锡山总支坚持和发展中国特色社会主义学习实践活动，坚持参政议政、自身建设和社会服务联动发展，党派工作取得新成效。11月12日，民革锡山区支部换届暨总支部成立大会在区委党校举行，选举产生新一届总支部委员会，保海燕任主委，张如丹、陶碧舸任副主委。年末，党员总数21名。其中，省人大代表1名，市人大代表1名，区政协常委2名，区人大代表1名，区政协委员4名；发展新党员1名，新党员龚婷婷获“第二届中国青年志愿服务项目大赛银奖”。

【积极参政议政】围绕全区经济发展重大问题和民生热点问题，撰写3篇高质量的调研报告，均被评为“民革无锡市委2015年度优秀参政议政成果”。党员高辉、刘见共同完成的《新常态下促进无锡电动车产业持续健康发展的实践与思考》在中共锡山区委与党外人士专题民主协商会上进行交流发言，该调研课题由民革无锡市委提交市政协并入选大会发言；主委保海燕撰写的《推进“三社”联动，探索社区服务新模式——羊尖镇开展公益创投的实践与思考》在区委《内部参考》刊发；党员李若瑜撰写的《关于社会养老的调研报告》提交区政协三届五次会议。组织党员参加省、市、区三级人大、政协会议，认真开展调研活动，积极撰写人大建议和政协提案。党员刘见被区政协评为“2015年度优秀政协委员”，党员刘瑜被区政协评为“2015年度优秀民主监督员”。党员姜科提交的《关于优化我市公共自行车布点、管理的建议》被市政协评为“2015年度优秀个人提案”。主委保海燕被市人大常委会评为“2014~2015年度无锡市人大代表活动积极分子”。

【加强社会服务】组织以“智慧成长”为主题的夏令营活动。夏令营期间，羊尖镇严家桥小学的40名营员走进东林书院学习诗经、汉服文化和传统礼仪，走进无锡博物馆和科技馆感受科技的神奇，走进惠山泥人博物馆了解无锡泥塑历史并体验当艺术家的滋味，走进无锡康明斯涡轮增压技术有限公司观看高科技生产线，他们快乐学习英语，学习手工制作“中国结”等，丰富而有趣的课程让营员们乐在其中，让他们懂得了“感恩、孝道、自信、勇敢”。该项目被市文明办评为“2014年度无锡市‘四个一百’志愿服务先进典型”。继续做好“博爱牵手抗战老兵”活动。定期看望抗战老兵，帮助老人收集整理口述史料，党员刘瑜编写的《戎马十载历生死，丹心一片付家园——小记张全兴老人的革命生活》入编民革无锡市委主办的《丰碑犹存——纪念抗战胜利70周年专刊》。8月30日，民革锡山总支联合市委统战部和荡口古镇管委会在荡口古镇王莘纪念馆举办纪念抗日战争胜利70周年主题活动，90岁高龄的抗战老兵钱鑑民、张全兴、栾德群参加活动。

相关链接

四个一百：100名最美志愿者、100个最佳志愿服务项目、100个最佳志愿服务组织、100个最佳志愿服务社区。

（保海燕）

中国民主同盟锡山区总支部委员会

【概况】2015年，民盟锡山总支认真履行党派职能，发挥群体优势，积极建言献策，做好岗位奉献，为共建新锡山做出努力。民盟锡山总支获“2015年度无锡市社情民意及统战信息、宣传工作先进集体”称号；“无锡市第四届‘同心’运动会”“‘圆梦行动’夏令营之走进高校”两个活动被民盟无锡市委评为“2015年度十佳活动”；《关于进一步提升我市老年教育发展水平的建议》被民盟无锡市委评为“优秀调研成果”；民盟锡山总支获“2015年度无锡民盟基层组织测评第一名”，并获“优秀基层组织（超五星组织）”称号。盟员朱小红获“民盟无锡市参政议政突出贡献奖”“民盟无锡市社情民意及统战信息先进个人”“民盟无锡市宣传工作先进个人”称号。盟员郭明州获“锡山区优秀人大代表”称号；盟员全纵海、刘戈平、朱小红、段哲获“锡山区优秀政协委员”称号；盟员过玉涵被评为“锡山区优秀民主监督员”；《关于加快锡山现代农业发展的对策和建议》被评为“锡山区优秀调研报告”；盟员顾静洁提交的《关于加快东亭地区公益性文体基础设施建设的建议》被评为“锡山区优秀提案”；盟员朱小红提交的《关于为我区学校添置直饮水设备的建议》

被评为“锡山区优秀社情民意”。12月10日，民盟锡山总支完成换届工作，选举毛晨连任主委，朱小红、郭明州、段哲任副主委，凌骞、过玉涵、毛晓旦任委员，朱小红兼任秘书长。年末，盟员总数44人。其中，市人大代表1名，市政协委员3名，区人大代表4名，区政协委员11名。

【思想建设有引领】民盟锡山总支围绕“同心行”目标认真组织盟员进行政治学习，学习民盟历史，学习中共中央《关于进一步加强中国共产党领导的多党合作和政治协商制度建设》和《习近平总书记在中央统一战线工作会议上的讲话》，组织盟员参观民盟前辈费孝通故居，进一步加强盟员的思想建设；配合相关活动，组织骨干参加市信息骨干、区党外干部、区政协委员等专题培训，进一步提高盟员的政治把握能力、组织协调能力、参政议政能力、合作共事能力。

【基层建设有提升】民盟锡山总支认真有序地开展各项活动，每次活动有目标、有内容、有记录，要求每一位盟员在会上汇报休会期间的工作情况，上交社情民意，并对所提交的社情民意进行研究，进一步提升民盟工作的吸引力、凝聚力和战斗力。主动关心盟员的工作，切实关心盟员的成长，在盟员所在单位了解情况的基础上，向上级单位认真推介优秀人才。继续做好活动宣传工作，积极向上级相关报刊投稿51篇，分别被刊登在《团结报》、《江苏民盟》、《无锡盟讯》、民盟江苏省委网站上。

【参政议政有业绩】民盟锡山总支始终把调查研究、参政议政放在重要的位置，围绕区委、区政府重点工作进行分析研究，提出对策、建议。调研报告《关于加快锡山现代农业发展的对策和建议》，引起区委、区政府高度重视。认真组织相关人员参加政府、政协、统战等部门组织的协商活动，积极建言献策，提出许多建设性的建议，得到相关部门的重视。认真组织全体政协委员进行专题研究，为政协锡山区三届五次全会提出关注锡山社会、经济、文化等领域的提案，为区委、区政府作出决策提供参考。继续做好社情民意的收集、上报工作。充分发挥盟员在社情民意方面的主体作用，认真做好“一盟员一建议”活动，副主委朱小红被民盟无锡市委聘为首席信息员，2015年度提交民盟无锡市委的社情民意有47条，其中《党校间衔接应实现“无缝衔接”，杜绝“挂牌”党校》被中共中央办公厅采用；《农村基层党组织的现状分析及对策》等多条信息被省委、市委、市政协采用，从多角度、全方位关注锡山、无锡乃至全国社会、经济、文化的发展；盟员中有10人被市、区有关部门聘为民主监督员、行风监督员、信访听证评议员。各民主监督员能切实增强民主监督工作的责任感，提高监督能力和水平，履行民主监督员职责，自觉塑造行风监督员的良好形象。

【社会服务有亮点】2015年，民盟锡山总支关爱锡山区孤儿、失爱儿童的“圆梦行动”进入第三年。暑假期间，10余名盟员带着孩子们参观江南大学、无锡科技馆；寒假期间，带领孩子们考察世界文化遗产古运河遗址、参观南下塘风光。《江苏盟讯》、《无锡日报》、锡山教育网等媒体进行全面报道，该活动成为民盟锡山总支社会服务的亮点。民盟锡山总支二支部和盟员黄会伟所在的无锡皮革城青年志愿者一起开展捐衣献真情活动，受到共青团中央领导、民盟江苏省委、民盟无锡市委的充分肯定；盟员段哲为安徽省桐城市贫困学生、贵州省“欧通明”行动等捐款、捐物10万余元，并连续三年为母校南京农业大学捐款10万元，社会服务活动均取得良好的社会效益，受到民盟江苏省委、民盟无锡市委的充分肯定。

【岗位贡献有佳绩】围绕盟员履职素质和岗位素质“双提升”的目标，每一位盟员立足本职、开拓创新、乐于奉献、争创佳绩。盟员陈平发挥特级教师的作用，带领“陈平名师工作室”成员共同努力，《“互联网思维”影响下的教师学习及发展》获“江苏省新世纪园丁杯论文比赛特等奖”，多篇论文在核心杂志上发表；盟员刘戈平积极做好民盟社会服务工作，协调盟内“圆梦行动”的所有活动；副主委朱小红参与编辑的《初中历史学习评价问题诊断与解决（初中历史）》一书出版，发行全国；盟员毛晓旦积极参与调研，在招商局负责日韩招商工作，超额完成年度任务；企业家盟员项洪伟带领的无锡洪汇新材料科技股份有限公司，取得多个高新技术产品和国家发明专利，被认定为江苏省高新技术企业，该公司2015年在深圳A板（中小板）上市；企业家盟员段哲所在的江苏求精集团是一家集不锈钢批发与材料加工于一体的大型专业公司，跻身同行业前十强；盟员全纵海认真组织支部盟员开展活动，做好困难群体的帮扶工作，加强企业用工等指导；盟员陈怡热心盟务工作，积极参加每项民盟活动，并在活动中起积极带头作用；盟员黄静波、过玉涵等认真辅导、参加各镇（街道）文艺演出；盟员顾静洁和她的演出团队，足迹遍及无锡市各个镇（街道），突出主旋律，弘扬正能量，辅导无锡市中心血站参加全国比赛并获三等奖；盟员刘小武积极参与每一次盟务活动，并为盟务工作的顺利开展做出相应的奉献；退休盟员汤云南、万金娣、杨跃红、华盛昌、李吉东、王祖福、毛伯安，认真参加民盟锡山总支组织的各项活动，热心公益事业。

（朱小红）

中国民主建国会锡山区总支部委员会

【概况】 2015年，民建锡山总支以“建设自我教育的学校、团结互助的集体、参政议政的桥梁、培养人才的基地”为目标，以开展坚持和发展中国特色社会主义学习实践活动为重点，带动各项工作稳步推进。年末，会员总数53名，发展新会员1名。

【参政议政】 民建锡山总支全年提交社情民意12条，录用8条，其中4条得到区委主要领导的批示，1条被区政协评为“优秀社情民意”，形成群策群力谋发展、和衷共济渡难关的强大合力。全年提交市、区“两会”提案、建议17条，其中立案14条，2条转社情民意，1条转政府领导参阅。针对全区经济和社会发展中存在的一些问题和现象，组织骨干会员重点调研，形成《加快众创空间建设，完善科技创新体系》《大力发展现代职业教育，助推地方经济发展》等调研报告，其中《加快众创空间建设，完善科技创新体系》被区政协评为“优秀调研报告”。会员华红丹被区政协评为“优秀政协委员”，会员沈荣伟被区政协评为“优秀民主监督员”。

【社会服务】 民建锡山总支坚持把打造社会服务的特色品牌作为开展“同心”实践活动的着力点，积极开展社会服务和慈善公益工作。自2011年起，连续五年开展“关爱儿童结对助学”活动，结对儿童增加到15名。2015年，史锡联、陆昕、窦伟东、高智鹏、沈荣伟、许红芳、胡水萍、黄永钊、李锦芳、朱伟国、杨志军、王建东、彭方云、虞晓枫、缪建国15名会员向结对儿童合计资助4.5万元。“六一”前夕，组织举办未成年人国学专题讲座。8月25日，窦伟东、许红芳等会员筹划资助北塘区古运河社区50余名学生和家长的缤纷夏日科普亲子活动，社区专门写感谢信，《团结报》对该活动进行专门报道。

【组织建设】 民建锡山总支详细制定2015年度工作要点、活动安排计划表和重点课题调研实施方案，切实做到全年工作早准备、早谋划。注重以会员为本、总支为根，不断提高总支活动的质量，做到总支活动有主题、议政有方向、情况及时传达、民意迅速反馈、言路广拓畅通，组织全体会员活动3次、总支委员活动5次、支部活动6次。5月29日，组织企业家会员观摩恩欧凯（无锡）防震橡胶有限公司，学习日资企业的先进管理经验。9月16日，组织全体会员赴重庆市开展“寻根”学习考察活动，重温会史章程，进一步增强会员的凝聚力。

【学习教育】 民建锡山总支组织会员深入学习中共十八大和十八届四中、五中全会及民建十届三中全会精神，以纪念民建成立70周年为契机，深入推进坚持和发展中国特色社会主义学习实践活动，引导会员在服务科学发展中履职尽责。在学习中，会员们注重联系实际，把学习成果转化为谋划发展的思路、履行职能的措施、促进发展的行动。12月，班子成员和骨干会员参加区委统战部组织的党外干部培训班。通过学习培训，进一步提高会员的综合素质，进一步增强履职责任感和使命感，为各项工作的开展奠定坚实的思想理论基础。

（杨　华）

中国民主促进会锡山区基层委员会

【概况】 11月27日，民进锡山区基层委员会换届大会在区会议中心举行，选举产生第二届基层委员会领导班子，朱卓君任主委，章晓东、刘水长、皮郁清任副主委，其中刘水长兼任秘书长，华小勤任社会服务委员，唐磊任组织委员兼调研委员，吴虹霞任宣传委员。民进锡山区基层委员会设教育、综合和退休3个支部，支部主委分别为过春艳、朱钢、顾勉伯。年末，会员总数51名，发展新会员2名。其中，市、区人大代表、政协委员13名，省特级教师3名，省课程改革专家3名，拥有全国劳动模范、“全国五一劳动奖章”获得者、国家级基础教育教学成果一等奖获得者、全国模范教师、世界残奥会冠军、江苏省劳动模范、国家级工艺美术大师、全国十佳心理健康教师等一大批精英会员，获国家级荣誉6人次。

【参政议政】 2015年，民进锡山区基层委员会以服务大局，切实履行党派职能为出发点，充分发挥全体会员的优势，根据“五个一”（一支部一调研、一代表一建议、一委员一提案、一会员一信息、一地区一特色）的要求，充分利用政治协商、参政议政和民主监督等平台和渠道，为区委、区政府科学决策提供很多有价值的意见和建议。民进锡山区基层委员会向区委、区政协提交调研报告2份，其中《关于发掘保护我区民俗文化，促进民俗特色旅游发展的建议》在中共锡山区委与党外人士专题民主协商会上作专题发言；《优化社区教育资源配置，提升社区教育服务水平》在区政协三届五次会议上作大会发言。在区政协三届四次会议上，提交9个提案，其中2个被确定为重点提案，2个被确定为重要提案。《关于立即废止农用车牌照的建议》《当前我市中小学绩效考核中存在的一些值得注意的现象》《关于制定特殊学生甄别制度的建议》3条建议被民进江苏省委录用。在区政协民主监督工作中，7名会员参与对2个部门的民主评议和对3个部门的“委员问政”活动，并策划《政协话题·“委员问政”促进区域教育现代化》栏目，为区政协民主监督做出贡献。会员刘水长担任区商务局委派民主监督小组组长，围绕招商引资、旅游发展、农贸市场建设管理三个方面带领小组成员广泛收集意见、建议，提出许多真知灼见。《优化社区教育资源配置，提升社区教育服务水平》被区政协评为“优秀调研报告”；《关于进一步加强国有集体项目建设管理的建议》《关于完善地铁站配套服务的建议》被区政协评为“优秀提案”；《建立长效管理机制，规范社会培训行业》被市政协评为“优秀提案”。会员石燕萍、华利生、吴虹霞被区政协评为“优秀政协委员”，刘水长被区政协评为“优秀民主监督员”。

【自身建设】 健全学习制度。深入开展“同心”教育，组织全体会员深入学习习近平总书记系列重要讲话精神，深入学习中共十八届四中、五中全会精神，深入学习中央统战工作会议精神。8月15日，民进锡山区基层委员会到宜兴市学习交流，听取民进宜兴市委的组织建设经验；参观会员蒋国兴的“江苏省宜兴彩陶工艺厂”。安排骨干会员参加区委统战部民主党派成员骨干培训班、民进无锡市委骨干培训班、民进江苏省委骨干培训班学习。建立信息宣传制度。民进锡山区基层委员会召开专题会议，确定将信息宣传工作列为年度重点工作，将信息宣传列为对支部的考核内容，制订信息宣传工作制度、奖励制度，建立信息员队伍网络和采集、撰写、发送、汇总等分工负责机制，并专门召开民进锡山区基层委员会信息工作会议，开展信息工作培训。全年在民进中央、省市委会刊、网站，以及《新锡山》、区委统战部网站等媒体发表信息、文章37篇。完善制度，如支部组织活动、走访会员和会员所在单位中共党组织等制度。2015年，民进锡山区基层委员会被民进中央授予“民进全国社会服务工作先进集体”和“民进全国先进集体”荣誉称号。

【服务社会】 坚持以“立足锡山、辐射周边，影响全国”为社会服务目标，将“阳光进校园”打造成社会服务的一个品牌，民进锡山区基层委员会将东港镇蠡澜民工子弟小学作为长期定点帮扶对象。1月，积极参与民进中央“书香彩虹”捐赠图书公益活动，捐赠图书200余册。3月，举办第四期蠡澜民工子弟小学送教活动，会员钱希洁带领团队送教蠡澜小学。4月11日，在贵州省金沙县沙土镇开展江苏民进“同心·彩虹行动”送教帮扶捐助活动。会员章晓东展示初三数学《旋转所钟情的双正方形》示范课，会员钱希洁展示小学三年级英语《Where’s the bird?》示范课，会员过春艳展示小学二年级语文《真想变成大大的荷叶》示范课，课后三位老师结合课例与听课老师进行主题讲座。会员章晓东为全体教师作专题讲座《学术悟道：高效课堂的价值追求》。会员王阅祁捐赠4万元资助200名贫困学生。该活动受到民进江苏省委、民进无锡市委及沙土镇党委、政府的高度肯定。8月，由民进锡山区委员会牵线搭桥，引进铁姆肯家属慈善基金20万美元，完成锡山区天一中学“云端智能数字教室”项目建设。8月，积极开展江苏民进“同心·阳光助学（宿迁）行动”，向宿迁市泗洪县天岗湖初级中学捐赠200套课桌。会员华忠明向锡山区的甘露学校捐款20000元，资助甘露镇弱势群体8000元；会员周晔向安徽省芜湖市贫困学生捐款1000元；会员尤迎九向南通市如皋市生病教师捐款500元；会员过春燕向贫困学生捐款300元；会员邹红英向学校生病教师捐款300元。

【岗位贡献】 会员蒋国兴被中共中央、国务院授予“全国劳动模范”称号。会员皮郁清、蒋国兴被民进中央授予“民进全国社会服务先进个人”称号。会员盛玉红领衔的中国女子坐式排球队在第九届全国运动会上获得亚军。会员尤迎九被创新时代杂志社评为“全国教育创新教师”，被中国教育学会积极心理学课题组、北京市心理学会评为“全国科研先进工作者”。会员吴虹霞在2015年锡山区中小学教师全员远程培训活动中获得满分的好成绩。（吴虹霞）

中国农工民主党锡山区基层委员会

【概况】 2015年，农工党锡山区基层委员会不断加强自身建设，积极探索社会服务工作新思路和新模式，展示了更为饱满的精神面貌，巩固了更为坚实的政治共识，做出了更为振奋的履职贡献。11月，农工党锡山区基层委员会被农工党中央评为“全国先进基层组织”，成为继2013年“全国社会服务先进基层组织”之后，获得的第二个全国性先进称号。年末，党员总数84名，发展新党员3名。

【思想建设得到新提升】 2015年，农工党锡山区基层委员会把坚持和发展中国特色社会主义学习实践活动作为首要任务，制定下发实施方案，明确活动内容、重点、实施步骤和要求，严格执行基层委员会和支部每年6次学习制度，集中学习中共十八届五中全会和区委三届六次全会精神。同时，将活动开展与日常工作开展、党派自身建设、党派宣传工作相结合，有效提升了活动的覆盖面、参与度和活跃度。8月，邀请党校专家，组织全体党员集中学习中央统战工作会议精神；以纪念中国农工民主党建党85周年为契机，通过参观、讨论等形式，引导党员重温农工党史和农工党章。组建党派理论研究小组，在党派具体实践过程中，积极吸收新思想，充实新方法，提炼新观点，寻找基层民主党派理论研究的新课题，《继往开来，同心同行》一文获“2015年无锡统战系统读书征文活动三等奖”。

【参政议政取得新成果】 2015年，农工党锡山区基层委员会坚持民生和发展两个导向，围绕党委和政府中心工作，完成调研报告4篇。其中，综合支部组织党员到惠山区阳山桃博士水蜜桃合作社和鹅湖青鱼养殖户等地实地考察，形成的调研文章《“互联网+”推动锡山农业转型升级的建议》在中共锡山区委与党外人士专题民主协商会上进行交流；卫生二支部《围绕老有优养目标，提升我区养老机构服务水平》从转观念、强基础、抓提升、重宣传四个方面探索锡山区养老机构转型发展新思路，为实现“老有优养”目标献计出力。锡山医院支部和卫生一支部分别针对规范无偿献血和加强慢病综合防控等方面开展调研。全年社情民意质量明显提高，被农工党无锡市委录用25篇，其中党员万颖岚在“瑶寨助学”活动中形成的《建议出实招改善偏远地区代课教师“入编难”》信息被中央统战部《零讯》刊登后，得到中央有关领导的关注和重视，其中的许多建议和观点被2015年国务院出台的《乡村教师支持计划（2010～2020年）》采纳。党员张小蓉被评为“锡山区优秀政协委员”，党员徐科威被评为“锡山区优秀民主监督员”，党员杨红专、杨秋芳被评为“锡山区人大代表履职先进个人”。

【组织建设实现新突破】 重点围绕“强班子，提活力，争创优”三项工作开展组织建设。在基层委员会层面重点加强制度建设，通过建立健全领导班子议事决策制度，做到重大决策集体领导，具体落实分工负责，保证民主集中制的有效贯彻。在支部层面，年初制定支部考核评分表，对各支部工作执行量化评分制度，并将考核结果作为支部评先评优和支部班子成员考评的依据。为增强队伍的凝聚力、向心力和战斗力，提升成员对党派的集体归属感，成立户外健身、书画摄影等10个兴趣小组，在职成员兴趣小组参加率100%，年内户外健身小组组织成员开展环蠡湖徒步活动，义工小组到无锡特殊教育学校参加协助聋哑孩子做手工活动。以农工党无锡市委开展的特色基层组织创建为抓手，进一步优化运行机制，丰富党派工作内涵，巩固和深化“十佳”支部创建成果，在年底评选中，农工党锡山区基层委员会工作得到农工党无锡市委的充分肯定，获得社情民意、专题调研、理论研究、社会宣传、社会服务、组织建设方面的六项荣誉。

【社会服务得到新推进】2015年，社会服务工作更加突出精准性、持续性和实效性，继续深化提升“健康同行”服务项目，该项目下辖“基层帮扶”“社区义诊”“瑶寨助学”“济困送医”四个社会服务平台。“基层帮扶”项目根据受援对象羊尖镇社区卫生服务中心的特点，年内开展专家门诊、业务管理、技术提升、建立医疗绿色通道和“传、帮、带”五项帮扶工作，羊尖镇社区卫生服务中心服务水平和能力得到提升，在区卫计局年度考核中，各项业务工作始终保持在前三名。“济困送医”项目结对帮扶羊尖镇10户贫困高血压家庭，通过免费赠医送药和发放生活用品，受援对象高血压病情有效控制，提高了帮扶家庭的健康水平和生活质量。“瑶寨助学”项目全年募集资金5.5万余元，资助广西壮族自治区贫困山区学生46名、代课教师5名；10月，农工党锡山区基层委员会一行13人到广西壮族自治区河池市大化县雅龙乡尤齐村尤齐小学，开展4天的教育扶贫和义诊活动，走访10户贫困学生和代课教师家庭，集资为尤齐小学购买价值2万元的笔记本电脑和一些教学体育用具，并为尤齐村居民和学校赠送5000余元常用药品。“社区义诊”项目在锡北镇开展1次大型义诊，组织20余名专家免费接诊1050人次；卫生二支部组织党员到健安体检中心开展义诊；卫生一支部组织职业卫生专家开展职业病防治知识宣传；锡山医院支部在云林街道、羊尖镇等多个基层社区卫生服务中心开展义诊服务；东亭医院的党员主动配合农工党无锡市委开展助医项目，圆满完成甘肃省酒泉市3名基层医务人员的带教工作。

【信息宣传取得新成效】2015年，农工党锡山区基层委员会宣传工作始终坚持把握正确导向，聚焦特色亮点，按照“特色工作强化宣传、日常工作经常宣传、典型人物重点宣传”的总思路，充分利用各种媒介和载体，早谋划、早部署、深挖掘、精提炼，不断提升宣传档次，着力打造宣传精品。《团结报》录用信息1篇，农工党中央网站录用4篇，中国政协网录用1篇；《农工苏讯》、省农工网站录用8篇；《无锡日报》录用5篇，《无锡统战》录用2篇，《无锡政协》录用2篇，《无锡农工》录用16篇，无锡农工网站录用30篇；区统战部网站录用5篇，《新锡山》录用9篇。

【立足岗位做出新贡献】2015年，广大农工党员按照“一岗双责”要求，大力弘扬“建功必须有我”精神，立足本职岗位，争先创优。党员华巍峰作为东亭医院负责人，面对公立医院新医改带来的新挑战，积极做好医院内涵建设，带领医院较快适应新要求，并积极做好新东亭医院规划、搬迁工作，为下阶段快速发展积累后劲。党员孙伟在担任锡山人民医院副院长、锡山人民医院安镇分院负责人的同时，2015年又兼任东港医院院长，一人身兼多职，任务重，压力大，他较好地完成了上级交付的任务。党员祁萍作为区博士后工作站项目负责人，主动深入企业加强培训指导，贴近一线服务，成功帮助3家企业建立博士后流动站，在无锡市名列前茅。党员杨秋芳长期工作在妇女儿童工作一线，兢兢业业、任劳任怨，始终把病人的利益放在首位，被国家卫生和计划生育委员会授予“全国妇幼健康服务先进个人”称号。党员林欣作为江苏宁沪高速公路无锡管理处运营管理科科长，带领科室圆满完成摄像机取景玻璃防护装置研制的QC课题，获得省质量协会一等奖的好成绩。党员何立群作为希姆斯电梯（中国）有限公司行政总监，带领团队成立无锡市电梯工程技术研究中心，成功申报10个发明专利、24个实用新型专利和1个外观专利。

（高福安）

九三学社
锡山区基层委员会

【概况】2015年，九三学社锡山区基层委员会深入学习贯彻习近平总书记系列重要讲话精神，全面提升社员思想素质、组织发展水平、活动形式与质量，与时俱进，勇于担当，为锡山区经济社会发展做出新的贡献。九三学社锡山区基层委员会继续被九三学社江苏省委评为“江苏省委宣传工作先进集体”，社员张健明被九三学社江苏省委评为“九三学社江苏省委参政议政先进个人”，社员谢旭东、金水明、惠纯燕、金水明被九三学社无锡市委评为“2015年度无锡市先进个人”，社员张贝被区政协评为“优秀政协委员”，社员张健明被区政协评为“优秀民主监督员”。年末，社员总数46名，其中副科级以上领导职务6名，省政协委员1名，市人大代表2名，区人大代表3名（区人大常委1名），区政协委员15名（区政协常委3名）；发展新社员2名。

【九三学社锡山区基层委员会完成换届】 在发扬民主、科学精神，广泛听取各方面建议基础上，11月6日召开换届会议，选举产生新一届委员会，殷晓伟任主委，张健明、蒋红梅、吴杰、杨自安任副主委，谢旭东、华军、黄小英任委员，黄小英兼任一支社主任委员，谢旭东兼任二支社主任委员，华军兼任三支社主任委员，张央琴任秘书长，席丽平任一支社副主任委员，张贝任二支社副主任委员，戴飚任三支社副主任委员。

【参政议政提能力】 充分调动各方面的积极性，切实做好调研，提高参政议政水平。充分发挥骨干力量参政议政"领头雁"的作用。组织人大代表、政协委员开展两次参政议政专题会议，充分调动社员参政议政的积极性。在2015年锡山区"两会"上提交建议、提案19篇。其中，《关于进一步提升锡山品牌农业建设水平的几点建议》《关于科学规划、畅通水系，改善水质的建议》《关于加强我区社区工作人才队伍建设的建议》三条提案被区政协列为2015年重点督办提案；《关于进一步加强生态保护的建议》被区人大列为2015年重点督办建议。深入开展切实有效的调研活动。三个支社年初围绕区委、区政府重点工作，根据支社自身优势确定调研课题，深入基层调查研究，分别与锡东高级中学、恒丰银行锡山支行、区商务局、农博园、张泾铁路配件厂等企业单位联系，针对当前国内经济状况与发展形势、区传统产业外贸转型升级情况、新农村建设、中小企业发展机遇与挑战等热点问题开展调研。全年报送信息、社情民意51篇，以及《新农村建设"十三五"规划思考》《锡山区简易升降机安全状况分析》《高效有力的知识产权保障体系是实施知识产权战略的基石——锡山制造业知识产权保护的突出困难和建议》3篇调研文章。

【立足岗位做贡献】 2015年，全体成员立足岗位，正确处理参政议政职责与本职工作的关系，充分发挥专业优势，集中集体智慧，凝聚群众力量，为锡山区的环境改善、建设安全、农业及水利发展等做出重要贡献。企业家社员继续加大技术创新步伐，着力拓展国内外市场，努力提高企业管理水平和企业绩效。社员吴杰获"全国建筑物资租赁承包行业优秀青年企业家"称号；社员金京获"全国设备管理优秀个人"称号。

【社会服务树品牌】 进一步巩固3个"九三学社专家工作站"的成效，探索社会服务新思路和新模式，扩大服务面和社会影响力，力争社会服务更加贴近群众。依托专家工作站，开展科技下乡活动，帮助渔民增产、增效。10月，邀请浙江大学水稻专家、教授舒庆尧给广大种植户开展水稻新品种、新技术科技示范培训。11月，组织九三社员高级农艺师蒋红梅、金水明到安镇街道锡山高科技农业示范区送技术，送有机肥、生物农药，并到田间地头开展现场咨询服务。扶贫帮困，捐资助学，热心公益，报效社会。社员吴杰在企业申锡机械有限公司协助开展"行走的格桑花·西部学生拓展营"，帮助青海学生走出高原，体验多元化的生活方式；申锡机械有限公司还向湖南省株洲市炎陵县水口镇的学校捐赠10.5万元。社员戴飚向"老船厂"基金捐款8万元，资助贫困学生20名、贫困家庭20户。全年企业家及个人共计捐款近40万元。

（张央琴）

锡山区工商业联合会

【概况】 2015年，区工商联紧紧围绕全区中心工作大局，始终紧扣促进非公有制经济健康发展和非公有制经济人士健康成长的工作主线，围绕"三服务三联动"工作内涵和打造"三个平台"（教育培训平台、会员服务平台、沟通联络平台）工作计划，主动适应形势，创新服务手段，在履行参政议政、促进"两个健康"、提升会员服务和强化自身建设等方面取得新的成效，获"2015年度无锡市工商联上下联动先进单位"称号。红豆集团、江苏大明金属制品有限公司、无锡兴达泡塑新材料股份有限公司3家企业再次获得"2015中国民营企业500强"称号，无锡海联舰船内装有限公司技术部部长刘叶获"第三届无锡市唐翔千卓越工程师奖"。

【参政议政职能履行】 在区"两会"期间，全区非公经济代表人士，结合当前企业面临的发展形势，深入开展调查研究，积极建言献策，提交《关于关注新常态下重点民营经济的持续发展的建议》《关于激发企业家再创业投资决心的建议》《关于发展我区特色“平台经济”的建议》《关于解决历史遗留的企业土地证房产证办理问题的建议》等政协提案15件、人大建议5件，内容涉及企业可持续发展、传统制造企业转型提升、改进社会管理等方面。其中，《关于经济新常态下锡山工业企业转型发展的思考》一文在区委《内部参考》上刊载。关注锡山区灵芝产业健康发展，针对产业小而散的现象和面临职业打假等的困惑和矛盾，积极开展调查研究，形成《关于加大力度引导我市灵芝产业健康持续发展的建议》，并在市“两会”期间以市工商联集体提案的形式提交市政协大会。邀请市政协副主席孙志亮一行到锡山区与企业家开展交流座谈，深入剖析锡山区民营企业的优秀基因，帮助与会企业家进一步凝聚发展共识，为新常态下锡山区民营企业创新发展、转型发展挖掘动力。配合做好市工商联专题民主协商课题《在企业联保互保背景下，减少区域性债务风险的思考与对策》的调研工作，邀请相关职能部门领导和担保公司代表出席活动，共同探讨当前形势下防范区域性债务风险的对策。

【理想信念教育实践活动推进】在全区非公有制经济人士中开展以守法诚信为重点的理想信念教育实践活动，成立教育实践活动指导小组及指导小组办公室，制定《锡山区以守法诚信为重点的理想信念教育实践活动实施方案》。组织企业参与江苏省民营企业家诚信宣言征集活动，组织企业参加“守法诚信我承诺”主题签名活动，最大限度地凝聚改革共识，汇集改革正能量，为建设富强美丽和谐幸福新锡山而奋斗。围绕守法诚信加强企业文化建设，组织企业参加“企业与企业家法律风险防范”专题讲座，开展非公企业法治文化建设活动。雅迪科技集团有限公司、同方计算机有限公司等15家企业获“无锡市第四批非公企业文化建设‘百千万工程’示范单位”称号；无锡协新毛纺织有限公司、无锡市天宇精密陶瓷制造有限公司等28家企业获“无锡市第四批非公企业文化建设‘百千万工程’示范创建先进单位”称号。着力宣传基层商会的成功经验，锡北商会“百企联百村，共建新农村”电视宣传片入选《光彩公益·公益无锡》宣传报道。

【商会教育培训平台发挥作用】组织会员参加“2015第二届诺亚财富太湖论坛”；组织企业专职或兼职安全管理员、EHS（环境、健康、安全）部门人员、中层管理者参加“系统化的安全管理”培训；组织企业参加2015苏浙民企“创新突围”系列活动暨“转型升级，合作共赢”论坛；组织12名青年企业家参加无锡市青年企业家第七期培训工程；选派11名优秀青年企业家随团到中国台湾游学。加强与北京大学汇丰商学院领袖苏商教学中心等培训机构的合作，经常性地向会员单位传递相关培训信息。

【商会会员服务平台发挥作用】深入基层，深入会员，在全区工商联系统中深入开展“三服务三联动”活动。通过召开银企座谈会和举办“新常态下传统企业的金融创新”专题讲座等形式，搭建银企合作平台，为金融机构与企业提供“面对面”交流的机会，积极探索银企合作新模式，共同探讨缓解企业融资压力的问题。通过开展“锡山青商政企互动——劳动人事争议典型案例剖析专题活动”，发放《锡山区劳动人事争议典型案例剖析手册》，进一步巩固和发挥区工商联与锡山公安分局、区检察院、区人社局等联系协作作用。本着服务实体企业、提升产业、助力地方经济的目的，与中国网库达成战略合作，通过线上线下相结合的电子商务模式，帮助实体企业解决产品电子商务化问题。

【商会沟通联络平台发挥作用】组织区工商联机关全体人员和兼职副主席到惠山区工商联考察学习“纳税人之家”建设情况。与甘肃省酒泉市、辽宁省本溪市工商联开展交流互动，并与本溪市溪湖区等3个区级工商联建立友好商会。强化工商联上下联动、互动协作工作，认真开展上规模民营企业调研、履行社会责任调研，做好“唐翔千卓越工程师奖”“军民两用高新技术民营企业及产品”和参股“苏民投”等的推荐工作。做好锡商大会相关工作任务的衔接服务，与区发改局、开发区加强沟通，争取到开发区在锡商大会上的推介机会，并认真落实好两个项目的签约，总投资4.5亿元。进一步强化企业互动交流工作机制，定期和不定期地开展企业间的互动交流，促进企业间的相互学习。

【商会工作基础夯实】组织各行业协会（商会）负责人到无锡市建材行业协会和江苏省高空吊篮协会参观学习，听取经验介绍。坚持从整合行业资源、加强行业自律、促进行业协调、提升整体水平的实际出发，广泛发动，充分挖掘全区有代表性产业的资源，持续推进行业协会（商会）建设。无锡市建筑装饰设计师协会通过市民政局审核，进入协会筹备阶段；协助做好无锡市采购与供应链协会的筹备申请工作。鹅湖商会通过召开银企座谈会为实体经济缓解资金困难牵线搭桥，组织专家组为彩印企业“搭脉开方”，为彩印行业转型发展提供思路和借鉴。东北塘商会突出“优服务”，通过每月安排走访活动加强政企沟通，以“康乃馨”和“老船长”基金为依托，光彩公益事业成效显著。东港商会组织重点企业到深圳市考察“工业4.0”和“互联网+”，与深圳市无锡商会企业进行交流互动；积极贯推各类惠企政策，指导、帮助企业开展上市工作，“上市东港板块”基本形成。江苏省高空机械吊篮协会加强行规、行约的制订和完善，筹建协会专家委员会，创办《高空机械与吊篮》会刊，做好政府委托的行业经济运行监测和统计工作，组建中国高空机械与吊篮产业联盟。2015年，鹅湖商会被评为“江苏省工商联先进基层商会”，东北塘商会、东港商会被评为“无锡市工商联先进基层商会”，江苏省高空机械吊篮协会被评为“无锡市工商联先进行业组织”。

【法律服务车进企业活动开展】 由区工商联、区司法局联合举办的“法律服务车进企业系列活动——企业管理法律风险控制专题座谈交流”在羊尖镇无锡华南钢构环保有限公司举行，活动邀请江苏福庆律师事务所律师作法律知识讲座，不断增强企业法律风险防范意识。创新教育引导方式，重点宣传企业诚信守法好做法、好经验，着力提升非公企业和企业家的素质，引导广大非公企业做好法律风险防范，完善内部治理结构，筑起企业经营安全的法治“防火墙”，努力提高非公企业依法治企能力，不断筑牢非公企业守法经营的根基。

（查婷雯　戈兴栋）

锡山区无党派代表人士联络委员会

【概况】 2015年，锡山区无党派代表人士联络委员会始终围绕服务全区经济社会发展积极参政议政，学习贯彻中共十八大、十八届四中、五中全会和习近平总书记系列重要讲话精神，热心公益，回馈社会。年末，成员总数19名，未有增减。

【参政议政】 区无党派联委会发挥成员知识密集、从业丰富、区政协委员比例高的特点，在为区委、区政府建言献策方面取得优异成绩。在政协锡山区三届五次会议上，成员姚圣波撰写的《关于加强环境执法与司法联动工作的思考》被评为“优秀调研报告”，并作大会发言；成员蒋加星撰写的《关于在全区加快推行垃圾分类减量化的建议》被评为“优秀提案”；成员刘熠撰写的《关于改善卡车尾气排放的建议》被评为“优秀社情民意”；主任龚磊被评为“优秀民主监督员”；成员陈小玮被评为“优秀政协委员”。另外，成员还围绕促进职业教育发展、法治文化阵地建设、落实新预算法、秸秆综合利用、设立公共自行车、柏庄地区改善交通等角度提出促民生、促发展的调研文章、提案、社情民意12篇。

【服务企业】 3月13日，区无党派联委会召开全体成员会议，组织参观无锡吉兴汽车声学部件科技有限公司，区委统战部副部长丁益民参加活动。成员详细了解企业规模和特色，参观厂区和生产专用设备，对经营中遇到的问题，特别对企业员工的社会保障问题、退休补助问题进行法律、政策方面的讨论。

【回馈社会】 区无党派联委会热心公益，积极助学、扶贫。成员刘熠为锡山区慈善协会“心手相连、情系万家”捐款70万元；成员钱新华为锡东高级中学、正兴幼儿园、张泾中心小学捐款16万元；成员黄莉霞为九三学社捐款1万元，为江南大学捐款3万元；成员蒋加星为个人助学捐款5000元、慈善捐款2万元；成员陈小玮参加“慈善一日捐”300元，并每年为“星星点灯”儿童阅读公益项目捐款100元。

（吴　琦）

编辑：袁　渊

11月12日，民革无锡市锡山区支部换届暨总支部成立大会在区委党校召开，图为全体党员合影留念

（民革锡山总支 供稿）

11月26日，民盟锡山总支成员参加民盟无锡市委第四届"同心"运动会 （顾建平 摄）

12月10日，民盟无锡市锡山区总支部换届大会在区委党校召开

（过亚叶 摄）

1月8日，民建锡山总支在会员企业无锡市华通电力设备有限公司召开民主生活会　　（民建锡山总支 供稿）

5月30日，民建锡山总支在区民政局会议室组织结对儿童开展“五福人生”讲座　　（民建锡山总支 供稿）

8月15日，民进锡山区基层委员会在江苏省宜兴彩陶工艺厂参观宜兴田申陶业实习基地　　（吴虹霞 摄）

11月27日，民进无锡市锡山区基层委员会换届大会在区委党校召开
（民进锡山区基层委员会 供稿）

9月6日，农工党锡山区基层委员会在锡北镇卫生院举办“健康进社区”大型义诊活动
（农工党锡山区基层委员会 供稿）

8月20日，九三学社锡山区基层委员会在锡山区党外人士之家开展组织活动　（九三学社锡山区基层委员会 供稿）

11月6日，九三学社锡山区基层委员会换届大会在区委党校召开
（九三学社锡山区基层委员会 供稿）

1月10日，区工商联、区司法局法律服务车进企业活动举办
（区工商联 供稿）

3月13日，区无党派联委会在无锡吉兴汽车声学部件科技有限公司举办全体成员会议并参观学习
（区无党派联委会 供稿）

人民团体

People's Organization

9月1日，团区委举办“勿忘国耻，圆梦中华”——纪念中国抗日战争胜利暨世界反法西斯战争胜利70周年主题团日活动（团区委 供稿）

锡山区总工会

【概况】2015年，锡山区各级工会按照区总工会三届九次全委（扩大）会议确定的工作任务，积极履行工会职责，奋力开拓进取，重点工作成效显著、项目管理成果丰硕、基层活动亮点纷呈，年度各项目标圆满完成。全区有基层工会7344个，会员19.3万名。区总工会被省总工会评为“全省工会新闻宣传工作先进单位”。

【工会组建】认真开展基层工会建设“落实年”活动，新成立工会350个，新增会员1.8万人，其中农民工1.5万人。组织40余名镇级工会干部进行为期3天的业务培训。举办工会信息员培训班，51名工会骨干参加学习。组织40余名工会干部参加心理咨询师三级培训班。各镇级工会组织950名村（社区）、企业工会骨干进行工会业务知识培训。各基层工会积极建设“五位一体”职工之家，全区培育和树立16个示范点，无锡万迪动力集团有限公司工会委员会被中华全国总工会评为“全国模范职工之家”，无锡兴达泡塑新材料股份有限公司第一车间工会被中华全国总工会评为“全国模范职工小家”，羊尖镇总工会主席严国兴被中华全国总工会评为“全国优秀工会工作者”。各级工会注重做好调研、统计、信息、宣传报道工作，被市级以上媒体录用稿件201篇，其中省级23篇，国家级4篇。

相关链接：

五位一体：思想教育的课堂、维护权益的阵地、帮扶服务的平台、技能提升的基地、文体活动的中心。

【职工素质工程】区总工会在区职工培训中心举办以弘扬社会主义核心价值观和孝义崇善精神文明建设为主要内容的职工素质提升培训班4期，近2000名职工参加学习。组织500名规模企业班组长进行安全生产知识等业务培训。向基层工会赠书3万册，推进“书香企业”建设。精心培育和选树7家企业为锡山区女职工素质教育示范基地。组织职工读书征文比赛，收到基层推荐的职工征文52篇。7个基层工会职工书屋被评为“锡山区五星级职工书屋”。

【职工劳动竞赛】区总工会组织机械CAD、电工、数控车工和计算机网络管理员培训，210名职工参加学习。各镇级工会举办25期职工业务技能培训班，全区参加培训职工5万人次。深入开展“师带徒”活动，广泛发动职工提合理化建议约5200条，其中1600余条得到行政采纳。区、镇两级工会在庆“五一”活动中表彰先进职工1350名，广泛宣传先进职工的优秀事迹。3名职工分别获得“全国劳动模范”“江苏省五一劳动奖章”“江苏省五一劳动荣誉奖章”称号，4个单位分别被授予“江苏省五一劳动奖状”“江苏省工人先锋号”称号，18名职工被评为“无锡市劳动模范”。

【职工民主协商】工会积极开展“要约行动”，组织25名工会干部参加工资集体协商谈判员培训班，全区企业工资集体协议签订率98%。加强区域性、行业性和企业职代会建设。做好争创星级职代会工作，强化企业民主管理，较好地落实了职工的知情权、参与权、表达权和监督权。

【职工维权保障】加强劳动争议调解、职工劳动保护等组织的建设，建立援助服务联动制度，尽力化解劳资矛盾。注重搞好普法宣传，组织1.5万名职工参加“中国梦·劳动美”职工学法知识竞赛。开展法律服务走访活动，组织150名企业班组安全员进行安全知识培训，并参与全区安全生产事故调处；开展建筑企业农民工权益状况调研。区总工会、区安监局、区卫计局继续开展职业卫生安全“牵手行动”，认真组织“安康杯”竞赛活动，加强群众性劳动保护工作。

【职工帮扶救助】元旦、春节期间，全区各级工会筹集送温暖资金约315万元，慰问困难职工2100余人次。区总工会组织夏季高温送清凉活动，惠及职工1万余名；开展“金秋助学”活动，向121名困难职工子女发放助学金16.95万元。建立镇、村（社区）、企业三级职工帮扶服务中心（站）208个，为2208人次困难职工实施帮扶，救助用款138.5万元；分批组织268名区特困（困难）职工进行免费体检，并建立特困（困难）职工实名制体检健康档案，跟踪落实帮扶措施。开展特困（困难）职工大病救助活动，向33名特困职工发放医疗救助款10.6万元。建立7个环卫职工“爱心驿站”和1个“爱心母婴休息室”。认真做好区职工互助互济工作，向患大病的会员发放互助金53人次，共计22.12万元。

【重点工作项目化管理】为推动规模企业实现规章制度合法化、劳动用工规范化、劳资互动人性化，区总工会启动实施“百人以上企业规范用工管理‘三化’工程”项目。257家规模企业积极参与“三化”工程，全区培育和树立十余个先进典型。各基层均召开职工代表大会，参与企业各项规章制度的讨论制定和修改完善，组织职工代表围绕规范企业规章制度提出建议1100条，补充修改650余处。参与“三化”工程的企业，规章制度合格率由原来的40%上升到92%，全部建立集体合同制度，全员签订劳动合同，社会保险应缴尽缴，劳务派遣工使用率比上年降低5个百分点。区总工会继续实施爱心基金项目，帮扶救助职工。各基层工会采取“区和镇级工会帮助一点、村（社区）支持一点、企业留存工会经费集聚一点、社会和企业家捐赠一点、职工参与一点”等办法，积极筹建爱心基金，并建立章程，明确爱心基金使用范围、管理救助程序，真正把爱心基金用到需要救助的职工身上。全区有110个基层工会建立职工爱心基金，救助职工819人，发放互助基金116万元。

【基层工会活动】各基层工会创新理念，强化品牌意识，在服务企业和职工中求实效。开发区、锡北镇、东港镇总工会利用培训基地举办多层次多种类培训班，开展“女职工在行动”“六比六看六赛”系列活动，提升职工素质和技能水平。东亭街道、安镇街道、云林街道、厚桥街道工会深化行业工资集体协商工作，加强劳动争议调解，开展“劳动争议调解参与共提升”活动，妥善处理企业拖欠职工工资、解除用工关系等劳资纠纷，维护职工权益和社会稳定。东北塘街道、羊尖镇、鹅湖镇总工会把大量的小微企业职工吸纳到工会组织中，建设镇级“职工之家”、劳动保护监督检查员片区服务站，增强工会组织凝聚力。各局（系统）工会均能围绕单位中心工作，凝聚职工力量，热心服务职工，为全区经济社会发展做出应有的贡献。

相关链接

六比六看六赛：比质量，看效果，赛优良；比速度，看规范，赛效率；比管理，看提升，赛成本；比科技，看创收，赛创新；比安全，看秩序，赛规范；比贡献，看素质，赛业绩。

（浦　亚）

共青团锡山区委员会

【概况】2015年，锡山区各级团组织和广大青年按照“两个全体青年”（团的基层组织网络组织覆盖全体青年、团的各项工作和活动影响全体青年）的根本要求，切实履行组织青年、引导青年、服务青年、维护青少年权益的四项基本职能，全区共青团和青年工作稳步、有序发展，取得一定成效。全区有14～28周岁青年7.06万人，团员32415名，直属团组织20个，基层团支部（总支）892个；年内发展新团员2140名。

【引领青少年思想政治】唱响思想引导主旋律。以抗日战争胜利70周年等重大纪念日为契机，以“我的中国梦”为主题，开展“勿忘国耻，圆梦中华”——纪念中国抗日战争胜利暨世界反法西斯战争胜利70周年主题团日等活动，加强理想信念教育，动员和凝聚广大青少年为实现中国梦做出贡献。以社会主义核心价值观宣传教育为重点，邀请“青春榜样”开展分享活动20余次，让优秀青年带头传播、践行社会主义核心价值观，释放青春正能量。创新新媒体工作手段。完善以“锡山青年汇”为品牌的“一网三微”（网站、微博、微信、微邦）新媒体工作矩阵和覆盖全区各级团干部的微信群工作体系，开展各类线上线下活动，编发《锡山青年大拜年》《有一种我爱你叫共青团》《72小时：奋战的青春身影》《我的青春我的团》等微信原创系列作品。完善区级网络宣传员、网络文明志愿者队伍建设，在重大时间节点和突发性事件中集中发声。积极推进“青年之声”平台建设，完成180人专家队伍组建，并进行常态化运行。发挥青春榜样力量。开展“青春新榜样、最美代言人”“追梦好少年”等评选工作，积极挖掘、宣传各领域优秀青少年，引导广大青少年培育和践行社会主义核心价值观，传播青春正能量，形成青年好声音，3名青年入选“江苏好青年”百人榜，7名少先队员获“江苏好少年”称号。活跃青年文化氛围。积极营造活力、时尚的青年文化氛围，开展“发现城市之美”风尚酷跑活动，青年们在奔跑中挖掘城市底蕴、结交友谊；举办“寻访古镇文化，缘定七夕乞巧”青年寻宝交友、“童眼看锡城——新市民子女文化体验”等各类活动，丰富青少年精神文化生活。

【动员青年服务发展大局】鼓励青年创新创业，成立区青年创业者协会，启动“青春展翅”锡山青年创新创业计划。完善创业金融服务，与工商银行、邮政储蓄银行开展金融挂职干部服务青年创新创业计划，确定20名创业青年为信用示范户，为其提供金融信贷支持。做好青年创新创业空间建设工作，依托区内3家大学生创业园，推荐一批优秀青年创业人才和创业项目入园孵化，定期举办“青创梦·我的梦”青年创业者交流活动，为初创青年提供服务和交流平台。凝聚服务青年人才。团区委、区人社局开展企业人才服务建设青年人才驿站，为企业发展提供人才支撑。深入实施农村青年创业致富“领头雁”培养计划，组织青年农民联合会定期开展座谈、分享、主题讲座等学习交流活动，加强农村创业青年的联系。积极开展寻找最美新型青年农民活动，1人入选无锡市最美新型青年农民。引导青年服务社会。深化青年志愿者队伍建设，广泛开展“青春微力量·爱心后备厢”“青春暖冬·衣路有你”等生态环保、爱心助困、文明倡导、社区服务方面的青年志愿者活动，汇聚青少年力量服务社会。引导青年志愿者团队、青年自组织和有公益服务意向的青年申报参与公益项目。

【服务青少年成长成才】努力服务青年民生需求。积极开展“职场微体验，暑期莫宅家”就业见习行动，征集就业见习岗位200个，为300余名青年提供见习岗位。积极提升青年就业素质，举办“勇往职前”大学生职业素养训练营，开展“青年援才”计划十周年系列活动。积极实施青年岗位建功行动，推动青年职工提升岗位技能，1人获评省级青年岗位能手，3个集体获评省市级青年文明号。全力保障青少年健康成长。加大希望工程“圆梦行动”助学力度和共青团“暖冬行动”帮扶力度，广泛发动社会各界力量，筹集爱心助学款项，全年发放助学金近5万元和物品1万元，资助贫困学生30人。发挥青商“星”基金作用，实施“童心筑梦”锡山青少年成长增能计划，帮助困难家庭青少年健康成长。继续加强关爱新市民子女行动，做好“希望来吧”的常态化运行管理工作，各级共青团开展关爱新市民子女志愿服务活动30余次。全力维护青少年合法权益。进一步深化青少年权益创新工作，以“四色”分类做好全区重点青少年数据的动态管理，全面深化“青春红丝带123”帮扶计划。开展青少年禁毒宣传、青少年模拟法庭和青春自护情景剧等活动，不断提高青少年的自护意识和自护能力。积极开展“共青团与人大代表、政协委员面对面”活动，开展倾听活动、集中活动，反映青少年实际诉求，形成提案、建议。

相关链接

“四色”分类：红色为风险系数高，曾有罪错前科；橙色为风险较高，有夜不归宿、小偷小摸、打架斗殴等不良行为；蓝色为相对安全，未有不良行为及罪错前科，但患有精神疾病或性格怪异；绿色为安全，未找到合适工作在家待业、缺乏家庭关爱、因家庭经济困难无法就学、因身体原因无法上学或工作等情况。

青春红丝带123：建立一个信息库，打造两项抓手，实施暖心、助业、引航三大行动。

【加强基层组织建设】有效激发团组织工作活力。提升非公企业团建工作，实施“共青团蓝领学堂”项目，全年累计举办技能提升、知识学习、生活服务、休闲娱乐四大类活动，覆盖企业青年职工9000余人，实现非公企业团的组织和团的工作“双覆盖”。加强青年社会组织工作，创建星级青年社会组织8家，举办“青春对话——共青团与青年社团”活动，邀请无锡市优秀青年社团领袖与锡山区团干部、青年社会组织骨干围绕“公益、合作、发展”开展青春对话。巩固提升镇（街道）、村（社区）两级团组织，鼓励基层团组织设计特色品牌活动载体，提升服务水平，增强团建活力。不断创新团组织建设格局。积极推动城乡区域化团建“三进三助力”工作，与无锡出入境检验检疫局、市公安局、市广电集团、工商银行、邮政储蓄银行等市属单位建立结对共建关系，广泛开展青年交友、青春故事分享会、金融服务下乡等活动，以实施共建项目有效推动组织共建、干部联合培养、资源共享、阵地共用、工作共抓。全面推进青少年综合服务平台建设工作，设计和建设符合锡山特色的平台，积极开展示范性青少年综合服务平台创建活动，通过示范创建选树典型，带动平台的整体建设和发展，云林街道青少年之家被评为“江苏省示范性青少年综合平台”。切实提高团干部履职能力。积极开展“团干部如何健康成长”大讨论活动，聚焦团干部成长中存在的突出问题，引导团干部们坚定理想信念、密切联系青年、提高工作本领、锤炼优良作风。继续实施团干部素质提升工程，以“提升能力、强化作风、狠抓落实”为主题，常态化开展形式多样的主题培训学习活动。举办全区团干部培训班1次，团青课堂4次，工作研讨8次。健全完善以工作量化考核和党政、青年满意度测评为主体的考评体系，对镇（街道）、机关实施分类绩效考核，科学评判工作实绩，有效激发各级团组织的工作热情。

相关链接：

三进三助力：品牌进基层，助力团建创新；资源进基层，助力优化发展；骨干进基层，助力配强队伍。

（蒋华佳）

锡山区妇女联合会

【概况】 2015年，全区各级妇联深入贯彻落实中央关于加强和改进党的群团工作部署，以建设服务型基层妇联组织为主线，全区妇女工作取得新的成绩。年末，全区有镇（街道）妇联9个、村（社区）妇代会（妇联）118个、村（居）妇女小组2638个。区妇联被省妇联评为省“巾帼建功”活动先进集体。

【“思雅学堂”提升女性综合素养】 应对女性群众新需要，满足女性对于品质生活的追求和不断提升自身价值的诉求，启动“思雅学堂”，为女性内心修炼和魅力塑造提供专业辅导，在广大妇女群众中倡扬优秀传统文化。利用“三八节”契机，正式启动“思雅学堂”，拍摄宣传短片，倡导思行合一、雅致生活的理念。开设“思雅学堂”女性魅力课堂，设置东方式插花、“思雅形韵”形体和古典舞、“思雅墨香”书法、“思雅茶习”茶道等课程，积极普及推广古琴文化、瓷器鉴赏、紫砂知识人门等，衍生打造“一期一会”传统文化主题沙龙，成功举办“翰墨之约”“国学智慧”“盛唐气象”等9期沙龙。2015年，“思雅学堂”培训学员800余人。

【“新雁振翅展新姿”服务女性创业就业】 激发妇女创业热情，充分发挥典型的示范效应，引导广大妇女在自主创业中实践人生理想，为区域经济社会发展做贡献。开展“觅新雁”——“巾帼创业新雁”寻觅活动，16名“巾帼创业新雁”纳入女性创业“新雁计划”重点培育范围。开展“领新雁”——“携手未来，创业领航”女企业家携手创业新雁活动，邀请锡山地税局第一分局给创业新雁作有关税法知识讲课，女企业家与创业新雁交流创业心得。开展“助新雁”——“你我关怀，创业同行”创业支援服务活动，举办区妇女创业就业政策培训班。全区完成妇女创业小额担保贷款和劳动密集型小企业贴息贷款582万元。发挥“妇”字号基地在女性就业创业中的作用。新培育巾帼科技创新示范基地2个、小唐果园等女性创业实践基地6个。东港镇山联村的富硒菊花种植项目获“无锡市优秀女性创业项目”称号。无锡市绿羊水郡酒店、无锡市锡山区新悦农副产品专业合作联社分别获“省级巾帼农家乐示范基地”“省级巾帼示范专业合作组织”称号。突出妇女就业创业技能培训。全区举办家政服务、SYB（创办你的企业）创业培训等各类培训班14期，培训妇女681人。启动“农村妇女网上行”基础技能培训项目。

【“最美家庭”提升家庭文明程度】 强化“最美家庭”活动。继续在全区深入挖掘、选树和宣传百姓眼中的“最美家庭”，推荐20户“最美家庭”先进典型，其中锡北镇华楚忠家庭、锡山地税分局王筱姝家庭分别获得无锡市“百姓眼中的最美家庭”及提名奖。开展“爱在锡山——寻找金婚佳偶”活动。为全区18对婚龄满50年的老年夫妇拍摄婚纱照，展示老人们传统而真挚的爱情和家庭故事，引导年轻人感悟婚姻和家庭的重要性。在《新锡山》制作《将爱定格，共话永恒》专版；重阳节举办“夕阳舞重九，萍霞奕丹青”主题作品展。积极参加无锡市“我眼中的最美家庭”摄影征集活动，锡北镇过敏慧、陈惠初荣获入围奖。深化巾帼志愿服务工作。2015年，东亭街道映月社区被评为“无锡市巾帼志愿服务示范基地”，云林街道“美丽三色花”单亲妈妈家庭服务项目、万佑颖力儿童职业梦想体验营成功创评无锡市优秀巾帼志愿服务项目。

【“云家教”提升家庭教育服务精准度】 利用新媒体开展各类家庭教育公益活动。每周推送2期家庭教育微刊。积极开展多种形式的线上线下互动活动。开展“让我们一起读书吧”亲子阅读系列活动，通过“云家教”微信平台向全区广大家长发送倡议书，举办亲子阅读卡DIY设计大赛、优秀家教书籍赠阅等活动，让孩子在亲子阅读中感受家庭的和谐、读书的魅力，有效增强了“云家教”微信平台的影响力。全年通过“云家教”微信平台向全区家长赠阅家庭教育书籍300册。开展“家庭教育进万家”家庭教育公益讲座，邀请国家二级心理咨询师刘慧为全区150余名家长讲授《幸福人生·智慧爱》亲子沟通讲座。区家庭教育讲师团走进云林、东北塘等街道开展家庭教育进社区咨询服务，服务家长90余人。“云家教”家庭教育公益平台建设项目入选省妇联《儿童工作创新案例汇编》。开展“家风家训秀出来”活动，向全区家长征集家教格言、征文、微故事、漫画作品。由锡山区东港镇、东亭街道妇联选送的摄影作品《新年的邂逅》《全家福》被省妇联评为“爱的全家福”晒图活动一等奖；由安镇街道妇联选送的《垃圾不落地，美丽新锡山》被省妇联评为“2015年家庭情景剧推选展播活动三等奖”。

【切实维护妇女合法权益】 联合市妇联、区司法局、区女律师联谊会，在东亭街道春合苑举行“万家学法、平安促和谐”普法宣传社区行活动，通过现场法律咨询服务、讲座、“点对点”的帮扶等多种形式，广泛宣传《中华人民共和国妇女权益保障法》《中华人民共和国未成年人保护法》等法律法规，为广大妇女儿童带去更优质、更贴心的维权服务。“三八”维权周期间，全区各级妇联组织开展法律宣传服务活动31次，参与人数650人，发放维权宣传资料7600份。主动和区委农办对接，维护农村土地承包经营权确权登记颁证工作中妇女的合法权益。2015年，区妇联接待来信、来访、来电44件，结案率99%。为展现区妇联推动解决信访案件的成效，发挥化解家庭纠纷矛盾、维护社区和谐稳定的作用，在市妇联关于维护妇女儿童权益优秀案例征集中，推荐云林街道妇联、东亭街道东亭社区妇联履行职能维护妇女权益两个优秀案例。

【关爱弱势群体】 扎实推进关爱留守流动儿童等困境儿童工作，对全区的118个村（社区）开展摸底调查，对8类困境儿童建立信息库。积极协调各类社会资源，帮扶弱势儿童群体。联合无锡日报社开展“蒲公英计划”微公益活动，为全区300户新市民家庭子女免费赠阅2016年《无锡日报》。组织“爱心妈妈”“成长伙伴”开展关爱结对活动，联合新梁溪茶会开展“风信子”助孤圆梦行动，促成爱心茶友与孩子结对圆梦，为全区38名困境儿童圆梦。与区卫生局、宁波银行锡山支行、区女企业家协会等联合开展关爱贫困妇女、儿童活动。

【“妇儿之家”提升基层组织凝聚力】 围绕《中共中央关于加强和改进党的群众工作的意见》，以改革创新精神推动服务型妇联组织建设。按照资源共享、阵地共建、服务群众的要求，将镇级妇女儿童活动中心、村（社区）妇女儿童之家建设纳入基层“党建带妇建”工作内容，全区实现镇级妇女儿童活动中心、村（社区）妇女儿童之家建设全覆盖。根据区委办、区政府办要求，积极清理社区（村）组织机构、挂牌情况，明确“建设村（社区）妇女儿童之家，保障妇女合法权益”是村（居）委依法协助工作事项，保留妇女儿童之家、家长学校、儿童快乐家园、妇女维权站、女性创业就业服务站、家庭文化活动室6块牌子。全区有4个镇妇女儿童活动中心、118个村（社区）妇女儿童之家、1个专业市场妇女儿童之家，为广大妇女儿童提供法律咨询、心理疏导、电子阅览、健身美体等多项服务。开展“《中国妇女报》进妇女儿童之家”项目，确保每个村（社区）妇女儿童之家都有一份《中国妇女报》。妇女自治组织蓬勃发展。巾帼志愿服务类、文化体育类、权益维护类、关爱帮扶等各类女性社会团体不断发展。各级妇联借助QQ群、微信群等新媒体工具，拓展与畅通反映妇情民意的渠道，使联系和服务妇女的工作更加快捷高效。开展妇女儿童家庭社会项目工作，征集到亲子成长工作坊、“社区是我家，邻里是一家”云林和谐金邻里社区服务项目等服务妇女、儿童和家庭的各类项目10个。其中，云林街道“美丽三色花”单亲妈妈家庭服务项目被评为“江苏省最佳公益社工服务项目”。

【“十二五”妇女儿童发展规划终期评估】 认真做好锡山区“十二五”妇女儿童发展规划终期评估工作，召开专题会议，区各有关部门通力合作，完成数据上报及自查评估报告。扎实做好各项基础工作，作为无锡市唯一的区级现场，接受省妇儿工委办督导组的检查并得到肯定。2015年6月8日，锡山区妇女儿童活动中心挂牌。区妇女儿童活动中心将根据需要，充分运用多方资源，为全区妇女儿童及家庭提供各类服务。

（陈　薇）

锡山区科学技术协会

【概况】 2015年，全区各级科协组织及所属团体以新一轮申报创建全国科普示范区为引领，切实履行“三服务一加强”职责，精心策划开展各项活动，努力推动全区科协工作再上新台阶，为建设富强美丽和谐幸福新锡山做出新的贡献。全区有镇（街道）科协9个，村（社区）科普工作站116个；科协所属学会（协会、研究会）12个；科普志愿者队伍4支，科普志愿者6900人。

相关链接：

三服务一加强：为广大科技工作者服务，为经济社会全面协调可持续发展服务，为提高公众科学文化素质服务；加强自身建设，提高服务能力。

【开展“科技工作者之家”创建活动】 以科协会员日为载体，通过走访、座谈等形式，开展多种形式的“科技工作者之家”创建活动，听取科技工作者的意见、建议，畅通区委、区政府与科技工作者之间的联系渠道，努力为科技工作者搭建参与决策咨询、开展学术交流、进行继续教育、展示科技成果、提供信息服务等平台。全年向政府及有关部门提出建议8条，涉及农业5条、教育3条。其中，区老科学技术工作者协会农林分会提出的《关于开展耕地质量普查的建议》和云林分会提出的《关于重建血染许巷纪念馆、区青少年爱国主义教育基地的建议》，由市、区两级政府批转有关部门办理。

【海智交流平台搭建】 依托市科协海智资源，侧重装备制造领域，及时面向相关企业发布技术和项目。组织无锡市中盛医疗有限公司等企业参加江苏省海智大会并进行路演和产品展示。全年征集企业需求20余项，向企业发布海智资源100余条，确定江苏大德重工有限公司等3家企业为重点服务的科技型企业，有20余家企业参加市科协主办的中欧（无锡）科技创新洽谈会和各项视频对接洽谈活动。

【构架学会服务企业发展桥梁】 以开展“厂会协作”活动为抓手，构架起学会服务企业发展的桥梁；以立项为平台，活跃学会会员之间的学术交流氛围。区公路学会与无锡市通达道路养护工程有限公司协作开展的“S228锡山段路面养护大中修工程热再生技术研究”项目，被评为“2015年度无锡市厂会协作优秀项目”，并获得1万元项目奖补资金。动员全区企业科协开展以“节能、减排、低效”和“节能降耗”为主题的“讲理想、比贡献”活动，着力提高企业自主创新能力，促进企业效益提高。全年有15家企业科协的87名科技人员参赛，立项15项，完成立项15项，提出合理化建议23条。

【科普示范水平提升】 对照省市科普示范镇（街道）、村（社区）创建标准，按照“创建一个、达标一个”的工作思路，指导东亭街道春星社区成功创建为国家级“社区益民计划”示范社区；羊尖镇被评为“江苏省科普示范镇”，锡北镇周家阁村和云林街道云林社区被评为“江苏省科普示范村（社区）”；东北塘街道梓旺新村社区等5个村（社区）获得“无锡市科普示范村（社区）”称号；鹅湖镇华明元等10户家庭被评为“无锡市科普示范家庭”。

【优质科普资源投放】 推动市级以上科普示范村（社区）进行科普资源投放，不断提升锡山区科普示范单位的硬件水平，激发全区科普示范创建的积极性。锡北镇周家阁村科普馆落成开放，全年接待参观5000余人次，并成为周边学校的科学实践基地。筹资20余万元为东亭街道门楼社区等9个村（社区）的室内外科普活动场所统一安装标准化科普画廊，为厚桥街道新联村等10个村（社区）配置全新的科普图书架。

【品牌科普活动突出】 在科普志愿者宣传月、科普宣传周和全国科普日期间，联合区全民科学素质行动领导小组成员单位，举办以“创新创业，科技惠民”为主题的一系列科普活动；联合全区各镇（街道）、村（社区）和区级学会（协会、研究会），共同开展科普集市进（村）社区、科普竞赛进校园和广场科普展等活动，受众2万余人。全年制作、编印科普画册1000余册，制作科普展板30套。活动期间悬挂各类科普宣传横幅、标语100余条，举办各类科普培训班及科普讲座30余期（场）。

【科普志愿服务创新】 引导科普志愿者工作与科技创新、科技教育更加紧密结合，联合区老科学技术工作者协会在以老科技工作者为主的科普志愿者中开展科普示范家庭、科普志愿者工作室、老科技工作者活动室“三位一体”的科普志愿品牌活动，向每户投入5000余元科普设备，并通过建立管理和开放制度，定期对所在村（社区）的青少年等科普受众者进行科普宣传。组织全区科普志愿者在科普志愿者宣传月、科普宣传周和全国科普日等品牌科普活动中广泛开展科普宣传活动；围绕青少年科技创新，组织中小学生科技竞赛和夏令营活动。

【科普惠农兴村成效提升】 继续抓好农业科技服务，促进农民增收致富，积极发挥全区农业科技教育网点和农业科技“110”讲师团的作用。农业科技专家全年下乡指导2917次，通过农业科技“110”热线解决问题312个。积极组织申报上级科协“科普惠农兴村”项目，农博园被评为“江苏省科普惠农服务站”，羊尖镇先锋农场被评为“江苏省科普惠农兴村示范基地”。无锡市宛山农业种植基地和无锡市松芝长江刀鱼驯养基地获“无锡市百名科技专家兴农富民工程农业科技（科普）示范基地”称号，并分别获奖励资金1万元。

（钱　玮）

编辑：袁　渊

羊尖镇严家桥牌楼　　（区商务局 供稿）

羊尖镇严家桥村

严家桥村位于锡山区羊尖镇北侧，占地面积66.67公顷，是以唐氏家族为代表的民族工商业的发祥地，江苏著名剧种——锡剧的发源地，共产党革命活动老根据地，无锡著名的教授村。严家桥距今有700多年历史，有布码头、粮码头、药码头、书（评弹）码头之称。主要景点包括梓良桥及百米长廊、唐氏工商业陈列馆、锡剧纪念馆、春源布庄、同济典当行。2009年，严家桥村被江苏省政府批准为第4批省级历史文化名村。

5月26日，区总工会在区总工会职工培训中心举办锡山区2015年度职工素质提升培训班 （金小洪 摄）

7月1日，锡山区工会推进“三化”工程暨百人以上企业规范劳动用工管理培训班在农博园培训中心召开 （金小洪 摄）

7月30日，区委常委、区委统战部部长、区总工会主席张映雪（右一）对13个单位进行高温走访慰问。图为张映雪对江苏新广联科技股份有限公司进行高温慰问

（金小洪 摄）

5月4日，纪念五四运动九十六周年暨“青春展翅”锡山区青年创新创业计划启动仪式在锡州花园酒店举行 （团区委 供稿）

6月6日，团区委开展汽车爱心后备厢活动 （团区委 供稿）

1月20日，“思雅学堂”插花作品展示（区妇联 供稿）

3月5日，区妇联在区人社局一楼大厅举办“三八架金桥，春风送岗位”锡山区女性专场招聘会　（区妇联 供稿）

5月23日，区妇联在隆亭实验小学举办“科学家教进万家”家庭教育公益讲座　（区妇联 供稿）

7月15日，“思雅学堂”老师对书法作业进行点评　（区妇联 供稿）

3月23日，科普志愿者在锡山商贸城开展科普宣传活动
（区科协 供稿）

10月21日，科普志愿者在锡北镇周家阁村科普馆体验科普设施
（区科协 供稿）

江苏省科普惠农兴村示范基地——羊尖镇先锋农场内的无土水培蔬菜
（区科协 供稿）

武装

Armed Force

2月27日，区人武部在无锡军分区“学条令、训队列、整纪律”活动中组织队列训练　　（区人武部 供稿）

人民武装

【概况】2015年，全区人民武装工作紧紧围绕强军目标，突出整风整改，贯彻“三严三实”要求，固根本、打基础、保稳定，年度训练扎实落实，各项任务圆满完成，区人武部被无锡军分区表彰为“全面建设先进单位”。

【思想政治建设】按照无锡军分区统一部署，抓好“学习践行强军目标，做新一代革命军人”主题教育、“三严三实”专题教育整顿活动和“正确面对得与失，凝心聚力抓准备”专题教育。不断推进民兵预备役政治工作创新发展，结合民兵整组、民兵训练等时机，根据民兵队伍遂行多样化军事任务需要，有针对性地开展政治教育。4月，组织民兵营长集训，专门安排“听众点题我授课”活动，每个干部根据事先征求集训人员感兴趣的课题，结合自身岗位进行授课，有效提升了授课的针对性，锡山区科学推进民兵应急力量建设的经验做法被《人民前线报》转发。区人武部党委以强军目标为统领，统筹规划军营文化建设，全年投入近10万元，建立强军目标标语牌、营区宣传橱窗2个、办公楼战斗文化宣传标牌30块、教育展板6块，时时用先进文化、名言警句熏陶干部职工思想，提振精、气、神。

【军事斗争准备】2015年，投入50余万元，对“四室三库”进行修建改造。在作战室和作战值班室引入“四网、四监控”，完善电话传真网络。修订完善重要目标防卫方案，并与目标单位进行对接。严格按照无锡军分区首长机关训练计划，抓好机关干部的训练落实，主要采取请进来教、互相辅导、集中听课等形式，不断提高业务技能，干部的“六会五能”素质不断提高。按照《民兵军事训练大纲》和军事训练计划，狠抓民兵军事训练落实。先后组织6批、约400人次专武干部、民兵骨干训练。3月，参加全市民兵连排长分队集训，获得战术基础考核第二名。11月，民兵应急分队参加全市实战化课目比武竞赛，获得优异成绩。认真开展潜力调查，摸清辖区遂行任务底数、可编兵员底数、适编单位底数和科技资源底数。结合企业民兵基层党建工作试点，5月，组织红豆集团有限公司民兵营成立大会。6月，协调区水利部门勘查、了解洪涝易发地段，修订处置预案，补充400余件抗洪抢险器材，指导基层做好防汛抗洪准备。6月29日，组织100余名民兵参加东港镇秦新村张缪舍塘河段抗洪抢险，堵住决口和管涌4处。年底，全区有3个镇（街道）人武部和3名专武干部被无锡军分区表彰为基层建设先进单位和先进个人。

相关链接

四室三库：作战值班室、作战室、兵器室、战备资料室，作战数据库、战备图库、战备器材库。

四网、四监控：互联网、军网、电子政务网、水文气象网，兵器室监控、营区监控、辖区主要道路交通监控、重要目标监控。

六会五能：会读、记、算、写、画、传，分析判断能力、运筹谋划能力、组织协调能力、检查指导能力、研究创新能力。

【安全稳定工作】广泛开展“学、用、养、严”活动。学，就是每次干部职工集中教育训练，都把安全管理作为必不可少的内容；用，就是运用各级规章制度抓好训练，当好安全工作“明白人”；养，就是狠抓作风养成，严格正规秩序；严，就是严格奖惩，做到一有迹象就查，一露苗头就抓，做得好的就奖。坚持以“人、车、密、财和营院”为重点，加强“两个以外”（营区以外、八小时以外）人员管理，组织学习《50起典型事故》，认真抓好“三防四反”，持续开展隐患大排查大整治，严格遵守军区从严控制饮酒6条规定，高度重视并做好隐蔽战线斗争工作，严格保密办公和外来人员的审查登记制度，加强文电传递、涉密载体全过程的安全管控。针对暴恐事件频发的现状，升级改造营区监控系统和门禁系统，给值班人员配备高压电警棍，与地方公安“110”实现全网联动，确保一有情况能够迅即处置。认真贯彻落实条令条例和规章制度，重点抓好人员教育管理、车辆使用、保密办公、营院管理和值班制度的落实，扎实开展“稳思想、严纪律、纠隐患、保安全”活动。结合实际，修改完善《门卫值班制度》《文电收发借阅制度》《值班室管理制度》《涉密载体管理制度》。严格实行安全工作责任制，签订“三防四反”责任书，较好地形成了群策群力、群防群管的良好局面。成立军地安全稳定工作联络机构，建立军警民联系协作机制，互通信息、加强沟通、增进了解，在重要敏感时期，主动和地方信访、公安、综治、610办公室等机构及时沟通反馈情况，妥善处理辖区内涉军问题。

相关链接

三防四反：防敌对势力渗透、防不法分子破坏、防腐朽思想文化侵蚀，反渗透、反策反、反心战、反窃密。

【兵员征集工作】按照市统一部署，紧密围绕2015年征兵新形势，立足“早、细、实、严”有序展开。早，就是早部署、早宣传、早展开。坚持把征兵工作做在平时，平时就掌握情况，开展工作。4月，组织征兵业务培训；5月初，开展兵役登记、应征报名工作；5月19日，召开全区征兵宣传工作会议，及早开展征兵宣传；7月3日，在市征兵工作会议后及时召开锡山区征兵工作会议，将任务第一时间部署下去。细，就是细致研究任务、细致制订计划、细致准备工作。将业务工作进行细化分解，列出时间表，总体工作精确到日，具体业务精确到小时。按照省体检的标准设置“四科九室”，悬挂横幅，张贴海报，营造浓厚氛围。实，就是把措施订实、把宣传工作做实、把基层抓实。各镇（街道）的主要领导签订征兵工作责任状，在《新锡山》上公示纪检举报电话。以《新锡山》为平台，刊发征兵政策解答，及时报道征兵动态。结合“八一”建军节，刊发2014年度辖区现役军人立功受奖通报，在社会上引起强烈反响。组织征兵宣传电影巡回播放，在每个镇（街道）放映2场征兵题材的电影。组织应征青年到辖区锡北革命烈士陵园、“两弹一星”元勋姚桐斌故居、新四军六师师部旧址纪念馆等地，开展参观学习和宣誓活动。严，就是严格按标准条件把关。副区长言国强提出完成2015年征兵任务要数量上一个不少、质量上一个不差、学历上一个不低的要求。各级严格把关，全区征兵任务圆满完成。锡北镇人武部被评为“无锡市征兵宣传先进单位”。

相关链接

四科九室：内科、外科、眼科、五官科，B超室、检验室、听力室、嗅觉室、访谈室、适应性检测室、心电图室、量血压室、主检室。

【区首个民营企业民兵营成立】红豆集团人武部依托红豆集团，大力投入软硬件建设、人才队伍建设，开展应急演练等活动，逐步向正规化基层人民武装部建设发展，社会效益日益显现。5月12日，红豆集团有限公司民兵营成立大会在红豆大学举行。该民兵营下辖4个应急连，共12个分队，人数250余名。区人武部力推大型民营企业民兵营党组织建设，《解放军报》刊登红豆集团民兵营党建纪实文章，无锡军分区将红豆集团有限公司民兵营党建工作先进经验进行推广。年底，红豆集团总裁周海江被无锡市委、无锡市政府、无锡军分区评为人民武装基层建设“兴武强军”明星。

（胡 旭）

人防工作

【概况】2015年，根据《中共锡山区委、锡山区人民政府关于印发〈无锡市锡山区人民政府职能转变和机构改革实施意见〉的通知》文件精神，设立区住房和城乡建设局，挂“区人民防空办公室”牌子。全区人防建设工作围绕年度目标任务，扎实工作，有序推进，人防指挥通信、人防工程建设、人防宣传教育和人防依法行政等工作均取得较大发展。4月，区人防办被江苏省民防局评为“2014年度县（市、区）民防工作先进单位”。12月，区人防办人防宣传教育科副科长刘胜利被评为全省民防“六五”普法先进个人。

【人防指挥通信建设】根据城镇化建设新形势，加大安置房小区警报设施建设的力度，分别在东北塘街道、羊尖镇、鹅湖镇三个新建的安置房小区安装3台固定式警报器，进一步提高警报鸣放的覆盖面。做好首次全省“九一八”统一警报试鸣的新任务，9月16日召开全区警报试鸣任务布置会；9月18日，全区所有警报设施全部鸣响，顺利完成警报试鸣任务。

【人防专业队及人防队伍建设】按照人防专业队整组的要求，认真汇总区有关部门和各镇（街道）统计上报的人防专业队和民防志愿者队伍情况，并归纳建档。及时做好人员及装备器材资料的整理上报，于5月初在规定的时限内完成全区人防队伍年度整组任务。开展业务训练，组织全体人员在安镇国防训练基地集中培训，参加实弹射击训练。9月，依据《锡山区人民防空应急行动方案》，在市民防局的指导下开展人口应急疏散和接收安置的图上推演。通过以会代训、上级机关带动等方式，加强机关人员自身训练，全年有8人次参加省市民防局组织的集中培训。在警报试鸣期间，组织区消防和医疗救护专业队伍参加羊尖中学举办的防空防灾综合演练。

【人防工程建设与维护管理】2015年，人防工程建设继续保持快速发展态势。全年人防工程建设新立项（含许可变更）11个，新开工7个，新竣工11个，全面超过年度目标。注重加强与市人防质监站的沟通协调，认真把握人防工程建设从开工、隐蔽工程节点验收到最后的竣工备案等各个环节，不断提高人防工程建设质量。同时，在保证程序公正守法的前提下，强化服务意识，主动上门为企业服务，确保人防工程建设始终处于有效的监管之中。认真处理群众投诉，针对群众反映的人防地下室停车位出售的投诉，迅速深入现场实地调查，及时回复群众疑惑，先后处理两起“12345”市民热线投诉，收到较好的效果。

【人防依法行政】坚持依法行政，自觉接受上级和群众的监督，公开公正地做好人防行政许可服务工作。对结合民用建筑修建防空地下室的结建项目，实现全流程的网上审批，提高人防行政许可服务的透明度和办事效率。全年办理人防审批事项25件，收取易地建设费2360余万元。按照省民防局的统一部署，在网上公开人防行政许可服务情况的基础上，完成内控机制平台建设，进一步规范行政执法行为，确保权力在阳光下运行。9月，根据省市民防局的工作部署，委托无锡太湖会计师事务所有限责任公司对2014年度人防易地建设费的收支情况进行专项审计，并将审计报告上报市民防局。

【人防宣传教育】结合全区“防灾减灾日”宣传周活动，5月12日，区人防、民政、教育、消防等部门，在锡北镇开展以“科学减灾、依法应对”为主题的防灾减灾知识进社区系列宣传活动。在广场发放《人民防空造福于民》和《锡山区居民防空防灾知识手册》等资料，宣传人防知识；在锡北镇周家阁村、张泾实验小学组织开展防空防灾应急疏散演练和灭火、救护等技能的培训。认真组织教师培训，与区教育局共同制订全年中小学民防知识教育计划，保证民防知识教育有效地纳入到学校教育体系之中。4月，区人防办、区教育局共同组织12所小学的民防教师参加全市民防教师集中培训。8月，安排东亭中学的民防教师参加全省中学民防教育师资培训。为全区各中小学校组织开展防空防灾演练提供所需的物资和器材。积极发挥新媒体的作用，全年在市人防网站发布信息20条、图片6张，在区住建局网站发布信息6条、图片6张。组织、动员摄影书画界人士参加省民防局组织的民防书画摄影比赛及省民防局开展的“树立先进典型、弘扬民防精神”主题征文活动。

【民防工作进社区】在完成城镇社区覆盖民防工作的基础上，注重实际，结合区民政局在锡北镇周家阁村开展的防灾减灾示范社区创建工作，主动把民防工作拓展至农村社区，根据农村社区的特点与需求，做好民防进农村社区工作的对接。在全区“防灾减灾日”宣传周活动和警报试鸣期间，组织协调建有民防工作站的社区自行开展以应急疏散为主要内容的疏散演练。

（刘胜利）

编辑：张　彤　袁　渊

5月12日，红豆集团有限公司民兵营成立大会在红豆大学举行 （区人武部 供稿）

6月29日，区人武部组织民兵参加东港镇勤新村张缪舍塘河段抗洪抢险 （区人武部 供稿）

5月12日，锡山区防灾减灾综合演练在锡北镇周家阁社区举行　　（刘胜利 摄）

5月12日，区人防办、区民政局、区住建局、区红十字会、区公安消防大队在锡北镇张泾实验小学联合指导防灾减灾综合演练　　（刘胜利 摄）

法　治

Rule of Law

6月10日，区长顾中明（前排右三）带队到云林派出所调研锡山公安惠民技防工程建设　　　　（陈淑萍 供稿）

综合治理

【概况】2015年，全区政法系统认真贯彻落实中央和省市政法工作会议精神，紧紧围绕区委、区政府工作大局，坚持法治引领、标本兼治、固本强基，进一步增强人民群众的安全感和法治满意度，不断提升平安锡山、法治锡山和基层基础建设水平，全区政法各项工作取得新的发展和进步。

【社会和谐稳定】加强国家安全人民防线建设。集中开展《中华人民共和国国家安全法》《中华人民共和国反间谍法》教育宣传活动，有效提升人民群众国家安全法规意识。健全基层网络信息报送机制，落实重大社情报送工作制度，提升基层重大社情掌控平台建设水平。大力加强反恐怖工作，密切掌握和严密防范境内外敌对势力、敌对分子和各种邪教组织的渗透破坏活动，全面做好系列重大敏感日期的安全保卫工作。全面加强社会稳定风险评估“全覆盖”工作。建立完善“程序嵌入”“应评尽评”稳评机制，突出依法行政，增强法治观念，坚决运用稳评成果，对手续不齐全、条件不成熟、群众不同意的项目一律暂缓或不予实施，从源头消除不稳定隐患。全年实施稳评项目30个。扎实开展矛盾纠纷排查化解和推进社会矛盾纠纷网格化预警排查工作，落实网格责任，及时把矛盾纠纷解决在萌芽状态。区综合治理办公室每月组织召开由法院、公安、司法、法制办等部门参与的矛盾纠纷协调会，并形成会议纪要。全区各级调解中心受理矛盾纠纷2358件，调处成功率99.3%，劝阻群体性上访93起、1711人。进一步健全应急处置机制，完善重大社会安全事件联合应急处置预案，按照预防在先、发现在早、处置在小的原则，对各类不稳定因素和隐患开展动态式、滚动式、地毯式排查，牢牢把握维稳工作主动权。建立健全维稳信息处理机制。全区排查发现各类不稳定因素234起，有效预警各类不稳定信息145起，预警率和预警准确率均为100%。疏导处置各类群体性事件147起，群体性事件疏导和化解率分别为100%和89%。在中共十八届五中全会和全国“两会”期间，锡山区未发生有影响的群体性事件和重大事件，全区经济社会和谐稳定。

【公众安全感、满意度增强】依法惩治违法犯罪活动。始终保持对刑事犯罪的严打高压态势，形成依法严厉打击、及时主动打击、准确有效打击的工作格局。全年破获各类刑事案件969起，其中“八大类”案件76起，侦破61起，破案率80.26%，东湖塘“5·5”杀人抛尸案、东北塘“6·30”故意杀人案等7起命案全破。强化治安防控体系建设。健全社会面巡防机制，建立120人的区巡防大队，各镇（街道）全部建立30人以上的巡防中队。切实抓好视频监控系统建设，努力实现主要路网、重点场所技防全覆盖。着力抓好拆迁安置小区技防设施建设，对新建安置小区实行技防设施同规划、同建设、同验收、同使用；对尚未安装技防或建设不完善的安置小区，按照“统一规划、分步实施”的原则，逐步进行改造完善。开展治安重点地区整治。为全面净化社会环境，消除治安死角，根据省市统一部署，全力抓好治安重点地区排查整治工作，对群众反映强烈的治安重点地区，分批、分期进行联合整治，有效改善治安环境。全年治理重点地区1个，查处涉赌、涉娼案件989起，查处涉赌、涉娼人员1363人，摧毁涉赌、涉娼团伙30余个，缴获毒品1000余克。

【法治锡山建设推进】建立和推行重大行政决策和落实合法性审查机制。健全完善政府法律顾问体系，制定出台《区政府关于推行政府法律顾问制度的若干意见（试行）》。推进行政执法体制改革，严格落实行政执法保障制度。加强执法资格动态管理，定期组织全区1400余名执法人员执法资格培训考试，严格落实“持证上岗、亮证执法”制度。加强行政执法和刑事司法衔接。建立健全行政执法与刑事司法衔接工作联席会议制度，协调解决工作中遇到的问题。积极推进政务信息公开。按照“各负其责、相互配合，上下联动、整体推进”的要求，及时发布政务信息，进一步规范公开内容，扩大公开范围，做到应公开尽公开。积极开展司法体制改革，全面规范执法办案的内部程序和管理制度，落实司法执法责任制，实施办案网上流程管理制度，不断提高执法办案水平。建立依法打击恶意欠薪行为保障劳动者合法权益工作机制。通过建立健全恶意欠薪名单公示公开机制、恶意欠薪名单提示提醒机制、建设领域民工工资拖欠防范机制、涉嫌恶意欠薪案件行政执法与刑事司法衔接机制、政府职能部门责任追究机制五项机制，一批新老涉劳涉薪纠纷得到及时有效处置。社会诚信体系建设稳步推进。由区委政法委牵头，联合法院、公安、工商、城管等部门开展失信被执行人的相关信息集中公布公示活动，引起了社会强烈反响。积极推出举报悬赏制度，加大打击惩处力度，切实维护当事人的合法权益和司法权威，维持社会的公平正义，在全社会营造一个“人人讲诚信，个个遵法律”的良好法治氛围。基层民主法治建设深入推进。以创建“民主法治村（社区）”“管理民主示范村”和“和谐示范社区”等活动为载体，以村（社区）服务中心建设为重点，围绕“四民主”（民主选举、民主决策、民主管理、民主监督）、“两公开”（村、居务公开和财务公开）要求，进一步梳理网上公开的事项和栏目，规范公开程序，不断提高工作的可操作性和实效性。通过开展争当“法治家园”“守法文明模范户”评选活动，不断丰富社区法治文化内涵和居民的业余生活，引导广大群众逐步树立法治理念，增强法治观念。全区118个村（社区）有40个村（社区）获“省级民主法治示范村（社区）”荣誉。依托《锡山论坛》和“锡山普法网”“锡山理论”等载体，定期开展法治讲座，推动领导干部及国家公职人员学法制度的落实，抓好领导干部述法考评机制的落实，督促相关部门全面推行非人大任命干部任前法律知识考试制度的实施。加快推进基层法治文化建设。按照省市法治文化创建要求，继续加大投入，加强法治文化基础设施建设，全年新增区法院司法公开窗口、厚桥街道法治版画创作基地、东港镇东湖法治主题公园、鹅湖镇青荡村法治文化长廊、云林街道云林社区法治文化宣传教育中心5个基层法治文化阵地，锡北镇天富法治广场、东港镇红豆法治文化园初具规模。以“六五”普法终期考核验收为契机，深入推进各项教育宣传活动，努力提升“六五”普法质效。继续完善单位、村（社区）、家庭“三位一体”法治宣传教育工作机制，广泛开展“法润锡山春风行动”“普法惠民社区行”“法制电影村村播”等系列活动，全力提升普法质效。继续组织开展“走近政法，感知正义”系列活动。分批组织学生代表、社区居民和企业经营管理人员走进政法机关，开展参观诉讼服务大厅、司法公开窗口和现场观摩庭审等“零距离”接触司法活动，让群众及时了解司法活动的现实状况，切身感受细致周到的司法服务以及法律的威严和社会的公平正义，同时也倒逼国家司法工作人员严格程序、规范执法。全年有800余名学生代表、1000余名社区群众干部走进法院，观摩庭审，感知正义，体验法治。开展“执法人员宣传问计于民”活动。结合“法治锡山建设图片展”活动，组织区行政执法人员深入基层，深入一线，开展80余场次现场法律咨询活动，提升了群众对法治建设的知晓率和满意度。

【基层基础建设全力夯实】 进一步加强区、镇（街道）、村（社区）三级综治办规范化建设，按照专业化、年轻化和实效化的要求，及时调整综治办人员结构，每个村（社区）按标准配备2名综治社工，切实增强综治组织力量。建立健全综治“六联”（联调、联防、联勤、联治、联创、联管）工作机制，努力把镇（街道）政法综治工作和村（社区）综治办建设成为便捷高效、整体联动的综合实战平台和维护稳定、服务群众的第一防线、第一窗口。贯彻落实省综治办《关于印发〈县（市、区）综治信息化建设应用考核办法（试行）〉的通知》精神，通过全面加强组织领导、及时认领和更新信息数据、定期进行督查和通报、强化系统安全运行管理等措施，全面提升区综治信息化建设质效。外来人口、特殊人群等各类平台模块数据认领及时规范，运营、维护、保障措施全面到位，实战化应用水平显著提升。深入推进社区网格化服务管理。在人员配备上，各地严格实行与党组织专职人员、村（居）委会成员、社工站（服务中心）成员统筹考虑、有机结合，三者总数按照“每200户配一名”的标准足额配备社区网格员。在工作职能上，各村（社区）均根据自身实际将管辖范围划分若干片区，落实各个片区的网格员，明确服务项目，并在各个片区点上安插分片包干公示牌，印发社区居民服务手册和联系卡，实行分片包干和网格化管理。深入开展社会治理创新试点工作。为进一步加强基层社会治理，全面提升基层社会治理能力和水平，区委政法委在前期广泛调研的基础上，制定出台《关于在鹅湖镇开展基层社会治理创新试点工作的实施方案》，率先在鹅湖镇开展农村（社区）公共服务管理平台试点建设工作，通过建立上下对接、部门互通、分级授权、信息共享的农村（社区）公共服务管理平台，构建社会治理信息收集上报、分类处理、交办报办、督办反馈等机制，进一步提高基层社会治理的效率和科学化水平，开创了锡山区“互联网+”的社会治理新模式。创新开展铁路护路路地巡防“双向延伸”工作模式。区护路办联合京沪高铁无锡东站派出所，积极探索路地“双向延伸”治安巡防工作模式，以科学高效的勤务互动和固本强基的长效机制，筑牢安全屏障，确保辖区内高铁线路的长治久安。积极整合路地资源。通过在路地巡防组织架构中互设人员，创新建立路地联勤警务室，全面整合路地专辅警力量，建立健全巡防联动、资源共享和信息互通机制，有效提升了路地联防质效。（蔡洪中）

公安工作

【概况】2015年，锡山公安分局以“四项建设”（基础信息化、警务实战化、执法规范化、队伍正规化建设）为主线，以“做人讲诚信、做事讲法治”为底线，以群众满意为第一准则，认真履行公安职责，紧盯涉及群众切实利益的各类治安问题，打、防、管、控多措并举，维护社会政治稳定，全区治安形势持续向好，辖区群众安全感和满意度显著提升。锡山公安分局有19个集体、135名民警因工作出色被上级公安机关记功嘉奖。其中，东亭派出所连续五年被评为“一级派出所”，并被省公安厅记集体二等功；民警陈淑萍在省公安厅“四项建设”竞赛中荣获全省第二名的好成绩，并被省公安厅记个人二等功。

【打防主业】以打击侵财犯罪质效提升年、打击治理电信网络新型违法犯罪等专项行动为抓手，打击各类违法犯罪行为，先后破获各类刑事案件969起，东湖塘“5·5”杀人抛尸、东北塘“6·30”故意杀人等7起命案保持全破，并捣毁两个“纯资本运作”大型传销犯罪团伙；抓获犯罪嫌疑人1223名，移送审查起诉各类犯罪嫌疑人921人，其中侵财犯罪移送审查起诉数256人；抓获网上在逃犯罪嫌疑人126名，其中历年在逃犯罪嫌疑人8名；查处黄、赌、毒案件989起、1579人，打掉涉赌、涉娼团伙30余个，缴获毒品1000余克，破获省目标案件5起。同时，进一步严密社会面巡逻防范，完善派出所巡逻处警中队，建成巡特警大队勤务指挥室，配备移动智能治安卡口车，开发智能化指挥调度平台，对街面警力实行精确定位、精确指挥。年内，刑事案件立案比上年下降4.87%，特别是“八大类”“入室盗窃”“涉车”案件立案连续三年下降，分别比上年下降10.17%、13.15%和6.46%。

【服务群众】年初、年末开展两次“问安于民”集中走访专项行动。全区公安机关民警累计走访群众10万余户，走访各级人大代表、政协委员1450人次，发放防范电信诈骗宣传资料、《锡山警方》20余万份；深入开展“三严三实”专项教育活动，组织全体领导干部和党员民警走访慰问特困群众、孤寡老人、信访当事人等并征求意见、建议，解决群众就业、医疗救助等各类实际困难50余件，收集整改群众意见、建议40余条。持续开展社区“爱心之家”创建工作，36个社区“爱心之家”新发展爱心志愿者250人，开展各类服务群众活动393场次，帮扶贫困家庭200余户，解决实际问题80余个，发放爱心款30.8万元。“爱心之家”被评为“第六批无锡市优质服务品牌”。

【安全监管】围绕抗日战争胜利70周年纪念活动、第四届世界佛教论坛、环太湖公路自行车赛等一系列重大活动和敏感节点安保工作，组织民警开展“地毯式”清查整治。其间，全区公安机关累计出动民警和保安辅警力量2800余人次，检查中小旅馆、出租屋、网吧等各类重点场所部位1.2万余处，重点目标单位530家次，发现并整改各类安全隐患100余处。同时，积极推进构筑社会消防安全“防火墙”工程，扎实开展“清剿火患”战役。年内，监督检查单位2699家，发现火灾隐患或违法行为1650处，下发《责令改正通知书》1033份，临时查封单位22家，责令“三停”（停产、停业、停止施工或使用）单位35家，办理一般消防行政处罚案件105起，罚款152万余元。

（杜　明）

检察工作

【概况】2015年，区检察院坚持以司法办案为中心，强化法律监督，规范司法行为，各项检察工作健康有序发展，被市依法治市领导小组命名为“2014年度规范执法示范点”。职务犯罪侦防局、民事行政检察科均被市检察院荣记集体三等功，案件监督管理科被市检察院集体通令嘉奖，控告申诉检察科在全市检察机关“信访笔录制作竞赛活动中”获团体三等奖，刑事诉讼监督局被区总工会授予“工人先锋号”称号，团支部被团区委评为

"五四红旗团支部"；2名干警分别被省检察院评为"全省民事行政检察先进个人"和"全省检察机关反贪部门优秀侦查员"，8名干警被市、区两级机关记个人三等功，6名干警获嘉奖。

全年受理审查批捕案件365件505人，经审查，批准逮捕276件367人，不予批准逮捕136人；受理移送审查起诉案件714件914人，向法院提起公诉719件914人，不起诉案件13人。监督立案2件2人，书面纠正侦查活动违法行为3件，纠正漏捕犯罪嫌疑人1人，再审提请抗诉1件1人，二审抗诉1件1人，纠正漏诉4人，发出再审检察建议书1份。办理贪污贿赂案件9件12人，渎职犯罪案件1件1人。完善对限制人身自由强制措施的监督机制，对捕后案件加强羁押必要性审查，提出解除羁押强制措施7人次。加强对刑罚执行活动、强制医疗执行的监督，健全刑罚变更执行同步监督，对社区矫正机构进行巡视检察，发出监外执行提醒函62份，发出纠正违法通知书2份，对2名不符合继续监外执行的罪犯发出收监检察建议，1名被依法收监。受理民事行政申诉检察案件7件，上级交办案件8件，建议提请抗诉案件3件，不支持监督申请案件3件，终结审查3件，办理虚假诉讼案件3件，均向法院发送再审检察建议，办理和解案件2件，法院改判案件2件。办理督促履行职责案件3件，均被采纳。积极开展民事执行活动监督工作，受理4件民事执行活动监督案件，向法院发送检察建议3件，均被采纳。以支持起诉方式办理民事环境公益诉讼案件1件。全年接收信访136件，依法受理48件，办结27件，息诉息访115件，发放特困刑事被害人司法救助金3万元，向举报有功人员发放奖励基金3000元。办理职务案件同步录音录像7件7人，提供视听资料46份，物证照相录像15次。

【以审判为中心的诉讼制度改革推进】 区检察院制定《案件审查工作细则》，全面细化审查批捕和起诉的工作内容、要点和标准，将证据审查分为9类55项具体审查内容，确保审查细节不遗漏。完善修订审查批捕、起诉案件重点审查项目提醒表，严把审查标准，防止事实不清、证据不足和瑕疵案件进入起诉环节。健全重大、疑难案件提前介入引导侦查机制，与锡山公安分局会签《关于建立驻派出所检察官制度的协定》，派驻检察官适时介入、监督、审查对应派出所办理的刑事案件，重视案件源头把关。推行案件移送前的"预先审查"制度，推动构建新型侦诉关系，切实提高逮捕、公诉案件质量。围绕庭审实质化要求，加强庭前会议交流，做好庭审应对预案，提高公诉人出庭指控能力。

【查办生猪民生大案背后的职务犯罪】 在办理省公安厅督办的利用购买的空白盖章"动物检疫合格证"跨省收购生猪大案中，区检察院发现对生猪屠宰时检疫情况负有监督责任的区农林局城区畜牧兽医站副站长钱某，在生猪检验检疫过程中涉嫌渎职，依法以玩忽职守罪对其进行立案侦查。另将该案办理中发现的，将1000余份空白盖章的"动物检疫合格证"卖给屠宰户的安徽省亳州市等六地动物检疫人员的渎职犯罪线索分别移送当地检察机关，亳州市检察院立案查处职务犯罪4件4人。

【环保行政执法检察监督加强】 为加强和规范环保行政执法检察监督工作，区检察院与区环保局于5月联合会签《行政执法检察监督工作暂行规定》（以下简称《规定》）。该《规定》主要包含四个方面的内容：明确监督范围，区检察院对区环保局及其工作人员的行政执法行为都有权进行法律监督，但遵循事后监督原则；明确双方权利和义务，区环保局在作出行政强制措施和行政处罚决定后向区检察院备案，区检察院审查发现决定严重违法或明显不当的，区环保局应停止执行；明确监督方式，区检察院以检察建议方式开展监督，区环保局自收到检察建议之日起一个月内书面回复；建立预警提醒制度，对行政执法中倾向性、苗头性等不规范问题，及时预防通报，防范执法风险。《规定》实施后，区检察院就区环保局在查封、扣押中未规范履行职责向区环保局发出检察建议1份。

【支持环保组织对一起环境污染责任案件提起公益诉讼】 2013年7月15日，苏州福斯特光伏材料有限公司既未向环保部门报批危险废物转移计划，也未申领危险废物转移联单，即委托殷某（无照无资质）处置有机溶剂废料。殷某让罗某将危险废料运输至锡山区锡达路交给陈某。下午，陈某将2776.5千克有机溶剂废料及自己的282.5千克化工废料倾倒在锡山区安镇街道安南村费更上路边。经鉴定，上述有机溶剂废料属具有浸出毒性特征的危险废物。2015年11月，中国生物多样性保护与绿色发展基金会向锡山区法院提起环境侵权公益诉讼。根据该基金会的申请，区检察院认为要求殷某等人通过无锡媒体向公众赔礼道歉，并承担废料处置费、鉴定费、律师代理费、诉讼费于法有据，决定支持起诉。

【对首例解除临时约束措施情况进行监督】 10月，区检察院首次提出不强制医疗申请决定，并对公安机关解除临时约束措施执行情况进行全程监督。外来人员张某用水果刀将他人捅伤后逃离，经鉴定张某患有精神分裂症，无刑事责任能力。公安机关对其采取临时保护性约束措施，并以张某符合强制医疗条件，向区检察院提出强制医疗意见。综合考虑其监护条件、发病程度、治疗情况、精神病史、行为表现等方面，区检察院认为，张某没有继续危害社会的可能，故对其作出不提出强制医疗申请的决定，并派员监督公安机关解除对张某的临时约束措施。最终，张某在民警的陪同下回到四川老家。

【办理侵犯公民个人信息案】 被告人朱某出资设立无锡腾大教育咨询有限公司，主要经营教育信息、非学历职业技能培训、家教等业务，朱某为公司法定代表人和实际经营人。为不断拓展公司业务、扩大公司知名度，被告人朱某在与从事短信平台业务的被告人王某合作期间，先后两次以购买的方式获取1500余名公民个人信息。2014年，被告人徐某入职该公司，并将其掌握的10万余条包含无锡市中小学学生姓名、班级、家庭联系方式等详细个人信息提供给朱某。随后，该公司员工利用上述资源通过拨打电话的方式进行招生宣传。案件移送至区检察院后，区检察院高度重视，指定业务骨干承办，经认真审阅案卷材料、提审犯罪嫌疑人、审核全案证据，依法追加无锡腾大教育咨询有限公司为被告单位，并与上述三名犯罪嫌疑人一并提起公诉，全力保护公民个人信息安全。

【参与“小金库”专项治理检查】 9月，区检察院、财政局、监察局、审计局联合发文，在全区开展“小金库”专项治理工作。先后参与检查教育、卫生、交通、民政、镇（街道）、村（社区）等与人民利益密切相关的14家单位和部门。针对专项治理工作中发现的问题，及时督促相关单位、部门制定和落实整改措施，强化源头治理。

【探索第三方参与涉检矛盾化解模式】 为进一步推进检务公开，拓宽人民群众参与司法的途径，区检察院积极探索社会第三方参与涉检矛盾化解模式，对于重大疑难复杂涉法涉诉信访案件，在事先征得信访人同意后，邀请人大代表、政协委员、人民监督员、特约检察员、律师、街道工作人员等第三方共同参与答复工作，加强结案环节的情绪疏导、释法说理等息诉善后工作，增强息诉化解工作的社会公信力。2015年，通过启动第三方参与涉检矛盾化解模式，区检察院成功化解3起申诉类案件，收到较好效果。

【规范司法行为专项整治开展】 按照上级检察院专项整治工作部署，区检察院以解决问题为导向，深入开展规范司法行为专项整治工作。学习贯彻最高人民检察院《关于查办职务犯罪工作的“八项禁令”》等八个规范性文件，以最高人民检察院、省检察院确定的九大方面的问题为重点，全面梳理司法办案中的不规范问题，对所办的1834件案件逐案进行排查，边查边改。通过召开座谈会、发放调查表等方式，广泛征求公安、法院、司法行政等部门和人大代表、政协委员、人民监督员、特约检察员、律师和基层群众的意见、建议。加强制度建设和长效机制建设，完善文明规范讯问、涉案款物监管等制度，立、改、废内部规定22项，从源头上促进规范司法。通过开展专项整治工作，干警的规范司法意识进一步强化，规范司法成为行为自觉。

【区检察为民服务中心建成】 为推进各项对外服务职能集约化管理，区检察院积极整合资源建成区检察为民服务中心。该中心内设服务大厅、检察长接待室、律师阅卷室、案件讨论室、警务区、候访区等主要功能区，集案件受理、控告申诉、律师接待、法律咨询和行贿犯罪档案查询等多项检察职能于一体，为群众提供便捷高效的“一站式”便民服务，进一步畅通群众诉求表达、权益维护的渠道。

【“锡惠畅谈·论公诉精细化”活动举办】 为进一步推进精细化公诉工作深入开展，大力提升公诉人的综合素质，区检察院联合惠山区检察院举办“锡惠畅谈·论公诉精细化”活动。活动以“公诉精细化”为主题，分为“公诉精细化之理念探讨篇”“公诉精细化之锡惠实践篇”“公诉精细化之队伍建设篇”三个单元。会上，应邀参会的学术界、实务界专家结合自身对精细化公诉的理解发表观点，为公诉人开拓视野、指点迷津。

【院训主题活动开展】2015年，区检察院确立“奉法为民、厚德唯实”为院训，组织开展“恪守院训精神，规范司法行为”系列专题教育活动。实施“引擎助才成长工程”，成立青年法学社，举办青年检察官论坛，拍摄法治微电影《暖阳》，组织干警围绕院训开展大讨论活动，举办“扬院训以做人为基，抓规范以理念为先”的职业道德纪律专题讲座，开展“扬清风、树正气、践行院训”主题日活动。通过确立院训和开展丰富多彩的主题活动，明晰院训的精神内涵，引导干警保持对法律的敬畏之心，坚守司法为民的职业良知，全体干警的思想认识与宗旨意识进一步强化，工作作风与精神风貌进一步提升。（赵丛华）

法院工作

【概况】2015年，区法院坚持“司法为民、公正司法”的工作主线，把握求真务实的工作总基调，忠实履行宪法和法律赋予的职责，为全区经济发展、民生改善、社会稳定做出应有的努力。全年受理各类案件12542件，比上年增长16.35%；审执结10218件，比上年增长16.22%。受理各类刑事案件891件，比上年增长11.24%；审结775件，比上年增长5.3%。其中，审结故意杀人、故意伤害、抢劫等严重暴力犯罪99件、121人，盗窃、抢夺等多发性侵财犯罪216件、262人，黄、赌、毒犯罪122件、175人，合同诈骗、信用卡诈骗、虚开增值税发票、生产销售伪劣产品等破坏社会主义市场经济秩序类犯罪33件、72人，贪污、受贿、滥用职权、玩忽职守案件5件、7人。受理各类民商事案件7863件，比上年增长14.52%；审结6382件，比上年增长13.7%。其中，审结房屋买卖、教育医疗、婚姻家庭、损害赔偿、物业服务等纠纷2281件，劳动争议案件478件，民间借贷及票据、保险、金融借款等案件1022件，买卖、运输、租赁、加工承揽等合同纠纷案件1796件，股权转让、股东出资、公司解散等涉公司案件40件。受理行政诉讼案件72件，审结50件，其中司法强制搬迁行政诉讼案件审结11件；审查非诉行政执行案件257件。环保合议庭受理环境民事案件2件，环境刑事案件4件。受理各类执行案件3610件，比上年增长22.58%；执结2909件，比上年增长22.28%，执结标的额4.74亿元。对41名被执行人实施限制出境，依法司法拘留31人，罚款41.8万元；对5名拒不执行法院判决并涉嫌犯罪的被执行人依法移送公安机关；对3072名不履行义务的失信被执行人进行网络曝光。全年处理群众来信530件、来访715人次，领导接访45人次，处理上级法院交办的信访案件13件，其中进京访案件6件，省巡视组交办案件7件。

【大民事审判庭制改革推行】打破部门界限，将院领导及综合部门有审判职称的人员，与从事民事相关审判的8个部门人员进行整合，在保留各部门基本职能的前提下，调配民事案件分布，形成资源共享、优势互补、上下互通的大民事审判格局。机制实行后，区法庭上移案件312件，全院案件法定正常审限内结案率84.93%，院领导及综合部门人员参审案件269件。强化院庭长办案，形成对重大、疑难、复杂案件的示范引领。全年院庭长受理案件6273件，结案5592件，分别占总数的50%和53.35%。落实司法责任制，改变合议庭对院庭长定案把关的依赖性，强化合议庭与独任审判的定案职责，落实“让审理者裁判，由裁判者负责”的司法改革目标。

【司法人员分类管理改革探索】实行主审法官与简易法官的分类管理，使法官个人能力与案件难易程度相匹配。主审法官主要审理疑难复杂案件，以精品案打造为目标，获得办案“质”的成就感；简易法官快速消化简单案件，以案件有效办理为目标，获得办案“量”的成就感。在保质保量的同时，依托分类管理，形成法官梯队培养机制，简易法官通过案件处理“量”的积淀，锤炼职业能力，积累职业法官的必备素养，为员额制改革的长远发展积蓄后备力量。2015年，全院民商事法官人均结案217.41件，全院结案数量排名前十名的法官中，35周岁以下的青年法官有7名。充实稳定审判辅助人员队伍，对聘用书记员开展法律理论及专业技能培训，主动适应省高级人民法院书记员单独序列管理体制改革。探索审判辅助事务的集约化管理，以服务外包形式引入庭审速录员3名，加快庭审节奏，使书记员将大部分精力投入送达、调解等其他审判事务中，缓解案多人少的压力。探索行政事务的综合管理，将有审判职称的人员充实到一线，行政人员自身挖潜、相互补岗，保障司法审判。

【立案登记制改革推行】 5月1日，区法院实施立案登记制改革，变立案审查制为立案登记制。区法院严格按照最高人民法院下发的《关于人民法院推行立案登记制改革的意见》和《关于人民法院登记立案若干问题的规定》文件要求，规范接收诉状、当场立案、告知补正、诉讼费收取等登记立案各个环节程序，全面落实和保障诉权，对依法应该受理的案件，做到有案必立、有诉必理，保障当事人诉权。5~12月，全院登记新收一审案件7388件，比上年增长18.61%，其中民商事案件比上年增长14.03%，行政案件比上年增长147.22%；登记立案渠道通畅，秩序井然，运行平稳。同时，加强诉讼服务中心信息化建设，继续推行网上立案制度。

【专家型人民陪审员机制引入】 依托“人民陪审员倍增计划”，在增量的同时，突出陪审员作用的发挥，在医疗卫生、建设工程、环境保护等多个领域选任18名专家型人民陪审员。借助专业优势，切实弥补法官在审理涉专业领域案件时知识的不足，让法官能够在真正了解鉴定结论的基础上进行裁判，提高司法公信力。9月，区法院对新任的59名人民陪审员进行业务培训，内容涵盖参审礼仪、案件流程及庭审观摩。年内，部分专家型人民陪审员陆续参与庭审活动，有6人次参加合议庭审理或提供专业意见。

【网上执行局建立】 深化信息技术应用，建成“锡山区人民法院网上执行局”网站及手机客户端，集成立案、联络、查控、指挥等功能，推动执行工作公开、规范、便民、高效。全年执结案件2909件，比上年增长22.28%，兑现债权4.74亿元。依托全国、省、市三级执行查控系统，查找被执行人银行账户、车辆、房产、工商登记等相关财产信息，有针对性地开展查封冻结工作，对5067名被执行人进行网络查控，发出各类查询指令19.4万余条，收到反馈15.6万余条，涉及银行存款12.2亿元，执行效率进一步提升。对接执行信息与社会诚信系统，将3020名不履行义务的当事人纳入失信被执行人名单，限制其高消费、贷款及出境，加重失信成本。严惩规避执行和拒不履行生效裁判犯罪行为，依法司法拘留31人，罚款41.8万元，移送公安机关5人。继续实施悬赏执行制度，全年收到各类举报执行线索37条，顺利执结案件25件，标的额1033.67万元。

【小额诉讼机制推行】 对事实清楚、权利义务关系明确、争议不大、标的额在省上一年度就业人员年平均工资30%以下的案件，依法适用小额诉讼程序。针对辖区物业服务、职工欠薪等小额纠纷呈爆发式增长的情况，东北塘法庭率先在物业服务合同的类案中探索小额诉讼的实际运行机制，积累经验后，逐步扩大案件类型的范围并在全院推广。对适用小额诉讼程序的案件，在立案、送达时即向当事人发放小额诉讼须知，对审判组织、审判周期、审理方式、一审终审、权利救济等事项在审前作一次性释明。2015年，区法院适用小额诉讼程序审理案件394件，充分发挥了小额诉讼程序低成本、高效率的作用，加快办案节奏，及时化解小额纠纷，提高诉讼效率，节约司法资源，减轻当事人负担。（宣锦虹）

司法行政

【概况】 2015年，全区司法行政系统紧紧围绕区委、区政府决策部署，认真落实省市司法行政工作会议精神，坚持大局导向、民需导向、问题导向，努力完善矛盾纠纷排查调处、公共法律服务、特殊人群服务管理、法治宣传教育“四个全覆盖”工作体系，积极推进队伍正规化、专业化、职业化“三化”建设，不断夯实基层基础，有力服务法治锡山、平安锡山和幸福锡山建设。区司法局被省司法厅评为“全省社区矫正工作先进集体”，锡北司法所所长过锡贤被司法部授予“全国模范司法所长”称号。

【法治宣传教育】 全面推进“六五”普法规划落实，通过市“六五”普法终期考核验收。全年开展法治宣传活动及培训讲座190余场次，发放各类普法宣传资料38万余份，更新微博微信4700余条。健全法治宣传教育机制，区委办、区政府办印发《关于建立健全法治宣传教育机制的实施意见的通知》，推动机关部门“谁执法、谁普法”责任落实。深化重点对象学法，编印人大代表、政协委员学法手册，向科级领导干部和村（居）委会赠送法律书籍，在基层党组织统一活动日开展党员学法活动，运用“假日法治宣传流动服务车”深入村（社区）、集贸市场开展“零距离”普法。加强法治文化品牌建设，锡北镇天富法治广场、东港镇东湖法治主题公园、厚桥街道法治版画创作基地相继建成，全区建成市级以上法治文化建设示范点33个，省级民主法治示范村（社区）

40个，建成率34%。

【人民调解和“大调解”】组织开展拖欠农民工工资、危爆物品寄递物流清理整顿等矛盾纠纷集中排查调处专项行动，维护“两会”、第四届世界佛教论坛等特殊节点及节假日期间的全区社会和谐稳定。坚持网格化排查预警，加强动态分析研判，及时为党委、政府决策提供有益的意见和建议，编发《稳定信息快报》和《调处工作专报》30篇。规范调解组织运行，开展优秀人民调解案件评选，落实“以案定补”制度。2015年，全区各级调解组织开展社会矛盾纠纷排查583次，排查社会矛盾纠纷670件；受理调处矛盾纠纷2358件，调处成功2341件，调处率和调处成功率分别为100%和99.3%；劝阻群体性上访93起、1711人。锡山交警大队、张泾中队人民调解工作室办理调解案件472件，七中队人民调解工作室投入运行。

【公共法律服务】区、镇（街道）、村（社区）三级服务平台全年接待群众3100余人次，解答法律咨询1050人次，帮助解决涉法问题490件。区公共法律服务建设模式得到省司法厅批示肯定，全区公共法律服务工作被《无锡日报》、无锡电视台新闻频道专题报道。在全区117个村（社区）建立微宣传服务平台，编发《法律服务微手册》20万份，建立村（社区）法律顾问值班公示、定期接待制度，推行“订单式预约、上门式服务”，服务群众“最后一公里”更加畅通。完善法律顾问制度，区政府采取在全市范围内公开招标的形式，实现区、镇（街道）两级政府法律顾问全覆盖。组织开展“12348法润千万家”专项法律服务活动，在区法院诉讼服务中心设立律师公共法律服务站，每个工作日安排律师值班，进一步提升法律援助工作水平。全年办理法律援助案件520件，接听“12348”法律咨询电话700余人次，接待群众来访800余人次。

【特殊人群服务管理】积极开展社区矫正严格执法、严格管理集中整治活动，认真做好社区服刑人员特赦工作，印发《关于进一步加强社区矫正工作制度的通知》，建立健全工作例会、岗前培训、重大事项报告、重点对象集中教育和执法抽查五项制度，实现了社区矫正监管工作安全。引入政府购买心理矫治专业服务，添置矫务通、指纹考勤仪、录音电话、身份证阅读器、数码相机、执法包等装备，及时开展社区矫正工作业务培训，促进了执法水平提升。全年接收社区服刑人员181人，解除社区矫正193人，在册社区服刑人员281人；开展调查评估286起。全面加强回归社会刑释解教人员衔接管理，积极开展服刑人员未成年子女特困帮扶专项活动，组织赴江苏龙潭等监狱开展延伸帮教，全年接收回归社会刑满释放人员179人，在帮刑满释放人员523人，执行“必接必送”18人次。稳步推进强制隔离戒毒人员后续照管工作，对7名后续照管对象进行登记和谈话教育。

【法律服务行业管理】全区有律师事务所10家（其中合伙所9家、个人所1家）、公司律师事务部1家，执业律师162人；有基层法律服务所10家，基层法律服务工作者59人。2015年，全区法律服务行业办理各类案件2366件，担任企事业单位法律顾问642家，参与法律宣传咨询12场、690人次，解答法律咨询5390人次，业务收入5682万元，为服务全区经济社会发展大局提供了优质高效的法律服务和法律保障。在全区律师队伍中开展全面依法治国教育活动，强化执业纪律和职业道德，进一步规范收结案审批流程各环节，提升了律师事务所基础管理水平。同时，按照市司法局要求，重新规范律师和律师事务所诚信档案，建立健全律师诚信档案，开展服务对象满意度调查活动，促进律师依法执业、规范执业。江苏开炫律师事务所举办“开炫·倍特劳动法论坛”，江苏金易律师事务所为国联证券举办专题法律讲座，取得良好效果。

【“谁执法、谁普法”工作责任制建立】区委办、区政府办印发《关于建立健全法治宣传教育机制的实施意见的通知》，建立健全法治宣传教育五项机制，明确机关部门“谁执法、谁普法”责任，促进法治宣传教育常态化、长效化。建立健全法治宣传教育工作保障机制，明确部门领导责任，配齐法治宣传教育工作人员，落实经费保障，满足普法工作需要。建立健全法治宣传教育信息沟通机制，每季度召开普法联络员会议，定期报送法治宣传教育活动情况登记表、年度法治宣传教育工作计划和总结。建立健全法治宣传教育资源共享机制，建立全区普法资源目录，最大限度开放各单位、各部门宣传阵地、载体和平台，实现资源最大利用率。建立健全法治宣传教育效果评估机制，组织对各单位、各部门普法工作进行检查，委托第三方机构对法治宣传教育知晓率、满意度开展测评，及时发现问题、改进工作。建立健全法治宣传教育情况通报机制，每季度通报各单位、各部门普法工作开展情况，年中向区领导报告普法工作情况。

【基层党组织统一活动日党员学法活动开展】 区委办下发《关于在基层党组织统一活动日开展党员学法活动的实施意见的通知》，充分利用“基层党组织统一活动日”载体，推进党员带头学法用法，模范遵守法律。明确学法目标，围绕“研究问题先学法、制定决策遵循法、解决问题依照法”要求，增强各基层党组织带领群众依法处理各项事务的能力，努力使“言必合法，行必守法”成为基层党员的自觉行动。明确学法内容，坚持学以致用，重点学习宪法、国家基本法律、全面推进依法治国重要论述和结合工作实际需要学习的相关法律法规。明确学法方式，采取个人自学与集中学习相结合、学习法律与解决实际问题相结合的方式，积极邀请专家对重点法律法规和热点法律问题进行授课辅导和咨询服务。全年组织法治讲座250余场，基层党员干部依法处理事务能力有了新提高。

【“法润锡山·德法同行”活动开展】 7~12月，区司法局按照省司法厅部署，组织全区司法行政系统深入开展“法润锡山·德法同行”活动，大力推进法治文化与优秀传统文化、法治教育与道德教育、法治建设与精神文明创建、法治实践与社会公益服务结合，深入开展法律进社区、进校园、进乡村活动，“面对面”为广大群众提供丰富多样、务实有效的法治宣传和法律服务。积极探索推动法治与德治相结合的有效途径，实施法治文化品牌工程，将法治元素植入地方文化、融入百姓生活，努力用道德力量感召法治精神、激励法治言行，提高司法行政推进法治建设和精神文明建设的水平和实效，营造崇德向善、循法而为的良好社会氛围。活动中，羊尖镇弘羊业余锡剧团开展法治锡剧巡演；厚桥街道举办法治版画主题创作，创作法治版画30余幅；安镇街道水岸佳苑小区、锡北镇周家阁村等建立法治书场，定期讲述法治故事；东北塘街道举办《锡山名人——倪云林》讲座，激发群众内心向好向善。

【社区服刑人员特赦工作开展】 在中国人民抗日战争暨世界反法西斯战争胜利70周年之际，全国人大常委会作出决定，国家主席习近平签署主席特赦令，对部分服刑罪犯予以特赦。区司法局切实按照省司法厅、市司法局工作要求，深入动员部署，迅速成立特赦评审委员会，组织司法所所长召开特赦工作动员部署会，认真学习领会中央精神和上级文件，准确把握法律政策，研究制定工作预案，明确各级职责要求，确保依法有序高效完成特赦任务。强化教育引导，组织社区服刑人员开展专题学习教育活动，逐人填报特赦告知登记表。深入细致地做好宣传和解释工作，激发社区服刑人员爱国热情，真心拥护特赦决定，调动其改造积极性，确保社区矫正安全稳定。细致摸排甄别，严格根据四类特赦罪犯的范围、标准，重点对有参战经历和“一老一少”（年满75周岁、身体严重残疾且生活不能自理人员；犯罪时不满18周岁，被判处三年以下有期徒刑或者剩余刑期在一年以下人员）社区服刑人员，逐一反复进行彻底摸排甄别，切实做到信息准、底数清、情况明，实现了“不错放一个，不漏赦一个”工作目标。

【司法行政基层基础建设“365”工程实施】 区政府办印发《关于加强司法行政基层基础建设的意见的通知》，推进实施“365”工程，努力激发基层活力，打牢发展根基。该意见提出力争用三年时间，通过大力推进司法所实战化、所站一体化、基础工作信息化、基本保障规范化和基层队伍正规化等建设，形成以区司法局为龙头，司法所为枢纽，各层级、各业务条线组织协调联动的实战模式，实现组织体系进一步健全、基础保障进一步加强、服务能力进一步提高、队伍素质进一步增强、职能作用进一步发挥、群众满意率进一步提升六大目标。该意见明确五项具体措施，以强化实战功能为重点，大力推进基础组织建设，做强司法所，做优村（社区）司法行政服务站；以群众需求为导向，大力加强基层业务建设，切实提高人民调解、公共法律服务、法治宣传和特殊人群服务管理工作水平；以提升实战能力为抓手，大力加强基层队伍建设，严格规范政法专编管理，选好配强司法所人员，发展壮大人民调解员、专职社工和社会志愿者队伍；以信息应用为支撑，大力加强基层装备建设，促进信息化工作与司法行政业务工作融合发展；以责任落实为关键，切实加强组织领导，确保工作目标如期实现。

（雷　凯）

编辑：张　彤　袁　渊

3月11日，全区政法工作会议在区委党校召开

（区委政法委 供稿）

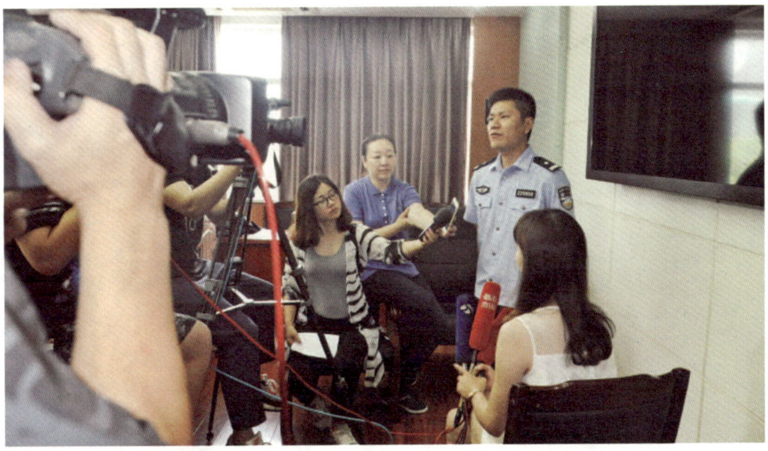

7月10日，江苏电视台城市频道、无锡第一看点、今晚60分等省市主流媒体到锡山公安分局采访报道摧毁一传销团伙案件

（陈淑萍 供稿）

11月25日，锡山公安分局和江南大学法学院在云林派出所举行警院合作共建签约暨共建实践基地揭牌仪式

（夏君华 摄）

5月18日，区检察院举行华夏青年法学社成立仪式

（屠建军 摄）

6月26日，区检察院党组书记、检察长黄懿斌（右一）向一名交通肇事案件被害人发放一万元救助金

（张 堃 摄）

7月16日，区检察院召开刑事申诉案件公开审查听证会，邀请人大代表、政协委员、人民监督员、特约检察员等第三方代表参与旁听并评议

（张 堃 摄）

5月4日，市中级人民法院督察组、区人大代表、区政协委员调研区法院立案登记制实施情况。图为区人大常委会内务司法工作委员会主任童建伟（左三）、区政协委员龚磊（右二）调研区法院诉讼服务中心　　（吴崎嘉 摄）

9月10日，区法院组织新任命的50余名人民陪审员进行培训　　（吴崎嘉 摄）

9月29日，省高级人民法院院长许前飞（左二）一行到区法院调研审判权运行机制改革相关情况　　（吴崎嘉 摄）

5月12日，区司法局在区社区矫正管理教育服务中心组织社区服刑人员进行集中教育 （区司法局 供稿）

7月22日，市政协副主席黄士良（左二）在区公共法律服务中心调研锡山区公共法律服务建设工作情况 （区司法局 供稿）

12月4日，“12·4”国家宪法日暨全国法制宣传日广场宣传活动在馨和园广场开展 （区司法局 供稿）

农业·水利

Agriculture,Water Conservancy

北兴塘水利枢纽　　（区水利局 供稿）

综　述

【概况】2015年，区农林局紧紧围绕建设富强美丽和谐幸福新锡山的总目标，牢牢把握“四化同步”（信息化和工业化深度融合、工业化和城镇化良性互动、城镇化和农业现代化相互协调，促进工业化、信息化、城镇化、农业现代化同步发展）的总要求，加大现代农业拓展力，增强科技创新驱动力，全力打造现代农业产业发展新高地，推动农业大区向农业强区跨越发展，全区农业现代化发展水平显著提升。农业生产运行平稳有序，综合生产能力稳步提升。全区种植小麦4300公顷，以“扬麦16”“宁麦14号”等优质中筋小麦为主，亩产330.3千克；水稻种植面积4020公顷，以“武运粳23号”“武运粳30号”为主，品种优质化率在90%以上，亩产636.8千克。蔬菜生产态势良好，着力加强“放心菜”生产，进一步提升市属蔬菜基地，全年上市蔬菜11.6万吨，产值2.2亿元。花卉苗木、茶叶、果品生产有序进行，质量效益稳步提升，全年茶叶产量150吨。畜禽生产健康发展，全年生猪出栏2.8万头，肉禽出栏4.5万羽，上市禽蛋900吨。水产生产加快品种更新，其中以虾、蟹为主的特种水产品养殖面积577公顷，占53%，全年水产品总产量8442吨。

【农业园区提档升级加快】围绕无锡国家现代农业示范区核心区建设，加快园区整合，促进提档升级。台创园重点项目建设进展顺利，全区面上20个重点农业园区加快推进，鹅湖镇玫瑰文化园基础设施、娱乐体验设施等进一步完善，文化休闲旅游产业初步发展；安镇街道凤凰山生态园、羊尖镇双喜金阳铁皮石斛种植园扩建完善项目加快推进；无锡甘露青鱼现代产业园和金色池塘无公害水产园整体提升工程有序推进，建成并投入使用集水生动物疫病远程会诊、水产养殖水质在线监测、水产养殖智能控制、水产品质量安全追溯及身份证识别等系统于一体的水产养殖“四位一体”智能管理平台，长江刀鱼、沙塘鳢试验养殖取得初步成效。年末，全区拥有市级重点农业园区21个，农业园区化比重为56%。

【新型农业经营主体培育加快】积极创新农业生产经营体制，加快培育农业龙头企业、农民专业合作社、家庭农场、专业大户等新型农业经营主体，农民专业合作组织累计212家；拥有国家级农业龙头企业1家，无锡华东可可食品股份有限公司、无锡新天地农业发展有限公司、伽力森主食企业（无锡）股份有限公司先后被评为“省级农业产业化重点龙头企业”，市级以上农业龙头企业实现销售收入24亿元，比上年增长11.61%，2家农业企业成功挂牌上市。扶持发展农产品加工流通主体，支持台创园农产品电子商务平台建设，加大“万亩良田”等一批电子商务服务标杆企业的扶持力度和合作交流，助推涉农企业“互联网+”整合线上线下资源探索农业综合体建设。

【农业物质技术装备提升加快】深入推进高标准农田建设，在2014年建成羊尖镇严家桥村、鹅湖镇鹅湖村、锡北镇光明村、东港镇华东村4个项目的基础上，继续加大工作力度，重点提升已建的光明村高标准农田项目建设管理水平，并落实安镇街道山河村、锡北镇新坝村和锡北镇泾西村3个新建项目，新增面积46.7公顷，高标准农田比重全市第一位。加快发展农业机械化，全区农业生产综合机械化水平在90%以上，在2014年建成羊尖镇严家桥村、鹅湖镇三新村、锡北镇寨门村、东港镇黄土塘村4个标准化场库的基础上，启动实施安镇街道山河村等3个标准化场库建设。农业信息化覆盖率并列全市第一位，进一步提升甘露青鱼现代产业园水产养殖“四位一体”智能管理平台运行水平，加快推进厚桥街道真源农场、中东桃梨园物联网项目建设，台创园被评为“江苏省智能农业示范园区”。9月18日，江苏省农科院锡山设施园艺研究中心挂牌并进入实质性运行。

【农业新兴产业发展加快】加快培育生物农业、设施园艺业和休闲观光农业等主导产业，培育壮大无锡双喜金阳生物科技有限公司、无锡大马士革玫瑰园艺有限公司、江苏东郁园林科技有限公司等生物农业企业，全年生物农业总产值7.3亿元；整合提升铁皮石斛、三七、灵芝、红豆杉、杭白菊等保健农业生产规模和水平；推进休闲农业有序发展，开展锡北镇斗山村、周家阁村2个无锡市美丽乡村休闲旅游示范村和东港镇金湖塘农庄、鹅湖镇玫瑰文化园、东港镇山联村休闲农业园区3个无锡市休闲农业示范农庄创建。积极推进智慧农业发展，进一步提升甘露青鱼现代产业园水产养殖“四位一体”智能管理平台运行水平，加快推进厚桥街道真源农场、中东桃梨园物联网项目建设，台创园被评为“江苏省智能农业示范园区”。

【农业生态安全加快】强化农产品质量安全，区农产品质量检测中心实验室改造建设工程基本完成，农产品质量安全网格化管理加快实施；全年新申报无公害基地2家、申报产品14件，抽检蔬菜12.5万批次、合格率99.7%，抽检“瘦肉精”1.84万批次、生猪样品合格率100%，抽检地产水产品合格率100%，对东港镇蒋健康果蔬基地、厚桥街道豆芽食品厂等6家重点生产企业配备蔬菜电脑检测设备。加强“电捕鱼”“农资打假”等专项整治活动，建立完善畜禽养殖综合整治长效管理机制，加强畜禽养殖管控，完成生猪屠宰职能交接工作，全年落实防疫经费120万元。造林绿化水平不断提升，新增造林绿化面积155.3公顷，其中成片林88.7公顷，分别完成年度任务的116.5%、133%，森林防火工作平稳有序，省级湿地公园、湿地小区创建加快推进。积极实施化肥、农药控制工程，农业面源治理工作有序推进，大力推广应用高效低毒低残留农药、生物农药和测土配方施肥、秸秆还田技术，进一步削减化肥、农药施用量。全面推进农业生态补偿和耕地质量保护修复工作，形成森林、湿地、湖泊等生态系统的有机共生关系，构建自然和谐生态环境。

【农业服务体系完善加快】加快完善现代农业服务体系建设，提升为农服务水平。积极开展“农业科技入户”“农业三新工程（新品种、新技术、新模式）”“农业科技110”等专题活动，加紧培育科技示范户，形成“专家+农技人员+科技示范户+辐射带动户”的农技推广新机制；组织实施“站园挂钩”等主题活动，深化“专家定期服务制、干部结对挂钩制、服务平台全天制”的“三位一体”服务模式；组织开展新型职业农民培训，打造“春夏秋冬四季培训班”“农林讲坛”等干部学习培训品牌，培训农业从业人员3000人次以上，持专业证书农业专业劳动力比重为53%。 （华 栋）

农业机械化

【概况】2015年，各级政府高度重视农机化工作，加大补贴力度，农机推广有新突破，农林牧副渔适用高效农机有新的探索和发展，农机财政补贴资金应用科学合理且管理严谨，“平安农机”长效管理措施有力，农机管理和专业合作社规范化建设稳步推进，全区农机化事业保持又好又快的发展态势。全年累计完成农机化投入1350万元，全区主要农作物生产机械化水平92.48%，高效设施农业生产主要环节机械化水平85%，水稻机插水平87%，秸秆综合利用率99.9%，机械植保水平100%，机械收获水平99.8%。

【农机管理】以加强“平安农机”长效管理和提高农机“三率”（登记率、检验率、驾驶人持证率）水平为重点，进一步落实农机安全生产责任制。充分利用信息网络平台，强化农机安全宣传，积极推进农机免费安全检验和政策性保险工作，落实农机用油“双优”（优先加油、优惠加油）保障措施，深入开展农机事故隐患排查治理，确保农机生产安全有序。2015年，全区年检大中型拖拉机262台，自走式收割机89台，上道路拖拉机118台；审验驾驶证88本，换证92本；核发跨区作业证19张；组织安全隐患检查15次，参加人数75人，发现隐患27条，整改27条，整改率100%。

【农机化发展】围绕率先基本实现农业机械化和高效农机装备发展目标任务要求，根据“园区优先”原则和项目带动战略，因地制宜，攻坚克难，加快农机化实业转型发展。以园区发展为切入点，突出重点，积极探索高效农业各业态主要生产环节机械化技术路线和应用模式，通过试验、探索和应用，为区域内的高效农业园区生产主要环节机械化的实施起到引领和技术支撑作用。全年向市级编制、申报项目2个，高效设施农业生产主要环节机械化水平85%，完成年度目标任务。认真开展省级示范工程即机械化秸秆还田工作，积极探索“机插、机收、机秸秆还田”技术集成应用。

【农机推广】2015年，继续调整和优化农机装备结构，高效新型适用农机长足发展。全区新增各类农机具89台（套），其中新增高速乘坐式插秧机5台、联合收割机9台、中拖5台、秸秆还田机1台。同时，结合农机科技入户工程，加强农机技术培训，举办新机具、新技术培训班2期，参训人数80人次，提高了农机管理人员、农机大户、新型职业农民的综合素质。深入基层，积极开展农机优质服务活动，全年为农户调试、维修、技术指导服务270人次，抢修机具470台，有效保障了夏、秋大忙的顺利进行。

【农机服务组织】按照“布局合理、规模适度、管理规范、效益明显”的要求，规划出台《关于加快发展农机专业合作社的实施意见》，大力推进农机专业服务组织建设，至2015年年底新建7家农机专业合作社，整合4家农机专业合作社，满足全区的服务要求，羊尖镇严家桥村、羊尖镇龙凤巷村、鹅湖镇三新村、锡北镇寨门村、东港镇黄土塘村、厚桥街道中东村和安镇街道山河村开展规范化农机专业合作社的农机场库建设，总投入2100余万元，并于2015年投入农机化生产。（浦明龙）

锡山台湾农民创业园

【概况】2015年，台创园管委会调入行政在编人员2名（正科职），调出行政在编人员1名（正科职），下属事业单位台创园发展服务中心调入事业在编人员1名，管理体制机制进一步理顺，基本实现独立化、实体化运行。台创园积极贯彻落实区委、区政府的决策部署，以无锡国家级农业科技园获批为契机，全面启动国家级农业科技园核心区建设。园区高端项目加快引入，产业载体建设投入加大，科技成果转化亮点纷呈，尖端人才引进成绩显著，园区辐射带动效应明显增强。全年园区实现基础设施投入1210万元，实现经营性收入1227万元；申报国家、省、市、区级项目17个，申请财政资金947.96万元，有13个项目成功立项，落实财政资金632.96万元；新引进企业（项目）15个，总投资超过1亿元；全年旅游人数超50万人次，接待旅游团队600余批次。台创园被评为“无锡国家级农业科技园核心区”，被推选为首批江苏省农业科技园区协同创新战略联盟理事单位。江苏省首个海峡两岸农业交流培训中心、江苏省农科院锡山设施园艺研究中心及江苏省科普惠农服务站获批成立。

【综合环境优化】全力推动基础设施装备上档次。继续深入开展绿化、道路、水利、旅游等环境综合治理和基础设施改造提升工作，完成锡山区2010年度国家农业综合开发土地治理项目管护工程、锡山区农产品质量检测中心、台创园农业物联网成果展示中心、高科技农业示范园智能连栋温室大棚、园区七路建设工程、沟渠护栏网片工程、太湖水稻示范园稻谷文化展示厅、农博园台湾馆整修工程等十二大工程，农业面源污染综合治理示范区建设工程、锡山区锡北等镇土地整治工程等五大工程处于实施过程中，实现投入1210万余元，园区环境面貌及配套设施进一步提升。全力推动产业平台建设上水平。与江苏省农科院对接，引进锡山设施园艺研究中心，全面加强与省农科院在蔬菜花卉、经济林果、水产养殖等方面的科技合作；与浙江大学对接洽谈成立浙江大学无锡现代农业产业研究院事宜，计划建立以促进人才培养、技术转移、成果转化和产业升级为导向的产学研合作新型体系。江苏省海峡两岸（无锡）农业交流培训中心获批，是省内首个海峡两岸农业交流培训中心，计划打造成为推动对台农业交流合作的新品牌和培养两岸新型农民的重要平台。积极申报并推进江苏省产业孵化器及众创空间建设，以成果转化为主线，帮助园区加快实现核心技术和研发成果的市场化、效益化。

【科技带动深化】产业建设加速。围绕“生物农业、生态农业、智慧农业”三大现代农业发展方向，加强产学研深度合作。新引进高产杂交水稻W032、抗重金属粳稻新品种BW系列、南粳9108、苏香粳100等水稻新品种25个，无锡首个水稻新品种“锡稻1号”开镰收割；完成物联网农产品电商平台与可视化订单配送系统、温室大棚环境数据终端采集等智慧农业建设；完成有机生物肥料与生物农药栽培方式在园区的初步应用。人才集聚显现。引进三大现代农业方面专家及团队，为园区现代农业发展提供强有力的人才支撑。引进国际水稻研究所博士、斯里兰卡国家植物育种中心主任艾米塔，澳大利亚植物选育专家罗恩·格瑞兹与米歇尔·琼斯及江苏省“双创计划”博士1名。人才培育加强。依托中以国际农业培训中心南方分中心、江苏省农民培训基地及新获批的江苏省海峡两岸（无锡）农业交流培训中心等各类培训平台，定期邀请农业专家开展专题讲座、现场技术指导和教学等活动，全年组织农业培训班38期、培训人次6200余人次。

【项目引育加强】招商机制创新。建立并推行以“一个重点项目、一个战略规划、一套产业政策、一名分管领导牵头、一支专业队伍主抓”为主要内容的“五个一”重点项目招商推进机制，组建专门招商人员负责招商服务工作，加大对生物农业、设施园艺产业、休闲观光农业等主导优势项目的招引力度。项目招引加强。立足高端定位，新引进无锡唯杉现代农业发展有限公司、春丰食用菌项目、汉能太阳能薄膜发电项目、智慧恬园精细化种植项目等企业（项目）15个，总投资超过1亿元，注册资本500万元以上的企业（项目）3个。项目提档升级。围绕精、特、优的特色，重点推进东郁园林二期美国彩色苗木繁育基地、三阳植物梦工厂二期、高科技展示馆精品多肉展区项目、大德生物农业项目、春丰农业科技项目（原荣善食用菌）、福麦五谷科技等一批重点项目的改造提升工作，企业科技含量和项目承载能力明显提升。

【营销机制完善】 全年园区实现经营性收入1227万元。丰富农副产品内涵。“无锡农博园”品牌完成ISO 9001质量管理体系认证并成功申报江苏省名牌产品，“吴越水晶”稻米品牌获批，台创园物联网农产品电商平台投入建设，探索微电商营销之路。打响旅游特色品牌。举办各类活动28个，“无锡农博园·缤纷四季乐”微信平台建成并投入运营。全年旅游人数超50万人次，接待旅游团队600余批次，春秋游人数超1.6万人次。强化资源盘活。园区荣善食用菌公司通过重组嫁接，促成荣善食用菌公司与北京绿源食用菌公司的合作，重新注入资金2000万元，成功盘活荣善食用菌公司地块的闲置资产。大力实施项目申报。申报国家、省、市、区级项目17个，申请财政资金947.96万元，其中农业部项目1项、经信项目1项、旅游开发项目2项、人才类项目1项、现代农业发展项目12项，年内有13个项目成功立项，落实财政资金632.96万元。

【江苏无锡国家农业科技园区获批成立】 2月16日，台创园被科技部认定为国家级农业科技园，并按照《“十二五”国家农业科技园区管理办法》和《“十二五”国家农业科技园区发展规划》全面启动建设。计划通过加大各级扶持力度，集成资源创新发展，依托园区加快推进科技金融、农业信息、创新品牌等公共服务平台建设，努力将园区建设成为现代农业科技示范基地、农业科技成果转化基地、农村科技创新创业基地和农村人才培养基地，进一步强化园区的产业支撑力度和区域经济服务能力，全面提升园区可持续发展能力。

【农业部领导调研台创园】 2月16日，农业部副部长张桃林一行考察台创园农业建设情况，先后视察虹越园艺家（省级农业科技服务超市）、太湖水稻示范园智能化控制中心、锡山现代农业科技创新中心（台创园农业物联网成果展示中心）、三阳植物梦工厂等地，详细了解相关情况，肯定台创园现代农业已走在全国前列，要继续保持并努力。省、市、区领导吴沛良、刘霞、陆志坚、顾中明、言国强等陪同调研。

【江苏省海峡两岸（无锡）农业交流培训中心成立】 6月11日，经省农业委员会、省台办批准，江苏省海峡两岸（无锡）农业交流培训中心在台创园成立。该中心是江苏省首个海峡两岸农业交流培训基地，计划汇聚浙江大学新农村发展研究院、南京农业大学新农村发展研究院、中国台湾大学、中国台湾新竹大学、中国台湾屏东科技大学等高等院校科研和师资力量，同时与中国台湾农业文化创意协会、中国台湾农会等两岸农业协会密切合作，邀请两地专家、企业家等诸多优秀专业人士参与授课。台创园将依托培训中心的建设和运营，加快园区农业产业转型升级，探索出一条新的两岸农业合作发展之路，致力于把海峡两岸农业交流培训中心打造成为一个科技创新与人才交流的基地，形成可复制模式向全国推广。

【江苏省农科院锡山设施园艺研究中心挂牌成立】 9月18日，江苏省农科院与锡山区政府签订科技合作协议，由双方共建的江苏省农科院锡山设施园艺研究中心在台创园揭牌成立，对加快农业科技成果转化、提高锡山现代农业发展水平必将产生重要的推动作用。锡山区将以该次院地联姻、科技合作为契机，充分借助省农科院的人才、技术、智力优势，大力推进合作项目建设，不断提高农业科技创新能力，积极为全市现代农业发展带好头、领好向。省农科院副院长郑建初、黄俊，市、区领导刘霞、顾中明、言国强等出席活动。

【生物技术育种创新战略咨询与现场观摩会举办】 10月12日，浙江大学在台创园举办生物技术育种创新战略咨询与现场观摩会，就水稻生物技术育种种子推广、生物技术在农业生产上的应用、如何把握转基因农产品发展等深入探讨，并参观考察无锡—浙大生物农业研究中心实验室、生物技术育种水稻繁育基地、三阳植物梦工厂等。中国农科院副院长王汉中，中国工程院院士、扬州农科院研究员程顺和，浙江大学副校长应义斌等国内20余名生物育种领域专家、学者以及无锡市副市长刘霞出席会议。

【“锡稻1号”开镰】10月16日，由区政府与浙江大学开展深度合作，孵化出的产学研平台无锡哈勃生物种业技术研究院有限公司选育而成的无锡首个水稻自主品牌——“锡稻1号”开镰仪式在台创园举行。“锡稻1号”采用现代生物技术育种手段选育而成，比传统选育模式提速50%，属于优质、高产常规粳稻品种，其抗病好、米质优良、熟期适中，2014年在无锡试种，产量较常规稻增产18%。下阶段将全面加快“锡稻1号”试验、示范和产业化进程，逐步扩大种植面积，向全国发散，同时也为台创园打造无锡自主品牌开好头。浙江大学教授舒庆尧，市、区领导刘霞、吴满良、言国强等出席仪式。

【江苏省科普惠农服务站获批】12月6日，经江苏省科学技术协会批准，台创园下辖无锡现代农业博览园有限公司科普惠农服务站被命名为江苏省科普惠农服务站，下阶段将进一步完善工作条件，努力提高科普惠农服务水平，充分发挥典型示范作用，带动周边农民增收致富，为扎实推进社会主义新农村建设做出积极贡献。（毛　丹）

水　利

【概况】2015年，全区完成水利建设总投资0.85亿元。完成总土石方约85万立方米。完成农村河道（河塘）疏浚39条（个）、约48万立方米；新翻建防渗渠道13.2公里，新改建标准化泵站43座；改善节水灌溉面积约147公顷，加高加固圩堤0.6公里，新翻建各类护岸6.55公里，超额完成市下达的计划任务。完成锡山区2014年中央财政小型农田水利重点县工程，改善耕地总面积861.61公顷，完成投资约3610万元。（顾春新　陈国兴）

【农村河道疏浚】全面开展农村河道综合整治工程，完成区、镇（街道）、村（社区）河道（河塘）清淤39条（个）、约48万立方米，投资1100万元，全面完成省市下达任务。（顾春新）

【“河长制”管理】紧紧围绕市、区“河长制”管理目标任务，以水环境“持续改善”为目标，以水管理“深化扩展”为主线，继续强势推进“河长制”管理。全年完成接管沿河企业排污口6个，生活污水排污口188个，清理杂物垃圾8263.5吨、渔网渔簖330处、沉弃船1条，打捞水面漂浮物、水草共计2.28万吨，基本完成全区河道综合整治目标任务。（蔡　军）

【汛期气象资料】汛期从5月1日开始至9月30日结束，153天。汛期雨量偏丰，降雨天数57天，全区平均雨量876.4毫米，比2014年同期降雨781.4毫米多12.16%，比历年同期708.7毫米多23.66%。其中，日最大降雨量和小时最大降雨量出现6月16日，分别为151.1毫米和34.4毫米，达到大暴雨级别。入梅较常年略偏迟，梅雨期23天（6月21日至7月13日），较常年平均梅雨期短2天，全区平均雨量286.4毫米，较常年值偏丰，全区雨量东港镇最大，鹅湖镇最小，分别为378.5毫米和187.4毫米，其中6月26日、6月27日出现区域性暴雨。6月17日、6月27日受到流域性大范围强降雨影响，6月17日，东北塘、东港、望虞河三个代表性水位以及大运河无锡水位分别从下雨前的3.57米、3.51米、3.22米、3.55米快速上涨到最高时（17日中午）的5.29米、5.11米、4.61米、5.18米，其中东港水位为1991年（5.28米）后的第二高水位，望虞河水位也是1991年后的第二高水位，超出国家控制行洪水位（4.2米）41厘米，大运河无锡水位超出历史记录（4.88米，1991年）30厘米。

【防汛工作】根据《中华人民共和国防洪法》的要求，在汛前调整、充实区、镇（街道）两级防汛防旱指挥部组织机构，落实行政首长负责制，强化各级各部门防汛岗位责任。5月21日，区政府专门召开锡山区2015年度防汛工作会议，向区防汛防旱指挥部成员单位下发防汛责任状。全区在汛前修订完善2015年度防汛防旱预案，组建防汛抢险队伍87支、2320人，其中锡山公安分局负责的区级应急合成分队1支、120人，区人武部负责的区级防汛抢险队伍8支、1100人，各镇（街道）负责的抢险队伍78支、1100人。区、镇（街道）两级共储备编织袋30.9万只、桩木（钢管）2556根、土工布6000平方米，定点落实储备铁丝1010千克、元钉350千克，储备应急备用移动电源16台，各类应急机动排涝水泵43台（套）。按照防汛实战要求，5月5～12日，组织各镇（街道）开展防汛应急备用电源供电演练，人武、城管、电力、水利等部门协同作战，从下达演练命令到泵站出水排涝，最快用时半小时，最迟一个半小时，通过演练，锡山区基本具备汛期泵站断电应急处理能力，提高了全区防汛抢险应急能力。

【强降雨受灾情况】 主要发生在6月17日和6月27日两次区域性强降雨期间，其中6月17日受灾最为严重，全区住宅受淹2222户、损坏房屋51间、倒塌房屋2间，受灾人口12607人、转移人口1998人，道路积水92处，农田受涝1522.07公顷，水产养殖损失150公顷，企业、仓库受淹停产235家，供电线路中断10条，直接经济损失约10750万元。其中，东港镇淹没民居最多，鹅湖镇荻泽、湾泾河、新生河三座防洪闸有少量外河高水倒灌圩区。

【防灾应对措施】 面对严重的雨情、灾情，区委书记陆志坚召集相关人员商讨应对可能发生更大汛情的对策措施，要求全区各级各部门在全力确保人民群众人身安全的前提下，尽量减少灾害损失。确保人民群众人身安全优先，对危房住户坚决动员撤离；确保圩堤不出问题，加强巡查，发现险工险段马上组织除险加固；确保防汛抢险物资就近储备到位，抢险人员要随叫随到；强化圩内预降措施，在注意堤防和房屋安全的前提下，尽最大可能腾出蓄洪容量以迎接下轮强降雨；对不设防受淹半高地，有条件的必要时可利用小河道筑坝封闭建立临时圩区，架泵抽排；高度关注地下车库的防涝问题，特别是要确保电气设备不进水，防止触电事故发生；各级主要领导要根据天气和水位情况亲自带班值守，靠前指挥。区防汛防旱指挥部总指挥、区长顾中明专题召集区防汛防旱指挥部成员单位召开紧急会议，要求区防汛防旱指挥部充分发挥统筹、协调、指挥作用，严格防汛值班制度，健全应急保障体系，切实加强抢险物资添置调运、闸站调控、应急抢险等工作，区防汛防旱指挥部各成员单位切实按照防汛预案和部门职责迅速展开行动，在部署条线防汛工作的同时，指导并全面参与各地抢险救灾工作。区防汛防旱指挥部副总指挥周柏平、言国强、邓重高坐镇一线，现场指挥和参与防汛险工险段的应急除险工作。全区各级干部群众充分发扬特别能吃苦、特别能战斗的锡山抗洪精神，有效抗击了锡山历史上罕见的暴雨灾害，最大限度降低了损失，取得了初步胜利。

（庄宝庆）

【水资源管理】 加强计划用水工作。全年地下水开采量14.05万立方米，自取地表水总量1325.05万立方米。进一步加强已封深井的长效管理工作，无违法启用已封深井的情况。进一步加强地下水的动态监测工作，2015年三季度，东港镇第Ⅰ承压水水位平均埋深10.33米；全区第Ⅱ承压八眼监测井水位平均埋深27.73米，比2014年同期下降1.1米，与2000年同期（封井禁采工作实施前）相比，水位埋深普遍回升。继续开展水功能区水质监测。2015年11月，锡山区水功能区水质达标率52.6%，与2014年同期相比，下降21.1个百分点。11个市级以上水功能区达标率45.5%，其中3个省级重点水功能区达标率66.7%。影响区内水功能区水质达标的主要评价因子为氨氮；锡山城区河道北兴塘、张周桥港河等主要河道水质状况好于2014年同期水平。北兴塘、柏木桥河达到了相应水功能区水质目标要求。

【节水型社会创建】 组织实施各项创建工作，年内完成节水型企业2家；节水型八大行业（火电、化工、造纸、冶金、纺织、建材、食品、机械）节水行动项目1个；市级节水减排示范项目2个；市级节水型学校1家、市级用水审计项目1个。所有项目全部通过市级验收。

（袁立忠）

【依法行政力度加大】 采取正常巡查与突击检查相结合、一般巡查与重点检查相结合、河道清障专项行动与百湖执法大检查相结合、主动出击与举报查处相结合的方式开展水行政执法监察工作。全年累计巡查998人次，出动执法船25次，拆除违章设置渔网渔簖30处，发现和制止水事违法行为35起，其中立案2起，结案2起，罚款3.3万元，结案率100%，维护了水利工程设施的正常运行和良好水事秩序。

（龙　雄）

编辑：钱惠芳　张　彤　袁　渊

9月18日，江苏省农科院锡山设施园艺研究中心揭牌成立
（区农林局 供稿）

农业电商全产业链探索企业——无锡市万亩良田现代农业科技有限公司　（区农林局 供稿）

6月4日，国际水稻研究所博士、斯里兰卡国家植物育种中心主任艾米塔（右一）到台创园下辖企业无锡哈勃生物种业技术研究院有限公司进行粳稻生物育种和生物技术方面的交流
（台创园 供稿）

工业·电力

Industry,Power Supply

4月23日，区经信局组织区内企业家在无锡中捷减震器有限公司感受应用“机器人”后的变化　　　　（区经信局 供稿）

综　述

【概况】2015年，面对国际和国内复杂的宏观经济形势，区经信局紧紧围绕建设富强美丽和谐幸福新锡山的奋斗目标，着力稳增长、调结构、促改革，扎实抓好各项工作落实，质量效益逐步提升，转型升级步伐加快，工业经济发展呈现稳中向好的良好态势，荣获“无锡市2015年度经信工作优胜单位”称号。全区完成全部工业产值1320.3亿元，比上年增长3.7%，其中完成规模工业总产值1178.1亿元，比上年增长3.5%。完成工业开票销售收入1293.1亿元，比上年增长0.3%。全区产值超1亿元企业174家，比上年增加7家，完成产值981.6亿元，比上年增长6.4%。全区完成工业投资302.1亿元，比上年增长13.5%。

【经济运行稳中有升】全年完成规模工业总产值1178.1亿元，比上年增长3.5%，增幅高于全市平均水平1.7个百分点，与新区并列全市第一位。强化运行监测。每月对规模以上工业总产值、工业投入等主要经济指标和运行特点开展预警预测分析，实行月中监测、月底分析制度，对出现的苗头性、趋势性问题及时研究，主动积极应对。强化对全区重点产业、重点行业、重点企业、重点产品、重大项目的跟踪监测服务，提高调控、管理经济的能力和效率。建立健全全区工业企业数据库管理平台，详细掌握全区工业企业的基本情况、用地情况和主要经济指标完成情况，直观反映各板块和各企业的亩均产出和亩均贡献情况。全区产值超1亿元企业174家，比上年净增7家；完成产值981.6亿元，比上年增长6.4%，占全区规模工业总产值的比重为83.3%，比上年提高1.2个百分点。强化增量培育。对确定的重点增量企业逐个落实目标、落实进度、落实措施，确保增量到位。推动各类生产要素向优势企业集聚，加大高成长性企业的培育力度，对高成长科技型企业建立跟踪服务机制，及时协调解决困难，促进企业加快成长。大力推进“双低”（低产出、低贡献）企业整治，对开票税收等主要经济指标进行跟踪监测，定期召开联席会议，通报整治情况，研究整治措施，通过实地走访、盘活存量、纳税评估等一系列行之有效的方法，480家“双低”企业2015年税金比上年增长15%。强化要素保供。鼓励重点企业加快生产，建立工业用电月报分析机制，对用电下降较多的企业，及时摸清情况、查找原因。着力抓好煤、电、油、运、气等生产要素的协调，确保企业生产正常。2015年，全区工业用电44.35亿千瓦时，比上年增长1.2%。

【项目建设有序推进】全区以加快项目开工为导向，以加强项目建设服务为抓手，咬定目标、倒排进度，密切跟踪、强化服务，确保工业投入规模进一步扩张，全区完成工业投资302.1亿元，比上年增长13.5%。狠抓重大项目建设。深入开展“项目建设突破年”活动，全力推动项目建设，对重大项目建设实施专人负责，每月深入板块跟进项目建设进度，及时做好项目现场的记录和存档，准确掌握项目建设节点，做好针对性服务。全年超1000万元工业项目180项，总投资262.3亿元，比上年增长17.1%；2015年完成投资142.7亿元，比上年增长47.4%。其中，超1亿元项目77项，总投资244.9亿元，2015年完成投资130.1亿元。全区新开工超1000万元工业项目141项，比上年增加27项，总投资136.8亿元，比上年增长22.2%，其中超1亿元项目38项，比上年增加10项。总投资18亿元的国宏硬质合金、4.5亿元的正罡自动化以及4.5亿元的新迪科技等一批重大产业项目相继开工建设。狠抓骨干企业技改。全力支持骨干企业改造提升，深入组织实施“千企技改”行动计划，全年完成技改投资232.6亿元，占全部工业投资的比重为77%，比上年提高12.7个百分点。狠抓项目结构优化。新兴产业项目量质齐升，新材料、生物医药、智能传感（含智能电网）、新能源和新能源汽车等新兴产业项目有较大进展，完成投资93.2亿元，比上年增长19%，占所有投资的比重为30.9%，比上年提高0.1个百分点。

【集约集聚成效突出】加快推进园区改造提升，推动专业园区由工业集聚区向科技创新先导区、新兴产业承载区转型。完善园区基础设施建设。按照“规划引领、业态升级、空间集中”的思路，在拉开框架、整体开发的基础上，进一步完善基础设施功能，加大基础设施改造投入，基本完成专业园区道路、电力、热力等配套设施建设。提高入园项目准入门槛。坚持以全区产业发展重点领域为导向，严格执行环境、能源影响评价制度和项目发展水平评估实施标准；重点关注亩产效益和单位能耗、排污强度等主要指标，建立提高存量土地产出效益、合理开发环境容量的约束激励机制，重点强化引进项目的准入管理，不断完善新增用地工业项目核报制度，把项目选择与结构调整有机结合，增量发展与节能减排有机结合，着力提升高科技含量、高附加值、低污染、低能耗的“两高两低”项目投资比重，坚决淘汰一批高污染、高能耗、低投资强度、低产业密度、低赋税比率的工业项目。依托专业园区引进高端产业项目。将专业园区打造成为承载新兴产业的优质载体，精心包装，广泛宣传推介，利用原有招商平台，创新招商机制和手段，围绕新材料、新能源汽车、智能传感（含智能电网）、生物医药、高端装备制造等战略性新兴产业领域开展项目招商攻坚。在全市率先完成工业性工地调查工作，品牌园区创建取得成效，新能源电动车产业园获批第六批江苏省新型工业化产业示范基地。2015年，10个专业园区规模以上企业完成规模产值694.6亿元，比上年增长5.9%，占全区规模以上工业经济总量的比重为59%，比上年提高1.4个百分点。东港镇的电力装备产业园、安镇街道的电驱动交通产业园、开发区的电子信息产业园充分依托自身优势，加大由区位优势、资源优势向产业优势转化力度，均呈现出高速发展的态势，工业产值分别比上年增长15.2%、11.2%和10.3%。

【工业经济提质增效】 全年新增省级以上企业技术中心2家，新增省级以上品牌11个，新增省级以上两化融合示范试点企业8家。优化产业结构。着力培育新材料、生物医药、智能传感（含智能电网）、新能源和新能源汽车等新兴产业。全年新兴产业实现产值623.2亿元，比上年增长3.6%。加快技术创新。强化企业创新主体地位，大力引导企业创建国家、省、市企业技术中心，并充分做好各类技术创新项目的梳理征集工作，组织企业申报市级以上企业技术中心9家，申报市级以上技术创新项目128项。开展省重点新产品新技术的应用推广，无锡杰夫电声有限公司的高指向性曲面扬声器，江苏新广联科技股份有限公司的低功耗、高刷新率全彩LED显示屏单元板等4个产品申报江苏省重点推广应用的新技术新产品目录。推动智能化改造。以发展智能工业、智慧企业为核心，加快企业信息化建设步伐。组织无锡市第一棉纺织厂、无锡市中捷减震器有限公司等9家企业申报省示范智能车间项目。实施两化融合重点项目55项，无锡普天铁心有限公司被评为“江苏省两化深度融合创新（互联网与工业融合创新）示范工程企业”，红豆集团被评为“江苏省两化深度融合创新（互联网与工业融合创新）试点工程企业”。红豆电信被评为“2015年度市智慧城市建设示范项目”。东港镇山联村被评为“江苏省农村信息化应用示范基地”。

【工业绿色化加快推进】 加强重点用能监督管理。抓好重点企业的节能管理，重点对12家列入省“万家企业节能低碳行动”的企业实施节能定量考核，推进9家企业进行能源管理体系建设。强化对年耗能5000吨标准煤以上企业节能工作的指导、服务和监督检查，加快完善企业能源管理制度、能源专管员制度。推进资源高效循环利用。组织实施并上报市级以上节能和循环经济项目18项，总投资7730万元，年节能2.27万吨标准煤。全面推广清洁生产审核，组织19家企业开展清洁生产审核工作。积极推动资源综合利用企业认定工作，认定资源综合利用企业11家次。着力淘汰落后产能。全面加快淘汰落后生产工艺装备和产品步伐，着力提升锡山区用能设备装备水平，扎实开展化工企业整治，继续保持铁腕治污的高压态势，全年完成“三高两低”企业整治30家，淘汰、改造燃煤小锅炉162台。

【服务企业不断深入】 始终把服务企业发展作为首要工作，切实帮助企业解决发展难题。建立全覆盖的经济运行分析体系和工业企业信息库，实现对企业生产经营情况的动态监测。畅通政企沟通渠道，于2012年年底在全市首创“71580”服务企业区长热线，2012~2015年，累计为超过450家企业解决实际问题474个。2015年，为应对经济下行压力、帮助企业解难，专门组织开展“企业服务月”活动，建立由区委、区政府全体领导及区人大、区政协主要领导挂钩联系重点企业的服务机制，设立政策法律、人才用工、信贷融资、科技创新、项目审批、转型升级六大服务团，对全区654家规模以上工业企业进行全覆盖的走访、服务，累计解决123家企业反映的问题220个。同时，针对企业反映较为集中的集体存量土地办证难、资产利用率低的问题，专门研究出台《关于办理租赁存量集体建设用地使用证的若干意见》，为无锡海联舰船附件有限公司、无锡市金杨新型电源有限公司等9家符合条件的企业，办理租赁存量集体建设用地使用权证。针对企业反映的项目审批效率较低的问题，专门抽调人员，成立重大项目建设审批服务督导办公室，对重大项目从签约至竣工投产所涉及的审批环节进行督查、问责，确保所有区级审批环节高效率、高质量办结。举办电子商务、“工业4.0”等主题培训活动，全年培训企业家550人次。（吴京阳）

“两车”产业

【重大项目推进有力】通过加大对天津市、浙江省等重要板块的招商力度，摩托车、电动车“两车”产业招商有力。全区实施中和计划实施的“两车”项目13个，总投资约34亿元。项目主要集中在商务区，共占8个，总投资约26亿元，其中新日、国威、深铃、赛盈、新伟5个项目开工，新日二期扩能项目的1幢成品库房完成建设，国威摩托车的一层基础建设完成。

【科技创新不断提升】锡山区被科技部认定为国家火炬计划无锡轻型多功能电动车产业基地；锡山区摩托车电动车及其零配件产业出口基地成为全省唯一连续五次获评优秀的外贸出口基地及国家摩托车及零部件外贸转型升级基地；锡山区被评为“国家级摩托车、电动车出口产品质量安全示范区”。全区拥有江苏新日电动车股份有限公司、雅迪科技集团有限公司、江苏中联铝业有限公司、江苏晶石科技集团有限公司4家省级以上高新技术企业和6家工程技术研究中心，专利超1000件。

【品牌建设不断深化】成功举办第九届中国无锡国际电动车展，展会设1200余个国际标准展位，规模比2014年增长35%以上，全国各地200余家整车厂、部件厂参展洽谈，展览面积超过3万平方米，参观人数5万人次，全面展示了锡山电动车产业作为全国重点板块的综合实力。不断提高区域品牌质量，锡山电动车企业累计拥有“中国驰名商标”4件，其中“新世纪”“新日”由国家工商总局行政评定；江苏省著名商标18件，江苏省重点培育和发展的知名品牌4件；境外注册商标53件，企业自主品牌覆盖率100%。拥有3个省级工程技术研究中心，整车企业基本通过ISO 9001质量管理体系认证，部分重点企业通过ISO 14000及ISO 18000环境管理体系认证。

【海外市场不断拓展】以建设“国家级摩托车、电动车出口产品质量安全示范区”为契机，组织开展电动车企业出口贸易政策的宣讲，帮助企业分析形势、研究对策，努力消减外贸出口政策壁垒。加快企业“走出去”步伐，鼓励企业积极参加广交会等国内外相关展会，进一步提升锡山区电动车出口份额；引导企业加快实施“全球布点”战略，通过设立国际贸易销售公司、海外工厂等方式为产品出口寻求新的出路。（吴京阳）

项目建设

【概况】2015年，区经信局认真贯彻无锡市“项目建设突破年”活动的部署，积极化解不利因素，引导企业加大有效投入，推动项目顺利实施，促进工业投资稳健增长。全年工业投资首次突破300亿元大关，累计完成302.1亿元，比上年增长13.5%，增幅高于全市平均水平0.5个百分点，总量和增幅均位于全市六个主要板块第四位。

【主要板块稳健增长】2015年，开发区累计完成工业投资144.3亿元，比上年增长12.2%，占全区工业投资的比重为48.3%。羊尖、鹅湖、锡北、东港四镇投资走势平稳，支撑效应明显，累计完成工业投资143.8亿元，占全区工业投资的比重为47.6%，比上年增长14.8%。商务区累计完成工业投资11.6亿元，比上年增长15.7%。东北塘街道累计完成工业投资2.5亿元，比上年增长12.2%。

【重大项目拉动明显】重大项目投资强劲，3000万元以上重大工业项目完成投资284.1亿元，比上年增长9.3%，占全部工业投资的比重为94%，其中超1亿元项目完成投资100.3亿元，占重大工业项目的比重为35.3%。总投资18亿元的国宏硬质合金、4.5亿元的正罡自动化以及4.5亿元的新迪科技等一批重大产业项目相继开工建设。

【投资结构持续优化】全区技术改造项目完成投资232.6亿元，比上年增长35.9%，占全部工业投资的比重为77%，比上年提高12.7个百分点。新材料、生物医药、智能传感（含智能电网）、新能源和新能源汽车等新兴产业项目投资增长较快，完成投资93.2亿元，比上年增长19%，占所有投资的比重为30.9%，比上年提高0.1个百分点。

（吴京阳）

服务企业

【要素保供强化】 完善工业用电月报分析机制，对用电下降较多的企业，及时摸清情况、查找原因。着力抓好煤、电、油、运、气等生产要素的协调，努力做到能供则供、应保尽保，确保企业生产正常。2015年，全区工业用电44.35亿千瓦时，比上年增长1.2%。充分利用好无锡市中小企业转贷应急资金的政策，帮助企业解决融资困难的问题，保证企业资金正常运行，防范企业债务风险，全年累计申请使用转贷应急资金404笔，使用资金额度19.7亿元，续贷金额23.2亿元；使用笔数居全市第二位，使用金额居全市第三位。加强与国土部门对接，做好工业项目特别是重大项目的供地安排。新出让工业用地147.5公顷，是2014年工业用地出让总量的2.54倍。

【项目推进强化】 以开展“项目建设突破年”活动为动力，加快培育一批新的工业经济增长点。抓好项目落地服务。聚焦重大工业投资项目，加大工作力度，确保签约项目如期开工建设。加强项目融资对接，联合区有关部门召开2015年工业投资计划项目洽谈会，全力协调落实项目建设资金。开展重点工业项目用地调研，优先保障重大工业项目。优化审批流程，提高项目备案效率，工业项目备案时间进一步缩短，促进项目早办结、早开工。抓好项目开工服务。紧抓项目推进的关键环节，注重项目准入、前期手续办理、建设进度跟踪，建立项目推进例会制度，每月至少召开一次协调会，一事一议，及时解决项目推进过程中存在的问题。建立项目推进月度通报制度，及时分析通报项目建设情况。成立区重大项目建设审批服务督导办公室，对重大项目从签约至竣工投产所涉及的审批环节进行督查、问责，确保所有区级审批环节高效率、高质量办结。全年新开工超1000万元工业项目141项，比上年增加27项，其中超1亿元项目38项，比上年增加10项；总投资136.8亿元，比上年增长22.2%。抓好项目竣工投产服务。建立考评制度，加强对各地内资3000万元以上新开工竣工项目进行跟踪督查和考评，加强分类指导和责任落实，推进项目竣工达产，力争投产投用出效益。投资4.98亿元的同方信息产业园和投资4.2亿元的无锡北联科技发展有限公司等125个项目顺利竣工。抓好项目储备服务。按照新兴产业和优势产业发展部署，积极开展物联网、“两车”、环保等产业境内外招商活动，开展重大投资项目摸底调查，做好意向项目、在手项目和实施项目的服务工作。

【市场开拓强化】 构建即时对接渠道，有效提升企业间配套对接效率，积极帮助企业开拓市场，释放企业产能，建立各类企业协作配套对接平台，鼓励企业参加境内外综合性展会和各类知名品牌展览会，帮助企业推介产品，开辟和扩大市场份额。每月组织一场配套交流活动，提升企业产品配套能力。供需服务网络化，建立网上信息对接机制，加强信息服务，提升企业对接、配套信息的及时性和有效性。加大国际国内市场开拓力度。结合锡山产业特色，加大名特优产品的综合性、专业性对接，鼓励企业参加国内国际知名展会，提升锡山产品知名度。举办名特优产品展示、产品协作配套、重点客户采购对接、中小企业市场开拓、专业领域展示展销、产业合作等各类主题活动。组织红豆集团、雅迪科技集团有限公司、无锡爱玛车业有限公司等30余家大中型企业参加江苏省“电商拓市”环省行无锡站活动。组织江苏商达水务有限公司、无锡汉神电气股份有限公司参加第六届中国国际物联网（传感网）博览会，充分展示锡山区信息化产业的特色和优势。成功举办第九届中国无锡国际电动车展，展会规模比上年增长35%以上，全国各地200余家整车厂、部件厂参展洽谈，展览面积超过3万平方米，参观人数5万人次，全面展示了锡山电动车产业作为全国重点板块的综合实力。组织企业到上海市、浙江省杭州市、广东省深圳市参加江苏产品万里行展销会等展会活动，参会企业近200家次。

【企业对接强化】 千方百计帮助企业解决实际问题，全年走访企业100余家，深入了解企业节后开工、生产订单、劳动力、资金和原材料等情况，开展形势宣讲、政策落实、问题收集解答等工作，帮助协调解决涉及厂房搬迁、企业用电、企业融资、项目推进等多项问题，增强企业应对困难和挑战的信心。健全《锡山区71580服务企业区长热线工作管理办法》，进一步推进热线规范、高效、有序运行，发挥热线联系企业、服务企业、服务发展的功能。积极拓宽诉求受理手段，成功升级“71580”服务企业区长热线，通过建立综合性服务热线网络平台，全方位受理企业的诉求、建议和投诉，实时提供诉求提交、政策法规等咨询服务，全面实现从被动接听向主动服务延伸，不断满足企业日益多样的服务需求。全年热线受理企业诉求79件，办结79件，办结率100%，办结满意率91%。受理中心每月对区内155家超1亿元企业、50家重点服务业企业、14家农业龙头企业进行一次电话专访，每季度对500余家1亿元以下规模企业进行一次电话专访。受理中心24小时关注电话诉求和网上诉求，根据受理时间及时提醒承办单位处理企业诉求，并在承办单位办结反馈后跟踪访问企业满意度。

【专题培训加强】 全年培训企业家550人次。针对企业多方位的需求，多次组织企业参加相关培训活动。举办两期“商业模式与电子商务”培训班，邀请国内著名机械工业领域专家、教授郭大宏和华中科技大学教授魏青松就“工业4.0及3D打印技术”为主题进行授课，参加学习140余人。组织江苏晶石科技集团有限公司、无锡工源机械有限公司、无锡斯贝尔磁性材料有限公司、无锡市锡山三建实业有限公司、无锡市炬磊石业厂、无锡中浦电气有限公司6家企业负责人参加第九期“清华大学——无锡市企业可持续发展高级研修班”。组织企业总裁实地参观无锡市中捷减震器有限公司和江苏大德重工有限公司2家两化融合示范试点企业，切身感受应用“机器人”后企业生产发生的积极变化并开展座谈交流。组织企业参加全省中小企业人才培训工作研修班，学习江苏中小企业转型升级、上海自贸区建设与政策解读、浅谈服务型政府与职责运营等内容。组织企业参加工业和信息化部中小企业“质量与品牌提升”培训班，集中开展质量和品牌相关理念和方法的普及教育活动。

【政策落地强化】 组织开展千户问卷调查，了解企业需求，为增强政策服务针对性提供有效依据。出台《锡山区工业科技人才服务业发展扶持资金使用管理暂行办法》等一系列扶持政策，继续加大对上争取力度，重点围绕战略性新兴产业发展、传统产业升级改造、科技创新、中小企业民营经济发展等领域，全方位争取上级政策扶持，促使更多资金和荣誉称号落户锡山区企业。加强政策宣传，广泛组织申报，全年组织企业申报国家、省、市级扶持项目210项，获批扶持资金3761.5万元。积极为企业减负，落实好固定资产投资增值税抵扣、引进技术设备进口关税减免、重大技术装备进口关键零部件和原材料免税、企业研发投入加计抵扣、资源综合利用认定和合同能源管理税收优惠等税费减免政策。

【良好环境营造】 推动星级公共服务平台创建，无锡智双投资管理有限公司被评为“市级二星级中小企业星级公共服务平台”，无锡中皓创业孵化管理有限公司、江苏汇丰朴道教育投资有限公司被评为“市级一星级中小企业星级公共服务平台”。推进信用管理贯标工作，开展企业信用管理贯标示范和信用人才培训，对有创建贯标示范意愿的企业，引导其派员参加助理信用管理师培训，明确将信用人才培训作为企业创建示范的硬性条件。全年完成信用管理贯标评定企业25家。加快推动实施诚信体系建设。11家锡山企业荣登“无锡市第二批守信示范企业”红榜。在2014~2015年全市两次“红黑榜”中，锡山企业无一“披黑”，锡山区诚信工作成绩居无锡市第二位。

（吴京阳）

节能降耗

【概况】 2015年，全区强势推动节能降耗工作，切实转变经济增长方式，提高能源利用效率，明确目标，理清思路，加快推进，节能降耗工作初显成效。全年规模以上工业总产值能耗0.07吨标准煤/万元，比上年下降6%；实施清洁生产审核企业22家；申报市级以上节能及循环经济项目18个，新增市级循环经济试点企业2家。

【重点用能监督加强】 抓好重点企业节能管理，重点对25家重点用能单位开展节能培训工作，完成30名能源管理人员培训工作，同时指导企业完成网上能源利用情况申报工作。组织开展万家企业能源管理平台建设工作，完成无锡市第一棉纺织厂等9家（其中认证2家、评价6家）企业能源管理体系建设工作。强化对年耗能5000吨标准煤以上企业节能工作的指导、服务和监督检查，完善企业能源管理制度，完善能源专管员制度；进一步完善企业用能计量管理制度，督促企业配备合理、准确的能源计量器具和仪表，建立计量检测体系，强化计量管理，依靠科学的能源计量手段促进节能降耗；加强能源统计，明确专人负责，建立健全原始记录和统计台账，积极参加统计业务和网上报送技术培训活动，及时、准确上报企业能源消耗统计资料。

【清洁生产推进】积极组织清洁生产审核工作，组织22家企业参加市经济和信息化委员会举办的清洁生产审核培训班，全部完成清洁生产审核培训和签约工作。实施无、低费方案217项，中、高费方案34项，合计251项；投入资金6087万元；可节电160万千瓦时/年，节约柴油1450吨/年，节约水2.5万吨/年；减排二氧化硫9.8吨/年，废酸23.13吨/年，废水4100吨/年；年经济效益4290万元。切实做好资源综合利用工作，指导重新认定的企业准备基础材料，帮助企业解决认定工作中存在的疑难问题，完成9家企业资源综合利用认定申报工作。

【节能和循环经济项目实施】进一步降低企业能耗，推进节能技术改造，实施节能和循环经济项目，积极开展下基层活动，宣传节能扶持政策，鼓励企业通过改进工艺、更新设备等手段推进节能降耗工作。积极为企业和节能服务机构牵线搭桥，帮助企业寻找节能空间，进一步提升企业的节能效益。全区组织实施并上报市级以上节能和循环经济项目18项，其中重点节能项目10项、合同能源管理项目2个、淘汰落后设备项目1个、能源管理体系建设项目5个，总投资7730万元，年节能2.27万吨标准煤。

【落后生产设备加快淘汰】认真贯彻落实工业和信息化部发布的《高耗能落后机电设备（产品）淘汰目录（第二批）》，全面加快淘汰落后生产工艺装备和产品步伐，着力提升锡山区的用能设备装备水平，配合省市节能监察中心对Y系列电机开展专项整改工作，无锡华众玻璃有限公司整改完成Y系列电机1102.5千瓦，全年累计完成落后电机淘汰16349千瓦，完成全部任务。积极以合同能源管理方式推进落后变压器淘汰，由节能服务公司以效益分享型合同能源管理方式把用能单位的落后变压器替换为高效节能变压器，用户无需支付节能变压器设备款，将每月节省的铜损、铁损支付给节能服务公司，合同期满后，节能型变压器产权转让给用户。（吴京阳）

重点企业

【无锡阿科力科技股份有限公司】公司前身是无锡阿科力化工有限公司，成立于1999年，于2013年10月进行股份制改造，更名为无锡阿科力科技股份有限公司，并于2014年元月成功在新三板挂牌上市。公司位于锡山区东港镇新材料产业园，注册资本6500万元，占地面积7公顷。公司是国家高新技术企业、中国石化行业技术创新示范企业、无锡市十佳科技创业型企业。公司建成国家级博士后工作站、省级研究生工作站和省级工程技术研究中心，拥有博士、硕士6名，各类专业技术管理人员37名，拥有一支优良的技术研发队伍，为产品的开发和客户服务打下了坚实的基础。

公司秉持“因为专一，所以专业”的经营理念，坚持以功能性树脂新材料为主营业务，主要产品脂肪胺、光学树脂单体等，属新材料技术，高新技术产品占全部技术性产品的60%以上，企业核心竞争力增强。企业开发研制的脂肪胺产品，不仅是风力发电、高速铁路以及海洋工程的重要原材料，而且是国家页岩气开采的关键原材料。建成国内首套脂肪胺连续化生产线，该项工艺经专家鉴定达到国际先进水平，是国内唯一的生产厂家。公司研发的特殊结构的低分子量聚醚胺技术，是国内唯一掌握关键技术和生产设备的企业，国际上仅Huntsman和BASF两家公司可以生产。2015年，公司产值超过3亿元，成为国内电子、风力发电和重大建设项目特殊保护层等领域使用的特种高分子材料研发和生产基地。

【无锡市中捷减震器有限公司】公司创建于1998年，位于锡山区东港镇，占地面积8公顷，注册资本1200万元，是江苏省高新技术企业，是以生产汽车减震系列、大型冲压件以及产品的表面处理等为主的民营科技型企业，主要为国内著名汽车制造厂家（如上海大众、上海通用、一汽、二汽、现代、福特等）生产汽车配套产品。2014年年底，公司资产总计35803万元，员工285人，其中高级技工和工程技术人员及管理人员80余人，从事研究开发人员40人，具有自主设计研发和持续创新的能力。2015年，公司产值3.9亿元。

公司一贯注重研发队伍的培养和科技创新工作，多年来与国内多所知名大学如江苏大学、上海复旦大学等建立长期稳定的合作关系，依托高校的技术支撑，不断提升公司研发的综合实力；同时与高校共同进行新产品、新技术、新工艺的研发，推动企业转型升级。公司创建江苏省工程技术研究中心和无锡市企业技术中心；获得有效专利46项，其中发明专利16项；在同行业中率先通过ISO 9001质量管理体系认证，又先后通过TS 16949和ISO 14001环境管理体系认证，并进行体系的整合。公司致力于技术改造转型升级，打造现代化的智能制造车间。2006年从美国LORD公司引进Metal Jacket生产工艺并建立国内第一条Metal Jacket生产线，在国内表面工艺加工中居于领先地位，为行业内领军型企业；2013年起成为通用公司绿色供应商——全球供应商的一员，市场占有率30%。

【无锡普天铁心股份有限公司】
公司成立于2004年，位于锡山区锡北镇，注册资本6700万元，年销售额逾6亿元，厂房占地面积3公顷，定位为无尘、恒温、恒湿，同时引入先进的物联网技术，实现生产过程高度信息化、智能化，打造科技型现代化智慧工厂，拥有广东省佛山市分公司等分支机构。有员工近300人，大专以上毕业生占45%，硕士以上高端人才占6%。公司先后获“全国群众体育先进单位”“江苏省高新技术企业”“江苏省民营科技企业”“江苏省两化融合示范企业”“无锡市和谐劳动关系先进企业”“无锡市劳动保障诚信单位”“无锡市AAA级重合同守信用企业”等荣誉，产品被评为“江苏省名牌产品”“无锡市名牌产品”。

公司专心专注制造与研发电力变压器铁心，具有各种铁心片、叠装铁心及特种变压器铁心的产品研制、生产制造和品质管理经验，雄踞国内变压器铁心行业龙头地位，是中国最大的变压器铁心制造基地、世界第二大变压器铁心制造商。公司在中国首倡变压器铁心的专业化制造，是变压器铁心行业标准制定单位，主导制定《电力变压器用电工钢铁心》国家标准。产品覆盖全国31个省、自治区、直辖市，且多年保持行业第一位；成为世界第一、第三、第四大电器设备制造商ABB、AREVA、Schneider公司的铁心及硅钢片全球供应商。公司设备精良，拥有先进的德国乔格横剪线、启源横剪线、纵剪线等专业生产设备，以及一流的检测中心，在行业内率先通过ISO 9001质量管理体系认证及ISO 14001环境管理体系认证，并于2007年加入联合国全球契约，践行社会责任，成为该契约中为数不多的中国成员。公司先后与沈阳变压器研究院、西安交通大学、河南南阳化工技术研究所等科研院校结成战略伙伴，建有西安交通大学研究生培育基地以及国内一流的省级高压特种铁心工程技术研究中心，打造一流的行业技术支持平台。公司先后拥有“变压器铁心的中心定位叠装方法”等国家发明专利及“步进叠积式全斜接缝铁心”等多项国家实用新型专利，其中由公司自主设计研发制造的“7步进阶梯接缝变压器铁心”等荣获国家重点新产品证书，同时被列入国家火炬计划产业化示范项目，凸显了公司在科研方面的雄厚实力和发展后劲。

【江苏申锡建筑机械有限公司】
公司成立于1988年，位于开发区工业园区内，占地面积7.9公顷，建筑面积6万平方米，员工200余人，拥有总资产上亿元，具有年产高空施工作业机械逾万台的综合生产能力，是中国高处作业吊篮和擦窗机的发源地。经过20多年的高速发展，公司成为中国吊篮行业的龙头企业，是承担国家“十一五”科技支撑计划项目的重点企业、江苏省高新技术企业，是中国工程机械工业协会常务理事单位和装修与高空作业机械分会副理事长单位。公司建有行业一流专业水平的江苏省高空施工机械工程技术研究中心、省级博士后科研工作站，以及人力资源和社会保障部、机械工业部联合授权成立的高空作业机械职业技能鉴定站。企业先后参与制定《GB19155-2003高处作业吊篮》《GB19154-2003擦窗机》等国家标准，在创建标准化良好行为企业中被认定为江苏省AAAA级企业。经中国工程机械工业协会2009年测评，公司综合实力在国内同行业中排名第一位。

公司产品主要有ZLP系列高处作业吊篮、电梯安装吊篮、电厂烟囱吊篮、桥梁专用吊篮、船用吊篮、风力发电机配套用吊篮、CD系列擦窗机及各类特种非标悬挂作业设备、YHJM100/50液压互爬式升降脚手架、施工升降机和施工升降平台等。公司的各类产品以其独特的设计操作、成熟的性能质量，经受住了各种复杂施工环境的考验，与同类产品相比，具有安全经济、便捷高效的优越性。公司积极拓展其在国内外市场的影响力，在国内主要省市均设有办事处，在中国澳门、新加坡和中东地区都设有分公司，在俄罗斯、乌克兰、阿联酋、白俄罗斯、智利等国家设有代理。全世界60多个国家和地区的产品覆盖率和遍布全球的营销网络，使公司在世界范围内赢得了口碑和声誉。

【无锡捷阳节能科技股份有限公司】 公司成立于1994年，位于锡山区东港镇，是专业从事建筑节能及物联网智能家居集成系统等产品的研发与制造，以及施工一体化的高新技术企业，企业注册资本6166.139万元，总资产22450.57万元。公司拥有多套进口自动化生产线，年生产聚氨酯复合板约300万平方米，卷帘窗及金属门窗8000套。通过技术创新，为客户提供最专业、最优化的工程解决方案，公司在建筑节能以及物联网智能家居集成系统产品的技术研发上，始终走在同行业的前列，引领着新型节能型建筑领域的新潮流，致力于成为全球绿色、智能建筑行业的领导者。

公司获得“中国建筑节能之星”“中国建筑外遮阳十大品牌”“江苏省高新技术企业”“江苏民营科技企业”“江苏建筑节能工程优秀企业”“江苏省建筑节能产品产业化基地”“无锡市知名商号”“无锡知名商标”等荣誉称号。公司于2010年率先在行业内通过ISO 9001质量管理体系、ISO 14000环境管理体系及CE认证。公司获得《江苏省建设科技成果推广项目认定书》、江苏省建筑节能协会理事单位、全国高科技建筑产业化委员会节能专业委员会常务理事单位、住房和城乡建设部科学技术委员会全国建产委员建筑节能推荐品牌、江苏省质量诚信AAA级品牌企业、企业资信AAA企业、江苏省建筑节能技术产业化基地等多项荣誉，并获得多项国家专利。企业拥有“捷阳”“易捷”“J yung”“JY”“JieYang”国内商标，同时注册“捷阳”法国和秘鲁等地国际商标。其中，“易捷”于2014年获“江苏省著名商标”称号。公司拥有授权发明专利8项，实用新型专利12项，在审核过程中的发明专利2项；参与制定的国家行业技术标准有保温板通用技术标准、铝合金硬卷帘技术标准、国家建筑遮阳图集等，为行业发展贡献力量。

【无锡宇寿医疗器械股份有限公司】 公司成立于1997年，位于锡山区东北塘街道，是国内最早生产一次性使用无菌医疗器械的生产企业之一，是联合国指定供应商、新三板上市企业、中国医疗器械行业协会常务理事单位、江苏省医疗器械行业协会副会长单位。

公司占地面积5公顷，净化车间8000余平方米，拥有世界一流的生产条件和设施，净化车间净化度等级设计为动态十万级，处于国内领先。公司注塑制造设备均由德国和日本进口，拥有从日本进口的全自动安全注射器生产线和留置针生产组装流水线。公司是中国自毁式注射器、安全式注射器、高压造影注射器的龙头企业，并在国际上享有很高的知名度，产品远销世界40多个国家和地区。公司通过ISO 13485、ISO 9001质量管理体系认证，全系列产品通过CE认证，自毁式注射器取得世界卫生组织（WHO）PQS认证，安全式注射器、安全针、一次性无菌注射器通过美国FDA510（K）上市前审查，并通过巴西、俄罗斯、尼日利亚、菲律宾等其他国家的认证。公司拥有发明专利13项，实用新型专利14项。先后参与国家食品药品监督管理局组织的国家行业标准《一次性使用高压造影注射器及附件》的制订和《一次性使用卫生医疗用品标准》的修订。公司的一次性自毁式注射器、一次性溶药自毁式注射器和安全注射器的产业化三个项目分别于2007年12月、2011年8月和2012年5月被科技部列为国家火炬计划。公司与中国科学院院士林其谁为首的院士团队合作，建立江苏省企业院士工作站，为实现公司的跨越式发展提供了强有力的保障。

【无锡鑫宏业特塑线缆有限公司】 公司于2004年1月注册成立，位于开发区，是一家致力于研发生产电气设备连接线、光伏线、新能源汽车线、机车车辆配线、高品质电机绕组线等各种特种电线电缆及线束组件加工的专业企业。

公司拥有14条押出流水线的生产能力，同时拥有全套的检验与试验设备，为产品质量提供了保障。 公司于2004年通过ISO 9001质量管理体系认证和CCC、CSA、UL的产品认证，于2006年通过美国ETS的CE认证，于2007年通过美国UL的ROHS产品环保认证，于2008年通过C080000 HSPM体系认证，于2009年通过德国TÜV光伏线和电源线认证，于2010年通过UL光伏线和PSE光伏线认证，于2011年通过TS 16949体系认证、UL EV新能源汽车充电线缆认证，于2012年通过TÜV EV新能源汽车充电线缆认证，于2014年通过ISO 6722认证、DEKYA充电线缆认证，于2015年通过DEKYA车内线缆认证。公司以产品为导向，以技术为基础，以质量为命脉，面向国内外市场，大力推行品牌实施战略。产品在全球范围内被广泛应用于配电系统、汽车、新能源汽车、电器线束、UPS电源、变压器、电机、传感器、热保护器以及新能源等各类工业、民用领域。公司着手启动股改上市，2015年与券商达成初步意向，计划5年内完成IPO。

【无锡国宏硬质合金模具刃具有限公司】公司创建于2004年，是中国香港国盛拓展有限公司在内地投资的全资子公司，其注册资本为1.1亿美元。公司位于开发区，沪宁高速公路、G312国道旁，距苏南硕放国际机场10千米，交通便利。公司拥有国内外领先的技术和产品研发能力，拥有一支强大的科研开发队伍，拥有整体硬质合金孔加工刀具生产线、焊接刀片生产线和PCD刀具生产线等，并成立集科研、应用研究于一体的研发中心。

公司始终坚持以市场为导向，不断推动企业科技快速发展，不断推出适合于模具业、汽车工业、航空工业的先进切削刀具和孔加工刀具，能根据客户的不同需求生产各类切削工具，为机械加工制造提供成套的解决方案。公司先后引进德国瓦尔特、德国苏特、澳大利亚昂科等高精度数控磨床，日本瓦西努数控光学曲线磨床，瑞士伊瓦格、中国台湾鼎维等世界高端生产设备，卓乐全自动刀具测量仪、帕莱克刀具测量仪、三丰投影仪、英国IMS三坐标测量仪等国际先进的制造和检测设备；获数项专利认证；在加工PC刀具的产品成熟度上得到APPLE、NOKIA、三星、DELL、索爱等终端客户的广泛认可和采用。为扩大公司生产能力，公司投资新项目，用地5.09公顷，计划建筑约38200平方米，注册资本增资到1.1亿美元，总投资2.98亿美元，项目达产后可形成年产4亿件硬质合金刀具的生产能力，年产值约10亿元人民币。

【江苏利特尔绿色包装股份有限公司】公司成立于2006年8月，位于开发区，注册资本2550万元，总用地2.65公顷，建筑面积25664平方米，拥有员工200余名，2014年开票销售15503.1万元，纳税54万元，是食品软包装行业的领军型企业，也是专业研发、生产、销售纸、塑、铝等新型包装材料的科技型企业，生产的多品种、多结构、多元化的复合软包装产品广泛应用于食品、糖果、调味品、乳制品、医用品、日化品、工业品等包装和装潢等领域，合作商有雀巢、徐福记、伊利、蒙牛、金丝猴、完达山、莲花味精、好想你枣业等国内外知名企业。

公司于2007年3月通过CQC的ISO 9000认证，于2007年5月通过江苏省进出口检验检疫局的进出口食品包装企业备案认证，于2008年4月通过QS和HACCP认证，于2010年通过SMETA社会责任验厂，于2012年8月通过CQC的ISO 14000和OHSAS 18000认证，于2012年9月通过环球市场GMC认证。公司拥有9个实用新型专利、2个发明专利和4个企业研发项目；成立利特尔绿色科技研发中心，负责4个研发项目的实施。公司于2015年1月21日在全国中小企业股份转让系统挂牌，并于2015年3月和9月成功收购杭州市和江阴市两家公司，合并统计后开票销售超过1.8亿元，预计2016年合并开票销售4亿元以上，利润3500万元以上，并计划2016年5月进行主板上市辅导，2017年完成转版。

【江苏国威摩托车有限公司】公司创建于1997年，位于长三角美丽富饶的太湖之滨、锡山区羊尖镇新世纪工业园区内，公司总部占地面积7.7公顷，建筑面积5万平方米，全部为国际标准封闭式厂房。公司下设摩托车事业部、电动车事业部、三轮车事业部、进出口公司、发动机总装厂，以及车架、轮毂、喷涂等厂，有员工2000余名，其中各类专业技术人员占18%。公司技术力量雄厚，检测设备先进，制造工艺科学，生产经验丰富，是一家按现代企业管理模式组建的现代化摩托车、电动车、助力车、三轮车国家级生产企业，摩托车年生产能力15万辆、电动车年生产能力20万辆、三轮车年生产能力5万辆。公司先后通过ISO质量管理体系认证、环境管理体系认证，欧洲EEC认证，国家强制性3C安全认证；产品列入北京市环保目录，全部达到国家Ⅲ号排放标准。“国威”商标被评为“江苏省著名商标”“无锡市名牌产品”“无锡市出口名牌”；2008年，“国威”商标被认定为“中国驰名商标”；“国威四大系列”、100余个款式的产品畅销全国各地并出口欧洲、南美、中东、非洲等地区。（吴京阳）

电　力

【概况】2015年，全区全社会用电量52.27亿千瓦时，比上年增长2.3%。其中，工业用电量44.35亿千瓦时，比上年增长1.2%；商贸用电量1.39亿千瓦时，比上年增长8.5%；居民生活用电量4.65亿千瓦时，比上年增长3.2%；农业用电量1609万千瓦时，比上年增长16.9%；社会事业用电量3215万千瓦时，比上年增长13.2%。全年月平均工业用电量3.70亿千瓦时，比2014年月均工业用电量增加0.04亿千瓦时；工业用电高峰出现在7月、8月和9月，分别为3.92亿千瓦时、4.33亿千瓦时、3.98亿千瓦时，有5个月工业用电量超过全年平均工业用电量。从全年工业用电量增长情况看，总体呈平稳增长态势。（龚　燕）

编辑：张　彤　袁　渊

【锡山旅游集锦】

无锡现代农业博览园　　（台创园 供稿）

无锡现代农业博览园

无锡现代农业博览园位于锡山区安镇街道胶山北麓，于2008年5月开园，占地面积100公顷，可同时容纳游客3万余人。园区以花为媒，打造花展活动品牌，是一个集农业科技博览、优质农产品销售、吴地农业文化展示、学生科普实践、拓展培训、会务住宿、休闲观光、餐饮娱乐和园艺产品开发等功能于一体的综合型乡村旅游点。无锡现代农业博览园先后被评为“江苏省四星级乡村旅游点”“江苏省乡村旅游二十强”“无锡市五星级农家乐”。

10月19日，锡山区重大项目建设审批服务督导办公室开展工作讨论会

（区经信局 供稿）

11月3日，锡山区召开《关于推进现代产业发展的政策意见》征求意见会议

（区经信局 供稿）

开放型经济

Open Economy

商务区鸟瞰图　　　　（商务区 供稿）

综 述

2015年，全区上下围绕稳中求进的主基调，积极应对国内外错综复杂的经济形势变化影响，致力于创新突破、务实进取，着力推动全区开放型经济稳定提升发展，取得了新的成效。利用外资及港澳台资质量提升。全年完成到位注册外资及港澳台资3.34亿美元。其中制造业到位外资及港澳台资1.52亿美元，占全区到位外资及港澳台资的比重为45.5%，比上年提高5.6个百分点。新批重大外资及港澳台资项目5个。对外贸易克难求进。全年完成外贸进出口总额43.23亿美元，出口额33.86亿美元。受益于“一带一路”发展战略，全区对东南亚11国出口比上年增长3.84%，东南亚成为锡山区2015年外贸出口主要增长地区之一。境外投资深入推进。全年完成境外中方投资额12875万美元，比上年增长28.2%。新批境外投资项目8个。西港特区积极响应“一带一路”发展战略，建设步伐进一步加快。服务外包较快发展。全年完成服务外包接包合同协议金额、执行金额分别为11.09亿美元、10.57亿美元，分别比上年增长13.3%、18.6%；离岸外包合同协议金额、执行金额分别为8.28亿美元、7.15亿美元，分别比上年增长39.3%、24.5%。

（薛　飞）

对外及对港澳台贸易

【概况】 世界经济复苏仍然缓慢，外贸形势步入新常态化。在外需不足、大宗商品价格大幅下跌、企业综合成本上升等多种因素叠加下，锡山区外贸步入调整期。2015年，全区完成外贸进出口总额43.23亿美元，比上年下降5.52%。其中，出口额33.86亿美元，比上年下降4.99%；进口额9.37亿美元，比上年下降11.44%。

【出口步入调整期】 2015年，锡山区对美国、欧盟、日本三大传统贸易市场分别出口6.18亿美元、4.9亿美元、2.87亿美元。其中，对美国出口呈恢复性增长，比上年增长4.02%；对欧盟、日本分别比上年下降11.84%、7.93%。区内主要出口行业电器电子、机械装备、纺织服装、塑料橡胶、化工、食品出口均有不同程度下降，分别出口9.02亿美元、3.65亿美元、3.56亿美元、2.11亿美元、0.89亿美元、1.41亿美元，分别比上年下降0.59%、4.68%、3.96%、7.79%、5.94%、21.87%。其中，电器电子、机械装备、纺织服装三大行业降幅较小，全区出口产品结构相对稳定。“两车”行业累计完成出口额1.61亿美元，比上年下降20.3%。

2015年锡山区出口前10位内资企业情况一览

表5

序号	企业名称	累计出口（万美元）	同比（±%）	所在地区
1	江苏红豆进出口有限责任公司	8230	－0.8	东港镇
2	大明国际进出口有限公司	6147	230.3	东北塘街道
3	无锡华东可可食品有限公司	4700	－26.06	东北塘街道
4	无锡兴达泡塑新材料股份有限公司	4661	－18.75	东港镇
5	无锡锡州机械有限公司	4094	14.1	锡北镇
6	无锡统力电工有限公司	3535	35.08	东港镇
7	江苏通用科技股份有限公司	3105	－16.25	东港镇
8	无锡同方创新科技园有限公司	2771	－28.29	开发区
9	无锡邦得机械有限公司	2515	5.89	开发区
10	无锡美商进出口有限公司	2419	66.22	东亭街道

2015年锡山区出口前10位外资及港澳台资企业情况一览

表6

序号	企业名称	累计出口（万美元）	同比（±%）	所在地区
1	健鼎（无锡）电子有限公司	50062	－3.12	开发区
2	大津编物（无锡）有限公司	7596	1.56	开发区
3	泰连电子（无锡）有限公司	6792	－13.15	开发区
4	鹰普（中国）有限公司	6024	6.63	开发区
5	无锡国丰电子科技有限公司	5586	1.49	开发区
6	无锡超科食品有限公司	5522	－19.57	开发区
7	恩欧凯（无锡）防振橡胶有限公司	5059	－9.17	开发区
8	无锡宝来光学科技有限公司	4923	－28.20	锡北镇
9	确成硅化学股份有限公司	4278	21.31	东港镇
10	高德（无锡）电子有限公司	3949	12.09	开发区

【出口品牌内涵提升】2015年是两年一次的市级国际知名品牌评选年度，通过近两年的宣传、发动和培育，20家企业获评“2014~2015年度市级国际知名品牌”，其中新获评企业4家，区内外贸品牌梯队培育模式进入常态化。同时，为了进一步引导企业强化品牌意识，区商务局、无锡出入境检验检疫局积极指导区内红豆集团、雅迪科技集团有限公司、江苏新日电动车股份有限公司、江苏国威摩托车有限公司4家省级出口品牌企业成功创建全国第一批“中国出口质量安全示范企业”。区内外贸企业以品牌、质量为核心的国际竞争新优势进一步扩大，为外贸长期稳定发展打好基础。

【服务外贸企业】帮助外贸企业对上争取各类扶持资金。2015年累计争取到各类资金12批、项目298项，惠及外贸企业250余家，金额3983.68万元，项目通过率98%。争取到的资金总额占全市的29.1%，特别是争取到的市商务发展资金占全市的60%。充分利用资源帮助企业开拓国际市场。重点组织企业参加第117届、第118届广交会，帮助大津编物（无锡）有限公司增加4个品牌摊位（共计10个），全区总摊位数184个。继第118届广交会后又为江苏新日电动车股份有限公司争取到2016年第119届广交会的品牌展位，区内广交会品牌企业队伍进一步扩大。同时，为区内15家企业争取到华交会摊位28个。组织区内“两车”企业抱团参加2015年中国国际摩托车及零部件展、第15届墨西哥国际摩托车及零配件展，为“两车”产业2016年出口稳增长打下基础。组织相关企业分别参加日本大阪展、南非医疗展、南非国际贸易博览会、巴西两轮车展、米兰国际两轮车展等各类展览30余个，参展企业数与展位数均列全市前茅，为区内企业开拓国际市场提供了较好的服务平台。加强沟通协调，解决各类问题。在全市第一个建立区级层面的关贸企联络员制度，并召开锡山区关贸企联络员工作座谈会，进一步密切无锡海关与区内各板块的联系，加强交流与合作，为广大外贸企业转型发展提供保障。积极为区内外贸企业在进出口环节遇到的困难提供帮助，优化进出口环境，促进全区外贸的进一步发展。

【“两车”出口基地再创佳绩】2月，通过两年的争创，锡山区出口摩托车、电动车质量安全示范区成功获批第二批国家级出口产品质量安全示范区，“两车”出口基地建设再上新台阶。同时，2015年是江苏省摩托车及电动自行车出口基地三年一度的基地考核年，锡山区全力做好省级出口基地考核工作，出口基地再次获评“优秀”。该出口基地连续6次获得“优秀基地”称号，是省内唯一一个连续6次获评优秀的出口基地。11月初，出口基地开展2014~2015年江苏省摩托车及电动自行车出口基地“优秀”基地内企业评选工作，出口基地建设内容进一步丰富。另外，出口基地分别在第117届、第118届广交会上及中国摩托杂志国际版推出锡山“两车”国家级出口基地的宣传广告，进一步扩大了区内“两车”产业的国际知名度和品牌影响力。

【贸易预警加强】 指导申锡机械有限公司建立并争取到省级公平贸易预警点，为全区的高空作业机械产业规模出口做好预警，规避贸易纠纷，逐步把该产业的出口做强、做大。指导无锡于氏家具有限公司参与美国反倾销的调查，并为该企业争取到省商务厅的公平贸易扶持资金67.26万元，2015年度无锡于氏家具有限公司产品出口美国贸易额比上年同期增长14倍。积极与无锡出入境检验检疫局合作，利用无锡出入境检验检疫局官网开设出口产品质量安全示范区专题栏目信息公布平台，为基地内企业定期发布质量安全预警、监管要求、行业动态、进口国法律法规调整等内容，有效减少了出口基地“两车”产品质量风险。2015年，锡山区“两车”出口产品查验合格率100%，为“两车”产品出口持续发展提供了保障。（孙科军）

利用外资及港澳台资

【概况】 2015年，全区完成到位外资及港澳台资3.34亿美元，比上年增长1.13%，进度排名全市第二位。其中，制造业到位外资及港澳台资15172万美元。新批重大外资及港澳台资项目5个，协议外资及港澳台资2.27亿美元，均为制造业项目，其中总投资超1亿美元项目2个。新批外资融资租赁企业1个；新批外资功能性机构1个（独立研发中心）。

【东亚电力项目落户】 东亚电力（无锡）有限公司是由中国香港东亚电力（无锡）控股有限公司与无锡市市政公用产业集团有限公司合资设立的燃气电厂项目，总投资4.5亿美元，是锡山区建区后引进的单次投资额最大的项目。该项目利用天然气建设燃气—蒸汽联合循环发电机组，不仅可以提高一次能源利用效率和电网调峰性能，而且能够大大缓解环保压力，保持地区的环境品质，对于优化电源结构、缓解无锡电网调峰压力、促进地方经济发展等方面具有现实意义。

【招商引资水平提升】 2015年，全区招商条线以素质提升为重点，围绕产业招引方向、项目信息获取、项目质量分析、项目洽谈推进、市区招商对接等内容，组织举办招商专题论坛4期，进一步提高招商引资工作的针对性和实效性。区、镇（街道）两级招商网络和工作渠道进一步健全，初步建立全区项目招引载体信息库，完善存量土地、可供地块、标准厂房及楼宇载体等资源信息。实行区招商局招商人员挂钩联系板块制度，“大招商”格局初步形成。渠道拓展、信息捕获能力明显提升，区招商局全年捕获有效意向项目信息93个，在谈重大产业项目13个，注册落户项目13个。（巫银科）

对外及对港澳台经济合作

【概况】 2015年，全区完成境外中方投资额12875万美元，比上年增长28.3%。新批境外投资项目8个，平均投资额1609万美元，其中金丝猴尼日利亚项目超5000万美元。

2015年锡山区新批境外企业（机构）情况一览

表7　单位：万美元

序号	境外企业名称	投资国别或地区	总投资额	中方投资额	投资类型	设立或增资时间	投资中方主体
1	水中膜技术有限公司马来西亚分公司	马来西亚	110	110	生产企业	2015年1月	无锡市百净净化科技有限公司
2	恒晖实业孟加拉有限公司	孟加拉	5	5	贸易公司	2015年1月	无锡恒晖经贸有限公司

续表7　　单位：万美元

序号	境外企业名称	投资国别或地区	总投资额	中方投资额	投资类型	设立或增资时间	投资中方主体
3	柬埔寨全星家居用品有限公司	柬埔寨	800	800	生产企业	2015年3月	无锡市全星鞋业有限公司
4	茂硕控股（香港）有限公司	中国香港	8900	8900	贸易公司	2015年3月	美能有限公司
5	康发（俄罗斯）有限公司	俄罗斯	1000	1000	生产企业	2015年5月	无锡市康发家具有限公司
6	海特精密模具（泰国）有限公司	泰国	120	120	生产企业	2015年5月	无锡海特精密模具有限公司
7	水中膜技术有限公司马来西亚分公司	马来西亚	310	310	生产企业	2015年7月	无锡市百净净化科技有限公司
8	东工服饰（柬埔寨）有限公司	柬埔寨	150	150	生产企业	2015年8月	东工纺织（无锡有限公司）
9	开元可可制品工业有限公司	尼日利亚	6000	6000	生产企业	2015年8月	上海金丝猴集团无锡可可制品有限公司
10	红豆投资有限公司	中国香港	1000	1000	外贸公司	2015年9月	红豆（香港）有限公司
11	大津编物（无锡）有限公司	美国	50	50	外贸公司	2015年9月	贝旭国际商务有限公司

【西港特区建设提速】 2015年，西港特区积极融入“一带一路”发展战略，建设步伐进一步加快，着力打造集工业、商贸、地产等业态于一体的全方位发展的综合境外园区。通过在立项审批、物资进出口检验检疫和通关验放、人员出入境、融资及资金汇兑、投资保障等方面开辟绿色通道，为西港特区建设提供各项便利。随着西港特区中方援建职业培训中心、新城规划、生产生活配套、大容量变电站、公共事务服务协调中心等一系列项目的实施，西港特区基础配套设施进一步完善。年末，西港特区累计入驻企业92家，分别来自中国、欧美及日本等国家和地区，其中70家企业生产经营，区内从业人数约1.2万人，累计投资总额3.96亿美元，年进出口总额4亿美元。5月下旬、11月下旬无锡市市长汪泉、副市长王进健分别率经贸交流团赴西港特区进行考察，在西哈努克市开展商务考察和友好城市拜访活动，对推动友好城市合作交流、助推西港特区建设起到了积极作用。

（孙科军）

锡山经济技术开发区

【概况】 2015年，开发区紧紧围绕“建设全国一流开发区”的奋斗目标，主动适应经济发展新常态，坚定信心，凝心聚力，基本完成全年目标任务。全年完成财政总收入41.1亿元，比上年增长16.7%，其中公共财政预算收入20.8亿元，比上年增长15.5%；完成规模以上工业总产值484.4亿元，比上年增长3.7%；完成固定资产投资210.1亿元，比上年增长10.4%，其中工业投入144.3亿元，比上年增长12.2%；完成到位外资及港澳台资1.7亿美元；完成进出口总额22.6亿美元，其中出口额17.7亿美元。开发区V-park锡山电子商务产业园、南方物流（无锡）电子商务产业园入选市电子商务示范产业园。科技创业园在市级知识产权示范验收中获优秀。

【项目建设】 2015年，开发区开工超1亿元项目23个，总投资134亿元，当年投资62亿元。其中，新开工项目13个、续建项目10个。国宏硬质合金、门德尔松钢琴、正罡自动化、鼎固房地产等13个超1亿元项目开工，科瑞莱、钰邦电子三期、西达二期、百奥明等10个项目竣工达产。要素保障持续有力，办理国宏硬质合金、正罡自动化等11个项目挂牌，累计挂牌面积50.67公顷；组织国宏硬质合金、正罡自动化、安普瑞斯3个项目申请市级A类项目评估。股改上市势头良好，主板上市稳步推进，开发区境内外上市后备企业4家，其中江苏赛福天钢索股份有限公司首发过会，江南影视传播有限公司筹备借壳上市。新三板梯队逐步成形，无锡利特尔彩印包装有限公司、江苏新广联光电股份有限公司、无锡正大轴承机械制造有限公司、无锡富瑞德精密机械有限公司、无锡杰尔压缩机有限公司5家企业成功挂牌，无锡吉冈精密机械有限公司和无锡三立轴承有限公司2家企业已报全国股转中心。

【招商引资】 克服宏观环境、经济下行趋势等不利因素影响，创新招商方式，主攻重大项目，全年完成到位外资及港澳台资1.7亿美元。注册资本3000万美元的德国博戈、注册资本1000万美元的NOK过滤净化膜、顺乾生物、通威拜欧玛、瓦里安医疗设备、阿尔吉斯、时代桃源等一批项目签约落户。新增重点意向项目30余个。服务业项目成效显著，2015年新增注册项目70个，其中重点项目19个。无锡邮政跨境电商产业园锡山园区、上药华东分销中心、无锡金投产业升级股权投资基金签约落户。

【科技创新】 强化企业主体地位，集聚创新要素资源，2015年完成高新技术产业产值221亿元，比上年增长3%，占规模以上工业总产值的46%。培育无锡海特精密模具有限公司、无锡国宏硬质合金模具刃具有限公司、无锡芯奥微传感技术有限公司等15家省高新技术企业，认定数占锡山区一半以上；无锡诚石轴承有限公司、江苏铁鑫能源科技有限公司、无锡溥汇机械科技有限公司等27家企业被认定为省民营科技企业；培育申报省高新技术产品98个，万人有效发明专利拥有量83件，居全市第一位。摸清面上企业研发机构建设、产学研合作、科技人才等“五大情况”，形成“一企一档”，开展“一企一策”服务，累计申报国家火炬计划项目4项；省级各类科技计划项目33项，其中省科技成果转化项目3项；市级各类科技计划项目44项。协同创新平台加快构建，中国科学院金属研究所南方（无锡）工作站揭牌成立，为中国科学院金属研究所在南方地区建立的唯一综合性研发基地。推进骨干企业研究院建设，首批吉兴汽车声学部件技术研究院、超科粉末油脂技术研究院、福祈制药免疫抑制剂药物研究院3家企业研究院授牌成立。创新创业资源加速集聚，全力做好人才项目引育工作，全年引进1名国家“千人计划”人才、博士孙文全，培育无锡舒玛天科新能源技术有限公司徐从康等4人入围江苏省“双创计划”项目。

【园区建设】 按照“功能做优、环境做美”的要求，开发区集产业功能、城市功能、生态功能于一体，精耕细作，精益求精，构筑宜居宜业的产城融合新格局。完成云林街道卫生服务中心前广场地块、二泉纺城地块、云龙地块的清点，有效推进依法拆迁2个，签约并拆除面积0.7万平方米。完成开发区景观提升工程、开发区管委会大楼配套工程、集智广场电缆修复工程、科技创业园篮球场及车位改造工程。完成云林苑西区北、云林苑西区南、春雷苑D区三个老小区共2248户自来水和燃气改造工程，实现所有小区自来水和燃气抄表到户。完成春江路、联行路、云林苑支路1.4千米的道路建设，完成17个道口的交通设施安全隐患整治等工程，完成开发区东区锡沪路以北10平方千米自来水管网及40家企业用户表改造，全面启动污水处理厂分厂项目建设和污水处理厂一、二期总氮升级改造工程。完成春雷小学新建工程、厚桥实验小学改扩建一期工程。城市管理不断加强，加快备用地整理，整理地块90公顷；建立街道网络化管理机制，拆除各类违建12处、8684平方米，清运暴露垃圾6500吨，补植绿化4000平方米，修补路面500平方米，园区面貌大有改观。继续推行安全生产监管网格化管理，加强重点消防隐患单位的督促整改；积极开展“环保大检查”行动，启动工业废气达标排放专项整治工作，稳步推进能达热电脱硫脱硝工程，全面完成燃煤锅炉清洁能源改造工作，宛山荡生态湿地公园成功申报省级湿地公园。

【美国瓦里安医疗系统公司落户开发区】 1月，美国瓦里安公司与开发区签署投资协议书，建立中国区第二家工厂，公司是提供癌症及其他疾病放射治疗、放射外科学、质子治疗和近距离放射治疗设备及相关软件的全球领先生产企业，主要客户为西门子、上海联影等全球知名企业。公司注册资本约3000万元人民币，预计年销售额1亿美元。

【南车旗下博戈项目落户开发区】 2月，开发区与中国南车集团共同签约，在开发区建设由南车集团成功并购的博戈（BOGE）项目。项目主要从事车辆减震橡胶金属件的开发与生产，主要产品为汽车保险杠冲击阻尼器、汽车发动机悬置、变速杆组件和安全气囊系统部件等，项目注册资本3000万美元，投资总额9000万美元。项目投产后预计年销售额10亿~15亿元人民币，年利税预计1亿元人民币以上。

【门德尔松钢琴（江苏）有限公司奠基】 5月，门德尔松钢琴（江苏）有限公司举行开工奠基仪式。公司主要生产中高档立式和三角钢琴。旗下拥有“门德尔松”“斯坦迈格”“切雅诺”三大品牌。公司注册资本1000万美元，总投资2500万美元，项目用地约2.33公顷。一期项目达产后，预计年产钢琴1万台，总产值约2亿元人民币。

【北京时代桃源环境科技有限公司落户开发区】 5月，北京时代桃源环境科技有限公司落户开发区。项目拟投资1亿元，注册资本5000万元，占地1.33公顷，投产后预计销售额1亿元。公司专注于有机垃圾厌氧发酵处理与利用、低热值气体处理与利用，业务范围涉及餐厨垃圾处理厂、市政污水处理厂、城市生活垃圾处理厂、煤矿、畜禽养殖场等多个领域。

【江苏台新东机械科技有限公司奠基】 5月18日，江苏台新东机械科技有限公司举行开工奠基仪式。公司注册资本810万美元。项目占地约1.8公顷，主要生产汽车外壳的砂处理、表面处理及环境污染防治等表面处理流水线设备，主要客户是丰田、现代等知名汽车公司。预计投产后年销售额1.5亿~2亿元，纳税1500万~2000万元。

【无锡邮政跨境电商产业园锡山园区签约落户开发区】 5月，无锡邮政跨境电商产业园锡山园区签约落户开发区。园区面积约5000平方米，将依托开发区优质的区位、便捷的交通、丰富的企业资源、完整的综合配套，将园区打造为无锡市乃至江苏省最大的跨境电商产业基地。

【上药山禾无锡医药股份有限公司签约】 8月，上药山禾无锡医药股份有限公司签约开发区，公司将在开发区建立华东分销中心，项目注册资本6272万元，投资总额1.5亿元，项目投产后预计年销售额30亿~40亿元，年利税预计5000万元以上。

【宝克（无锡）测试设备增资项目签约】 8月，宝克（无锡）测试设备有限公司增资项目签约落户开发区。该次签约的新项目一期用地5公顷，新增注册资本2000万美元。主要从事研发、生产精密在线测试设备、自动化装配、测量仪器、风力发电机、玻璃制品生产专用设备、太阳能电池板生产专用设备，并提供产品的售后维修、安装、调试工作。

【中国科学院金属研究所南方（无锡）工作站成立】 10月，中国科学院金属研究所南方（无锡）工作站在开发区揭牌成立，标志着中国科学院金属研究所在南方的唯一基地启动运行。按照计划，未来2~3年，中国科学院金属研究所将建成一支40人的专业化团队，常驻南方工作站开展工作，并在工作站的基础上，逐步成立“中国科学院金属研究所南方中心”，立足锡山，辐射江浙沪，最终建成中国科学院金属研究所在长三角地区的重要支点。

【科瑞茉（无锡）日用品有限公司建成开业】 10月，科瑞茉（无锡）日用品有限公司举行开业庆典。该公司于2014年9月落户开发区，项目总投资1275万美元，主要生产衣物洗涤芳香粒，投产后预计年产值2亿元人民币。

【汇盈年产3万吨速冻米面食品生产基地开建】 11月，无锡汇盈食品有限公司年产3万吨速冻米面食品生产基地开工建设。该公司于2002年由中国香港汇盈贸易集团在开发区投资设立，主要生产速冻食品系列和肉制品系列，产品畅销华东地区及北京市、湖北省武汉市、湖南省长沙市等地，成为酒店餐厅、连锁超市的首选品牌。2010年，根据开发区规划调整的需要，公司搬迁至新地块。项目新投入1亿元，建筑面积2.2万平方米，预计于2016年年底投产，年产值可达1亿元。

【通威拜欧玛（无锡）生物科技有限公司落户开发区】 11月，由通威股份有限公司与丹麦拜欧玛集团合资新建的通威拜欧玛（无锡）生物科技有限公司签约落户开发区。项目占地2.53公顷，总投资3亿元，主要生产高端特种水产饲料（包括开口料及成鱼料），合作开展水产技术方面的科研，运用高效、环保设施开展特种水产养殖作业。达产后预计年产销开口料500～1000吨、特种成鱼饲料4.5万～5万吨，年销售额4亿元以上，年利润4000余万元。

【阿尔吉斯（无锡）科技有限公司落户开发区】 12月，由无锡和荣科技有限公司、无锡太湖蓝藻资源应用技术研究院有限公司与美国阿尔吉斯三方合资成立的阿尔吉斯（无锡）科技有限公司落户开发区。项目总投资1500万美元，注册资本1000万美元，主要从事藻类资源利用的技术研究、开发及综合利用。项目达产后预计每年产出藻类粒子6000吨，年销售额8000万元人民币，年利润率超过15%。

【琪瑜光电（江苏）有限公司落户开发区】 12月，由上海琪瑜光电科技股份有限公司投资设立的琪瑜光电（江苏）有限公司落户开发区。项目主要从事研发生产新型智能化LED照明灯具和控制器件、电力直流支撑器件和新能源汽车储能器件。注册资本3000万元、占地1公顷，年产1000万只节能型照明和电力电子器件，年产值1.5亿元左右，年纳税额约500万元。

【恩欧凯（无锡）水处理技术有限公司奠基】 12月，恩欧凯（无锡）水处理技术有限公司举行开工奠基仪式。该公司由日本NOK株式会社投资成立，注册资本1000万美元，总投资2500万美元，主要从事研究、开发、生产环保用有机膜（超滤膜、微滤膜）及膜组件、膜生产设备，占地1.2公顷，计划于2016年下半年竣工投产，预计达产后年销售额1亿元，利税400万元。

【无锡财通融资租赁有限公司落户开发区】 12月，由无锡市建融实业有限公司与中国香港锡金国际有限公司合资成立的无锡财通融资租赁有限公司落户开发区。公司注册资本5000万美元，主要从事融资租赁业务、租赁业务、向国内外购买租赁财产、租赁财产的残值处理及维修、租赁交易咨询和非融资性担保等业务。 （袁立芬）

锡东新城商务区

【概况】 无锡锡东新城商务区管理委员会为锡山区人民政府派出机构，正处级建制，主要负责商务区44.06平方千米的开发建设和城市经营。商务区下设党政办公室、经济发展局、招商局、财政局、建设局、城市管理局、监察局（审计局）7个部门。安镇街道委托商务区管理，挂“社会事务局”牌子。2015年，商务区以科学发展观为指导，围绕“三中心、一枢纽”（无锡城市副中心、锡山行政文化商务中心、生产性服务业集聚中心、苏南区域客运枢纽）战略定位，深入推进“项目建设突破年、改革发展突破年、作风建设突破年”活动，经济社会呈现稳定健康发展态势。

【经济发展稳中有进】 全面贯彻中央及省、市、区政府关于稳增长的精神，积极应对经济下行压力，力保经济发展逆势增长。财税指标稳步增长。完成公共财政预算收入9.92亿元，比上年增长17%，增幅列全区第一位，对区贡献额度为14.9%；税收收入9.14亿元，比上年增长17%，排名全区第二位，税收占比92.1%。社会投资保持稳定。完成全社会固定资产投资124亿元，比上年增长11%，其中服务业投资112.34亿元，比上年增长10%；工业投资完成11.6亿元，比上年增长15.7%，有效投资表现更加稳健。企业发展保持平稳。工业开票完成162.3亿元，比上年增长22.3%；规模以上工业总产值比上年增长3.4%；上市工作稳步推进，雅迪科技集团有限公司将于2016年第一季度在中国香港上市，江苏新日电动车股份有限公司主板上市取得明显突破，同时还储备了无锡华能电缆有限公司、无锡斯吉利机械制造有限公司等一批上市后备企业。

【招商引资稳步突破】 全面加大重大项目招商攻坚力度，瞄准外资及港澳台资、功能性和产业项目，努力为锡东新城储备发展后劲。外资及港澳台资利用持续向好。全年新批外资项目1个，协议注册外资500万美元；完成到位注册外资及港澳台资9147万美元，超额完成市、区两级下达的目标任务。落地项目成色更足。全年出让土地32.1公顷，总投资3亿美元的宇培电商物流园项目落地，巧克力开心乐园、五星级酒店、泰和诚肿瘤医院3幅地块挂牌；锡山区首家中央企业子公司总部——中国中铁一局集团城市轨道交通工程有限公司签约进驻；凤凰山立方谷、跨境电商等项目快速推进。项目储备量质齐升。储备了总投资50亿元毅德商贸产业园、总投资20亿元中瑞大宗商品产业园和E谷孵化器等一批优质产业项目；与银江智谷、联科智慧城等科技园区开发运营商沟通对接，加快科创园建设；与中南控股集团策划体育公园项目，取得有效进展。

【项目建设全面提速】以“项目建设突破年”为抓手，着力为锡东新城发展增添新动力。全年34个计划内超1亿元项目在建30个，在建率88%；创智天地大厦、隆达超合金等4个计划外项目启动建设。核心区建设加快推进。总部楼宇在建7幢，华夏、天宇、宁泰3幢大楼基本建成；创智天地大厦进展快速；润发购物中心开业运营；中隆广场沿河商业封顶；网新国际科创园一期主体封顶。地产项目支撑有力。在建地产项目11个，新增预售面积约30万平方米，商品房在售总面积约100万平方米；全年完成商品房销售48.6万平方米，比上年增长8.6%，占全区商品房销售面积的40%，实现销售额32亿元。工业项目进展良好。11个重点工业项目在建7个，斯吉利机械、新迪科技、庆瓯摩配3个项目完成挂牌，新日二期、赛盈电机、新伟动力竣工投运；国威、台铃建设进展顺利；源华阀门、庆瓯摩托、隆达超合金、华亮节能启动建设；时硕科技、丹麦矿山机器人等14个项目在谈，工业项目招商及建设呈现出良好势头。

【城市功能加快构建】更加注重功能体系的完善、生态环境的营造和城市元素的丰富，着力打造高品质的宜居宜业环境，城市面貌有新展现。公共服务逐步完善。总投资1亿元、建筑面积约4万平方米的锡山实验小学建成开学，优质教育资源集聚成为锡东新城一大亮点；锡山人民医院新建工程主体完成封顶，未来将为锡东片区提供高水平医疗服务；水岸佳苑酒店公寓竣工交付，服务功能更趋多样。基础设施加快完善。益林路、鑫安路等道路工程竣工，区域内道路成网；围绕站区构建了高铁、地铁、快速路的交通零换乘枢纽，市民出行更加便捷。生态环境更趋优化。着力加强新城山水资源的保护性开发利用，建成“两园两带”（九里河湿地公园、映月湖中央公园，九里河风光带、胶阳路景观带），生态环境建设成效明显，翠屏山省级旅游度假区获得省政府批复。同时，景观工程加快实施，九里河亮化、西仓浜景观、吼山北联河等项目全面完成，区域环境景观效应彰显，锡东新城的生态知名度明显提升。

【创新创业活力迸发】积极推动大众创业、万众创新，全面开发创新创业载体，加大对科技、人才的扶持力度，以创新驱动引领新兴产业集聚。创新平台加快搭建。依托创融大厦等载体，成立南京理工大学无锡新能源电动车产业技术研究院，并谋划创建省级联合重大创新载体；锡东大学生创业园获市级认定；跨境电商（无锡）产业孵化中心运营，致力于打造辐射华东地区的跨境电商产业中心。人才引进力度加大。积极参与省、市、区各类科技人才活动，与上海交通大学、江西理工大学等高校对接，帮助无锡华能电缆有限公司、无锡隆达金属材料有限公司、江苏新日电动车股份有限公司等龙头企业引进高层次人才，为下阶段引进“互联网+”智能沉浸式虚拟旅游系统项目创造有利条件。支持创业品牌打造。加快谋划构建创新创业服务平台，引导核心区入驻项目申报创新创业品牌，“创融汇”通过市级“众创空间”认定，红豆电信、优兑网络等新型业态、新商业模式企业不断涌现。

【社会民生逐步改善】围绕增强群众“获得感”的目标，创新开展社会民生服务工作，群众满意度进一步提升。公共服务深入开展。深入实施“48小时就业直通车”工程，累计提供就业岗位2325个，实现城镇失业人员再就业332人，提供公益性岗位112个。以水岸佳苑居家养老服务中心、山韵佳苑残疾人综合服务中心为平台，辖区内残疾人康复、教育、培训、文化等服务功能日渐完善。“幸福安镇”渐入人心。以就业帮扶、慈善救助、公共卫生等为主要内容的民生保障事业广泛开展；安镇街道养老服务中心投用、长青园管理服务中心基本建成，10项为民办实事项目完成，群众“获得感”进一步增强。社会保持和谐稳定。依托社情民意大收集机制，收集社情民意1063条，办结961条，办结率90.4%，与民沟通渠道进一步畅通。进一步健全矛盾排查化解体系，强化应急处置能力，保持了和谐稳定的发展局面。

【商务区首个电商物流项目落地】3月19日，无锡宇培电商物流园项目落地。该项目位于锡虞路南、锡东大道东，总投资3亿美元，由上海宇培（集团）有限公司投资建设，打造华东地区的电子商务结算中心和物流配送集散地，通过电子商务与物流网平台的运作，建设无锡及周边地区最大的电子商务物流行业的“航母群”。该项目于2015年9月启动建设，建成后预计近期年营业额为50亿元，可提供1000余个就业岗位，每年业务量可增加15%；远期年运营收入将达100亿元。

【中铁一局城轨公司落户商务区】 6月15日，中国中铁一局集团城市轨道交通工程有限公司签约落户商务区，中铁一局城轨公司总部将从陕西省西安市搬迁至无锡市，进驻商务区网新国际科技创新园。中铁一局城轨公司是中铁一局直属的专业子公司，是主要从事以盾构工程为主的地下工程施工建设等业务的国家高新技术企业，是一家技术密集、管理密集和装备密集的施工企业。公司业务遍布北京市、上海市、印度德里市等国内外24个城市，拥有20余项重大技术成果。公司员工800余人，本科及以上学历超50%，具有专业技术职称人员619人，其中教授级高级工程师4人、高级工程师32人、工程师199人。根据中铁一局集团公司战略部署和城轨公司长远发展需要，城轨公司将在锡东新城建立综合性总部基地，同时还将打造掘进设备技术中心。届时，公司年产值将达到25亿元。

【锡东新城首届徒步活动举行】 5月30日，“漫步九里河”锡东新城首届徒步活动在商务区京沪高铁无锡东站南广场举行，无锡市的许多户外俱乐部、协会以及户外运动爱好者参加该活动，参与者超过1200人。活动以绿色出行、品质生活为主题，沿映月湖中央公园、九里河风光带展开，线路贯穿锡东新城核心区部分重点项目，展示了锡东新城的最佳生态景观资源。

【锡山实验小学建成开学】 9月1日，锡山实验小学建成开学。学校位于商务区先锋路、文景路交叉路口北面，规划用地面积5.65公顷，建筑总面积近32000平方米，总投资约1亿元。学校设置规模为10轨、60个班，学生数2700人；2015年开设25个班，学生950人，专任教师65名，特级教师1名，区教学新秀以上骨干教师22名，骨干教师比例超过30%。锡山实验小学的投入启用，标志着锡东新城第一阶段教育配套设施全面完成，从义务教育到高中教育、从国内教育到国际教育的全覆盖优质教育体系基本成形。

【无锡翠屏山旅游度假区获批】 10月10日，无锡翠屏山旅游度假区获得江苏省人民政府批准设立。根据批复，无锡翠屏山旅游度假区为省级旅游度假区，规划面积16平方千米，四至范围为东至锡东大道，南至锡沪路—胶西路—胶阳中路—锦安路—安国路沿线，西至鸭荡圩，北至双泾河。该度假区的获批，有利于促进锡山旅游产业的整合发展，加快产业转型优化，为推动消费经济升级和生态文明建设发挥积极作用，未来将打造集农业观光、休闲度假、健康娱乐、文化体验于一体的品牌旅游度假区。

（张智慧）

编辑：张　彤

7月21日，锡山区重大产业项目集中开工暨国宏硬质合金刀具项目奠基仪式举行 （开发区 供稿）

11月14日，无锡汇盈食品有限公司年产3万吨速冻米面食品生产基地奠基仪式举行 （开发区 供稿）

12月17日，开发区企业研究院授牌现场会召开 （开发区 供稿）

8月1日，跨境电商（无锡）产业孵化中心开园 （商务区 供稿）

服务业

Service Industry

宛山荡湿地公园　　　　（区商务局 供稿）

综　述

【概况】2015年，锡山区积极适应经济发展新常态，围绕年度工作目标，加快服务业集聚区建设，加大项目建设推进力度，加强企业服务工作，全区服务业经济实现平稳较快发展。总量保持较快增长。全区实现服务业增加值292.56亿元，比上年增长8%，占GDP的比重为45%；实现社会消费品零售总额148.6亿元，比上年增长9.4%；实现限额以上零售额60.26亿元，比上年增长3.6%。拉动经济作用明显。全区服务业增加值占GDP的比重比上年上升0.8个百分点。服务业的发展使城乡居民收入大幅度增加。锡山区城镇居民人均可支配收入43045元，比上年增长8.1%；农村居民人均可支配收入24355元，比上年增长8.3%。行业结构不断完善。全区批发、零售、餐饮等传统服务业增加值占GDP的比重比上年下降3个百分点，现代物流业、商务服务业、软件服务外包业等新兴服务业所占比重逐步上升。除批发零售、住宅餐饮等传统服务业和非营利性服务业以外的服务业逐渐成为拉动服务业增长的重要力量。投资结构不断优化。全区完成服务业固定资产投资338.4亿元，比上年增长5.5%，占全社会固定资产投资的52.8%。其中，房地产投资70.8亿元，比上年下降48.8%；信息、咨询和技术服务等新兴服务业投资增长加快。

【项目建设有序推进】全区67个超1000万元项目完成投资97亿元，其中英特宜家购物中心、锡北星天地等一批项目建成投运，长庆油田大厦、华夏国际商务大厦等一批项目主体封顶，宇培电商物流园一期、林肯4S店等一批项目启动建设。项目总体进展情况良好，其中49个续建项目完成投资83.1亿元；18个新建项目开工12个，完成投资13.9亿元；引进五星级酒店综合体、体育中心等项目，在谈食乐淘电商基地、中瑞控股总部经济产业园等项目。

【电子商务成效显著】2015年，锡山区以完善全省电子商务统计平台为抓手，加快区内电商企业的统计入库，全年新增入库企业10家。加快电商产业园项目建设，无锡宇培电商物流园一期完成投资1.1亿元，主体厂房基本完工；锡山电子商务产业园新引进电商企业19家（其中电子商务企业14家、电商服务企业5家），企业注册资本8300万元；无锡邮政跨境电商产业园锡山园区有无锡速必利尔电子商务有限公司、无锡宏骏腾电子商务有限公司等12家企业进驻，产业园入驻率50%。积极开展2015年市级电商资金申报，红豆实业股份有限公司等4家企业获得扶持资金54.92万元。无锡纺织材料交易中心有限公司等3家企业获评市级电子商务示范企业；锡山电子商务产业园、南方物流（无锡）电子商务产业园获评市级电子商务示范园区。

【镇级农贸市场改造全面完成】11月，锡山区4家农贸市场通过无锡市区农贸市场改造提升验收，共获得补贴资金160万元，验收通过数和补贴资金总额居全市第一位。自2010年起，锡山区着力推进农贸市场改造提升，取得积极成效。2013年，锡山区出台《关于锡山区农贸市场改造提升考核奖励的实施意见》，通过“新建一批、改造一批、提升一批、规范一批”的思路，全力打造干净、整洁、美观的农贸市场。至2015年年底，全区镇级农贸市场改造提升全面完成。

【无锡宇培电商物流园一期基本建成】3月，由全国电商巨头上海宇培集团投资的无锡宇培电商物流园在锡山区锡虞路南、锡东大道东规划启建，该项目是落户商务区的首个大型电商物流园项目。项目注册资本1亿美元，总投资3亿美元，占地约40公顷，其中一期项目占地10公顷。预计近期年营业额将达50亿元人民币，可提供1000个就业岗位；远期年营业额将达100亿元人民币。至2015年年末，该项目一期基本建成。作为上海宇培集团着力构建全国电子商务物流网的重要支撑之一，该项目将整合华东区域的电子结算中心与物流配送集散基地，打造苏南最大的电子商务物流群。

【服务业标准化取得新突破】2015年，无锡市产业园区公共技术服务平台规范、航空托盘循环使用服务标准被列为2015年无锡市服务业地方标准项目；荡口古镇旅游服务业标准化试点、终端门店服务业标准化试点被列为2015年无锡市服务业标准化试点项目。无锡美捷现代物流科技有限公司提出的《航空运输托盘循环使用服务标准》是针对托盘应用的广阔市场，以租赁管理的新理念，结合该公司在托盘行业和物联网建设中积累的经验，通过JIT（即时配送）、VIM（供应商库存管理）等现代信息技术，改变了物流行业中传统的托盘单一销售模式，实现了托盘租赁、回收，保证了托盘的可循环使用，创造了全新的托盘供应链服务模式，填补了该行业标准的空白，是一个新业态、新门类的现代物流服务创新标准。

【无锡邮政跨境电商产业园锡山园区签约落户开发区】5月，无锡邮政跨境电商产业园锡山园区签约落户开发区V-park信息服务和创意产业园。园区面积约5000平方米，由中国邮政集团公司无锡市分公司和开发区管委会共同投资建设。无锡邮政将依托开发区优质的区位、便捷的交通、丰富的企业资源、完整的综合配套，将园区打造成为无锡市乃至江苏省最大的跨境电商产业基地。同时，开发区也将依托园区的电商资源，为传统加工、制造企业的转型升级尤其是电商化转型提供专业化服务。

【区企业产品入选《中国绿色仓储与配送技术与设备推荐目录》】4月17~18日，在第二届中国（国际）绿色仓储与配送大会上，无锡美捷现代物流科技有限公司的柔性组合托盘入选《中国绿色仓储与配送技术与设备推荐目录（第一批）》。该公司于2012年在日本东京国际物流展首次发布一款新颖的柔性组合托盘。该托盘主要由塑料柔性框架、特种性能纸板、塑料底座三部分组成，选择的主要材料为塑料和纸。该托盘的设计结构有着独到之处，大幅度降低了托盘整体重量，但仍然保持承载能力强、耐用的特点。同时，合理分配使用了塑料和纸的用量，大量节省了塑料的用量，从而降低了制造成本。

（姚锦春）

粮 食

【概况】2015年，区粮食局紧扣全区粮食事业转型升级、赶超发展主题，全面开展粮食流通现代化达标工作，积极推进省级示范库建设及百企升级工作，扎实推进数字粮库升级工作，完成羊尖粮管所烘干设施建设工程，对上争取工作成绩斐然；通过产业链一体化市场运行新机制，深入贯彻“三品一精”（品质、品种、品牌和精细化管理）质量管理方针，全面实现全区粮食收储新格局，推动了区域内粮食事业的健康发展。全年收购粮食52991吨，其中小麦18409吨、稻谷34582吨，实现了粮食市场供应平稳和质量安全。区粮食局被评为“2015年度全省粮食流通监督检查示范单位”；区粮油质量监测站通过省实验室资质复评工作；区地方粮食储备库通过江苏省AAA级信用体系建设评定，并获得“无锡市示范粮库”称号。

【粮油稳供加强】密切关注市场变化，加强粮食宏观调控。坚持制定并落实应急保供预案，完善应急保供网点建设。进一步加强对粮食企业执行政策的执法监督，加快全区粮食收储全新运营模式建设步伐，并与苏北、安徽等优质粮源基地建立战略合作关系，为强化宏观调控、维护市场稳定奠定基础。抓好夏秋两季收购，本地粮食应收尽收。立足本地，严格落实收购政策，做到不压级压价、不抬级抬价，明码标价，以质论价，切实保障农民利益。指导并监督企业理性收购，在确保质量的前提下收好粮、储好粮。同时，设立举报监督电话，严厉打击非法收购、违反政策收购等不法行为，并妥善处理好投诉事件。抓好仓储管理，保证存粮安全。指导企业提高科学保粮新技术水平，推行仓储“五化”（程序化、标准化、信息化、精细化、高效化）管理新模式，督促企业抓好冬季通风降温及春季密封工作，定期深入廒间对水分、杂质、虫害、粮温等粮情进行动态监测、实时监管，定期召开粮情分析会，对有苗头性问题的粮食及时采取措施，确保储粮安全。落实清仓查库长效管理机制，确保粮食数量真实、质量良好、账实相符、账账相符。

【市场监管加强】深入镇（街道）、企业和社区，利用“3·15”国际消费者权益日和全国粮食科技活动周、两季收购以及其他主题宣传等活动，广泛开展粮油政策、法律法规和粮油科学消费知识宣传，现场发放《无锡市粮油流通监督检查办法》和自编印制的《粮食食品科学消费》手册1500余份，接受市民咨询350余人次，并实物展示真假优劣粮食，帮助消费者提高识别能力。召开全区两季粮食收购会议业务及粮食收购政策培训班，与收购企业签订“夏秋粮收购承诺书”和“防范投诉承诺书”，明确相关收购纪律，并通过各镇（街道）农服中心深入做好政策宣传工作，大力营造依法收购的浓厚氛围，确保全区两季收购期间无投诉事件发生。在《新锡山》上刊登《给全区粮农的一封公开信》，宣传国家收购政策，引导广大粮农积极踊跃售粮。对全区24家“放心粮油经营单位”进行授牌，并开展食用油脂、粮食收购资格核查、粮食库存检查、粮食仓库清查以及“转圈粮”专项检查活动，全年开展市场粮油执法检查45次，抽检样品185件，产品合格率在98%以上，确保了区级粮食市场流通有序。

【粮食系统安全加强】 强化国有资产管理，对全系统资产进行核对梳理，对99家承租企业全部登记造册，建立详细的基础台账，并实施网格化管理；高质量完成荡口、厚桥粮管所附属房屋面和部分场地的修缮工作，对区粮油质量监测站实验室进行技改升级，进一步筑牢安全生产防线。制定下发《2015年安全生产工作意见》，建立重大安全事故应急预案，明确职责范围，健全安全生产应急体系。通过组织全系统观看安全警示教育片、举办消防知识培训讲座以及开展熏蒸药剂和特种设备备案专项行动、安全生产事故隐患排查专项治理等活动，进一步强化全系统安全责任意识。全年对系统内各单位、承租户进行安全清查50批次，发现隐患15处，全部整改到位；制作安全警示牌33块，粮食系统安全生产管理进一步走向规范。 （王品元）

供 销

【概况】 2015年，区供销合作总社以服务“三农”为宗旨，积极助农增收，扎实推进项目建设，努力提升为农服务职能和水平。全系统实现销售收入129亿元，其中农业生产资料3.2亿元，农副产品购销26亿元。帮助系统内企业争取到位为农服务扶持资金289万元。加强本级系统资产的有效管理，全年租金收入231万元，资产总额 3.1亿元。

【东林大厦公开招标招租】 1月，全面启动区供销社东林大厦公开招标招租工作。2月25日，区供销社向区政府上报《关于东林大厦实施公开招租招标的报告》；2月27日和3月26日先后两次召开东林大厦公开招租推进会，并确定招租底价和出租期限。同时，区供销社、原承租人无锡市东林大酒店有限公司聘请相关评估公司对原承租人无锡市东林大酒店有限公司在经营中投入的装修、购置的设备设施和相关存货进行评估。区供销社按规定联合招标资质机构无锡市远东产权交易中心有限公司先后于5月20日和9月16日在报纸和网络上发布第一轮和第二轮招标公告，后因两轮投标人数均不符合法定人数而流标。第三轮招租方式改为公开竞价或协议租赁交易方式进行招租，11月13日发布招租公告后，仅有无锡市河银旅馆有限公司参与招租。随后，区供销社按公告要求与无锡市河银旅馆有限公司在不低于底价的基础上协商达成租赁协议。

【供销系统安全】 建立安全巡查制度。定期召开安全工作会议，制订安全巡查表，定期现场巡查，全力做好区供销社系统单位安全工作。强化楼顶广告安全责任。6月中旬，东林大厦东林商场发生楼顶广告构件坠落事件后，区供销社立即联合城管部门、广告商、施工单位迅速对广告牌进行全面检查，整改安全隐患，避免类似事件的再次发生。修复黄泥头仓库危房。区供销社黄泥头仓库原集体宿舍存在墙体裂缝、大棚严重锈蚀等安全隐患，经资质机构鉴定房屋为局部危房后，通知并督促住户撤离危房，联合有资质的建筑设计院现场勘察，编制整改方案后向区政府报告并申请资金。9月末，区供销社黄泥头仓库整改工作全部完成。做好防汛工作。区供销社按照区政府的统一部署，落实防汛物资的储备及货源；实行汛期24小时防汛值班制并每日向区政府报告防汛工作开展情况。做好家舍物业维修。自行购置排水泵等排涝设施，及时解除区供销社长绛路家舍的进水险情，处理职工家舍屋顶漏水、给排水管道老化和渗漏等问题，解决了家舍住户的后顾之忧。

【为农服务】 开展创建达标活动。2015年，全区累计创建57家三星级为农服务社、31家二星级为农服务社和46家农民专业合作社；提升三星级为农服务社3家；创建省级为农服务社样板社1家、省级农民专业合作社示范社3家；创建市级农民专业合作社示范社3家；创建三星级为农服务社示范社4家，新建农民专业合作社5家。开展系列服务活动，为农民群众发展生产提供全面技术指导服务，满足了城乡居民生产、生活和文化需求。推进农超对接。加大农产品的拓销力度，利用广告宣传、商超对接开设专柜、专卖店、礼品店及电子商务平台进行农副产品销售。帮助无锡苏芽食品有限公司拓展营销市场，在无锡市朝阳批发市场设立直销批发专柜；帮助中东桃梨加入东方卫视电视购物等。加强农资服务。区供销社与无锡市农资公司合作，开办9家庄稼医院，开展农资科技咨询、供应服务；在锡北镇、东港镇、鹅湖镇和厚桥街道新开设4家农资直销店，从源头上杜绝假冒伪劣农资商品流入农村市场，保障农民群众的利益。

【重点项目建设】区供销社加快项目建设步伐，扶持龙头企业发展，做大做强实体经济。对符合现代农业产业发展方向、市场前景好的项目，从资金、政策方面进行重点扶持，同时与大企业、大公司、种养殖大户以合资、参股等形式进行合作，联合投资，积极培育农业产业化龙头企业。2015年，先后有无锡喜洋洋果蔬专业合作社获得农业部农超对接项目资金120万元；无锡苏芽食品有限公司获得江苏省供销合作总社“新网工程”项目资金120万元；无锡三阳植物梦工厂投资600余万元进行二期工程建设，实现规模化生产。（刘晓群）

烟草专卖

【概况】锡山区烟草专卖局（分公司）秉承“国家利益至上、消费者利益至上”的行业共同价值观，坚持“与客户共创成功”的服务理念，为地方经济科学发展做出了积极贡献。2015年，区烟草专卖局（分公司）被市政府授予“无锡AAA级重合同守信用企业”称号，所属机动中队被区总工会评为“工人先锋号”。

【卷烟营销】秉持“与客户共创成功”的理念，致力服务与管理，对零售户关心的行业政策、货源投放、品牌内涵等热点问题进行系统讲解，就门店布置、卷烟陈列、消费者消费心理、品牌推荐和促销等方面开展多种方式的培训，零售客户的经营能力和盈利水平不断提升。全年销售卷烟4.17万箱，比上年增长0.5%；销售总额15.67亿元，比上年增长11%；税利贡献4.21亿元，比上年增长22%，经济运行质量在高基数下稳步提升。

【专卖执法】大力推进依法行政，坚持公正廉洁文明执法，把“国家利益至上”“消费者利益至上”作为工作的出发点和落脚点，积极履行专卖监督管理职责，严厉打击假、私、非等违法经营卷烟行为，扎实推进法治烟草建设。全年查处各类违法案件412起，侦办非法经营网络案件1起，查获违法违规卷烟922.1万支（其中假烟70.8万支），上缴罚没款152.9万元。

【行政许可】认真梳理行政许可工作流程，进一步明确烟草专卖零售许可证受理、核查、审核、审批、发放等工作环节的标准、条件、职责、时限，确保许可事项办理规范；同时优化许可证办理环节，缩短许可证审批办理时限，减少办证群众等待时间，让群众更加满意。全年受理行政许可1391宗，其中新办357宗、延续992宗、变更42宗，办结率100％。（周　晶）

旅　游

【概况】2015年，锡山区坚持抓项目促增长、抓市场促消费、抓创建促服务、抓发展促形象，扎实推进“怡然锡山”长三角旅游目的地建设，充分发挥旅游业在稳增长、调结构、促改革、惠民生等方面的重要作用，实现了旅游业的稳步健康发展。全区实现旅游接待人数545万人，比上年增长3.6%；旅游总收入8.4亿元，比上年增长3.7%。翠屏山旅游度假区成功创建为省级旅游度假区。

【旅游项目建设】以重点项目为抓手，旅游资源的挖掘、培育和建设方面取得明显成效。全年21个旅游重点项目完成投资31亿元。翠屏山旅游度假区内凤凰山生态园总规划面积约186.7公顷，各项工程进展顺利；立方谷项目总投资1.2亿元，完成投资5000万元。荡口古镇基础建设推进有力，按照AAAA级景区标准，建成停车场3个，设置南北2条游线，设计特色游步道、生态游步道；在40余处游客集中场所设置导游全景图、导览图、指示牌等标识。东港镇山联村投入2248万元修建7.2公里旅游观光道路，将河道治理和景观建设、生态环境保护相结合，实现河道生态治理；通过栽种植物、修建景观建筑和配套设施，打造山联景观湿地景点。全区城乡道路、交通、通信等基础设施建设力度不断加大，为全区旅游业发展提供良好的载体支撑。

【旅游对上争取】10月，获省政府批复同意，锡山区首个省级旅游度假区——无锡翠屏山旅游度假区设立，实现了旅游业发展重量级的突破。2015年，全区创建省级旅游度假区1家，省四星级乡村旅游示范区1家、省三星级乡村旅游示范区2家，市五星级农家乐1家、市四星级农家乐3家、市三星级农家乐7家；争取到省级引导资金50万元，市级引导资金10万元。

【旅游宣传提升】进一步加大旅游宣传力度，积极构建主流媒体、行业媒体、地方媒体“三位一体”

的旅游形象宣传模式。《锡山旅游》杂志（季刊）朝精品化方向发展，2015年起与旅游情报杂志社合作，进一步提升杂志品味。为适应智慧旅游和移动互联网的发展潮流，全区旅游微信项目启动，下半年进入试运行阶段。利用市旅游局与无锡电视台合作的大型旅游真人秀节目《周末去哪儿》，推广宣传锡山旅游景点。通过平面媒体、移动自媒体、传统媒体等立体网络，全方位展示、宣传锡山旅游新形象，扩大了锡山旅游的影响力和知名度。

【旅游平台建设】 铸实节庆品牌，制造消费热点，参与组织筹办荡口古镇开街一周年、农博园民俗亲子文化节、中东梨文化节等活动，将资源优势转化为经济优势，集聚人气，促进消费，拉动锡山旅游市场增长。同时，通过“走出去”“请进来”等形式，带领全区旅游企业到苏州市旺山、宜兴市西渚考察农家乐发展经验，加强互动交流，寻找合作机会。邀请上海旅行社考察团实地考察锡山景点，探讨串线方案，帮助锡山区景点打包营销，打开上海市场。通过参加太湖旅游嘉年华暨长三角旅游休闲博览会、民宿发展高峰论坛等各种旅游会议、行业论坛、座谈活动等，提升锡山旅游知名度。

【旅游服务管理】 以旅游安全推广为抓手，深入旅游景区、景点开展旅游安全隐患排查。“黄金周”和“小长假”等重点时期提前安排部署，确保全区平安旅游。通过抓好安全组织机构建设、企业主体责任落实、隐患排查治理、专项行动落实、气候安全预警等各个环节的工作落实，全区旅游市场秩序良好、安全工作平稳有序，无安全生产责任事故发生。旅游培训成效明显。组织从业人员参加无锡市旅游局组织的各种旅游管理人员岗位职务培训班、星级宾馆管理人员培训班、导游培训班等，有效提高了锡山区旅游接待的水准和能力。

（马芝敏　谈秋明）

金　融

【概况】 2015年，锡山区围绕市政府下达的各项金融工作任务，采取有效措施，不断提升金融服务水平，优化和改善锡山金融环境，锡山区金融市场保持平稳发展，企业上市、新三板挂牌工作取得新突破。12月末，全区各项存款余额893.5亿元，比年初增加95.87亿元，增长12%；各项贷款余额788.12亿元，比年初增加83.68亿元，增长11.9%。驻区各金融机构不良资产有所下降，至12月末，全区金融机构不良贷款余额4.4亿元，比年初减少522万元，不良率0.56%。全区7家农村小额贷款公司累计为2980个客户投放贷款200亿元；在贷客户777户，贷款余额18.2亿元。

【直接融资发展较快】 企业上市挂牌。全年新增通过中国证监会审核企业1家，向中国证监会提交IPO申请企业3家，报江苏证监局辅导备案并通过辅导验收企业2家；新增向中国香港联交所提交上市申请企业1家；新增新三板挂牌企业10家；新增完成股改企业15家。至2015年12月末，全区有境内外上市企业4家，通过中国证监会审核企业1家，向中国证监会和中国香港联交所提交IPO申请企业6家，报江苏证监局辅导备案企业2家；新三板挂牌企业15家，提交挂牌申请企业6家，完成股改企业4家，与中介机构签约企业13家。债券发行。全区资本市场直接融资42.63亿元，其中红豆集团发行各类债券34亿元，江苏红豆实业股份有限公司非公开发行股票募集资金7.83亿元，无锡普天铁心股份有限公司私募股权融资3500万元，无锡市兴港包装股份有限公司、无锡捷阳节能科技股份有限公司、江苏利特尔绿色包装股份有限公司、无锡聚丰数控金属制品股份有限公司4家新三板挂牌企业发行股票募集资金4484万元。创投基金设立。有无锡市锡山创业投资有限公司、无锡红福国际创业投资中心等创业投资（管理）企业13家，注册资本17.63亿元，对外投资总额6.46亿元。年内，新设立的无锡锡东新城创业投资有限公司注册资本5亿元；无锡金投产业升级股权投资基金（有限合伙）注册资本2100万元，实际到位资金6400万元。另外，还有江苏泽乾股权投资基金有限公司和无锡大道行股权投资企业（有限合伙）。

【农村小额贷款公司调研服务加强】 加强对农村小额贷款公司3个“70%”（500万元以下的小额贷款占比、3个月以上的中长期贷款占比、涉农贷款占比在70%以上）的监管跟踪并做好在税务部门3个“70%”的备案，帮助农村小额贷款公司对股东借款、股东变更、超300万元大额贷款等做好上报申请和备案。做好农村小额贷款公司2014年度信用评级的现场评估打分工作，为农村小额贷款公司争取新三板挂牌上市做好服务，协调做好各项省财政补贴资金的落实工作。根据省金融工作办公室扶优汰劣原则，对农村小额贷款公司进行一次全面走访，了解农村小额贷款公司经营现状，对经营业绩好的农村小额贷款公司加强创新业务的宣传和指导。

【银企对接服务加强】 加强金融机构的联络沟通，做好企业融资需求的调研工作，积极向区金融机构传递区重大项目投资、上市后备等信息。11月中旬，组织驻区金融机构召开行长座谈会，对2016年各行的信贷政策动向和重点支持领域进行深度了解。做好企业服务，对有发企业债需求的相关企业做好政策宣传服务和对上沟通争取协调工作，对在区长热线中反映的企业融资困难问题，加强与企业的沟通，就相关的融资方案积极与金融机构沟通协调。

【金融风险预警处置加强】 加强与市金融工作办公室、人民银行、银监等部门的沟通，对辖区内的东方钢材城、嘉联不锈钢企业信贷出现危机时加强协调，使各银行做到同进同退，维持信贷规模。加强网络舆情的关注，跟踪了解网上反映的银行与担保企业联合骗取商户贷的情况，加强与相关银行的衔接，督促银行后续处理结果。加强区域风险排查工作，结合市金融工作办公室的工作要求，在工商系统排查带有投资、财富、贵金属、原油等交易、理财类企业的名录，加大风险排查，加强对上述企业的关注和抽查。做好区交易中心市场的各项工作，为提高交易中心市场的专业技能，防范交易风险，组织东方不锈钢电子交易中心、无锡纺织材料交易中心参加由上海财经大学教授朱国华主讲的《多层次大宗商品市场的建设定位与监管》讲座，同时做好管理人员的备案、股权转让手续的完备工作。

【非法集资预警、排查和打击加强】 建立区防范和处置民间风险协调小组，建立健全工作机制，监测非法集资的风险信息，及时加强监测预警、报送信息、缜密调查、案件查处、处置通报、宣传教育。加大案件的侦查力度。根据群众举报和相关线索，公安部门侦查到天满国际有限公司（宝莱特）、常鼎财富经营国际有限公司在鼎尚国际写字楼从事非法集资活动，涉案金额3400万元，加大侦查力度，尽快把在逃人员捉拿归案。加强投资人稳控工作。加强对涉及非法集资案件的涉案投资人员的稳控管理。锡山区涉及“泛亚投资”群体人员43名，其中3人户籍地在锡山区，实际长期居住在上海市；4人户籍地在锡山区东亭街道，实际居住在无锡市其他区，每一位投资人员均稳控在位。另外，掌握锡山区涉及“丰汇通”投资人员17人，均稳控在位。加强宣传教育工作。为增强投资人风险意识，把市委宣传部统一下发的宣传画册发放到镇（街道）、村（社区）进行张贴。通过《新锡山》，加强非法集资社会危害的警示教育，加强高收益高风险投资理念的宣传，引导居民以正确的方式通过正规渠道购买理财产品。（邹宁倩）

软件和信息服务产业

【概况】 2015年，锡山区全面推进信息技术在社会发展和国民经济各个领域的广泛应用，信息化逐步成为锡山区经济社会赶超发展的重要推动力，新一代信息技术产业蓬勃发展。全区物联网与云计算产业实现总产值33.35亿元，比上年增长50.2%。其中，物联网实现产值26.1亿元，比上年增长61%；云计算实现产值7.25亿元，比上年增长40%。全区完成软件业务收入90.03亿元，比上年增长20%；微电子产业收入43.3亿元，比上年增长10%。

【服务企业】 组织企业布展第六届中国国际物联网（传感网）博览会，组织300人次参加。认真参与上级部门组织的各项活动，深度挖掘招商资源，对接重要客商。主动走访企业，切实了解企业信息技术应用、信息化系统建设应用的现状，帮助企业解决在推进两化融合进程中遇到的困难。为企业争取到上级部门的相关产业扶持资金1377万元。其中，省级工业扶持发展资金560万元（省级企业信息化提升项目1项、省级电商平台普及项目11项、软件和云计算项目2项）；市级物联网及工业扶持发展资金769万元（应用示范资助项目5项、关键技术研发项目6项、物联网应用示范项目3项、物联网产业化项目2项、智慧城市项目1项、首次入选两化融合示范企业资助项目6项、企业应用电子商务项目资助项目1项）；省市软件产业奖励48万元（新认定软件企业奖励4家、软件产品44项）。

【信息化应用】 信息化技术在锡山区传统产业的改造提升中获得广泛关注，通过积极开展制造企业信息化的示范推广和建立创新服务体系，信息技术的应用有效提升了全区两化融合水平。全区拥有国家级两化融合示范企业2家，省级两化融合示范区1个、实验区1个，省级两化融合示范企业3家、试点企业39家，市级两化融合示范企业29家，数量位居全市前列。年内，新增省级两化融合试点企业8家、市级两化融合示范企业6家，征集在建和拟建投入100万元以上的两化融合（电子商务）项目50项。

【江苏大为科技股份有限公司】 公司是一家专业从事建筑智能化、城市智能交通、隧道综合监控、轨道交通、计算机系统集成、软件开发等业务的股份制科技型企业，是经科技部认定的重点高新技术企业和江苏省优秀软件企业，是江苏省知识产权重点保护单位。公司通过ISO 9001质量管理体系认证，具有住房和城乡建设部建筑智能化工程设计与施工壹级资质，信息产业部计算机信息系统集成壹级资质证书，安防工程企业壹级资质。公司完全具备独立承担各类大型电子信息工程项目设计、开发、成套设备供应、系统集成及施工能力。公司注册资本6000万元，员工300人，2015年实现营业收入2.9亿元。

【江苏腾云创智信息技术有限公司】 公司成立于2012年2月，办公场所3500平方米，拥有大型自有Tier4（国际公认的数据中心标准里的最高等级）标准运营机房。公司注册资本3000万元，总资产超过3.6亿元。公司员工上百人，拥有一支由海归博士、硕士和具有丰富的云计算项目经验的技术专家组建的团队。公司技术力量雄厚，发展势头强劲，成为中国互联网络信息中心的地址分配联盟成员、获“中国最佳云联络中心平台提供商”称号，赢得社会各界的认可和好评。

【无锡朗奇软件科技有限公司】 公司成立于2008年5月，由海外归国留学人员及无锡锡山经济发展总公司共同投资，注册资本4548万元。公司员工180人左右，具有大学以上学历的员工占95%，其中研发人员占70%，市场及客服人员占25%，其他人员占5%。公司通过CMMI3认证和ISO 27001认证，被评为江苏省“双创人才”企业、无锡“530”计划企业、无锡市技术先进型服务企业；2009年被认定为软件企业，累计登记软件产品20个。公司基于朗奇UISP（云中间件）平台为大量中小企业提供EBOSS（专业的电商业务运营支撑平台）云服务，面向中小企业ICT（信息、通信和技术）软件服务业务的“无锡模式”取得初步成功，为市场在中国和全球的推广打下了良好的基础。（李　佳）

邮　政

【概况】 2015年，区邮政分局响应中国邮政集团公司无锡市分公司“转型促发展、打造新优势”的发展道路，创新经营理念，提升员工素养，为锡山人民提供更全面的服务。区邮政分局下辖12个网点，员工234名，齐心协力，共创佳绩。全年完成业务收入9318.6万元，完成年度目标的106.74%，比上年增长25.94%。其中，邮务类业务完成1288.09万元，比上年增长3.27%；金融类业务完成8030.51万元，比上年增长30.53%。全年人均劳动生产率比2014年增加6.5万元。

【邮政业务推陈出新】 自2014年推广小包业务后，得到锡山区各小型企业、淘宝商家的青睐，至12月末，有协议客户43家，出件量由上年的日均900件增至1500件，仅“双十一”当月出件80000件。加强苏邮惠民网点建设，方便为顾客提供服务，在大型社区、集贸市场附近开设苏邮惠民点48个，可办理代收水费、电费及移动、联通、电信话费，代售移动、电信、电费充值卡，代售长途汽车票、航空电子客票，代办车险业务，代理酒水、茶叶、水蜜桃、春节、端午、中秋等礼仪产品。金融业务在普通绿卡的基础上，增加白金卡、钻石卡、乡情卡等种类，并相应推出优惠政策，满足不同层次的客户需求。业务发展推陈出新，切实提升客户体验度，元旦“砸金蛋”、春节送对联、情人节送玫瑰、冬至送团子、腊八节送粥等活动，深受客户认可，加深了邮政在群众心目中的印象。

【邮政服务质量提升】 创建邮政精神文明，提升邮政服务质量，2015年引进深圳卓越咨询公司，对东亭、查桥、羊尖、东湖塘4个网点进行转型升级，从功能分区、氛围营造、服务礼仪、6S（整理、整顿、清扫、清洁、素养、安全）管理、岗位联动、客户管理、网点管理、片区开发等各个方面逐一落实，有效提高服务质量，提升邮政形象，用优质服务回报锡城老百姓。积极配合中国邮政集团公司无锡市分公司开展金融防范通信网络诈骗，成功堵截电话诈骗2起，为客户挽回经济损失4万余元。为配合小包和快包的发展速度，严格实行上门揽收和按地址投送到户的要求，区邮政分局新增汽车4辆，在减轻投递员工作压力的同时，也为老百姓提供方便。“助老邮路”帮扶工作持续跟进，每年除不定期由“一对一”帮扶小组投递员看望孤老外，各支局投递部班长在春节前夕带着节日礼品上门慰问。

（周　芸）

电　信

【概况】2015年，中国电信无锡分公司锡山区局依托自身品牌、产品、服务、网络、渠道和客户资源优势，全面接应锡山区各级各部门、各企事业单位信息化需求，坚持内涵式发展，全年主要业绩在上级主管部门考核中名列前茅，被评为“中国电信江苏公司2015年市场经营优秀区局”“中国电信无锡分公司2015年先进部门”。

【“双百兆”生活开启】锡山区局根据中国电信无锡分公司部署，全面推进全光网城市建设，实现锡山区光网全覆盖，家家户户百兆以上宽带高速上网；加大建设并持续优化移动4G网络，年内新建4G基站187个点，电信手机用户随时随地上网速度100兆。有线光网和移动4G建设在满足企事业单位高速上网的同时，开启了家庭上网“双百兆”接入的新生活。

【信息化服务水平提升】依托“互联网+”、大数据分析时代关键词，与无锡荡口古镇旅游发展有限公司合作打造“智慧荡口”，助力荡口古镇加快推进景区光纤网络、无线网络、智能化系统以及智慧App应用的建设，推动景区形象和信息化的大幅提升。依托电信光网覆盖优势，助力交警支队建设智能交通，实现交通路口监控、违章信息实时传送。在区委政法委的指导下，开展社会综合治理信息化应用的“综治E通”项目，经过流程优化、实地测试，在全区各镇（街道）、村（社区）全面启动。免费Wi-Fi进企业，为市民百姓提供全方位的便捷信息化服务。

（平　怡）

编辑：钱惠芳　张　彤

【锡山旅游集锦】

无锡高科技农业示范园　（区档案局 供稿）

无锡高科技农业示范园

无锡高科技农业示范园占地面积200公顷，是一个集农耕体验、农业知识普及、现代农业观赏于一体的综合性农业主题乐园，于2014年被评为“江苏省四星级乡村旅游点”。

5月，鹅湖玫瑰文化园鲜花盛开　　（区商务局 供稿）

12月14日，区烟草专卖局工作人员为海联烟酒店悬挂节日彩带和铃铛　　（周　晶 摄）

无锡朗奇软件科技有限公司 （李 佳 供稿）

6月12日，锡山区工业企业与物联网企业技术合作对接会在区经信局召开

（李 佳 供稿）

1月31日，东湖塘邮政支局与东湖塘中心小学在东湖塘邮政支局联合开展送春联活动（惠　倩　摄）

2月12日，中国电信员工在健鼎（无锡）电子有限公司员工宿舍区提供免费使用Wi-Fi服务（平　怡　供稿）

3月14日，无锡荡口古镇旅游发展有限公司和中国电信股份有限公司无锡分公司共建"智慧荡口"合作签约仪式举行（平　怡　供稿）

经济管理

Economic Management

9月8日，锡山地税局锡山区纳税人之家开展“智慧地税”用户上线宣传　（林宇亮 摄）

发展改革管理

【概况】 2015年，区发改局围绕建设富强美丽和谐幸福新锡山总目标，以稳增长、促改革、调结构、防风险、惠民生为重点，高标准、严要求、实打实开展各项工作。

【服务发展大局】 拟定国民经济和社会发展计划。根据锡山区经济社会发展实际，拟订《锡山区2014年国民经济和社会发展计划执行情况与2015年国民经济和社会发展计划草案的报告》，并提交区三届人大四次会议审议通过。结合2015年全区工作目标，分解下达2015年度各板块主要经济指标目标任务。组织编写“十三五”规划。根据省市“十三五”规划编制工作进度要求，制定《锡山区“十三五”规划编制工作方案》，明确全区“十三五”规划编制工作的指导思想和基本原则、主要任务、进度安排等。聘请市委党校承担锡山区“十三五”规划纲要编制工作，协调中介机构走访各部门、板块及重点企业，举行多层次的规划编制座谈会。在充分调研的基础上，完成《无锡市锡山区国民经济和社会发展第十三个五年规划基本纲要》。

【把握发展动态】 重点监测主要经济指标进度。每月跟踪主要经济指标特别是固定资产投资完成情况，细化、下发每月指导目标，确保全区固定资产的稳定增长。抓好经济运行分析。突出抓好季度经济运行分析，强化跟踪分析，提升预警预测水平，努力增强经济运行的预见性和前瞻性，确保经济运行中的苗头性问题早发现、早解决，同时密切关注全市及兄弟地区的发展动态，及时掌握全区竞争优劣情况，确保全区经济在全市发展竞争中力争上游。制订全区经济监测体系。以区发改局、经信局、商务局等10个经济部门工作为监测重点，选取设立19类主要指标，每月做好数据汇总，结合国内外资讯，全面、及时提供经济发展趋势，为区领导决策提供参考。

【营造发展环境】 做好绩效考核工作。根据区委对考核工作的新要求，坚持以考核鼓干劲、促发展的原则，奋力推进和实现产业更加壮大、城市更加优美、实力更加增强、社会更加和谐、党建更加加强、人民更加幸福目标，制定《关于2015年度开发区商务区台创园各镇（街道）工作绩效考核的意见》和《关于2015年度区级机关部门绩效考核的意见》。做好无锡市科学发展评价考核的统筹、协调与推进，确保锡山区在无锡市2015年科学发展考核中取得好成绩。推进经济体制改革。跟踪、监测全区经济体制改革工作，梳理锡山区重要改革事项，以“一事一题”方式上报市发展和改革委员会。贯彻无锡市生态补偿机制工作要求，牵头各部门以锡北镇为示范点完成全区情况摸底，结合各部门提出的建议，完成具体任务的分工布置，并积极争取红豆杉补偿。

【助推实体经济】 确保重大项目有序推进。2015年，按照“项目建设突破年”的部署要求，进一步健全完善重大项目推进机制，继续完善服务督导机制，切实加强重大项目建设的协调服务、要素保障和督查考核。全区超1亿元重大产业项目在建85个，其中新开工25个，市级重点项目全部开工，完成总投资117.48亿元。规范项目建设管理。积极落实国家简政放权有关政策以及省市相关规定，开展行政权力事项清理规范工作，完善服务指南，进一步优化流程，确保规范运行、高效服务。全年审批政府投资项目70个，批准总投资17.1亿元；核准项目5个，批准总投资12.1亿元；备案产业项目105个，批准总投资96.7亿元。

【培育新兴产业】 监测分析发展动态。加强对新兴产业发展动态的监测、分析，总结成果、发掘问题，“十二五”期间，全区新兴产业发展迅速，产业规模不断扩大，有效投入持续加大，产业结构逐步优化，集聚效应初步显现，创新能力显著提升。锡山区累计有规模以上新兴产业企业188家，实现产值533亿元，占规模以上工业总产值的比重为41.8%。积极组织对上争取。组织无锡隆达金属材料有限公司、无锡海古德新技术有限公司、无锡芯奥微传感技术有限公司3家企业申报2015年战略性新兴产业发展专项资金项目，组织同方股份有限公司的清华同方（无锡）产业园项目申报2015年电子信息产业振兴和技术改造专项，组织江苏新日电动车股份有限公司申报2015年国家地方联合工程研究中心（工程实验室），积极争取上级政策扶持。

（华　皆）

财　政

【概况】 2015年，区财政局积极适应经济发展新常态，以提高财政经济发展质量和效益为中心，全面深化财税改革，积极推进依法理财，统筹创新财政管理，促进财源建设、支出优化、风险防控、民生保障等方面工作取得新进展，为全区经济社会发展做出应有的贡献。2015年，全区完成公共财政预算收入66.24亿元，比上年增长9.4%，列全市第一位。其中，税收收入完成56.63亿元，比上年增长12.1%，列全市第一位；税收占比85.5%，列全市第二位。

【收入征管加强】落实计划，明确责任。按照区人大批准的收入预算分解落实到各征管部门和各板块，并以“以月保季、以季保年”工作要求每月通报，重要时间节点召集各板块和征管部门分析收入形势，及时协调工作，解决征管中出现的问题，圆满完成全年收入预算。挖潜提效，确保稳定增收。全区上下继续加强协税护税工作，挖掘潜在税源，健全涉税信息搜集与移送制度，重点对“双低”企业涉税信息真实性开展核查，维护好全区工业企业信息库，规范安置房税收征管，多措并举促进全区收入稳定增长。加强征管，实现应收尽收。积极落实《关于采取切实有效措施促进财税收入稳定增长实施意见的通知》文件精神，大力排查区、镇（街道）两级非税收入家底，实现抓大不放小，应收尽收。

【预算管理强化】强化预算约束。严格贯彻新修订的《中华人民共和国预算法》，推进预算管理改革，提高财政保障和预算管理能力。按照要求编制全口径预算，细化一般公共预算编制；清理盘活存量资金，规范预算执行，提高财政资金使用效率；强化预算执行，厉行节约有保有压，及时足额保障教育、卫生、养老等民生保障类资金。推进预算公开，按要求完成区级部门2015年部门预算及2014年部门决算信息公开。加强对接调研，做好工商、质监、药监等机构调整预算经费安排工作，妥善处理涉及的预算经费、非税管理、资产管理等事宜，积极稳妥保障相关单位的正常运行。

【服务企业发展】全面落实减负措施。全面贯彻落实各项减轻企业负担的政策措施，相继实施提高增值税、营业税起征点，减半或取消征收防洪保安资金、教育费附加、残疾人就业保障金等一系列减负措施，减轻企业负担8930万元，累计减免高新技术企业所得税3.46亿元，企业出口退税37亿元，福利企业退税1500万元，因“营改增”减税1.6亿元。研究完善扶持政策。优化企业发展环境，提升区内企业的综合竞争力和品牌影响力，根据《国务院关于税收等优惠政策相关事项的通知》文件精神，区政府2015年相继修订出台《锡山区工业科技人才服务业发展扶持资金使用管理暂行办法》《锡山区促进外贸稳增长扶持资金使用管理暂行办法》和《区政府关于鼓励扶持企业上市和挂牌的意见》等政策文件。设立专项发展资金。全区加大企业扶持力度，设立科技、人才和产业发展扶持资金2.3亿元，重点用于推进科技创新、总部经济、交通运输业“营改增”、主辅分离、企业上市、技术改造和人才引进、现代农业发展等方面，通过扶持资金引导企业坚守实业，聚焦主业，着力促使实体经济良性循环。另外，主动配合企业申报各类扶持项目31个，涉及700余家企业，争取上级扶持资金近1亿元。

【民生投入加大】保障教育、卫生等重点事业发展。全面落实教育经费保障政策，全年安排教育投入11.8亿元。优先安排锡山、东亭、东北塘和荡口等实验小学以及锡山中等专业学校、天一中学和怀仁中学等基础设施建设资金1.41亿元。切实保障学校公用经费、维修改造经费、校车补贴、中等职业学校免学费补贴等资金需求，区级全年安排经费7100万元；积极构建医疗服务体系，安排东亭医院、新锡山人民医院、鹅湖医院等医疗机构各类建设和服务项目资金2.25亿元，安排居民医疗保险政府补贴8918万元。加大社会保障投入。居民基础养老金和城乡居民低保等各类社保标准稳步提升，大力推进再就业工程，全年安排居民基础养老金、被征地农民政府保养金、促进再就业资金等6.76亿元，惠及全区10.14万人。全年区级安排社会救助资金、送温暖资金、残疾人救助资金、优抚资金、尊老金等保障性资金1.39亿元。加强环境综合建设。加快推进宜居锡山建设，区级安排水利工程建设及维护整治经费4760万元，安排村庄整治补助、城市管理与维护、垃圾无害化处理和生态补偿资金1.25亿元；安排污水处理服务费、污泥处置费、污水管网建设经费和太湖水专项治理资金1.55亿元；安排地铁建设及运营经费、重点工程建设经费和以前年度工程款还本付息资金10.54亿元。落实强农惠农政策。落实各项惠农政策，大力支持现代农业发展，设立农业发展引导资金、粮种和保险补贴，对农机合作社和农机场库建设、家庭农场、农村改革试验区重点改革等给予奖补，全年争取到上级各类农林水补贴资金1.45亿元，拨付现代农业示范区建设土地整治等支农资金1.81亿元。

【财政改革推进】 加强国有资产管理。积极推进国有资产信息化管理改革，完成全区事业单位及其企业产权登记的前期准备工作，开展事业单位下属企业国有资产产权登记的审核工作，拟订《行政事业单位及其下属机构国有资产处置管理暂行办法》。加强债务管理。成立债务管理领导小组，进一步加强政府性债务管理，对乡镇融资实行限额管理。加强财政监督。继续推进国库集中支付，7个国土所、交通运输局综合管理所、爱尔幼儿园、锡山实验小学实行国库集中支付，区专项资金全面纳入集中支付。加强专项资金管理。加强对涉农、涉企、民生类专项资金的管理，开展涉农资金专项整治行动，探索专项资金绩效管理。完成“小金库”专项治理检查工作。加强基层财政管理。推行基层站所公共服务标准化，提升服务对象满意度。推进实施就地就近监管区镇联动机制，深化基层国库集中支付制度改革，协调各方全力推进。强化乡镇财政资金监管。组织基层财政干部培训活动，提高基层财政队伍业务水平。

（马　俊）

国　税

【概况】 2015年，区国税局紧紧围绕建设富强美丽和谐幸福新锡山总要求和率先基本实现现代化总目标，持续推进税收管理改革，积极落实便民办税举措，认真办理税收政策优惠，税收征管质量、税法遵从度、社会满意度都有新的提高，税收收入继续保持稳定增长，国税总收入62.17亿元，比上年增长12.63%，再创历史最高水平。国税干部队伍形象和工作作风得到进一步提升，涌现出一些先进典型，国税干部潘志强被评为“无锡市劳动模范”；国税干部蒋岳被评为“无锡最美人物”，其先进事迹得到中央多家媒体的广泛报道。

【国税总收入首次突破60亿元】 积极应对严峻复杂的经济税收形势，紧紧围绕税收总量、增量、质量“三量齐升”总目标，通过实施法治增收、管理增收、科技增收、服务增收等举措，全力保障中央和地方财政预算执行。2015年，国税总收入62.17亿元，比上年增长12.63%，首次突破60亿元大关。其中，完成地方公共财政预算收入18.48亿元，比上年增长12.07%，有力地支持了锡山经济社会发展。从分税种分析，入库增值税50.19亿元，比上年增长15.79%，其中“营改增”收入1.74亿元，比上年增长20.13%；入库企业所得税11.82亿元，比上年增长1.79%。从分行业分析，工业企业贡献税收53.68亿元，比上年增长11.72%；商业企业贡献税收8.44亿元，比上年下降17.11%。

【落实税收优惠超过25亿元】 充分发挥税收调控经济的职能作用，在支持实体经济发展方面主动作为。全年为7585户次小微企业落实增值税免征2800万元，为1997户次小微企业落实所得税减免1620万元，小微企业税收政策受惠面100%。全面实施出口退（免）税无纸化管理和分类管理，加快出口退税审批退库进度，为1433户次企业办理出口退税21.08亿元，比上年增长13.8%。积极释放“营改增”减税红利，全年实现减税效应1.84亿元，其中试点纳税人直接减税1984万元，原增值税一般纳税人增加可抵扣进项税额实现减税1.64亿元。认真落实固定资产加速折旧、高新技术企业、研发费用加计扣除等各项优惠政策，对130户企业落实所得税税基减免4.71亿元，对4137户企业落实所得税直接减免1.88亿元。

【税收管理改革深化】 制订落实税收职责清单，清理税收管理明细事项329个，取消业务流程调查节点157个、审批节点46个，逐项规范3大类、23小类、84项税收业务事项的职能、程序和岗位设置，为税收权力运行确立规矩、制定标准、划清界限。认真落实《税收检查任务管理办法》，从源头上杜绝多头下户、重复检查问题，确保无特殊情况同一年度内对同一纳税人实地检查不超过一次。认真落实《纳税服务工作任务管理办法》，从源头上杜绝过度服务问题，实现纳税服务一个部门受理、一个口径答复、一个平台管理、调查辅导一次到位。全面应用《税收风险应对法律指引》，明确税收风险应对各工作节点的法律依据、程序要求、证据固定、法律提示、法律责任等内容，将法律条文转换为风险应对中征纳双方每一个交互动作的程序要求、证据要求和文书要求，切实保障纳税人在风险应对中的合法权益，有效提升国税部门的依法行政水平。

【纳税服务优化】 设立纳税服务科，完善“一中心、三延伸、七布点”（锡山区国税局办税服务厅；三个分局办税服务厅；锡山区国税局办税服务厅、三个分局办税服务厅以及鹅湖、东港和政务服务中心三个办税服务点共计7个布点）的实体办税服务格局，依托“可视化”管理系统，实现办税服务一体化管理，为全区纳税人提供无差别、标准化的办税服务。积极拓展网上办税功能，重点推行增值税一般纳税人认定、行政许可、验旧发票等业务事项的网上申请，有效降低纳税人的办税成本。积极推广“语信通”语音提醒服务，提升“锡山国税”短信平台、微信公众平台和“96888719”纳税服务特服号以及涉税文书邮政专递等非接触式服务的运行效率，为纳税人办税提供更多便利。认真推进“三证合一、一照一码”改革，积极协作区政务服务中心、区市场监管局、锡山地税局等部门，对纳税人注册登记事项，实现一次性提交申请资料、一次性缴清所有费用和一次性办结市场主体设立涉及到的证、照、章，改革启动后为纳税人累计新办、变更、换证1106户次。

【创新创业大力支持】 主动策应“大众创业、万众创新”政策方向，以简政放权、优化服务、护航发展为基本要求，推出“创客税收行”主题服务活动，全力支持创新创业发展。2015年，锡山区新注册登记纳税人3841户，比上年增长20.74%，其中新注册登记企业纳税人2262户，比上年增长26.79%，占比为58.89%；新注册登记个体纳税人1579户，比上年增长13.02%，占比为41.11%。从行业类型分析，批发业、零售业等商贸流通企业是创业主流，新注册登记1960户，比上年增长18.86%，占比为51.02%；金属制品、纺织服装、机械制造等工业企业保持稳定增长，新注册登记1020户，比上年增长1.78%，占比为26.56%；软件和信息技术服务、研究和试验发展服务、商务服务、资本市场服务、货币金融服务等现代服务业发展迅速，新注册登记856户，比上年增长63.04%，充分释放创业经济活力。

【税收秩序依法规范】 加大稽查大要案查处力度，全年查处10万元以上大要案35件，移送公安部门21件，取得查补成效3556.10万元，有力地震慑了涉税违法行为。开展涉及资本交易项目、纺织服装业、金属制品业、建筑安装业等税收专项检查，取得查补成效825万元，有效整治了税收秩序。联合开展“防涉税风险，促纳税遵从”电动车行业专题行政指导会，以行政提醒和行政告诫的形式指导纳税人防范涉税风险，有94户企业自查存在涉税问题，补缴税款及滞纳金合计952.27万元，确保了该行业的持续健康发展。开展打击涉票违法“亮剑行动”，查结发票违法案件15件，移送公安部门11件，涉及发票262份，取得查补成效738.27万元，有力地遏制了发票违法行为。加大举报案件查处力度，受理税务违法举报案件111件，结案100户，取得查补成效1606.80万元，切实保障了全区纳税人的合法权益。

【税务信息化建设加强】 投入建设税收风险应对实时管理中心，设置专用约谈室和档案室，统一配备约谈设备和移动终端，充分满足风险应对管理与实施的需要，提升税收风险应对工作效率。全面上线新版委托代征系统，健全完善个体零散税源的综合治税网络，提升个体税收管理质效。全面推行增值税发票系统升级版，将12156户纳税人纳入到新系统，实现所有发票的网络化运行，纳税人可完成远程发票抄报、通过上传到税务局的电子底账实现抵扣，大大减轻了办税负担、提高了办税效率；税务机关可深度运用升级版申报数据，构建“始于票，终于税”的闭环管理链条，高效防范和打击偷骗税行为。上线运行“数字人事”管理系统，切实强化绩效管理的“指挥棒”和“紧箍咒”作用，有效激发干部队伍动力和活力。

【公益志愿服务】 加强锡山区国税局爱心志愿团队建设，全年筹集各项慈善捐款近10万元，有力支持社会公益事业的发展。主动与市儿童福利院携手，继续开展志愿服务“萤火虫行动”，坚持开展“脑瘫儿童教育康复陪护”义工项目，每月定期开展陪护活动。以“心翼再起航，爱心永生辉”为主题，开展心翼爱心基金助学二期活动，向安徽省金寨县全军乡小学捐赠26台电脑和图书资料，并与安徽省金寨县5名贫困学生“一对一”爱心结对。2015年，锡山区国税局爱心志愿团队被授予“无锡市优秀义工团体”“无锡市最佳志愿服务组织”称号，“萤火虫行动”被授予“无锡市十大最佳志愿服务项目”称号。（王新锋）

地 税

【概况】 2015年，锡山地税局遵循“法治引领、改革创新”的工作主题，主动应对经济下行等压力，以组织收入为中心，全面推进征管改革、服务执法、队伍建设、党风廉政等工作，群策群力，锐意进取，保持工作的连续性、稳定性，增强工作的科学性、实效性，实现组织收入稳增长和各项工作的协调发展，为区域经济社会的深入转型发展提供强有力支撑。全年组织各项收入79.11亿元，比上年增长8.1%。其中，税收收入45.72亿元，比上年增长9.46%；非税收入33.39亿元，比上年增长6.27%。社保费收入28.97亿元，比上年增长8.98%。全年完成公共财政预算收入41.5亿元，有效地发挥了税收保障作用。锡山地税局获“全国五四红旗团支部”“江苏省工人先锋号”“无锡市最佳志愿服务组织”等称号。

【税收征管改革深化】 锡山地税局积极完善和深化税收征管改革，将管理创新作为提升征管质效的重要抓手，不断完善税收征管机制、创新税收征管举措，使管理促效作用在实践中得到充分体现。按照无锡市地税局深化和完善征管改革要求，调整设立一个基础管理分局、三个风险应对分局，新设税源管理科、督查内审科，制定《税源管理统筹联动工作机制》《税收风险管理工作机制》等8个系统完整、衔接有序的运行机制，形成征收服务、基础管理、风险监控、风险应对、税务稽查“五位一体”的税收现代化征管体系。同时，深入研析纳税遵从类、纳税服务类、基础管理类、风险管理类4类24项指标，积极实行税收风险管理工作机制和大企业管理工作办法。加强国地税协作，深化第三方信息的分析利用，进一步提升税收征管效能。2015年，通过锡山国土分局、区国税局、区财政局等第三方分析利用信息数据33819条。

【依法治税深入】 坚持将依法治税作为税收工作的灵魂和主线，把法治要求融入到各项工作中，在创新税收执法手段、严格规范执法中提高执法水平，推进法治建设。以“法润锡山·阳光地税”为主题，开展“集中式”税收普法宣传和“六五”普法工作，组织税收普法宣传32场次，参加的纳税人6600余户次；设立税收违法案件举报中心、涉税信访举报统筹处置中心和纳税人维权服务中心，全年总办结涉税类举报信息35件；加大税务稽查整治力度，创新国地税联合执法模式，重点开展专项检查和发票整治工作，全年专项检查企业39户，入库税款759.65万元。2015年，锡山地税局被评为“2014年度无锡市规范执法示范点”。

【纳税服务优化】 锡山地税局着力打造现代化纳税服务体系，加速优化服务环境，提升纳税服务质效，在减负增效中赢得纳税人认可。全面推进“全功能、一窗式、一站式”窗口建设，精心编印《涉税事项提醒单》，推进“三证合一、一照一码”登记制度，促成“税易贷”落地，共向银行出具《纳税人信用信息报告表》19份；创建锡山地税微信服务公众平台，建立税收业务快速响应机制和服务需求采集制度，依托“纳税人学堂”开展形式多样的分级分类宣传辅导；以“全国纳税服务满意度调查”为契机，面向全社会开展“税故事”征集活动，并开展上门走访和电话询访，摸底调查2000余人次，向9000余户小微企业发放公开信。锡山地税局依托“蓝翼志愿服务队”“360度渗透服务组织”，积极开展支持大众创业、希望工程、助残助学、扶贫济困等社会公益活动，全年累计捐款15万余元，被省政府残疾人工作委员会评为“2014年度按比例安排残疾人就业工作先进单位”，获“2014年度无锡市最佳志愿服务组织”称号。

相关链接

税易贷：企业申请贷款后，委托无锡农村商业银行向税务机关获取企业纳税信用级别，在确定企业符合准入条件后，根据信用级别向企业发放额度为企业在地税局3年纳税额平均值3倍以下、不超过300万元（含）的贷款。

【“智慧地税”手机App运营】锡山地税局在全市地税系统率先推进“智慧地税”手机App建设，为纳税人提供“指尖上”的纳税服务。“智慧地税”手机App平台借助互联网现代信息技术，发挥移动、智能服务优势，根据纳税人涉及的税种、具体涉税事项、企业规模、行业类型和纳税遵从度等，为不同特性的纳税人提供“私人定制”式的政策宣传、办税指导、风险提示等帮助，还为纳税人提供网上“纳税人之家”、服务督查与评价报告、政策法规与智能搜索、投诉举报智能管理及数据分析与利用等全方位的纳税服务，新华社记者对“智慧地税”手机App建设进行专题采访。自“智慧地税”手机App运行后，实现辖区内所有重点企业、重点行业安装使用全覆盖，累计为用户提供各类涉税咨询、税收政策辅导及发送定制化信息总量28317条，实现了纳税服务从“面对面”阵地服务向网络化、移动式服务转变，满足了纳税人“足不出户”享受服务的新需求。

【税收优惠政策落实】锡山地税积极支持“大众创业、万众创新”良好生态的培育，充分发挥促发展、惠民生的政策效应，运用互联网络、微信公众号、“智慧地税”手机App、涉税信息月报等载体，为纳税人开展“政策速递”，做好优惠政策业务和受理流程辅导；同时加强各部门业务流程、工作职责的融合，优化办税流程、减并审批流程、缩短审批时限，确保及时、全面落实系列税收优惠政策，减轻企业负担，激发创新活力，加快产业集聚发展。全年为辖区内172户企业减免税收3.03亿元，其中为高新技术企业减免税1.61亿元，为涉农企业减免税1465万元。全年为419户企业办理退税6869万元。

【勤廉从税】全年认真开展“巩固深化拓展”和“三严三实”作风建设主题教育活动，建立明察暗访工作常态化机制，在基层设立督查内审员；深化“荷香莲韵”廉政文化建设，围绕勤廉从税主题，积极开展读书、辩论、演讲等活动，不断巩固组织、群众、家庭三条防线，铸牢基层反腐阵地。锡山地税局在2015年区级机关行政执法部门“作风与效能建设民主评议”中，实现“五连冠”；有9件文化作品被国家税务总局网站的“税务廉政之窗”栏目录用；党风廉政的相关做法被省纪委《党的生活（反腐倡廉版）》和市纪委《纪检与监察》刊用。（尤维新　林宇亮）

统计管理

【概况】2015年，全区统计工作坚持以服务为宗旨，开拓创新、夯实基础、转变作风，不断提高统计数据质量，提升统计队伍作风建设，全力开创统计工作新局面，为加快建设富强美丽和谐幸福新锡山的目标提供优质的统计服务。

【统计服务】围绕全区经济社会发展大局，及时收集上报各项反映全区经济社会发展动态和趋势的统计数据资料，密切关注经济形势发展变化，及时作出反应和研判。加强对全区和各板块主要经济指标监测，掌握实际情况，把握发展趋势，及时、全面地向区委、区政府提供经济决策的相关咨询、建议。及时搜集、整理月度主要统计数据，按季度预测有关经济指标数据，每月按时编辑《统计月讯》，及时反映周边沿海县（区）主要指标的对比资料，为领导决策提供参考。建立统计工作与经济运行季度例会制度。每季度召开开发区、镇（街道）统计办公室主任会议，分析研究经济运行情况，掌握全区各地经济形势，对下阶段工作作出安排部署。

【数据锡山平台建立】为促进政府综合统计和部门统计的协调发展，整合全区数据资源，提高数据利用水平，充分发挥政府统计整体功能，加强和完善部门统计工作，建立数据锡山平台，由各部门报送包括国民经济核算、经济社会发展统计公报和各类考核、评价、监测等所需的基本统计资料，用于对各类统计数据进行汇总、整理、分析和监测。区政府办专门下发《关于加强和完善部门统计工作建立数据锡山平台的通知》，明确各有关部门的职责。数据锡山平台完成所有技术上的准备，对各相关部门具体负责数据锡山平台报送数据的业务人员进行专门培训，数据锡山平台将于2016年1月12日启用。该平台的启用将进一步提高统计部门的统计服务水平，为推动经济提质增效和科学决策水平等提供支撑依据。

【统计分析】积极围绕区委、区政府中心工作，结合各项统计活动和各类统计业务，认真分析社会发展和经济运行情况，积极调查研究工作中出现的新情况、新问题，及时撰写统计分析、统计信息，为各级领导和社会各界了解和掌握政策导向、工作动态、数据信息搭建平台。至12月末，区统计局完成统计分析61篇，统计信息183篇。在第三次全国经济普查资料开发上，完成2项普查课题和9篇普查分析。经市经济普查办公室、市统计局、市统计学会的集中评审，区统计局有

5篇获奖，其中普查课题《从经普数据看锡山区产业转型升级》被评为二等奖，普查分析《锡山区GDP含金量简析》被评为一等奖，普查分析《锡山区房地产投资规模、结构和效益分析》被评为二等奖，普查分析《锡山区基本单位分布状况、问题与对策》和《锡山区商贸流通业发展现状分析》被评为三等奖，统计分析实现量质齐升的良好局面。

【统计监测】 及早谋划、精心组织，对各项考核指标进行梳理，及时收集相关资料，认真做好考核指标的收集、整理、测算和提供工作，对每一个指标均进行动态监测，确保考核工作心中有数。在镇（街道）考核中，科学调整指标体系，认真审核相关数据，全面准确反映全区经济社会发展状况。

【1%人口抽样调查完成】 主要完成区、镇（街道）两级机构、人员、经费的“三落实”工作，村级抽样样本框整理工作，27个被抽中村（居）委两员（指导员和调查员）的选调、培训工作，点面结合搞好宣传工作等。全区调查登记2476户、7355人。摸清自2010年第六次人口普查后锡山区人口在数量、素质、结构、分布以及居住环境等方面的变化情况，为研究未来人口状况的发展趋势，科学制定国民经济和社会发展规划，促进保障和改善民生，构建社会主义和谐社会提供科学的依据和分析材料。

【统计常规工作】 严格执行国家统计方法制度，坚持质量为本的原则，认真组织调查及搜集基层统计资料，在规定的时效内，如实上报统计数据，同时认真做好统计数据的质量综合评估工作，建立健全逐级审核制度，确保重要统计数据在总体上符合客观实际。

【基本单位名录库更新维护】 区统计局结合实际，及时将财税和工商各部门的名录库下发给各镇（街道），对新增企业及时增补进名录库，并对各项指标进行详细审核，及时准确地完成名录库的更新维护工作。同时，认真做好“四上单位”审批工作。实行“企业一套表”制度后，所有“四上单位”的进入、退出都要进行审批，区统计局严格按照上级统计部门要求，认真细致地收集各项审批所需要的资料，做好和市统计局的衔接和沟通，确保全区“四上单位”不重不漏。2015年，“四上单位”增减变动231家，其中新增纳入127家、退出93家、主要指标变更11家。

相关链接

四上单位：规模以上工业企业、限额以上批发零售住宿餐饮企业、有资质的建筑业企业和房地产开发企业、重点服务业。

【文化产业调查单位认定完成】 年初，区统计局召开各专业年报会议，布置2014年的文化产业单位认定工作，督促各镇（街道）认真核实所有限额以上单位行业类别，对确认为文化产业的限额以上单位进行行业代码和主要经营范围的修正，生成文化产业限额以上调查单位库，同时完成全区文化产业增加值的核算工作。

【各项统计调查开展】 完善锡山区富民监测调查网络。全年网点运行良好，调查数据基本符合全区各镇（街道）的实际情况。积极参与农林牧渔服务业产值核算试点工作。认真贯彻落实省统计局的工作要求，立足锡山区的实际，明确工作目标，落实工作责任，精心组织实施，加强对各调查单位相关数据的审核把关，确保数据的真实可靠，为领导决策提供依据。积极做好农产量、设施农业、城乡居民收入、劳动力调查。在认真学习调查制度和克服时间紧、工作量大的情况下，利用季报汇审和辅助调查员共同学习探讨，解决调查过程中出现的各种情况，使基层辅助调查员尽快熟悉掌握调查任务。

【GDP核算改革】 自GDP的核算方法变化后，区统计局严格执行国家、省、市统计局关于GDP核算的有关具体规定，进行分行业增加值的核算。核算GDP的基础指标重新核定为27项指标，其中有10项比重指标由市统计局确定统一核算，6项为各地区统一指标，其余11项基础指标各地依据统计实际情况填报。凡是要求与专业统计或部门统计数据一致的，严格保持数据的一致性，涉及到下算一级的主要专业统计数据以及价格指数和调整系数，以市统计局相关专业核定反馈的数据为准。在核算过程中，区统计局保持核算方法的统一性、规范性和可操作性。同时，加强基础资料的收集、登记、整理，建立基础资料台账，强化核算基础数据的审核和评估。

【投资统计改革】 积极推进投资统计方法制度改革，从2016年起，固定资产投资起报点由500万元提高至5000万元，并全部纳入“一套表”统计平台，区统计局专门召集镇（街道）统计办公室主任和业务人员，详细介绍改革方案及提出相应预案，同时做好2015年入库5000万元以上项目的核查工作，把握好2016年后5000万元以上项目的入库工作，做好投资库项目与2016年“一套表”统计平台上报的衔接工作。

【市内区外限额以上零售额数据分劈工作开展】 年初，根据市统计局为保持全市各县（区）限额以上零售额口径与全省统一的要求，锡山区对区内所有限额以上贸易单位的分公司进行梳理，该分出去的分出去，同时对其他县（区）分进来的分公司进行询问，该落地的落地，并对所有分劈进来和分劈出去的数据进行核实，以保证口径调整后的限额以上零售额更符合锡山区的实际情况。

【规模以上服务业统计工作】 2015年，规模以上服务业报表从季度改为月度，在及时完成报表的基础上，仔细审核财务表各项主要指标，对大小数、奇异数进行核实，特别是加强对涉及其他营利性服务业企业的核对工作。

【劳动力样本更换调查核实】 根据国家统计局的要求，从2015年7月起，大城市月度劳动力抽查调查启用新的调查样本，为确保7月的调查工作如期顺利开展，锡山区对国家新抽中的四个调查村级样本进行认真核查和摸底工作，核查内容包括所在地域是否发生分割或拆迁，所属乡级及以上区域信息（包括行政区划名称、地址码、城乡属性等）是否变更等情况，确保样本点顺利开展工作。

【统计教育培训加强】 对全体基层统计人员开展系统化、专题化的业务培训，努力提高基层统计人员的业务素养、业务能力和水平。认真做好统计上岗培训工作。根据从业资格考试安排，做好统计人员从业资格认定工作。2015年，全区报名参加全国统计从业资格考试人数87人，通过54人，通过率62%。认真做好统计继续教育工作，对持有统计从业资格证的统计人员开展网上继续教育，全区2036人完成网上继续教育。

【统计行政指导推行】 区统计局出台《2015年统计行政指导工作计划》，建立制度化、规范化的行政指导体系，综合运用告知、指导、警示、回访、约谈等方式开展统计行政指导工作，尽可能地对企业进行服务指导，避免对因过失或业务不精通的企业统计人员造成数据失真的企业进行直接处罚，提升统计管理效能和依法行政水平，改善统计工作环境。2015年，区统计局对东港镇、东北塘街道统计办公室及东港镇、东北塘街道56家企业进行统计行政指导。

【统计执法加强】 区统计局大力推进依法行政、依法统计，充分发挥法制工作在改善统计工作环境、维护统计工作秩序等方面的作用。年初，区统计局下发2015年法制工作计划，根据无锡市2013～2015年三年对全区“四上单位”全覆盖的要求，年内对东亭街道、羊尖镇、鹅湖镇进行执法检查，其中对56家企业进行重点检查，对2家企业进行警告的行政处罚。通过加大统计执法力度，提高单位对统计工作的重视程度。

【统计宣传加强】 开展形式多样的统计法制宣传教育活动，把统计普法渗透到统计报表布置、统计业务培训和统计执法检查中。广泛开展统计法律法规宣传，动员调查对象积极参与、配合统计调查工作，切实提高公众对统计工作的认知度。下发《统计法律事务告知书》200余本，做到全区新增“四上单位”告知率100%。 （高　健）

物价管理

【概况】 2015年，区物价局认真贯彻落实省政府《关于进一步深化价格改革切实加强价格监管的意见》和省市价格工作会议精神，落实价格改革政策，抓好收费管理，强化规范引导，较好地完成了年度各项工作任务。

【平价商店规范化管理推进】 落实《无锡市区农产品平价商店考核办法》，加强平价商店的日常巡查，每月安排工作人员进行暗访打分，配置显示屏，与POS机联动实现实时监控监督，确保各平价商店规范建设、履行义务、规范运行，真正实现平价惠民。在市物价局组织开展的“好口碑平价商店”评选活动中，无锡欧特福购物中心有限公司羊尖店获“好口碑平价商店”称号。2015年，全区平价蔬菜、粮食、肉类等销售量230余万千克，销售额1900余万元，平价蔬菜品种价格低于市场均价22.67%，惠民金额420余万元，切实减轻了老百姓“菜篮子”负担。

【民生价格监管加强】落实医药价格改革政策。根据《无锡市城市公立医院医药价格综合改革实施方案》，严格对照项目内涵核查6家公立医院病房设施，合理确定各医院病房床位数量和收费标准，监督做好项目收费标准的更新和收费公示，保证10月31日零时起执行公立医院医药价格综合改革方案；组织2次医改执行情况督查，发现问题及时向上级部门反映。加强教育收费管理。落实教育收费备案和收费公示，配合市物价局完成3家民办学校收费标准的调整，调整全区幼儿园收费标准。加强景区门票价格管理。开展节日期间景区门票价格专项检查，着重规范景区门票价格公示、旅游产品销售价格行为。严格遵循公平、公开、公正和效率原则，开展成本监审、举行价格听证，合理制定荡口古镇景区门票价格。

【事中、事后收费监管实施】实施收费情况年度报告和统计报告制度。采取集中部署、网上初审、纸质面审等多种方式，组织各收费单位完成收费情况年度报告和统计报告，年报率100%。完善收费公示制度。在门户网站及时公布行政事业性收费、经营服务性收费目录清单及涉房、涉车收费清单，方便企业和群众查询。加强收费单位收费巡访。完善收费单位基本信息资料，健全收费单位收费信息档案，加强收费单位日常收费监管。结合收费标准调整和企业、群众投诉、咨询办理，不定期加强对收费单位的巡访，及时掌握收费政策执行情况。

【价格监督检查加强】开展医疗服务价格、商品房明码标价等专项检查，抽查医院2家、房地产开发企业3家。开展物流停车场收费专项督查。针对辖区内物流停车场集中，价格举报、投诉多的特点，联合区交通运输部门开展全区物流停车场收费专项督查，重点检查收费备案、收费公示和安全等情况，检查停车场19个，对发现的问题督促整改到位。开展节日市场专项检查。在元旦、春节、“五一”、国庆等节假日，集中力量开展节日市场价格专项检查，重点检查粮、油、肉、禽、蛋、奶、蔬菜等生活必需品价格，商贸零售企业明码标价执行情况，宾馆酒店价格执行情况和景区门票价格执行及优惠政策落实情况等，对发现的问题督促整改，较好地维护了市场价格秩序。全年集中开展节日市场专项检查5次，出动检查人员60余人次，查处价格违法案件6件，实施经济制裁19.27万元，其中没收违法所得18.17万元，罚款1.1万元。

【综合调处价格举报、咨询】针对价格举报、咨询日益增多的压力，在确保“12358”价格举报系统畅通的前提下，综合发挥交通运输、卫计等主管部门和镇（街道）相关部门的作用，联合办理，办结效率提高。同时，聘请法律顾问，加强对重要举报的分析研判，提高投诉、举报办结质量。全年办理“12358”价格投诉、举报111件，办理“12345”政府公共服务热线价格咨询53件。

【价格事务服务加强】开展价格鉴证（评估）服务，全年完成各类涉案价格鉴证（评估）163件，标的额162万元。开展价格法实施日、“3·15”国际消费者权益日价格现场咨询活动，为群众提供价格法律服务。全年实施现场咨询活动4次，发放价格宣传资料150份，现场接受群众价格咨询20件。利用《每日情况》、“锡山物价”微博等渠道加强价格法律法规宣传，发布工作动态，回应热点。《每日情况》录用信息11篇，“锡山物价”微博累计发布信息470篇。调整完善《价格法律法规汇编》，开展全局人员法律法规教育培训，提高依法行政能力。（叶亚芬）

土地资源管理

【概况】2015年，锡山国土分局认真落实“保护资源、节约集约、维护权益、改革创新”的国土资源管理工作总要求，进一步深入实践“四全”（全流程优化审批、全区域便民服务、全业务网上办理、全节点效能监管）服务模式，积极推行“四化”（精细化、规范化、信息化、标准化）管理方式，国土资源管理各项工作取得新成效。锡山国土资源数据中心取得新突破。做到依托信息化，把整个锡山国土资源的管理成果、管理过程，以“一图一表”“一宗一档”的形式，高效运行起来，为科学决策、依法管地提供国土资源方面的精准服务。全国国土资源节约集约模范区创建取得新突破。坚持以集中推进集约用地，以集聚促进节约用地，无锡市“1236”节地战略得到深入持久的推进。锡山国土分局在获“2014年度江苏省国土资源节约集约利用模范区”称号的基础上，被省国土资源厅推荐申报第三届全国国土资源节约集约模范区，年内完成部级考评，考评成绩位居全省前列。依法行政和执法模范创建工作取得新突破。锡山区获“江苏省土地执法模范县（市、区）”称号，锡山国土分局获“全国国土资源管理系统‘六五’普法先进单位”称号。学习国土干部顾哲先进事迹，弘扬无锡国土精神取得新突破。认真抓好顾哲先进事迹的总结和宣传工作，组织干部职工深入学习和大力弘扬“敏思、笃行、担当”的无锡国土精神，努力将学习成果转化为推动国土资源工作发展的实际成效。

相关链接

无锡市“1236”节地战略：高举“全国节约集约用地先行军”旗帜，坚持无锡资源节约型、环境友好型“两型社会”示范区建设导向，围绕“用地规模严格控制、国土空间布局优化、用地效益显著提升”三大目标，实施“强化规划约束控制总量、完善用地政策优化增量、创新市场机制盘活存量、优化结构布局用好流量、强化绩效管控提升质量、构建长效机制科学考量”六大举措。

【保护资源】坚守土地红线，保护耕地资源。科学划定永久基本农田，开展城市周边永久基本农田划定核实举证工作。积极推进基本农田数据库建设，配合农林部门对2010年后全区102个已建成、已验收、在建和已立项的高标准农田项目建设情况进行梳理，完成基本农田上图入库工作，明确保护责任，完善保护标识，确保全区1.214万公顷基本农田数量不减少，质量有提高。加强土地整理，高标准做好土地整治。2015年，全区入库土地整治项目27个，面积31.52公顷（城乡建设用地增减挂钩7.02公顷、耕地占补平衡24.50公顷）。占补平衡完工10.72公顷，占总数的43.76%；建设用地挂钩复垦完成清障5.82公顷，占总数的82.91%。报省国土资源厅批准3个批次挂钩建新区规划，面积11公顷。同时，报省国土资源厅批准包括锡北等镇范围的省投资土地整治项目，建设规模572公顷，其中新增耕地面积0.55公顷，基本农田整理面积471.53公顷，基本农田面积占建设规模比例82.44%，下达项目预算资金1842万元。该项目在施工中。

【规范用地】精心组织卫片执法检查，实现“双零”（零问责、零约谈）目标。区委、区政府主要领导召集各镇（街道）、纪检监察、法院、发改、城管、公安、规划、国土等相关部门，专题部署细化整改任务。2015年，下达锡山区卫片执法检查图斑253个、173.25公顷（耕地110.14公顷），在27宗违法用地中，自行整改14宗，面积1.78公顷（耕地1.35公顷）；立案查处13宗，面积3.76公顷（耕地2.23公顷），其中12宗结案、1宗下发处罚决定书并移交法院强制执行，实现“双零”目标。严格土地执法监管，规范全区用地秩序。全年累计组织动态巡查1299次、督查160次。涉及新建、在建项目123宗，面积651.93公顷（耕地187.55公顷）。锡山国土分局开展违法用地专项检查，通过巡查发现、制止、劝说并自行整改拆除的零星违法用地106宗，面积1.71公顷。查处违法案件11宗，面积3.72公顷（耕地0.74公顷），其中2015年新增未结案违法用地1宗，已下发处罚决定书，面积0.07公顷。大力推进执法监察信息化建设，充分运用信息化技术手段，建设国土资源综合执法监管视频系统，在全区范围内设置75个高清摄像头，实时掌握土地利用动态，实现全覆盖、立体化、全天候、全方位监管，真正做到“地动我知”。强化批后监管，加快闲置土地认定处置。通过日常动态巡查和“四全”服务系统，全面掌握地块实时开发利用情况，按时发送交地、出让金缴纳、项目开竣工警示、提醒通知，全年累计发送开、竣工警示函44次，提醒用地单位按照合同约定及时开、竣工，有效规范了全区的用地秩序。

【服务发展】全力保障锡山重大产业项目顺利落地。2015年，全区列入市级重点项目20个，供地到位18个（巧克力开心乐园项目和东亚电力项目在组织供地中）。完成供地96宗，面积233.16公顷。其中，经营性用地出让1宗，面积2.3公顷，出让金4506万元；工业用地挂牌38宗，面积163.33公顷，出让金67836万元；安置房转性等协议出让31宗，面积18.32公顷，出让金43152万元；基础设施民生工程划拨供地16宗，面积45.83公顷；临时用地供地10宗，面积3.38公顷。盘活存量土地，实施“绿地工程”。全年盘活存量土地266.26公顷，完成年度目标任务的102.4%；实施“绿地工程”134.47公顷，完成年度目标任务。

【维护权益】规范土地征收，切实维护群众合法权益。2015年，上报并批准征地12个批次，面积

175.18公顷，完成224个地块、550.73公顷的征地补偿、安置方案，涉及安置人员4602人，其中提前安置4385人、需实际安置217人。加强地矿管理，全力防治地质灾害。对地裂缝较严重的锡北镇光明村进行重点清查并建立地质灾害防治工作台账。发放地质灾害防灾明白卡、地质灾害防灾避险明白卡，建立地质灾害隐患点、危险点防灾应急预案和汛期地质灾害防治值班表。创新服务举措，提升“四全”服务形象。秉承“四个不让”（不让公务在我这里延误、不让差错在我这里发生、不让群众不满情绪在我这里引起、不让党和政府形象在我这里受损）服务理念，积极创新“四全”服务。规范9个大厅（窗口）标准化形象，统一配备基础服务设施，方便群众办事、咨询，提高服务效率。全年办理大接件10516个（异地件174个），当场办结9902个，当场办结率94.16%。全年颁发各类证书11230本，其中国有土地使用证9509本，集体土地使用证523本，企业、个人抵押登记证1198 本；查封登记464件。经营性房地产项目土地复核验收18个，分割6638套。拆迁安置房项目验收6个。（钱春杰）

审计管理

【概况】2015年，区审计局深入学习贯彻中共十八届四中、五中全会精神及省市经济工作会议精神，围绕区委、区政府工作中心，服务锡山发展大局，依法履行审计职责，不断提升审计工作实效，促进各项工作全面发展。全年完成审计项目932个，其中经济责任审计13个、专项资金审计8个、企业审计4个、部门预算执行审计5个、固定资产投资审计890个、行政事业单位审计12个。查出管理不规范金额34.58亿元，违规金额1261万元，损失浪费金额2346万元，固定资产核减工程款3.29亿元，审计发现非金额计量问题44个。移送有关部门处理事项2件。提出审计建议33条，被采纳审计建议33条，被审计单位制定整改措施66项。撰写《审计要情》2篇，对外发送审计信息20篇，被省审计厅网站采用9篇，市审计局采用13篇，《每日情况》采用2篇，《新锡山》采用3篇。

【预算执行审计】2015年的财政同级审按照市审计局年初制定的“评价总体、揭露问题、规范管理、促进改革、提高绩效、维护安全”的总体思路，按照深化财政体制改革的新要求，切实整合审计资源，加大对政府预算编制、执行和决算情况的监督检查，重点加强往来款情况、本级财政资金结余结转情况以及地方政府性债务的举借、管理、使用、偿还和风险管控情况等的审计，促使财政部门进一步规范管理行为，提高资金使用效益。在区三届人大常委会第二十七次会议上，区人大常委会听取2014年度区预算执行及其他财政收支的审计工作报告，并给予高度评价，认为审计部门工作深入扎实，审计细致全面，指出的问题针对性强，客观真实地反映了锡山区预算执行和其他财政财务收支中存在的问题。同时，针对审计工作报告提出的问题，要求各相关部门认真落实审计整改清单，充分发挥审计监督职能。

【固定资产投资审计】区审计局不断加大政府投资审计力度，规范政府投资项目建设和管理行为，从减少损失浪费和节约资源，提高工程建设管理水平和投资效益出发，开展政府投资审计工作。全年完成结算审计项目770个，送审金额21.29亿元，核减金额2.56亿元，审减率12.02%；完成标的审核项目87个，送审金额8.27亿元，核减工程造价0.73亿元，审减率8.83%；实施跟踪审计项目31个，涉及金额1.89亿元。针对工程建设管理的动态特点，区审计局选择投资金额大、社会影响大、预期效益大的政府投资建设项目为重点，把握“三个环节”。在程序审核环节，检查工程建设项目立项审批手续、招投标程序、施工单位资质以及工程竣工后验收情况。在结算审计环节，审核报审工程量、定额套用、材料价格和施工签证的真实性、合规性。在审计服务环节，把审计服务贯穿于项目建设的全过程，对审计发现的问题及时提出整改意见和合理化建议，帮助建设单位提高工程质量和资金使用效益。

【经济责任审计】对13名领导干部进行任期经济责任审计，其中任中审计10个、离任审计3个，完成年度任务的100%。查出违规金额1261万元，管理不规范金额7.09亿元。区审计局稳步推进对法定审计对象的全面覆盖，紧紧围绕“守法、守规、守纪、尽责”的要求，注重将部门单位落实中央八项规定和省、市、区相关要求情况作为经济责任审计的重要内容，加强对会议、出访、接待活动等行政经费使用情况的监督审查。通过审计，进一步强化对权力运行的审计监督，进一步加强对行政审批、工程招投标、政府采购、土地转让、国有资产拍卖转让等重点领域和关键环节的监督，确保经济责任审计发挥权力运行的“紧箍咒”和反腐败的“利剑”作用。在对某街道党工委书记和办事处主任的任中审计中，发现部分转制企业剥离资产未纳入财务账统一核算、政府工作人员收取租金未上缴财政（已移送有关部门处理）、财政票据管理不规范、部分拆迁协议长期未得到有效履行、土地出让合同管理体制存在漏洞等问题。

【专项资金审计】 完成专项资金审计8个，审计资金总额7.3亿元，审计查出管理不规范金额5344万元，发现非金额计量问题10个。区审计局紧紧围绕领导关注、群众关心的各项民生资金开展审计监督，树立民本审计理念，坚持以促进改善民生、促进各项惠民政策措施落实为己任。2015年，区审计局开展2014年度城镇安置房审计，以推动完善住房保障制度为目标，对全区2014年度各类城镇保障性安居工程进行跟踪审计，促进了锡山区城镇保障性安居工程的顺利进行；组织实施2014年度区教育发展资金审计，从锡山区教育发展资金投入总体规模和教育发展方向入手，结合以前审计发现的问题，主要对该资金的筹集、拨付及使用情况，以及项目建设情况进行审计，发现成人教育、社区教育经费未使用的问题，提高了教育发展资金的使用效益，促进了锡山区教育事业的均衡发展。

【配合其他部门开展工作】 2015年，区审计局抽调审计骨干参与市审计局开展的2014年~2015年度无锡市最低生活保障审计和泰州市靖江市委原书记的任期经济责任审计项目，并圆满完成工作任务。同时，充分发挥审计的监督职能和人员技术优势，积极配合区纪委开展2014年年终分配及中央八项规定专项检查及巡视工作，配合区财政局开展行政事业单位下属企业财务大检查、2015年度全区党政机关事业单位和国有企业“小金库”专项治理等。检查中及时发现、揭露存在的问题和弊端，注重审计查出问题的督促整改，帮助检查单位建立健全规章制度，增强自我约束机制，促进有关政策和相关规定落到实处，提高资金使用效益，有效发挥了审计的监督职能、建设性作用和“免疫系统”功能。

【文明审计伴我行活动开展】 主题实践活动从“文明审计主题教育活动、文明审计规范管理活动、文明审计服务活动、文明审计文化培育活动”四方面展开。通过组织开展审计人员核心价值观教育、守纪律讲规矩教育、“审计文明风采”主题教育等形式多样、生动活泼的文明审计教育活动，不断夯实思想根基、升华文明修养，内强审计人员综合素质，外树审计机关文明形象。同时，以“三提升一强化”为契机，深入推进审计职责、审计计划、审计依据、审计程序、审计纪律、审计结果“六公开”，完善服务承诺制、首问责任制、责任追究制，畅通作风投诉渠道，主动接受社会监督。深入开展创先争优活动，全面开展“三主动三服务”活动、“审计服务日”活动、志愿者服务活动。开展“书香审计”读书活动、文明机关建设等活动，发挥审计文化建设的价值引导和精神推动作用，以审计文化建设成果提升文明审计水平。

相关链接

三提升一强化：江苏省审计厅开展的活动，提升专业化、规范化、审计信息化水平，强化作风、党风和文化建设。

三主动三服务：主动送审计财经法规、审计建议上门，为被审计单位服务；主动送审计专业技能、审计业务培训上门，为基层审计机关服务；主动送温暖、献爱心上门，为城乡困难群众服务。

【党建工作】 深化理论学习。通过专题学习、网络平台教育、交流讨论等形式，加强对党员干部的政治理论教育，重点学习中共十八大、十八届四中、五中全会精神和习近平总书记系列重要讲话精神，切实增强机关党员干部的政治责任感，引导党员干部讲政治、守规矩。强化典型示范。通过组织党员干部召开“三严三实”专题党课、参观新四军六师师部旧址纪念馆、邀请“中国好人”蒋岳召开“学习道德模范，展示审计风采”座谈会、观看全国先进模范影视片、学习先进事迹等形式，引导党员干部以“三严三实”为标准，讲奉献、比实绩，不断提高党性修养。注重价值导向。以“责任、忠诚、清廉、依法、独立、奉献”的审计核心价值为引领，将个人价值理念融入社会主义核心价值体系，加强职业道德，增强职业责任感，调动党员干部工作积极性。 （徐 瑛）

安全生产监管

【概况】 2015年，区安监局咬定目标，坚定信心，全方位动员，强有力组织，以预防和压降事故为中心，狠抓重点领域专项整治和安全隐患排查治理，全区安全生产工作形势稳定，没有发生重特大或影响较大的安全生产事故，没有发生一起2人以上的生产事故，危化品、特种设备、冶金等高危领域保持“零”事故，生产安全事故死亡人数占指标的66.7%，比上年减少7.7%。

【安全生产责任体系工程实施】有效落实安全责任，建立完善“党政同责”体制，落实部门安全职责，落实企业安全责任，认真贯彻“五覆盖五落实”要求。安全检查不断深入，全年组织检查组1463个，检查企业7076家次，发现隐患9869条，整改9393条，整改率95.2%。

相关链接

五覆盖：在省、市、县、乡、村五级实现“党政同责”全覆盖，“一岗双责”全覆盖，“三个必须”（管行业必须管安全、管业务必须管安全、管生产经营必须管安全）全覆盖，政府（行政）主要负责人担任安全委员会主任全覆盖，各级安全委员会办公室定期向本级纪检、组织部门报送安全生产情况全覆盖。

五落实：各类企业必须落实“党政同责”要求，明确董事长、党组织书记、总经理对企业安全生产工作共同承担领导责任；必须落实安全生产“一岗双责”，明确所有领导班子成员对分管范围内安全生产工作承担相应职责；必须落实安全生产组织领导机构，成立安全生产委员会，由董事长或总经理担任主任；必须落实安全管理力量，依法设置安全生产管理机构，配齐配强注册安全工程师等专业安全管理人员；必须落实安全生产报告制度，定期向董事会、业绩考核部门报告安全生产情况，并向社会公示。

【高危领域安全整治工程实施】深入推进危化品、烟花爆竹和职业危害等专项整治。全力治患，扎实推进隐患排查治理行动。继续实施隐患“日报、周报、月报”制、重大隐患挂牌制、《重点隐患整改督办工作联系函》制。铁腕治安，严厉打击非法违法生产经营建设行为，依法从重、从严、从快打击一批非法违法行为。贴近实战，务实开展应急救援演练。按照“四不放过”（事故发生以后，要坚持事故原因未查清不放过、责任人员未处理不放过、整改措施未落实不放过、有关人员未受到教育不放过）原则，对事故责任单位和责任人进行严肃查处，处罚267万元，4人被追究刑事责任，查处力度创历史最高水平。

【安全生产固本强基工程实施】内外兼修，提升监管队伍整体战斗力。通过“上挂下派”、轮流主讲、案卷评查等方式，加强安全监管监察及执法人员岗位培训，队伍整体素质有新的提高。入脑入心，提高宣传培训教育效果，做到“覆盖全”“质量高”“数量多”“形式新”。在《新锡山》开辟《安全提示》《与安全同行》专栏，向广大干部群众宣传各类安全知识。利用微信、QQ群和短信平台，不定期发送微信、短信。认真组织筹备“安全生产月”活动，编印各类安全生产知识读本、制作各类宣传品，免费向企业、社区、群众发放。编印新修订的《中华人民共和国安全生产法》单行本1.5万册，制作新安全生产法解读展板200套，出版新安全生产法《法律普及》专刊1.5万份，出版《新锡山》安全生产月专版，发放给全区企业职工和群众，广泛宣传先进典型和事故案例。开展安全生产警示教育片巡演和征文竞赛活动。6月18日，在馨和园广场组织“安全生产咨询日活动”，展出展板120块，发放宣传资料2万份。区安监、教育部门联合设计、制作、出版《校园安全教育》漫画读本和动漫光碟并发放到各小学，作为配套教材纳入日常教学内容。防线前移，创新监管方式。实施分类分级监督管理。根据新安全生产法关于分级分类监管的要求，区安监局印发《锡山区2015年度安全生产监督管理工作指南》，出台《关于安全生产分类分级监督管理的意见》，明确2015年度区、镇（街道）监管目标任务，区、镇（街道）两级全年执法检查企业3280家次，各类专项检查区完成抽查20%，镇（街道）、村（社区）完成80%。制订区、镇（街道）检查计划，区、镇（街道）安全生产检查表和村级安全检查建议表，统一执法文书格式。逐步形成“分级负责、分类管理、重点突出、职责明确”的分级分类监管机制，提高监管的效率和质量。全区各级安全监管力求不重复、全覆盖、闭环化。

【信息化科技兴安工程推进】逐步推进安全生产监管“互联网+”行动，推进完善安全生产隐患排查信息系统和锡山区危化品管理平台建设。根据锡山实际，出台《锡山区安全生产监督管理信息化系统建设草案》，在感知安全信息系统的基础上，适当增加功能模块。隐患排查信息系统不断更新完善，全区有5977家企业录入隐患排查系统。与第三方技术机构合作开发锡山区危化品管理平台，2014年投入运行，区内所有危化品企业、危化品重大危险源企业的应急预案在平台中电子化，可以实时查询企业的应急救援信息。分步推进，开展安全标准化创建工作。做好危化品企业标准化达标扫尾工作，通过走访和督促，全区有135家危化品生产经营企业完成标准化达标工作。做好规模企业安全标准化工作的提质扩面工作，累计完成611家，超额完成任务。有序推进小微企业开展安全标准化工作，延续小微企业安全标准化评审费由区财政承担的措施，二级标准化达标企业在市级最高奖励2万元的基础上2015年区级追加最高奖励1万元，鼓励优秀企业发挥带动辐射作用。累计申报458家，通过评审达标企业377家。

（李丹丹）

市场监督管理

【概况】4月，根据《省委办公厅省政府办公厅关于印发〈江苏省市县政府职能转变和机构改革的意见〉的通知》《中共无锡市委、无锡市人民政府关于印发〈市（县）区政府职能转变和机构改革的意见〉的通知》《无锡市机构编制委员会关于调整完善市（县）、区工商质监食品药品管理体制工作的通知》文件规定，锡山工商局、锡山质监局、锡山食药监局合并为区市场监督管理局。区市场监督管理局是锡山区政府主管市场监管和行政执法的工作部门。下设办公室、政策法规科、行政服务科、食品生产流通监督管理科、餐饮服务监督管理科、药品医疗器械监督管理科、市场规范监督管理科、企业监督管理科、消费者权益保护科、质量监督管理科、标准计量科、特种设备安全监察科、财务科13个内设机构，执法大队1个直属行政机构，下辖开发区、商务区、东亭、羊尖、鹅湖、东北塘、锡北、东港等8个分局。全系统人员行政编制148人。2015年，区市场监管局认真落实机构改革和职能转变精神，围绕区委、区政府的中心工作，全力服务市场主体发展，深入推进食品安全及各项监管执法工作，严格整顿规范市场经济秩序，为全区经济社会健康发展发挥了职能作用。

【重规范提升新合力】划清事权，划分好区市场监管局和各分局的事权，明确事权划分的程序、节点和相关要求。出台规范，制定《锡山区市场监督管理局行政处罚格式文书》《行政处罚程序若干问题的规定》等，做到统一执法证件、统一执法文书、统一执法程序。财务纪律全面规范，完成账务、固定资产归并，按照“总额限高，单额限量，定额审批”的原则，全面规范财务纪律；对固定资产进行统一清理，实施二维码扫描，建立管理数据库。人事工作全面规范，出台区市场监管局各科室、各分局、各专业岗位的工作制度、工作职责。总务后勤全面规范，统一办公大楼内外环境和设施，统一物业服务，统一加强公务用车管理等。一个形象对外，统一全局的执法制服；专门制作印刷涵盖区市场监管局所有业务条线的服务群众知识手册8000份，发放给办事群众。一个窗口受理，统一归并区市场监管局各项行政审批服务事项，逐步实现一个窗口集中受理。一个平台服务，设立投诉举报中心服务平台，归并“12315”“12331”“12365”以及政府公共服务热线“12345”举报投诉平台的具体职责，实现全局各类投诉举报的统一接收、分办流转、统一回复，建立渠道畅通、反应快捷、运转高效的投诉举报工作机制。

【商事登记改革深化】深入推进注册资本认缴、放宽住所登记条件、“先照后证”（创业者只要到工商部门领取一个营业执照，就可以从事一般性的生产经营活动，如果从事需要许可的生产经营活动，再向主管部门申请）、“三证合一、一照一码”等改革举措，全面实行“通核通办”（改变以基层工商分局为管区的传统注册登记受理模式，锡山区的企业申请人可在全区任何一个工商分局就近办理注册登记）、“基层窗口直接办结”，主动搭建银企对接平台，加强市场主体信息监测和分析，为“大众创业、万众创新”营造“绿色准入环境”。全区新增市场主体7454户，比上年增长2.69%；办理个体户转企业登记149户，先照后证1477户，通核通办10户，住房改成商用房56户；新增股权出质登记22件、股权出资登记1件，办理动产抵押登记105件，帮助企业融资35.33亿元；率先在全市发出乡镇首张“三证合一、一照一码”营业执照，赢得普遍关注。

【质量品牌建设推进】深化质量强区战略，进一步强化政府领导、部门联合、企业主体、行业自律、社会监督的“五位一体”质量责任体系，由区政府下达《2015年度质量工作目标任务书》。加强“三名”商标培育，全年新申报省著名商标9个，再认定省著名商标23个；新申报市知名商标15个，再认定市知名商标52个；红豆集团的“HODO”商标、江苏申锡建筑机械有限公司的“申锡及图”商标被国家工商总局认定为驰名商标。新申报江苏名牌产品14个，无锡市名牌产品41个。

【标准强区步伐加快】新增国际标准2项，实现全区国际标准制订“零”的突破，新增标准化专业技术组织4项，新增制（修）订国家标准15项、行业标准7项。积极培育标准化创新项目，无锡市中欣塑料厂申报的省级循环经济标准化试点项目成功获批。持续推进服务业、农业标准化，新增4个市服务业标准化项目，创历史最高水平；区政府承担的“江苏省花卉苗木标准化示范区”顺利通过验收。

【企业信用监督强化】落实“年检”改“年报”制，全区2014年的各类市场主体年报率87.1%，其中农民专业合作社以86.5%的年报率位居全市第二位，3290家企业因未参加年报被列入经营异常名录。开展企业公示信息抽查581家，其中36家企业被列入经营异常名录。配合开展失信“黑名单”企业审核，2015年，全区有3家企业被列入“黑名单”。推进重合同守信用企业创建工作，全年新增省级重合同守信用企业5家，市AAA级重合同守信用企业40家。

【市场监管合力强化】理顺集贸市场经营管理体制，区市场监管局、镇（街道）政府（办事处）积极落实集贸市场改造方案，着力解决八士农贸市场、东湖塘农贸市场、甘露农贸市场改建中的问题，从制度上促进市场自我管理。开展农药残留检测38584次，合格率98.53%。组织农资经营示范店“回头看”，积极探索网络商品交易市场监管。

【稽查执法威力强化】组织开展严厉打击制售假冒劣质产品、不正当竞争、无证无照生产经营等各类专项执法行动，查办违法案件309起，涉案经营额4621.52万元，罚没入库531.02万元，其中案值超100万元的大要案5件。

【良好消费环境优化】全面加强消费教育引导。围绕消费年主题，依托消费教育基地、消费教育讲师团、消费维权联络站等载体，组织开展“3·15”国际消费者权益日、“三下乡”“质量月”等主题宣传咨询活动，深入推进消费教育进社区、进学校、进企业。重点加强商品质量监测。组织对家用电器、服鞋帽项、装饰材料、交通工具、服务类五大类商品抽检74批次，合格率70.3%。持续深化放心消费创建。大力开展放心消费示范单位创建活动，全年有67家市级放心消费创建先进示范单位、街（区）通过考核。不断规范消费者权益保护调解工作。全年受理各类投诉、举报1246起，为消费者挽回经济损失183.26万元。

【食品安全重点监管突出】开展食品生产加工企业分级分类监管，突出食品生产过程风险把控，科学确定监管频次，提高监管效能。加强重、热、季节性食品质量抽检，组织法定检测719批次，合格率94.6%。结合法定节假日，组织重点领域、重点食品专项检查，检查食品生产经营企业3870户次，全年查办食品安全案件47起，查处不符合食品安全标准食品数量1900千克。试点开展食品生产电子追溯系统建设工作，逐步实现食品原料采购、生产、仓储、检验到销售流向的全程有效追溯。

【药械市场安全监管强化】全面加强日常监管，主要抓好药品电子监管、GSP认证、含麻醉药品复方制剂监管、药品和中药饮片风险隐患排查、药品（医疗器械）不良反应（事件）监测等工作，截至12月末，全区100%零售药店完成药品电子监管入网，100%社会药店通过GSP认证检查，检查药械经营、生产和使用单位312家，责令改正20家，提出整改意见185条。重点开展各类专项整治，组织开展中药饮片、中小学和幼儿园卫生室药品、空心胶囊和胶囊剂、医疗器械“五整治”（整治虚假注册申报、违规生产、非法经营、夸大宣传、使用无证产品五种行为）“回头看”等专项行动。2015年，查办“三品一械”（保健食品、化妆品、药品、医疗器械）案件6件，罚没入库23.11万元，组织药品抽验110批次，其中不合格6批次。

相关链接

GSP：英文Good Supply Practice的缩写，意即良好供应规范，是控制医药商品流通环节所有可能发生质量事故的因素，防止质量事故发生的一整套管理程序。

【特种设备监管水平提升】 强化安全宣传，全年发放1.2万份电梯安全手册，对2000家特种设备使用单位进行安全责任告知，告知率100%。加强日常监察，制定并发放《2015年锡山区特种设备安全监察与节能监管工作意见》，对全区特种设备实施分类分级监管，引导使用单位自查自纠，标准化达标率90%；对141家使用单位共计393台特种设备开展现场安全监察，发现一般安全隐患30家、30条，发现严重安全隐患51家、93条，全部整改到位。组织春节、“两会”及国庆期间重点监控特种设备使用单位安全大检查，开展电梯安全、简易升降机及气瓶充装单位安全生产等专项检查，及时发现并彻底消除安全隐患。2015年，受理涉及特种设备安全隐患的举报、投诉72起，相关问题均整改到位。

（宗　岚）

海　关

【概况】 2015年，无锡海关驻锡山办事处认真贯彻落实中共十八大和十八届四中、五中全会精神以及两级海关关长会议和反腐倡廉工作会议精神，围绕“四好”（把好国门、做好服务、防好风险、带好队伍）总体要求，以“两化两先”（优化管理、深化改革，争先、领先）工作思路为指导，以“增效、突破、品牌”为主基调，优化管理、真抓实干，主动适应新常态，圆满完成各项任务，有力地促进了地方开放型经济平稳发展。

全年设立加工贸易合同670份，审批金额10.68亿美元；合同变更784份；核销电子化手册833份；内销征税1116笔，征税金额16037万元人民币；办理78种零星辅料861笔；外发加工43笔。全年办理内外资减免税项目备案49个，审批减免税货物征免税证明2401份，审批货值26127.3万美元，减免关税、增值税23281.07万元人民币；办理减免税设备贷款抵押2笔，货值1314.1万美元，贷款金额2670万元人民币；办理免税货物退运4笔；实现后续补税20笔，货值3528.8万美元，补交关税和增值税588.5万元人民币；办理新企业注册963家，过期再注册企业39家；电子口岸入网资格审查1573家；企业信息变更827家；报关人员备案98人，报关人员注销69人；企业注销127家；出具信用证明100份；企业巡查433家；完成高级认证企业3家（调研辅导6家），一般认证企业调研辅导2家。完成各项稽查76起，检查发现问题48家，稽查有效率63.2%；加工贸易中后期核查企业81家，减免税设备核查企业11家，发现违法违规线索29起（涉及刑事案件线索1起），均移交缉私部门，涉案金额3400万元，涉及税款212.09万元；稽核查追补税2600余万元。

【加工贸易转型升级】 扩大加工贸易内销“集中申报”适用范围。主动对内销征税业务量大的企业进行服务与指导，鼓励有条件享受政策的企业从加强内部管理出发，用足用好政策，同时进一步优化内部作业流程，设立审批绿色通道，提高审批时效。2015年，有5家企业（4家一般认证企业，1家一般信用企业）办理集中内销审批业务，涉及货值2559万美元，征收税款3730万元人民币。深化加工贸易无纸化报核作业改革。以“简化手续，方便企业，夯实基础，统一标准”和风险防控为原则，顺应通关无纸化改革的发展，推进保税业务无纸化改革，对一般信用及以上无纸化通关企业不再要求企业提交报关单，实现无报关单报核。创新保税监管模式，按照“管精、管少、管好”的要求，加强对重点企业的规范化管理，截至11月末，无锡海关驻锡山办事处辅导首家企业禾邦电子（中国）有限公司按照联网监管的要求加强内部管理，该家企业通过电子账册设立的前期审核工作。

【“树诚信、助转型、增效能”活动开展】 开展“树诚信、助转型、增效能”深入企业系列活动，加强对海关扶持政策的研究和调研，帮助企业尤其是无锡大型、重点企业用足用好各项海关政策，针对不同企业的行业特点为企业发展献计献策，使企业的管理能够更加规范。先后陪同南京海关关长薛金楼、无锡海关关长谢国柱到健鼎（无锡）电子有限公司、无锡开普机械有限公司、无锡雅迪进出口有限公司等企业开展调研，对地方关注的重要行业及企业进行政策宣传及帮扶。

【“同创共建、协同服务”品牌建设】 落实优惠政策，打造服务品牌。为落实海关总署、南京海关关于支持、促进外向型经济发展的各项措施，无锡海关驻锡山办事处主动联络地方各级商务部门，走访调研重点企业，开展工作交流，推动建立无锡海关、无锡出入境检验检疫局、无锡市商务局“同创共建、协同服务”品牌。建立关贸联络员队伍，实施分区联络管理制度。邀请各镇（街道）外经贸部门负责人担任联络员，作为海关、商务部门与企业沟通的桥梁。同时，为更好地服务企业，无锡海关驻锡山办事处指派专人负责与对口区域商务部门沟通协调。聚焦区域发展重点难点，解决发展难题，对辖区内重点企业及成长型企业实行重点服务、跟踪服务、解困服务，同时兼顾小微企业在业务发展中的需求。先后推动无锡海关、无锡出入境检验检疫局、无锡市商务局在无锡市政府、锡山区、惠山区和新区等地共同召开AEO（经认证的经营者）高级认证企业颁证、重点企业座谈会、外贸企业座谈会等多种形式会议，起到良好的示范、沟通、协调作用。

【海关工作手段创新】 2015年，报关单位首次报送注册信息年度报告。无锡海关驻锡山办事处除通过电话、各类政策宣讲会等传统手段通知企业以外，还开辟门户网站、“无锡海关通关零距离”QQ群等新媒体阵地联系企业，并且指定专人负责解决年报报送过程中出现的问题，帮助企业顺利报送年报。通过报送年报，及时掌握企业最新的基本信息，发挥企业管理信息的基础性作用，进一步落实“由企及物”“由企及人”的风险管理理念，取得较好的效果。

【企业信用管理推进】 2015年是海关信用管理制度实施的第一年，通过商请地方商务部门从受益程度、持续发展、政府重点扶持等5个方面推荐候选企业。年内，南京关区有5家企业通过专家认证，无锡海关占3家。其中，无锡阿尔卑斯电子有限公司成为江苏第一家经海关认证的AEO高级认证企业；10月中旬，通用电气医疗系统（中国）有限公司作为企业代表，在海关总署举办的中欧AEO互认和中美C-TPAT（海关—商界反恐伙伴计划）说明会上接受中央电视台采访，介绍公司在互认国家海关享受的通关便利。

【综合治税稳步提升】 加大监管力度，提高监管质量，及时进行账册的核销，挖掘税源。进一步推动加工贸易转型升级，全面推广内销便利化措施，指定专人受理内销业务。强化归类、审价工作，指定专人负责归类差异分析系统，及时纠错，防止因归类差异导致税款流失。引导企业利用第三方中介力量加强对加工贸易货物及边角废料的管理，及时缴纳税款。加强监控分析，及时处置异常保税备案合同。1～12月，内销补税1.6亿元。

【稽查业务量质并举】 2015年，稽查任务数比上年增长50%，同时对稽查作业的有效率提出考核指标，在时间紧、任务重的情况下，经全力奋战，全年完成各类稽查76家，稽查有效率62%，圆满完成上级下达任务。另外，专项稽查指令涉及11个业务、商品领域，对82家企业进行调研，调研、稽核查企业总数207家，为历年之最。 （顾明琰）

编辑：钱惠芳

6月29日，区财政局在区交通运输局会议室组织锡山区政府采购培训 （王海青 供稿）

9月2日，区财政局在区交通运输局会议室召开2016年锡山区区级机关事业单位部门预算会议 （王海青 供稿）

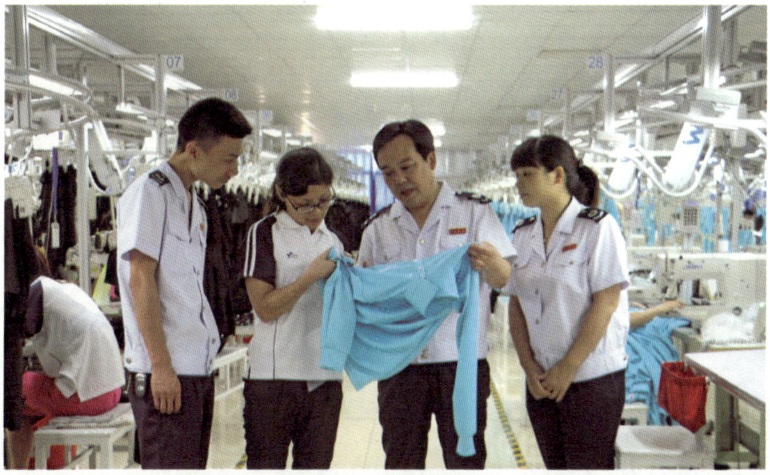

8月17日，区国税局干部走进无锡恒田纺织品有限公司了解企业生产经营情况，并开展税收政策辅导 （刘润健 摄）

12月4日，区国税局在馨和园广场进行税法宣传 （刘润健 摄）

10月30日，锡山地税局帮助小微企业成功办理“税易贷”，破解小微企业融资难问题 （王 治 摄）

9月25日，区统计局在安镇街道雲上城市印象酒店会议室举办1%人口抽样调查业务培训活动 （高 健 摄）

12月4日，在“12·4”全国法制宣传日，区统计局在馨和园广场宣传统计法制知识　　（惠拯中　摄）

2月15日，区物价局在欧特福购物中心有限公司羊尖店开展市场检查　　（蒋丽琴　供稿）

3月5日，区物价局在东亭街道丰汇城市广场开展政策宣传　　（蒋丽琴　供稿）

10月9日，节约集约用地项目——位于锡北镇的锡山区联东U谷　　（钱春杰 摄）

7月10日，区审计局全体党员参观锡北镇新四军六师师部旧址纪念馆

（徐　瑛 摄）

9月25日，区审计局在局会议室开展“学习道德模范，展示审计风采”主题活动，邀请“中国好人”蒋岳座谈
（徐　瑛　摄）

2月12日，区领导在乐购无锡华夏店进行安全检查
（袁　颖　摄）

6月24日，区安监局、区教育局开展安全知识进云林实验小学活动
（袁　颖　摄）

2月27日，锡山区2015年安全生产工作会议在区委党校召开

（袁　颖　摄）

6月18日，区安监局在馨和园广场举办安全生产咨询日活动

（袁　颖　摄）

9月18日，区市场监管局在锡山商贸城组织开展2015年“质量月”大型集中宣传咨询活动 （宗 岚 摄）

10月10日，区市场监管局开发区登记注册窗口发出全市乡镇首张“三证合一、一照一码”营业执照 （宗 岚 摄）

4月23日，无锡海关驻锡山办事处在办事处海关大楼组织开展宣传活动纪念第十五个世界知识产权日　　（顾明琰 摄）

6月25日，无锡海关驻锡山办事处组织部分党员走进禾邦电子（中国）有限公司，开展“同创共建”活动　　（顾明琰 摄）

6月29日，区政协主席蒋群（前排左一）、副区长陈建清（右二）陪同无锡海关关长谢国柱（右三）一行到无锡开普机械有限公司调研　　（顾明琰 摄）

城镇建设和管理·环境保护

Urban Construction and Management, Environmental Protection

5月11日，锡山区公共自行车服务系统投入运行

（区城管局 供稿）

城乡规划

【概况】2015年，锡山规划工作主动顺应经济发展新常态，坚持以更快步伐统筹城乡，以更优作风提升服务，奋力推动各项工作迈上新台阶，不断开创建设富强美丽和谐幸福新锡山的新局面。

【规划编制】牢牢把握经济发展新常态，强化规划转型。编制完成锡山区镇村布局规划，突出创新，全方位多角度做好规划统筹，在全市率先将镇村布局规划和镇总体规划同步进行统筹编制，得到各级广泛认同和高度肯定。有序推进专项规划深层覆盖，编制完成锡山区燃气专项规划和锡山区热电联产规划。全面推进古镇村保护，编制完成严家桥古村保护发展规划，积极参与荡口古镇申遗。

【规划实施】面对严峻复杂的宏观经济形势，以强化规划服务为抓手，以有序引导项目建设为工作重心，紧紧围绕“并联审批”，结合项目管理实际，进一步优化服务举措和服务流程，提升服务效率，全年办结各类案件300余件。通过分类管理、全程跟踪、菜单服务，确保重大城市综合体、重点公共项目、市政项目、产业项目建设全面加速，充分发挥规划为地方经济社会发展保驾护航的作用。

【规划监督】进一步加强与相关部门、各镇（街道）的沟通对接，妥善处理好高效服务和监督管理之间关系，最大程度确保两者有机统一，为经济发展保驾护航。深入基层，结合锡山区“三服务下乡”等活动，广泛开展规划宣传。主动向区人大、区政协汇报锡山规划在积极推进规划编制、加强规划服务等方面所做的工作，并认真听取服务对象对规划工作的意见和建议，得到社会各界的肯定。维护法规严肃性，依法处置各类违法建设。全力推进维稳工作，针对易买得西地块、东港装卸厂地块等可能引发社会稳定问题的项目，提前介入，全力配合区委、区政府，创新思路，提出建议和举措，最大限度化解可能出现的矛盾和问题。（陶　玲）

城市建设

【概况】2015年，区重点办牢固树立创新、协调、绿色、开放、共享的发展理念，全面落实“四个全面”战略布局，适应经济发展新常态，顺应人民群众新期待，高起点规划、高标准建设、高效能管理，紧紧围绕推动锡山区经济社会更好更快发展、建设富强美丽和谐幸福新锡山的目标任务，全力推进道桥基础设施及公共设施等重点工程建设。道路网络结构进一步完善，完成泉山大道北延新建工程、春丰河桥等重点道桥工程；公共设施建设加快推进，完成东亭医院、区委党校安全隐患整改工程、区检察院为民服务中心等。

【泉山大道北延新建工程】泉山大道北延（锡港公路—S228省道）新建工程位于锡山区东北侧、规划的东港锡北组团中部，道路呈南北走向，为沟通锡北片区和安镇至羊尖片区交通要道泉山大道的北延部分，建成后将打通S228省道和锡虞路的连接，为锡山区纵向路网的主要组成部分，同时成为锡北镇规划新市镇区域内的主要通道之一。该路起点位于锡港公路，向北延伸，依次与丰惠路、泾声路相交后终于S228省道，路线全长1.39千米，路面宽30米，设计速度每小时60千米。该项目实施范围内涉及1处保留河道，同步新建1座3米箱涵，另外全线道路非机动车道路内同步铺设雨水管。该项目于2014年12月开工，于2015年12月完工。

【锡沪路春丰河桥新建工程】春丰河桥新建工程位于锡山区锡沪路、坊善路交叉口附近，主要工程是拆除周巷桥，新建20米预应力混凝土春丰河桥跨越春丰河及其接线。断面采用规划锡沪路城市化改造断面，主车道设计速度每小时60千米，辅道设计速度每小时30千米。主桥跨越春丰河向东延伸，与坊善路相交，起、终点处均顺接现状锡沪路老路，路线全长400米，红线宽度55米。该项目于2014年9月开工，于2015年10月完工。

【东亭医院异地新建工程】东亭医院异地新建工程占地0.8公顷，总建筑面积1.56万平方米，其中地上建筑面积1.25万平方米、地下建筑面积0.31万平方米，地上12层、地下1层，设计床位150张。总投资7100万元。工程于2012年11月底开工，于2015年8月底完工，并与区卫计局和东亭医院完成交接。该工程的实施使医疗条件更加优良，功能更加完善。

【区委党校安全隐患整治工程】区委党校安全隐患整治工程总改造面积6500平方米，改造内容为屋面和外立面漏水、室内消防和报警、室外消防管等。改造工程的完成进一步解决了党校漏水、消防、供水、报警等问题，起到消除党校安全隐患的作用。

【区检察为民服务中心工程】区检察为民服务中心工程位于华夏中路锡山区检察院内，建筑面积800平方米，2层框架结构。该工程主要设立服务大厅，以及分区建设公开听证、情绪疏导、律师接待等功能区，使得区检察院为民服务工作更趋完善、更加专业。该工程于2015年5月开工，于2015年10月完工并交付使用。（骆震平）

村镇建设

【概况】3月，根据《中共锡山区委、锡山区人民政府关于印发〈无锡市锡山区人民政府职能转变和机构改革实施意见〉的通知》文件规定，整合区住房保障和房产管理局、区建设局的职责，组建区住房和城乡建设局，挂“区人民防空办公室”牌子。区住房和城乡建设局是区政府主管全区城乡建设、工程建设、住房保障、房屋管理、建筑业市场、住宅产业化以及人民防空的工作部门。下设党政办公室、组织人事科、财务审计科、村镇建设管理科、建设工程管理科、公用事业管理科、市场管理科、房产管理科、住房保障管理科、物业管理科、人防指挥通信科、人防宣传教育科、政策法规科13个内设机构，下辖公用事业建设处、建设交易招投标办公室、房屋拆迁管理办公室、地震办公室、城建档案室、住房基金管理中心、建设安装管理处、建设工程质量监督站、白蚁防治站、直属房管所、东亭房管所、安镇房管所、羊尖房管所、鹅湖房管所、锡北房管所、东港房管所、东北塘房管所17个事业单位。全系统人员行政编制29个、行政附属编制5个、事业编制117个。2015年，区住建局完成178台微动力设备的市场化招标养护工作。区住建局、各镇（街道）和环保部门进一步做好微动力设备的定期检查和日常抽查工作，督促养护单位加强微动力设备运行养护，确保监管工作扎实有效，微动力处理设施正常稳定运行率、出水合格率保持在92%以上。对柏庄陈夹里、柏庄华夹里、东亭石桥头、东街铁墙门、庄桥小桥头、庄桥殷巷新村6个自然村进行“城中村”改造。全面开展锡山区燃气安全专项整治工作，全年无安全责任事故。

【拆迁安置】在拆迁工作宏观形势受阻的前提下，把着力点放在清点扫尾、国土征收和司法强拆三项节点工作上，全年完成征收项目25个，累计完成征收面积12.64万平方米。继续大力推进新锡路北延、景苑安置房、安国路、二泉纺城四个地块的国土征收（拆迁）司法强拆工作。其中，二泉纺城完成地块清点，景苑安置房地块剩余1户——无锡西神日化用品厂移送市住房和城乡建设局，由市住房和城乡建设局向法院申请强制执行。《无锡市市区征收土地涉及房屋及其他建筑物构筑物补偿办法》出台后，区住建局在调研、征求意见、座谈、专家论证等基础上，起草出台集体土地征收新政策《锡山区征收土地涉及房屋及其他建筑物构筑物补偿安置工作实施指导意见》。2015年，完成安置房建设面积55.16万平方米，交付住宅3964套。新竣工项目完成单体竣工验收备案10个，完成初始登记9个，截至2015年年底，全区安置房初始登记完成率95.6%。通过安置资格审核2698户、住宅4527套，审核面积52.13万平方米。完成安置过渡户3412户（全过渡579户，半过渡2833户），安置住宅4958套，安置面积53.18万平方米，实现所有过渡户“零过渡”目标，超前完成市拆迁超期安置整治工作。

2015年锡山区自然村撤并整治情况一览

表8

所在地	撤并自然村（个）	占地面积（公顷）	搬迁户数（户）
东亭街道	—	—	—
安镇街道	26	27.2	816
羊尖镇	—	—	—

续表8

所在地	撤并自然村（个）	占地面积（公顷）	搬迁户数（户）
鹅湖镇	—	—	—
东北塘街道	—	—	—
锡北镇	—	—	—
东港镇	—	—	—
云林街道	—	—	—
厚桥街道	—	—	—
合计	26	27.2	816

2015年锡山区房屋拆迁情况一览

表9

所在地	拆除住宅（万平方米）	拆除非住宅（万平方米）	总面积（万平方米）
开发区	0.07	0.1	0.17
东亭街道	0.98	0.17	1.15
安镇街道（商务区）	2.29	4.75	7.04
羊尖镇	—	—	—
鹅湖镇	1.06	—	1.06
东北塘街道	1.76	1.19	2.95
锡北镇	—	—	—
东港镇	0.27	—	0.27
合计	6.43	6.21	12.64

2015年锡山区安置房建设情况一览

表10

所在地	施工面积（万平方米）	竣工面积（万平方米）
开发区	—	—
东亭街道	25.82	23.6

续表10

所在地	施工面积（万平方米）	竣工面积（万平方米）
商务区（安镇街道）	12.11	12.11
羊尖镇	—	—
鹅湖镇	19.45	19.45
东北塘街道	—	—
锡北镇	—	—
东港镇	—	—
合计	57.38	55.16

2015年锡山区房产开发项目综合验收备案一览

表11

名称	竣工面积（万平方米）
香江豪庭B区一期（1号、2号、3号、7号、8号、S1号楼）	51270
港下红豆财富广场1号至8号、10号及地下室	99676.6
凯旋华庭B区一期（B1号、B2号、B3号、B4号、B6号、B7号、B10号、B11号、B16号、B17号、B18号及B区一期地下室）	162428
九里香醍庄园二组团（14号至42号楼、72号楼及变电所2）	46101
长泰国际社区南B一期三标（9号、10号、S2号、S5号、1-S6号）	47313
馨华苑一期（1号至16号及大地下室局部）	72114.29
鸿景雅园一期（1号至24号住宅、57号、门卫及商业）	48445.95
东方天郡B1区（G18号、G19号、G20号及B区地下室）	63244.38
九里香醍庄园三组团（1号至13号楼、71号楼及地下室）	103779
香江豪庭B地块二期（5号、6号、9号、10号、11号楼及大地下室）	105809
金瑚湾世家A区一期（A1号至A4号、A7号至A10号、Z1号至Z6号、Z17号至Z28号、配套用房二、配套用房三、变配电间三、地下车库）	100311.21
康诗丹花园一期（1号至4号、6号至14号、D1号车库、D2号车库、D3号车库、变电所1及21号）	125158.35
悦城源筑（3号、4号、6号、8号、9号、10号、12号、14号楼）	43045.63

续表11

名称	竣工面积（万平方米）
隽府园（停车楼及地下车库、配套用房改建、39号房及41号房）	17419.08
瑞景望府一期（1号至58号、商业、1号小区变电所）	72564
裕隆大厦	46715.67
凯旋华庭C区（C1至C17及地下室）	237633
紫金雅苑（1号至10号、商业、社区管理、变电所及门卫）	37159.1
宝宁嘉园（1号至17号、21号至28号、30号至43号）	16901.66
可可蜜园（1号至36号、4号变电所、地下室A及地下室B）	207213
港下红豆财富广场南区二期（9号楼）	19702.4
绿景雅苑C区1号至4号房、地下室	8.24
泓郡华府一期Y1号至Y13号、B1号至B6号、S2号、S3号、P1号、P5号、P7号、M1号、M2号、DXS（大地库）	11.32
东方天郡二期A1区G21号、G22号、G23号、S1号、S2号及A1号地下室	6.88
悦诚源筑A地块一期地下车库、B地块一期地下车库	3.02

【污水处理设施建设】 2015年，处理污水5980万吨，出水水质全部达到国家一级A排放标准。东亭地区城市生活污水集中处理率95%，其他各集镇建成区均在85%以上。组织对安镇、鹅湖污水处理厂二期扩容工程进行前期论证并办理相关前期手续。组织勘察设计东亭地区污水主管网优化方案及施工图，加强对污水处理厂的监管，确保出水水质达标排放。完善对管网养护单位考核制度，确保污水管网正常运行。组织对排水达标区“回头看”，巩固排水达标区创建成果，及时处理污水主管网抢修工作。

（徐　凤）

建筑业

【概况】 2015年，全区有建筑施工企业135家。其中，一级企业6家、二级企业31家、三级企业93家，劳务企业5家。房产开发企业55家，其中一级企业2家、二级（暂二级）企业43家、三级（暂三级）企业10家。全年新开工建筑面积191.12万平方米，办理施工许可证60份，按期办结率和群众满意率均为100%。

【工程质量稳步提高】 全面开展工程质量治理两年行动，全面落实五方责任主体项目负责人质量终身责任制。狠抓住宅工程质量监管，开展住宅工程质量通病防治，严格执行住宅工程分户验收制度、商品住宅工程交楼标准样板房制度，认真做好对建筑节能工作的监督。全年在日常监督过程中发出局部停工通知书3份，工程质量整改通知书131份。检测中心完成检测51280项，检出不合格992项，全年质监覆盖率99%。全区创建成市“太湖杯”优质工程11个，带动了全区工程质量的提高。

【建筑安全管理到位】 2015年，全区有在建项目81项，建筑面积

571万平方米。通过开展建设工程节后复工安全生产大检查、建筑施工领域安全生产检查督查、建筑工程安全大检查、建筑安全专项整治等，全年检查工地598个次，发出整改通知单300张，排查隐患1076条，整改1059条，整改率98%，对23项违法违规行为进行立案处罚。组织全体安监人员参加全省建设工程安全监督人员培训活动，开展形式多样的安全生产宣传教育活动，按要求在馨和园广场开展以“加强安全法治、保障安全发展”为主题的安全生产知识宣传活动。

【招投标管理严格规范】 扎实做好招投标的日常监督管理工作，认真落实市招投标办公室规定，对中小型项目均实行资格后审，保证招投标的公正、公平。有效推行小型工程合理价随机确定中标人办法。创新进行一个主场加两个副场的远程异地评标模式。推行网上电子化合同备案。2015年，全区建设工程公开招标项目81个标段、工程总额8亿元，邀请招标项目10个标段、工程总额2.2亿元；发包备案项目共计52个标段，工程总额20亿元；全区应公开招标的项目，且进场交易的，其公开招标率为100%；招标代理机构比选项目55个，造价咨询机构比选项目115个。

【城建档案管理不断发展】 全年签订“档案报送责任书”83份，审核、接收建设单位工程档案77个，建筑面积290万平方米，接待查档131人次。推进东亭街道、鹅湖镇两个村镇档案室创建达标工作，工程档案数字化管理工作进展顺利，累计馆藏49385卷。

（徐　凤）

房地产业

【概况】 2015年，在建商品房项目66个，全年核准商品房面积117.67万平方米，实现商品房销售128.35万平方米，比上年增长30.12%，成交金额89.04亿元，比上年增长24.39%。二手房累计成交18.95万平方米（不含集体土地上各类房产及厂房），成交金额10.19亿元。在建商品房项目66个，建筑规模1495.29万平方米，2015年商品房施工面积125.02万平方米（新开工面积20.55万平方米）。其中，57个商品房项目在建在售，建筑规模1407.41万平方米，核准预售面积701.90万平方米，已售商品房面积395.98万平方米，销售率56.42%。2015年，竣工在售项目43个，建设规模425.23万平方米，核准销售面积354.94万平方米，已售商品房面积314.91万平方米，完成销售率88.72%。其中，累计竣工在售住宅小区32个，建设规模336.71万平方米，已售商品住宅268.77万平方米。

【房地产市场管理】 全年核发商品房预（销）售许可证49张，核准预售面积117.67万平方米，行政许可项目全部实现网上运行审批。加强对违规群租的宣传和管理，查处违规群租事件31起。对全区房地产项目的进展情况进行实时跟踪，形成全区房地产市场月度简报及季度分析报告。加强行业监管，探索商品房资金监管运作模式，9月，在区住建局召开全市商品房资金监管工作交流会，将“星邻里生活广场”等5个项目纳入资金监管范围并签定三方监管协议。做好新版商品房买卖合同示范文本启用的前期准备工作。

【房产管理】 规范公房维修管理，大中修项目按要求进行招投标。加大调查力度，做好老旧房屋摸底工作，建立全区老旧房屋信息档案，做好全区老楼危楼排查上报工作。加大巡查力度，制定应急预案，组建应急队伍，开展雨季前的专项检查和维修工作87起。加强房屋安全的预测、预警，汛期落实防汛防台安全管理措施，发现隐患及时维修解危，做到“零容忍”，保障了公房使用安全。

【住房保障】 至2015年6月末，通过租赁方式筹集公租房房源50套，提前完成市级目标任务。强化申请准入审核、年审等住房保障工作管理。配合区审计部门做好一年一度的住房保障审计工作。落实住房保障提标扩面，更新编印住房保障宣传册2000份。稳步推进住房制度改革，办理房改纠错业务7起，办理房改售房业务7件，新增住房保障家庭21户，累计对28户住房困难家庭发放廉租住房租赁补贴，累计发放租赁补贴款89126元。

【物业管理】 2015年，调处物业信访投诉242起，答复率100%。全年归集住宅维修资金7611.54万元，提取维修资金504.45万元。组织27人参加项目经理培训班、49人参加从业人员岗位培训活动，提高物业从业人员素质。组织对全区143个住宅小区开展物业管理服务达标检查，全区11个市示范项目通过市专家组验收考评。督促物业服务企业严格履行合同。规范前期物业管理，对鑫泰苑等5个新建商品房小区进行前期物业招投标、备案及公示，对锡东创融大厦等15个项目进行物业验收备案。10月，召开安置房物业管理观摩会及新修订的《无锡市物业管理条例》宣贯会，印制1000本新修订的《无锡市物业管理条例》单行本并进行发放。

【房管社会服务】 房管“122”救助服务指挥平台坚持24小时轮流值班制度，全年完成抢修服务210次，抢修及时率、回访率、满意率均为100%。通过开展“学雷锋、送服务”“助残帮困”等活动，组织抢修人员进小区开展义务便民服务，累计服务18次，受到社会的一致好评。全年完成白蚁防治施工面积182万平方米，为436户居民提供白蚁灭治服务，完成测绘面积800万平方米。（徐　凤）

交通基础设施建设

【概况】 交通建设项目扎实推进。抓好泉山大道北延（锡港公路—S228省道）工程建设，合同金额3000万元，于2014年12月开工，年内路基完成，进入路面施工阶段，完成投资1800万元，预计2016年2月竣工通车；全力推进锡沪路春丰河桥新建工程，完成投资1875万元，完工通车；全力实施S342省道（锡山段）的养护中修工程，完成投资额300万元。农村公路提档升级工程按期推进。继续加大农村公路建设力度，年内完成蓉阳北路、锦旺路、翠山路西延、丹山路西延、春水路、天奇路等9条、5.83千米，累计完成投资额12089万元；完成农村公路桥梁1座，完成投资额262.5万元。航道工程进展顺利。按四级航道标准全面完成锡北线航道整治工程（锡山段完善项目），该工程于7月底开工，于11月完工，新建护岸875.20米，加固护岸288米，修复护岸68米，完成投资额1000万元；完成澄虞线湖塘桥西段航道疏浚工程3.5万立方米，通过验收，质量评定为优；12月初，锡北线水上服务区建设工程经过一年多的相关调研及选址、项目报批等工作，完成项目立项，该项目占地1.53公顷，总投资1960万元，在办理土地、规划等前期工作。

【S342省道养护中修工程全面完成】 根据2015年度国省干线公路养护中修计划，锡山区公路管理处对S342省道（锡山段）实施养护中修，于7月底开工，主要对S342省道（锡山段）与春风路、润锡路、新羊大道等7个交叉路口停车线前后的车辙、翻浆及沉陷等路面病害进行处置修复，并对新路面重新划分标志标线，处置路面病害13560平方米，纵向裂缝处理1447米，路面灌缝3200米，新铺人行道彩砖（大理石）1236平方米，道口搭接硬化1360平方米，绿化修剪42.9千米，于9月16日完工，完成投资额300万元。

【S228、S342省道安全保障工程全面完成】 2015年，按照国家相关技术标准和“十二五”普通国省道安保工程建设要求，对辖区内涉及的S228、S342两条省道开展安全保障工程，完成S342省道的安全保障工程波形护栏256米、新泽西护栏1494米、交通标志40块、警示桩66个、标线398平方米、桥下护网30米、拆除违章建筑55平方米；完成S228省道的安全保障工程波形护栏878米、机非隔离栏2600米、交通标志56块、警示桩126根、标线1025平方米、封闭道口10个、桥梁隐蔽工程整治2座。

【澄虞线湖塘桥西段航道疏浚工程通过验收】 根据2015年度航道运行维护实施计划，锡山区航道管理处积极推进航道养护疏浚工程，完成澄虞线湖塘桥西段航道疏浚工程3.5万立方米，于7月中旬开工，于8月底完工，完成投资额63万元，通过验收，质量评定为优。

【锡北线航道整治工程全面完工】 2015年，锡山区航道管理处按四级航道标准，于7月28日启动实施锡北线航道整治工程（锡山段完善项目），并于11月中旬完工，完成新建护岸875.2米，加固护岸288米，修复护岸68米，完成投资额1000余万元。全长15.79千米、历时12年的锡北线锡山段航道整治工程全面完工。（顾丽萍）

交通行业管理

【概况】 公路管养水平不断提升。以“迎国检”为契机，开展路域环境整治，对辖区内县道以上公路附属设施进行梳理，补缺警示桩192根、补缺百米桩106根、补漆划标线300米；对干线公路中间绿化带及两侧绿化带进行整修，补漆划标线2.5万平方米。加强公路治理，构建阳光路政。积极开展桥梁桥下空间隐患整治，顺利完成对排查存在安全问题的30座桥梁桥下空间的专项整治，确保桥梁安全运行。全年累计清除桥梁桥下空间垃圾2000余吨，安装铁丝防护网3558米。客运行业发展健康有序。无锡市华驰运输有限公司、无锡中天客运有限公司两家出租车公司以及无锡市奔隆汽车客运服务有限公司、无锡兴达客运有限公司两家客运公司被市文明办、市交通运输局评为AAA级企业；无锡市天宇汽车出租有限公司和无锡市东南旅游汽车有限公司、无锡市梁溪客运服务有限公司、无锡锡港畅顺客运有限公司三家客运公司被市文明办、市交通运输局评为AA级企业，辖区内出租、客运市场的监督及服务能力得到进一步提升。严厉打击各类违法违章行为。不定期对非法经营相对集中的区域、路段开展各类专项整治活动，维护道路运输安全，履行道路执法责任，年内处罚案件1500起，营造了良好的道路运输市场秩序。加大维修市场整治力度。适应行政审批制度改革，依法落实监管责任，联合横向部门加强维修企业的事中、事后监管，提升行业治理能力。对群众关注的无证经营、超范围经营、未按技术标准维修等50余起行为依法进行行政处罚。加强航政执法许可与管理。在巡航过程中纠正违法行为6起，阻止了在管辖航道内的违法行为，确保了航道畅通；建立行政许可监督制度，规划航政许可，严格事后监管，对符合要求的申请，及时组织人员现场踏勘，审核资料，做好许可事项的监管、验收，年内办结许可8起。进一步深化交通运输行政审批制度改革。全面清理确认行政权力，办理交通运输系统行政权力事项353项，其中行政许可20项，行政处罚276项，行政强制21项，行政确认5项，其他行政行为31项；顺利衔接市级下放的审批项目，对下放的14项运输管理行政审批项目和7项港口建设审批项目明确承接主体的责任，并做好相关后续监管工作，确保行政审批项目“放得下、管得住”。交通工程质量监督体系日趋完善。全年受监辖区内道路建设工程16个（其中续建工程10个，新受监项目6个），在建总里程43.231千米，在建总投资2.47亿元，完成总里程40.643千米，完成投资额2.01亿元，有效确保了辖区内交通建设项目的质量。

【公共城乡客运网络完善】贯彻落实城市公共交通优先发展战略，年内新开辟和优化调整公交线路12条，全区公交线路累计77条，基本实现区内主干道公交全覆盖，镇（街道）、村（社区）公交通达率100%；进一步提升公交场站的配套设施，东湖塘公交场站、荡口公交场站相继建成投入使用，为群众出行提供了便捷条件。

【锡东汽车综合性能检测站成为区首家“三检合一”检测站】锡东汽车综合性能检测站获得机动车安全技术检验机构资格许可，通过江苏省质量技术监督局专家组的检测能力评审及无锡市车管所验收，成为锡山区首家“三检合一”检测站，即可同时开展公安、交通、环保检测，满足锡山区及附近地区10万辆机动车的检测需求。

【区营运车辆电子健康档案信息平台运行】区营运车辆电子健康档案信息平台投入使用后，所有营运车辆进厂、维修、出厂都被全程监控，信息被录入系统，可即时查询，各维修企业必须按照《无锡市营运车辆二级维护基本作业项目工艺规范》的作业要求进行车辆维护。该平台从源头上逐渐减少营运车辆虚假维护等弊端，消除安全隐患。

【国家新标准《汽车维修业开业条件》贯彻落实】积极开展交通运输部等十部委联合发布的《关于促进汽车维修业转型升级提升服务质量指导意见》贯彻年活动，促进行业转型升级，提升服务质量。坚持以问题为导向，贯彻落实新修订的国家标准《汽车维修业开业条件》，鼓励维修连锁化、专业化、规模化发展。深化信誉管理，继续做好机动车维修信息化建设，落实营运车辆技术管理制度，推动“三检合一”，推动行业节能减排。

（顾丽萍）

城市管理

【概况】2015年，锡山城管部门紧紧围绕全区中心工作和全年目标任务，强化区、镇（街道）统筹，深化队伍建设，细化行业指导，精化业务管理，圆满完成年度各项目标任务，营造了整洁有序的城市环境，为全区经济社会发展提供了良好的环境保障。锡山区在全市城市管理绩效考评中获“先进城区”称号，全区村庄环境长效管理工作年度考核位居全市第一位。

【城乡管理长效化推进】完善数字城管平台。制定出台《锡山区数字化城市管理系统运行机制方案》和《锡山区数字城市管理各镇（街道）绩效考核方案》，推动数字城管向全区“大联动”方式转变。通过完善数字化城管平台软硬件建设，不断提升数字城管平台市容监管案件整改率，全年接收第三方市容信息采集问题11321个，处置反馈11192个，反馈率98.86%。强化城管行业指导。深化全区“公共厕所、公园广场、公共绿地”三大公共项目管理，加强对各板块的条线指导和督促，提高镇（街道）公共项目管理水平。按照二类公厕标准，指导镇（街道）完成第二批16座公厕改造；加强全区公园广场管理考核与指导，积极推广城区市政公用设施管养方法与经验；组织开展春秋两季绿化提升专项行动，定期进行绿化养护技能培训活动和现场观摩。推进村庄长效管理。组织开展全区村庄环境长效管理提升行动，累计清理卫生死角846处，修复基础设施277处，清理乱堆放806处，清理乱搭建133处，美化绿化4.9万平方米，清理河道（河塘）205条（个）；加强村庄环境长效管理检查考核，全年组织区级考评4次，累计抽查440个村庄，排查问题1115处。

【环境综合治理】按照2015年度“931”城市环境综合整治目标任务，全面完成锡宁路两侧城郊接合部市容环境整治，锡山商贸城、新明路停车场、学士路（大西桥至资景路）3处停车泊位设施建设，府北路、资景南路、振达路、健康北路4条背街小巷治理改造。推进完成2015年度市级下达的重点目标任务，完成润锡路、镇北路和贸易南街3条道路包装出新，蓉北大街和芙蓉西路2条背街小巷治理改造。

相关链接

“931”城市环境综合整治：集中整治“城郊接合部、城中村、棚户区、老旧小区、背街小巷、城市河道、低洼易淹易涝片区、建设工地、农贸市场”九类环境薄弱区域脏乱差和设施不配套等问题，规范管理“占道经营、车辆停放、户外广告”三类城市秩序问题，大力提升城市长效管理水平。

【市容秩序管理】以开展“乱停车、乱张贴、乱设摊”三项整治为主线，持续加强市容秩序综合整治。全年开展专项整治90余次，违停贴单16984起，拖车78辆；清理三乱8210处，查处490起；查处无证设摊1619起。全面完成东亭天惠超市、港下农贸市场、安镇隆达广场等热点、难点攻坚整治。围绕各季度文明程度指数测评、国家卫生城市复查迎检、佛教论坛活动等工作，先后组织开展乱停车整治、地铁沿线户外广告整治、农贸市场周边整治以及夏季水果摊、龙虾店、烧烤店整治等各类阶段性专项整治，全面保障良好市容环境。

【违法建设整治】明确“四个坚持”违法建设整治思路，坚持依法行政、坚持部门协作、坚持网络防控、坚持工作创新，重点加大对年度30个重点督办违建和企业违建、上级部门转办案件的查处力度，针对每个案件形成一个方案，明确案件的办案时间节点，通过现场勘查、深入走访、依法办理，加大违建查处力度。2015年，全区拆除违法建设498处，面积62830平方米。

【渣土运输管理】不断强化渣土运输整治，严格实行建筑垃圾运输车辆许可准入、备案制度，全年审核备案渣土运输线路112条；加强对建筑垃圾运输车辆运输线路、出土点和消纳点“两点一线”的全程监控，全年查处渣土运输车辆违章行为164起。依托数字城管系统，建成渣土运输备案管理系统，完善渣土运输管理信息库，实现对运输企业、运输车辆、运输线路等管理对象信息的实时更新、手机终端实时查看和实时监管功能。

【户外广告管理】推进区域性广告详规编制和门头店招项目规划设计。组织召开《无锡市锡山区广告阵地设置布局规划》论证。推进完成安镇街道镇北路和润锡路2个项目门头店招规划设计，投入经费185万元，完成两条道路建筑外立面、门头店招、空调外机及相关基础设施改造。结合“小广告”整治，在各镇（街道）新设信息栏37处，鹅湖镇、锡北镇、厚桥街道在部分道路喷涂新型防张贴涂料，从源头防治乱张贴。

【依法行政】提升窗口服务。根据市、区相关工作要求，完成在线运行的行政权力事项“九公开”梳理工作，提高政务信息透明度；组织开展行政许可类案卷集中评查活动，加强日常监督和业务培训，规范审批行为，提高审批水平；加大投诉受理办理力度，定期梳理反复投诉热点、难点问题，落实专人办理机制，全年受理各类投诉、举报2835件，回复率100%，办结率95%。规范行政权力。规范行政执法自由裁量标准和处罚流程，健全重大处罚备案制度，严格执行逐级审核和集体案审制度；强化案件质量指导和督查考核，定期开展疑难事项讨论会议，开展执法培训工作，提高执法效率和办案质量。2015年，查处各类案件3644起，罚款金额3931438元。推进信息建设。依托数字城管系统，建立完善主城区沿街商户资料信息库、渣土运输企业备案信息库、违法建设案件查处进度信息库，强化相应功能模块，实现对管理对象信息的实时更新、实时查看和实时监管。

相关链接

九公开：公开在线运行的行政权力事项的事项名称、依据、实施主体和办理机构、申报条件、申报数量、申报材料、办理程序、收费标准和办理期限。

（华伟新）

公用事业

【环境卫生管理】 全面清理卫生死角、乱堆放、乱搭建，高标准完成区级道路、东亭城区主次干道两侧市容环境卫生保障工作。抓好生活垃圾收运管理，强化生活垃圾中转的运行监管，全年清运生活垃圾26万吨，生活垃圾收集率、清运率和处理率保持100%。调整和增设主城区16条主干道分类果壳箱等环卫设施，方便市民群众垃圾投放，累计更换主城区分类果壳箱130个。确定赛维拉假日花园和隆亭新苑2个小区、2所学校、5个机关、10个企事业单位共计19个点作为生活垃圾分类收集的试点区域。

【公用设施管理】 全力抓好设施管养，全年整修沥青路面7050平方米、人行道850平方米，更换路灯光源1107盏、护栏1720米、警示（隔离）桩310根，漆划交通标线1.2万平方米，清通雨水管网6.6万米，完成兴塘大桥等5座特大桥梁的结构性检测和其余48座桥梁的常规性检测。结合无锡地铁2号线开通，推进完成“两东”（东亭、东北塘）地区公共自行车服务系统建设，建设点位25个，投放自行车500辆。自5月运营后，平均日租量200人次。规范城市服务配套，探索推进宝城花园、“莫泰168”、晶石国际周边道板停车泊位收费管理工作。加强馨和园、长流湿地公园、景苑等5座公园长效管理，做好园内设施的日常保修、秩序的日常管理和安全的保障工作，确保园内良好的秩序和优美的环境。

【园林绿化管理】 建立绿化养护单位养护计划月报制度，实行部门日常巡查和养护单位相互检查的养护巡查管理模式，提高问题现场整改效率。定期组织召开养护例会、养护经理座谈会、养护工作现场指导观摩会等，开展绿化工人安全教育和安全培训活动，提高行业养护管理水平。全力做好绿化保障、绿地整治工作，打造馨和园、锡州路、“天圆广场”“地方广场”等绿化亮点；完成东廊路绿化整治工程、春秋两季绿化补植工作、道路老化色块改造工作、桥梁桥下空间专项绿化整治工作、道路沿线荒弃地整治工作；针对绿化带车辆违停、垃圾倾倒和踩绿等现象，在易发路段增设护网1484米；完成建成区46万平方米绿地新增工作，组织春秋两季绿化补植。2015年，种植乔木、灌木2375株，种植草花、草坪、色块等10万平方米，消除绿化影响通行安全隐患62处。实施好附属绿化工程方案会审和竣工验收工作，全年审核绿化设计方案19个，完成竣工验收项目15个。

（华伟新）

环境保护

【概况】 2015年，全区3个小康断面、10个主要水功能区断面考核指标均值全部达标，10个率先实现现代化之Ⅲ类地表水考核断面达标率50%；空气质量优良天数227天，优良天数比例为62.7%；主要大气污染物细颗粒物（PM2.5）年平均浓度比2013年下降16%；全年主要污染物排放量在2010年基础上累计削减20%。

【污染物减排】 2015年，化学需氧量、氨氮、二氧化硫、氮氧化物四项主要污染物排放量在2010年基础上累计削减20%，完成“十二五”减排任务。落实重点减排工程。制定《锡山区2015年主要污染物总量减排计划》，安排一系列减排工程并落实推进。红豆集团无锡南国企业有限公司每小时130吨锅炉通过省环境保护厅验收，无锡豪普钛业有限公司2台每小时20吨锅炉完成煤改气工程，无锡东沃化能有限公司完成脱硫设施改造。在全区范围内全面启动淘汰每小时10吨以下燃煤小锅炉工作，全年完成162台燃煤小锅炉淘汰工作，超额完成省下达的120台目标任务。推进重金属污染防治。结合锡山实际，制定《锡山区2015年重金属污染防治实施方案》，认真开展涉重金属企业环保专项整治工作。完成3家涉汞企业含汞工艺的淘汰工作，完成国泰精密机件（无锡）有限公司的涉重金属生产线自动化升级改造等项目的实施，对大型涉重金属企业持续开展清洁生产审核，完成省下达的8家企业强制性清洁生产审核任务。

【环境综合整治】强化水环境综合整治。对全区3条主要河流及其支流、16个主要断面实施环境质量例行监测，按时完成地表水例行监测6次，枯水期底质例行监测1次，锡常大桥断面预警监测52次。对锡山区9个市“河长制”重点考核断面实施每季度1次同步监测，对纳入区“河长制”全覆盖管理的201个考核断面进行双月监测。从4月起，增加50个镇（街道）出入境水质考核断面监测，每月监测一次。规范污水处理厂运营管理，确保达标排放，检查污水处理厂216家次。扎实开展太湖安全度夏专项执法检查，对重点流域内企业环境违法行为保持高压态势。锡山区列入省市考核的4类11个太湖治理工程均完成年度任务，顺利通过第三方核查。强化大气污染防治。制定《锡山区2015年大气污染防治行动计划实施方案》，完善《锡山区重污染天气应急实施方案》等大气污染防治文件，启动“蓝天工程”三年行动计划“回头看”工作。加强挥发性有机物污染防治，化工园区50%以上的企业开展废气治理项目，同时在喷涂、包装印刷等重点行业集中开展整治工作，全年完成10家企业挥发性有机化合物废气整治。严格执行环保审批总量平衡原则，从源头上对申请办理环保审批手续的涉气行业加以控制，实施现役源关闭1.5倍、整治2倍削减替代。开展大气源清单解析工作，为大气污染防治工作提供数据支撑。全力做好秸秆禁烧工作，成立6个巡查组对涉农镇（街道）开展全覆盖、全天候的秸秆禁烧巡查。

【行政审批管理】严把项目环保审批关，加强对项目的全过程监管，大力促进经济转型和产业升级。全年完成建设项目环评审批96件，项目总投资75.24亿元。劝退不符合环保要求的项目10个。完成项目验收117个。做好窗口服务工作，增加现场服务次数。项目受理后实行现场踏勘制度，对重点项目进行现场论证，确保项目的可操作性，全年现场踏勘项目140厂次。推进项目信息公开。保持环评审批公众参与的规程，保障群众的知情权和参与权。积极推进环评审批和项目验收信息公开，环评审批和项目验收从受理、许可到发文全程在网上进行公示，项目公开率100%。

相关链接

三同时：新建、改建、扩建的基本建设项目、技术改造项目、区域或自然资源开发项目，其防治环境污染和生态破坏的设施，必须与主体工程同时设计、同时施工、同时投产使用。

【生态文明创建】制定《锡山区2015年国家生态文明示范区创建方案》，全面启动国家生态文明示范区创建工作。启动编制锡山区“十三五”环境保护规划，东港镇、锡北镇的生态文明建设规划率先启动编制。严格执行《生态红线区域保护规划》。在3个镇（街道）10个自然村开展新一轮覆盖拉网式农村环境综合整治，主体工程基本完工。深入开展绿色创建活动，创建成市级“两型社会”示范村2个，省级“绿色学校”1所。

【环境监察】坚持依法行政与铁腕治污并举、严格执法与热情服务并重，强化环境监管，确保环境安全。全年检查企业4221家次，出动执法人员12633人次，作出行政处罚191件，征收排污费2206.57万元。贯彻落实新修订的《中华人民共和国环境保护法》，用好新修订的《中华人民共和国环境保护法》赋予的按日计罚、查封扣押等手段，对2家企业实行按日计罚，对6家单位实施查封扣押，向公安部门移送环境违法案件6起。健全环境执法司法联动机制，区环保、城管、公安机关对一起违法倾倒生活垃圾案件进行联合查处。全面开展环境保护大检查。制定《锡山区环境保护大检查工作方案》，对全区水泥、化工、造纸、印染、电镀等重点排污企业进行大排查、大摸底。发放企业自查申报表9000份，企业自查申报通知18000份。截至12月31日，企业自查网上注册数3970家，提交审核数3599家。突出重点企业监管。通过日常检查、错时执法、交叉执法、联合执法等方式，对全区28家重点企业进行月度检查，对6家污水处理厂实施月度夜查，不定期对重点排污企业实施突击检查。认真抓好环境信访调处。畅通投诉举报热线，实行24小时“110”值班制度，及时、高效、规范地办理环境信访调处，全年受理调处各类环境信访980件，环境信访数比上年下降16%。

【环境监测】全区空气质量优良天数227天，优良天数比例为62.7%；主要大气污染物细颗粒物（PM2.5）年平均浓度比2013年下降16%；3个小康断面、10个主要水功能区断面考核指标均值全部达标，10个率先实现现代化之Ⅲ类地表水考核断面达标率50%。全面完成水、气、声环境质量例行监测任务，重点开展区域补偿、“河长制”全覆盖、河道综合整治工程验收和太湖流域预警等各项监测工作，持续强化农村环境质量监测。对列入减排计划的企业，及时出具监测报告，为总量减排提供数据支持。持续加强对辖区内污染源的监督性监测，按时完成全区28家重点企业、193家非重点污染企业、6家污水处理厂、22家医院的运转监测工作，全面完成“三同时”验收、“蓝天工程”、农村生活污水微动力处理设施等专项监测工作，全年获得有效监测数据112099个。

【环保法制宣传】进一步规范环境执法行为，严格审核立案材料，对于违法事实不清、证据不确凿、调查取证不符合法定程序、超过行政处罚追诉时效、适用依据和初步处理意见不合法或不适当的案件一律退回处理。全年作出行政处罚191件，申请法院强制执行案件115件。认真做好“六五”普法工作及法制宣传活动，积极参加“12·4”全国法制宣传日宣传服务等活动。以“6·5” 世界环境日、“国际生物多样性日”等为载体，以学校、社区、机关为主阵地，以环保科普为主要内容，广泛开展生态文明宣传教育。在羊尖镇市民广场举办“6·5”世界环境日暨环保进社区宣传活动，发放环保袋300只，环保宣传手册900册，其他环保宣传品100个。在镇（街道）巡回播放环保宣传片和环保电影，累计播放环保宣传片和环保电影50场次。积极推进企业环境行为信息公开，完成全区480家企业的等级评定和信息公开。有序推进环境风险评估以及环境污染责任险参保工作，制定下发2015年锡山区新参保企业名单和续保企业名单（220家），对全区重点行业企业实现环境污染责任险全覆盖。

（姚圣波）

编辑：钱惠芳

【锡山旅游集锦】

江苏无锡锡山台湾农民创业园　　（台创园 供稿）

江苏无锡锡山台湾农民创业园

江苏无锡锡山台湾农民创业园位于锡山区安镇街道、东港镇和锡北镇交界处，于2008年2月经农业部和国台办批准设立，是江苏省首个国家级台湾农民创业园。规划总面积33.5平方千米，其中核心区12平方千米，下设无锡现代农业博览园、无锡高科技农业示范园、中国农科院太湖水稻示范园、无锡锡山生物农业产业园、无锡锡山精品蔬菜产业园五个子园区，并初步形成“五园一体”的发展格局。2015年，江苏无锡锡山台湾农民创业园被科技部认定为国家级农业科技园。

位于锡北镇的泉山大道　　（骆震平 供稿）

位于锡沪路的春丰河桥　　（骆震平 供稿）

东亭医院 （骆震平 供稿）

9月26日，东亭街道赛维拉假日花园举行第三届业主委员会换届选举
（徐 凤 供稿）

10月14日，区住建局在安镇街道水岸佳苑安置房小区召开物业管理观摩会
（徐　凤 供稿）

3月5日，房管“122”服务小队到东亭街道桑达园小区上门服务　　　　　（徐　凤 供稿）

4月，东湖塘街心公园公交停车场站建成投用　　（张　锋　摄）

9月6日，鹅湖镇镇区道路——鹅湖路沥青摊铺完成　　（吕玉伦 摄）

锡北线航道锡北镇南庄桥村驳岸　（肖喻中 摄）

锡北镇斗山村获“无锡市两型社会示范村”称号　（区环保局　供稿）

教　育

Education

9月，锡山实验小学建成投用　　　　（《新锡山》供稿）

综　述

【概况】2015年，全区教育工作以提升教育现代化水平为目标，坚持立足实际，真抓实干，狠抓薄弱，提升发展，较好地完成了年度各项目标任务，在省教育技术装备工作专项督导中获评优秀等级，被推荐为江苏省义务教育均衡发展先进集体，全区教育现代化发展水平监测继续位居全省前列。

【教育资源服务水平提升】2015年，全区竣工校舍面积3.52万平方米，在建校舍面积4.78万平方米，完成投资总额1.16亿元。通过承办全国学前教育学术研讨会，展示全区学前教育尤其是“幼儿园课程游戏化”建设和发展情况。积极开展“新优质学校”创建活动。全区普通高中实现“省级课程基地”全覆盖。加快提升职业教育体系建设，深度整合成职社资源，拓展区青少年活动中心功能，启动老年学校建设。“锡山学习在线”上线，“终身教育”服务体系进一步完善。

【素质教育深化力度增强】开展社会主义核心价值观主题教育活动。初步形成“以学校教育为主，社区、家庭和社会共同参与”的学生发展指导模式。深入开展“课堂教学形态”研究，持续推进区域课堂教学改革。组织区中小学教科研骨干高级研修班及教育科研专项培训活动，教研活动实效得到提高。组织区“首届教育教学成果奖”评审。围绕“精神文化、课程文化、生态文化、行为文化”四个方面，各校完成文化建设的校本设计与规划，逐步进入专家论证阶段、启动实施阶段。

【师资队伍建设步伐加快】指导学校围绕政治信仰、道德情操、法制意识、教育观念、敬业精神、行为规范、心理健康七个方面搞好专题教育。组织各种形式的学校干部培训活动，干部队伍的履职能力得到有效提升。成立第二批10个“锡山区名师工作室”，加强对骨干教师的培养。继续开展教师全员培训活动，开展各种形式的“学陶师陶”“青蓝工程”活动，启动全区中小学教师网络远程培训活动，继续举办课堂教学大赛、教师技能大赛，为广大青年教师的专业成长搭建平台。

【教育事业发展环境改善】积极开展专项督导和常态督导工作，并注重跟踪督改。推动学校严格执行中小学教育收费政策，严肃查处违纪违规行为。制定权力和责任清单，提升依法行政水平。开展交通安全、心理健康、法制教育、逃生演练、预防季节性传染病等主题活动，推进学校安全管理技防建设以及“文明交通学校”“平安校园示范校”创建。扎实推进学习型、服务型、创新型基层党组织建设，强化审计、监督和跟踪整改工作。充分发挥教育服务功能，切实保障教育公平普惠。（王昭煜）

【锡惠老年大学获评首批省示范老年大学】3月，锡惠老年大学被省老年大学协会评为“首批江苏省示范老年大学”。锡惠老年大学是由锡山区、惠山区共同主办的全日制老年教育公益机构，设有12个专业的老年教育课程，31个班级，在校学员1300余名。学校恪守“坚持以老年人为本，提高老年人综合素质，提高老年人生活生命质量，造就现代老年人”办学宗旨，编撰的《老年大学制度条例汇编》、“自觉做好基层社区老年教育的支持服务”等经验做法，以及课程建设、课堂教学规范与评价、校园文化建设、教师专业化提升等诸方面成果，均为省内同类办学机构和单位提供示范。

【全区推广实施“科学认读”】9月，在全区幼儿园和小学一、二年级实施“科学认读”。“科学认读”指阅读与识字相互协调、相互渗透的语文启蒙教育。其实验目标为：幼儿园期间，让幼儿学会“科学认读”；在小学一、二年级，让学生实现“自主阅读”；在三至六年级，让学生尝试“研究性阅读”。1998年，原锡山市在省教育厅直接指导下启动试点实验。实验先由荡口中心幼儿园开始，1999年9月，荡口实验小学以荡口中心幼儿园新入学的“小班”作为实验班。经过16年的研究与实践，取得显著成效，省教育厅领导称赞锡山的“科学认读”是“开了个‘小口子’，做了篇‘大文章’”。

【“陶研”获多个全国奖项】11月，中国陶行知研究会2005～2015年“四优”（优秀研究成果、优秀陶研工作者、优秀陶研学校、优秀陶研组织）评比结果揭晓：区陶行知研究会被评为“全国优秀陶研基层组织”，东湖塘中心小学被评为“全国优秀陶研实验学校”，甘露学校教师朱小红被评为“全国优秀陶研工作者”。十年间，区陶行知研究会积极宣传推广陶行知教育思想，加强“陶研实验学校”建设，深入推进“小学生学陶”工作，以及组织开展“行知文化进万家，爱满天下促和谐”等活动，取得较大成绩，赢得了师生、家长和社会各界的广泛赞誉。（余 磊）

基础教育

【概况】全区有幼儿园35所，其中开发区、镇（街道）中心幼儿园15所，区教育局直属幼儿园1所，中心幼儿园分园15所，民办幼儿园4所。在园幼儿总数17329人，其中外来人口子女7774人，占在园幼儿总数的44.86%。3～6岁幼儿毛入园率（在园户籍幼儿数除以区统计局提供的户籍幼儿数的比例）113.04%。公办小学22所（含1所直属、6所村小），在校学生总数33343人，其中外来人口子女15392人，占公办小学学生总数的46.16%。公办初中13所，九年一贯制学校1所，在校学生总数14530人，其中外来人口子女5148人，占初中学生总数的35.43%。普通高中4所，在校学生总数6541人，其中外来人口子女1891人，占高中学生总数的28.91%。另有民工子弟学校2所，在校学生4011人；十二年一贯制的民办学校1所，在校学生395人。小学、初中入学率、普及率、巩固率均为100%，小学毕业率100%，初中毕业率99.51%。（马品汝）

【核心价值观教育】研究出台《关于在中小学深入开展社会主义核心价值观教育的指导意见》。开展“践行核心价值观，共筑锡山少年梦”主题教育活动，组织中小学生上好“开学第一课”，强化未成年人“八礼四仪”养成教育，初步建成中学、小学、幼儿园纵向衔接的文明礼仪养成教育体系。开展“十佳小公民”“文明风尚好少年”“尚善好少年”评选推荐活动，举办“我们的价值观、我们的中国梦”主题展览暨“爱心书屋”进校园活动。依托区朝阳网上家长学校举行“纪念抗战胜利70周年”系列网上纪念活动，组织全区未成年人参加“网上祭英烈”“向国旗敬礼”等网上签名寄语活动。

【全员德育水平整体提升】完成第三批德育工作带头人学术荣誉评选。充分发挥德育骨干教师示范引领作用，有序开展中小学德育讲师团活动。根据《关于全面建立“村（社区）校共建”机制，进一步提高校外教育辅导站工作水平的实施意见》，全面建立“村（社区）校共建”长效机制，拓展合作空间，家庭、学校、村（社区）“三位一体”育人合力显著增强。选派59名教师参加省市级班主任（辅导员）、团委书记、心理健康教育专题培训活动；组织6名教师参加市中小学班主任基本功大赛，怀仁中学教师蒋玲玲、东亭中学教师王丽萍均获市一等奖、省三等奖。

【“心育”特色建设再提升】建好、用好区朝阳网上家长学校、区成长指导中心、区心理骨干教师培训基地等“心育”特色平台，促进未成年人健康成长平台及特色服务水平的再提升。成功举办第七届小学“心育”优质课评比；羊尖实验小学学生谭柯佳在市级比赛中获小学组第一名。组织全区“心理沙盘”专题培训活动，深入开展“心育”微视频、“绘本教学”实验研究，“区本心育特色”初步形成。羊尖中学被评为无锡市唯一的教育部首批“中小学心理健康教育特色学校”。

【团队工作成绩斐然】召开区第四次少先队代表大会，承办“市少先队活动课月观摩（锡山专场）”活动，成立区少先队课程教研中心组。天一实验学校等3所学校申报的社团活动案例被评为“全国‘小哥白尼杯’红领巾小社团活动优秀案例”；羊尖实验小学“红领巾锡剧研究院”获评2015年度全国优秀小学生国学社团；7个少先队活动案例入选少先队基本知识学习实践活动“全国一万个好活动”；天一实验学校学生李晴宜获评省少年科学院“小院士”；成功创建成省“少先队名辅导员工作室”1个；成功举办“锡山区第三届少先队鼓号大赛”；在无锡市第七届少先队鼓号大赛中，东北塘实验小学、港下实验小学、东湖塘中心小学、勤新实验小学4所学校获“金号奖”。（徐 霞）

【生态文明建设工程推进】锡东高级中学、云林实验小学创建成市“两型社会”建设示范学校，勤新实验小学创建成市“低碳消费示范学校”，东北塘中学创建成省“绿色学校”，怀仁中学创建成市节水型学校。

【教育救助工程深入推进】落实《锡山区教育救助暂行办法》，切实加强教育救助工作，全年给予1332名符合教育救助条件的中小学及幼儿园学生发放教育救助金128.8万余元。继续对家庭经济困难儿童实施免费教育，全年共计免除145名困难儿童保育教育费36.25万元；给予109名本一、本二困难大学生发放救助金35.8万元。2015年，继续对辖区内中等职业学校学生实施全额免除学费，全年共计免除学费417.01万元，同时对362名家庭经济困难中等职业学校学生发放国家助学金36.2万元。（虞海平）

【学校体育】 按计划精心组织锡山区第五届校园体育节。举办锡山区第十届中小学生球类棋类比赛、锡山区第五届小学生跳绳踢毽比赛。承办“2015年全国国际象棋青少年竞标赛（个人）暨第二十三届‘李成智杯’全国少年儿童冠军赛”、无锡市第八届“柏庄杯”少儿围棋赛。在MLB PLAY BALL全国青少年棒球联赛（无锡赛区）上，厚桥实验小学获得A组冠军。在“申益杯”第七届全国“水中健身操”比赛中，东亭实验小学获“最佳编排奖”“最佳领操奖”，并以绝对优势获“小学组团体第一名”。在无锡市小学生武术比赛中，安镇实验小学再次蝉联团体第一名，取得“四连冠”的骄人战绩。在2015年国际象棋男子世界杯锦标赛上，天一中学16岁棋手韦奕进入八强，创造了中国国际象棋男棋手在世界大赛上的最佳战绩。在2015年国家队（围棋）选拔赛中，天一中学少年部学生陈梓健获少年队第一名。在2015斯诺克世界杯赛期间，世界职业台球联合会主席杰森·弗格森及多名世界冠军（18个国家36名球员）出席天一中学的教学活动。7月21日，东北塘中学19岁的毕业球员许桂源被巴尔的摩金莺队签下，成为加盟美国MLB（棒球大联盟）的中国大陆第一人。羊尖实验小学获“江苏省青少年校园篮球特色学校”称号，安镇实验小学成为2015年中国足协杯“种子计划”全省接受捐赠的五所学校之一，东湖塘中心小学被中国国际跳棋协会授予“全国国际跳棋特色学校”称号，东北塘中学被评为“2015年全国学校体育工作示范学校”。在全区中小学全面普及足球教学，荡口实验小学、柏庄实验小学、仓下中学、天一中学4所学校入选2015年全国青少年校园足球特色学校，积极组织中小学生参加校、区、市三级足球联赛，校园足球竞赛水平明显提升。

【学校卫生】 柏庄实验小学创建成省健康促进金牌学校，东北塘中学和东北塘实验小学创建成省健康促进银牌学校，16所公办学校创建成省健康促进铜牌学校。区教育局、残联、卫计局共同实施“锡山区2015年为民办实事项目”——儿童青少年脊柱侧凸残疾预防和康复干预项目，对小学五至六年级、初中学生进行免费筛查。在江苏省第十四届中小学健康教育知识竞赛活动中，区教育局获区级优秀组织奖，东亭中学、怀仁中学、东北塘实验小学、八士实验小学获校级优秀组织奖。（陈　辉）

【学校艺术教育】 举办区第八届校园文化艺术节各专场决赛。该届艺术节小学（幼儿园）组音乐类设舞蹈、合唱、器乐等五个专场，美术类设儿童画、毛笔书法、泥塑等九个专场；中学（中等专业学校）组音乐类设舞蹈、合唱、综合三个专场，美术类设泥塑、线造型、立体纸工等八个专场，全区5000余名学生参加比赛。4月，东亭实验小学承办无锡市第五届小学歌唱教学现场研讨暨徐锡宜合唱指挥培训活动，全市400余人次参加为期两天的研讨培训活动。12月，根据区委宣传部安排，承办两场“江苏省百名专家学者千场文艺欣赏讲座”，特邀南京师范大学教授林东坡和江南大学教授符姗姗做讲座。云林实验小学、羊尖实验小学、厚桥实验小学3所学校的“特色课程”获评市级一等奖和特色奖。（张湘君）

【学校科技教育】 组织“青少年科技创新”专题培训活动、无线电测向运动师资培训活动。在第二十六届江苏省青少年科技创新大赛中，天一中学学生刘振希的《基于手势控制的电动滑板研究》、锡山中等专业学校学生戴红的《防盗手袋》获一等奖；东北塘实验小学学生钱志炫获“全国物联网创新设计”一等奖；锡山中等专业学校学生周峰获“第十五届全省青少年机器人竞赛”一等奖。在无锡市首届“青少年科技创新市长奖”评选中，天一中学学生刘振希获“市长奖”，教师邓一波获“科技辅导奖”，学校获“创新教育摇篮奖”。锡东高级中学获“第二届无锡市中小学科技发明大赛优秀组织奖”。天一中学、锡东高级中学获评省“十二五”第四批科学教育特色学校。（陆　逊）

【学前教育】 全区有幼儿园35所，其中开发区、镇（街道）中心幼儿园15所，区教育局直属幼儿园1所，中心幼儿园分园15所，民办幼儿园4所。在园幼儿总数17329人，其中外来人口子女7774人，占在园幼儿总数的44.86%。3～6岁幼儿毛入园率113.04%。全区省优质幼儿园比例77.14%。9月，承办中国学前教育研究会“2015年幼儿园课程建设学术研讨会”，爱尔艺术幼儿园、紫金新城幼儿园、安镇中心幼儿园、厚桥大诚幼儿园、东湖塘中心幼儿园、港下中心幼儿园开放观摩现场，区教育局作“基于幼儿发展需要的园本课程建构”的大会交流。

【特殊教育】2015年，全区有特殊教育学校1所，9个教学班，全部为培智教学班，学生102人，教职工35人，其中专任教师23人。全区义务教育阶段有30所学校开设109个随班就读班，就读学生120人。其中，小学阶段有19所学校，班级69个，就读学生74人；初中阶段有11所学校，班级40个，就读学生46人。各类残疾儿童入学率100%。锡山特殊教育学校获“2015年无锡市第二届特殊教育青年教师基本功大赛团体奖”，被评为2014年度“文明交通学校”“区工会工作及工会信息工作先进单位”；获无锡市特殊教育学生文艺汇演“特别奖”。学校承担的市教育学会“十二五”重点课题《多维学习观下培智教育生活化的实践研究》顺利结题。组织参加“爱满天下杯”第十五届全国青少年书画篆刻大赛，2件作品获特等奖，8件作品获金奖，17件作品获银奖，16件作品获铜奖，7件作品获优秀奖，4件作品获佳作奖。学生陈均新在区“千名追梦好少年”展评活动中被评为“追梦好少年”；学生吴勋辉、王微在市“万名追梦好少年”展评活动中被评为“追梦好少年”；学生吴霖在2015年“百万少年争当‘江苏好少年’展评活动中”，被表彰为“江苏好少年”。 （蒋丽芬）

职社教育

【概况】2015年，全区有职业学校1所（锡山中等专业学校），在籍学生2455人；有省级社区教育学院1所，镇（街道）社区教育中心9所（省级社区教育中心6所）、成人教育中心校9所，省级农科教结合示范基地2个。全区118个行政村（社区）普遍建立社区学校，其中省级标准化居民学校83所（年内创建成61所）；区优秀社区学校109所，比例为92.2%。

【职业教育成绩显著】完成锡山中等专业学校与锡山教师进修学校两校资源整合。锡山中等专业学校形成“中高职并举、职前职后一体”办学格局，成为江苏联合职业技术学院办学点，并新增数控技术、电子信息技术两个五年制高职专业；与江苏信息职业技术学院、无锡商业职业技术学院、江苏开放大学等高职院校联合举办现代职业教育体系“3+3”“3+开放本科”中高职衔接项目；三大实训中心建成投用。“校企合作”向纵深推进，与鹰普（中国）有限公司共同探索实践“现代学徒制”人才培养模式，并参评市校企合作示范项目。精心组织区“远航杯”“启航杯”职业教育教学竞赛。新增省级“品牌专业”2个、市级“精品课程”2门；推荐10门微课参加市级评选；在省职业学校公共基础课程“两课”（文化课、专业课）评比活动中，教师郭辉获语文学科“示范课”第一名；在市职业学校班主任基本功比赛中，教师邓一花获个人全能一等奖；在区教师技能大赛中，教师邓一花获中学组一等奖。全力做好2013级市职业学校学业水平测试和省职业学校技能抽测组织工作。成功举办第六届“海联杯”师生技能大赛。在省职业学校技能大赛中，锡山中等专业学校分别获“车加工技术”“装配钳工技术”和“工业产品CAD（计算机辅助设计）”教师组二等奖，钱敏冲等3名教师获评无锡市参加全省职业学校技能大赛标兵，锡山中等专业学校获评无锡市参加全省职业学校技能大赛突出贡献奖。在市职业院校技能大赛中，获2个教师组别第一名；有1组学生、6名教师入围省职业院校技能大赛，取得参赛数量和项目上的新突破。在第二十六届江苏省青少年科技创新大赛中，学生戴红获青少年科技创新成果高中组一等奖；在第十五届江苏省青少年机器人竞赛活动中，获高中组一等奖1个、二等奖2个、三等奖1个。10件师生作品获国家实用新型专利，累计专利项目52项。2015年，锡山中等专业学校获评市禁毒工作先进学校、市依法治校示范校，学校网站被评为省中小学“优秀校园网站”。

【社区教育进一步完善】编印《锡山社区教育工作简报》4期。羊尖镇现代农业公共实训基地建成投用，东北塘街道社区教育中心创建成省标准化社区教育中心，办学条件进一步改善，培训活动水平进一步提升。年内，创建成省级标准化居民学校61所。区青少年活动中心异地重开，并同步建设东亭实验小学、港下实验小学培训活动基地，全年培训活动逾4000人次。举办区首届“青少年暑期夏令营”。组织全区成人教育中心校校长到惠山区交流老年教育工作，区教育局、区民政局研究出台《关于进一步加强老年教育工作的实施意见》，东亭、安镇、羊尖、鹅湖、东港、锡北6个镇（街道）首批老年学校均进入开班授课阶段，培训近1000人次。组织全区成人教育中心校校长到浙江省杭州市上城区交流学习社区教育信息化建设工作，并同步推进成社教育信息化建设，锡山终身学习平台网站完成第一阶段建设并开通上线。按照《锡山区社区教育课程评估标准》，不断充实社区教育数字（文本）课程库，建设“媒体课程”8门和“文本课程”9门。坚持特色传承，抓好“两校”（村、社区居民学校和企业职工学校）建设，持续推动第二、三批成社教育“优质（特色）回访”。在“江苏学习在线”、锡山教育网、《新锡山》等媒体上大力宣传锡山成社教育，8月12日，《新锡山》对全区教育服务社区工作作整版专题报道，具有锡山特色的“人人皆学、时时能学、处处可学”的“终身教育”服务体系进一步完善。　（陈　弢）

教师队伍

【概况】 2015年，全区学校教职工总数6618人（含幼儿园、小学、中学、特殊教育学校、中等专业学校），专任教师5209人。中等专业学校、中小学有教授级中学高级教师3人，中学高级教师、中等专业学校高级讲师826人，中学一级教师、中等专业学校讲师、小学高级教师2418人。区教育系统在职人员中，1556人获区教学新秀（含区班主任新秀）及以上学术荣誉，其中江苏省特级教师19人，无锡市名教师11人。有4名教师被评为“无锡市第六批名教师”，38名教师被评为“第七批无锡市教学能手”，40名教师被评为“第六批锡山区教学能手”，27名教师被评为“第六批锡山区中小学学科带头人”，4名教师被评为“第二批锡山区教育科研带头人”，1人被认定为锡山区学科带头人，1人被认定为锡山区教学能手，13名教师被评为“第三批无锡市中小学班主任工作能手”，18名教师被评为“第三批无锡市中小学班主任工作新秀”，65名教师被评为“第三批锡山区中小学班主任工作新秀”，48名教师被授予“2013～2015学年度无锡市优秀教育工作者”称号，67名教师被授予“2013～2015学年度锡山区优秀教育工作者”称号；组织2015年度649名区骨干教师区级考核工作。

2015年锡山区中小学、中等专业学校专任教师数量及学历结构情况一览

表12

类别	人数（人）	学历结构					合格率（%）
		研究生（人）	本科（人）	专科（人）	高中阶段（人）	专业合格证（人）	
合计	4210	282	3309	534	85	0	99.79
小学	2077	74	1472	447	84	0	100
初中	1185	49	1056	79	1	0	99.92
高中	727	152	570	5	0	0	99.31
中等专业学校	221	7	211	3	0	0	98.64

2015年锡山区中小学、中等专业学校专任教师年龄结构情况一览

表13

类别	专任教师总数（人）	34岁以下		35～44岁		45～54岁		55～59岁	
		人数（人）	比例（%）	人数（人）	比例（%）	人数（人）	比例（%）	人数（人）	比例（%）
合计	4210	1603	38.08	1561	37.08	965	22.92	81	1.92
小学	2077	985	47.42	667	32.11	385	18.54	40	1.93
初中	1185	263	22.19	527	44.47	371	31.31	24	2.03
高中	727	264	36.31	288	39.62	164	22.56	11	1.51
中等专业学校	221	91	41.18	79	35.75	45	20.36	6	2.71

【干部培训活动】继续加强干部培训活动，努力在拓宽培训渠道、提升培训实效上下功夫。采用远程网络培训活动、自行组织培训活动和外派培训活动相结合的方式，为校（园）长和中层干部提供各种培训机会，促进了领导干部素质提升。重视干部梯队建设，组织52名中小学中青年干部参加区教育系统中青年干部培训班；选派1名校长参加京苏粤第四期（2015年）优秀中青年校长高级研修班，选派20名校长参加2015年“教育部—中国电信中小学校长信息技术应用能力提升项目”培训活动，选送3名校（园）长参加省教育厅组织的管理者出国培训活动，选送16名义务学校校长参加省教育厅举办的校长研修和培训活动，选派2名校长参加2015特殊教育学校和教师校长培训活动，选派3名校（园）长参加2015幼儿园、小学、初中骨干校（园）长高研培训活动，选派20名校（园）长参加2015农村校（园）长助力工程培训活动，选派2名校长参加2015“行知试验学校”校长培训活动，选送2名高中校长参加省2015年高中校长（书记）“学校安全保卫与后勤保障能力提升”专题培训班，选派4名校长参加2015高中校长（书记）专题培训活动，组织180名中小学校长、幼儿园园长参加市教育局举办的校长远程网络培训活动，组织6名校长参加2015年市初中校长提高研修班，组织17名新任中小学正副校长参加2015～2016年度市义务教育学校校长任职资格培训活动；评选12名校（园）长为区第五批优秀校（园）长。

【教师培训活动】组织2246名中小学、幼儿园教师参加区级面授培训活动，组织3834名中小学教师参加区全员远程网络培训活动，组织275名中小学骨干教师参加市教育局组织的各类培训活动，组织736名骨干教师参加省级及以上培训活动，组织9名骨干教师参加出国培训活动，各级各类富有针对性的培训活动有效促进了教师的素质提升。承办省教育厅2015年“名师送培”无锡市智慧课堂培训活动项目，对区内95名负责学校教学的校长、主任，以及其他区（市）的近300名学科骨干教师进行集中培训活动。　　（黄永伟）

【学校“满意度”测评开展】构建中小学（幼儿园）多元评价体系，营造全社会各界关心支持和推动学校实施素质教育的氛围与机制，提升学校办学水平，提高人民群众对教育的“满意度”，推进教育的高位均衡发展。12月，在全区开展学校“满意度”测评工作。全区52所中小学、幼儿园参与其中，参加测评的学生、家长、教职工、理事会及社会各界人士总数8604人，总满意率98.40%，有50所学校满意率总评在90%以上，25所学校满意率总评均为100%。

【关注教职工身心健康】区教育工会通过各种途径、采取多种形式，引导和帮助广大教职工提升身心健康水平。创新活动载体和形式，倡导校际工会积极组织联谊活

动、片区内学校联合举办文体活动，举行全区教职工羽毛球赛、健身趣味运动会，以多彩的活动活跃身心、丰富生活，营造全区教职工“人人爱运动、人人都参与、人人享健康”的氛围。继续实施“教师健康工程”，组织全区教职工于7～8月参加健康体检。2015年，全区在职教职工健康体检标准由原先的400元增加至600元。创新优秀教师“疗休养”内涵，组织40余名一线优秀教师通过吴文化考察、革命传统教育、素质拓展训练、形体礼仪训练、“人文素养与教师情怀”专题讲座，以及休闲漫步等活动，开阔视野、调节身心、交流联谊。开展“面对面、心贴心、实打实”服务基层教职工活动，做好困难教职工大病救助、助学结对、送温暖等困难帮扶和工会会员意外伤害、家财损失的保障工作，关心劳动模范和离退休教职工生活，努力使每一位需要帮助的教职工享受到组织的关怀。（朱　漫）

2015年锡山区教育事业概况一览

表14

类别	学校数（所）	班级数（个）	毕业生数（人）	招生数（人）	在校学生数（人）	毕业班学生数（人）	教职工数（人）	
							合计	其中：专任
中等专业学校	1	74	1027	579	2455	727	252	221
普通中学	18	508	6816	7491	21618	7038	2129	1912
高中	5	159	2350	2293	6622	2148	—	727
初中	13	349	4466	5198	14996	4890	—	1185
职业中学	—	—	—	—	—	—	—	—
小学	18	825	4993	6810	37543	5490	2197	1996
特殊教育学校	1	9	12	12	102	22	35	23
盲聋哑培智学校	—	—	—	—	—	—	—	—
幼儿园	32	509	5652	6202	17329	6134	2005	1057
教师进修学校	—	—	—	—	—	—	—	—
成人技术培训学校	194	—	167372	167655	167655	—	354	186

2015年锡山区教育经费情况一览

表15

项目	金额（万元）	占全区教育经费的比例（%）
公共财政教育经费—教育事业费	93790	65.14
公共财政教育经费—教育费附加	24978	17.35
其他公共财政预算安排的教育经费	35	0.02

续表15

项目	金额（万元）	占全区教育经费的比例（%）
政府性基金预算安排的教育经费	20	0.01
附属单位缴款	—	—
事业收入	15863	11.02
其中：学杂费	14173	9.84
其他收入	9292	6.46
其中：择校费	—	—

（金晓东）

教育督导

【概况】围绕全区教育改革发展的中心工作、重点工作，以实现锡山区教育优质均衡发展和保障素质教育全面实施为主要任务，认真履行教育督导职能，切实增强服务教育发展的功能，为全区教育事业的改革和发展做出积极贡献。以评促建，推动区域教育优质均衡发展；督导并举，全面营造依法治教良好环境；协调联动，不断强化督学责任区建设；健全体制，切实加强机构队伍建设。

【接受县级政府教育工作省市级督导考核】4月30日，市政府教育督导室在严格评审自查材料的基础上，组织对锡山区的现场评估。督导组通过听取区政府教育工作自评汇报、材料评审提出的若干问题的说明，与区财政、编办、教育部门负责人深度访谈，召开镇（街道）分管领导、区人大代表及政协委员、校（园）长代表座谈会，实地走访中小学校等评估方式进行认真细致的复查和指导。7月2～4日，锡山区接受江苏省县级政府教育工作督导考核，督导组充分肯定锡山区在强化领导、切实履行政府教育职责，加大投入、不断完善经费保障机制，整体推进、统筹协调各类教育协调发展和以人为本、着力加强教师队伍建设等方面取得的成绩，并对存在的问题提出了改进意见。

【组织镇（街道）教育保障任务落实情况专项督查】11月下旬，区教育督导委员会组织督查组围绕年度工作目标任务，以各镇（街道）教育事业发展现状和“十三五”期间事业发展的预测情况及应对策略、外来务工人员随迁子女入学查验情况、各镇（街道）针对教育事业发展实际在统筹规划、校舍建设、非编教师使用管理、经费保障等方面采取的措施和实施情况为重点，开展镇（街道）教育保障任务落实情况督查，进一步推动镇（街道）依法履行教育工作职责，加大教育投入，提升区域教育优质均衡发展水平。

【素质教育综合督导有序开展】4~6月期间，依据《无锡市锡山区中小学校素质教育综合督导评估方案》《无锡市幼儿园督导评估方案（修订稿）》和学校三年发展性规划，对仓下中学、安镇中学、羊尖中学、荡口中学、甘露学校、东湖塘中学、港下中学、锡山特殊教育学校、羊尖实验小学、厚桥实验小学、东湖塘中心小学、港下实验小学、勤新实验小学13所中小学和查桥中心幼儿园、羊尖中心幼儿园、荡口中心幼儿园、东北塘中心幼儿园、东湖塘中心幼儿园5所幼儿园开展综合督导。12月7～10日，以省教师培训活动中心副主任严华银为组长的专家组一行7人，对怀仁中学进行素质教育综合督导。

【“挂牌督导”常态化推进】认真贯彻国家和省关于开展“挂牌督导”工作的文件精神，依据《锡山区中小学素质教育督导评价方案（试行）》，每月对36所普通高中及义务教育学校开齐开足课程、保障学生体育运动时间、开展心理健康教育、加强学校安全管理等情况进行随机督查，16名“挂牌督学”共计随机督导学校300余所次，及时总结宣传成绩与经验，督促学校整改问题与不足，督查结果作为校长年度工作绩效考核和热门高中指标分配的重要依据。

【素质教育“一日督导”持续开展】 依据《第三督学责任区中小学校素质教育一日督导评估标准（试行）》，与新区共同组建“无锡市第三督学责任区”，并对新区新安中学、硕放中学、后宅中心小学、旺庄实验小学和锡山区仓下中学、查桥中学、港下实验小学、柏庄实验小学8所学校开展素质教育“一日督导”，促进了两区学校办学水平的提升和发展。

【首届督导委员会会议召开】 1月29日，区政府教育督导委员会召开工作会议部署新一年教育督导工作。区政府教育督导委员会主任、副区长陈奕，区政府教育督导委员会副主任、区教育局局长孟静卫出席会议并讲话，区政府教育督导委员会副主任、区政府教育督导室主任孟晓东作工作报告。区发改、物价、科技、人社、财政、监察、建设、卫生、审计、公安、规划等成员单位有关领导参加会议并进行交流研讨。会议回顾总结2014年度全区教育督导重点工作，确立2015年锡山区教育督导主要目标任务。

【接受区人大教育督导工作视察】 9月24日，区人大召开党组（扩大）会议、主任会议，听取全区教育督导工作情况汇报。区人大常委会党组书记蒋群，区人大常委会代理主任张黎平，区人大常委会副主任郑永君、姚永新，副区长陈奕，区人大各工作机构及区教育局、区政府教育督导室负责人参加会议。会议对全区教育督导工作在推进区域教育优质均衡发展、促进学校素质教育等方面所取得的成效给予充分肯定，并就营造更加良好的督导氛围、建立更加良好的督导机制和建设更加良好的督导队伍三个方面提出建议。（郭　昭）

【未成年人公共安全教育体系基本形成】 建构未成年人公共安全教育工作责任网络。纵向建立由区政府、镇（街道）、学校组成的“安全教育网络”；横向成立“全区学校安全管理工作联席会议办公室”，建立健全各项安全管理制度。区学校安全督查组坚持每季度开展1次安全专项督查，为全区未成年人公共安全教育体系建设提供组织保障。落实安全教育进学校工作。2015年，全区中小学全部设立学校安全教育必修课，全年举办“安全教育课”160节，组织安全教育实践活动350场次，受教学生7万余人。向全区未成年人发放由区教育局、区安监局联合主编的《校园安全教育》漫画读本7000余册；发放由省教育厅、公安厅、文明办主编的《文明交通教育读本》1.3万余册。落实学校应急疏散演练，逐步改变未成年人在安全技能方面“重知轻练”的现状。全年组织学校师生开展应急疏散演练150次，对紧急情况下如何撤离、疏散、逃生、自救、互救等安全防范知识进行实际操练，提高了未成年人突发安全事件的应急处置能力。

【安全管理再上新台阶】 区教育局整合各类安全工作考核体系和指标要求，按“幼儿园、小学、初中、高中”学段分别制定《锡山区校园安全信息化管理标准》，通过安全督查和年度考核督促学校全方位做好安全管理工作，全区中小学、幼儿园保持校园安全“零事故”纪录。2015年，根据省市教育、综治、公安的统一部署，全面启动“省平安校园示范县（市、区）”的创建工作，10所校（园）送评市“平安校园示范校”的评选工作。全区所有中小学、幼儿园“文明交通学校”创建率100%。区教育局被评为“无锡市安全生产先进单位”。（过千建）

教育研究

【概况】 依托“三品课堂”（品味课堂、品质课堂、品牌课堂）品位建设，深入开展课堂教学形态研究，持续推进区域课堂教学改革，高质量做好《区域推进“三品课堂”建设的实践研究》结题工作。转变教学质量观念，推进学生阅读素养提升工程，探索高中选课走班等新型教学形态。坚持开展“常态调研、联合调研、专题调研、蹲点调研、深度调研”等多种形式的调研工作，积极推进“主题式”教研，大力倡导“微格式”教研。举办区中小学教科研骨干高级研修班及教育科研专项培训活动。举办区第二届“远航杯”、第三届“启航杯”课堂教学大赛。举办区第十四届教师技能大赛，7名教师获区一等奖，3名教师在市级评比中获二等奖。在省市基本功及课堂教学大赛中，10名教师获省一等奖，26名教师获市一等奖。5项课程获市义务教育学校特色课程评选一等奖。5项教育创新成果在首届中国教育创新公益博览会上展出。全区小学毕业考试三科合格率在98%以上；中考五科一次性合格率88.05%，各科均分位居各区（县）前列；高中学业水平测试四A率31.41%；高考（普通类）本一以上进线率25.54%，本二以上进线率65.32%，再创历史最高水平。

【区首届教育教学成果奖评选】区首届教育教学成果奖评审委员会对各校申报材料进行评选认定，经初审、复评与终评，评选出特等奖5项、一等奖10项、二等奖20项。首届教育教学成果奖的获奖项目，是全区教育工作者经过多年探索、研究和实践所获得的创造性劳动成果，集中体现了"十二五"期间锡山区教育教学改革的特色与成效，具有很好的示范效应和推广价值，为更高层次教育教学成果奖评审奠定了基础。

【课题研究】统筹规划各级各类课题研究的结题鉴定工作，完成12项省级、16项市级"十二五"规划立项课题的结题鉴定。推荐6项课题参加省市精品课题评选。表彰2013～2015年度教育科研先进集体与先进个人。天一中学《培养积极的生活者——普通高中的学生发展指导探索》确定为省基础教育前瞻性教学改革实验项目。东亭实验小学《走向积极的学校生活——积极教育理论的实践创新》确定为市基础教育前瞻性教学改革实验项目。

（蒋洪兴）

招生考试

【概况】按上级统一部署，区招生考试办公室组织并圆满完成学业水平测试、高考、中考、高等教育自学考试、全国计算机等级考试等一系列国家、省、市级考试，涉及各级各类考生24454人，所有考试做到安全、平稳，没有发生一起重大责任事故，没有发生一起违纪舞弊事件，无上访、"零投诉"。其中，参加高考的有2237人，参加学业水平测试的有2108人，参加中考的有4074人，参加高等教育自学考试的有6824人，参加各类证书考试的有9211人。

【高考高招】设天一中学一个高考考点、79个考场，2237名考生在天一中学参加考试。在各级领导的关心指导和区招生考试办公室的精心组织下，高考工作平稳顺利完成。全区参加高考人数中普通类考生2229人，艺术类考生8人。普通类考生本二以上进线人数1456人，进线率65.32%。全区高考录取总数2163人，录取率96.7%。其中，录取本科1944人，录取专科219人。

2015年锡山区高考各报名点录取人数情况一览

表16

类别	参考人数（人）	提前本科（人）	本一（人）	本二（人）	本三（人）	本科合计（人）	专科（人）	录取总数（人）	录取率（%）
锡东高级中学	808	17	74	345	266	702	72	774	95.8
怀仁中学	710	7	28	243	277	555	139	694	97.7
天一中学	695	13	398	231	40	682	3	685	98.6
东北塘中学	22	0	2	0	3	5	4	9	40.9
区招生考试办公室	2	0	0	0	0	0	1	1	50.0
总计	2237	37	502	819	586	1944	219	2163	96.7

【中考中招】全区参加6月文化中考人数4074人，另有初职分流考生201人。参加中招现场录取考生总数4194人（6月文化中考人数加天一中学少年部直升120人），录取3782人，录取率90.2%。其中，录取普通高中2124人，录取职业类学校1658人，普通高中录取人数占录取总数的56.2%。其余412

人通过其他渠道升入职业类学校或回原籍就读高中。全区考生总升学率超过99%。

【自学考试和证书考试】 自考工作在年度工作目标考核中位居全市前列。其中高等教育自学考试（学历教育）规模6824人次，开设72个本科、43个专科计115个专业。报考总数比2014年减少3568人，超过市下达年度目标任务的10.2%。自学考试本、专科毕业人数582人，比2014年减少28人，其中本科毕业412人，专科毕业170人。高等教育自学考试万人报考率145。各类证书考试规模9211人，比2014年增加844人，超过市下达年度目标任务的84.2%。其中，全国计算机等级考试969人，书法等级考试8242人。　（区招生考试办公室）

教育法治

【概况】 认真贯彻落实国务院《全面推进依法行政实施纲要》《关于加强法治政府建设的意见》和区依法行政工作会议精神，高举教育现代化大旗，以"办人民满意的教育"为宗旨，紧紧围绕教育改革发展稳定各项工作，强化组织领导，深化基础建设，优化工作举措，大力推进行政决策制度化、行政执法规范化和行政监督全程化建设，依法行政、依法治教工作水平进一步提升。

【依法行政推进】 坚持便民利民，全面清理行政许可事项，优化行政审批流程，依照相关法律、法规和规定认真开展对全区16所民办学校和机构的年审工作，进一步指导、督促其规范办学行为，推动民办教育办学条件完善、办学质量提高。依法批准1所培训机构变更机构名称和校长，1所培训机构变更举办者、法定代表人和决策机构人员；157人通过初中及以下教师资格认定；进一步落实《锡山区教育局机关工作人员行为规范》，局机关人员依法依规行政意识不断强化。完善首遇负责制、岗位责任制、服务承诺制、限时办结制等基本制度。高度重视咨询投诉、来信来访、舆情引导等工作，进一步完善信访通报、信息上报等工作机制。继续推进党务、政务和教务信息公开，加强校长任期审计和职务犯罪预防工作。

【依法治教推进】 通过素质教育督查、群众投诉查处、学校三年发展性规划综合督导评估等，推动学校依法治教，进一步开齐开足各类课程，规范招生、分班等管理行为。进一步抓好学校安全稳定工作，全年组织开展28次专项检查，整改校车隐患线路21条，排查整改校园安全隐患52个，修订完善各类应急预案 152个；10所校（园）送评无锡市"平安校园示范校"，区教育局于2015年1月获评市安全生产工作先进单位。全区A级食堂比例55%、B级食堂比例100%，实现所有学校视频监控、周界报警、紧急报警系统全覆盖，运行校车全部符合国家标准，中小学、幼儿园全部创建成"文明交通学校"。加强法治宣传教育，扎实开展"安全知识进校园"等主题教育活动，圆满完成教育系统"六五"普法任务。

【社会监督强化】 自觉接受区人大法律监督与区政协民主监督，人大代表、政协委员、行风监督员、家长委员会、理事会成员等教育监督作用得到充分发挥。全年高质量提前办结"两会"建议、提案21件，建议、提案办理答复率、见面率、满意率均为100%。积极回应群众诉求，建立信访情况季度通报制度，推进信访工作分级负责，特别加强矛盾纠纷调处和网上舆情处理，全年办结锡山教育网和"12345"政府公共服务热线网上咨询、来信来访等200余起，人民群众对行政行为的监督权利得到依法保障。　（孟　丹）

教育信息化

【概况】 全区中小学均创建成独立校园网并通过十兆或百兆光纤宽带接入因特网。小学阶段生机比8：1，中学（含高中和职高）阶段生机比6：1；各类学校师机比1：1。全区中小学实现"班班通"的比例 100%，实现"一网新三机"（ 因特网，计算机、大屏幕数码显示设备、视频展示台）进教室。在第二十一届全国青少年信息学奥林匹克联赛中，天一中学学生陈智康、陈曦均获全国一等奖；6所学校的学生获第十二届全国中小学信息技术创新与实践"物联网创新设计"大赛9个一等奖，其中羊尖实验小学学生金远卓获"恩欧希"（全国中小学信息技术创新与实践活动）教育信息化发明创新奖，是"恩欧希"的最高奖项。安镇实验小学教师邹卫华执教的"综合课"《周末去哪儿》获全国一等奖。天一实验学校教师郭静洁获市初中信息技术基本功竞赛一等奖。天一实验学校教师刘延安、冯珠、吴琼洁组成的团队在省“网络团队教研”比赛中获“初中美术组”一等奖。天一实验学校教师潘芬和安镇实验小学教师陆海江在市信息化教学能手比赛中获一等奖。锡山中等专业学校网站获省“优秀校园网站”评比一等奖。

【教育技术装备工作省级督导评估高分通过】 成立工作小组，下发制度汇编和操作范例，召开现场会，与“一把手”校长签订工作责任书。各条线中心组完成组内培训任务，组织开展学校自查、校际互查和区内普查工作，督促和指导学校落实教育装备“配、管、用、研、护”各项工作要求，大力整改薄弱环节，进一步提升教育技术装备工作水平。根据省义务教育优质均衡评估指标，所有学校的办学条件基本符合《江苏省义务教育学校现代化办学标准》，区内各校对照省教育装备标准Ⅰ类要求开展工作，据统计，2012～2014年，全区教育专用设备经费投入7686.6万元。4月22～24日，省政府教育督导团专家组对锡山区进行教育技术装备省级专项督导。6月1日，省政府教育督导委员会办公室下发《关于公布2015年县域教育技术装备督导结果的通知》，锡山区成为该次督导4个“优秀区”之一，受查学校基本达到省Ⅰ类装备标准。

【“一师一优课、一课一名师”活动启动】 下发活动通知，各校上报校级管理员。根据无锡市“晒课”分配3年的总体要求，分解2015~2017年区内各校的“晒课”任务、把管理员账号和密码下发到各校，教师所提交的“晒课”内容包括“四项要求”：一堂完整课堂教学的教学设计，所用课件及相关资源（或资源链接），课堂实录（拟参加“优课”评选者必须有课堂实录），评测练习；也可提交“两项要求”（前二项）的内容参加“晒课”活动。至6月末，全区有17所学校“晒”课106节，其中“课堂实录”26节。经过最终评选，锡山区有5节课获评部级优等。

【“智慧教育”研讨活动举办】 12月23日，锡山区中小学“智慧教育”研讨活动在东亭实验小学开展。进行“智能触控一体机课堂”展示；结合“智慧教育”的建设背景、建设成果、基础设施提升以及涵盖体系，推介“校园无线架构方案”；讲解“‘爱葵花’人人通平台”的作用与功能，并实时展示该平台在手机端的各项具体使用功能；商讨加快锡山区“智慧教育”建设的具体规划和方略。 （陈月清）

教育国际化

【概况】 暑假期间，区教育局组织129名中小学生赴美国（加拿大）、英国、新加坡等地开展“修学旅行”活动，其中赴沿线国家（新加坡）交流活动的学生119人；安镇实验小学与新加坡启化小学开展“友好学校”互访活动。韩国亚洲大学与锡山中等专业学校签订“友好学校”协议，并就相关合作项目进行洽谈。东亭实验小学接待“2015锡港教育交流论坛”的中国香港校长一行30余人，对“国民教育”合作项目进行深入探讨。推荐8名校长（教师）参加由省教育厅组织的学校管理者（教师）赴英国、加拿大等国家培训或进修活动。全区接纳澳大利亚、日本、罗马尼亚等国家以及中国香港、中国台湾地区的55名学生就读。6～8月期间，东北塘中学组织两批38名学生棒球队员，赴中国台湾开展棒球友谊交流赛。

【弗雷德获“无锡友谊奖”】 天一中学外籍“学术校长”弗雷德以其敬业、爱生广受好评，被市政府授予“无锡友谊奖”。12月16日，市人力资源和社会保障局（市外国专家局）专门在天一中学为其举办颁奖仪式。弗雷德出生于美国，毕业于美国威拉姆特大学，拥有国际学研究和西班牙语双学位。2004年到无锡，2013年起应聘担任天一中学“学术校长”。他根据学生的特长与兴趣，主动引进经济学、人文地理、心理学、音乐创作等15门“AP课程”（Advanced Placement的缩写，意为美国大学预修课程，指由美国大学理事会提供的在高中授课的大学课程）。高中生可以选修AP课程，在完成课业后参加AP考试，取得一定的成绩后可获得大学学分。 （黄小红）

编辑：钱惠芳

5月18日，锡山中等专业学校邀请东北塘街道团工委、各社区及部分企业团支部的负责人，观摩学校举办的第六届“海联杯”校级学生技能大赛　　（于　红 摄）

7月18日，区教育工会组织疗休养人员在常熟理工学院训练基地进行素质拓展训练
（区教育工会 供稿）

科学技术

Scientific Technology

5月22～23日，锡山区企业家在君来世尊酒店参加2015麻省理工学院中国（无锡）年会　　　　（刘　骁　摄）

综　述

【概况】 2015年，全区科技工作紧紧围绕区委、区政府的中心工作和决策部署，进一步深化科技体制改革，抓住苏南国家自主创新示范区建设契机，深入实施人才引领创新驱动发展战略，积极推进“大众创业、万众创新”，扎实有效开展各项科技工作，企业自主创新能力不断增强，全区科技创新实力有效提升，对经济社会发展的引领作用日益明显。区科技局获“江苏省知识产权工作先进集体”称号，锡山区高科技农业示范园（台创园）列入第六批国家农业科技园区名单。全省首家面向韩国、日本的国际技术转移机构——无锡晶焱国际技术转移有限公司落户锡山区。省内唯一的以色列农业技术转移平台——无锡唯杉现代农业发展有限公司“以色列现代农业科技园”项目顺利落成。无锡市东舟船舶附件有限公司参与完成的“超深水半潜式钻井平台研发与应用”项目获“国家科技进步奖特等奖”。

【高新技术产业培育】 2015年，全区高新技术产业产值（八分类）495亿元，占规模以上工业总产值的比重为42%。132家高新技术企业实现工业总产值351亿元，占全区规模以上工业总产值的比重为29.80%；实现利税40.46亿元，占全区规模以上工业企业利税总额的42.34%。40家高新技术企业的总收入增幅超过10%，近40家企业净利润增幅超过10%。132家高新技术企业研发经费支出合计13.5亿元。2015年，全区R&D占GDP的比重超过3.05%，企业技术开发费备案总额超过16.7亿元。新批准高新技术企业27家，高新技术企业复审通过28家。

相关链接

八分类：航空航天制造业、电子计算机及办公设备制造业、电子及通信设备制造业、生物医药制造业、仪器仪表制造业、电气设备制造业、新材料制造业和新能源制造业。

（吴凯峰）

【创新载体建设】 2015年，制订科技孵化器建设奖励等政策，加速推进科技孵化器建设。有企业集团、自然投资人、投资机构等不同渠道的7家单位在锡山区设立众创空间（创新型孵化器），合计孵化面积2.5万平方米，提供创业工位近1000个，创业导师40余人，在孵及意向创业项目80余个，创新创业业态呈现多样化趋势，涵盖移动互联网、大数据、电商、软件、企业信息化和智能化等多个领域。根据江苏省和无锡市众创空间认定培育办法，锡山区“星创工场”“创融汇”被认定为市首批众创空间，“星创工场”和“奇点加速连锁咖啡孵化器”被评为“省级众创空间”。全年认定省级工程技术研究中心5家，市级工程技术工程中心10家。（董洪高）

【政产学研合作】 2015年，以中国产学研合作创新示范基地为依托，继续开展北京市、上海市、浙江省、江苏省南京市等地科技行活动，积极搭建合作桥梁，促成产学研项目合作。中国科学院金属研究所南方（无锡）工作站在开发区挂牌成立，南京理工大学无锡新能源电动车产业技术研究院落户商务区并完成注册。锡山区与江苏省跨国技术转移中心签署战略合作协议。全省首家面向韩国、日本的国际技术转移机构——无锡晶焱国际技术转移有限公司落户锡山区，召开锡山区首届中韩日“新材料新能源”技术合作洽谈会。2015麻省理工学院中国（无锡）年会及论坛顺利举行，50余家企业代表参加会议，3家企业与麻省理工学院专家签署项目合作协议，无锡阿科力科技股份有限公司、无锡华能电缆有限公司以及无锡市中捷减震器有限公司3家企业成为麻省理工学院产业联盟新会员单位。举办2015第二届无锡锡山麻省理工学院中国创新与创业论坛海外高层次人才创业项目合作洽谈会，3个项目签署合作意向书。总投资1500万美元的无锡唯杉现代农业发展有限公司“以色列现代农业科技园”项目落户锡山台创园，是省内唯一的以色列农业技术转移平台。（刘　骁 裴文超）

【科技创新创业】 2015年，6名高层次人才入选江苏省“双创计划”。截至年末，锡山区累计引进和培育国家“千人计划”人才13名，省“双创计划”人才48名，省博士集聚计划人才23名，省创新团队2项。全区有102家市级科技领军型创业企业正常运行，76家企业实现销售（其中销售额超1000万元企业18家，销售额超500万元26家），销售收入和上缴税费总额分别为4.87亿元、2097万元，其中第四季度比第三季度分别增长56%、34%。无锡芯奥微传感技术有限公司研究项目“浅皱褶振膜式一体塑封智能体位传感器的研发及产业化”获2015年锡山区唯一一项省重大成果转化项目立项，获项目扶持资金800万元。江苏杰尔科技股份有限公司与无锡亮源激光技术有限公司完成股改，积极争取上市。

（孔祥存）

科技计划和项目实施完成情况

【概况】 2015年，锡山区申报国家、省、市级科技计划项目400余项。其中，申报国家火炬计划项目9项、国家国际科技合作专项1项（已立项）；申报第四批省高新技术产品223项（立项156项）、省科技支撑计划项目9项、省科技成果转化11项（立项1项）、省国际合作项目6项（立项3项）、省创新资金10项（立项2项），申报省级工程技术研究中心7家（立项5家）、省级科技服务骨干机构能力提升项目3项（立项1项）、省级企业重点实验室1家、省级重点企业研发机构能力提升绩效评价项目6家（获评优秀1家，其余5家合格）；申报市级科技支撑（工业）7项（立项3项）、市科技保险资助21项（立项18项）、市创新基金19项（立项12项）、市贷款贴息项目12项（立项8家）、市国际合作项目4项（全部立项）、市级工程技术研究中心10家（全部立项）；申报省科学技术奖8项、市科技进步奖12项（立项9项）；对上争取资金4328万元，其中无锡捷阳节能科技股份有限公司获2015年度国家国际科技合作专项计划186万元支持，江苏隆达超合金航材股份有限公司获2015年江苏省战略性新兴产业发展专项资金项目1000万元支持，无锡芯奥微传感技术有限公司获2015年省成果转化专项资金800万元支持。

2015年锡山区国家国际科技合作专项一览

表17

序号	项目名称	承担单位	所在地
1	防火隔热耐候建筑外墙保温材料的合作研究	无锡捷阳节能科技股份有限公司	东港镇

2015年锡山区国家科技进步特等奖一览

表18

序号	项目名称	承担单位	所在地
1	超深水半潜式钻井平台研发与应用	无锡市东舟船舶附件有限公司	东北塘街道

2015年锡山区国家级知识产权优势（示范）企业一览

表19

序号	企业名称	所在地
1	无锡吉兴汽车声学部件科技有限公司	开发区

2015年锡山区江苏省高新技术企业一览

表20

序号	企业名称	所在地
1	无锡市太湖粮机有限公司	羊尖镇
2	无锡鼎茂机械制造有限公司	羊尖镇
3	无锡市宇寿医疗器械股份有限公司	东北塘街道
4	无锡中捷减震器有限公司	东港镇
5	无锡市金杨新型电源有限公司	鹅湖镇
6	江苏新日电动车股份有限公司	商务区
7	希姆斯电梯（中国）有限公司	开发区
8	新麦机械（无锡）有限公司	开发区
9	无锡威格斯电气有限公司	开发区
10	无锡溥汇机械科技有限公司	开发区
11	江苏知原药业有限公司	锡北镇
12	无锡日月合金材料有限公司	开发区
13	江苏中联铝业有限公司	开发区
14	无锡动力工程股份有限公司	开发区
15	无锡海特精密模具有限公司	开发区
16	无锡国宏硬质合金模具刃具有限公司	开发区
17	无锡芯奥微传感技术有限公司	开发区
18	健鼎（无锡）电子有限公司	开发区
19	无锡市华通电力设备有限公司	开发区

续表20

序号	企业名称	所在地
20	江苏高远电力科技有限公司	开发区
21	无锡泓成环境科技有限公司	开发区
22	江苏红豆杉药业有限公司	东港镇
23	无锡洪汇新材料科技股份有限公司	东港镇
24	无锡锡锻机床有限公司	东港镇
25	无锡市东杨电子有限公司	鹅湖镇
26	江苏春花杰佳电器有限公司	鹅湖镇
27	江苏东珠景观股份有限公司	东亭街道

2015年锡山区江苏省高新技术（后备）企业一览

表21

序号	企业名称	所在地
1	江苏大明精密钣金有限公司	东北塘街道
2	无锡东晟生物科技有限公司	东北塘街道
3	江苏永尚能源科技有限公司	羊尖镇
4	无锡市军豪复合材料有限公司	羊尖镇
5	无锡哈勃生物种业技术研究院有限公司	商务区
6	无锡市沃森德机械科技有限公司	商务区
7	无锡麟力科技有限公司	开发区
8	无锡中科光远生物材料有限公司	开发区

续表21

序号	企业名称	所在地
9	无锡金利达生态科技有限公司	开发区
10	江苏铁鑫能源科技有限公司	开发区
11	无锡统力电工有限公司	东港镇
12	昊辰（无锡）塑业有限公司	东港镇
13	无锡台翔电子技术发展有限公司	锡北镇
14	无锡优为照明科技有限公司	开发区

2015年锡山区江苏省科技型中小企业一览

表22

序号	企业名称	地区
1	无锡哈勃生物种业技术研究院有限公司	商务区
2	无锡华能电缆有限公司	商务区
3	无锡双益精密机械有限公司	开发区
4	申锡机械有限公司	开发区
5	江苏商达水务有限公司	开发区
6	无锡正一生源科技有限公司	锡北镇
7	无锡市医用仪表厂	锡北镇
8	无锡锡州机械有限公司	锡北镇
9	无锡鸿海龙船机有限公司	锡北镇
10	无锡鑫宏业特塑线缆有限公司	开发区
11	无锡希恩电气有限公司	东港镇
12	无锡市翱宇特新科技发展有限公司	羊尖镇
13	无锡翔盛包装有限公司	锡北镇

续表22

序号	企业名称	类型
14	无锡速捷脚手架工程有限公司	锡北镇
15	无锡宏源机电科技股份有限公司	开发区
16	无锡富绅电子科技有限公司	东港镇
17	无锡信德隆工业炉有限公司	锡北镇
18	无锡海拓环保装备科技有限公司	锡北镇
19	无锡市神力齿轮冷挤有限公司	东港镇
20	无锡德林船舶设备有限公司	东北塘街道
21	无锡金维氨生物科技有限公司	开发区
22	无锡吉兴汽车声学部件科技有限公司	开发区
23	无锡吉兴木桥高分子材料科技有限公司	开发区
24	无锡中科电气设备有限公司	开发区
25	无锡恒诚硅业有限公司	开发区
26	无锡市南方电器制造有限公司	东港镇
27	无锡艾迪尔机械制造有限公司	东港镇
28	无锡香象生物科技有限公司	开发区
29	无锡会通新材料有限公司	东亭街道
30	无锡兴达泡塑新材料股份有限公司	东港镇
31	无锡小刀电动科技股份有限公司	东港镇
32	无锡洲翔成套焊接设备有限公司	东港镇
33	无锡宝丰石化装备有限公司	东港镇
34	无锡禾记工艺玩具有限公司	开发区
35	无锡亚克生物科技有限公司	开发区
36	无锡统力电工有限公司	东港镇

续表22

序号	企业名称	类型
37	无锡普天铁心股份有限公司	锡北镇
38	无锡市凯顺医疗器械制造有限公司	锡北镇
39	无锡优赛科技有限公司	开发区

2015年锡山区江苏省高新技术产品一览

表23

序号	产品名称	企业名称	所在地
1	精密焊接头尾式变位机	无锡洲翔成套焊接设备有限公司	东港镇
2	龙门式光纤激光切割机	无锡洲翔成套焊接设备有限公司	东港镇
3	新型十字焊操作架	无锡洲翔成套焊接设备有限公司	东港镇
4	高清晰度数码显影剂专用高分子含蜡树脂	无锡佳腾磁性粉有限公司	锡北镇
5	预混料机组	无锡市太湖粮机有限公司	羊尖镇
6	全价料机组	无锡市太湖粮机有限公司	羊尖镇
7	10-去乙酰基巴卡丁III	江苏红豆杉药业有限公司	东港镇
8	耐热自粘换位导线	无锡统力电工有限公司	东港镇
9	单层水性醇酸涂料	无锡卡秀堡辉涂料有限公司	鹅湖镇
10	液压铰链式防火水密门	无锡市东舟船舶附件有限公司	东北塘街道
11	高速电梯钢丝绳	无锡通用钢绳有限公司	东港镇
12	螺旋霉素原料药及其制剂	无锡福祈制药有限公司	开发区
13	硫酸奈替米星	无锡福祈制药有限公司	开发区
14	智能型集装箱静音发电机组	瑞昌哥尔德发电设备（无锡）制造有限公司	开发区
15	锯齿棘轮式单向离合器	无锡市神力齿轮冷挤有限公司	东港镇
16	内气槽防尘单向离合器	无锡市神力齿轮冷挤有限公司	东港镇
17	船用液压拖曳绞车	无锡德林船舶设备有限公司	东北塘街道

续表23

序号	产品名称	企业名称	所在地
18	双层薄板叠压型氮化铝基板	无锡海古德新技术有限公司	开发区
19	高精度电容型MEMS温湿度传感器ASIC芯片	无锡纳讯微电子有限公司	开发区
20	双冷式闭式冷却塔	无锡禹兵冷却设备有限公司	锡北镇
21	回收C4等石油尾气新型高效冷凝器	无锡宝丰石化装备有限公司	东港镇
22	顶驱式液压冲击回转多功能钻机	无锡市安迈工程机械有限公司	羊尖镇
23	环保型耐候性防火防水真石漆	江苏七点工程科技有限公司	东港镇
24	硅铝和铝掺杂氧化锌旋转溅射靶材	无锡舒玛天科新能源技术有限公司	开发区
25	环保电源线	无锡威格斯电气有限公司	开发区
26	空调翅片模具	无锡海特精密模具有限公司	开发区
27	小型汽车空调散热片模具	无锡海特精密模具有限公司	开发区
28	发电机空冷器翅片模具	无锡海特精密模具有限公司	开发区
29	高导磁低损耗纵横七步进阶梯式接缝变压器铁芯	无锡中浦电气有限公司	东港镇
30	新型数字式MEMS硅基麦克风	无锡芯奥微传感技术有限公司	开发区
31	基于物联网PLC集成的H型钢全自动化生产线	无锡洲翔成套焊接设备有限公司	东港镇
32	新型自动双丝埋弧焊机	无锡洲翔成套焊接设备有限公司	东港镇
33	特高导电率铝合金芯铝绞线	无锡华能电缆有限公司	商务区
34	高导电率中强度铝合金绞线	无锡华能电缆有限公司	商务区
35	装配式冷库隔热板	无锡市海联舰船附件有限公司	东北塘街道
36	船舶A60级风雨密气密防火门	无锡市海联舰船附件有限公司	东北塘街道
37	热交换器用瓦斯盖	无锡锡州机械有限公司	锡北镇
38	超级本（Ultrabook）线路板（14层Any-layer）	健鼎（无锡）电子有限公司	开发区
39	18L高阶软硬板	健鼎（无锡）电子有限公司	开发区
40	大型精密控制井式炉	天龙科技炉业（无锡）有限公司	开发区

续表23

序号	产品名称	企业名称	所在地
41	保肝利胆素	无锡华诺威动物保健品有限公司	东亭街道
42	高频特种电源变压器	无锡希恩电气有限公司	东港镇
43	物联网智能传感激光焊接与切割机器人装备	无锡市南方电器制造有限公司	东港镇
44	激光复合热源多功能智能化焊割机器人成套装备	无锡市南方电器制造有限公司	东港镇
45	冲压搬运智能机器人	江苏尚诚精密模具科技有限公司	开发区
46	射频负载用氮化铝陶瓷基板	无锡海古德新技术有限公司	开发区
47	微型化层积式大电流电感	禾邦电子（中国）有限公司	开发区
48	GYDL-HK-A11变电站室内环境安全智能控制系统	江苏高远电力科技有限公司	开发区
49	水泥搅拌车罐身主传动箱输出端轴承	江苏帝达贝轴承有限公司	开发区
50	振动压路机用低噪音高强度圆柱滚子轴承	江苏帝达贝轴承有限公司	开发区
51	高性能环保型超细还原液状染料	菲诺染料化工（无锡）有限公司	锡北镇
52	抗紫外高日晒牢度系列分散染料	菲诺染料化工（无锡）有限公司	锡北镇
53	透镜和反光杯精准控光LED轨道灯	无锡优为照明科技有限公司	开发区
54	高可靠性接触LED灯管	无锡优为照明科技有限公司	开发区
55	（伺服）数控转塔冲床	无锡锡锻机床有限公司	东港镇
56	数控自动直角剪切中心	无锡锡锻机床有限公司	东港镇
57	钢质隔音带窗阻气门	无锡市海联舰船附件有限公司	东北塘街道
58	具有散热结构的多点激励源音箱	无锡杰夫电声有限公司	锡北镇
59	具有高音补偿的哑铃式倒相音箱	无锡杰夫电声有限公司	锡北镇
60	超低损耗HLC线路板（Ultra Loss）	健鼎（无锡）电子有限公司	开发区
61	异型多角抽芯铆钉	无锡安士达五金有限公司	东港镇
62	高铆合度环槽铆钉钉杆	无锡安士达五金有限公司	东港镇
63	辅助充电变压器	无锡希恩电气有限公司	东港镇

续表23

序号	产品名称	企业名称	所在地
64	三相全波整流变压器	无锡希恩电气有限公司	东港镇
65	滑梯式圆弧旋转擦窗机	博宇（无锡）科技有限公司	商务区
66	滑梯式拱形擦窗机	博宇（无锡）科技有限公司	商务区
67	高空作业双层吊篮	博宇（无锡）科技有限公司	商务区
68	气密性内置张紧式隔绝门	无锡市华通电力设备有限公司	开发区
69	多层股阻旋转复合钢丝绳	江苏赛福天钢索股份有限公司	开发区
70	高层高速电梯用微旋转钢丝绳	江苏赛福天钢索股份有限公司	开发区
71	SYS座梯式电动升降椅	希姆斯电梯（中国）有限公司	开发区
72	改性聚氨酯硬泡复合板	无锡捷阳节能科技股份有限公司	东港镇
73	全新抽真空硫化机	无锡锦和科技有限公司	东北塘街道
74	高效率连续发泡机	无锡锦和科技有限公司	东北塘街道
75	轴承套圈合套装配机	无锡双益精密机械有限公司	开发区
76	轴承套圈内径检测机	无锡双益精密机械有限公司	开发区
77	便携式激光夜视监控设备	无锡亮源激光技术有限公司	开发区
78	复方胶原蛋白透明质酸医用敷料	江苏知原药业有限公司	锡北镇
79	智能型自动恒温烙印机	三能器具（无锡）有限公司	开发区
80	加固折叠土司盒	三能器具（无锡）有限公司	开发区
81	无铆焊接多连式烤盘	三能器具（无锡）有限公司	开发区
82	减摇水舱	无锡德林船舶设备有限公司	东北塘街道
83	液压系缆绞盘	无锡德林船舶设备有限公司	东北塘街道
84	液压绞车	无锡德林船舶设备有限公司	东北塘街道
85	鲨鱼钳	无锡德林船舶设备有限公司	东北塘街道
86	大口径直埋管用隔热滑动支架	江苏明江机械制造有限公司	东港镇

续表23

序号	产品名称	企业名称	所在地
87	电石炉用大电流耐高温低压无功补偿节能装置	无锡北科自动化科技有限公司	东亭街道
88	重型设备启动电机专用轴承	无锡诚石轴承有限公司	开发区
89	高强度抗腐蚀耐磨损生态格网	无锡金利达生态科技有限公司	开发区
90	耐高温热反射隔热涂料	江苏七点工程科技有限公司	东港镇
91	高悬浮性能液状分散染料	菲诺染料化工（无锡）有限公司	锡北镇
92	真空均质乳化机	无锡意凯自动化技术有限公司	开发区
93	智能在线单片机打标机	江苏新光数控技术有限公司	开发区
94	智能化机床上下料桁架机械手	江苏新光数控技术有限公司	开发区
95	YS-R050G型反渗透纯水机	江苏永尚能源科技有限公司	羊尖镇
96	长丝超细纤维毯	无锡市军豪复合材料有限公司	羊尖镇
97	高性能弥散强化铂铑10-铂热电偶丝（S型）	无锡英特派金属制品有限公司	锡北镇
98	高性能弥散强化铂铑13-铂热电偶丝（R型）	无锡英特派金属制品有限公司	锡北镇
99	高性能弥散强化铂铑30-铂铑6热电偶丝（B型）	无锡英特派金属制品有限公司	锡北镇
100	高导电耐热铝合金绞线	无锡华能电缆有限公司	商务区
101	一次性无菌高压注射器及附件	无锡市宇寿医疗器械股份有限公司	东北塘街道
102	一次使用自毁式注射器	无锡市宇寿医疗器械股份有限公司	东北塘街道
103	TS350风电塔筒检修吊篮	申锡机械有限公司	开发区
104	三阳L3A摩托车铝合金车轮	江苏中联铝业有限公司	开发区
105	双钉头台阶抽芯铆钉	无锡安士达五金有限公司	东港镇
106	智能补偿修复显示充电器	江苏新日电动车股份有限公司	商务区
107	智能管理铅酸蓄电池	江苏新日电动车股份有限公司	商务区
108	低卤轮转UV环保型油墨	无锡金桥精细油墨有限公司	鹅湖镇
109	LTT-2薄带铁芯	无锡希恩电气有限公司	东港镇

续表23

序号	产品名称	企业名称	所在地
110	特种高压电源组件	无锡希恩电气有限公司	东港镇
111	WD327TAD88非道路用柴油机	无锡动力工程股份有限公司	开发区
112	全自动多功能高效洗盘机	新麦机械（无锡）有限公司	开发区
113	汽车电动门锁传动及锁机构系统	无锡忻润汽车安全系统有限公司	开发区
114	新型汽车门把手	无锡忻润汽车安全系统有限公司	开发区
115	中长途公路运输型高耐磨、低油耗12R22.5系列轮胎	江苏通用科技股份有限公司	东港镇
116	新型赛福家用电梯	希姆斯电梯（中国）有限公司	开发区
117	外遮阳卷帘窗	无锡捷阳节能科技股份有限公司	东港镇
118	快速拆装式内饰板	无锡市海联舰船内装有限公司	东北塘街道
119	含羧基的乙烯基三元共聚树脂	无锡洪汇新材料科技股份有限公司	东港镇
120	高透明度高分散性白炭黑（二氧化硅）	无锡确成硅化学股份有限公司	东港镇
121	母液循环利用制备的高分散性白炭黑	无锡确成硅化学股份有限公司	东港镇
122	饲料专用颗粒均一性二氧化硅	无锡恒诚硅业有限公司	开发区
123	汽车发动机定位单向皮带轮	无锡市神力齿轮冷挤有限公司	东港镇
124	组合式箱体模具	江苏尚诚精密模具科技有限公司	开发区
125	激光无缝接土司器具	三能器具（无锡）有限公司	开发区
126	高抗弯强度氮化铝陶瓷基板	无锡海古德新技术有限公司	开发区
127	HT-CF高清气浮	无锡海拓环保装备科技有限公司	开发区
128	无两翼耳板对夹式螺栓扣高温管道隔热卡箍	江苏明江机械制造有限公司	东港镇
129	用于600MW超临界机组的卧式除氧器	无锡联营电力设备有限公司	商务区
130	ZD型高效换热器	无锡联营电力设备有限公司	商务区
131	微型化积层式共模滤波器	禾邦电子（中国）有限公司	开发区
132	微型贴片式湿式积层式功率电感	禾邦电子（中国）有限公司	开发区

续表23

序号	产品名称	企业名称	所在地
133	贴片式湿式层积式功率电感	禾邦电子（中国）有限公司	开发区
134	高容低阻值堆栈型固态电容器	钰邦电子（无锡）有限公司	开发区
135	固态电容专用高解析外观辨视产品	钰邦电子（无锡）有限公司	开发区
136	汽车移门轴承一类	无锡诚石轴承有限公司	开发区
137	汽车刹车系统轴承	无锡诚石轴承有限公司	开发区
138	汽车内饰用环保轻量型发泡聚丙烯	无锡会通新材料有限公司	东亭街道
139	PVC高致密粘性钢丝制成的生态格网	无锡金利达生态科技有限公司	开发区
140	户式地源热泵多联机组	江苏铁鑫能源科技有限公司	开发区
141	HDL-180D顶驱式液压冲击回转多功能钻机	无锡市安迈工程机械有限公司	羊尖镇
142	SJL-25A旋喷钻机	无锡市安迈工程机械有限公司	羊尖镇
143	纳米自清洁内墙乳胶漆	江苏七点工程科技有限公司	东港镇
144	水性纳米透明隔热隔音抗碱底漆	江苏七点工程科技有限公司	东港镇
145	弱磁提速的电动车永磁同步电频电机（弱磁变频电机）	无锡赛盈电机科技有限公司	商务区
146	电动车永磁直流无刷电动机	无锡赛盈电机科技有限公司	商务区
147	CLASS 10-1000级净化聚乙烯包装袋	江苏英普科电子材料有限公司	东港镇
148	优立得WLAN网络测试分析系统软件	无锡优立得物联网科技有限公司	开发区
149	基于云平台的4G网络用户感知数据监控分析系统	无锡优立得物联网科技有限公司	开发区
150	新结构空冷器丝堵式管束	无锡鼎邦换热设备有限公司	商务区
151	江南影视K3K街机千炮捕鱼游戏软件	无锡江南影视传播有限公司	开发区
152	江南影视来去自由麻将游戏软件	无锡江南影视传播有限公司	开发区
153	江南影视K3K棋牌竞技系统软件	无锡江南影视传播有限公司	开发区
154	安全型抽型铆钉	无锡安欣达科技有限公司	东港镇
155	一种智能件烟包装箱	江苏远翔物联科技有限公司	开发区
156	带有电子模块的PP中空板包装箱	江苏远翔物联科技有限公司	开发区

2015年锡山区江苏省民营科技企业一览

表24

序号	企业名称	所在地
1	无锡诚石轴承有限公司	开发区
2	江苏高远电力科技有限公司	开发区
3	无锡动力工程股份有限公司	开发区
4	无锡麟力科技有限公司	开发区
5	无锡协新毛纺织有限公司	开发区
6	无锡爱索思电力科技有限公司	开发区
7	无锡中科电气设备有限公司	开发区
8	无锡新人居科贸有限公司	开发区
9	无锡津天阳激光电子有限公司	开发区
10	无锡海拓环保装备科技有限公司	开发区
11	申锡机械有限公司	开发区
12	无锡开普机械有限公司	开发区
13	江苏商达水务有限公司	开发区
14	无锡吉兴汽车声学部件科技有限公司	开发区
15	无锡鑫宏业特塑线缆有限公司	开发区
16	无锡市大元广盛电气股份有限公司	开发区
17	无锡纳讯微电子有限公司	开发区
18	无锡中盛医疗设备有限公司	开发区
19	无锡哈威新材料科技有限公司	开发区
20	无锡永高新材料科技有限公司	开发区
21	无锡市麦杰机械工程有限公司	开发区
22	无锡海古德新技术有限公司	开发区
23	无锡康伟工程陶瓷有限公司	开发区

续表24

序号	企业名称	所在地
24	江苏光合创意文化传媒发展有限责任公司	开发区
25	江苏赛福天钢索股份有限公司	开发区
26	无锡溥汇机械科技有限公司	开发区
27	无锡忻润汽车安全系统有限公司	开发区
28	无锡市亮源激光技术有限公司	开发区
29	无锡市羊尖镇兴达包装箱厂	羊尖镇
30	无锡市翱宇特新科技发展有限公司	羊尖镇
31	无锡双喜金阳生物科技有限公司	羊尖镇
32	无锡市宝玛精密部件有限公司	羊尖镇
33	无锡市建凌电器厂	羊尖镇
34	无锡骏腾方湖合金铸业有限公司	羊尖镇
35	无锡福爱尔金属科技有限公司	羊尖镇
36	无锡市新颖密封材料厂	羊尖镇
37	无锡市羊尖镇振华油泵附件厂	羊尖镇
38	无锡市金马合环设备厂	羊尖镇
39	锡山区羊尖镇泓之盛五金厂	羊尖镇
40	无锡市天力五金弹簧厂	羊尖镇
41	无锡市春峰机械铸造厂	羊尖镇
42	无锡市安迈工程机械有限公司	羊尖镇
43	无锡赛盈电机科技有限公司	安镇街道
44	无锡华能电缆有限公司	安镇街道
45	博宇（无锡）科技有限公司	安镇街道
46	无锡速捷脚手架工程有限公司	锡北镇

续表24

序号	企业名称	所在地
47	无锡锡州机械有限公司	锡北镇
48	无锡市福莱达石油机械有限公司	锡北镇
49	无锡市闻泰百得医疗器械有限公司	锡北镇
50	无锡市凯顺医疗器械制造有限公司	锡北镇
51	无锡工源机械有限公司	锡北镇
52	无锡鸿海龙船机有限公司	锡北镇
53	无锡翔盛包装有限公司	锡北镇
54	无锡普天铁心股份有限公司	锡北镇
55	无锡杰夫电声有限公司	锡北镇
56	无锡德林船舶设备有限公司	东北塘街道
57	无锡锦和科技有限公司	东北塘街道
58	无锡市晨阳彩印厂	东北塘街道
59	无锡市锡山区仁景模具厂	东北塘街道
60	无锡市东北塘街道永丰橡塑厂	东北塘街道
61	无锡优萌模塑制造有限公司	东北塘街道
62	无锡东晟生物科技有限公司	东北塘街道
63	江苏大明金属制品有限公司	东北塘街道
64	无锡嘉禾环保科技有限公司	东北塘街道
65	无锡市东舟船舶附件有限公司	东北塘街道
66	江苏上昀能源节能科技有限公司	东港镇
67	江苏大德重工有限公司	东港镇
68	无锡安士达五金有限公司	东港镇

续表24

序号	企业名称	所在地
69	无锡安欣达科技有限公司	东港镇
70	江苏红豆杉药业有限公司	东港镇
71	江苏航大光电新能源有限公司	东港镇
72	江苏富源节能电器有限公司	东港镇
73	无锡富绅电子科技有限公司	东港镇
74	江苏七点工程科技有限公司	东港镇
75	无锡哈勃生物种业技术研究院有限公司	东港镇
76	无锡统力电工有限公司	东港镇
77	无锡市华诚石化设备有限责任公司	东港镇
78	无锡捷阳节能科技股份有限公司	东港镇
79	江苏邦威服饰有限公司	东港镇
80	无锡洲翔成套焊接设备有限公司	东港镇
81	无锡金桥精细油墨有限公司	鹅湖镇
82	无锡市东杨电子有限公司	鹅湖镇
83	无锡佳健医疗器械股份有限公司	鹅湖镇

2015年锡山区江苏省企业知识产权管理标准化示范创建单位一览

表25

序号	企业名称	所在地
1	无锡华能电缆有限公司	安镇街道
2	无锡诚石轴承有限公司	开发区
3	希姆斯电梯（中国）有限公司	开发区
4	三能器具（无锡）有限公司	开发区
5	无锡市安迈工程机械有限公司	羊尖镇
6	江苏知原药业有限公司	锡北镇

2015年锡山区江苏省知识产权管理标准化示范合格单位一览

表26

序号	企业名称	所在地
1	无锡大东机械制造有限公司	开发区
2	江苏新广联科技股份有限公司	开发区

2015年锡山区无锡市知识产权优势（示范）企业一览

表27

序号	企业名称	所在地
1	无锡通用钢绳有限公司	东港镇
2	江苏新广联科技股份有限公司	开发区

2015年锡山区省市众创空间一览

表28

序号	项目类别	项目名称	承担单位	所在地
1	省众创空间	星创工场	无锡中皓创业孵化管理有限公司	开发区
2	省众创空间	奇点加速连锁咖啡孵化器	无锡新人居科贸有限公司	开发区
3	市众创空间	星创工场	无锡中皓创业孵化管理有限公司	开发区
4	市众创空间	创融汇	无锡开易资产管理有限公司	商务区

2015年锡山区省市级科技指令性计划立项项目一览

表29

序号	项目类别	项目名称	承担单位
1	省战略性新兴产业发展专项资金	航空发动机和燃气轮机用高性能高温合金母合金的研发与产业化	江苏隆达超合金航材股份有限公司
2	省级众创空间建设补助专项资金	省众创空间	无锡中皓创业孵化管理有限公司
3	省重大科技成果转化	浅皱褶振膜式一体塑封智能体位传感器的研发及产业化	无锡芯奥微传感技术有限公司
4	省创新资金	新型水利工程防护材料的开发及应用	无锡永高新材料科技有限公司
5	省创新资金	智慧轨道交通动态目标安全检测激光光源系统的研发	无锡亮源激光技术有限公司

续表29

序号	项目类别	项目名称	承担单位
6	省农业支撑计划项目	适合果蔬智能储运的智能化气调保鲜库的研究及开发	无锡德林船舶设备有限公司
7	省政策引导类专项资金（国际合作）	高温合金材料显微组织表征技术的合作研发	无锡隆达金属材料有限公司
8	省政策引导类专项资金（国际合作）	高效磁通切换电机的合作研发	江苏新日电动车股份有限公司
9	省政策引导类专项资金（国际合作）	无锡城市新陈代谢模拟系统的合作研发	无锡优赛科技有限公司
10	省创新能力建设专项（第一批）	科技服务骨干机构能力提升	无锡市产品质量监督检验中心
11	省创新能力建设专项（第三批）	江苏省重点研发机构	无锡杰夫电声有限公司
12	市科技成果产业化贷款贴息项目	超临界可控发泡聚烯烃新材料的研发与产业化	无锡会通新材料有限公司
13	市科技成果产业化贷款贴息项目	生物可降解纺织浆纱用复合改性淀粉的研发及产业化	西达（无锡）生物科技有限公司
14	市科技成果产业化贷款贴息项目	高性能钛—锰合金电镀涂层	无锡大塘复合材料有限公司
15	市科技成果产业化贷款贴息项目	耐高压液压铰链式防火水密门的研发与产业化	无锡市东舟船舶附件有限公司
16	市科技成果产业化贷款贴息项目	远洋舰船用气调保鲜冷库的研发及产业化	无锡市海联舰船附件有限公司
17	市科技成果产业化贷款贴息项目	缸体缸孔、曲轴孔一体化全自动测量专机的研发及产业化	无锡富瑞德精密机械有限公司
18	市科技成果产业化贷款贴息项目	系列创新高端医用敷料研发及产业化	江苏知原药业有限公司
19	市科技成果产业化贷款贴息项目	替代抗生素的包被酸化剂研发与产业化	无锡华诺威动物保健品有限公司
20	市“530”项目产业化	分散式污水处理设施长效运行管理感知云平台技术及其应用	江苏商达水务有限公司
21	市工业科技支撑	航空级高温合金母合金制备及应用	江苏隆达超合金航材股份有限公司
22	市工业科技支撑	便携式绳索取芯金刚石钻探系统及装备	无锡中地钻探装备有限公司
23	市工业科技支撑	机器视觉传感与机器人激光焊割智能装备集成技术	无锡汉神电气有限公司
24	市创新基金	新型水利工程防护材料的开发及应用	无锡永高新材料科技有限公司
25	市创新基金	绿色无卤阻燃剂和阻燃料的开发及应用	无锡哈威新材料科技有限公司
26	市创新基金	安全型抽芯铆钉	无锡安欣达科技有限公司
27	市创新基金	高悬浮性能液状分散染料的制备及应用开发	菲诺染料化工（无锡）有限公司
28	市创新基金	高清晰度数码显影剂专用高分子含蜡树脂	无锡佳腾磁性粉有限公司

续表29

序号	项目类别	项目名称	承担单位
29	市创新基金	智慧轨道交通动态目标安全检测激光光源系统	无锡亮源激光技术有限公司
30	市创新基金	智能抽气包装码垛系统	无锡大东机械制造有限公司
31	市创新基金	四轴桁架焊接机械手的研究开发	江苏新光数控技术有限公司
32	市创新基金	KMM600TSZ型三边封自立拉链制袋机关键技术研发与产业化	无锡鼎茂机械制造有限公司
33	市创新基金	GF型高效组合型气浮	无锡工源机械有限公司
34	市创新基金	基于物联网技术的低成本设施蔬菜精确测控技术与装备	无锡中科智能农业发展有限责任公司
35	市创新基金	基于远红外热源搭接及封装RFID技术的可周转电子件烟箱的研发及产业化	江苏远翔物联科技有限公司
36	市科技保险	高德（无锡）电子有限公司科技保险	高德（无锡）电子有限公司
37	市科技保险	昊辰（无锡）塑业有限公司科技保险	昊辰（无锡）塑业有限公司
38	市科技保险	江苏新大陆太阳能电力有限公司科技保险	江苏新大陆太阳能电力有限公司
39	市科技保险	江苏新日电动车股份有限公司科技保险	江苏新日电动车股份有限公司
40	市科技保险	江苏远翔物联科技有限公司科技保险	江苏远翔物联科技有限公司
41	市科技保险	申锡机械有限公司科技保险	申锡机械有限公司
42	市科技保险	无锡安士达五金有限公司科技保险	无锡安士达五金有限公司
43	市科技保险	无锡超科食品有限公司科技保险	无锡超科食品有限公司
44	市科技保险	无锡东风新能源科技有限公司科技保险	无锡东风新能源科技有限公司
45	市科技保险	无锡吉兴汽车部件有限公司科技保险	无锡吉兴汽车部件有限公司
46	市科技保险	无锡嘉联不锈钢有限公司科技保险	无锡嘉联不锈钢有限公司
47	市科技保险	无锡卡秀堡辉涂料有限公司科技保险	无锡卡秀堡辉涂料有限公司
48	市科技保险	无锡市海联舰船附件有限公司科技保险	无锡市海联舰船附件有限公司
49	市科技保险	无锡市海联舰船内装有限公司科技保险	无锡市海联舰船内装有限公司
50	市科技保险	无锡市中捷减震器有限公司科技保险	无锡市中捷减震器有限公司
51	市科技保险	无锡斯贝尔磁性材料有限公司科技保险	无锡斯贝尔磁性材料有限公司

续表29

序号	项目类别	项目名称	承担单位
52	市科技保险	无锡天龙钢管有限公司科技保险	无锡天龙钢管有限公司
53	市科技保险	无锡欣盛纸制品有限公司科技保险	无锡欣盛纸制品有限公司
54	市农业科技支撑	无锡斗山村北斗果园专业合作社建设	无锡斗山村北斗果园专业合作社
55	市农业科技支撑	斗山富硒金叶白茶引种栽培技术研发与示范	无锡斗山村白茶园茶文化有限公司
56	市农业科技支撑	具有养殖水质调控及水产病原菌抑制作用的微生物制剂研发及应用示范	无锡中水渔药有限公司
57	市农业科技支撑	铁皮石斛高效繁培育关键技术应用开发及示范	无锡双喜金阳生物科技有限公司
58	市医疗卫生	糖尿病肌腱病变的病理新机制：肌腱干细胞错误分化作用及其调控机制的研究	无锡市锡山人民医院
59	市国际科技合作	高效磁通切换电机的合作研发	江苏新日电动车股份有限公司
60	市国际科技合作	高端纳米银线的联合研发	无锡英特派金属制品有限公司
61	市国际科技载体	中韩（无锡）国际转移中心	无锡晶焱技术转移有限公司

2015年锡山区市级以上科技基础设施建设项目一览

表30

序号	项目类别	项目名称	承担单位	所在地
1	省工程技术研究中心	江苏省稀贵金属材料工程技术研究中心	无锡英特派金属制品有限公司	锡北镇
2	省工程技术研究中心	江苏省“洪汇”特种氯乙烯共聚物工程技术研究中心	无锡洪汇新材料科技股份有限公司	东港镇
3	省工程技术研究中心	江苏省高密度软硬结合线路板工程技术研究中心	高德（无锡）电子有限公司	开发区
4	省工程技术研究中心	江苏省自动检测工程技术研究中心	无锡富瑞德精密机械有限公司	开发区
5	省工程技术研究中心	江苏省汽车发动机关键部件工程技术研究中心	无锡市神力齿轮冷挤有限公司	东港镇
6	市工程技术研究中心	无锡市食品器具开发工程工程技术研究中心	三能器具（无锡）有限公司	开发区
7	市工程技术研究中心	无锡市微机电声学传感器工程技术研究中心	无锡芯奥微传感技术有限公司	开发区
8	市工程技术研究中心	无锡市稀贵金属工程技术研究中心	无锡英特派金属制品有限公司	锡北镇
9	市工程技术研究中心	无锡市电梯及助力梯工程技术研究中心	希姆斯电梯（中国）有限公司	开发区

续表30

序号	项目类别	项目名称	承担单位	所在地
10	市工程技术研究中心	无锡市高效换热设备工程技术研究中心	无锡鼎邦换热设备有限公司	安镇街道
11	市工程技术研究中心	无锡市特种工业涂料工程技术研究中心	无锡卡秀堡辉涂料有限公司	鹅湖镇
12	市工程技术研究中心	无锡市汽车精密部件工程技术研究中心	鹰普（中国）有限公司	开发区
13	市工程技术研究中心	无锡市集成式模块化电动车及配件工程技术研究中心	新蕾车业无锡有限公司	羊尖镇
14	市工程技术研究中心	无锡市超临界气体发泡材料工程技术研究中心	无锡会通新材料有限公司	东亭街道
15	市工程技术研究中心	无锡市动态微结构化工设备工程技术研究中心	无锡宝丰石化装备有限公司	东港镇

2015年锡山区无锡市科学技术进步奖一览

表31

序号	项目类别	项目名称	承担单位	所在地	奖项等级
1	市科技进步奖	高强度双压实钢丝绳关键技术研发	江苏赛福天钢索股份有限公司	开发区	二等奖
2	市科技进步奖	高性能复合材料、页岩气开采关键原材料——聚醚胺技术突破与工业化	无锡阿科力科技股份有限公司	东港镇	二等奖
3	市科技进步奖	一种环保轻量化、高性能的发泡聚丙烯珠粒的开发	无锡会通新材料有限公司	东亭街道	二等奖
4	市科技进步奖	国家创新三类医疗器械疝气网塞的关键技术研究及产业化开发	江苏知原药业有限公司	锡北镇	二等奖
5	市科技进步奖	船用可控被动式减摇水舱及其控制系统的研究与应用	无锡市海联舰船附件有限公司 无锡德林船舶设备有限公司	东北塘街道	二等奖
6	市科技进步奖	高承载、低能耗、舒适型全钢丝载重子午线11.00R20/12.00R2轮胎	江苏通用科技股份有限公司	东港镇	三等奖
7	市科技进步奖	高速列车牵引变压器用新型特种换位导线	无锡统力电工有限公司	东港镇	三等奖
8	市科技进步奖	太阳电池运行情况与地理位置及环境气候的关系的研究	无锡市产品质量监督检验中心	东亭街道	三等奖
9	市科技进步奖	电动车（哈雷王子）	江苏新日电动车股份有限公司	商务区 （安镇街道）	三等奖

2015年锡山区专利奖一览

表32

序号	专利号	专利名称	申报单位	奖项类别
1	ZL201430029964.X	滑板电摩（133）	江苏新日电动车股份有限公司	中国专利奖外观设计优秀奖

2015年锡山区江苏省高层次创新创业人才引进计划一览

表33

序号	姓名	单位名称	类别
1	徐从康	无锡舒玛天科新能源技术有限公司	创业类
2	李　斌	无锡哈威新材料科技有限公司	创业类
3	孙　芸	江苏海泽医疗科技发展有限公司	创业类
4	朱健鹏	红豆集团有限公司	企业博士后类
5	郑守国	无锡高精科技农业有限公司	企业博士后类
6	田秀杰	无锡吉兴汽车声学部件科技有限公司	企业博士后类

（俞　伟）

知识产权工作

【概况】 2015年，锡山区专利申请数10853件，比上年增长119.5%，其中发明专利申请数4413件，比上年增长22%；国际专利申请量15件，比上年增长200%。专利授权数6479件，比上年增长76%。全区每万人拥有有效发明专利25.7件，位居全市各板块前三名。全年引进知识产权服务机构1家，11家企业开展省知识产权管理标准化示范创建，2家企业通过省知识产权标准化管理评定。查处涉及假冒专利的商品43件，调处专利侵权纠纷1件。深入开展“4·26”世界知识产权日和“三下乡”等宣传活动，区科技局、区司法局、《新锡山》等机构和媒体发放资料1.2万余份，接受专利知识咨询560余人次；组织企业参与多期知识产权培训活动，培训136人次。

2015年锡山区专利申请情况一览

表34

所在地	单位	当年累计	发明	实用新型	外观设计
开发区	件	2950	1489	1272	189
商务区（安镇街道）	件	672	131	186	355
东亭街道	件	417	258	136	23
羊尖镇	件	1401	427	485	489
鹅湖镇	件	1613	323	70	1220
东北塘街道	件	1183	451	293	439
锡北镇	件	1477	662	582	233
东港镇	件	1140	672	304	164
合计	件	10853	4413	3328	3112

2015年锡山区专利授权情况一览

表35

所在地	单位	当年累计	发明	实用新型	外观设计
开发区	件	1221	357	664	200
商务区（安镇街道）	件	569	35	173	361
东亭街道	件	193	23	128	42
羊尖镇	件	682	71	263	348
鹅湖镇	件	1218	22	54	1142
东北塘街道	件	647	22	123	502
锡北镇	件	1334	41	373	920
东港镇	件	615	151	279	185
合计	件	6479	722	2057	3700

2015年锡山区每万人拥有有效发明专利情况一览

表36

所在地	单位	有效发明专利量	每万人拥有发明专利量
开发区	件	861	87.9
商务区（安镇街道）	件	90	9.2
东亭街道	件	85	7.0
羊尖镇	件	108	19.2
鹅湖镇	件	61	9.4
东北塘街道	件	92	14.2
锡北镇	件	161	17.2
东港镇	件	387	32.1
合计	件	1845	25.7

（陈逸君）

编辑：钱惠芳

1月13日，2015年首届中韩日“新能源新材料”技术合作洽谈会在锡山区锡州花园酒店召开 （陈　莹 摄）

7月24日，锡山区在锡东创融大厦举办创融汇Keywork暨创融互联网产业园开放日活动 （锡东创融汇 供稿）

文 化

Culture

5月8日，2015“流光溢彩映锡山”广场文艺演出开幕式暨锡山区第三届“锡东新城杯”全健排舞大赛专场在安镇街道和泽公园举行。图为演出现场　　（朱丽娟 供稿）

综 述

2015年，锡山区文化工作以提升人民群众的满意度为根本，紧紧抓住创建国家公共文化服务体系示范区的有利契机，以“强阵地，抓队伍，促服务，树品牌”为工作主线，着力构建覆盖城乡、便捷高效、保基本、促公平的现代公共文化服务体系，积极打造公共文化惠民新常态，全区文化工作呈现出设施建设标准化、公共服务全面化、社团建设制度化的喜人态势。全区公共文化设施继续完善，区文化馆功能用房装潢工程基本完成，区图书馆汇文图书馆集群系统成功运行，东北塘街道文体服务中心基本建成，锡北镇周家阁文化公园建成启用。群众文化活动方兴未艾，全年开展各类大型广场文艺70余场，举办“墨润江南”——中国艺术研究院中国画院“双扎根”无锡采风活动作品展等各类书画摄影展览十余场。文化品牌活动日益深入人心，“流光溢彩映锡山”广场文艺、“锡东新城杯”全健排舞大赛、“凤凰杯”青年歌手大奖赛等活动举办。文艺精品创作成果喜人，区摄影家协会副主席周叶的摄影作品《光彩坝上》组照和《人间仙境》组照分别获得2015年第二十五届全国摄影艺术展艺术类和商业类优秀奖；《太湖飞出幸福的歌》获“魅力无锡”原创歌曲微视频征集大赛二等奖；区书法家协会会员郁枫、朱沈彧的书法作品入展全国第十一届书法篆刻作品展；区美术家协会会员曹俊伦的版画作品《古韵新曲》获2015无锡市“梁溪之春”美术、书法、摄影大展美术类金奖。区书法、美术、摄影、音舞、作家五大协会生机勃发，区书法家协会和区摄影家协会顺利换届，协会队伍不断壮大，创作活力奔涌；区书法、美术、摄影三大协会举办“纪念抗日战争胜利暨世界反法西斯战争胜利70周年书画展”、“春花秋实”2015锡山美术作品提名展、“幸福锡山”锡山区美术作品展等展览。区作家协会名誉主席钱雨晨的散文专著《自然的诗意》由凤凰出版社出版；区作家协会会员沈云福与陆阳合著的《激荡岁月：锡商1895—1956》由团结出版社出版；区作家协会会员周建庄出版诗歌摄影合集《感悟山水》。（朱丽娟）

群众文化

【群众文化活动遍地开花】 2015年，锡山区群众文化活动以实现群众文化的全面小康为动力，着力提升文化产品的数量和质量，努力扩大文化活动的覆盖区域和人群。文化工作坚持重心下移，把丰富、活跃基层群众文化生活作为重中之重，全区举办各类文化活动1103次，其中大中型文化活动134次。结合元旦、“五一”、中秋、国庆、重阳等传统节日，集中推出群众喜闻乐见的文化活动。抓住纪念中国人民抗日战争暨世界反法西斯战争胜利70周年重要时间节点，各镇（街道）普遍开展书画创作、歌舞、红歌会等小型多样的主题文化纪念活动。深入开展“流光溢彩映锡山”广场文艺活动，全年开展各类大型广场文艺70余场。推进公共文化均等化服务，与新韵艺术团联合举办锡山区“我的舞台我的梦”全区外来务工人员才艺大赛，展示外来务工人员在第二故乡的风采；与羊尖镇合作举办锡剧闪耀“民”星大赛，得到众多业余锡剧团队的支持。以基层民间群众文化社团为主体开展多样活动，凤凰音乐沙龙、开心戏友会、合星艺术团、锡北民间艺术团、颐和艺术团等团队常年活跃在基层群众文化舞台上，举办了一些较有影响力的活动。锡北民间艺术团举办“走进新农村，文化大惠民”文艺演出、“铭记历史，珍爱和平”等专场演出，其特色文艺团队展演纳入第十七届中国上海国际艺术节无锡分会场的展演；颐和艺术团在2015年第十届“天下筝会”活动中，重奏《阿里郎》获一等奖，5个独奏均获一等奖。积极搭建群众文化“自我参与、自我服务”的小型舞台，安镇街道文萃艺术团的票友活动、云林街道的锡剧演唱会、“微电影”进社区等活动每周举行，形成常规活动。深入推进文化交流活动，锡山区王剑、唐兴春、顾士良、华利伟等10名书画家携作品参加一年一度的“元季四家”故里书法美术创作作品邀请展。

【群众文化品牌活动深入开展】 加强群众文化活动品牌建设，努力培育和打造一批具有深厚群众基础、鲜明地域特色和较好社会影响力的活动品牌。深入开展“流光溢彩映锡山”广场文艺活动，各镇（街道）全年举办大型广场文艺演出145场，经过10年打造，“流光溢彩映锡山”广场文艺活动成为锡山区公益性文化活动的著名品牌。积极培植基层文化活动品牌，以品牌建设的成效带动群众文化水平的提高。以群文社团凤凰音乐沙龙为主体，举办2015年锡山区第十一届

“凤凰杯”青年歌手大奖赛，经过连续十一届的打造，“凤凰杯”青年歌手大奖赛成为无锡地区极具影响力的基层品牌活动，一批草根明星从“凤凰杯”青年歌手大奖赛中脱颖而出。举办第三届“锡东新城杯”全健排舞大赛，新增老年组别，全区有18个团队参加展演，经过连续三届的精心打造，“锡东新城杯”全健排舞大赛成为锡东新城的一张亮丽文化名片。

【公共文化服务日益强化】2015年，锡山文化部门抓住创建国家公共文化服务体系示范区的契机，创新公共文化服务方式，提升公共文化服务能力，实现公共文化服务大提升。为提升群众的文化素质，锡山区通过举办讲座、文化学堂、培训班等形式，提高锡山文化艺术的整体实力和鉴赏水平，全年举办各类讲座、培训137次。区级继续办好“文化学堂”，邀请文学、书法、美术、摄影、戏剧等方面的名家名师现场讲授指点。先后邀请中国艺术研究院穆家善、王跃奎和南京师范大学林逸鹏、岳峰等专家、教授作专题讲座，举办“大道至简——谈中国焦墨画艺术”“水墨艺术的魅力”“品味国乐”等7场高水平讲座，举办“品墨香流动，溯文化根源”书法培训等系列活动，开展“全健排舞培训班”“锡剧创作培训班”等专题培训5次。各街道（镇）定期开展文化培训活动，如东亭街道文体服务中心每周三下午与街道成人教育中心、老年书画协会举办美术、书法培训，每周四下午与春星社区、合星艺术团联合举办二胡培训；羊尖镇文体服务中心每周举办书画交流培训。推进公益文化活动，安镇街道开办“我是安镇新市民”天天少儿艺术免费学堂，为外来务工人员及街道弱势家庭的子女免费提供艺术培训。建立基层群众需求征集、服务评价反馈等机制，通过“锡山文体快线”微信平台，提前发布各类讲座、活动等信息，增强文化活动的知晓率和参与率。抓好文化志愿者队伍建设，至2015年年底，全区登记在册的文化志愿者3649人，文化志愿者常年开展公益文化活动，协助文化部门进行文化市场管理、文化遗产保护等工作。开展群众满意度测评，使群众“要”文化和政府“送”文化更加匹配。

【群文社团活力倍增】努力完善和发展文化社团组织网络，促进群众文化的普及和提升。经过多年的培育引导，锡山区群众文化团队发展迅猛，至2015年年底，全区有群文团队376支。2015年，区美术、书法、摄影、音舞、文学五大协会在活动开展、作品创作、队伍拓展等方面迈上新台阶。区书法家协会和区摄影家协会顺利换届，陶润生和虞伟忠分别当选为第二届区书法家协会和区摄影家协会主席。区摄影家协会开展“幸福锡山”摄影作品展，区书法、美术家协会联合开展“纪念抗日战争胜利暨世界反法西斯战争胜利70周年”美术、书法作品展，区作家协会开展走进东亭采风活动，取得良好的社会效益。区书法家协会会员郁枫、朱沈彧的书法作品入展全国第十一届书法篆刻作品展。区美术家协会会员曹俊伦的版画作品《古韵新曲》、区美术家协会主席张剑芳的国画《秋月行云》分别获得2015无锡市“梁溪之春”美术、书法、摄影大展美术类金奖和银奖。区摄影家协会副主席周叶的摄影作品《光彩坝上》组照和《人间仙境》组照分别获得2015年第二十五届全国摄影艺术展艺术类和商业类优秀奖。区作家协会名誉主席钱雨晨的散文专著《自然的诗意》由凤凰出版社出版；会员沈云福与陆阳合著的《激荡岁月：锡商1895—1956》由团结出版社出版，该书是国内第一部全景式反映无锡民族工商业的发轫、发展、波折到转型的作品。

（朱丽娟）

文物保护

【文化遗产有效修复保护】加强文化遗产的保护性修复工作，完成锡北镇新四军六师师部旧址纪念馆、东亭街道华学士坊的保护性修缮并对外开放，云林街道“徐氏义庄旧址”、鹅湖镇“植福庵”两处文物保护单位的修缮工作进入施工阶段，完成锡北镇寨门严子陵先生祠修缮方案文本编制。建立健全文物保护责任机制，明确责任主体、保护范围和具体措施，开展对文物安全的专项检查。全面完成全区第一次可移动文物普查工作，普查、登记馆藏文物1071件（套）。扎实推进非物质文化遗产的保护和传承工作，做好非遗项目的申报工作，锡北镇的传统舞蹈“渔篮花鼓”跻身第四批江苏省非物质文化遗产代表性项目名录，成为锡山区第一个省级非物质文化遗产代表性项目。江苏省工艺美术大师孙静娴从事泥人彩绘40余年，在继承惠山泥人传统技艺的同时推陈出新，形成自己的彩绘风格，2015年被评为“无锡市第四批非物质文化遗产代表性传承人”。进一步加强吴歌、锡剧的传承保护工作，组织开展“锡山锡剧情”传承弘扬锡剧系列活动，通过举办锡剧、吴歌研讨会、培训班、征稿活动，进一步弘扬吴歌、锡剧文化，羊尖实验小学学生朱文轩在江苏省小小红梅选拔赛和第三届江浙沪票友大赛中均获银奖。查桥实验小学创作的吴歌节目《吴音最忆对盘歌》在无锡市第三十五届百灵鸟文艺展演中获铜奖。发挥好传统文化的教育宣传功能，中国乡镇企业博物馆和云林街道团工委共同举办“践行‘四千四万’精神，争当时代青春榜样”主题活动；和东北塘中学、仓下中学联合开展暑期“我是小小讲解员”体验活动；全年接待团队35个，参观者5000余人。（朱丽娟）

公共图书馆

【图书馆功能拓展提升】 2015年，锡山区图书工作以创建国家公共文化服务体系示范区为契机，按照国家一级馆的标准推进图书馆硬件和软件建设，进一步拓展服务内容和形式，全年新增图书2万余册，全区图书总藏量64万册，接待读者3万余人次，图书外借5万余册（次）。加强图书馆自动化、网络化、数字化建设，区图书馆和镇（街道）图书馆统一更换汇文图书馆集群系统，设立市图书馆专架图书，定期做好图书回库和验收工作，全面实现与无锡市图书馆通借通还。优化读者服务，实行全年无休免费开放，设立读者QQ群，开设新书介绍、读者需求簿、读者意见箱等服务内容，向读者提供业务咨询、电话续借、预约借书等服务内容。深入开展全民读书活动，举办“爱读书，爱成长”读书沙龙、每周一课“悦读经典，快乐成长”国学诵读、“品味书香，筑梦中国”锡山区少年儿童读书征文、“学对称，讲对称，我们来做小诗人” 走近作文系列讲座等读者活动42次。充分发挥图书馆公共文化阵地的宣传功能，举办锡山区非物质文化遗产项目图片展、“铸剑为犁——纪念反法西斯战争胜利七十周年图片展”等各类展览12场，涉及书画、摄影、科普、文化等内容。不断完善区、镇（街道）、村（社区）三级图书馆服务体系，加强对基层图书馆的业务辅导，推进全区农家书屋提档升级。

（朱丽娟）

文化市场管理

【文化市场监管规范有序】 贯穿“标本兼治、综合治理”的工作主线，区文化市场管理工作围绕安全生产、扫黄打非、文化市场监管和印刷行业整治等重点工作，切实加强文化市场监管，着力维护市场经营秩序。全年出动检查人员6678人次，检查文化、体育、新闻出版生产经营单位2385家次，区文体局与相关部门开展联合执法行动23次，查办各类行政处罚案件33起。查处取缔无证“黑网吧”6家，收缴电脑51台；取缔无证电子游戏室21家，收缴各类游戏机、赌博机83台；取缔无证出版物游商、地摊23个，收缴非法音像制品2210张、非法书刊677册、非法印刷品5000份。锡山区被评为江苏省“扫黄打非”工作先进地区，区文化体育行政综合执法大队获“全省新闻出版系统2013～2014年度青少年维权岗”称号，区文体局获“无锡市安全生产先进集体”称号。加强服务和行政指导工作，实行年度检验“上门服务”制度和场地勘察“时间预约”制度。推进阳光执法，行政案件处罚采用“AB”组（一组检查立案，另一组调查审理，互相监督，杜绝经办人一办到底）办案模式，保障行政案件处理的公正公平。指导印刷协会开展以“优质产品、优良业绩、诚信经营”为内容的锡山区“双优诚信”印刷企业评选活动，推动行业诚信建设。进一步加强对文体、新闻出版市场从业人员以及广大群众的普法和法制宣传，全年开展“三下乡”和法制服务进企业宣传活动6次；区文体局、区教育局开展“绿书签”进校园宣传活动，宣传讲解“扫黄打非”相关法律法规常识；组织开展“安全生产月”宣传活动，制作警示展板10块，印发宣传资料1000份。创新管理手段，探索实行“互联网+监管”新模式，在网吧率先实施远程视频监控手段，实现对场所的实时监控。（朱丽娟）

文化产业

【文化产业稳步发展】 2015年，锡山区文化部门积极转变职能，强化对文化企业的指导服务，进一步深化行政审批工作，推行简政放权，促进锡山区文化产业健康稳步发展。成功扶持江苏利特尔绿色包装股份有限公司、江苏新广联光电股份有限公司挂牌上市，做好无锡江南影视传播有限公司在新三板上市的筹备工作。做好省文化产业专项引导资金的申报工作，成功指导江苏新广联科技股份有限公司、江苏利特尔绿色包装股份有限公司、无锡广新影视动画技术有限公司三家公司申报到2015年度省级现代服务业（文化产业）发展专项引导资金，获得项目补助总额260万元。进一步提升行政服务效能。建立由区文体局审批办事员、镇（街道）文体服务中心联络员和申请人三级相关人员组成的服务群，为基层申请人业务咨询提供更快捷的通道。对娱乐场所设立（变更）、出版物零售单位经营许可、文化经营许可证年检协办等8项审批事项实施镇（街道）服务前移。全年受理审批业务24家，年检年审项目613件，办事满意率100%。 （朱丽娟）

档案史志

【概况】 2015年，区档案局（馆）以档案史志工作“六化”建设（基层建设规范化、档案管理现代化、窗口建设标准化、征集编研多元化、史志编纂精品化、业务技能全面化）为目标，充分发挥档案史志工作在建设富强美丽和谐幸福新锡山中的职能作用，不断开创档案史志工作的新局面。2月，《锡山年鉴（2014）》被中国出版协会评为第五届年鉴编纂出版质量评比综合二等奖，框架设计一等奖，条目编写三等奖，装帧设计一等奖；3月，在第三届江苏省年鉴奖评选中，《锡山年鉴（2014）》被江苏省人民政府办公厅评为一等奖；12月，《锡山年鉴（2014）》被江苏省档案局评为全省档案文化精品奖三等奖。区档案局被市史志办评为“2015年度无锡市史志工作先进集体”。年末，区档案馆有馆藏全宗90个，馆藏档案总量26437卷、153100件，其中文书档案14162卷、107651件，科技档案12275卷、45449件。另外，图书资料16596册。全年接待查档群众1637人次，调阅案卷1716卷次，另有1000余人次的电话查档。

【馆藏资源建设】 有序开展档案移交进馆工作。全年接受婚姻档案4911件、计生档案2333件、重点工程档案354卷，图书、报纸杂志180册，全部完成整理编目工作。扎实推进档案开放划控、鉴定工作。全年完成1985年到期档案的开放划控工作，共计353卷，其中开放271卷、控制82卷。做好政府信息纸质文件的移送工作。按照《关于进一步做好主动公开政府信息移送工作的通知》要求，按季度发布《各部门政府公开信息移送情况通告》。全年接收政府信息公开文件460件，信息移交后随时做好编目存档工作，以供查阅。坚持对全区重大活动、重要会议进行现场拍摄，年内拍摄、征集原始图片2100余张，征集锡山抗战图片158张，整理归档820张。区档案局图片数据库照片累计4.9万余张。征集成果丰富。在了解掌握线索的基础上，重点联系并参与荡口华氏宗祠修复落成暨祭祖典礼，征集《华氏鹅湖通四支族谱》46册；征集《五牧余巷薛氏宗谱》22册；征集《无锡马氏统谱》15册。结合中国人民抗日战争暨世界反法西斯战争胜利70周年纪念活动，征集《档案中的江苏抗战》《江苏抗日战争历史画卷》《新四军无锡籍人物选编》《新四军在无锡》等抗战书籍8册。2015年，征集各类档案史料113件。

【档案规范化建设】 积极开展档案标准化、规范化建设。2015年，江苏省望虞河锡山管理所、东港香山禅寺、东港同福寺、鹅湖甘露寺、安镇胶山寺、东港基督教活动点6家达标单位通过档案测评；区教育局、鹅湖中心国土资源所以及12家中小学共14家单位通过档案复查。开展档案进馆单位的年度评估工作。完成对全区77家进馆单位的档案年度评估工作。至2015年年末，全区累计有省五星级标准档案室6家、四星级8家、三星级77家、二星级36家。切实做好民生档案建设工作。与区人社局、民政局、卫计局继续协作，继续对低保档案、劳动保障档案、企业退休人员档案、计生档案进行业务指导。做好全区重点工程项目的档案指导检查工作。积极与区发改局、区重点办、区住建局城建档案室联系沟通，走访各重点工程施工现场并指导各项目工程档案的规范整理，为进馆打好基础。配合区委农办做好农村土地承包经营权确权登记试点工作，通过召集各镇（街道）、村（社区）相关工作人员进行集中培训和业务指导，从而规范整理各类资料，农村土地承包经营权确权登记工作顺利推进。继续与区民宗局协作，不断加强道教寺庙规范建档工作，全区有8家寺庙达到省二星级档案室标准。继续加强区重点上市培育企业的档案指导服务，主动深入企业对企业档案员和各部门资料收集员进行系统的档案业务培训，并指导企业规范建档。2015年，全区开展进馆单位进馆档案和数字化档案室软件运用、企业档案、上岗资格等业务培训班6期，参训人数230人次，其中企业参训人数80人次。

【档案信息化建设】加强档案数字化建设。继续做好馆藏档案的数字扫描工作，2015年完成2012年后新进馆档案、前期漏扫档案、前期馆藏未扫描档案的扫描工作，合计1218卷、28735件。同时，对扫描的全文数据进行专题汇总、校对、挂接工作，以便更好地利用现代化手段为锡山经济建设和社会各界人士提供准确、快捷的查档服务。加强档案信息网站建设。与区政府办信息中心沟通，及时提供材料，配合做好2015年中国锡山网站《走近锡山》栏目的更新维护工作。做好政府信息公开工作。做好区档案局政府信息公开文件的及时更新上传和锡山区政府各部门信息公开文件的收集、整理和开放工作。

【档案史志宣传】认真编印宣传材料，结合区“三下乡”服务和“国际档案日”等活动，深入各镇（街道）、村（社区），积极宣传档案法律法规和档案知识，年内发放宣传材料8000余份。加强档案史志学术研究和信息宣传报道。调研文章《〈锡山年鉴〉框架结构的演变与完善》在2015年江苏省年鉴编纂理论研讨会上进行交流；《略论网络环境下档案信息资源的开发和安全规范利用》在《无锡档案》上发表。2015年，中国档案信息网录用档案史志信息3篇，江苏档案信息网录用6篇，无锡档案信息网录用9篇，《无锡档案》录用1篇，《每日情况》录用3篇，《新锡山》录用10篇。发挥区档案局图片数据库作用，先后为市史志办、锡山国土分局、区纪委、区文明办、羊尖镇等单位编史筹展、汇报演示等提供各类照片1000余张。

【锡山区数字档案综合管理系统改版升级】为了不断提升档案现代化管理水平，根据省市档案局的相关要求，区档案局对原锡山区集中式数字档案综合管理系统进行改版升级。改版后的数字档案综合管理系统于12月底试运行，集数字档案馆系统、数字档案室系统、民生档案数据共享平台、多媒体档案管理系统、核心数据库系统、电子文件中心系统于一体，将实现全区各机关部门之间在线归档、在线管理、数据在线共享，将逐步实现民生档案查询下放到各镇（街道），老百姓只需在所在镇（街道）就可以查询到相关档案，并出具证明。

【锡山抗战档案史料图片展举办】2015年是中国人民抗日战争暨世界反法西斯战争胜利70周年，区档案局与《新锡山》合作，积极筹备锡山抗战档案史料图片展，挖掘区档案馆馆藏档案史料，深入基层，广泛征集抗战图片，梳理形成重大惨案、抗战时期党的地方组织建设、重要对日战事、抗日英雄谱、抗日遗迹遗址等抗战专题资料，收集整理照片158张，制作完成《触摸历史，珍爱和平——锡山抗战档案史料图片展》。该图片展于8月底9月初，分3期在《新锡山》专版刊登，用鲜活的档案史料向干部群众特别是中小学生展示当年日军在锡山的暴行及地方民众与新四军一起浴血奋战的抗战事迹。

【《锡山年鉴（2015）》出版】9月11日，《锡山年鉴（2015）》出版发行，全面翔实地辑录了2014年全区经济社会发展的基本资料。全书设33个类目、173个分目，共计84万字；采用图片260张。篇目设置更趋合理。根据方志出版社意见，适应“法治政府”“法治中国”的新趋势，类目“武装·政法”更名为“武装·法治”；类目“锡山区人民政府”的分目“法制工作”更名为“法治政府建设”；类目“教育”的分目“教育法制”更名为“教育法治”。栏目设置力求创新。2015版年鉴在每个类目前增设醒目美观的类目封面，既凸显类目内容，又进一步美化了年鉴的版面。设计风格注重传承。2015版年鉴封面继续选用元代著名画家倪瓒的作品，凸显艺术品位；类目补白特别选用锡山区非物质文化遗产项目，凸显文化底蕴；随文图片继续选用像素高、内容新，能反映各单位年度亮点工作的图片，凸显锡山特色。编校质量更为提高。各单位撰稿人员尽心撰写稿件，注重年鉴内容的完整性和数据的准确性；各撰稿单位领导用心审核稿件，注重年鉴的权威性；各编辑人员精心修改稿件，按照《〈锡山年鉴〉编纂手册》，从条目标题的确定、条目内容的选择到文字语句的修改、格式的统一，做到精益求精，年鉴的编纂水平进一步提高。

【《锡山区民生保障文件汇编》完成】为反映区委、区政府在人民生活、社会保障、为民办实事方面做出的决策部署，区档案局通过查找馆藏区委、区政府所有档案扫描文件和中国锡山网站区委、区政府电子文件，整理出区委、区政府2006～2015年民生保障方面的文件，经过数次修改和校对，完成《锡山区民生保障文件汇编（上、下册）》，收录文件139件，共800页，约40万字。该文件汇编将于2016年2月初印刷，将发放给区领导、开发区、商务区、台创园、荡口古镇、各镇（街道）、区各部委办局、区各人民团体、区直各单位、驻区各条线单位、各村（社区），为区委、区政府制定决策提供参考，为人民群众了解政策提供依据，为社会各界研究锡山提供基本资料。（吴 霞）

编辑：吴 霞

【锡山旅游集锦】

中国乡镇企业博物馆 （区档案局 供稿）

中国乡镇企业博览馆

中国乡镇企业博览馆位于锡山区云林街道春雷造船厂旧址，于2010年7月28日开馆，是全国唯一一家收藏乡镇企业发展各时期文史资料和文物的博物馆。博物馆占地面积4.5公顷，整个博物馆按照“尊重历史、注重乡镇、展示辉煌、昭示未来”的思路，通过大量的实物、图片和文字记录，集中展示了中国乡镇企业的发展历史、成功经验和辉煌成就。

5月22日，“墨润江南”——中国艺术研究院中国画院“双扎根”无锡采风活动作品展在中国艺术研究院中国画院无锡研创基地展出。图为展出现场

（朱丽娟 供稿）

10月16日，“魅力音乐·e路畅行”——2015年锡山区第十一届“凤凰杯”青年歌手大奖赛举行。图为比赛现场

（朱丽娟 供稿）

卫生和计划生育

Health and Family Planning

1月30日，副区长陈奕（右三）、区卫计局局长石国洪（右二）、云林街道办事处主任唐中明（右一）为云林街道社区卫生服务中心揭牌　　（区卫计局 供稿）

综　述

3月，区委、区政府下发《关于印发〈无锡市锡山区人民政府职能转变和机构改革实施意见〉的通知》，整合区卫生局食品安全监管以外的职责、区人口和计划生育局的计划生育管理和服务职责，组建区卫生和计划生育局，不再保留区卫生局、区人口和计划生育局。6月，区委办、区政府办下发《关于印发〈无锡市锡山区卫生和计划生育局主要职责内设机构和人员编制规定〉的通知》，区卫生和计划生育局为区政府工作部门，正科（局）级建制，设党政办公室、组织人事科（挂“纪检监察室”牌子）、财务科（挂“审计科”牌子）、医政科教科（挂“中医管理科”“干部保健办公室”牌子）、社区卫生管理科（挂“基本公共卫生管理办公室”牌子）、疾病预防控制科（挂“区突发公共卫生事件应急办公室”牌子）、爱国卫生科、计划生育指导科、规划与信息科、政策法规科（挂“行政许可科”牌子）、综合监督科11个内设机构，机关行政编制21名。2015年，全区设医疗卫生机构185个，其中区、镇（街道）两级医疗卫生机构18家；开放床位2076张；执业（助理）医师1087人；平均每千人口拥有床位4.81张，医生2.52人，卫技人员7.33人。区、镇（街道）两级医疗卫生机构完成门急诊362.87万人次（含社区卫生服务站73.99万人次），比上年增长5.8%；收住住院病人5.61万人次，比上年增长0.3%；病床使用率83.8%，比上年下降2.2个百分点；完成业务量9.61亿元，比上年增长9.95%。锡山区卫生基础设施加快建设。1月30日，云林街道社区卫生服务中心新大楼启用。5月，羊尖镇社区卫生服务中心医疗综合大楼启用。锡山人民医院新建工程于2013年11月30日奠基开工，2015年完成主体结构浇筑及二次结构墙体砌筑，内、外墙体粉刷；机电、消防、暖动安装工程进场施工。新东亭街道社区卫生服务中心室内装修结束，医疗设备调试进场。东北塘街道社区卫生服务中心改扩建主体土建工程全部完成，内部装饰工程完成开标。投入117万元建成的锡北120急救分站，于12月22日投入试运行。　（钱　艳）

卫生体制改革

【概况】 规范实施国家基本药物制度，社区卫生服务中心销售基本药物金额8152.34万元；二级医院基本药物配备使用比例比上年提高5%，销售基本药物金额10440.44万元。加强绩效考核管理，9家社区卫生服务中心落实市政府关于超额劳务补贴的相关政策，各镇（街道）根据绩效考核结果，给予一定金额的额外资金奖励，增加到奖励性绩效工资总额中，用于基层医疗卫生单位业务骨干和医务人员加（值）班等的补贴。研究出台《2015年度医疗卫生单位负责人和工作人员绩效考核实施意见》，考核具体到人，同时将考核结果与个人奖励性绩效工资挂钩。

【公立医院综合改革有序推进】 2月，由区政府分管领导主持召开座谈会，听取相关医疗单位负责人对医改和医联体建设的意见和建议；4月，区卫计局到江阴市、安徽省合肥市卫生局学习考察公立医院改革；5月，区政府主要领导到区卫计局调研，听取对公立医院改革的设想；成立公立医院管理委员会，制定公立医院管理委员会职责。依据镇江市公立医院医药价格综合改革及相关文件精神，按2014年的业务工作量，对全区6家二级公立医院的医疗价格综合改革进行测算，形成报告《锡山区公立医院经济运行及价格改革调查情况》。10月31日零时，无锡市城市公立医院医疗价格综合改革启动，全区6家二级公立医院同步实施，运行平稳。

【锡山人民医院和东南大学附属中大医院合作深化】 锡山人民医院和东南大学附属中大医院于2014年6月15日实施合作共建。至2015年年末，两院开展全方位、深层次的合作，组建11个合作共建科室，开展一系列新的或较高难度的诊疗技术项目；加强人才培养，锡山人民医院29名医护人员先后到中大医院进修学习；营造良好的科研工作氛围，锡山人民医院首次组织召开全院科研课题评审会，申报10项市级以上课题，举办省市级继续医学教育项目13个；建立科学的医院管理模式，在中大医院管理团队的指导下，锡山人民医院院科两级运用PDCA工作方法进行动态管理。

相关链接

PDCA：英语单词Plan（计划）、Do（执行）、Check（检查）和Action（行动）首字母的缩写，是管理学中的一个通用模型。

（钱　艳）

医政管理

【概况】加强医疗质量管理与控制，完善各医疗机构临床科室医疗质量评价和考核内容。推进医疗风险（病情）评估制度，对病人全程开展医疗风险评估，全面提升门诊和住院医疗质量。辖区医疗机构病历甲级率94.6%，“三符合”（医嘱与病情相符合，病历记录与病情相符合，医嘱与收费相符合）达标率92.3%，病案首页规范管理率100%。严格落实抗菌药物分级管理制度，加强微生物检测以及细菌耐药监测工作。开展医院感染工作质控检查2次，未发生医院感染暴发事件。无偿献血率100%，未发生用血安全事件。完成锡山人民医院二级医院的重新评审和锡北人民医院二级医院的复核评价。二级医院全部开展预约诊疗服务，全部加入省卫生和计划生育委员会集约式预约诊疗服务平台，方便群众预约挂号。二级公立医院优质护理服务病房覆盖率100%。

【中医药服务加强】实施基层中医药服务能力提升工程，100%的社区卫生服务中心（卫生院）和社区卫生服务站（村卫生室）能够提供中医药服务。推广中医药适宜技术，开展包括中成药、针灸、推拿、火罐、敷贴、刮痧、熏洗、穴位注射等6种以上中医药服务，每个社区卫生服务中心配备不少于50种、社区卫生服务站配备不少于30种中成药，均能开展10项以上中医药适宜技术（社区卫生服务站、村卫生室开展4项）。开展综合医院中医药工作专项推进行动。组织开展“中医药就在你身边”第五届中医药文化科普巡讲活动，结合中医宣传日，开展宣传活动12次，发放宣传资料1100余份，宣传展板15块，社区群众参加讲座436人次。

（钱 艳）

公共卫生

【概况】全区传染病总发病率91.75/10万。居民健康档案规范建档率77.56%，老年人健康管理率74.49%，孕产妇、7岁以下儿童健康管理率99.96%；婴儿死亡率、新生儿出生缺陷发生率分别为0.93‰、3.41‰，未发生孕产妇死亡事件；高血压和糖尿病患者管理率分别为36.01%、45.27%，规范管理率分别为73.9%、58.3%；65岁及以上老年人、0～3岁儿童的中医药健康管理服务覆盖率分别为65.8%、63.1%。在东北塘街道和羊尖镇试点开展慢性病干预“社区—志愿者—患者一体化管理”，探索社区慢性病患者管理的新模式。全区人均期望寿命81.58岁（男79.39岁，女83.81岁）。深入推进数字血防建设项目，羊尖镇社区卫生服务中心成功承办“全市血防建设现场会”。落实基本公共卫生服务专项经费2830.3万元（按常住人口计人均40.46元）；重大公共卫生项目专项经费972.32万元，比上年增长16.47%。

【艾滋病综合防治示范区建设】在12月1日第28个“世界艾滋病日”，区政府组织召开全区国家艾滋病综合防治示范区工作会议，制定并下发《区政府关于调整区艾滋病防治工作委员会成员的通知》《锡山区政府办公室关于印发无锡市锡山区国家艾滋病防治示范区实施方案（2014～2018）的通知》。全区艾滋病病毒携带者和患者247人，全年新增感染者39例，新增服药病人29例。扎实推进重点人群干预工作，新干预娱乐场所129家、从业人员1155人。全区3个艾滋病自愿咨询检测门诊接受艾滋病自愿咨询检测938人，发现5例艾滋病抗体阳性者。对无锡市第二看守所羁押人员进行艾滋病抽血检测，艾滋病抗体确诊阳性6例。全面开展并扩大医疗机构艾滋病抗体检测工作，全区HIV抗体检测75555人次，占常住人口数的10.92%；艾滋病病毒感染者/病人100%接受结核病实验室检查。落实“四免一关怀”政策，为符合条件的156例艾滋病病人免费提供抗病毒治疗药物，对生活困难的艾滋病患者给予关怀救助。

相关链接

四免：农村居民和城镇未参加基本医疗保险等医疗保障制度的经济困难人员中的艾滋病病人，可到当地卫生部门指定的传染病医院或设有传染病区（科）的综合医院服用免费的抗病毒药物，接受抗病毒治疗；所有自愿接受艾滋病咨询和病毒检测的人员，都可在各级疾病预防控制中心和各级卫生行政部门指定的医疗等机构，得到免费咨询和艾滋病病毒抗体初筛检测；对已感染艾滋病病毒的孕妇，由当地承担艾滋病抗病毒治疗任务的医院提供健康咨询、产前指导和分娩服务，及时免费提供母婴阻断药物和婴儿检测试剂；地方各级人民政府要通过多种途径筹集经费，开展艾滋病遗孤的心理康复，为其提供免费义务教育。

一关怀：国家对艾滋病病毒

感染者和患者提供救治关怀，各级政府将经济困难的艾滋病患者及其家属，纳入政府补助范围，按有关社会救济政策的规定给予生活补助；扶助有生产能力的艾滋病病毒感染者和患者从事力所能及的生产活动，增加其收入。

【严重精神障碍患者管理探索新模式】 全区在册严重精神障碍患者2441人，检出率3.53‰，比上年提升16.12%；在管患者2238人，检出患者管理率91.68%。在精神疾患高发的鹅湖镇尚书苑社区开展“社区—专业机构—家庭协同管理”模式试点，成立管理小组，在精神科专业人员、精神科防治医生、社区残联信息员的共同参与下，通过培训开展家庭作业和定期完成记录、举行家务活动评比、举办联谊活动等多种形式，探索社区严重精神障碍患者的管理新模式。

【流动人口基本公共服务均等化推进】 深入村、企业、流动人口集聚区等地，全面落实流动人口计划生育“七免一普及”政策，保障流动人口在现居住地享受与市民同等优生优育、生殖健康和家庭保健服务。全区4.95万人次流入已婚育龄妇女接受一年两次的孕环情检测，一孩生育服务登记501人，网上孕检报告单通报16810条，流动人口服务管理率在97.5%以上。开展流动人口专项执法活动，督促违法怀孕对象落实好补救措施，督促违法生育对象及时回户籍地缴纳社会抚养费。核实信息2.49万条、注销信息4987条、网上提交查询信息7953余条。解决计划外怀孕332起。

相关链接

七免一普及：免费发放宣传资料，免费发送避孕药具，免费开展孕环情监测，免费提供国家规定的计划生育技术服务项目，免费进行婚前检查，免费开展孕前风险评估，免费孕前优生检测；普及科学适用的计划生育知识。

【妇幼保健服务加强】 锡山人民医院、鹅湖人民医院接受产科标准化验收评估，锡山人民医院分院、锡北人民医院开展产科标准化建设工作，爱婴医院复核评估合格率100%。组织危重孕产妇救治演练。规范出生缺陷综合防治，落实三级预防措施，婚检率95.60%，出生缺陷发生率3.41‰；进一步控制剖宫产率，全区剖宫产率39.04%，连续3年实现下降。规范落实重大妇幼卫生项目工作，完成32555名妇女乳腺癌、宫颈癌初筛工作，确诊乳腺癌20例（乳腺癌发生率61.43/10万），宫颈癌11例（宫颈癌发生率33.79/10万）。完成孕产妇住院分娩补助2234人、102.9378万元。 （钱　艳）

社区卫生

【概况】 强化基层卫生服务机构建设。积极开展各类机构提档升级创建活动，云林街道社区卫生服务中心完成市级规范化建设验收，锡北镇卫生院创建为省级示范乡镇卫生院，锡北镇新坝村、羊尖镇廊下村卫生室创建为省级示范村卫生室，东港镇卫生院被国家卫生和计划生育委员会评为“2014～2015年度群众满意的乡镇卫生院”。组织实施基层卫生机构分类管理，各社区卫生服务中心积极开展认定申报工作，羊尖镇、东港镇社区卫生服务中心被认定为甲级机构，厚桥街道、鹅湖镇、锡北镇社区卫生服务中心被认定为乙级机构。大力推进特色科室项目建设，羊尖镇社区卫生服务中心普外科、鹅湖镇社区卫生服务中心口腔科、锡北镇社区卫生服务中心眼科和东港镇社区卫生服务中心慢病科被列为全市首批重点建设特色科室；2015年，增加厚桥街道社区卫生服务中心糖尿病特色专科，羊尖镇社区卫生服务中心普外科被推荐为省级基层卫生机构特色科室建设项目。深化二级以上医院与社区卫生服务中心协作，明确6家二级医院和9家社区卫生服务中心建立对口支援关系，开展驻点医疗帮扶工作和基层单位医护技人员的带教培训工作。积极开展各类实用技能培训工作，全面完成家庭医生、社区护士、基本公共卫生服务等省市确定的各类基层卫生人员培训任务，培训808人次。

（钱　艳）

爱国卫生

【概况】 东亭街道、东北塘街道、安镇街道和羊尖镇4个国家卫生镇和14个省卫生村全部通过复查。新增农村生态改厕166户。加强病媒生物防制工作，开展3次病媒生物防制专项消杀活动，完成18个社区（村）毒鼠点规范化建设，建成的毒鼠站投药情况抽查达标率100%。开展PCO（病媒生物防制专业消杀公司）服务社区试点2个。新建健康主题公园1个，升级健康主题公园1个、健康步道9条，新建健康小屋1个。积极推进机关和公共场所控烟工作，新建无吸烟单位9个。加强健康教育宣传阵地建设，新建健康宣传阵地10个。在爱国卫生月、健康教育宣传月活动中，组织区健康教育讲师团进农村、进社区、进学校、进企业、进机关进行健康知识宣讲，开展9场健康素养巡讲，听课人数468人。制作健康素养宣传展板36块在全区公共场所巡展，发放宣传材料1.6万份。开展健康宣传咨询、广场义诊活动9场次。 （钱 艳）

计划生育

【概况】 履行人口和计划生育目标管理责任制，扎实有序实施单独两孩政策，巩固和加强计划生育基础工作，切实提高人口和计划生育服务水平。落实信息采集、出生信息清理和信息交换等管理制度，强化特殊人群服务管理。规范做好社会抚养费征收的立案、调查取证、文书送达等工作。对送达征收决定书三个月内当事人未缴清的案件，全部移交法院强制执行，提高征收兑现率。全年因违反生育被立案征收社会抚养费45人次，应征收社会抚养费155.87万元，实际征收67.65万元。申请法院强制执行17人（其中8人为2014年立案），申请法院强制执行金额102.33万元。10月，完成江苏省“十二五”期间人口和计划生育终期评估市级复查。

【单独两孩政策实施稳妥推进】 精简和规范再生育审批材料及网上审批流程，对审批材料齐全的对象实行快速审批，缩短审批时限。针对补偿性生育导致的高龄产妇增多等情况，加强生育技术服务指导，普及孕前优生知识，做到孕前优生健康检查应检尽检。全区审批1243人，其中单独两孩审批968人，城镇单独两孩审批98人，城镇单独两孩占单独审批总数的10%。

【群众生殖健康水平提升】 以“幸福家庭健康促进”为主题，深入实施知情选择与随访服务标准化建设、生殖道感染综合防治与宫颈癌筛查等项目。完善计划生育药具运作机制，实行“避孕药具零距离计划”，覆盖率90.8%。区计划生育指导站被国家计划生育药具不良反应检测中心授予“江苏省避孕药具不良反应监测工作先进集体”称号。 （钱 艳）

卫计监督

【概况】 全年完成食品安全实验室抽样检测1921批次，检测合格率97.36%；食品快速检测109575批次，检测合格率99.98%；餐具抽样检测750批次，检测合格率94.14%。未发生等级以上食品安全事故。区卫计局、区教育局组织开展春、秋季学校食品安全、饮用水、公共场所、教学环境卫生和传染病防治工作专项检查，出动检查人员261人次，对全区81所学校进行监督检查，对全区36家托幼机构开展重点传染病防控专项检查，检查覆盖率100%。11月2日、12月1日分别完成区食品安全委员会办公室暨食品安全综合协调、餐饮服务食品安全监督管理职能移交工作。

【医疗卫生机构传染病防治卫生监督深入推进】 制定下发《无锡市锡山区医疗卫生机构传染病防治卫生监督行动年工作方案》，开展“蓝盾护航、蓝盾抽检、蓝盾出击”三大行动，以医院消毒隔离、疫情报告、医疗废弃物处置、消毒产品使用为重点，对全区所有医疗机构肠道传染病、内窥镜室、手术室、血透室、口腔科等科室进行监督检查。督促1家医疗机构对内镜室布局进行合理改造，对5家废弃物暂存点设施提出整改意见，对2家不按规范处置医疗废弃物的医疗机构立案调查并实施行政处罚。

【无证非法行医长效监管措施落实】 制定下发《锡山区打击无证行医举报奖励办法》，采取专项整治和日常监管相结合的综合治理措施，保持打非高压态势。全年取缔无证行医26家，立案查处29起，罚款金额91550元，没收药品器械52箱。无证行医举报4人次，未发生非法行医致人死亡事件。

【依法行政】 清理和完善行政权力事项，制定“锡山区卫生和计划生育局行政权力清单”小册子，在局网站对外公布，接受群众监督。规范重大行政决策程序，建立工作制度，全年无行政复议情况发生。落实案卷评查制度，提升执法案卷质量，案卷规范率98%。深化行政审批改革，卫生许可事项统一在区政务服务中心办理，缩短办理时限，提高工作效率，行政许可合格率100%。贯彻实施《无锡市医疗机构管理条例》，放宽社会办医准入机制，全年办理医疗机构设置审批12家，办理注册登记9家。通过严格审核，发证率100%，群众满意率100%。

卫计人才和科研

【概况】开展“三创”（争创区卫生计生系统的学科带头人、卫技能手、卫技新秀）结对带教工作，63名学科带头人、卫技能手与123名基层医务人员结对，开展带教工作。加强全科医生规范化培训，社区卫生服务中心新招录本科毕业生9人，全科医生规范化培训率100%，全科医生（住院医师）规范化培训考核合格率91%。完成江苏省全科医生转岗培训、乡镇卫生院江苏省全科医生转岗培训、乡镇卫生院临床医生“务实进修”、住院医师规范化培训、管理人员培训、乡村医生用药知识培训等各类培训73人。组织申报10项科研项目，锡山人民医院申报省级科研项目3项、市卫计委科研项目4项、市科技局科研项目2项，区卫计局卫生监督所申报市卫计委科研项目1项。其中，锡山人民医院获国家自然科学基金青年项目立项1项、市卫计委科研项目立项2项、市科技局科研项目立项2项；区卫计局卫生监督所获市卫计委科研项目立项1项。申报江苏省适宜卫生技术9项，5项通过市级适宜卫生技术审核。加强年轻干部培养，在区委党校举办全区医疗卫生单位中层干部轮训班2期。

【人才公开招聘力度加大】集中招聘考试时间由4～5月提前至1月，对空缺岗位尝试赴校园开展直接招聘活动，先后赴苏州大学、扬州大学、皖南医学院开展校园招聘活动，通过集中报名、集中考试、现场签约的形式，最大限度地为各医疗卫生单位招贤引才。录用卫技人员124人，其中研究生13人、本科及以下111人。（钱　艳）

卫计信息化建设

【概况】完成国家科技惠民项目“城乡协同医疗服务体系与应用项目”各项工作任务，接受省市专家评审组初步验收。以区域协同数据中心及诊疗信息交换共享平台为中心，二级医院、社区卫生服务中心和社区卫生服务站实现互联互通，全面完成区域卫生信息化建设。成立锡山区医学影像诊断中心。依托锡山区域心电会诊网络平台，构建覆盖全区医疗机构的数据集中平台及心电会诊平台，实现心电检查信息交换和数据共享，社区卫生服务站发送心电医嘱251次；社区卫生服务中心发送心电医嘱1897次，其中心电图机报道并操作1736次；社区卫生服务站与社区卫生服务中心间进行远程诊断159次。与市区域卫生信息平台初步实现数据对接。建立居民网上健康服务管理平台，提供健康咨询服务、健康知识学习、医疗信息公示、疾病预防信息公示、预约挂号、网上就诊等服务。研发编制“锡山区卫生计生系统人员休假管理平台”，进一步提高信息化应用。

【计生信息管理平台创新】利用原“锡山区计生信息采集和交换平台”，开通计生报表网上直报模块。该平台自动针对基层填报的月报、季报、年报等报表间逻辑关系进行审核，提高报表上报质量，实现实时查看报表情况。与区妇幼保健计划生育指导中心婚保科对接，对新婚对象基本信息按月从婚检平台上直接拷入，通过原“锡山区计生信息采集和交换平台”按镇（街道）索引自动分发上传至平台，减轻基层工作量，提高新婚信息的实时性。（钱　艳）

红十字会工作

【概况】开展“红十字人道万人捐”活动，全年募集善款124.32万元；组织开展“迎新春送温暖”活动，对全区各镇（街道）299户白血病、尿毒症患者发放125.5万元救助金；做好日常应急救助工作，对全区107户遭遇突发事件困难家庭实施救助36.7万元。全区2800人参加无偿献血，其中捐献全血2508人，捐献成分血292人。开展红十字救护培训活动，举办普及性救护培训讲座14场次，举办初级救护培训班10场次，完成普及性救助培训1094人，培训初级救护员405名。做好学校红十字会工作，全区学校红十字会建会率100%，青少年红十字会员34624人。对3099名高一新生普及救护知识。（钱　艳）

编辑：吴　霞

4月21日，省级检查组考核锡山区爱婴医院工作　　　　　　　（区卫计局 供稿）

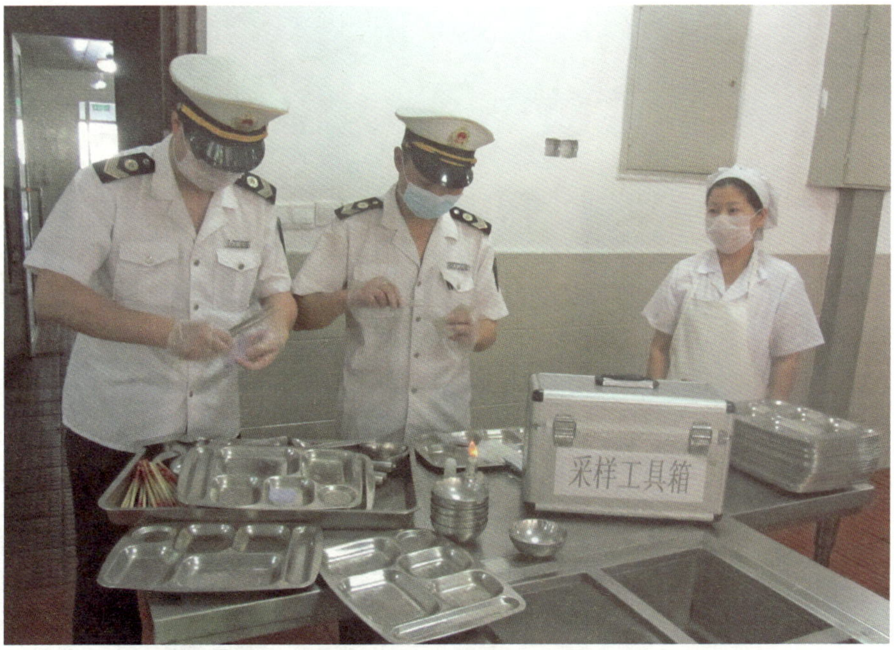

6月3日，区卫生监督所对天一中学考点进行考前监督抽样，全力保障考生饮食安全　　　　　　　（区卫计局 供稿）

6月10日，区卫计局到江阴市青阳预防职务犯罪警示教育基地开展警示教育活动

（区卫计局 供稿）

1月30日，云林街道社区卫生服务中心启用　　　　（万　青 摄）

体育

Sports

5月7日至11月10日，锡山区老年人体育节在锡山区各地蓬勃开展。图为11月10日，在2015年江苏省老年人体育节锡山区分会场闭幕式上锡山老年人进行的体育创新项目展示活动

（朱丽娟 供稿）

综　述

2015年，锡山体育工作立足体育惠民的发展宗旨，以创建国家公共体育服务体系示范区为契机，全面深化体育公共服务，推进体育社会化发展，进一步夯实“政府主导，社会参与，全民共享”的“大群体”发展格局。群众体育活动蓬勃开展，举办“全民健身节”系列活动，开展社区羽毛球赛、乒乓球赛、趣味运动会等群众体育活动100余场次，参与全民健身运动的群众超过10万人次，体育健身的氛围日益浓厚。品牌赛事持续开展，国际象棋和青少年棒垒球两个特色体育项目继续获得佳绩。举办“昊元地产杯”2015中国（锡山）第五届国际象棋女子名人赛暨“莆田商会杯”2015国际象棋明星混双对抗赛。在2015年全国少年垒球比赛和全国青少年棒球锦标赛中，锡山区获得体校组第一名、AAA组第三名的优异成绩。在2015年国际象棋男子世界杯锦标赛中，锡山区天一中学学生韦奕晋级八强。体育网络组织建设继续完善，实现街道（镇）体育总会全覆盖，至2015年年底，全区建成各级各类体育社团、协会、俱乐部90个。老年体育工作继续在全省领先，完成锡山区老年人体育协会的换届工作，组建各镇（街道）老年人体育总会。体彩销售突破3亿元大关，实现3.35亿元，在全省县（市）区排名中上升两个位次，位居第7位；锡山区体育彩票管理中心获得“江苏省2015年度体育彩票工作先进单位”和“江苏省2015年度体育彩票销售贡献奖”荣誉称号。

（朱丽娟）

群众体育

【全民健身如火如荼】 全力推进“全民健身”国家战略，广泛开展群众体育健身活动。举办“全民健身节”系列活动，开展社区羽毛球赛、乒乓球赛、趣味运动会等群众体育活动100余场次。继续探索实践“政府主导，社会支持，各方参与，群众受益”的群众体育活动模式。依托社会力量，锡山区第八届“普天铁心杯”羽毛球赛、锡北镇第二届“普天铁心杯”象棋比赛、锡山区第二届“恒昌杯”企业职工乒乓球赛等区级冠名赛事举办，并日益成为锡山区大众体育品牌活动。继续推进体育进农村、进社区、进校园、进企业、进机关的“体育五进”系列活动，以及“锡山体彩杯”篮球赛和足球赛。提升体育公共服务，激活社区、厂企、机关参与体育的热情，东港镇的确成硅化学股份有限公司首届职工运动会、东亭街道柏庄社区的“祖孙乐”趣味活动、东北塘街道的“恒大冰泉杯”五四青年篮球赛、鹅湖镇的“尚书苑杯”全民拔河赛、厚桥街道的“苏芽杯”乒乓球比赛等基层体育赛事活动此起彼伏。推进健康步道建设，引导人民群众健康科学的体育健身理念。老年体育工作继续在全省领先，举办江苏省老年人体育节锡山分会场活动，锡山区老年人体育协会顺利换届，在“2015年江苏省老年人体育节手杖健身操展示交流活动”中，锡山区组队的手杖操代表队获“优胜奖”和“道德风尚奖”。

【公共体育设施网络日臻完善】 坚持公共体育设施的公益性、基本性、均等性、便利性原则，建好群众身边的场地，不断完善公共体育设施建设，实现村（社区）健身器材投放全覆盖。至2015年年底，全区117个村（社区）建有健身路径561条、健身步道27条，投放标准篮球架194副、乒乓球台300副，人均体育公共面积2.38平方米，全区29所中小学体育场地实行免费对外开放。进一步加强体育组织网络建设，推动体育组织覆盖所有人群，完成对全区90余个体育社团（协会）的分片联系指导，各级社会体育指导员1481人。锡山区基本形成由区、镇（街道）体育总会为指导，单项体育协会为支撑，社会体育指导员为基础的体育组织网络体系，为群众体育活动的广泛开展提供了有力的组织保障。加强对体育社会指导员、体育骨干的培训指导，举办八段锦、五禽戏、六字诀、易经筋四套功法培训班和门球裁判员培训班、霞光韵律操培训班。推动体育单项协会的规范化、制度化建设，对群众基础好的协会设立分支组织，由乒乓球、篮球、足球等单项体育协会牵头组织的活动呈现出“周周有活动，月月有比赛，年度有大赛”的局面。

（朱丽娟）

竞技体育

【竞技体育再创佳绩】 继续推动中国国际象棋高水平后备人才（无锡）培训基地和中国青少年棒垒球后备人才基地更高水平发展，通过有影响力的赛事活动，做强国际象棋和青少年棒垒球两大优势项目，一批优秀运动员脱颖而出，在重要赛事上摘金夺银。举办“昊元地产杯”2015年中国（锡山）第五届国际象棋女子名人赛暨“莆田商会杯”2015国际象棋明星混双对抗赛，中央电视台、新浪网、《中国体育报》等众多媒体进行报道。举办2015年全国国际象棋少年冠军赛暨第23届“李成智杯”全国青少年冠军赛，700余名选手参赛。在2015年国际象棋男子世界杯锦标赛中，锡山区16岁的小将、天一中学学生韦奕晋级八强，成为中国第一位打进国际象棋世界杯八强的中国棋手。在2015年江苏省青少年棒球、垒球锦标赛中，锡山少年棒球队和垒球队包揽四个组别的冠军。在2015年全国少年垒球锦标赛中，锡山少年垒球队获得冠军。在2015年全国少年棒球锦标赛中，锡山少年棒球队获AAA组第三名。推进区体校与高校合作，与江南大学签订高水平运动队后备人才培养合作协议，成为江南大学高水平运动人才生源地。在第九届全国残疾人运动会暨第六届特殊奥林匹克运动会上，锡山区选手盛玉红率领的江苏队获得女子坐式排球银牌。

（朱丽娟）

体彩销售

【体彩销售再创新高】 2015年，锡山区体彩销售工作紧紧围绕扩大市场份额，坚持改革创新，深化管理，加强竞猜、超级大乐透、高频等重点玩法的宣传推广工作；积极推进网点专业化、标准化建设，对全区173个销售网点进行设施改造；开展体彩星级网点评定工作，提升网点形象；开展“春节慰问”和“夏日送清凉”等活动，提升服务水平；组织销售员参加“无锡市第四届体育彩票销售能手技能大赛”并获得团体三等奖；整体推进玩法培育、渠道拓展、营销宣传、服务保障等工作，体育彩票销售取得突破性进展。全年体彩总销售3.35亿元，比上年增加7342万元，增幅30.35%，年度增长量在全省县（市）区排名中位居第三位，总销量在全省县（市）区的排名从第九位上升至第七位。其中，传统电脑型彩票销售6482万元，高频11选5彩票销售7352万元、竞猜型彩票销售1.75亿元，即开彩票销售2140万元，竞彩销量在全省县（市）区排名中位列第一名。锡山区体育彩票管理中心获“江苏省2015年度体育彩票工作先进单位”和“江苏省2015年度体育彩票销售贡献奖”荣誉称号。 （朱丽娟）

编辑：吴 霞

【锡山旅游集锦】

厚桥街道谢埭荡村 （耿生国 摄）

厚桥街道谢埭荡村

谢埭荡村位于锡山区厚桥街道，全村总面积3.57平方千米，以乡村生态休闲游为主题，将渔业与生态农业、文化产业培育融合发展，倾力打造垂钓观光、版画创作、果品采摘、鱼鲜品赏等乡村旅游特色，逐步形成“乡村游”“微旅游”“渔家体验游”等概念旅游路线。谢埭荡村被评为“国家级生态村”“2015中国最美村镇最佳农家乐奖”“江苏省四星级乡村旅游区”“江苏省最美乡村”。

6月20～29日，“昊元地产杯”2015中国（锡山）第五届国际象棋女子名人赛暨“莆田商会杯”2015年国际象棋明星混双对抗赛在锡山区举行。图为国际象棋女子特级大师和国际象棋爱好者车轮指导赛现场　（朱丽娟 供稿）

5月25日，云林街道2015年民俗文化特色团队展演巡游暨全民健身节启动式在祇陀寺广场举行　（万　青　摄）

人力资源和社会保障

Human Resources and Social Security

6月，锡山区举办高校毕业生专场招聘会（刘宗汉 供稿）

综　述

2015年，全区实现城镇失业人员再就业2985人，本地农村劳动力就业3598人；开展城乡劳动者职业技能培训3084人，城乡新成长劳动力技能培训1051人，企业职工技能提升培训20015人；重点扶持自主创业1227人，创业带动就业5524人；净增社保缴费人数5906人，企业退休人员医疗互助和帮困互助参保率在80%以上；居民养老和居民医疗保险参保覆盖率分别在98.5%和99%以上；引进各类人才8665名，其中高层次人才317名，新增留学回国人员102名，接收大学毕业生2853名；企业劳动合同签订率在98%以上，劳动争议调处结案率100%。区人社局被评为“第二届无锡技能精英大赛优秀组织奖”“锡山区2014～2015年度办理代表建议先进单位”“锡山区2015年度提案承办先进单位”。

（刘宗汉）

就业创业

【就业服务不断优化】 组织红豆集团、健鼎（无锡）电子有限公司、无锡市宇寿医疗器械股份有限公司等区内重点用工单位赴山东省、江西省等地开展劳务对接招聘活动，提供操作工、储备干部等各类岗位1000余个，达成就业意向300余人。举办“春风行动系列”“三八女性专场”“美凯龙企业专场”“困难大学生专场”等现场招聘会14场，参会单位1100余家，提供岗位15000余个。依托覆盖全区的就业培训网络体系，大力推广校企合作模式，采取定向培训、委托培训的方式积极开展职业技能培训，完成城乡劳动力职业技能培训3084人，新成长劳动力技能培训1051人；完成农村劳动力培训8006人，开展企业职工技能提升培训20015人。

【就业帮扶不断加强】 认真落实“两项补贴”等就业再就业优惠政策，审核发放“两项补贴”4642万元，涉及2.47万人次。出台《关于进一步做好深度贫困家庭子女就业帮扶工作的操作办法》，摸清辖区内709户深度贫困家庭子女（孤儿）就学就业情况，确定2015年即将毕业的深度贫困家庭子女共31人作为帮扶对象，其中5人继续升学，24人实现就业。全区认定就业困难人员3116人，实现就业并参保缴费的为2885人。在全区开展离校未就业高校毕业生实名制调查，认真组织实施岗位推介、技能培训、就业见习等服务，全区离校未就业高校毕业生实名制登记率和服务率均为100%，锡山区户籍实名制登记高校毕业生就业率92.8%。为421名符合条件的高校毕业生申请见习实训补贴100万余元。

【创业促就业不断深化】 在全区开展“大众创业、万众创新”为主题的创业宣传月活动，通过设摊、发放宣传材料、现场咨询等形式广泛宣传创业政策，举办专题宣传活动11场，发放各类宣传资料和宣传用品5000余份，提供创业服务2000余人次。以未就业高校毕业生、下岗失业人员、复转军人、失地农民等对象为重点，大力举办创业培训班，累计开展创业能力培训1108人，重点扶持自主创业1227人，创业带动就业5524人，引领大学生创业146人。及时兑现落实各项创业补贴，审核发放一次性开业补贴117.6万元，惠及196人次。万力集团（锡山）大学生创业园建成开园，入驻大学生初创企业36家；无锡锡山中皓大学生创业园建成无锡市大学生创业园；锡东大学生创业园被列为无锡市大学生创业园培育单位。（刘宗汉）

社会保障

【城保参保覆盖面扩大】 深入贯彻实施《中华人民共和国劳动合同法》《中华人民共和国社会保险法》等劳动保障法律法规，利用社保年检等契机，切实加强企业参保情况的执法检查和监督管理，严格查办不为职工办理参保手续的违法行为。利用“科普宣传周”“企业服务月”等活动契机，面向企业和职工群众加强社保法律法规宣传，推动社会保险扩面进一步向餐饮服务业、零售业企业拓展，实现社会保险扩面净增缴费5906人。深入推动被征地农民接续缴费，大力宣传并及时兑现被征地农民参保补贴政策，发放2014年度被征地农民参保补贴3576万元，惠及被征地农民14661人次，实现新增被征地农民接续缴费4356人。

【社会保障待遇提高】 深入实施居民养老保险和居民医疗保险制度，参保覆盖面分别在98.5%和99%以上。认真落实居民养老保险待遇，2015年办理退休1610人，累计发放居民养老保险待遇6.04亿元，发放率100%。居民养老保险基础养老金提高到每人每月355元，到达退休年龄的被征地农民政府保养待遇提高到每人每月710元。按照省市有关文件精神，对2014年12月31日前办理退休、退职或领取定期生活费手续的人员，从2015年1月1日起调整基本养老金。

【退休人员管理服务提升】坚持以推进企业退休人员住院医疗互助参保为主抓手，统筹抓好走访慰问、文体生活等重点工作。完成2014年度住院医疗互助参保工作，参保率在80%以上。认真开展好企业退休人员帮困工作，发放企业退休人员慰问金64万元；组织退休人员开展"看周边城市发展景象"、广场健身舞培训等文体娱乐活动；做好1200余人次异地退休人员的资格认证工作；安排4590余名企业退休人员健康体检。

【工伤保险待遇落实】全面贯彻《工伤保险条例》《无锡市工伤保险实施办法》，把好工伤认定材料接受、案件受理、案件审理、案件结论以及案卷归档等关键环节，完善疑难案件请示报告、外出调查、案前调解等工作制度，不断提升工伤认定工作水平和效能，受理工伤认定案件1813件，认定案件1730件。（刘宗汉）

人才人事

【人才引育加快】成功举办锡山区新能源车辆高峰论坛，区人社局、区委组织部做好在陕西省西安市、吉林省长春市等地举行的"江苏省第19～22届精英人才对接峰会暨锡山区人才和产学研项目对接活动"，积极引导高层次人才加快向锡山区集聚。组织企业赴江南大学、南京工业大学、安徽工业大学、华中科技大学等高校开展大学生招聘活动26场，开展就业指导5场，初步达成意向2000余人。高端人才引育取得突破，新增社会事业领军人才1名，新增国际国内领军人才1名。无锡中盛医疗设备有限公司钱江波等2名高层次人才成功申报留学人员科技活动择优资助项目，天一中学沈茂德、江苏杰尔科技股份有限公司金华明分别入围无锡市优秀人才贡献奖和留学回国人员创业奖。全面加强高技能人才队伍建设，充分发挥红豆集团、江苏新日电动车股份有限公司等企业高技能人才培养评价试点单位作用，广泛开展高技能人才培训，新增高技能人才2024人，职业技能鉴定取证完成7806人。

【人才服务提升】加大高层次人才服务力度，为无锡芯奥微传感技术有限公司王云龙、高德（无锡）电子有限公司张志敏等6名海外高层次人才居住证持有者申请个人所得税奖励10万余元，为7名"530"人才申请安家费36万元。专业技术人员信息化素质考试报名1080人，组织7300余人参加公修课培训，现场审核一级建造师等职业资格1350余人。组织开展中级综合工作评审工作，142人通过评审，通过率81.6%。规范教师系统职称申报工作，申报教师职称中级50名，高级22名。

【人才发展载体夯实】积极在建成的江苏省博士后创新实践基地单位中培育国家博士后科研工作站，无锡杰夫电声有限公司等3家单位获批国家博士后科研工作站，全区累计建成国家博士后科研工作站6家、分站4家。认真组织红豆集团、无锡吉兴汽车部件有限公司、无锡高精科技农业有限公司3家博士后科研工作站的博士后成功申报博士集聚计划。切实加大引智工作力度，成功申报普通引智项目11个，江苏大为科技股份有限公司和江苏新日电动车股份有限公司被立为省级项目，无锡恒诚硅业有限公司等9个项目被立为市级项目。

【机关事业单位改革深化】根据《无锡市参照公务员法管理事业单位工作人员登记工作方案》的要求，按照文件规定的登记程序和条件审核后，对103名符合登记条件的工作人员予以登记。新增锡山区安全生产监察大队等5家参照公务员法管理的事业单位。严格贯彻执行市人社局关于岗位设置管理的新操作规定，在日常岗位设置和聘任工作中，对照新要求，进行规范管理。对卫生系统事业单位的岗位进行重新设置审核，对教育系统等新进人员根据《事业单位人事管理条例》办理合同签订工作。转发市委组织部、市人社局、市财政局《关于我市机关事业单位实施带薪年休假制度有关问题的通知》，出台《关于进一步规范机关事业单位工作人员请假管理制度的通知》，并指导督促各机关事业单位落实到位。不断完善机关事业单位人员的考核管理制度，立足平时考核，做实年度考核，在量化考核的基础上探索考核的新途径。完成2014年度全区政府口公务员、参照公务员管理人员及事业单位人员考核工作，涉及7812人。

【工资福利切实做好】 根据无锡市有关文件精神，按照区委、区政府年初下发的《关于2015年度区级机关部门工作绩效考核的意见》等文件要求，做好2014年度考核中区级机关“部门嘉奖”的审核、汇总工作，完成区级机关工作人员和镇（街道）党政领导班子绩效考核考核奖的审批，以及全区事业单位年终奖励性绩效工资总量的审核审批工作。对各部门推荐的2014年度锡山区区镇机关嘉奖、记三等功人员和区镇事业单位嘉奖、记功、记大功人员进行认真梳理、考察，并通过区纪委（监察局）、区检察院等部门对奖励候选人员进行审察。2014年机关以及区直属事业单位嘉奖195名，机关记三等功28名，事业单位“记功”人员57名，事业单位嘉奖人员备案952名。对机关事业单位工作人员2014年度考核结果称职（合格）及以上的，按照省市文件精神做好正常晋升工资工作，涉及3400余人。机关工作人员津补贴归并、事业单位绩效工资标准调整工作全部完成。完成机关事业单位离退休人员增加离退休费审批工作。 （刘宗汉）

劳动关系

【企业规范用工指导加强】 大力开展“进园区进企业送政策送服务”活动，宣传劳动保障法律法规，提升企业规范用工意识。重点组织开展餐饮、物业管理等企业单位规范用工管理培训班，培训企业300余家。完善重点企业定点联系服务制度，建立健全定人、定时、定点“三定”劳动关系双方沟通机制，为红豆集团等企业提供专项服务800余次。切实加强《劳务派遣暂行规定》的宣传培训工作，指导相关企业做好劳务派遣用工比例调整备案工作，通过发放行政建议书、劳动监察建议书等形式，指导督促用工单位依法进行调整。

【劳动保障监察执法加强】 畅通网络、电话、来信、来访等投诉举报渠道，立案查处的投诉举报856件（其中投诉659件、举报197件）。切实加大农民工工资支付、社保参保等情况的监督检查力度，严厉打击恶意欠薪等违法行为，出台《关于开展农民工工资支付情况专项检查活动的通知》《关于建立依法打击恶意欠薪行为保障劳动者合法权益工作机制的通知》等相关文件，重点检查招用农民工较多的加工制造业、纺织服装、餐饮服务等中小型劳动密集型企业支付农民工工资、社保缴纳等情况，追发劳动者工资3532万元，涉及人数4.52万人，将9起拒不支付劳动报酬刑事责任案件移送公安部门，涉及职工581人，涉及拖欠工资757万元。

【劳动人事争议调处加强】 按照“就近维权、及时维权、便利维权”的工作要求，加强东港镇、安镇街道调解仲裁庭建设，并拓展新增云林街道、鹅湖镇调解仲裁庭，形成“1+4”（区仲裁院为主体，安镇街道、东港镇、云林镇、鹅湖镇4个基层仲裁庭为补充）的全区劳动人事争议调解仲裁工作网络。作为锡山区十大重点法治实事项目之一——“‘1+4’劳动人事争议调解仲裁庭建设”项目参加无锡市法治建设实事工程项目评审，并获得二等奖。坚持优质高效办案，切实加大案件调处力度，累计处理劳动人事争议案件1000件，其中立案受理案件825件，结案825件，结案率100%；仲裁管理信息系统按期运行率100%。

（刘宗汉）

编辑：吴　霞

7月，2015年健鼎（无锡）电子计算机操作员培训班在健鼎（无锡）电子有限公司举办 （刘宗汉 供稿）

9月，锡山区新能源车辆高峰论坛在锡州花园酒店举办 （刘宗汉 供稿）

6月19日，锡山区餐饮企业劳动用工培训在区人社局一楼职介大厅举行

（刘宗汉 供稿）

11月26日，锡山区全民参保登记工作推进会在区委党校召开　（刘宗汉 供稿）

社会生活

Social Life

12月14日，锡山区祥云慈善基金在锡北镇石村古寺成立

（李　隽　供稿）

人民生活

【概况】据百户调查资料显示，2015年锡山区城镇居民人均可支配收入43045元，比上年增加3225元，增长8.1%；锡山区农村居民人均可支配收入24355元，比上年增加1866元，增长8.3%。

【农村居民经济收入】2015年，锡山区农村居民人均可支配收入24355元。其中，工资性收入仍居主导地位，人均18858元，占纯收入的77.4%；家庭经营纯收入2581元，占纯收入的10.6%；转移性纯收入2007元，占纯收入的8.2%；财产性纯收入909元，占纯收入的3.8%。

【耐用消费品拥有量】调查资料显示，2015年锡山区农村居民每百户农民拥有耐用消费品：家用汽车58辆，洗衣机108台，电冰箱102台，彩电202台，空调器238台，普通电话99台，移动电话241台，电脑92台。

【农村居民消费支出】调查资料显示，2015年锡山区农村居民人均生活消费支出14275元，比上年增长8.7%。其中，食品消费5211元，比上年增长8.7%，占生活消费支出的36.5%；衣着消费948元，比上年增长9.3%，占生活消费支出的6.6%；居住消费2070元，比上年增长8.7%，占生活消费支出的14.5%；家庭设备用品及服务消费855元，比上年增长5.0%，占生活消费支出的6.0%；教育文化、娱乐用品及服务消费2207元，比上年增长9.2%，占生活消费支出的15.5%；医疗保健消费615元，比上年增长8.7%，占生活消费支出的4.3%；交通和通信消费2023元，比上年增长10.1%，占生活消费支出的14.2%；其他消费346元，比上年增长5.6%，占生活消费支出的2.4%。（缪　鹏）

民政工作

【概况】2015年，锡山区民政工作以全面推进现代民政建设为引领，以全面深化民政改革为动力，以民为本，务求实效，全面推进民政事业跨越发展，被评为“江苏省现代民政示范区”。全年新命名道路2条，住宅区4个，大型建筑物4个；新登记成立社会组织12家，注销9家，共有正式登记社会组织348家、备案社会组织582家；新增社会工作师和助理社会工作师41人，累计207人获得相关资质证书；全区有福利企业21家，残疾职工占职工总数的31.14%。全年办理结婚登记3257对、离婚登记993对，补领婚姻证501件，办理收养登记3件。全年销售电脑福利彩票15387万元，即开型彩票1663万元，“中福在线”新型彩票3197万元，福彩销售总额2.02亿元。

【社会救助】开展低保家庭季度复查和整改工作，从4月1日起，城乡低保标准提高至月人均700元。全年向2043户低保家庭发放低保金1886.01万元；向困难群众发放临时救助金440万元，物价补贴37.77万元，水费补贴52.92万元；向14名孤儿发放福利保障金19.59万元。依托特困帮扶基金，区民政局、区人社局出台《关于进一步做好深度贫困家庭子女就业帮扶工作的操作办法》，全年向1329户次深度贫困家庭发放救助资金1718.96万元，比2014年提高31.23%。统筹部署洪涝灾害救助工作。6月，锡山区9个镇（街道）均遭受洪涝灾害侵袭，各级民政部门先后发放政府灾害救助资金166万元，并依据锡山区城乡户籍居民住房财产保险，配合中国人民财产保险股份有限公司无锡分公司对全区1590户家庭发放补偿款104.5万元。

【社会治理】全面推行“政社互动”，为社区减负增效，建立完善社区工作准入和双向互评工作机制，将社区减负增效工作考核与社区“费随事转”工作经费直接挂钩，将市级专项工作补助资金20万元通过以奖代补的方式直接拨付到相关社区（村）。合并鹅湖镇燕水庄村村民委员会与彩桥村村民委员会为彩桥村村民委员会，新设立锦安社区居民委员会。全区118个村（社区）实现“政社互动”工作机制全覆盖。95%的社区和94%的村建成省级和谐社区建设达标社区（村）。进一步加强城乡社区综合服务中心建设，发放社区服务中心工作经费补助314.55万元。大力开展市、区两级“公益创投”活动，12个市级、23个区级公益创投活动项目均完成结项评估。逐步完善政府向社会组织购买服务政策，形成社区、社会组织、社会工作人才“三社”资源共享、优势互补、相互促进、有机联动的社区治理良好局面。东亭街道映月社区被列入2015省级“三社联动”试点社区。

【老龄事业】 推进公办养老机构民营化改革，羊尖敬老院实行民营托管，全区有养老机构14家，其中社会办养老机构4家、公建民营养老机构3家。新建东亭街道春江花园社区、锡北镇泾西村2家居家养老服务中心，累计建成居家养老服务中心98家，其中村居家养老服务中心63家，社区居家养老服务中心35家。各镇（街道）均建成1家居家养老服务站点，为2700余户特定老年人家庭提供居家养老上门、定制式服务。全区14家养老机构均与有资质的消防维保单位签订维保协议，消控室安全员专业培训全部完成，老年人意外伤害保险覆盖率60.33%。

【优抚安置】 春节和“八一”期间走访慰问驻无锡共建部队，发放慰问金、慰问品80万元。认真组织“抗日战争胜利70周年”和“国家公祭日”活动，完成安镇革命烈士事迹陈列室的改建工作，为社会各界祭扫革命烈士提供新的场所。全面启动全国优抚信息管理系统优抚对象数据核查规范化工作，提高优抚对象数据精细化管理水平。落实优抚对象抚恤补助优待标准自然增长机制，全面完成江苏省优抚对象抚恤补助证发放工作。做好退役士兵接收安置和教育培训，符合岗位安置条件的退伍士兵安置率和退役士兵职业培训参训率均为100%，顺利完成149名秋季退役士兵的接收与档案审查工作。

【社会事务】 开展第二次全国地名普查，制定《锡山区第二次全国地名普查实施方案》，完成第一阶段地名普查工作任务。加强平安边界建设，进行“澄锡线”界线、界桩联合检查，建成“区级界线管理信息库”。规范公益性墓地管理，推进全区安息堂建设，羊尖镇、鹅湖镇等公益性安息堂建设改造工程全面启动。加强民政法治建设，编印《无锡市锡山区民政政策宣传手册》，整理并公布部门行政权力清单，充分发挥法治在推动民政事业发展中的引领和规范作用。根据《民政部关于进一步规范（无）婚姻登记记录证明相关工作的通知》，除对涉台和文件指定的9个国家的公证事项外，民政部门不再出具（无）婚姻登记记录证明。

（高怀民）

民族宗教

【概况】 锡山区是少数民族散杂居区，少数民族分布在全区9个镇（街道），有民族成分23个，户籍人口1077人，大部分来自四川、云南、贵州等省的少数民族欠发达地区。锡山区有佛教、道教、伊斯兰教、天主教、基督教五大宗教，信教群众5万余人。其中，信仰佛教、道教的信徒近5万人，信仰伊斯兰教的信徒300余人，信仰天主教的信徒3500余人，信仰基督教的信徒5000余人。全区有6个民族宗教团体组织，宗教教职人员300余人，经政府批准的合法宗教活动场所30处，其中佛教21处、道教1处、天主教2处、基督教6处。2015年，锡山区有3个宗教活动场所被评为“江苏省二星级档案室”，3个宗教活动场所被市民宗局评为“三星级宗教活动场所”，7个民宗活动场所被区民宗局评为“二星级宗教活动场所”。春节期间，统战系统走访109户贫困家庭和2所敬老院，合计慰问金14万元、慰问品100份。3月13日，区委、区政府在区委党校召开全区民宗工作会议。会议认真贯彻全市民宗工作会议精神，区民族宗教工作领导小组组长、区委常委、区委统战部部长、区总工会主席张映雪出席会议并讲话。副区长陈奕主持会议并下达2015年民族宗教工作目标任务书。会议强调“属地管理”原则，要求各镇（街道）与辖区内村（社区）层层签订民宗工作目标任务书，确保长效管理机制的落实。

【宗教领域安全稳定】 区民宗局通过早部署、早落实等多项措施，全力确保宗教领域的安全稳定。要求各镇（街道）辖区内的宗教活动场所负责人全部签订2015年安全责任书，明确宗教活动场所负责人为第一安全责任人，落实各项安全措施。每季度开展“四项排查”活动，对排查出的矛盾纠纷做到及时化解，防止矛盾升级和事态扩大。5月，针对天主教圣母朝圣月活动，根据锡山区天主教信教群众的需求，加强领导，细化服务，确保朝圣活动的安全有序。6～7月，深入辖区内重点宗教活动场所进行安全检查，并对如何做好夏季安全防事故工作进行指导。10月，在第四届世界佛教论坛期间，为确保全区民族宗教领域的稳定，锡山区召开安全工作部署会。会上，传达学习市民宗局安全工作会议精神，区民宗局局长王祖庚就如何落实市民宗局安全工作会议提出意见、建议，要求努力做好宗教活动场所安全工作，确保配合世界佛教论坛在无锡市圆满开展。开展“文明宗教活动场所创建年”活动，推动佛道教界开展文明敬香、规范放生活动，建设“生态寺观”“文化寺观”。继续做好锡山区“平安宗教场所”创建工作。区民宗局、区佛协对全区佛教场所的65名僧职人员的基础数据进行汇总，并做好申报工作。

【春节期间宗教活动场所安全防范】2月11日，召开全区宗教活动场所安全工作会议，由消防、公安、城管、交巡警、卫生、食监、农林、安监等部门和各镇（街道）民族宗教工作领导小组正、副组长参加。会议对春节期间宗教活动场所安全保障工作进行部署，要求各镇（街道）成立领导小组，制定活动方案，任务落实到相关部门和辖区，责任落实到个人。2月16日，区民宗局局长王祖庚亲自带队，组织区卫生局、区安监局、区农林局、区城管局、锡山食药监局、锡山公安分局、区公安消防大队、无锡交警支队锡山大队等部门对重点宗教活动场所进行安全联合检查。检查内容涉及宗教活动场所建筑物安全、消防用电安全、技防措施、环境整治、春节期间值班防控等情况。对个别场所存在的电路老化、线路混乱、消防器材数量不够、部分消防器材超期使用、监控设备未安装到位等问题，要求限期进行整改。认真落实民宗部门领导干部、宗教活动场所负责人到岗带班制度和关键岗位24小时值班备勤制度，畅通信息报送渠道，遇有突发事件和重要情况，立即向当地政府和上级民宗部门请示报告，并及时启动应急预案，相关负责人、领导要及时赶赴现场，靠前指挥，按规定程序妥善处置。春节期间，全区21处佛教场所、1处道教场所未发生安全事故，辖区内所有信教群众安乐祥和地过好春节。

【宗教政策法规学习月活动】区民宗局积极响应市民宗局要求，并结合锡山实际，制定《锡山区关于开展“宗教政策法规学习月”活动的实施方案》，下发到各宗教团体和宗教活动场所。5月27日，区民宗局召开佛教、道教、天主教、基督教团体负责人会议，组织学习国家宗教局《关于以“国法与教规的关系”为主题开展宗教政策法规学习月活动的通知》，指导各宗教团体和宗教活动场所开展形式多样的宣传教育活动，专门发放宣传册2000份，提高了学习活动的主动性和自觉性。

【星级宗教活动场所认定】认真贯彻落实省市民宗局《关于开展星级宗教活动场所认定的通知》精神，加强宗教活动场所日常管理。区民宗局将对申报星级的宗教活动场所按照创建内容进行跟踪指导和检查落实情况。各宗教活动场所认真学习文件，吃透文件精神，领会实质；根据实际情况，积极有序地开展星级认定工作。区民宗局在活动过程中及时发现问题、解决问题，促进宗教活动场所的规范管理、健康发展。2015年，锡山区有7个宗教活动场所被区民宗局评为“二星级宗教活动场所”，有3个宗教活动场所被市民宗局评为“三星级宗教活动场所”。

【民族工作】根据市民宗局《关于推荐申报清真拉面店扶持经费的通知》要求，区民宗局积极开展对全区拉面店的调查摸底工作，通过与区卫计局的共同审查，对符合要求的锡山区东亭成祥拉面店进行推荐申报，市民宗局进行实地复审，并下发一定的经费扶持。区民宗局继续对5名企业退休的回族人员发放肉食补贴。对少数民族弱势群众继续开展扶贫结对帮困活动，为他们排忧解难。春节期间，区民宗局继续动员各镇（街道）党员干部、私营业主、社会各界人士关爱少数民族贫困户，组织走访慰问活动。2015年，各镇（街道）为辖区内符合条件的少数民族困难家庭办理低保21户。同时，面对少数民族子女涉及中、高考优惠加分的政策，主动搞好优质服务，更改民族成分11人，让每一名少数民族子女享受到优惠政策。4月28日，举办外来穆斯林法制讲座，全区9个镇（街道）的清真拉面店主等20余人参加讲座。为柯尔克孜族员工做好服务工作。区民宗局、安镇街道、江苏新日电动车股份有限公司加强民族宗教政策法规的宣传，并做好举办肉孜节（开斋节）的服务保障工作，努力为他们创造良好的生活条件。（蒋月兴 李 隽）

残疾人工作

【概况】2015年，锡山区残疾人工作以全面落实《锡山区残疾人事业发展“十二五”规划》为主线，以实施“残疾人幸福生活推进工程”为核心，以深入推进残疾人社会保障和服务体系建设为方向，以加快提升残疾人生活品质为目标，进一步提升残疾人幸福感和满意度，推动锡山区残疾人事业更好更快发展。

【残疾人生活保障工程】进一步完善生活救助和保障政策，实现残疾人生活救助保障的全覆盖。全年有885名符合条件的残疾人纳入最低生活保障；2254名低保以外重度残疾人按照低保标准享受无固定收入重残补贴；224名家庭人均收入在低保标准以上、200%以内的“一户多残”、依老养残等特殊困难家庭中的残疾人，按照低保标准的60%发放生活救助金；450名低保待遇后生活仍有特别困难的重度、“一户多残”等残疾人享受每月80～100元的生活救助金；250名低保外无业三四级精神、智力残疾人享受每月80元的生活救助金。继续实施《持证残疾人参加团体人身意外伤害商业保险的实施办法》，7904名持证残疾人投保，有193名残疾人受益。

【残疾人康复服务工程】 以推进国家残疾预防试点城市工作为抓手，进一步加强康复服务体系建设。有计划地推进各项康复项目，完成白内障复明922例、0～6岁残疾儿童免费抢救性康复训练73例、7～14岁残疾儿童康复训练28例、假肢和矫形器适配18例、精神病患者服药救助605例、精神病患者医疗救助8例、盲人定向行走训练423例、残疾人免费体检1712例、人工耳蜗手术补贴1例。联合教育、卫计部门启动对全区2.48万中小学学生开展脊柱侧凸筛查，筛查率100%，侧凸发生率3.5%，做到早发现、早干预。按要求完成中央专项彩票公益金辅助器具服务项目，适配远近两用电子助视器10件、台式电子助视器10件、远近两用手持助视器5件、无障碍开水报警壶50件、盲人听书机100件。同时，按要求完成江苏省贫困残疾人辅助器具适配和家庭无障碍环境改造项目，适配轮椅84辆、钢制护理床及餐桌13套、助行器3件。积极开展辅助器具适配示范点工作，拓展残疾人辅助器具适配服务项目，进一步丰富辅助器具种类，及时为残疾人提供辅助器具咨询、转介、供应、维修等服务，筛查示范点残疾人892人，辅助器具适配1196件。

【残疾人教育就业工程】 开展就业援助月活动，走访残疾登记失业人员家庭98户，组织4场残疾人专场招聘会，27名残疾人实现就业，14名残疾人享受专项扶持政策，12名创业残疾人享受自主创业扶持金和社保补贴。根据残疾人的特点和需求，逐步建立完善就业市场预测、创业和职业培训相结合的体系，举办淘宝网店开发、互联网技术、烘焙制作等职业技能培训班，全年培训残疾人250名。继续实施残疾儿童和残疾人家庭子女教育救助政策，对12名残疾学生开展“送教上门”活动。

【残疾人托养保障工程】 从建立托养机构长效运行、优质服务机制入手，提高托养工作质量和水平。对全区18个运营中的残疾人托养机构在制度建设、管理服务、劳动项目、资金管理、活动开展等方面进一步规范，全面提升托养服务能力，不断满足残疾人需求。组织机构内残疾人开展生产劳动、教育培训、康复训练、文体娱乐等活动，解决350名智力、精神及重度肢体残疾人家庭的后顾之忧。

【残疾人文体活跃工程】 推进残疾人文体阵地建设，围绕“文化进社区”等群众性文体活动，全区13个残疾人数字图书馆相继开展“读书励志·自强不息”“走进心灵，感受读书乐趣”等主题活动，参与人数120人。组织盲人观看无锡市秀峰盲人电影工作室制作的盲人电影《不明身份》《国王的演讲》等18场，让145名盲人朋友感受到电影的乐趣。区残联、区教育局组织参加无锡市首届特殊教育学生文艺汇演，锡山特殊教育学校13名学生表演的《京剧脸谱》和自闭症学生顾宇龙的钢琴独奏《节日舞》分别获二等奖和优秀奖。残疾人运动员姚娟、盛玉红在第九届全国残疾人运动会上勇夺2金1银，为锡山区争得荣誉。

【残疾人事业发展优化工程】 完成7645人全国残疾人基本服务状况和需求专项调查（其中入户调查7538人，电话调查107人），调查完成率99.05%，见面率98.6%，基本摸清全区残疾人生产、生活和需求状况。区残疾人工作委员会组织“帮扶关爱圆幸福梦”助残活动，各成员单位积极发挥自身职能，先后开展党员结对、志愿者帮扶、教育提升、安居温暖、创业幸福等活动，2123名残疾人受益。开展残疾人自强模范典型引领专题活动，组织3名在全区较有影响的残疾人典型开展自强宣讲活动，激励更多的残疾人发扬自尊、自信、自强、自立和奋发进取的精神。为2名残疾人提供法律援助；接待45名来信、来访人员，做到件件有回音、事事抓落实；对39名购买无锡市指定的残疾人专用车车主实施购车补贴和能源补贴政策。全年为 401人办理第二代“残疾人证”。

（胡鹏殿）

编辑：吴　霞

3月17日，在“国际社工日”，锡山乐助社工开展服务活动

（区民政局 供稿）

9月30日，在“烈士公祭日”，社会各界在锡北革命烈士陵园纪念革命先烈

（区民政局 供稿）

11月3日，2015年锡山区新时期社区治理创新专题培训班在农博园举办 （区民政局 供稿）

3月13日，全区宗教活动场所春节期间安保工作会议在区政府会议室召开 （李 隽 供稿）

12月14日，锡山区祥云慈善基金在锡北镇石村古寺成立。图为合影 （李 隽 供稿）

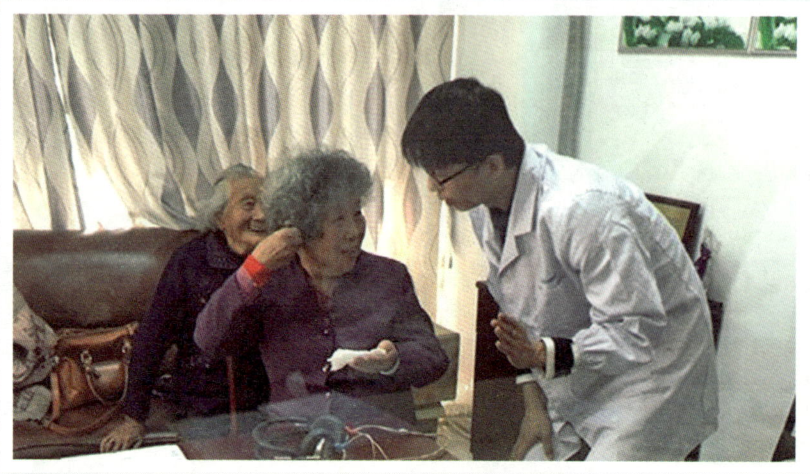

4月，在“爱心助听”行动中，康复医师为听障人士适配助听器（刘美花 摄）

5月15日，安镇街道残疾人综合服务中心选送的“智残人士舞蹈教学展示”在第二十五次全国助残日系列活动中获“无锡市首届托养机构优秀服务项目技能竞赛二等奖”（区残联 供稿）

10月，在“阳光助残”行动中，志愿者带领残疾人畅游荡口古镇（刘美花 摄）

各镇（街道）

Townships & Sub-districts

水墨斗山　　（陈惠初 摄）

东亭街道

【概况】东亭街道是区委、区政府驻地，是开发区所在地。辖区总面积13.31平方千米，下辖14个社区。总人口20.72万人，其中常住人口14.32万人，流动人口6.4万人。街道位于无锡主城区东门户，区位优势明显，区域交通便捷。周边设有京沪高铁无锡东站、沪宁城铁新区站、苏南硕放国际机场等交通枢纽。G42国道、G312国道、S342省道贯穿全境，京沪高速公路在辖区内设有互通式立交道口。无锡地铁2号线在辖区内设有柏庄、东亭、庄桥3个站点，成为贯通无锡东西的城市动脉。2015年，街道完成公共财政预算收入2.73亿元；完成国地税开票销售收入238亿元；完成全社会固定资产投资55.81亿元。

【城市经济稳中提质】以现代服务业为发展导向，全力抓招商、抓平台、抓项目、抓服务，培育壮大企业集群，优化产业结构，夯实发展后劲。完成服务业国地税开票销售收入223.8亿元，占街道国地税开票销售收入的94%。30家重点限上服务业企业完成国税开票销售收入64亿元，占街道国税开票销售收入的54.4%，无锡锡鹿铝业有限公司等12家企业销售突破1亿元。新增服务业企业695家，比上年增长57.2%，注册资本18.4亿元，比上年增长34.4%，其中注册资本超1000万元企业50家。扎实推进重大项目建设，9个重点产业项目开工建设8个，完成投资38.2亿元。房地产市场健康发展，总成交面积27.8万平方米，比上年增长12.6%；总销售金额20.8亿元。

【招商引资强力推进】建立商情通报、信息搜集、督查考评等机制，精细梳理项目资源，围绕地块和产业，采取专业招商、分队招商、合作招商等方式，全方位开展招商活动，落实重大项目招商信息，引进四星级喜鹊连锁酒店等一批意向项目。加大经营性地块的宣传推介，三个经营性地块与多家开发商达成意向。完善载体招商模式，大力推广科创中心招商经验，召开推介会3次，扎实推进文华国际、华夏凯旋门、锡山软件园等企业楼宇帮扶招商进度。完善企业上市扶持政策，建立企业上市梯队，有上市储备企业5家，江苏东珠景观股份有限公司上报中国证监会，华诺威动物保健品有限公司完成股改。

【楼宇经济发展良好】金锡财富广场等新型商业载体全面投产，建成载体面积46.15万平方米，在建载体面积58.5万平方米，拟建载体面积60.3万平方米。加快现代服务业集聚区建设，金融保险、信息咨询等高端服务业加速集聚，成为服务业经济的重要部分。纳税超1000万元楼宇3幢，科创中心、隆亭商务大楼和晶石国际大楼纳税分别为3000万元、1500万元和1500万元。科创中心新入驻303家企业，新增注册资本9.9亿元，入驻面积1.7万平方米（占招租面积的90%）。隆亭商务大楼、金锡财富广场完成招租，蓝光商业街开业。

【城市功能不断提升】针对城市人口加快导入现状，街道加快完善城市基础设施，劳动就业服务中心交付使用，社区卫生服务中心进入配套设施扫尾阶段。重点突出建筑功能增强、配套设施完善及周边环境优化，完成354户天然气入户，5658户自来水出户改造项目全面实施。布点启用16个公共自行车服务点，大大方便居民出行。

【安居保障有序实施】高标准推进安置房建设，景苑一期完成竣工，竹苑南区、华亭苑二期2个安置房项目在建面积8.22万平方米。配房工作稳妥推进，制定合理配房方案，严格规范操作流程，隆亭苑、华亭苑、柏木南苑、金锡苑南区4个小区配房工作顺利完成，全年配房255套。加快完善安置小区物业管理，采取社区介入、专业化企业进驻管理模式，按照《安置房小区考核标准及评分细则》，对安置房小区物业管理实施百分制考核，围绕安全巡查、绿化养护、环卫保洁、设施设备管理、房屋管理与维修养护等方面进行重点督查，开展综合评估，并将评估结果与物业费标准挂钩，有效提升了安置房物业企业的服务水平。

【生态环境持续改善】持续加大水环境治理力度，完成柏木桥港、低田下浜、庄桥湾浜东段清淤工程。全面恢复张周桥港水系，建成400余米护岸工程。提升、强化调水引流工作，优化调水方案，调换水量1600万立方米。完善污水管网，新建污水管近4000米。强化“河长制”管理，认真做好河道巡查和保洁工作，辖区内河道水质总体保持稳定。城市绿化面积持续提升，落实各类绿化工程和小区绿化配套，新增造林绿化面积66.67公顷。扎实开展环保专项行动，完成无锡可可制品有限公司清洁生产审核，对两家完成提标改造的印染企业强化监督管理。严肃查处各类环境违法行为，突出环境问题整治率和信访报结率100%。强化危废产生单位规范化管理抽查，合格率90%；医疗废物集中处理率、收集率均为100%；建筑工地扬尘现象得到有效遏制。巩固全国文明城市创建成效，狠抓市容环境综合整治。重点对主要道路、农贸市场、学校周边、“三乱”（乱张贴、乱涂写、乱刻画）行为等进行整治，查处无证经营188起、店外经营30起、道板违停612起。违法建设得到有效遏制，查处、拆除各类违法建设70处，拆除违建面积3770平方米。

【社会事业全面发展】 稳步推进恒大地块配套小学和幼儿园建设。东亭实验小学被列为无锡市新优质学校。教师队伍建设得到加强，新招录中小学、幼儿园教师35名。教育水平稳步提升，东亭中学中考成绩位居全区同类学校前列，41名学生被天一中学录取。全力抓好卫计公共服务，户籍人口符合政策生育率100%，流动人口符合政策生育率在90%以上，加强社区卫生服务站规范化建设，有效保障了居民健康水平。积极开展文化惠民活动，开展广场文艺晚会、健身比赛等文体活动70余次。

【惠民利民措施有力】 加大就业帮扶力度，提供就业岗位2113个，成功推荐865人就业，实现就业困难人员再就业150人，扶持自主创业125人。对失业人员、失地农民和城镇居民进行免费创业培训和职业指导，参训人员2700余人。着力促进社会保障全覆盖，启动实施全民参保登记工作，居民养老保险和居民医疗保险参保覆盖率分别在98%和99%以上。受理各类劳动纠纷案件21起，追讨工资近68万元。深化退休人员社会化管理工作，5932名退休人员纳入社区管理。加快完善社会救助体系，发放低保金、重残救助金和各类临时救助金261万元。加大慈善救助力度，发放“希望之星”等慈善救助金137万元。

【社区管理深入创新】 拓宽社区管理服务领域，构建工作平台，推进社会组织孵化基地建设，重点扶持和发展贴近群众需求的社区社会组织，新增社会组织6个。构建“三社联动”体系，映月社区被列入省级“三社联动”试点。促进社区减负增效，建立完善社区工作准入制度，削减各类台账56%。社区建设基础不断夯实，新建小区业主委员会3个。五彩华庭、东望景苑、绿景雅苑、康诗丹花园等新建小区社区配套用房有效落实。社区服务协会运作日趋成熟，开展各类专项服务9万次，涉及居民3万余户，解决居民问题518个。培育社区特色服务品牌，新发展市、区级公益创投项目4个。

【东亭文史馆启用】 9月19日，东亭文史馆建成开馆，并免费对外开放。该馆位于东亭街道隆亭公园内，以弘扬吴文化为主题，分为“古吴遗韵·历史重镇”“钟灵毓秀·英杰辈出”“风水宝地·工商福祉”“峥嵘岁月·锡东烽火”“强镇富民·盛世华章”五大部分、三个展馆，通过文字、图片、实物等资料，全面梳理了近现代东亭街道在政治、经济和社会事业等方面的发展历程，向市民呈现出一部东亭街道的发展史，也成为街道对外宣传、展示形象、提升文化软实力的重要窗口。

【劳动就业服务中心竣工交付】 为进一步推进新形势下人力资源和劳动保障工作，街道投资建设劳动就业服务中心，该中心位于二泉东路以南、庄桥路以西，用地面积2933平方米，总建筑面积8837.95平方米，于12月竣工交付。该中心建成后具有退管、劳动纠纷调处、就业指导、居民养老业务办理等功能，设置退休人员活动室、档案室、劳动仲裁巡回庭、职业介绍大厅、创业服务大厅、公益技能培训中心、就业指导服务大厅、市民卡受理中心等22个功能窗口，有力提升了街道公共服务水平。

2015年东亭街道各社区基本情况一览

表37

社区	户数（户）	人口（人）	书记	主任
门楼社区	1396	4349	王　伟	吴惠明

续表37

社区	户数（户）	人口（人）	书记	主任
柏庄社区	3031	8937	李培忠	曹士良
春星社区	1463	4348	倪志良	倪志良
春合社区	836	2622	徐　健	陈峰波
庄桥社区	2576	7996	周伟峰	虞红伟
新屯社区	639	2151	曹末生	潘志东
北街社区	1759	5572	周世兴	孙惠国
东亭社区	1870	5909	薛志荣	曹　军
东街社区	1934	5138	沈伟庆	沈伟庆
桑达园社区	2020	6082	周维明	周维明
柏庄一村社区	1067	3132	王新峰	王新峰
春江花园社区	2728	7764	杨　晨	华智平
映月社区	1079	3037	项晓斌	项晓斌
华亭社区	2113	6043	高京安	高京安

（马新峰　张　健）

安镇街道

【概况】安镇街道位于无锡市东部，锡东新城商务区的核心区域，南与无锡市新区交界，区内与东亭街道、锡北镇、鹅湖镇、羊尖镇及开发区接壤。全街道总面积49.5平方千米，户籍人口4.8万人，外来人口6万人，下辖13个行政村、3个社区。境内有吼山、翠屏山、胶山、白丹山、鞋山五大山体与九里河、走马塘河、春丰河三条主要水系，青山绿水交相辉映，生态环境得天独厚。2015年，街道经济社会总体保持平稳健康发展的良好态势。全年实现公共财政预算收入9.9亿元，比上年增长17%；完成工业开票销售收入162.3亿元，比上年增长22.3%，高于全区平均水平20个百分点；“两车”产业完成开票销售收入113.2亿元，比上年增长39.6%。主要经济指标在全区排名靠前，经济发展的质量和水平持续提升。

【经济实力上台阶】动态引导低产出企业提升亩均产出贡献，2015年规模以上工业亩均开票销售收入487.8万元，比上年增长28.5%；亩均税收11.5万元，比上年增长13.1%。加快推进园区环境整治，完成纬三路、商盛路新建道路工程和盘龙路改造工程，新世纪工业园主干道企业外立面整改基本完成，园区整体面貌提升。全年在建工业项目36个，其中超1亿元工业项目10个，完成工业投入11.58亿元，比上年增长15.7%。无锡明迪机械有限公司、无锡市沃顿钢业有限公司、无锡赛盈动力科技有限公司、无锡瑞信精密摩配有限公司建成投产，江苏新伟动力科技有限公司、江苏台铃车业科技有限公司、江苏国威摩托有限公司等项目加快建设，储备新日电动汽车、中国台湾时硕科技、丹麦矿山机器人等10个在谈项目，为后续工业经济的持续发展积蓄后劲。凤凰山生态园建设持续有力推进，实施吼山北路、吼山北联河、爱情大道、启动区景观等一批重大基础设施建设工程，启动南山头、鲍更巷村庄整治工程，立方谷、玫瑰园、许许农场等休闲观光体验项目全面推进，园区配套功能进一步完善。

【拆迁安置有突破】始终坚持将拆迁安置工作作为街道全局工作的战略重点，不断巩固和扩大拆迁安置工作成果，全年累计完成签约11.8万平方米、拆除13.1万平方米。以保障重点工程、重点项目建设为目标，全力以赴抓好节点清除工作，全年清除盛源北路、凤凰山生态园等12个节点；新锡路拆迁征收工作取得重大突破，累计完成453户，占总数的96.6%，全面进入扫尾阶段。加强依法征收工作，全年实行集体土地责令交地和国土司法强拆各1户，为后续拆迁工作的推进提供了有力保障。全力做好建设地块的征地清障、杆线迁移工作，全年完成43.7公顷征地清障及12个项目的杆线迁移工作，完成9个项目的水电气建设。加快水岸佳苑D区、山韵佳苑D区的收房验收工作，制定详细方案，确保抓阄安置工作顺利推进。全年累计安置539户、673套，压降过渡户359户。做好安置房小区“两证”办理工作，完成安置房安置资格审核1393户、2391套，1090套安置房取得房产证、土地证“两证”。

【城乡格局呈新貌】统筹推进城乡形态、功能和环境建设，城乡面貌和城市功能不断提升。结合安镇街道城市化进程，制定《安镇街道社区行政区域调整方案》，明确社区调整和设置规划方向，筹建锦安社区居委会，逐步建立适应城市化要求的社区管理体系，鑫安四期等5个安置房小区获得“无锡市城市物业管理示范住宅小区”称号。积极探索与南京林业大学人文学院开展“院社互动”，以社工教学与实习基地为平台，不断提升社区工作人员专业化水平。鑫安睦邻中心投入使用，水岸佳苑、山韵佳苑、鑫安睦邻中心全年举办各类活动340场次，参与群众累计4.5万人次，社区综合服务水平不断提高。继续深化市容环境综合整治，加强镇区道路、背街小巷、公园广场等公共场所的环境卫生管理，全年完成危桥改造、拆除、限载限行43座。完成街道农村村庄布局规划编制，积极探索农村危房化解工作。村庄环境长效管理“一村一品”工作扎实推进，全年累计投入550余万元，农村村庄环境面貌明显改善。建立健全村（社区）违法建设“巡、报、防、整”工作机制，新增违建查处率100%。加大节能减排力度，整治“五小”（浪费资源、技术落后、质量低劣、污染严重的小煤矿、小炼油、小水泥、小玻璃、小火电等）企业、“三高两低”企业4家，通过清洁生产审核企业1家；狠抓河道综合整治，完成街道、村（社区）两级河道整治5条，14条河道通过区级复验，街道通过江苏省“水美乡镇”复查，山河村通过江苏省“水美乡村”验收。强化大气污染防治，扎实推进工业废气排放达标、秸秆禁烧等工作，加大燃煤工业窑炉改造、淘汰力度，全年淘汰燃煤锅炉15台；加快推进城乡绿化体系建设，全年造林绿化面积26.67公顷。

【民生保障得提升】持续加大民生投入，不断提升民生保障，确保社会总体和谐稳定，推进各项民生事业健康发展。进一步深化“48小时推荐就业服务直通车”工作，实现就业服务专业化，全年提供就业岗位2325个，城镇失业人员再就业332人，被征地农民实现就业677人，开发公益性岗位112个。深入实施“全民参保登记计划”，努力实现社会保险应保尽保目标，发放被征地农民参保补贴871.7万元，新增被征地农民接续缴费1136人。临时困难救助、突发灾害救助、深度贫困家庭救助的救助机制不断完善，全年发放各类救助资金376万元。积极动员社会力量参与扶贫帮困工作，全年企业捐助款255万元。开展“生命之光”大病救助、“助孤圆梦”圆梦计划、“天天向上”免费培训、“夕阳下的背影”尊老助老等系列活动，针对弱势群体、困难家庭的救助关爱行动形成体系并常态化开展。锡山实验小学建成投用，稳妥做好外来人口预报名工作；社区卫生服务中心绩效考核体系全面实施，卫计服务质量不断提升；安镇养老服务中心投入使用，通过省“三星级”养老机构评定；长青园管理服务中心建成，安息堂启用；继续推进燃气全覆盖工程，全年完成215户天然气接管；“文明新城·善义安镇”主题活动扎实开展，“垃圾不落地、美丽新锡山”情景剧获省三等奖，全年举办文体“四进”（进社区、进企业、进学校、进军营）活动40场，大型广场文艺14场。紧紧围绕维护社会稳定和服务经济转型发展大局，深入推进社情民意大收集机制扩面工作，全年收集社情民意1063条，办结961条。创新社会矛盾纠纷排查调处工作机制，建立“首问接待、属地负责、全程监督、责任考核”工作体系和“阳光信访”等工作机制，全力做好抗日战争胜利70周年纪念活动、第四届世界佛教论坛等重大活动期间的稳定工作。

安全生产形势平稳趋好，全年未发生重特大安全生产事故。

【安镇“两车”产业突破100亿元】 围绕2015年“两车”产业开票销售突破100亿元的目标，重点推进龙头培育、强链补链、研发集聚、产业延伸四大工程，江苏新日电动车股份有限公司、雅迪科技集团有限公司、江苏台铃车业科技有限公司、江苏国威摩托有限公司等骨干企业扩能项目全面推进，总部经济、企业上市同步推进，龙头企业规模体量不断壮大，行业龙头地位进一步巩固；无锡赛盈动力科技有限公司、江苏新伟动力科技有限公司等“两车”核心零配件龙头企业落地并全面开工建设，产业配套水平进一步完善；韵点工业设计有限公司、纬度装饰设计有限公司等一批研发设计企业逐步集聚，南理工电驱动研究院落户，无锡板块“两车”研发设计影响力进一步扩大；电动汽车、新能源电池等一批项目积极对接，产业链努力向高端延伸拓展。全年“两车”产业国税开票销售实现113亿元，比上年增长40%，突破100亿元规模。安镇“两车”产业的规模影响进一步扩大，向品牌企业汇集、产业配套完整、科研实力雄厚的国家级“两车”产业基地的目标扎实迈进。

【非公企业“新日阳光党建”品牌建成】 江苏新日电动车股份有限公司党总支结合企业文化，立足企业党建基础，创新开展“新日阳光党建”品牌建设，初步形成有特色亮点的非公企业党建模式。企业推行的党工团联席会议、党工团民主提案、民情日记工作法等，把党建与民主管理贯穿于企业生产经营活动始终，实现党企有效互动、有效监督，切实增强企业的凝聚力和战斗力；结合企业党建实际，高标准建成1200平方米的“阳光党群公共服务中心”，集党建成果展示、党员职工学习娱乐休闲于一体，成为街道非公企业党建载体的标杆，为阳光党建提供强有力的载体支撑，进一步提升服务党员职工的水平。“新日阳光党建”品牌得到市委组织部、区委组织部的一致认可，全市非公企业党建现场交流会在江苏新日电动车股份有限公司举行，“新日阳光党建”项目获“全区组织工作特色项目一等奖”，同时“新日阳光党建”品牌的特色做法在《新锡山》、锡山组工微信等媒体平台持续宣传，品牌知名度和影响力逐步提升。

【社情民意大收集工作深化】 社情民意大收集工作于2013年实施，至2015年年末，全面建成街道、村（社区）两级社情民意收集体系，累计走访居民59288户，收到社情民意2413条，其中街道621条、村（社区）1792条。通过“安镇播报”手机短信平台发送“民间习俗”“节日祝福”“友情提醒”“便民服务”“街道动态”“公益短语”等内容81条，该短信平台还多次服务于讨薪、商品房质量维权等，成为政府引导群众依法理性维权的重要、有效沟通渠道。至年末，“安镇播报”微信公众号和“智慧安镇”政务App建设完毕，“互联网+”互动模式进一步畅通了群众与政府沟通的渠道，为街道掌握群众思想动态的第一手资料、有的放矢地引导群众参与共建锡东新城提供了新的手段，在密切党群干群关系、维护社会和谐稳定、推进街道经济社会事业发展中发挥了重要作用。

【群众文体“政社企”搭桥工程推进】 “新城好声音、锦安新风尚、百姓大舞台”品牌文体活动，由政府牵头，合理利用街道企业资源，与房地产开发商、规模企业进行合作，通过社会文体团队进行“文企联姻”，共唱文化新城。大力推广文体“四进”活动，结合街道“文明新城·善义安镇”主题，全年举办各类文体“四进”活动40场、大型广场文艺14场，得到企业的广泛认同，取得了良好的社会效果。其中，社会组织“天天歌友会”“天天教育少儿艺术团”、和邻、文萃、荣晨、圆梦6大民间艺术团发挥了关健作用。通过政府牵线，社会文体团队唱戏、企业加盟，广泛开展群众文体活动，既提升了企业的知名度，又提升了安镇市民的文化素养，有效促进了社会和谐。

【社区建设管理优化】 创新社区管理，探索社区微信平台运用和“院社互动”机制。安西社区成功试点社区微信公众服务平台，使得居民足不出户，就可享受“零距离”社区服务，更能融洽社群关系；与南京林业大学开展“院社互动”项目，签订社工培训长期合作协议，并组织第一期社工培训班，“院社互动”工作将成为服务街道社工成长、社区发展的品质工程。做优物业管理，争创2015年度无锡市城市物业管理示范住宅小区。成功举办锡山区首场安置房小区物业管理观摩会，水岸佳苑、山韵佳苑等5个安置房小区获得“无锡市城市物业管理示范住宅小区”称号，安置房小区物业管理水平向精细化推进，为小区居民提供幸福和谐的居住环境，街道安置房小区物业管理水平在锡山区处于领先水平。提高睦邻中心服务水平，推进文化惠民工程。水岸、山韵、鑫安睦邻中心累计开展活动340场次，累计参与人数4.5万人次；培育文艺特色类、志愿服务类、慈善公益类社会组织13个；接待参观团队38批、800人；鑫安睦邻中心年内启用，使居民享受到质量一流、内容丰富的社区服务。

2015年安镇街道各村（社区）基本情况一览

表38

村（社区）	户数（户）	人口（人）	书记	主任	开票销售收入（万元）
先锋村	990	3680	华旭东	王立新	10100
春光村	1365	5130	丁伟东	陈晓峰	23152
山河村	921	3560	虞鸣雷	虞鸣雷	25335
查桥村	1073	3947	华伟峰	钱　群	7820
大厍头村	570	2170	黄锡良	倪伟强	8870
白丹山村	681	2578	陆利清	钱惠明	7000
安南村	1475	6115	蒋红良	吕恩宇	83800
安镇村	1202	4385	张红英	黄　锋	27500
安西村	609	2269	朱民权	郁建平	2552
胶西村	324	1398	万加农	倪　赟	35260
胶南村	521	2067	安益民	陆德林	10000
团结村	576	2250	何　军	黄晓红	15000
胶山村	1055	4223	殷继福	朱　峰	113354
谈村社区	255	878	朱成平	万颖波	3834
吼山社区	998	2502	朱小平	朱小平	—
鑫安社区	2070	5570	方　桦	赵春明	—

（蔡永康）

羊尖镇

【概况】羊尖镇是无锡市的东大门，总面积50.8平方千米，常住人口6万人，下辖8个行政村和1个社区。2015年，羊尖镇紧紧围绕建设富强美丽和谐幸福新羊尖的目标，全年完成财政总收入5.07亿元，其中公共财政预算收入2.16亿元；完成全部国税开票销售收入108亿元，其中工业开票销售收入103亿元；完成全社会固定资产投资52.33亿元，比上年增长13.1%，其中工业投资35.62亿元，比上年增长13.1%；完成限上销售额49.78亿元，比上年增长12.5%；完成外贸进出口总额7800万美元，其中外贸出口额7500万美元；完成到位外资及港澳台资1696万美元，比上年增长21.2%；农民人均纯收入2.54万元，比上年增长9%。

【实体经济有序运营】骨干企业支撑有力，完成规模以上工业总产值62.86亿元，比上年增长2.27%，新增超1亿元企业1家；20家骨干企业产销两旺，其中江苏瑞通信息产业有限公司开票销售收入比上年增长76%。项目引建持续发力，新签绿源电动、美羊动力等工业项目4个，总投资4.3亿元；爱玛二期、雪桃重工等8个重大项目竣工投产；建凌电器、东特机械等项目完成主体建设；宏远阀门、富宏机电等项目将分别于2016年4月和6月全面开工。闲置资产有效利用，引进企业5家，盘活存量厂房3万平方米。企业上市扎实推进，完成股改1家，无锡聚丰数控金属制品股份有限公司在新三板成功挂牌，无锡添力金属科技股份有限公司新三板挂牌申请获受理。

【科技创新引领发展】加大技改引导力度，完成工业技改项目87个，总投资24.56亿元，比上年增长12.76%；完成两化融合重点项目4个。积极培育高新企业，新增省级高新技术企业2家、市级工程技术研究中心1家，全年完成高新技术产业产值13.5亿元。创新成果持续增长，培育申报省市级科技项目22项；完成省级科技成果转化项目12项，争取资金300万元；申请各类专利1401项，新增PCT专利1项，万人发明专利拥有量18.2件。创新人才加快集聚，引进各类人才398名，其中高层次人才19名，海外留学人才5名。

【为企服务全面加强】建立镇政企通服务平台，在册企业800余家，有效提高政企协作效率，提升政务服务水平。强化服务举措，全年为企业跟踪办理行政许可235项，争取上级各项扶持和补贴资金700余万元。举办电子商务等主题培训活动，全年培训企业主300人次。深化党政领导挂钩服务机制，企业走访调研活动全面展开，帮助企业协调解决项目建设过程中遇到的融资、供电、土地、用工等实际问题，营造良好发展氛围。推进土地集约利用，强化项目用地保障，完成拆迁清点项目1个、占补平衡1.43公顷，盘活存量土地8公顷。

【基础设施提质扩容】加快路桥建设，园丰路南延、安泰二路建成通车，完成建材路、羊浦路大修工程，改造加固危桥6座，拆除重建顾旺桥、北瞿桥。健全污水管网，投资900万元，实施21个村庄污水接管工程。完善水利设施，完成袁家塘圩区、沈先浜北延和宛山截洪沟新建工程。推进安居工程，羊尖花苑、富羊花苑、廊下花苑和宛山湖花苑4个安置房小区完成初始登记；宛山湖花苑全面竣工，交付安置766套，实现拆迁安置“零过渡”。

【配套功能日益完善】规划编制有序开展，初步完成新一轮镇村布局规划优化调整。市镇配套加快建设，新引进唯亭酒店、德信影院、宝力杰健身房等项目，多层次立体商业格局加速形成。宜居环境逐步提升，世纪嘉城五期、御景华庭主体工程均竣工并开始销售，新城镇居住区基本形成。休闲旅游人气不断提升，绿羊温泉酒店投入运营，严家桥古镇、欢乐农庄、温泉农场、洋洋园艺等旅游景点接待游客人数再创新高。建成投用五洲国际北停车场和老影剧院停车场，新增社会停车位220个，有效缓解了镇区停车难问题。

【农村发展更具活力】大力发展生态高效农业，新增高效设施农业面积15.67公顷，新建严家桥火龙果、南村无土蔬菜栽培等高标准农业园区2个，双喜金阳铁皮石斛移栽进入单体温室大棚并投入生产。加快农村新型业态培育，审核上报家庭农场8家，珍稀、郡瑞等4家家庭农场获“无锡市家庭农场”证书，先锋家庭农场获“国家级科技示范基地”称号。深化农村产权制度改革，建成镇农村产权交易服务中心。土地确权工作有序推进，严家桥村、丽安村、龙凤巷村完成70个村民组、1721户土地承包经营权确权登记工作。

【生态治理持续推进】大力开展水生态综合整治，河道断面水质总体保持良好。完成严羊河、三泾河、沈先浜等9条河道清淤，清淤土方17万立方米。完成薛家塘浜等4条河道的综合治理，宛山村新陆更巷、南村村蒋家塘创建成省级水美乡村。推行网格化管理模式，完善长效管理考核机制，全面完成覆盖拉网式农村环境综合整治工程，农村人居环境显著提升。加大绿化造林力度，完成绿化造林22公顷。深入开展“蓝天工程”，落实大气污染综合防控措施，空气质量不断提升。扎实开展专项整治活动，对全镇范围内的企业开展全面检查，处罚违规企业15家，整治“三高两低”企业4家，淘汰燃煤锅炉23台，完成清洁生产审核验收企业3家。继续推进节能减排，完成节能改造项目3个，实施循环经济项目2个。

【社会保障不断完善】实施积极的就业政策，全年实现就业困难人员再就业241人，本地农村劳动力再就业431人，帮扶被征地劳动力就业241人，扶持自主创业132人，创业带动就业536人。扩大城乡居民参保覆盖范围，新增被征地农民断保续保443人，居民养老保险和居民医疗保险参保覆盖率分别为98.5%和99%。完善扶贫帮困救助机制，进一步加大困难对象帮扶力度，发放民政救济、慈善救济、深度贫困救助等帮扶资金260万元。各类计划生育奖励扶助金足额落实到位，累计发放144.7万元。

【各项事业协调发展】继续加大教育投入，全年安排1000余万元专项资金用于各校建设、维修和设备添置，启动廊下小学原地扩建工程和羊尖实验小学易地新建地块拆迁工作。羊尖中学入选教育部首批中小学心理健康教育特色学校，列入无锡市新优质学校；羊尖实验小学入选江苏省青少年校园篮球特色学校；廊下幼儿园通过省级优质幼儿园书面评审。健全完善医疗卫生体系，羊尖镇社区卫生服务中心医疗综合大楼建成投用，易地改建廊下社区卫生服务站，并创建成省级示范村卫生室。完善流动人口镇村长效协同管理服务机制，不断巩固流动人口计生基本公共服务均等化工作成果。大力发展文体事业，丰富群众文化生活，老年大学顺利开班，锡剧、舞蹈、声乐等文艺培训深受欢迎；成功举办中国（锡山）第五届国际象棋女子名人赛。

【社会治理切实加强】纵深推进社区、社会组织和社会工作人才“三社联动”，建成“和助社会组织孵化中心”，5个社会组织入选区级公益创投活动并成功结项。深入开展法治宣传活动，组织“弘扬宪法精神，共创和谐校园”“促进民生保障，维护公平正义”等主题活动9次，发放各类宣传资料6万份。加强信息预警管理，组织纠纷排查24次，排查各类矛盾纠纷68件，调处成功率在98%以上。加大安全生产管理和公共安全监管力度，开展各类安全隐患排查900余次，整治率在95%以上。大力推进“六打六治”打非治违专项整治工作，组织联合检查9次，查处违法违规企业6家。强化校园安保、校车安全和学校内部安全管理，“平安校园”建成率100%。

相关链接

六打六治：打击矿山企业无证开采、超越批准的矿区范围采矿行为，整治图纸造假、图实不符问题；打击破坏损害油气管道行为，整治管道周边乱建乱挖乱钻问题；打击危化品非法运输行为，整治无证经营、充装、运输，非法改装、认证，违法挂靠、外包，违规装载等问题；打击无资质施工行为，整治层层转包、违法分包问题；打击客车客船非法营运行为，整治无证经营、超范围经营、挂靠经营及超速、超员、疲劳驾驶和长途客车夜间违规行驶等问题；打击“三合一”“多合一”场所违法生产经营行为，整治违规住人、消防设施缺失损坏、安全出口疏散通道堵塞封闭等问题。

【无锡聚丰数控金属制品股份有限公司在新三板挂牌】4月16日，无锡聚丰数控金属制品股份有限公司在新三板挂牌。该公司地处羊尖镇机械装备产业园，于2003年1月22日成立，注册资本500万元，有生产用房2300平方米，拥有激光切割机、数控折弯机、机器人焊接机、数控钻铣床、数控冲床等高科技加工设备，主要生产甬道、多孔板、多孔筒、侧吹风、保温罩等化纤、纺织机械设备钣金件，为国际著名企业欧瑞康纺织集团的长期合作配套供应商，具有较强的市场竞争力。2014年2月，公司启动新三板挂牌工作，8月完成对聚赢和汇丰的吸收合并，10月10日整体变更设立股份公司，12月29日向全国股转系统上报挂牌申请文件；2015年3月27日通过全国股转系统审核。企业新三板挂牌后，将在规范治理结构、扩大企业知名度、增加融资渠道、吸引优秀投资者等方面产生积极而深远的影响，同时将对区域内企业新三板挂牌起到很好的示范带头作用。

【社会组织孵化平台打造】为加快培育发展社会组织，羊尖镇着力打造社会组织孵化中心，为入驻社会组织提供办公场地、设备、能力建设、咨询辅导等服务，培育孵化羊尖镇辖区内运行机制不成熟的草根型、萌芽型社会组织，引导其健康蓬勃发展。羊尖镇社会组织孵化中心位于廊下花苑社区活动用房内，占地面积300余平方米，入驻社会组织7家，其中2家提供助老服务，2家提供助贫服务，1家提供助少服务，1家提供助残服务，1家提供健康服务。

【羊尖实验小学锡剧社团入选全国优秀红领巾国学小社团】11月，由共青团中央、全国学联、全国少工委举办的“第一届中华学子青春国学荟”全国优秀大、中、小学生国学社团项目评审结果揭晓，羊尖实验小学“红领巾锡剧研究院”被评为“2015年度全国优秀红领巾国学小社团”，成为江苏省获得该项荣誉的三所学校之一，也是无锡市唯一获得该项荣誉的小学。羊尖实验小学“红领巾锡剧研究院”于2002年3月成立，是致力于传统地方戏曲——锡剧传承的学生社团，旨在通过戏曲表演的形式促进中华传统文化的发展。该研究院在丰富校园文化生活方面开展了丰富多彩的活动，在弘扬锡剧传统文化方面进行了有效的探索，在传承与弘扬国学方面做出了积极的努力，也取得了优异的成绩。2012年，在中国少儿戏曲小梅花荟萃总决赛中夺得地方戏曲业余组金奖；2013年，“江南韵，太湖情”锡剧演唱会亮相中央电视台戏曲频道《快乐戏园》栏目；2014年，在中国少儿戏曲小梅花荟萃总决赛中，羊尖实验小学代表江苏省再夺地方戏曲业余组金奖。

【羊尖镇社区卫生服务中心医疗综合大楼投入使用】5月1日，羊尖镇社区卫生服务中心医疗综合大楼启用。新大楼一、二层为门诊区，配有内科、外科、妇科、儿科、中医科、口腔科、五官科、皮肤科等科室；三、四层为住院区，配备45张床位，并配有300平方米的标准化手术室，在提升医疗条件的同时，有力改善了周边的就医环境。作为基层医疗机构，羊尖镇社区卫生服务中心把抓好医疗服务质量、提高医疗服务水平作为医院管理工作的重中之重，不断规范医疗行为，持续提升综合服务能力。中心与锡山人民医院协作进行外科托管，成立锡山人民医院外科羊尖分部，锡山人民医院外科4人团队常年驻中心工作。中心每周邀请农工党锡山区基层委员会内科专家到中心举行专家门诊，提供适宜、优质的医疗服务，为破解社区群众看病难、看病贵问题进行了积极有效的探索。

2015年羊尖镇各村（社区）基本情况一览

表39

村（社区）	户数（户）	人口（人）	书记	主任	开票销售收入（万元）
羊尖村	1400	5154	奚新华	许静娟	13212
南村村	893	3338	沈巍锋	吴耀明	19127
宛山村	1691	6295	杜伟东	陆文明	33221
廊下村	1663	6204	周祖义	王建新	97250
南丰村	1093	4315	尤雯梁	华亚东	14317
严家桥村	1651	5912	汤义惠	巫　伟	16516
丽安村	1170	4504	陆　明	陆　明	20347
龙凤巷村	1183	4290	张建新	张建新	38284
羊尖镇社区	1079	2819	曹剑方	曹剑方	—

（王海云）

鹅湖镇

【概况】鹅湖镇位于锡山区东南部，与苏州市常熟市、相城区交界，因东倚鹅湖而得名，境内土地平坦，河荡众多，风光旖旎，景色宜人，是典型的江南水乡城镇，素有“古镇、水镇、重镇”之美誉。镇域总面积54.7平方千米，下辖9个行政村和4个社区，总人口7.1万人。2015年，全镇实现公共财政预算收入2.82亿元，比上年增长6.64%。

【经济发展健康有序】经济指标稳中有进。全年完成进出口总额1.11亿美元，比上年增长2%；到位注册外资及港澳台资1556万美元，完成年计划的155.6%；完成社会固定资产投资40.82亿元，比上年增长13%；完成限上单位零售额9691万元，比上年增长10.4%；完成规模以上工业总产值73.5亿元，比上年增长3%。项目建设扎实推进。全年签约挂牌工业项目5个，其中新开工超1亿元项目4个，总出让土地面积26.87公顷，项目总投资11.9亿元。普洛斯项目二次招商形势良好，普洛斯二期与安能物流签约，并与郑明冷链、万象物流等项目达成初步合作意向；有序推进普洛斯三期建设，现代物流基地建设步伐加快。产业结构不断优化。工业经济稳步提升，完成工业投入24.29亿元，比上年增长13%，其中技改投入18.2亿元。全年完成服务业投资16.53亿元，比上年增长13%。现代农业加快发展，全镇新增高效渔业面积13.33公顷，江苏无锡现代渔业产业园进入实施阶段，鹅湖玫瑰文化园开园。农村土地承包经营权确权登记颁证工作稳步推进，完成农村集体资产交易平台建设。创新驱动加快实施。3家企业获评省高新技术企业，3家企业获“江苏省科技民营企业”称号，1家企业建立省级硕士生研究站，全年授权专利总量1185件。加快推进产学研合作，与北京印刷学院合作建立“印刷包装产业联盟”。有序推进企业上市工作，无锡东杨新材料股份有限公司、无锡佳健医疗器械股份有限公司在新三板成功挂牌。优化服务企业质量，制定出台《鹅湖镇企业服务指南》，力推企业稳健发展。

【古镇建设提质升级】专业合作不断深入。全力推进与上海春秋国旅（集团）有限公司的战略合作，确定“江南古镇第三极”的发展定位，制定5年达到“江南一流古镇景区”的合作目标，完成荡口古镇游客接待系统与春秋旅游的对接。委托上海师范大学专业团队编制鹅湖镇旅游发展总体规划，进一步明确发展目标，深入探索、充分利用鹅湖资源，支撑荡口古镇旅游业提升，全面驱动鹅湖镇旅游经济的发展。市场营销不断强化。以营销多元化为重点，以“走出去、请进来”为主要宣传方式，大力拓展国内客源市场。加大品牌营销力度，优化广告投入，顺利举行浙江省湖州市、嘉兴市等6个周边地市的现场推介会，成功举办辽宁省沈阳市等四地的荡口古镇专场推介会。加大产品营销力度，通过在全国7个营销区域配置营销人员，加强与旅行社的合作。荡口古镇全年接待游客总人数312万人次，旅游总收入为1553万元。运营管理不断优化。抓队伍管理，明确各项管理制度和人员岗位职责。抓环境提升，三大停车场启用，新增630个车位，新增游客休憩观赏表演场地827平方米。荡口古镇获“2015中国最美村镇榜样奖”。抓商户管理，建立物业、城管与商户之间的挂钩联系制度，定期与市场监管部门合作开展文明经营指导和食品卫生等专项检查活动，塑造文明经营风气。

【城乡面貌不断改善】基础设施日趋完备。日益完善城镇功能，完成甘露农贸市场改造及甘露广场周边环境出新工程，北新河三期、香花苑三期主体工程竣工，其他配套设施加快完善。顺利完成403套安置房返租工作，使群众直接受益。实施路网改造，完成甘西路及甘吴路改造工程。水利建设全面加强，黄塘河西段、五新河北段新开河工程全面竣工，新开河段2.41千米。生态环境不断优化。完善村庄环境长效管理机制，全镇6个自然村通过市级村庄环境卫生长效管理示范村验收。农业面源污染整治有序推进，严抓秸秆禁烧工作，实现秸秆“零焚烧”目标。深化“河长制”管理，全面推进河道综合整治，全年完成18条河道综合整治及100条河道的复检工作。全力推进“蓝天工程”，淘汰、报停燃煤锅炉26台，空气质量持续改善。城乡管理持续加强。加大违法建设整治力度，拆除违法建设1500余处、9200余平方米。加强生态环境优化整治，黄沙堆场清理工作持续推进。全面提升环卫力度，镇区生活垃圾机械化收集率90%。全面提升绿化品质，完成甘虞路北段、甘露广场等绿化提升整治工程，全年新增绿化面积23.33公顷，种植乔木、灌木3.2万余株。

【社会事业加快发展】 全力推动民众就业创业。以开展“大学生就业创业计划”为引领，实施更加积极的就业创业扶持政策，完善公共就业服务体系，强化就业创业载体建设，建立健全培训机制，积极推动各类群体充分就业，全年新增就业岗位2000个，开发公益性岗位36个，实现城镇失业人员再就业231人，就业困难人员再就业90人，被征地劳动力就业207人。致力完善社会保障体系。组织开展各类慈善捐助活动，筹集善款82.5万余元。加大社会救助力度，广泛开展各类走访慰问活动，全年发放各类救助金、低保金、慰问金608万余元。加大社保扩面参保力度，全年社保扩面净增280人，断保被征地农民接续缴费265人，城乡养老金综合覆盖率100%，适龄居民养老保险和居民医疗保险覆盖率分别为98.5%和99.1%。大力促进社会事业发展。教育事业投入持续加大，完成甘露学校寻真楼、荡口实验小学生态文明教育廊与数字农植园的建设，更新、完善荡口中心幼儿园、甘露中心幼儿园硬件设施。推进社区卫生服务体系建设，完成儿保门诊与口腔科改造。积极推进文化惠民工程，全年举办综合性广场文艺演出5场，送戏、送电影进社区63场，组织开展各类文体活动10项，新建草坪门球场400平方米。

【社会局面和谐稳定】 社会治理水平持续提高。积极开展锡山区农村（社区）公共服务平台的推广应用工作，全年收集各类信息4237条，办结4046条，办结率95.49%。完成原彩桥村和燕水庄村的行政村调整优化工作，实现资源整合，增强村级综合实力。深入开展平安创建系列活动，基层系列平安创建达标率在90%以上。矛盾纠纷调解常抓不懈。开展4次信访疑难问题专项大排查，对排查出的信访案件全部落实领导包案、确定责任单位和责任人，做到件件有落实，事事有回音。健全矛盾纠纷排查调处机制，深化人民调解工作。完成劳动争议仲裁庭建设。全镇各类矛盾调解率100%，调解成功率99.8%。安全生产事故严防不怠。全面开展危化品、木质家具行业、职业病危害等一系列安全生产专项整治行动28次，整改安全隐患260处。深入开展安全生产“六进”（安全文化、安全法律、安全科技、安全知识进企业、进工地、进乡村、进家庭、进学校、进社区）等教育培训宣传活动，全年435家企业开展全员安全知识培训，开展负责人、安全员、危化品采购保管员和特种作业人员培训，1200余人参训。全面落实安全生产督查检查制度，全镇544家企业深入开展隐患自查自纠工作，自查上报隐患6460条，全部实施整改。

【鹅湖玫瑰文化园开园】 5月，鹅湖玫瑰文化园开园。园区占地面积23.33公顷，有玫瑰品种300余个，其他植物品种100余个，环境优美、设施齐全，是一个集大众科普、文化交流、休闲娱乐于一体的玫瑰基地。鹅湖玫瑰文化园分为野生蔷薇特异种植保护区、历代珍稀月季品鉴区、芳香植物体验区、玫瑰文化博览与休闲区、生产管理与项目辐射区五大区域。在玫瑰园，可以茗玫瑰茶、尝玫瑰鱼、沐玫瑰浴、品玫瑰味、赏玫瑰花、禅玫瑰道、伴玫瑰礼。2015年，鹅湖玫瑰文化园先后被中国儿童中心授予“全国少年儿童生态道德实践基地”称号，被市科协和市教育局授予“无锡市青少年科普实践基地”称号，被市“心中有祖国、心中有他人”组委会授予“少年儿童双有实践基地”称号。

2015年鹅湖镇各村（社区）基本情况一览

表40

村（社区）	户数（户）	人口（人）	书记	主任	开票销售收入（万元）
鹅湖村	1110	4125	夏家平	平建荣	353489
青荡村	979	3482	华庆祥	金　忠	35883
三新村	1172	4121	华民勇	谢秀琦	52853

续表40

村（社区）	户数（户）	人口（人）	书记	主任	开票销售收入（万元）
圆通村	932	2985	蔡毅涛	华培兴	21975
新桥村	818	3006	华志伟	陆　磊	19709
圩库村	910	3318	戴小弟	浦向华	28659
群联村	1561	4727	滕国初	方雪忠	40934
彩桥村	1473	5152	周建华	季益新	59713.5
松芝村	1080	3793	王铭华	陈志刚	17273
甘露社区	1596	4955	陆荣华	陆荣华	146332
人民路社区	1377	3532	徐筱惠	徐筱惠	4388
青虹路社区	1090	3264	平锡峰	平锡峰	19496
尚书苑社区	647	2303	华志伟	华志伟	0

（华向东）

东北塘街道

【概况】东北塘街道位于无锡市主城区东北，与惠山区、崇安区、北塘区及开发区交界。沪宁、锡澄高速公路在境内交汇，G312国道、北环路、锡沙公路纵横贯通，京杭大运河支流和锡北运河贯穿全境，交通条件便利，区位优势明显。街道总面积18.5平方千米，下辖6个行政村、4个社区和3个社区事务工作站，户籍人口3万余人，暂住人口3.5万余人。2015年，街道完成财政总收入8.76亿元，比上年增长5.36%，其中公共财政预算收入4.27亿元，比上年增长3.49%；34家规模以上工业企业开票销售收入37.5亿元，比上年增长9.0%。全年税收超1000万元工业企业8家，服务业税收超1000万元企业6家。东北塘街道被省委宣传部评为“2015年度宣传信息工作先进单位”，也是全省唯一一个获奖的街道；被市委农村工作办公室授予“无锡市农村集体‘三资三化’示范镇（街道）”称号。

【转型发展凸显特色】电子商务引领服务业快速发展，完成服务业开票销售收入501亿元，新办企业295家（其中服务业企业262家，占比88%），其中新办电子商务、计算机服务重点企业6家，注册资本均在1000万元以上。“营改增”工作呈现新亮点，实现“营改增”开票收入8.45亿元，完成入库税收4421万元，占全区“营改增”税收总量的25%，比上年增长5.21%。骨干企业支撑作用明显，锡通物流、众盟物流、明佳供应链等服务业平台发展势头强劲，江苏大明金属制品有限公司、无锡恒畅铁路轨枕有限公司、无锡市海联舰船附件有限公司、无锡华东可可食品股份有限公司等一批骨干企业销售增长明显。

【重大项目持续推进】全年完成超1亿元重大产业项目投资9.06亿元。其中，开工房地产项目4个，分别为栖霞房产、融科房产二期、昊元房产和恒达房产项目，全年完成投资8.62亿元；已开工工业项目锦和科技技改搬迁项目，全年完成投资4399万元。同时，狠抓项目储备。至2015年年末，街道有储备项目3个，其中商贸服务业项目2个（嘉凯城综合体项目、中国机床物联网综合服务项目），工业项目1个（科瑞智能设备、贝康包装合作项目），经济可持续发展基础进一步夯实。

【科技创新氛围浓厚】全年申报省高新技术企业1家，预申报1家，复审3家；省高新技术（后备）企业申报2家；省民营科技企业复审6家，申报5家；产学研合作项目10个。专利授权总量647件、专利申请总量1183件，分别占年任务数的161.7%、118.3%，其中发明专利451件，占年任务数的150.33%，位列全区第二位。PCT申请1件，万人发明专利拥有量14.2件（占年任务数的129.35%）。江苏明佳供应链管理有限公司成立无锡市首个“互联网+”智能物流平台，开创物流行业资源整合、合作共赢新模式；江苏大明金属制品有限公司引进国外先进技术装备，开发技术含量和附加值高的产品，如大型LNG罐、化学品船槽板、汽车吊臂项目等，产品市场占有率和企业竞争力明显提升。

【民生工程提档升级】紧贴民生需求，加速推进民生实事工程建设。于2014年启动实施的锦旺、梓旺社区服务中心年内进入内部装修阶段；街道社区卫生服务中心主体工程年内竣工。有序推进横二路西延工程、芙蓉五路大修工程、农新河支路北延工程与实施公共自行车规划布点，区域路网进一步优化，居民出行更为便捷。精心规划布局芙蓉公园（无锡市翠竹房地产开发有限公司代建）、云厦公园（无锡市云厦置业有限公司代建）、白荡公园，区域生态环境进一步美化，居民生活品质进一步提升。

【惠民政策有效落实】全面落实社会最低生活保障制度，全年对140户共272人最低生活保障对象累计发放低保金150万元。全面落实就业帮扶优惠政策，完成城镇失业再就业人员201人，重点扶持创业88人，创业带动就业652人。全年完成被征地农民安置补偿和断保续保427人，完成住房公积金扩面897人。实施弱势群体帮扶制度，为21名盲人开展定向行走训练，对低保外119名无固定收入与低保内9名无业重度残疾人进行救助，对8名低保中“三无对象”（无固定收入、无子女、无房产人员）、“一户多残”的残疾人与9名无业、三四级精神智力残疾人发放生活救助金。

【特色教育成绩斐然】东北塘实验小学成功承办第二十三届全国“李成智杯”国际象棋比赛和2015中国（锡山）第五届国际象棋女子名人赛，获省冠军3人、市冠军5人。该校毕业棋手韦奕在国际象棋世界杯比赛中进入八强，创该校历史新纪录。东北塘中学棒球队在全国青少年棒球锦标赛中再获全国AAA组冠军，垒球队再获全国体校组、初中组双冠军，毕业球员许桂源签约美国巴尔的摩金莺队，成为加盟美国MLB的中国大陆第一人，特色教育发展之路日益宽广。

【城市管理再上台阶】实施殷巷新村“城中村”改造工程、锦旺小区步行街建设及修复工程，开展通江物流园区综合整治、车辆违停整治、严埭社区苏高巷地区专项整治行动，城市面貌进一步改善。在金鹰工业园西侧设立建筑装潢垃圾中转站，对生活垃圾中转站设备进行更新升级，新增交通警示隔离桩87个，修整隔离桩43个、警示牌9套、休闲凳21张、果壳箱6个、公厕标识牌2套，更换破损窨井盖35套、垃圾桶203个，对重点路段进行插绿补绿和改造升级，市政基础设施进一步完善。积极拓展环卫保洁市场化运作范围，努力实现“三个延伸”，推进环卫保洁全覆盖，促进城乡一体化发展。组织新修订的《中华人民共和国安全生产法》学习和企业安全培训活动，开展安全生产检查，整改安全隐患511条，整改率99.2%；积极开展“四个文明交通”创建活动，交通事故死亡率比上年下降50%以上，下降幅度位于全区前列。

相关链接

三个延伸：从主干道路和窗口地区向背街里巷道路及无物业管理的旧楼区延伸，从规范化街区向“城中村”“村中城”延伸，从锡沙路以南向锡沙路以北延伸。

四个文明交通：文明交通社区、文明交通镇（街道）、文明交通学校、文明交通企业。

【生态治理有新成效】完成街道水系详细规划，实施水环境综合整治。新开杨家桥河道，新建护岸570米，运东大包围排涝更加畅通；完成农里新开河沿线景观亮化工程1条、河道综合整治6条、河道复查验收15条；落实“河长制”管理与污水管网长效管理制度，对48千米三级污水管网实施有效管养。加速推进“煤改气”工作，整治锅炉5台；完成企业环评232家，完成迅展机械（无锡）有限公司、无锡市东北塘宏良染色厂、无锡市锦东染色厂3家企业清洁生产审核工作。对10家重点污染企业、45家一般污染企业、印染企业集中区开展专项整治，区域生态环境日益改善。

【东顺苑一期安置房交付】6月15日，街道启动东顺苑安置房小区交付工作，截至6月30日，交付1173户，实现拆迁安置“零过渡”。东顺苑一期安置房是正阳新村安置房工程，于2012年开工建设，于2015年3月工程全面竣工。项目总投资5.3亿元，规划可建设用地面积63440平方米，规划总建筑面积175210.4平方米，绿化率51.3%，容积率2.25，设计总户数1585户，配备机动车停车位902个。

【市首个“互联网+”智能物流平台成立】8月25日，无锡市首个“互联网+”智能物流平台在东北塘街道成立。该平台由江苏明佳供应链管理有限公司发起，整合三方物流平台，打造互联网时代的智慧物流平台，完善智能物流配送调配体系，实现货运车辆与仓储设施、配送网点等信息互联，促进人员、货源、车源等信息高效匹配，有效降低货车空驶率，提高配送效率。该平台具有诚信物流、透明物流、协同物流、智能物流、绿色物流、金融物流六大特色，对物流企业规范、集约发展具有积极意义，开创街道物流企业依托互联网技术转型发展之先河。

【街道农村产权交易信息服务中心挂牌】为进一步规范农村集体资产交易行为，保证农村集体资产资源出租、发包、转让等交易过程的公平、公开、公正，增加集体资产收益，东北塘街道农村产权交易信息服务中心于10月底挂牌成立。11月5日，街道委托江苏金威拍卖有限责任公司首次利用农村产权交易信息服务中心平台，对东顺苑社区配套门面房进行现场公开举牌竞拍。交易现场成功拍租9套，成交总价258.87万元。街道主要领导、农村集体资产监管交易审核小组成员、13名竞价者、10名村“两会”代表、村民代表等参加首次竞拍会。

【市乡镇首张“三证合一”营业执照发放】8月19日，东北塘街道行政服务中心发放无锡市乡镇首张“三证合一”营业执照，标志着无锡市行政审批职权下放到乡镇一级。街道在全市率先成立锡山区市场监督管理局东北塘分局，并设立资格完备的政务服务机构，承担起以往由区行政审批机构承担的行政审批职权，让街道新批企业在“家门口”就能办理和领取营业执照，办理时间将比到区级部门办理缩短三分之一，有效打通行政审批服务的“最后一公里”，进一步激发群众创新创业热情。

【街道服务热线开通】9月1日，东北塘街道24小时政府服务热线“85500123”开通。该服务热线可第一时间为群众提供咨询、投诉、求助、建议等服务，进一步畅通政民沟通渠道，精心构筑政民沟通“连心桥”。截至12月底，该服务热线受理群众来电57件，其中当场答复4件、交办53件，已答复53件，答复率100%，形成政民互动、共谋发展的良好局面。

【锦旺步行街建设及修复工程启动】锦旺步行街始建于2008年，因年久失修，致路面坑洼，市政设施损毁严重，街道于9月28日启动锦旺步行街建设及修复工程。该工程东至锦旺路，西至春塘路，长约400米（修复200米、新建200米），宽45米，总面积2.2万平方米，总投资700万元，其中老街修复150万元、新建步行街550万元，工程包含4000平方米的敞开式公园、园林小品、步道、公厕、儿童乐园、林荫停车位等。至2015年年末，公园新建段石材铺装基本结束，公园绿化进展顺利，道路沥青摊铺结束。

【白荡公园竣工】5月底，东顺苑绿化景观环境配套工程——白荡公园竣工。该公园南临锦阳路，东临白荡河，位于安置房小区环翠苑和东顺苑之间，于2014年11月开工建设，公园总面积1万平方米，主要设施包含亭子、廊架、石板步道、公厕、河道驳岸、园路、绿化等，工程总造价250余万元，由无锡市园林设计院规划设计，由苏州基业景观营造装饰工程有限公司中标并负责施工。白荡公园的竣工，有效改善了周边安置房小区百姓的生活环境。

【殷巷新村整治工程竣工】11月初，严埭社区殷巷新村村庄整治工程（区“城中村”整治重点工程）全面竣工。该工程由严埭社区负责，街道建设管理服务所配合，于9月中旬实施，工程累计投入120余万元。整治工程具体包括：对供电、广电、电信等强弱电管线进行集中整治，拔除所有线杆，管线入地；对村民反映强烈的路灯问题进行改造；相关道路整治、墙体出新、绿化景观改造等。整治后的殷巷新村村容村貌明显改善，成为“城中村”改造的又一亮点。

2015年东北塘街道各村（社区）基本情况一览

表41

村（社区）	户数（户）	人口（人）	书记	主任	开票销售收入（万元）
裕巷村	421	1318	王协东	徐卫兵	87647
埭坝村	689	2439	谢继峰	谢　峰	98276
大马巷村	696	2415	阙　巍	蒋　彪	82341
正阳村	1374	4505	缪家平	沈其龙	2886430
锦阳村	685	2301	陆武斌	章文昇	32749
梓旺村	1355	4234	顾晓东	惠勇良	56590
严埭社区	832	2728	薛凯元	袁文贤	28930
锡通社区	910	2832	袁　东	王仁昌	2297567
东北塘社区	1143	3269	张雪峰（至2月） 缪建新（2月任）	—	12794
梓旺新村社区	1323	4532	王　峰（至2月） 张雪峰（2月任）	—	—

（钱根林）

锡北镇

【概况】锡北镇位于无锡市东北郊，北接江阴市，紧靠锡东新城、开发区和锡山主城区。全镇总面积70平方千米，总人口12.11万人，其中常住人口9.23万人（户籍人口6.4万人），下辖13个行政村、3个社区。S228省道、锡港公路、锡东大道、泉山大道、团结大道、锡虞路、友谊路等交通要道在境内交汇，四级航道锡北运河纵贯镇区，距无锡市中心16千米，距苏南硕放国际机场15千米，距沪宁、锡澄高速公路道口5千米，距京沪高铁无锡东站5千米，临近江阴、张家港港口。历史上曾为无锡连接江阴的重要农产品集散地，素有“锡北重镇”之称。境内建有规划面积近6平方千米的无锡市轨道交通装备产业园，是无锡市和锡山区重点打造的特色产业园区，产业园依锡北运河而建，紧靠S228省道，锡东大道贯穿产业园，与锡东新城一路相连。境内总面积21.11平方千米的斗山地区生态条件优越，盛产著名品牌绿茶——太湖翠竹，为无锡市现代农业开发综合创新试验区之一，斗山农业生态园被命名为省级农业生态园。锡北镇历史悠久，胜迹众多，名人辈出，历史上有东林党领袖顾宪成、清代“词家三绝”之一的著名词人顾贞观、无锡革命先驱严朴等20余位历史名人，素有“东林故里”“文化大乡”“红色锡北”之称。

【经济发展稳中求进】2015年，全镇上下坚持稳中求进总基调，紧紧围绕“产业、新镇双崛起”总目标，危中寻机争主动，创新思路破难题，经济社会发展取得新的进展。全镇有工业企业1202家，其中三资企业（在中国境内设立的中外合资经营企业、中外合作经营企业、外商独资经营企业）89家，年开票销售收入2000万元以上的企业87家（其中超1亿元企业17家）。全年完成全部国税开票销售收入135.1亿元，其中工业开票销售收入116.2亿元；财政总收入6.7亿元，其中公共财政预算收入3.37亿元；全社会固定资产投资51.4亿元，比上年增长16.3%，其中工业投资34.8亿元，比上年增长16.3%；规模以上工业总产值94.6亿元，比上年增长5%；限上单位零售额比上年增长23.2%；到位注册外资及港澳台资1116万美元；农民人均纯收入25630元，比上年增长10%。

【项目引建稳步推进】 全年有重大产业项目12个，用地面积93公顷，计划总投资82.5亿元，完成投资47.2亿元。慧谷金融电商产业园一期8万平方米高标准甲级仓储项目全面开建；联东U谷一期6.2万平方米标准厂房交付，入驻企业17家；兵器光电产业园先期建设加快推进，年内方案报兵器工业集团比选审定；翔盛包装、村级联合体项目开工建设；优佳无纺竣工投产。加大项目招引力度，上海宏钢、上海金湖、湖南康程等多个项目紧密洽谈中，在手重点洽谈项目11个。

【科技转型迈出新步】 企业上市加快推进，完成股改2家，无锡普天铁心股份有限公司通过江苏证监局现场辅导验收，无锡禹兵冷却设备有限公司、无锡正佳自控系统设备有限公司与无锡国联证券股份有限公司签订协议，全镇上市储备企业11家。全年新认定高新技术企业2家，高新技术企业产值43亿元，占规模以上工业总产值的比重为45.4%。实施技改项目50个，完成技改投入19.3亿元，技改投资占工业投资的比重为50.7%。创新成果持续增长，培育申报省市级各类科技项目22项，新增省级工程技术研究中心1家、省博士后工作站1家，申请专利1092件，其中发明专利481件；促成企业与麻省理工学院、浙江大学等院校签订产学研合作项目13个，建成联东U谷“锡北众创工坊”孵化器。引进各类人才757名，其中“双高”人才31名，海归人才6名。

【市镇建设日新月异】 市镇商圈加快建设，泉山商业中心、星天地滨水步行街运营良好，星邻里生活广场主体封顶，品牌百货、特色餐饮、专业市场等项目不断集聚。宜居环境逐步提升，紫金苑全面建成，苏韵阁酒店主体封顶，金世名园主体工程全部完工，鸿景雅园二期多层进行外立面建设。优化路网结构，泉山大道（锡港公路—S228省道段）工程完成沥青摊铺，将于2016年3月通车；台创园区支路、华张路（S228省道—诸巷路段）完成改造；华张路（诸巷路—锡东大道段）完成设计，主要交通要道安全设施改造全面完成。完善配套设施，新市镇健康休闲长廊二期基本建成，S228省道辅道绿化工程竣工，13座危桥完成改造，4座二类公厕完成改建，42套光控路灯设备完成安装，农丰变配电、镇内线路环网、陆桥变塔基线路等城镇输配电工程全面建成。

【城乡环境焕发新颜】 深入开展市容环境综合整治，主街口、主干道、农贸市场等重点区域专项整治成效明显。全面完成覆盖拉网式农村环境综合整治工程，创新推进农村村庄整治长效管理，农村人居环境显著提升。科学编制水系规划，完成八士港、南新河等6条河道综合整治验收，建成东房桥西下脚浜、火烧场浜等4项重点水利工程。大力实施“蓝天工程”，淘汰锅炉38台，整改有机废气排放企业3家、涉汞企业3家，造林绿化面积33.33公顷。

【农村发展活力迸发】 按照“突出重点、体现特点、塑造亮点”的目标要求，城乡一体化先导示范镇创建纵深推进。完善新型镇村规划布局，规划特色自然村20个（18个布点）、重点自然村12个（6个布点）。深化农村产权制度改革，建成镇级农村产权交易市场，土地承包经营权确权登记工作有序推进。加快农村新型业态培育，审核上报家庭农场5家，申报创建省级家庭农场1家。深化美丽乡村建设，周家阁村和斗山村“美丽乡村休闲旅游示范村”通过认定。大力发展生态高效农业，新增高效农业12公顷，新建高标准农田45.33公顷，建成锡北镇农产品电子商务平台和东房桥农产品配送中心。

【社会保障扎实有力】 大力促进就业创业，开发公益岗位30个，组织劳动者技能培训1482人，实现再就业1260人，新安置困难人员就业271人。民生保障力度持续加大，完成社保扩面516人，住房公积金扩面913人，断保被征地农民续保429人。完成全国残疾人基本状况专项调查，发放特困残疾人补助283.5万元。加大社会救助力度，扎实开展“五个助”（助医、助困、助学、助残、助老）活动，落实好“阳光助学”、“希望之星”慈善助学、“见行动献爱心”等慈善救助活动，走访慰问低保、残疾家庭、困难群众及贫困学生等2256户，全年累计发放各类救助保障金812万余元。

【公共服务均衡优质】医疗卫生环境逐步优化，完成锡北镇社区卫生服务中心和斗山、东房桥等4个社区卫生服务站改造工程，锡北120急救分站建成运营。加强人口综合服务，开展妇女病普查4736人次，提供优生健康服务328对次。教育事业均衡提升，金马幼儿园扩建工程主体封顶，将于2016年6月全面完工；完成正兴幼儿园教学楼改造、八士实验小学墙面维修和全镇校园钢结构屋面维修等工程建设。“优教育先优教师”发展计划成果明显，52名教师晋升为市、区骨干教师，教学质量稳中有升。文化惠民打造新品牌，勇夺“锡东新城杯”全健排舞大赛青年、老年组“双冠军”，成功举办省老年人体育节、省“三建杯”象棋赛等文化体育赛事，周家阁文化公园建成开园，新四军六师师部旧址纪念馆全年接待336个团队、2万余人次。

【社会环境和谐稳定】公共法律服务实现全覆盖，司法行政服务站和公共法律服务中心全面建成，全年提供法律援助79件。矛盾化解切实加强，进一步完善社会矛盾纠纷排查预警和社会稳定风险评估机制，社会矛盾纠纷调处率100%，调解成功率99.4%。扎实开展安全生产大检查，全年对危化品、易燃易爆企业等重点领域开展安全检查200余次，发现并整改各类安全隐患700余条，整改到位率100%。深入实施平安创建，强化社会治安立体防控，严密社会面巡逻防范，依法打击各类违法行为，社会治安和谐稳定。

【《渔篮花鼓》入选省非遗名录】《渔篮花鼓》发源于锡北镇华李巷，流传至今有200多年的历史。它在民间调采茶灯的基础上，吸收安徽凤阳花鼓和地方戏曲的演唱风格，逐年演变发展而成，是植根于江南水乡的一支古老的民间艺术之花。《渔篮花鼓》一般在每年的农历二月半至三月半随采茶灯在夜间串街走巷演出，有时也参加庙会和舞台的演出。《渔篮花鼓》于1957年获“江苏省民族民间舞蹈会演一等奖”；1984年获“江苏省民族民间舞蹈会演优秀演出奖”，并被收入《中国民族民间舞蹈集成》（江苏卷）。20世纪70年代后，原张泾镇文化站（现锡北镇文体服务中心）高度重视民间艺术的传承。20世纪80年代后由马海石等传承人听唱编曲，传承创新，使之成为优美动听的民间舞蹈曲目。《渔篮花鼓》于2010年被列入无锡市第二批非物质文化遗产保护项目名录。2016年1月14日，锡北镇民间传统舞蹈《渔篮花鼓》被江苏省人民政府列入第四批省级非物质文化遗产代表性项目名录。

【新四军六师师部旧址纪念馆人气攀升】新四军六师师部旧址纪念馆位于锡北镇寨门村诸巷，是新四军挺进苏南东路地区进行抗日斗争的一个重要指挥部，始建于1936年。1988年6月和2005年11月，该旧址先后被无锡市人民政府列为文物保护单位和爱国主义教育基地。2013年1月，该旧址又被列入国家红色旅游景点目录，也是无锡市唯一一处列入该目录的景点。2014年3月，锡北镇党委、政府对新四军六师师部旧址纪念馆进行全面修缮、扩建，增加展厅，重新设计布馆，陈列内容主要为“抗日烽火、燎原锡邑”“铁军六师、逞雄苏南”“继往开来、再创辉煌”三大部分。2015年，新四军六师师部旧址纪念馆接待人数创历史最高水平，接待336个团队、2万余人次，参观人数是历年总和的3倍。

【爱康集团·慧谷金融电商产业园开工建设】9月8日，集物流园区管理中心、数字化仓储交易中心、标准化仓储设施、货物分拨中心等于一体的线上线下型爱康·慧谷金融电商物流园开工奠基。该项目总投资2亿美元，一期启动用地10.8公顷，全部建成达产后预计年产值约100亿元人民币，年纳税总额约1.5亿元人民币。项目全面建成后，将对无锡市发展金融电子商务产业，培养金融电商人才，融入全球化物流商贸，建设全球金融电子商贸物流中心起到重要的推动作用。

2015年锡北镇各村（社区）基本情况一览

表42

村（社区）	户数（户）	人口（人）	书记	主任	开票销售收入（万元）
新明村	1245	4929	陆介正	沈科伟	7579

续表42

村（社区）	户数（户）	人口（人）	书记	主任	开票销售收入（万元）
周家阁村	1095	3891	周国君	王春秋	30675
泾西村	1507	5727	苏宪忠	唐新宇	27496
泾新村	1065	3953	卢益芳	沈军贤	47315
寨门村	1438	5140	严诚伟	严　红	30819
光明村	1140	4429	辛红伟	徐　锋	29419
新坝村	840	2941	吴建洪	过希军	38710
八士村	1041	3778	张　敏	过献新	23477
联新村	727	2767	倪　倩	王秋涛	12207
劲丰村	810	2985	方伟东	陆叶洲	12157
斗山村	1020	3514	陆　云	张　健	3683
东房桥村	799	2675	秦国强	黄李明	51669
春风村	873	3389	华　军	陆志丹	6251
张泾社区	1399	3499	苏宪忠	苏宪忠	—
八士社区	2400	4798	张　敏	陆志荣	—
斗山花苑社区	1625	5618	凌均毅	包　准	—

（徐泽元）

东港镇

【概况】 东港镇位于无锡市东北部，长江三角洲黄金地带，是无锡市特大城市框架中的新型卫星城。东港镇交通便捷，锡张高速公路、S228省道、锡东大道、锡虞路及筹建中的锡昆高速公路贯穿全境，距张家港、江阴港、沪宁高速公路、京沪高铁、苏南硕放国际机场均约20千米。全镇总面积85.05平方千米，下辖15个行政村、4个社区，户籍人口7.7万人，外来人口5.8万人。2015年，东港镇完成地区生产总值165亿元；国税开票销售收入358.06亿元，其中工业开票销售收入254.72亿元；规模以上工业总产值320.67亿元；财政总收入16.374亿元，其中公共财政预算收入6.902亿元；服务业开票销售收入111.31亿元；农民人均可支配收入2.7万元。各项社会事业全面发展，东港镇入围“2015年全国科学发展百强镇”，位列第57位；被评为“无锡市2014～2016年度依法行政示范点”“无锡市立法基层联系点”“无锡市服务型统计建设最佳团队”“无锡市残疾人基本服务状况和需求专项调查先进集体”。红豆集团被中国企业联合会、中国企业家协会授予“全国企业文化示范基地”称号；无锡市山联水产专业合作社被中国国际经济技术促进会品牌促进中心评为“全国绿色生态健康养殖示范单位”；

山联村书记吴岳平被省文明办评为“江苏好人”，被省委组织部、宣传部评为“吴仁宝式优秀村书记”。

【上市挂牌全速推进】无锡捷阳节能科技股份有限公司、无锡确成硅化学股份有限公司、无锡兴达泡塑新材料股份有限公司、无锡巨龙硅钢片股份有限公司4家企业成功挂牌新三板，全镇上市（挂牌）企业累计8家，上市企业量级位于全市各乡镇板块前列，资本市场“东港板块”基础得到夯实。全镇“9+9”拟主板、新三板上市挂牌企业相关工作加紧推进。无锡市锡山区阿福农贷股份有限公司、无锡晶海氨基酸股份有限公司2家企业完成股改；无锡洪汇新材料科技股份有限公司、红豆通用科技股份有限公司2家企业等待上报材料预审；江苏大德重工有限公司、无锡晶石新型能源有限公司、无锡市中捷减震器有限公司、无锡统力电工有限公司4家企业完成签约，企业股改积极筹备；无锡市远大丝绸有限公司和昊辰（无锡）塑业有限公司2家企业挂牌意向明确，筹备股改；无锡阿科力科技股份有限公司于2015年3月报江苏证监局辅导备案，12月向中国证监会上报IPO材料；无锡捷阳节能科技股份有限公司和无锡确成硅化学股份有限公司积极筹备转板工作。

相关链接

9+9：即东港镇范围内9家拟主板上市企业，9家拟新三板挂牌企业。

【项目引建加快推进】获取招商信息30余条，接待来访客商200余人次，完成签约项目5个，分别是东莞胜源、捷阳二期、宏宇汽配、金恒山电器项目、港城综合体项目。加快推进项目开工建设，新开工重点建设项目10个，其中超1亿元新供地项目5个，分别为投资3.2亿元的东莞胜源高端瓦楞纸生产项目、投资2.6亿元的捷阳科技二期保温装饰一体化板材项目、投资1.5亿元的飞天油脂项目、投资1.5亿元的大于环保装饰材料项目、投资1亿元的巨龙硅钢全自动生产线项目。盘活存量厂房3.5万平方米，引进注册资本超1000万元企业11家。全年完成固定资产投资73.5亿元，比上年增长15.7%，其中工业投资48.9亿元，安欣达、航大光电、安乃达电驱动等项目竣工投产，昊辰二期、通用钢绳等项目完成主体建设。

【科技转型持续加强】全年完成高新技术产值122亿元；完成专利申请760件，其中发明专利450件，万人拥有发明专利24%；申报各类科技项目62项，立项24项，其中省级立项项目18项，无锡捷阳节能科技股份有限公司的国际科技合作专项获科技部立项。技改项目数量比上年增加一倍，技改投资比上年增长24.3%，其中新开工存量技改工业项目5个，分别为投资1.62亿元的通用科技600万套摩托及电动车轮胎搬迁项目、投资1.6亿元的亿利恒科技项目、投资1亿元的华格新材料APG项目、投资2680万元的忠信减震器及丰华橡胶轮胎项目。新增省级两化融合试点示范企业6家、市级工业设计重点企业2家，申报省级企业技术中心1家、市级企业技术中心3家，申报高级经营性管理人才2人，整治“三高两低”企业4家，实施市级以上节能与循环经济项目6项，无锡统力电工有限公司、无锡巨龙硅钢片股份有限公司分别与中国科学院高能物理研究所、宝钢集团硅钢研究所建立合作关系。

【城镇功能优化完善】配合全市城市控规更新，初步完成新一轮镇村布局规划调整，确定重点村布点16个（包含37个自然村），特色村布点3个（包含7个自然村），为东港镇新一轮的发展奠定基础。重点推进东湖塘街区改造，全面启动并完成东湖塘中心十字路口综合整治工程，锦湖路西延段竣工通车，东湖塘农贸市场改造基本完成，周边道路及交通设施加紧完善。稳步提升港下街区综合服务功能，完善提升港下农贸市场管理体系，积极推进红豆万花城建设，红豆影城及周边商业氛围日益浓厚。完成电力装备产业园拓展区拆迁清点11户，安置拆迁户400户，全面实现“零过渡”。完成装卸厂地块挂牌出让，项目建设规划方案于11月9日完成公示备案。加速推进昆达二期地块项目引建，意向合作单位确定。

【城镇管理切实加强】组织相关人员到张家港市凤凰镇学习城镇管理经验，管理理念及思路进一步拓宽。完善城镇网格化管理机制，加快数字化城镇管理建设，配齐配强人员、装备，响应速度、监管能力进一步增强。全面实施环境卫生长效管理提升行动，严格落实考核机制，镇村环境卫生管理成效明显。加强环卫公用设施更新维护，升级中窑垃圾中转站智能管理系统，在全市率先启用中窑固废环保处置中心，为全镇工业废料处置提供有效途径。改造公厕4座，设置垃圾桶集中清洗点2个，确保垃圾桶整洁常新。专项整治成效明显。开展“四个文明交通”创建活动，实施针对工业垃圾乱倒以及“小飞龙”、黑车等非法营运行为的专项整治，不断提升市容环境秩序。大力整顿街区乱停车现象，新建社会停车场4个。继续强化违建整治，全年拆除违建9100余平方米。深入实施水生态综合整治，整治村级河道13条，清淤土方17.6万立方米。

【农村建设不断创新】 发挥城乡一体化先导示范镇优势，积极对上争取建设资金，申报实施“产城融合体制机制”改革创新实践项目，城乡一体化建设不断深入。重视居民幸福感提升，扎实推进幸福镇村建设，启动幸福农村先进镇村创建工作。东青河村、亚光村创建为省级生态示范村。山联村争创省特色景观旅游名村，旅游品质与景观提升规划进一步完善。新巷村主动承接港下农贸市场管理的外包业务，港南、东南、里西、新巷等村通过联合开发厂房等形式走联合、抱团发展之路。搭建区、镇、村“三级联动”的农村产权交易服务平台，农村产权交易服务中心揭牌。健全村级内审制度，完成对亚光、东湖等10个村的村级财务内审工作。创新基层治理方式，全面推行村务公开和民主管理机制。着力保障农民权益，继续推进农村土地承包经营权确权登记工作，全面完成港东、东青河等9个村的农村土地承包经营权确权登记颁证工作。

【民生保障扎实有力】 积极开展就业帮扶和技能培训工作，全年完成各类人员就业1671人，扶持自主创业人员132人，创业带动就业532人，城乡劳动力充分就业率在95%以上。社保扩面稳步推进，全年净增社保缴费830人，被征地农民新增接续缴费513人，居民医疗保险参保覆盖率在99%以上。全年发放居民养老生活保障金5400余万元，被征地农民生活保障金5500余万元。社会救助有效落实，健全扶贫帮困救助机制，发放低保金400万元、暴雨救灾资金120万元、各类临时救助金60万元、大病救助金243万元。大力发展慈善事业，组织发动各类善行义举活动，募集“慈善一日捐”善款20万元，“心手相连·情暖万家”资金450万元。高质量完成港下敬老院新大楼装修，积极推动“安康关爱行动”，全年为3127名老人发放尊老金211万元。

【社会事业协调发展】 投入1200余万元改善全镇各公办学校的办学条件，港下小学、港下幼儿园停车场先后建成投用，投资520余万元的港下中学食堂改造加紧施工，东湖塘中学教学楼新建工程进入招投标阶段，全镇教育资源优质化、均衡化水平进一步提升。全镇中、高考取得优异成绩。集中开展无证非法行医整治行动，取缔非法行医场所2处，规范化建设基层社区卫生服务站16家，完成省级卫生村复查验收11个，东港镇社区卫生服务中心被国家卫生和计划生育委员会评为“群众满意的乡镇卫生院”。建立计生特殊家庭帮扶体系，健全奖励优抚政策，累计发放计生公益金29.4万元；严格执行二胎审批手续，全镇计划生育率99.8%。广泛开展文艺汇演、全民健身等群众性文体活动，“新家园·新乡邻·新风尚”系列文体活动深入基层，全年组织大型广场演出18场次。东港镇首届老年大学于9月17日开班，开设锡剧班、舞蹈班、电脑班等课程，招收老年学员100余名。创新规范镇级档案管理工作，在全市率先规范建立镇档案管理服务中心；积极筹备《东港镇志》编纂工作。

【社会大局和谐稳定】 全年组织开展法制讲座5场，法律宣传、咨询活动30余场；悬挂横幅484条；群发短信2万余条。开辟法制宣传新媒体，创建“东港司法所”微信公众号，编发微信信息26期。打造法治文化示范圈，建成东湖法治主题公园和红豆集团法治文化园，并被评为“锡山区法治文化品牌项目”。“六五”普法通过中期验收。全面推行法律顾问制度，镇、村（社区）法律顾问实现全覆盖，全年累计办理法律援助案件69件。依法推进拆迁清点，启动集体土地责令交地住宅3户。依法开展危险行业、工业企业、危化品、建设工程等重点领域的安全生产专项整治，排查、整改各类安全隐患1885条。大力推进行政权力网上公开透明运行，重大事项按规定程序实行科学民主决策，政风建设积极有效，服务水平持续提升。健全矛盾调解组织网络，强化信访稳定信息周报制度、领导包案制度、责任问责与追究制度，全年开展矛盾排查51次，调处矛盾247起，调处成功率在98%以上。

【沙塘鳢人工繁育成功】 3月，东港镇金色池塘无公害水产园沙塘鳢（俗称“土婆鱼”）繁育基地在市、区相关部门帮助下，历经三年艰苦攻关成功繁育出鱼苗20万尾，经中国水产科学研究院珠江水产研究所的专家评估后，宣告沙塘鳢在无锡市自然繁育初战告捷。沙塘鳢肉质鲜美、营养价值极高，有强筋骨、健肠胃、治水气的功效，成鱼市场价格每千克300元。由于沙塘鳢对水质要求高，河水稍有污染就难以存活。随着自然河沟、湖泊的污染，无锡市水域野生沙塘鳢基本绝迹。该次沙塘鳢人工繁育成功，可谓是意义非凡。

【红豆集团成立区首支民营企业民兵营】积极推进民营企业民兵营建设，5月12日，红豆集团有限公司民兵营成立大会在红豆大学举行。民兵营营长郭建强从无锡军分区政委柳江南手中接过营旗，标志着锡山区首支民营企业民兵营——红豆集团有限公司民兵营成立。民兵营下辖3个应急连，9个分队，人数250余名。

【红豆电信商用启动】5月31日，红豆电信试商用启动会暨红豆电信和无锡市民卡有限公司合作签约发布会在红豆集团举行。2月4日第一次拨打测试成功，3月20日取得ICP（增值电信业务经营许可证）证书，4月28日10024客服号申请通过，5月15日新增试点区域批复。红豆电信商用启动，从业务筹备期进入市场化运营。

2015年东港镇各村（社区）基本情况一览

表43

村（社区）	户数（户）	人口（人）	书记	主任	开票销售收入（万元）
新巷村	1788	7020	宋林达	董晓平	32658
港东村	1050	4001	杜世清	袁　锋	48601
山联村	1715	6354	吴岳平	秦　超	17433
陈墅村	838	2989	包燕峰	孙　红	6604
张缪舍村	644	2330	蒋志远	黄晓东	35921
勤新村	1395	5370	冯　东	顾敏锋	13698
港南村	1148	4596	陈　雨	殷晓锋	10975
东湖村	1149	3973	吴亚平	浦利江	31068
华东村	719	2660	吴国栋	吴国栋	23246
东青河村	779	3079	沈卫东	顾云良	136833
东南村	1556	5602	程惠鹤	周　峰	10030
亚光村	894	3228	张　峰	—	58027
黄土塘村	2034	7674	沈　勇	姚卫刚	66874
东升村	752	2625	顾科伟	蒋东晖	59226
朝阳村	1135	4389	顾　强	徐仁良	47079
湖塘桥社区	690	2489	陈立明	朱晓明	40662

续表43

村（社区）	户数（户）	人口（人）	书记	主任	开票销售收入（万元）
鑫泗西社区	733	2830	顾　铿	冯义忠	23292
港下社区	1732	4320	王　明	张军海	1380430
东湖塘社区	789	1915	陶继军	陶继军	34811

（赵金力）

云林街道

【概况】云林街道地处无锡市东部、开发区腹地，西与锡山主城区毗邻，东与锡东新城（商务区）接壤，紧邻G312国道、锡沙公路、沪宁高速无锡东出入口，友谊路、团结路贯穿全境，南临九里河，北依锡北运河，兴塘河环带东西，区位优势明显，交通便捷。街道下辖云昌、云龙、云林、云祥、云扬、春雷、竹园、新农丰、蓉阳9个村（社区），并托管芙蓉、双桥2个行政村，总面积29.58平方千米，户籍人口1.7万余人，外来人口7万余人。2015年，云林街道紧扣转型发展主线，全力以赴强活力、优环境、惠民生、抓稳定，群策群力，真抓实干，街道经济社会发展取得全面进步。

【经济职能有效强化】根据开发区下拨企业数据库，加强对接，由各村（社区）属地登记造册并确认，对划拨街道管理企业全面收集基础台账资料，建立企业信息库。建立重点企业挂钩联系制度，对37家工业开票销售收入2000万元以上重点规模骨干企业进行走访，及时宣传、解读政府相关部门对企业的扶持和奖励政策措施，切实帮助企业解决实际困难，力促企业做优、做强。2015年，国税开票销售收入95.73亿元，税收总额3.35亿元，有1家企业成功挂牌新三板，1家企业在上海E板挂牌，另有1家企业筹备于2016年在新三板挂牌上市。同时，做好辖区34家“双低”（低开票、低税收）企业调查摸底工作，引导企业转型发展。按照开发区园区项目准入门槛，进一步优化、规范新办租赁企业审批流程，并严格把关审核，全年审批新办租赁企业183家、个体工商户126家。

【拆迁安置有序推进】2015年，云林街道科学制订拆迁计划，有序推进各地块拆迁清点工作，顺利完成2个区级项目拆迁。针对开发区4个重点项目，组织力量，分解细化，开展集中攻坚。做好安置房分配工作，重点是春雷、新农丰、竹园等村（社区）拆迁户的安置工作，对其余涉及安置的村（社区）拆迁户实行现房安置，安置房屋519套（面积48674平方米）、车库51个（面积1199平方米）。抓好转移登记和不动产销售开票工作，完成云林苑北区一期、二期234户、277套安置房的产权证发放，开具29939份安置房不动产销售发票，面积216.18万平方米，金额13.84亿元。

【环境品质持续优化】全面调研辖区无证设摊情况，云林街道、区城管局、区公安巡防大队、云林派出所、东亭交警中队等部门整治春江路、春笋路和友谊路等无证摊贩和夜宵排挡，逐步推进春雷公寓等新建小区商业街门头店招的统一，市容环境类处理回复率保持100%。街道被评为“2015年度无锡市城市管理绩效考评优秀街道”。坚持新增违建周通报制，500平方米以上日报制，对违法建筑较突出的区域、地段进行重点监控，坚决把违建扼杀在萌芽状态。拆除各类违建13处，面积5785平方米，有力遏制新增违建势头。及时维护市政绿化，修补道路坑洞、人行道板砖等道路设施，更换窨井盖73处，清理并修复雨水井9500余个，修检路灯955盏，检修信号灯72处，增补维修警示桩330处，增补绿化1200平方米，加强闲置地块的整理和复绿工作，复绿约20万平方米。定期组织召开月度养护工作例会，加大绿化养护、环卫保洁和河道保洁的考核力度，确保养护质量。强化河道清理，打捞垃圾265吨、水草742吨、漂浮物441吨。推进水利工程建设，投入120万余元新建、改建中桥头排水站、施家庄泵站、蒋巷灌溉站等水利工程，区域调水能力大大增强。发挥“河长”日常监督与管理作用，根据河道水质监测数据，排查整改水质恶化河道，辖区各级河道水质恶化率普遍降低。

【民生保障显著改善】 全年提供就业岗位3000余个，完成城乡劳动力职业技能培训1190人，城镇新增就业517人，重点扶持自主创业127人，新增高技能人才208人。发放市民卡1.26万张，企业社保扩面净增1588人，被征地农民断保人员继续缴费558人。调解劳资纠纷325起，结案320起，为850名劳动者追发工资420万元。发放临时救济费60.65万元，惠及518户困难家庭；向30户深度贫困家庭发放慰问金79.7万元；“生命之光”“阳光助困”、孤儿补助等各类救助金发放到位；做好20户失独家庭养老帮扶工作。为25名白内障患者办理手术救助申请，为216名残疾人提供免费体检。完成乳腺癌、宫颈癌“两癌”免费筛查1600人，更新完善人口信息1.9万条，人口及计生服务工作持续优化。理顺竹园、新农丰等安置在东亭辖区3998名居民的户口迁移及属地管理事宜。推动社区建设管理方式转型，着力发展公益性社会组织，培育乐心青少年服务社、云昌益暖社区服务社等社会公益组织4个，开展好“擦亮星星”等市、区级公益创投项目5个，为社区青少年、老年人等群体提供特色服务2898人次。云林社区被评为“江苏省和谐社区建设示范社区”，新农丰社区被评为“无锡市百个最佳志愿服务社区”。加大安置小区应急门、防水等物业设施维修力度，完成春雷公寓、云林苑西南区与西北区天然气、自来水改造。云林街道社区卫生服务中心建成投运，公共卫生服务水平大幅提升。完成春雷小学新建工程，全面实施云林幼儿园电子围栏等16项教育设施改善工程。筹划开展民俗文化活动周、各种广场主题文艺演出等共计120项文体活动，完成徐氏义庄抢救性修复工程，编辑出版《倪云林艺术研究文集》《倪云林艺术研究》等有关学术研究成果。

【社会大局和谐稳定】 认真做好全国和省市“两会”期间、“9·3”胜利日大阅兵、省委巡视组在无锡期间及重要节日的信访稳定工作，积极关注重点领域、重点人群的稳控工作。落实好领导信访接待制，受理来电、来访152件，办结148件。依法开展社会稳定风险评估，完成2个项目的稳评工作。营造法治云林氛围，开展法治文化活动15场次、法治讲座15场次，组织法律咨询12场次、解答咨询52件（起）、发放普法资料1.9万份，顺利完成“六五”普法区级考核验收工作。申报“宜家商圈法治文化提升工程”政法创新项目，打造商圈型法治文化宣传阵地。街道被市委、市政府命名为“2015年度法治无锡创建工作示范单位”。全力维护社会治安，严打各类违法犯罪，破获刑事案件156起，查处、打击各类违法犯罪嫌疑人458名，抓获各类逃犯23人，查处旅馆、网吧违法经营案件9起，查处涉黄赌毒案件91起、违法犯罪人员186人，有效净化社会治安环境。街道被市综治委命名为“2015年度平安街道”，仓下中学、云林实验小学被评为“无锡市平安校园示范校”。与940余家企业签订《安全生产、防火安全、交通安全、食品安全目标管理责任书》；综合检查企业1056家次，发现隐患840条，完成整改815条；排查消防安全隐患专项整治企业594家；排查劳动密集型企业101家，最大限度地避免安全生产事故的发生。街道安全环保办公室被评为“2015年度锡山区环境保护工作先进集体”。切实履行食品药品安全监管职责，检查餐馆、快餐加工单位等789家，抓好农产品安全生产及禽流感防治工作，确保不发生农产品生产销售事故和禽流感疫情。

【党的建设得到提升】 围绕中共十八届四中、五中全会和习近平总书记系列重要讲话精神，依照依法治国、从严治党要求，利用微信公众号、微讲堂等互联网手段，构建立体化、全时空理论学习平台，突出抓好政治理论宣传学习。精心组织纪念中国人民抗日战争暨世界反法西斯战争胜利70周年的主题宣传教育活动。加大亮点特色工作的挖掘、整理、报道，加强与各级媒体的合作，《新锡山》报道157篇，其中专版5篇、头版14篇；《无锡日报》、中新网等国家、省、市级媒体报道31篇。强化党员及干部队伍建设，实施好《云林街道干部教育培训三年（2013～2015年）规划》，组织街管干部、专题业务等培训活动23场次。全面细致开展1144名党员排查工作，试点实行党员积分制考核，建立科学合理的党员考核评价机制。扎实开展“5·10”思廉日系列活动，举办廉政作品创作、廉政微语征集等活动，组织近100名党员干部到无锡监狱开展警示教育。对11个村（社区）和5个机关事业单位开展党风廉政建设专项检查，加强国有（集体）投资项目的管理，落实工程建设监理、跟踪审计制度。全力打造“缤纷彩云、福映万家”党群组团服务项目。由党工委整合群团组织，牵头凝聚30余家企业、10余个社会组织力量，开展“党员管理红色先锋”等七彩系列活动，搭建陪护、帮扶等各类服务载体，建立各类社区志愿者队伍，累计服务1万余人次。工会积极落实职工工资正常增长机制，完成《工资集体协商协议》《女职工特殊保护协议》《劳动安全卫生协议》签订企业298家，指导企业新建工会小组20家、独立工会9家。共青团“青·微”品牌深入开展“青少年成长护航”等活动12场次，“青春微力量”公益服务社被评为“无锡市青年志愿者先进集体”；云林社区团支部获“2014年度江苏省五四红旗团支部”称号。妇联“和谐金邻里”主题项目组织“营养师带你进超市”等系列活动，带领居民体验和睦邻里幸福生活。“美丽三色花”单亲妈妈家庭服务项目被评为“江苏省最佳公益社工服务项目”。云扬乐心志愿服务社“翁如泰山”关爱老年人预防跌倒项目、云林一米社区服务社“舞动夕阳，彩云暖巢”为老服务项目、云昌社区益暖阳台种植服务项目入选市级公益创投项目；旨在关爱辖区空巢老人的梁嫣红社工服务工作室“积极艺术筑心巢”项目落地云林苑。在共青团中央举办的“践行核心价值观，携手共筑中国梦”寻找乡村好青年活动中，云林街道新农丰社区从小照顾糖尿病母亲的“孝心姑娘”周玲林，作为道德好青年之一入选全国乡村好青年网络投票。

【区首家社区数字微影院建成】 1月12日，锡山区首家社区数字微影院在云林街道云龙社区建成，云龙社区的120余名居民在社区微影院观看首场电影《女汉子》。该家微影院由云龙社区会议室改建而成，解决了“露天影院”的弊端。每次放映电影前，微影院都放映“无锡好人”视频。微影院对社区居民免费开放，并提供电话点片、预约订座等服务，更好地惠及民生。

【云林街道社区卫生服务中心启用】 1月30日，新落成的云林街道社区卫生服务中心启用，农工党锡山区基层委员会的知名专家到中心坐诊，为社区居民提供义诊及健康咨询服务，受到社区居民的欢迎。新中心坐落于云林路318号，总建筑面积6000平方米。新中心设置临床科室，有全科、妇科、中医科、康复理疗科、急诊室、抢救室、输液室；设置预防保健科室，有妇女保健室、儿童保健室、计划生育室、免疫接种室、健康教育室；设有放射科、检验科、B超室、心电图室、药剂科等辅助科室；配置美国GE彩色B超机、全自动生化分析仪、韩国产MXHF-1500 DR机、X光透视机，真正成为社区居民的健康“守门人”。

【“美丽三色花”项目获评省最佳公益社工服务项目】 4月27日，云林街道“美丽三色花”单亲妈妈家庭服务项目被评为“江苏省最佳公益社工服务项目”，成为锡山区唯一一个获得该荣誉的公益项目。“美丽三色花”项目改变以往妇联组织上门慰问为主的关爱方式，建立“心理健康专家+女性社工+妇女志愿者”为服务主体的机制，充分利用妇联组织网络优势，同时发挥女企业家、女大学生“村官”以及社会热心人士的公益热情，呼吁社会更多的组织、更多的力量共同关心帮扶单亲妈妈群体。2013～2015年，该项目累计开展“感恩好妈妈——母亲节感恩孝亲行动”“QQ连接你我她——电脑知识培训”“天凉好个秋——天目湖亲子游”等13场活动，为19名单亲妈妈及她们的21名孩子提供服务412人次，帮助单亲妈妈们找回健康心理状态，加深母子感情，融洽亲子关系，更好地接触陌生人群，更快地融入社会群体。

【“缤纷彩云、福映万家”活动启动】 5月9日，在由市文明办、《江南晚报》、区委宣传部、区文明办、云林街道主办的“笑语欢歌走进云林街道”活动中，云林街道“缤纷彩云、福映万家”活动启动。2015年，云林街道党工委全力打造“缤纷彩云、福映万家”党群组团服务项目，以安置社区居民群众为工作对象，按照加强管理与完善服务相结合的原则，开展“党员管理红色先锋、安享老年金色夕阳、文明劝导绿色志愿、企业回馈蓝色便民、妇幼安康粉色帮扶、青春力量青色公益、风清气正白色廉政”等七彩系列活动，搭建社区服务平台，发挥党员先锋和党群骨干模范作用，并发动普通社区居民，开展志愿活动和各种便民利民服务，为社区居民特别是老年人、儿童、残疾人等特殊群体和困难群众办实事，实现党群组织互联、资源互通、功能互补、工作互动，推动以社区建设为主到社区建设、社区管理、社区服务并重的转变。

【民俗文化活动周举办】 农历四月初八是云林地区的传统庙会日，

为传承民俗文化，同时引导庙会健康有序发展，云林街道坚持庙会搭台，百姓参与，举办丰富多彩、形式多样、规模适度、群众喜闻乐见的佛事和文化娱乐活动，弘扬云林文化，用急民所需、想民所想的贴心便民服务，提高居民生活的幸福感和满意度。5月22～29日，云林街道以“服务社区、全民参与”为主线，围绕平安祈福、关爱互助、温馨服务三大主题，举办民间艺术展演、蛋糕裱花比赛、民俗文化特色团队巡游、“科技三下乡”活动、百人汉字填写大赛、社区世界禁烟日宣传、企业“光彩”便民主题活动、电影进社区等22项活动。

【7人通过全国社工考试】 2015年，云林街道积极宣传发动，鼓励更多的社区工作者参加全国社工考试。同时，举办街道社工考试培训班，邀请有经验的社工现场传授复习方法；成立“云林社工考试”QQ交流群，搭建学习交流平台。街道有7人通过全国社工考试，考试通过率30%。至2015年年末，云林街道有助理社会工作师14名，社会工作师3名。一支专业的社工人才队伍为街道大力推行公益创投等社区服务项目、提升为民服务的针对性和专业性，提供了坚实的人才支撑。

【云林街道青少年之家成为首批省级示范性青少年综合服务平台】 12月，云林街道团工委牵头创建的云林街道青少年之家被共青团江苏省委命名为首批省级示范性青少年综合服务平台，成为锡山区首个获得该项荣誉的团组织，并获得省级经费支持；也是街道各级团组织继江苏省五四红旗团支部等荣誉后获得的第5个省级荣誉。2015年，云林街道团工委对照街道党工委“缤纷彩云、福映万家”党群组团服务项目的总体要求和上级团委的工作部署，立足辖区青少年工作实际，依托社区新建的工作载体，大力推进团组织的阵地建设。同时，通过开展“区域化团建工作”，协调整合各类有益资源，设计开展“青春微力量”团建服务项目，涵盖3大类别、12大项目的内容；以“青春邀约”团结吸引青少年、典型示范教育引导青少年、高频活动服务带动青少年，切实发挥好党联系青年的桥梁和纽带作用。

2015年云林街道各村（社区）基本情况一览

表44

村（社区）	户数（户）	人口（人）	书记	主任	开票销售收入（万元）
竹园社区	110	424	华逸明	花国民（1～10月）	12000
新农丰社区	99	244	蔡立勇	沈建伟	0
云昌社区	560	1960	潘国民	潘国民	0
云龙社区	750	2599	陈群献	陈群献	13000
云扬社区	667	1890	包国东	高　宏	6000
云林社区	780	2475	倪向红	倪向红	30350
云祥社区	396	1362	徐忠明	徐　军	22000
春雷社区	1080	3569	冯　明	冯　明	0
蓉阳村	235	821	章建红	平国忠	135000
芙蓉村	134	630	包建国	过国清	100000
双桥村	352	1476	陈　征	沈纪林	22000

（章　燕）

厚桥街道

【概况】厚桥街道成立于2009年4月，是开发区的重要承载板块之一，是锡山区重点打造的锡东新城S-park（高新技术产业园）区。街道地理位置优越，东与羊尖镇接壤，西至走马塘，南邻鹅湖镇和新区鸿山街道，北接锡虞路，与东港镇交界，京沪高铁、锡张高速公路贯穿而过，锡太路、锡东大道、锡沪路三条主干道从南、西、北三个方向环绕，区域优势突出。下辖8个行政村、1个社区，面积33.5平方千米，常住人口4.2万人，流动人口1.4万人。2015年，厚桥街道攻坚克难、勇闯善为，经济发展稳中有进，城乡建设有序推进，民生福祉持续改善，社会大局稳定和谐，各方面工作均取得显著成效，街道获“无锡市安全生产先进单位”“无锡市城市管理绩效考评优秀街道”等荣誉。

【街道职能加强】根据开发区《关于设立云林厚桥街道个体税收委托代征工作站的通知》精神，经开发区党工委成员会议决定，将部分协税员移交街道管理。同时，开发区财政局个体税收委托代征工作站职能下放，厚桥街道办事处个体税收委托代征工作站成立，负责厚桥街道辖区内个体税收委托代征各项工作。

【经济发展稳中有进】2015年，街道完成规模以上工业总产值11.9亿元，比上年增长2%；完成国税开票销售收入24.52亿元，比上年增长5.3%；完成固定资产投资2.67亿元；完成财政总收入1.07亿元，比上年增长7.7%；公共财政预算收入比上年增长19.02%。总投资4亿元的正罡自动化项目竣工建成；引进先进制造业项目3个，其中总投资2亿元的全盛安仁机械项目进入土地招拍挂程序，总投资6000万元的合能光伏科技和注册资本6000万元的名震机械投产运行；引进无锡可以成化工产品有限公司、无锡隆之杰化工产品有限公司、中航油（上海）石油化工有限公司无锡分公司3家总部型企业，项目建成后，预计年新增国税开票销售收入12亿～15亿元，税收总额1亿元左右。加快推进3个在谈投资超1亿元先进制造业项目的签约落地。全年新增各类企业71家、个体工商户159家。完成征地267.66公顷，确保了安普瑞斯、鼎固房地产、伟成金属等开发区重点产业项目落地开工建设。

【城乡建设有序推进】配合区级完成新一轮镇村布局规划调整方案论证。投入850万元，全面完成贸易街整体改造、厚荡路大修、14座危险桥梁改建维修工程和铁路浜、厚桥河、向阳河、钱更上、孙家坝控源截污工程；完成区重点清点项目厚桥实验小学地块责令交地工作；完成厚德苑A区562户、870套分房安置，超额完成年度目标任务。连续第四年获评市级城市管理绩效考评“优秀街道”。贸易街改造获评市级背街小巷包装出新优秀项目。开展村庄环境长效管理提升行动，虞家里等7个自然村成功升级为市级长效管理示范村。数字化城管体系实现上下联动，全年立案3864件，结案率100%。

【生态环境持续优化】强化大气污染综合防治，切实抓好工业废气、工地扬尘、秸秆焚烧管控，整治燃煤锅炉7台、“三高两低”及环保违法企业40余家，秸秆焚烧无一例发生。深入开展水环境综合整治，加强围网、渔簖管理，有效遏制畜禽养殖回潮。完成130千米管网、70台微动力设备常规维护和整修工作。2条河道完成清淤，4条河道通过验收，19条河道通过复查验收。实施谢埭荡圩堤翻建和排涝站翻建工程，完成谢埭荡中心河石笼护岸工程、中东灌区改造及7座灌溉站改造等年度水利建设任务，总投资约1450万元。辖区河道水质明显提升，平均综合污染指数比上年下降5%。新增造林绿化面积10公顷、绿地6.67万平方米。

【民生福祉持续改善】全年提供就业岗位887个，实现本地劳动力就业340人，实现就业困难人员就业149人。开发公益性岗位30个。全年新增创业116人，创业带动就业367人。完成社会保险全面参保登记工作，净增企业参保442人，新增被征地农民断保人员续保564人。构建和谐劳资关系，调处劳资纠纷28起。锁定目标精准扶贫，发放各类慰问救助金549.8万元。加强扶残助残和特困户帮扶，完成3户特困户建房。完成中学、小学、幼儿园暑期维修工程，厚桥实验小学改扩建工程一期全面封顶。厚桥实验小学再夺全国青少年棒球联赛无锡赛区小组冠军，厚桥中学获评市级青少年科技教育特色学校，厚桥中心幼儿园获得区级游戏设计一等奖。厚德苑文体活动中心装饰工程进入招投标阶段，完成大诚苑东区监控改造、敬老院消防改造工程。扎实开展人口计生工作，完成再生育一孩审批100例。探索文体阵地市场化运营新机制，引进社会组织管理街道文体服务中心，为居民提供优质公共文化服务。推进居家养老服务项目化发展，在全区率先探索居家养老服务中心社会化管理新模式。落实殡葬管理改革，出台《关于进一步推进殡葬改革工作的实施意见》，全面推进文明殡葬。

【富民强村蹄疾步稳】 积极发展高效设施农业和现代农业，新增高效设施农业8公顷，谢埭荡“高标准鱼池”和“休闲农庄”两个项目通过验收。谢埭荡村被评为“2015中国最美村镇最佳农家乐奖”和“江苏省四星级乡村旅游区”。设立注册资本5000万元的街村股份合作联社投资运作平台，规划启动5万平方米工业标准厂房建设工作。在规范设立各村股份合作社的基础上，确保全面实现股份现红分配。新厚桥村芽苗菜基地与江南大学建立联合实验室开发新产品，形成70余个品种；谢埭荡国际垂钓中心实现旅游收入105万余元，增幅超15%；中东村优质果品园区扩容13.33公顷；新联村佳惠食用菌菇专业合作社提速发展；年余村、太芙村、新厚桥村物业公司实现社会效益和经济效益双提升。

【社会治理切实加强】 全面实施社区网格化管理，“三社联动”机制纵深推进，年余村获评省级和谐社区建设示范村。稳步推进安置小区建居工作，完成“空挂户”归户1663户，归户率74.5%。加强物业管理，大诚苑A区和厚德苑B区获评市级物业管理示范小区。建成谢埭荡法治版画工作室，开展“法律六进”（法律进机关、进乡村、进社区、进学校、进企业、进单位）学法活动5次，群众法治建设满意度不断提升。深化矛盾纠纷网格化排查预警模式，开展信访积案化解专项行动，矛盾纠纷调处成功率98.7%。严格执行安全生产“一岗双责、党政同责”制度，深入开展危化品、特种设备等重点领域专项整治行动，全年无生产安全事故发生，街道辖区安全生产形势持续稳定。

【从严治党扎实推进】 深化政治理论武装，组织党工委中心组理论学习活动12次；举办厚德讲堂5期，邀请中国浦东干部学院、上海复旦大学等知名专家、学者授课；广大党员干部深入学习领会中共十八届四中、五中全会和习近平总书记系列重要讲话精神及依法行政理论，深刻领会丰富内涵，理想信念进一步坚定，依法行政能力进一步提升。创新基层宣讲模式，举办市民大讲堂6期，理论宣讲辐射范围不断扩大。推行干部科学化管理，完善干部培养、交流和实践锻炼机制。全面梳理村（社区）、机关部门岗位配置，调整村“两委”班子成员、机关部门负责人10人。进一步深化街管干部队伍建设，联合市委党校举办街管干部培训班1期，机关、村（社区）共计58名街管干部集中参训，干部职业道德水平和履职能力有效提升。完善绩效考核办法，增加民主测评权重，各级党员干部进取意识、责任感和紧迫感切实增强。深入开展村（社区）工作人员“入户入企轮班工作制”活动，累计走访居民2000余户、企业70余家，收集意见、建议109条，办理实事40余件，党群干群关系进一步密切。

【“孝礼善诚·最美厚桥”主题活动扎实开展】 8月12日晚，以“孝礼善诚·最美厚桥”为主题的文艺活动在厚德苑广场举办，并表彰2015年度厚桥街道“孝义崇善”家庭5户。2015年，厚桥街道积极响应区委宣传部、区文明办打造“孝义崇善之区”的号召，结合自身实际，大力组织开展“孝礼善诚·最美厚桥”主题活动，以尊老爱幼、扶危助困、见义勇为、遵德守礼、文明诚信、志愿服务为内容的各项品牌活动异彩纷呈。街道发动志愿者定期开展关爱空巢老人、关心困境儿童、帮扶困难群众、普及医疗保健知识等各类志愿服务20余次，累计服务人群5000余人次。更加关注未成年人健康成长。厚泽爱心妈妈服务社志愿者队伍不断壮大，总人数36人，包括女企业家和贤内助等社会爱心妈妈30人。街道联合爱心妈妈服务社开展心理疏导、吴地行走、荡口古镇采风、亲子互动、为白血病患儿刘飞爱心募捐等活动26次，无偿服务未成年人713次。越来越多的群众、企事业单位工作人员以及机关党员干部投身到“孝礼善诚”活动中来，有效提升了辖区社会道德水平与文明程度。

【第四届厚桥街道梨文化节举办】 4月4日，第四届厚桥街道梨文化节在中东村晏家湾拉开帷幕。该届梨文化节以“浪漫梨花，最美中东”为主题。开幕式现场，30名参加“梨花小天使”

评选活动的小朋友表演了精彩的节目；摄影采风为活动增添了艺术氛围；挖荠菜、包馄饨等活动，让带着孩子的家庭体验了农家乐。厚桥街道梨文化节形成了一定的品牌效应，2015年接待游客3万人以上，中东村的梨园版图走出无锡市，在泰州市姜堰区也有合作果园。梨文化节的成功举办，进一步提升了厚桥街道的知名度和美誉度。

【谢埭荡乡村旅游渐入佳境】 谢埭荡村以乡村生态休闲游为主题，将渔业与生态农业、文化产业培育融合发展，倾力打造垂钓观光、版画创作、果品采摘、鱼鲜品赏等乡村旅游特色，逐步形成“乡村游”“微旅游”“渔家体验游”等概念旅游路线。谢埭荡国际垂钓中心总面积19万平方米，水域面积超过12万平方米，是锡山区最大、配套设施最全的垂钓中心；2015年实现旅游收入105万余元，增幅超15%。谢埭荡村获“2015中国最美村镇最佳农家乐奖”和“江苏省四星级乡村旅游区”称号。

2015年厚桥街道各村（社区）基本情况一览

表45

村（社区）	户数（户）	人口（人）	书记	主任	开票销售收入（万元）
新厚桥村	1374	4953	华东明	华叶峰	17892
谢埭荡村	798	2639	杨玉兴	杨玉兴	37472
中东村	845	3034	毕永良	陈　友	79711
嵩山村	1700	6167	俞国良	蔡江峰	41978
新联村	950	3374	吴嘉华（至7月） 张晓东（7月任）	周国良	17668
年余村	438	1698	瞿梅红	朱　峰	23825
太芙村	941	3410	蔡晓东	蔡晓东	383
南桥头村	744	2775	金大明	金大明	11987
厚桥社区	460	1139	孙秋江	周伟江	—

（鲍永亮）

编辑：吴　霞

3月4日，无锡市第十三届志愿者活动月锡山区东亭街道集中服务点开展文明交通志愿活动　（胡懿文 摄）

12月底，东亭街道“蓝光耍街”初具规模　（胡懿文 摄）

9月21日，东亭街道社区服务协会深入走访发放每季度的健康导读资料　（胡懿文 摄）

10月30日，锡山区“流光溢彩映锡山”广场文艺演出暨东亭街道“秋之舞”专场演出在馨和园广场举行　　（胡懿文 供稿）

6月，安镇街道职工之家建成　　（安镇街道 供稿）

8月，安镇凤凰山黄桃园丰收　　（安镇街道 供稿）

11月，安镇凤凰山生态园　　（安镇街道 供稿）

2015年，雅迪科技集团有限公司连续6年蝉联中国轻工业行业十强第一名。图为该公司生产车间　　（安镇街道 供稿）

5月28日，2015"腾计划"·专精特新无锡羊尖镇电子商务应用人才培训会举办　　（羊尖镇 供稿）

7月10日，绿源电动车无锡基地启动仪式举行　（羊尖镇 供稿）

7月14日，2015年廊下村七色花暑期班开班典礼举行　　（羊尖镇 供稿）

2月，甘露中心幼儿园三楼教室改造工程及硬件更新完成。图为焕然一新的甘露中心幼儿园　　（陈　程　摄）

10月，荡口古镇获“2015中国最美村镇榜样奖”。图为荡口古镇雪景　　（周　信　摄）

2015年，普洛斯项目二次招商形势良好，现代物流基地建设步伐加快。图为普洛斯鹅湖物流园　　（陈　程　摄）

5月底，东北塘街道东顺苑绿化景观环境配套工程——白荡公园竣工
（郅恒发 摄）

10月底，东北塘街道文体服务中心主体工程竣工　（丁萤萤 摄）

11月初，东北塘街道严埭社区殷巷新村整治工程全面竣工
（章予嘉 摄）

8月，锡北镇周家阁文化公园建成　　　　　　　　　　（陈惠初　摄）

8月29日，“勿忘国耻，圆梦中华”——纪念抗日战争暨世界反法西斯战争胜利70周年大型广场文艺演出在锡北镇周家阁文化公园举行
（过敏慧　摄）

9月，锡北镇周家阁村科普馆建成　　　　　　　　　　（夏国锋　摄）

9月8日，爱康集团·慧谷金融电商产业园开工奠基仪式在锡北园区举行

（杨振华 摄）

锡北新市镇风貌 （陈惠初 摄）

10月16日，东港镇十大孝义崇善家庭颁奖晚会在东港镇港下中学举办 （云 峰 摄）

金秋时节，东港镇山联村山前皇菊美不胜收 （云 峰 摄）

5月22日，锡山区“流光溢彩映锡山”广场文艺演出暨云林街道2015年民俗文化活动周开幕式在云林街道祇陀寺广场举办 ‘（万 青 摄）

5月25日，云林街道2015年民俗文化团队巡游　（万　青 摄）

8月13日，在“缤纷彩云、福映万家”活动中，假期返乡高校学生在区环保局参观环保监测设备　（项盛林 摄）

11月21日，云林街道团工委开展“童眼看地铁”——云林新市民城市交通体验活动　（项盛林 摄）

4月30日，江苏省老年体育节锡山区厚桥分会场开幕式在大诚广场举行

（耿生国 摄）

2015年年底，厚桥实验小学改扩建一期工程竣工　（耿生国 摄）

人物·荣誉栏

Figures, Honor List

4月28日，2015东亭街道老年人体育节暨全民健身节启动式在景苑门球场举行　　（胡懿文 摄）

先进人物

蒋国兴 1964年10月生，江苏宜兴人，复旦大学硕士研究生，民进锡山区基层委员会会员，国家一级美术师，研究员级高级工艺师，中国陶瓷设计艺术大师，全国五一劳动奖章获得者，享受国务院特殊津贴专家。

他爱党爱国爱民进，自觉学习中共十八届三中、四中全会和习近平总书记系列重要讲话精神，积极参加坚持和发展中国特色社会主义学习实践活动，学习统一战线和多党合作的理论；积极参加民进锡山区基层委员会组织的各项活动，他参与的调研报告《积极引导企业参与和服务社会管理的建议》获“无锡市政协优秀调研成果奖”；积极参加无锡市双拥文化建设，他所领导的工作室被评为“军地文化交流活动基地”。他热心公益、助教助学，勇于担当社会责任，积极参与民进江苏省委发起的“同心·阳光助学行动”，近五年向社会捐赠钱物折价近400万元。

他爱岗敬业、勇于创新，坚持走艺术创新发展之路，先后获得国家认定的设计发明专利46项。他将传统陶瓷艺术成功引入现代公共建筑空间，开创独特的“大陶瓷”艺术之路，有上海东方艺术中心的大型陶艺壁挂《身如彩翼双飞舞》、上海中心的大型陶艺装置作品《鱼乐图》、宜兴文化中心的《山水禅》《梁祝情》《氿光曲》大型陶艺装置等。在古建筑保护领域，他为上海音乐厅、马勒公寓、外滩源、绿房子等古旧建筑研制配套的多种琉璃、装饰等艺术陶瓷构件，为古建筑修复中陶瓷构件的修复还原做出贡献。蒋国兴创新工作基地陶运码头是市级文物保护单位，他被市文化广电新闻出版局认定为无锡市非物质文化遗产项目代表性传承人，陶瓷仓储技艺列入省级非物质文化遗产项目的申报对象。

他热心传承、潜心研究，弘扬中国陶瓷文化。蒋国兴长年担任上海同济大学建筑与城市规划学院陶艺设计课程的特聘教授，蒋国兴和他的创作基地近5年接待国内和美国、法国、俄罗斯等15个国家的本科、硕士学生500余人，为宣传和弘扬中国陶瓷文化、培养陶瓷艺术后续人才做出独特贡献。他把宣传弘扬中国的陶瓷文化作为自己的社会责任和道义担当。2009年10月7～21日，蒋国兴随国家主席习近平出访比利时、保加利亚、罗马尼亚等五国，传播中国文化。2011年起，他连续三届应邀参加在法国卢浮宫举办的国际文化遗产展，其作品“圣地十月”紫砂壶被法国国家艺术家联合会收藏。在2013年11月法国卢浮宫举办的第十九届国际文化遗产展会上，蒋国兴将设计创作的玉兔生辉（兔）、五谷丰登（鼠）两把紫金生肖壶赠送法方。在近年中国倡导启动的“新丝绸之路”文化之旅行动中，蒋国兴的作品《飞天云》和《圣地十月壶》成功入选并远赴希腊亚洲艺术博物馆展出。多年来，蒋国兴潜心著书立说，先后出版《陶艺人生》《田申醉陶》专著2部，在《中国收藏》等多家专业学术刊物上发表十余篇学术论文，公开出版发表专业著述近150万字。蒋国兴与著名作家叶辛合作的人物传记文集《紫砂巨匠王寅春》，为中国紫砂历史树起一座“不朽的丰碑”。

近年来，蒋国兴多次受到民进各级组织的表彰，先后3次被民进无锡市委和锡山区基层委员会评为“优秀会员”；2012年5月，被民进江苏省委授予“民进江苏省为全面建设小康社会做贡献先进个人”称号；2015年1月，被民进无锡市委授予“特别贡献奖”。2015年4月28日，蒋国兴被中共中央、国务院授予“全国劳动模范”称号。6月1日，蒋国兴被民进中央授予“民进全国社会服务先进个人”称号。（蒋国兴）

皮郁清 1965年7月生，江苏无锡人，研究生学历，中级工程师，民进锡山区基层委员会会员，民进江苏省委会经济联谊会副会长，无锡市中通纺织品有限公司董事长。

他爱党爱国爱民进，积极践行社会主义核心价值观。皮郁清深入学习中共十八届三中、四中全会和习近平系列重要讲话精神，不断加强马列主义、毛泽东思想、邓小平理论的学习，积极践行社会主义核心价值观，政治立场坚定，自觉接受和拥护共产党的领导，认真贯彻执行民进上级组织的意见和决议，积极参政议政、献言献策。2013年，他参与的调研报告《积极引导企业参与和服务社会管理的建议》获“无锡市政协优秀调研成果奖”。

他以诚信为本、质量为先，企业发展呈现良好态势。皮郁清带领公司全体员工秉承“诚信为本”的理念，牢把产品质量关。公司除每年委托专业的调查公司进行国内外市场调查外，还定期或不定期地派业务员与客户进行交流沟通，了解客户对产品的需求及市场动态，并按照ISO 9001质量管理体系认证的要求，每年向客户发出“顾客满意程度调查表”，反馈意见全部是非常满意、满意，公司的信誉度赢得客户的一致好评。公司的良性发展为锡山区的经济建设做出贡献。

他积极履职、定点帮扶，长期参与“同心·彩虹行动”。自担任民进江苏省委会经济联谊会副会长后，带领会员开展大量的调研活动，引导、指导成员企业主动转型走上可持续发展之路。他积极参与民进江苏省委发起的“同心·彩虹行动”，2010年、2011年连续两次到民进江苏省委对口帮扶的贵州省金沙县沙土镇考察教育设施情况，2010～2012年为沙土镇中小学捐赠30万元，并建立黄泥小学“皮郁清计算机室”；2012年，参与沙土镇中学运动场地改造工程，为沙土镇小学建5间多媒体教室；同时为沙土镇老师到无锡参加培训学习提供经费支持，为贵州省金沙县沙土镇的经济建设和教育事业做出贡献。

他关爱老人、助教助学，热心社会公益事业。2011年，皮郁清积极响应民进中央组织的书画义卖活动，义捐4万元。2013年，帮助广东省湛江市遂溪县海山村小学建立图书阅览室捐现金10万元，支持甘肃省扶贫工作捐现金5万元。皮郁清在重阳节敬老活动中捐现金10万元、货物20万元给家乡无锡市滨湖区华庄街道周谭村近1000名老人，为2名特重病人捐款5万元，为困难家庭捐款3万元。2014年8月，支持锡山区云林街道环卫工作6000元。9月，向无锡市梅村中学捐10万元，帮助贫困学生。皮郁清协助几家企业顺利过渡2013年的严峻形势，在转型升级方面大力投入，招聘研究生三名、大学生十余名，建立电子商务营销平台，为他们提供良好的就业机会。

近年来，皮郁清多次受到民进各级组织的表彰。2014年1月，皮郁清被民进中央评为“同心·彩虹行动先进个人”；2015年1月，被民进无锡市委评为“社会服务工作先进个人”。2015年6月1日，皮郁清被民进中央授予“民进全国社会服务先进个人”称号。

（唐　磊）

戴三南 1943年6月生，锡山区东北塘街道人，初中学历，无锡市海联舰船附件有限公司董事长。

戴三南年逾五旬草根创业，创建的海联公司成为闻名于海洋装备系统的优秀定点配套企业。他办企业讲诚信，在他的带领下，2005年公司产值突破1亿元，税收突破1000万元，成为纳税大户。近几年来，公司先后进行裕巷工业园厂区、梓旺工业园厂区、收购改扩建精纺厂、周巷生产基地四轮较大规模的投入，总投资1.5亿元。2014年，公司销售总收入近5亿元，上缴税金近6000万元。“十一五”期间，公司缴纳国地税8000余万元，“十二五”期间缴纳国地税1.85亿元。戴三南热心社会公益，70岁时创设“老船长”基金，为慈善事业一次性认捐500万元。多年来，他为东北塘实验小学、东北塘中学、锡山职业教育中心校、敬老院、延安希望小学、贵州贫困地区等捐资助学、救济贫困等共计捐资150余万元，累计使256个困难户及贫困学生得到及时救助。2004年，戴三南获“中国人民解放军科技进步三等奖”；2009年，戴三南获“无锡年度行业创新业领军人物”称号。2015年8月，戴三南被中央文明办授予“中国好人（助人为乐类）”称号。

顾　哲 1977年12月生，锡山区东港镇人，大学本科，中共党员，锡山国土分局地籍科副科长。

顾哲爱岗敬业，是锡山国土系统的“土专家”。2003年8月，他进入国土系统，参加工作12年来，始终把提高自身业务素质和技能作为干好本职、服务大局的基础，十年如一日地坚持自学国土资源管理业务和信息化知识，成为锡山国土分局的“业务能手”，是锡山国土资源系统学业务、强本领、促发展的年轻干部典范。顾哲勇于担当，是忠实履行使命的共产党员。他12年始终奋斗在地籍管理工作第一线，工作中加班加点是常态，他放弃了无数的双休日坚守在工作岗位上，为锡山国土资源系统赢得了一项又一项成绩和荣誉。顾哲无私奉献，是以苦为乐的“拼命三郎”。他带病坚持工作，于2015年9月2日去世，他把自己年轻的生命献给他所热爱的国土资源管理事业，用责任和爱谱写了一曲生命的赞歌。2015年12月，顾哲被中央文明办授予“中国好人（敬业奉献类）”称号。（安志强）

严国兴 1955年11月生，锡山区羊尖镇人，中共党员，锡山区羊尖镇总工会主席。

自2007年10月担任镇总工会主席后，严国兴认真贯彻落实党的路线方针政策，刻苦学习工会相关的政策、法规知识，积极参加系统培训，获劳动法律监督和劳动争议调解资格证书。他非常熟悉辖区内企业经济运营情况及基层工会组织具体情况，积极开展工会干部培训、企业劳动技能比赛、“工人先锋号”创建、劳动监督检查、职工业余文体活动、困难职工帮扶等系列活动，创新开展“共同约定”活动、“职工创新创优奖励制度”“劳动矛盾调解机制”“职工之家”创建、完善基层“爱心帮扶基金”等工作，工会工作亮点纷呈，效果明显，在市、区名列前茅。他深入企业一线开展调研，与企业主、企业工会主席和一线职工交流沟通，为企业和职工达到双赢做出积极的贡献。近年来，羊尖镇总工会先后被评为“江苏省模范基层工会”“无锡市优秀基层工会”。2015年12月4日，严国兴被中华全国总工会授予“全国优秀工会工作者”称号。（浦 亚）

过锡贤 1958年8月生，锡山区锡北镇八士人，大专学历，中共党员，锡山区司法局锡北司法所所长。

1991年，过锡贤从厂长转行当司法所长，24年来，他成功调解纠纷3460余起，教育感化社区服刑人员250余人，成功帮扶540余名刑释人员就业，开展法治讲座348场，挽回经济损失7900余万元。创新打造锡北镇法治宣传一条街、一个广场、一个窗口、一台戏、一个学校的“五个一”工程。他几十年如一日，在平凡的岗位上践行着一名基层党员干部的赤诚，他把国家的法律、党的政策和一片真情送到群众心中，为一方平安和人民群众的安居乐业呕心沥血。他先后获“全国模范司法所长”“全省司法行政系统先进工作者”“全省防激化工作先进个人”“全省四五普法先进个人”“无锡市劳动模范”“无锡市优秀公务员”“无锡市安置帮教工作先进个人”等30余项荣誉；荣立个人二等功1次、三等功2次。2015年12月，过锡贤被司法部授予“全国模范司法所长”称号。（过锡贤）

杨秋芳 女，1970年7月生，江苏无锡人，大学本科，农工党锡山区基层委员会会员，副主任医师，锡山区鹅湖人民医院妇产科主任。

自1991年进入鹅湖人民医院，她在妇产科服务25年。鹅湖人民医院妇产科承担着锡东地区孕妇分娩重担，工作繁忙，作为妇产科主任，她更加忙碌，有时甚至没有昼夜可分，更不要说节假日了。科室里经常会有胎位正常、胎儿适中、骨盆大小等各方面条件都符合的准妈妈们一再要求剖宫产，当医生告知剖宫产对产妇和婴儿带来的不利影响时，得到的往往是争吵甚至谩骂。杨秋芳理解准妈妈们的紧张和焦虑情绪，并不把谩骂放在心上，而是耐心开导和激励她们，给她们信心。她再三劝说，用科学的道理让准妈妈们知晓自然分娩的好处，用自己的经历拉近医患之间的距离，用暖心的安慰打动和说服患者及其家属。患者及其家属都夸她待人和气，都称赞她医术好，患者赠送的一面面红色锦旗就是最好的见证，鹅湖人民医院妇产科一直是全院的先进示范科室。

作为妇产科主任，她规范工作上的一举一动，给年轻一辈正确的指引。她深知“一枝独秀不是春”，一个技术再超群的医生也没有三头六臂，能力总是有限的，所以她很重视对科室骨干以及年轻医生的培养，合理安排资源，给能干事的人提供展示技能的舞台。她经常教导年轻医护工作者，耐心和微笑是医生除医护技术外的法宝，是工作进展更顺利的秘诀，不亚于一项医疗技能。偶尔碰到无理取闹、讽刺谩骂的患者，她告诫年轻人要懂得换位思考，耐心沟通可以缓解很多矛盾。

她一直以身作则，在平凡的工作岗位上做出了不平凡的业绩。2015年1月，杨秋芳被国家卫生和计划生育委员会授予“全国妇幼健康服务先进个人”称号。

（区卫计局）

姚 娟 女，1984年7月生，祖籍安徽省六安市，锡山区东亭街道人，大学本科，在无锡市残联工作，曾就读于锡山区体校。

1998年5月，姚娟代表锡山市参加无锡市首届残疾人运动会，获得女子站立F10（11）级标枪、铅球、铁饼三个项目的冠军。1999年9月，她代表无锡市参加江苏省第五届残疾人运动会，一举打破女子F42级跳远、铅球、铁饼三个项目的世界纪录。2000年5月，她代表江苏省参加在上海市举行的第五届全国残疾人运动会，在女子F44级标枪、铁饼、铅球比赛中，分别取得一金一银一铜的成绩。2000年，在澳大利亚举行的第十一届残奥会上，她以37.56米的成绩夺得女子F46级标枪冠军，并打破该项目的世界纪录。在2008年北京残奥会上，她以40.51米的成绩夺得冠军，并三度刷新女子标枪世界纪录。在2012年伦敦残奥会上，她以13.05米的优异成绩夺得女子F42-44级合并级铅球比赛的金牌，并打破该项目的世界纪录。在2014年10月韩国仁川亚残会上，她勇夺铅球金牌、铁饼银牌。姚娟先后获“全国五一劳动奖章”“全国五四青年奖章”“全国三八红旗手”“全国优秀运动员”“北京奥运会残奥会先进个人”“江苏省劳动模范”“江苏省三八红旗手”“江苏省五四青年奖章”等多项荣誉，被江苏省政府记一等功、二等功。2012年，姚娟被全国总工会授予“全国五一劳动奖章”，被中国残疾人联合会、国家体育总局授予“第14届残奥会中国体育代表团优秀运动员”称号，被江苏省政府授予“江苏省先进个人”称号，被江苏省总工会授予“江苏省劳动模范”称号，被江苏省妇联授予“江苏省三八红旗手标兵”称号，被江苏省青联授予“江苏省五四青年奖章”称号。2015年9月，姚娟获第九届全国残疾人运动会女子F42/43/44级铅球与F43/44级铁饼冠军。

盛玉红　女，1971年生，江苏无锡人，肢残运动员，民进锡山区基层委员会会员，锡山区体校教练，江苏省女子坐式排球队总教练，中国女子坐式排球队教练兼主攻手。

盛玉红曾是一名健全人排球运动员，1990年入选国家青年队。不幸受伤后，她改练坐式排球，并进入国家队。在2004年雅典残奥会上，中国首次参加坐式排球比赛，盛玉红以主攻手的身份出战，与队友们为中国赢得残奥会上第一枚集体球类项目金牌，并以出色的表现被评为“残奥十大传奇英雄”之一。2008年9月15日，以盛玉红为主力的中国女子坐式排球夺得北京残奥会团体项目冠军；在2012年9月伦敦残奥会上，蝉联女子坐式排球冠军。2014年10月，她以教练与主攻手的身份出战，与队友们顽强拼搏，勇夺韩国仁川亚残会女子坐式排球冠军。盛玉红先后获“全国五四青年杰出贡献奖章”“全国五一劳动奖章”“全国三八红旗手”“雅典残奥会优秀运动员”“北京奥运会残奥会先进个人”“CCTV 2012年度体坛风云人物”“江苏省三八红旗手标兵”“江苏省五一劳动模范”“江苏省五一劳动奖章”“江苏省新长征突击手标兵”“江苏省劳动模范”“无锡市十大新人新事杰出人物”“锡山区新锡山功勋奖”等多项荣誉。2012年9月，盛玉红被全国总工会授予“全国五一劳动奖章”，被中国残疾人联合会、国家体育总局授予“第14届残奥会中国体育代表团优秀运动员”称号，被江苏省政府授予“江苏省先进个人”称号，被江苏省总工会授予“江苏省劳动模范”称号，被江苏省妇联授予“江苏省三八红旗手标兵”称号。2015年9月，盛玉红获第九届全国残疾人运动会女子坐式排球亚军。

（胡鹏殿）

周耀庭　1943年3月生，江苏无锡人，初中学历，中共党员，红豆集团董事局主席。

作为中国老一代的乡镇民营企业家，周耀庭创业30多年，他把红豆从一个濒临倒闭的乡办小厂发展壮大成为国务院120家深化改革试点企业集团，到如今红豆已成为涉及纺织服装、橡胶轮胎、生物医药和地产四大领域，拥有2家上市公司、1家境外园区的大型现代化企业集团，为中国的民营经济发展做出巨大的贡献。1983年，周耀庭调任港下针织厂厂长（红豆集团前身），在改革开放的大好政策下，他对小厂进行大刀阔斧的改革，积极探索推进“内部市场制，股份合作制，效益承包制，母子公司制”的“四制联动”管理机制，实施竞争上岗、制度选人的机制，使企业成功转型为现代企业，也使企业成为“新苏南模式”的典型代表。他不仅注重企业的污染治理工作，还积极进军生态产业。1997年，周耀庭开始进军绿色生态产业，掌握红豆杉快繁技术，企业建成全球最大红豆杉实生苗培育产业园，成为红豆杉综合开发利用的全球领跑者。他一直注重社会公益，在他的带领下，红豆集团捐款捐物超3亿元。2015年3月24日，周耀庭、周海江父子个人捐资1000万元成立无锡耀庭慈善基金会，通过专业化独立运作，使红豆慈善事业一直坚持下去。

周耀庭先后获得省级以上荣誉几十项。1995年年底，周耀庭被全国十大新闻单位联合推选为唯一的“1995年中国农村新闻人物”；1997年底，当选九届全国人大代表；2002年连任十届全国人大代表；2006年当选为中国乡镇企业家协会会长；2008年获“全国优秀乡镇企业家终身成就奖”；2008年11月获“影响中国改革30年·30人”称号；2012年连任中国红豆杉保育委员会主席；2013年，被中国乡镇企业家委员会授予“中国乡镇企业家特殊贡献奖”。2015年11月27日，周耀庭被胡润百富授予“胡润百富终身成就奖”。

周海江　1966年2月生，江苏无锡人，博士研究生，中共党员，红豆集团党委书记、总裁，高级经济师。

红豆集团掌门人周海江，在1988年从河海大学教员岗位辞职到农村创业，成为“改革开放后全国第一个辞职的大学教员”。他从工人到车间主任、副厂长、总经理，2004年10月经无记名投票，高票当选为集团总裁。周海江身上既有第一代企业家不畏艰难、勇于创业的精神，也有新一代知识型企业家运筹帷幄、纵横捭阖的睿智。20多年来，周海江艰苦创业，开拓进取，逐步成长为“乡镇企业异军突起”中的一个领军人物。周海江善于把握企业发展规律，加速产业转型升级，首创中国特色现代企业制度，即“现代企业制度+党的建设+社会责任”，努力推进集团“智能化、绿色化、服务化、高端化、国际化、证券化”建设，使集团保持了每年两位数以上的增长。他还引领企业关心员工、关爱社会、关注环境。他带领企业积极履行社会责任，个人捐款300万元，在北川、映秀、聚源地震灾区设立“七一红豆奖学金”，带领集团全体员工向雅安地震灾区捐款捐物614.2万元，设立1亿元基金支持大学生创业，集团累计向社会捐款、捐物超3亿元。

周海江先后被中央统战部等单位授予“优秀中国特色社会主义事业建设者”称号，被团中央和全国青联授予“中国青年五四奖章”，被中华全国总工会授予“全国劳动模范”称号，荣登过全球著名财经杂志《福布斯》封面人物，担任十七大党代表、十八大党代表、全国工商联副主席、APEC中国理事会副主席等职务。2015年7月16日，周海江被中国企业联合会授予“2014～2015年度全国企业文化建设突出贡献人物”称号。（钱　静）

荣誉栏

2015年度获省级（含省条线）以上表彰先进个人一览

表46

姓名	单位	荣誉称号	授予单位
蒋国兴	上海供春陶业有限公司	全国劳动模范	中共中央、国务院
蒋国兴	上海供春陶业有限公司	民进全国社会服务先进个人	民进中央
皮郁清	无锡市中通纺织品有限公司	民进全国社会服务先进个人	民进中央
戴三南	无锡市海联舰船附件有限公司	中国好人	中央文明办
顾　哲	锡山国土分局	中国好人	中央文明办
严国兴	羊尖镇总工会	全国优秀工会工作者	中华全国总工会
过锡贤	锡北司法所	全国模范司法所长	司法部
杨秋芳	鹅湖人民医院	全国妇幼健康服务先进个人	国家卫生和计划生育委员会
姚　娟	市残联	第九届全国残疾人运动会女子F42/43/44级铅球与F43/44级铁饼冠军	中国残疾人奥林匹克理事会

续表46

姓名	单位	荣誉称号	授予单位
盛玉红	区体校	第九届全国残疾人运动会女子坐式排球亚军	中国残疾人奥林匹克理事会
周耀庭	红豆集团	胡润百富终身成就奖	胡润百富
周海江	红豆集团	2014～2015年度全国企业文化建设突出贡献人物	中国企业联合会
尤迎九	羊尖中学	全国科研先进工作者	中国教育学会积极心理学课题组、北京市心理学会
尤迎九	羊尖中学	全国教育创新教师	《创新时代》杂志社
吴　杰	江苏申锡机械有限公司	全国建筑物资租赁承包行业优秀青年企业家	中国基建物资租赁承包协会
金　京	无锡圣鑫科技有限公司	全国设备管理优秀个人	中国设备管理协会
潘洪峰	区法院	人民满意的政法干警（个人二等功）	中共江苏省委政法委员会
吴永军	区检察院	全省民事行政检察先进个人	江苏省人民检察院
周　雷	区检察院	全省检察机关反贪部门优秀侦查员	江苏省人民检察院
许芝艳	区委统战部	全省统战系统先进工作者	中共江苏省委统战部
薛玉宝	区委老干部局	2014年度全省老干部工作部门信息工作先进个人	中共江苏省委老干部局
张健明	区住建局	九三学社江苏省委参政议政工作先进个人	九三学社江苏省委员会
华　萍	区交通运输局	全省交通运输行业精神文明建设先进工作者	江苏省交通运输厅
过　杰	区安监局	全省烟花爆竹安全监管工作突出个人推荐表	江苏省安全生产监督管理局
陈淑萍	锡山公安分局	“四项建设”活动公安档案业务标兵，个人二等功	江苏省公安厅
章秋明	锡山地税局	2014年度按比例安排残疾人就业工作先进个人	江苏省人民政府残疾人工作委员会
董　敏	锡山地税稽查局	2014年度全省地税系统税务稽查工作先进个人	江苏省地方税务局
商林东	锡山地税局第五分局	江苏省青年岗位能手	共青团江苏省委员会、江苏省人力资源和社会保障厅
谈静雅	开发区	2015年度全省统计工作先进个人	江苏省商务厅
倪爱军	安镇街道办事处	第三次全国经济普查省级先进个人	江苏省第三次全国经济普查领导小组

续表46

姓名	单位	荣誉称号	授予单位
倪爱军	安镇街道办事处	全省第三批基层规范统计岗位标兵	江苏省统计局
吕有为	安镇街道办事处	全省科技工作先进个人	江苏省科学技术协会
钱思熠	荡口实验小学	第三届江苏省美德少年	江苏省精神文明建设指导委员会办公室
吴胤军	羊尖派出所	全省公安机关抗战胜利70周年纪念活动安保工作成绩突出个人	江苏省公安厅
王亚珠	东北塘司法所	江苏省司法行政系统先进工作者	江苏省人力资源和社会保障厅、省司法厅、省公务员局
葛正东	锡北司法所	全省社区矫正工作先进个人	江苏省司法厅
吴岳平	东港镇山联村	江苏好人	江苏省精神文明建设指导委员会办公室
吴岳平	东港镇山联村	吴仁宝式优秀村书记	中共江苏省委组织部、宣传部
刘美花	东港镇残联	江苏省残疾人基本服务状况和需求专项调查优秀调查员	江苏省人民政府残疾人工作委员会
孙建英	厚桥街道嵩山村	江苏好人	江苏省精神文明建设指导委员会办公室

2015年度获省级（含省条线）以上表彰先进集体一览

表47

获奖单位	荣誉称号	授予单位
锡山区	国家级出口摩托车、电动车安全示范区	国家质量监督检验检疫总局
民进锡山区基层委员会	民进全国先进集体	中国民主促进会中央委员会
民进锡山区基层委员会	民进全国社会服务工作先进集体	中国民主促进会中央委员会
农工党锡山区基层委员会	全国先进基层组织	农工党中央
锡北镇	全国文明村镇	中央精神文明指导委员会
无锡万迪动力集团有限公司工会委员会	全国模范职工之家	中华全国总工会
无锡兴达泡塑新材料股份有限公司第一车间工会	全国模范职工小家	中华全国总工会

续表47

获奖单位	荣誉称号	授予单位
江苏新日电动车股份有限公司	全国五四红旗团委	共青团中央
锡山地税局团总支	全国五四红旗团支部	共青团中央
锡山国土分局	全国国土资源管理系统“六五”普法先进单位	国土资源部
东港镇卫生院（东港镇社区卫生服务中心）	2014～2015年度群众满意的乡镇卫生院	国家卫生和计划生育委员会
东亭街道映月社区	2015年度全国社区侨务工作示范单位	国务院侨务办公室
区法院	第二届全国青年法官优秀案例评选活动组织奖	共青团最高人民法院机关委员会 中国应用法学研究所
羊尖实验小学“红领巾锡剧研究院”	2015年度全国优秀红领巾国学小社团	团中央学校部、全国学联秘书处、全国少工委办公室
羊尖中学	教育部首批中小学心理健康教育特色学校	教育部办公厅
荡口古镇	寻梦2015·中国最美村镇榜样奖	中国最美村镇评选活动组委会
厚桥街道谢埭荡村	寻梦2015·中国最美村镇最佳农家乐奖	中国最美村镇评选活动组委会
东亭街道春星社区	国家级“社区益民计划”示范社区	中国科学技术协会、财政部
无锡市山联水产专业合作社	全国绿色生态健康养殖示范单位	中国国际经济技术促进会品牌促进中心
江苏新日电动车股份有限公司	2015年中国最有价值品牌500强榜单	中国最有价值品牌500强评审委员会
红豆集团	2015中国民营企业500强	中国民营企业联合会、中国管理科学研究院企业研究中心
江苏大明金属制品有限公司	2015中国民营企业500强	中国民营企业联合会、中国管理科学研究院企业研究中心
无锡兴达泡塑新材料股份有限公司	2015中国民营企业500强	中国民营企业联合会、中国管理科学研究院企业研究中心
区计划生育指导站	江苏省避孕药具不良反应监测工作先进集体	国家计划生育药具不良反应检测中心
锡山区	2014年度全省基层党员冬训工作示范县（市、区）	中共江苏省委组织部、宣传部
锡山区	现代民政建设示范区	江苏省民政厅
锡山区	江苏省土地执法模范县（市、区）	江苏省国土资源厅
锡山区	2014年江苏省“扫黄打非”工作先进地区	江苏省“扫黄打非”工作领导小组
区政府	第六批江苏省新型工业化产业示范基地	江苏省经济和信息化委员会
区检察院工会委员会	江苏省模范职工之家	江苏省总工会

续表47

获奖单位	荣誉称号	授予单位
区委宣传部	2014年度全省基层党员冬训工作创新项目	中共江苏省委组织部、宣传部
区委宣传部	2014年度江苏省文化科技卫生“三下乡”先进集体	中共江苏委宣传部等
九三学社锡山区基层委员会	九三学社江苏省委宣传工作先进集体	九三学社江苏省委员会
区委老干部局	2014年度全省老干部工作部门信息工作先进集体	中共江苏省委老干部局
区教育局	江苏省义务教育均衡发展先进集体	江苏省教育厅
区教育局	省教育技术装备工作专项督导“优秀”等级	江苏省人民政府教育督导委员会
区知识产权局	2014年度江苏省知识产权工作先进集体	江苏省科学技术厅、省知识产权局
区人社局业务大厅	江苏省巾帼文明岗	江苏省城镇妇女“岗位建功”活动领导小组、省妇女联合会
区司法局	全省社区矫正工作先进集体	江苏省司法厅
区水产技术推广站	江苏省农业技术推广二等奖（太湖流域农业面源污染治理技术创新与示范推广）	江苏省人民政府
区森林消防队	江苏省第六届森林消防技能竞赛团体二等奖	江苏省森林防火指挥部办公室
区农业机械技术推广站	2015年度江苏农机新技术推广先进单位	江苏省农业机械技术推广站
区摩托车、电动车及其零配件产业出口基地	优秀等第	江苏省商务厅
锡山人民医院	江苏省五一劳动奖状（铜牌）	江苏省总工会
锡山人民医院心内科护理组	全省卫生计生系统巾帼文明岗	江苏省卫生和计划生育委员会、省妇女联合会
锡北人民医院	第三届江苏省康复治疗师岗位技能竞赛优秀组织奖	江苏省康复医学会
区安监局	2015年冶金等工贸行业安全生产先进集体	江苏省安全生产监督管理局
区体育彩票管理中心	江苏省2015年度体育彩票工作先进单位	江苏省体育彩票管理中心
区体育彩票管理中心	江苏省2015年度体育彩票销售贡献奖	江苏省体育彩票管理中心
区文化体育行政综合执法大队	全省新闻出版系统2013～2014年度青少年维权岗	共青团江苏省委员会、江苏省新闻出版局
区粮食局	全省粮食流通监督检查示范单位	江苏省粮食局
区厂务公开协调小组办公室	江苏省推动厂务公开民主管理工作先进单位	江苏省厂务公开协调小组办公室
区妇联	江苏省巾帼文明岗	江苏省城镇妇女“岗位建功”活动领导小组、省妇女联合会
锡山地税局	2014年度按比例安排残疾人就业工作先进单位	江苏省人民政府残疾人工作委员会

续表47

获奖单位	荣誉称号	授予单位
锡山地税局	2014年度全省地税系统优秀税收调研成果一等奖	江苏省地方税务局
锡山地税局纳服局办税服务大厅	江苏省工人先锋号	江苏省总工会
开发区	2015年度全省开发区信息工作先进集体	江苏省商务厅、省开发区协会
开发区电子信息产业园	第五批江苏省中小企业产业集聚示范区	江苏省经济和信息化委员会
东亭派出所	集体二等功	江苏省公安厅
东亭街道映月社区	2015年度江苏省民主法治示范社区	江苏省依法治省领导小组
东亭街道映月社区	2015年度江苏省和谐社区建设示范社区	江苏省民政厅
安镇街道	全省乡村公路管养及安保工程示范镇	江苏省交通运输厅公路局
安镇街道安西社区	省级充分就业示范社区	江苏省人力资源和社会保障厅
安镇街道查桥村	“老少携手千站万人走访抗日老英雄”先进集体	江苏省关心下一代工作委员会办公室
安镇实验小学	江苏省巾帼文明岗	江苏省城镇妇女“岗位建功”活动领导小组、省妇女联合会
农博园	江苏省科普惠农服务站	江苏省科学技术协会
羊尖镇	江苏省科普示范镇	江苏省科学技术协会
羊尖镇财政所	江苏省巾帼文明岗	江苏省城镇妇女“岗位建功”活动领导小组、省妇女联合会
羊尖镇严家桥村	江苏省社区侨务工作示范单位	江苏省人民政府侨务办公室
羊尖镇先锋家庭农场	省级科技示范基地	江苏省科学技术协会
羊尖镇廊下村卫生室	2015年江苏省示范村卫生室	江苏省卫生和计划生育委员会
羊尖实验小学	江苏省青少年校园篮球特色学校	江苏省体育局、省教育局
羊尖镇先锋农场	江苏省科普惠农兴村示范基地	江苏省科学技术协会、省财政厅
鹅湖司法所	江苏省2014～2015年度优秀司法所	江苏省司法厅
鹅湖商会	江苏省工商联先进基层商会	江苏省工商业联合会
鹅湖镇人民调解委员会	江苏省规范化调解委员会示范点	江苏省司法厅
鹅湖镇人民路社区	2015年度江苏省和谐社区建设示范社区	江苏省民政厅
东北塘司法所	2015年度“法网杯”社区矫正信息化竞赛优秀奖	江苏省司法厅

续表47

获奖单位	荣誉称号	授予单位
锡北镇	江苏省和谐社区建设示范乡镇	江苏省民政厅
锡北镇	2015年度全省“禁粘”试点合格乡镇	江苏省经济和信息化委员会
锡北镇团委	江苏省五四红旗团委	共青团江苏省委员会
锡北镇周家阁村	江苏省民主法治示范村	江苏省依法治省领导小组
锡北镇周家阁村	江苏省科普示范村	江苏省科学技术协会
锡北镇卫生院（锡北镇社区卫生服务中心）	2015年江苏省示范乡镇卫生院	江苏省卫生和计划生育委员会
锡北镇新坝村卫生室	2015年江苏省示范村卫生室	江苏省卫生和计划生育委员会
东港镇湖塘桥社区	省级充分就业示范社区	江苏省人力资源和社会保障厅
东港镇湖塘桥社区	江苏省民主法治示范社区	江苏省依法治省领导小组
东港镇东南村	江苏省无公害果品产地	江苏省农业委员会
东港镇东南村	江苏省无公害粮油产地	江苏省农业委员会
东港镇东升村	江苏省卫生村	江苏省卫生厅
东港镇山联村	江苏省农村信息化应用示范基地	江苏省经济和信息化委员会
东湖塘中心幼儿园	江苏省巾帼文明岗	江苏省城镇妇女“岗位建功”活动领导小组、省妇女联合会
云林街道云林社区	江苏省民主法治示范社区	江苏省依法治省领导小组
云林街道云林社区	江苏省科普示范社区	江苏省科学技术协会
云林街道云林社区	江苏省和谐社区建设示范社区	江苏省民政厅
云林街道云林社区团支部	江苏省五四红旗团支部	共青团江苏省委员会
云林街道团工委青少年之家	江苏省示范性青少年综合服务平台	共青团江苏省委员会
云林街道“美丽三色花”单亲妈妈服务项目	江苏省最佳公益社工服务项目	江苏省妇女联合会
厚桥街道年余村	江苏省和谐社区建设示范村	江苏省民政厅
厚桥街道太芙村	地震安全示范社区	江苏省地震局
厚桥街道谢埭荡村	江苏省四星级乡村旅游区	江苏省旅游局
锡山区和畅假日酒店	江苏省三星级乡村旅游区	江苏省旅游局

续表47

获奖单位	荣誉称号	授予单位
无锡晶磊电子有限公司	江苏省巾帼文明岗	江苏省城镇妇女“岗位建功”活动领导小组、省妇女联合会
区郡瑞农庄	2015年度省级“三八”绿色工程示范基地	江苏省妇女联合会、省绿化委员会办公室
区新悦农副产品专业合作联社	省级巾帼示范专业合作组织	江苏省妇女“双学双比”竞赛活动领导小组
无锡市绿羊水郡酒店	省级巾帼农家乐示范基地	江苏省妇女“双学双比”竞赛活动领导小组
无锡市普天铁心有限公司	江苏省两化深度融合创新（互联网与工业融合创新）示范工程企业	江苏省经济和信息化委员会
红豆集团	江苏省两化深度融合创新（互联网与工业融合创新）试点工程企业	江苏省经济和信息化委员会
瑞昌哥尔德发电设备（无锡）制造有限公司	江苏省两化融合试点企业	江苏省经济和信息化委员会
无锡佳健医疗器械股份有限公司	江苏省两化融合试点企业	江苏省经济和信息化委员会
无锡市华诚石化设备有限责任公司	江苏省两化融合试点企业	江苏省经济和信息化委员会
无锡阿科力科技股份有限公司	江苏省两化融合试点企业	江苏省经济和信息化委员会
昊辰（无锡）塑业有限公司	江苏省两化融合试点企业	江苏省经济和信息化委员会
无锡市兴港包装股份有限公司	江苏省两化融合试点企业	江苏省经济和信息化委员会
无锡通用钢绳有限公司	江苏省两化融合试点企业	江苏省经济和信息化委员会
无锡市中捷减震器有限公司	江苏省两化融合试点企业	江苏省经济和信息化委员会
鹰普（中国）有限公司	江苏省示范智能车间企业	江苏省经济和信息化委员会
江苏新日电动车股份有限公司	江苏省示范智能车间企业	江苏省经济和信息化委员会
无锡锡州机械有限公司	江苏省工业设计中心	江苏省经济和信息化委员会
无锡市中捷减震器有限公司	江苏省工业设计中心	江苏省经济和信息化委员会
无锡德林船舶设备有限公司	江苏省企业技术中心	江苏省经济和信息化委员会
确成硅化学股份有限公司	江苏省企业技术中心	江苏省经济和信息化委员会
无锡众盟物流有限公司	第十批江苏省重点物流企业	江苏省经济和信息化委员会
昊辰（无锡）塑业有限公司	江苏省著名商标	江苏省工商行政管理局
确成硅化学股份有限公司	江苏省著名商标	江苏省工商行政管理局
无锡百和织造股份有限公司	江苏省著名商标	江苏省工商行政管理局

续表47

获奖单位	荣誉称号	授予单位
无锡宝灵砂浆科技有限公司	江苏省著名商标	江苏省工商行政管理局
无锡锡锻机床有限公司	江苏省著名商标	江苏省工商行政管理局
无锡震禾机械电器有限公司	江苏省著名商标	江苏省工商行政管理局
希姆斯电梯（中国）有限公司	江苏省著名商标	江苏省工商行政管理局
江苏新广联科技股份有限公司	江苏省名牌产品	江苏省质量监督管理局
无锡现代农业博览园有限公司	江苏省名牌产品	江苏省质量监督管理局
大津编物（无锡）有限公司	江苏省名牌产品	江苏省质量监督管理局
雅迪科技集团有限公司	江苏省名牌产品	江苏省质量监督管理局

（区档案局）
编辑：吴　霞

【锡山旅游集锦】

“荟聚·云林”购物中心　　（区商务局 供稿）

“荟聚·云林”购物中心

“荟聚·云林”购物中心位于云林街道，总投资24亿元，于2014年6月27日开业，是瑞典英特宜家集团在中国建成的首家超区域购物中心。全部运营后将为无锡及周边地区消费者提供350个国际国内知名商户的产品和服务，设有4800个泊车位，是60分钟车程范围内唯一一家区域型购物中心，集超市、时尚、家电、运动、餐饮、娱乐影院及家居于一体。中心还引入多项为消费者提供购物便捷体验的服务内容和休闲娱乐设施，有“荟聚宝贝”儿童乐园，为顾客提供免费三小时儿童游乐服务；以及荟聚真冰溜冰场等。

经济和社会发展统计资料

Statistics of Economic and Social Development

锡山区孝义文化公园孝义亭　　（安镇街道 供稿）

综　合

锡山区社会经济主要指标一览

表48

指标	单位	2015年	2014年	2015年比2014年（±%）
年末户籍总人数	人	435107	431565	0.8
年末常住人口	万人	70.28	70.15	—
地区生产总值（按2010年可比价）	亿元	650.18	620.71	7.2
人均地区生产总值（按现价、常住人口计算）	元	92592	88509	4.6
农林牧渔业总产值（当年价）	万元	331985	329871	—
规模以上工业企业工业总产值	万元	11780584	11377374	3.5
规模以上工业企业销售产值	万元	11303852	11131556	1.5
500万元以上固定资产投资完成额	万元	6404893	5968275	9.1
工业投资	万元	3021046	2660881	13.5
社会消费品零售总额	万元	1485783	1358701	9.4
到位注册外资及港澳台资额（商务部承认数）	万美元	33409	33036	1.1
财政收入	万元	1225015	1227999	－0.2
公共财政预算收入	万元	662355	605519	9.4
公共财政预算支出	万元	610917	557068	9.7
各项存款余额	万元	8935249	7976503	12.0
各项贷款余额	万元	7881247	7044416	11.9
城镇居民人均可支配收入	元	43045	39820	8.1
农村居民人均可支配收入	元	24355	22489	8.3

锡山区地区生产总值一览

表49

指标	单位	2015年	2014年	2015年比2014年（±%）
		按当年价格计算		按2010年可比价
地区生产总值	亿元	650.18	620.71	7.2
第一产业	亿元	17.78	20.73	0.4
第二产业	亿元	339.84	325.55	6.9
工业	亿元	288.61	276.00	6.0
建筑业	亿元	51.23	49.55	13.7
第三产业	亿元	292.56	274.43	8.0
交通运输、仓储及邮政业	亿元	8.73	8.41	3.7
批发和零售业	亿元	110.43	117.25	0.3
批发业	亿元	86.20	92.65	0.3
零售业	亿元	24.23	24.60	0.2
住宿和餐饮业	亿元	28.89	24.44	25.3
住宿业	亿元	1.24	1.58	－4.0
餐饮业	亿元	27.64	22.86	27.6
金融业	亿元	31.54	28.07	13.1
房地产业	亿元	39.16	35.84	10.8
其他服务业	亿元	70.73	60.42	14.6
营利性服务业	亿元	27.43	23.29	15.9
非营利性服务业	亿元	43.3	37.13	13.8
三产所占比重	%	45.0	44.2	提高0.8个百分点
人均地区生产总值（按现价、常住人口计算）	元	92592	88509	4.6

锡山区户籍人口基本情况一览

表50

指标	单位	2015年	2014年
年末总户数	户	129868	128308
年末总人数	人	435107	431565
男	人	213032	211388
女	人	222075	220177
全年出生人数	人	3142	4347
全年死亡人数	人	3201	3041
人口自然增长率	‰	－0.14	3.04
迁入人口	人	4835	4453
迁出人口	人	1028	980
机械增长率	‰	8.8	8.1

锡山区常住人口情况一览

表51

指标	单位	2015年	2014年
年末常住人口	万人	70.28	70.15
城镇人口	万人	49.10	48.21
城市化率	%	69.86	68.73
从业人员	万人	45.63	45.61
第一产业	万人	1.76	1.78
第二产业	万人	30.56	30.72
第三产业	万人	13.31	13.11
三次产业从业人员比	%	3.8：67：29.2	3.9：67.3：28.8

农　业

锡山区农林牧渔业总产值与增加值一览

（按当年价格计算）

表52

指标	单位	2015年	2014年
一、农林牧渔业总产值	万元	331985	329871
农业产值	万元	199456	183886
粮食	万元	25220	27517
蔬菜	万元	96097	75171
茶、桑、果	万元	37607	28884
林业产值	万元	29258	28835
牧业产值	万元	15010	32350
猪	万元	11306	28405
家禽	万元	3230	3432
渔业产值	万元	43402	43000
淡水鱼类	万元	30303	30101
农林牧渔服务业产值	万元	44859	41800
二、农林牧渔业增加值	万元	208607	207255
农业增加值	万元	127461	120078
林业增加值	万元	18022	17762
牧业增加值	万元	7733	16110
渔业增加值	万元	24558	24338
农林牧渔服务业增加值	万元	30833	28967

工业·交通

锡山区规模以上工业企业主要经济指标一览

表53

指标	单位	2015年	2014年	2015年比2014年（±%）
单位数	家	647	654	—
工业总产值	万元	11780584	11377374	3.5
销售产值	万元	11303852	11131556	1.5
营业收入	万元	11286919	11412739	－1.1
主营业务收入	万元	11057824	11271790	－1.9
营业成本	万元	9569747	9739753	－1.7
主营业务成本	万元	9379354	9645686	－2.8
营业税金及附加	万元	61194	54631	12.0
主营业务税金及附加	万元	60126	51799	16.1
销售费用	万元	337278	337871	－0.2
管理费用	万元	675325	634186	6.5
财务费用	万元	81323	78474	3.6
利润总额	万元	610878	575225	6.2
资产总计	万元	11667811	10811633	7.9
负债合计	万元	6010937	5681202	5.8
应收账款	万元	2291878	2204659	4.0
存货	万元	1510409	1445511	4.5
应付职工薪酬	万元	949483	906746	4.7

锡山区公路、航道、桥梁情况一览

表54

指标	单位	2015年	2014年
一、公路			
里程合计	公里	1078	1078
干线公路里程	公里	58	58
支线公路里程	公里	170	170
镇道里程	公里	425	425
村道里程	公里	425	425
二、航道			
里程	公里	244	244
水深一米以上	公里	166	166
经常养护里程	公里	128	128
三、桥梁			
实有桥梁座数	座	512	512
实有公路桥梁座数	座	42	42
实有农村桥梁座数	座	470	470
实有桥梁全长	米	20342	20342
实有公路桥梁全长	米	1623	1623
实有农村桥梁全长	米	18719	18719
竣工桥梁座数	座	0	5
竣工桥梁全长	米	—	—

锡山区运输、交通情况一览

表55

指标	单位	2015年	2014年
一、客运企业个数	家	6	8

续表55

指标	单位	2015年	2014年
出租企业个数	家	3	3
二、客运汽车总数	辆	1269	1626
旅游、接送班车	辆	126	754
出租客运	辆	1143	1143
三、货运企业个数	家	2023	1996
普货运输企业个数	家	2017	1990
危货运输企业个数	家	6	6
四、货运汽车总数	辆	4621	4561
普货运输车辆数	辆	4417	4356
危货运输车辆数	辆	204	205
五、货运总吨位	吨	36069	31852
六、水路运输企业个数	家	1	1
七、水路运输船舶数	艘	3	3
八、公交运行线路	条	77	74
九、公交站台数	个	225	380
十、公交运行车辆数	辆	641	702

固定资产投资

锡山区全社会固定资产投资完成额一览

表56

指标	单位	2015年	2014年	2015年比2014年（±%）
投资项目数	个	1338	564	137.2
500万元以上固定资产投资完成额	万元	6404893	5968275	9.1

续表56

指标	单位	2015年	2014年	2015年比2014年（±%）
一、按建设性质分				
新建	万元	3268840	3915595	－16.5
扩建	万元	1134103	496934	128.2
改建和技术改造	万元	1976832	1370731	44.2
迁建	万元	25118	35015	－28.3
单纯购置	万元	—	150000	—
二、按城乡属性分				
城镇投资	万元	3415352	4144434	－17.6
农村投资	万元	2989541	1823841	63.9
三、按构成分				
建筑工程	万元	4036022	3655438	10.4
安装工程	万元	555036	496538	11.8
设备工器具购置	万元	1587398	1229526	29.1
其他费用	万元	226437	586773	－61.4
四、按产业分				
第一产业	万元	—	—	—
第二产业	万元	3021046	2660881	13.5
工业	万元	3021046	2660881	13.5
第三产业	万元	3383847	3307394	5.5
房地产投资额	万元	708287	1383840	－48.8
五、房屋建筑面积				
施工面积	万平方米	1059.76	1196.82	－11.5
竣工面积	万平方米	367.59	451	－18.5

贸易业·开放型经济

锡山区社会消费品零售总额一览

表57

指标	单位	2015年	2014年
社会消费品零售总额	万元	1485783	1358701
按规模分组			
一、限额以上	万元	602580	403757
二、限额以下	万元	883203	954944
按行业分组			
一、批发业	万元	43060	145438
二、零售业	万元	1331177	1105318
三、住宿业	万元	9674	9075
四、餐饮业	万元	101872	98870

锡山区开放型经济情况一览

表58

指标	单位	2015年	2014年
到位注册外资及港澳台资额（商务部承认数）	万美元	33409	33036
制造业到位外资及港澳台资金额	万美元	15172	13184
服务外包接包合同金额	万美元	110850	98000
服务外包接包执行金额	万美元	105701	85300
离岸外包接包合同金额	万美元	82768	58900
离岸外包接包执行金额	万美元	71539	56700
外贸进出口总额	万美元	432330	462189
外贸自营出口总额	万美元	338585	356339
境外项目中方投资额	万美元	12875	10043

续表58

指标	单位	2015年	2014年
境外投资项目	个	8	15

财政·金融

锡山区财政收入情况一览

表59

指标	单位	2015年	2014年	2015年比2014年（±%）
财政收入	万元	1225015	1227999	－0.2
中央	万元	497246	446395	11.4
地方	万元	727769	781604	－6.9
公共财政预算收入	万元	662355	605519	9.4
税收收入	万元	566324	505227	12.1
增值税	万元	138509	119563	15.8
营业税	万元	194711	158498	22.8
企业所得税	万元	64630	61834	4.5
个人所得税	万元	23565	24662	－4.4
城市维护建设税	万元	49178	45442	8.2
房产税	万元	27685	23117	19.8
印花税	万元	8542	8576	－0.4
城镇土地使用税	万元	19892	20702	－3.9
土地增值税	万元	21476	17082	25.7
车船税	万元	2045	2059	－0.7
耕地占税	万元	6051	4711	28.4
契税	万元	10040	18981	－47.1
国有资本经营收入	万元	—	63250	—

续表59

指标	单位	2015年	2014年	2015年比2014年（±%）
非税收入	万元	96031	37042	159.2
行政性收费收入	万元	15431	6728	129.4
罚没收入	万元	3194	3031	5.4
专项收入	万元	55949	20749	169.6
其他收入	万元	—	968	—
国有资源（资产）有偿使用收入	万元	21457	5566	285.5

锡山区财政支出情况一览

表60

指标	单位	2015年	2014年	2015年比2014年（±%）
公共财政预算支出	万元	610917	557068	9.7
一般公共服务	万元	51589	43591	18.3
国防	万元	190	795	－76.1
公共安全	万元	24918	24449	1.9
教育	万元	118768	102835	15.5
科学技术	万元	22771	22564	0.9
文化体育与传媒	万元	16415	14390	14.1
社会保障和就业	万元	80360	85367	－5.9
医疗卫生	万元	37712	33145	13.8
节能环保	万元	8337	21808	－61.8
城乡社区事务	万元	114675	91995	24.7
农林水事务	万元	24321	23982	1.4
交通运输	万元	81839	44443	84.1
资源勘探电力信息等事务	万元	13876	14386	－3.5

续表60

指标	单位	2015年	2014年	2015年比2014年（±%）
商业服务业等事务	万元	6733	15415	－56.3
金融监管等事务支出	万元	470	—	—
国土资源气象等事务	万元	1328	463	186.8
住房保障支出	万元	1019	1239	－17.8
粮油物资储备事务	万元	982	1793	－45.2
债务付息支出	万元	1255	711	76.5
其他支出	万元	681	11310	－94.0
援助其他地区支出	万元	2578	2387	8.0
债务发行费用支出	万元	100	—	—

锡山区金融系统信贷收支情况一览

表61

指标	单位	2015年	2014年	2015年比2014年（±%）
一、各项存款余额	万元	8935249	7976503	12.0
企业存款	万元	4932394	4075142	21.0
储蓄存款	万元	3810966	3657942	4.2
二、各项贷款余额	万元	7881247	7044416	11.9
短期贷款	万元	2201125	2188607	0.6
中长期贷款	万元	3991330	3545684	12.6
票据融资	万元	531197	248402	113.8
消费贷款	万元	741267	671237	10.4
三、存贷款比例	%	88.2	88.3	下降0.1个百分点
四、银行承兑汇票	万元	855977	931898	－8.1
五、外汇存款余额	万元	79379	132806	－40.2
六、外汇贷款余额	万元	4078	22195	－81.6

教育·文化·卫生

2015年锡山区各级各类教育事业情况一览

表62

指标	学校（所）	教职工数（人）	专任教师数（人）	在校学生数（人）	毕业生数（人）	招生数（人）
合计	38	4613	4152	61718	13277	14892
中等学校	19	2381	2133	24073	7765	8070
中等专业学校	1	252	221	2455	727	579
普通中学	18	2129	1912	21618	7038	7491
高中	5	—	—	6622	2148	2293
初中	13	—	—	14996	4890	5198
小学	18	2197	1996	37543	5490	6810
特殊教育学校	1	35	23	102	22	—
附：幼儿园	32	2005	—	17329	—	—
成人技术培训学校	194	354	186	167655	167372	167655

锡山区文化艺术事业情况一览

表63

指标	单位	2015年	2014年
一、影剧院、大会堂	个	0	1
区大会堂	个	0	1
镇影剧院	个	0	—
二、文化馆	个	1	1
三、文化中心	个	9	11
四、电影事业			
电影放映队	个	7	7

续表63

指标	单位	2015年	2014年
镇办	个	4	4
电影放映场次	万场次	0.1	0.2
观众人数	万人次	25	49.5
五、图书馆			
机构数	个	1	1
区图书馆	个	1	1
镇图书馆	个	9	9
藏书数	万册	97.35	87.48
区图书馆	万册	17.55	11.78
镇图书馆	万册	79.80	75.70

2015年锡山区卫生机构、床位情况一览

表64

指标	机构数（家）	床位数（张）	卫生技术人员数（人）	医生数（人）
合计	188	2076	2849	1108
医院	9	1817	1759	600
社区卫生服务中心	9	254	677	304
综合门诊部	11	—	132	62
个体诊所、医务室	84	—	190	99
疾病预防控制中心	1	—	29	21
卫生监督所	1	—	31	—
妇幼保健所	1	5	31	22
村、社区设置的医疗点	72	—	—	—

人民生活

锡山区城镇居民人均收入、支出情况一览

表65

指标	单位	2015年	2014年
家庭总收入	元	48971	45302
可支配收入	元	43045	39820
一、工资性收入	元	32326	29904
工资及补贴收入	元	31887	29498
其他劳动收入	元	439	406
二、经营净收入	元	3442	3184
三、财产性收入	元	3267	3022
利息收入	元	109	101
股息与红利收入	元	145	134
保险收益	元	—	—
其他投资收入	元	40	37
出租房屋收入	元	2973	2750
知识产权收入	元	—	—
其他财产性收入	元	—	—
四、转移性收入	元	9936	9192
养老金或离退休金	元	7877	7287
社会救济收入	元	—	—
辞退金	元	15	14
赔偿收入	元	—	—
保险收入	元	41	38
赡养收入	元	369	341

续表65

指标	单位	2015年	2014年
捐赠收入	元	910	842
提取住房公积金	元	—	—
记账补贴	元	185	171
其他转移性收入	元	539	499
家庭总支出	元	28341	26393
一、消费性支出	元	21355	19887
二、财产性支出	元	156	145
非生产性贷款利息支出	元	—	—
其他	元	—	—
三、转移性支出	元	3870	3604
交纳所得税	元	314	199
捐赠支出	元	2812	2618
购买彩票	元	15	14
赡养支出	元	456	425
在外就学子女费用	元	272	253
各种非储蓄性保险支出	元	340	317
车辆保险支出	元	230	214
其他转移性支出	元	33	31
四、社会保障支出	元	1532	1427
个人交纳的养老基金	元	761	709
个人交纳的住房公积金	元	509	474
个人交纳的医疗基金	元	198	184
个人交纳的失业基金	元	64	60
其他社会保障支出	元	—	—

续表65

指标	单位	2015年	2014年
五、购房与建房支出	元	1428	1330
购房	元	1428	1330

锡山区农村住户人均总收入、可支配收入、总支出情况一览

表66

指标	单位	2015年	2014年
一、全年总收入	元	26364	24344
工资性收入	元	18808	17367
家庭经营收入	元	3314	3060
转移性收入	元	3332	3077
财产性收入	元	910	840
二、人均可支配纯收入	元	24355	22489
工资性收入	元	18858	17367
家庭经营纯收入	元	2581	2420
转移性纯收入	元	2007	1862
财产性纯收入	元	909	840
三、全年总支出	元	16468	15146
家庭经营费用支出	元	304	280
购置生产用固定资产支出	元	5	5
建造生产性固定资产雇工支出	元	—	—
税费支出	元	—	—
生活消费支出	元	14275	13129
转移性支出	元	1884	1732
财产性支出	元	—	—

（区统计局 区档案局）

编辑：吴　霞

文件汇编

Document Collection

5月1日，羊尖镇社区卫生服务中心启用。图为医疗楼

（羊尖镇 供稿）

区委、区政府主要文件目录

2015年中共锡山区委主要文件目录

1. 中共锡山区委关于贯彻落实党的十八届四中全会精神全面推进依法治区的实施意见
锡发〔2015〕1号 2015年1月9日

2. 中共锡山区委关于加强和改进新时期新闻宣传工作的实施意见
锡发〔2015〕2号 2015年1月16日

3. 中共锡山区委 锡山区人民政府关于深入推进民生幸福工程的实施意见
锡发〔2015〕3号 2015年1月26日

4. 中共锡山区委常委会2015年十项重点工作
锡发〔2015〕4号 2015年2月13日

5. 中共锡山区委 锡山区人民政府关于印发《无锡市锡山区人民政府职能转变和机构改革实施意见》的通知
锡发〔2015〕5号 2015年3月4日

6. 中共锡山区委批转区委干部教育培训工作领导小组关于锡山区2015年干部教育培训工作计划的通知
锡发〔2015〕6号 2015年3月24日

7. 锡山区安全生产“党政同责、一岗双责”暂行规定
锡发〔2015〕7号 2015年4月15日

8. 中共锡山区委关于推荐评选优秀党务工作者的通知
锡发〔2015〕8号 2015年4月22日

9. 中共锡山区委批转区委统战部关于2015年区委与党外人士政治协商计划安排请示的通知
锡发〔2015〕9号 2015年4月27日

10. 中共锡山区委 锡山区人民政府关于2015年度开发区商务区台创园各镇（街道）工作绩效考核的意见
锡发〔2015〕10号 2015年4月30日

11. 中共锡山区委 锡山区人民政府关于2015年度区级机关部门工作绩效考核的意见
锡发〔2015〕11号 2015年4月30日

12. 中共锡山区委 锡山区人民政府关于印发《开展“项目建设突破年”活动的实施意见》《开展“改革创新突破年”活动的实施意见》《开展“作风建设突破年”活动的实施意见》的通知
锡发〔2015〕12号 2015年5月8日

13. 中共锡山区委关于表彰2012～2014年度优秀党务工作者的决定
锡发〔2015〕13号 2015年6月29日

14. 中共锡山区委关于核定有关部门纪委书记（纪检组长）职数的通知
锡发〔2015〕14号 2015年7月29日

15. 中共锡山区委关于区委常委会成员工作分工调整的通知
锡发〔2015〕15号 2015年8月11日

16. 中共锡山区委转发中共无锡市委《关于实施党风廉政建设责任追究的办法（试行）》的通知
锡发〔2015〕16号 2015年11月2日

17. 中共无锡市锡山区委关于制定无锡市锡山区国民经济和社会发展第十三个五年规划的建议
锡发〔2015〕18号 2015年12月30日

（区委办）

2015年锡山区人民政府主要文件目录

1. 锡山区人民政府关于明确征收土地涉及房屋及其他建筑物构筑物补偿安置工作职责的通知
锡府发〔2015〕33号 2015年7月23日

2. 锡山区人民政府关于调整城乡居民最低生活保障标准的通知
锡府发〔2015〕38号 2015年8月10日

3. 锡山区人民政府关于调整2015年度居民养老保险待遇的通知
锡府发〔2015〕41号 2015年8月24日

4. 锡山区人民政府关于印发《锡山区现代农业发展专项资金管理暂行办法》的通知
锡府发〔2015〕48号 2015年9月15日

5. 锡山区人民政府关于印发《无锡市锡山区政府各部门行政权力事项清单管理办法（试行）》的通知
锡府发〔2015〕50号 2015年9月25日

6. 锡山区人民政府关于印发《锡山区水环境区域补偿工作方案（试行）》的通知
锡府发〔2015〕51号 2015年9月25日

7. 锡山区人民政府关于印发《无锡市锡山区公安辅助人员管理暂行办法》的通知
锡府发〔2015〕52号 2015年9月29日

8. 锡山区人民政府关于鼓励扶持企业上市和挂牌的意见
锡府发〔2015〕56号 2015年11月2日

9. 锡山区人民政府关于调整2015年度锡山区居民养老保险缴费标准的通知
锡府发〔2015〕70号 2015年12月23日

10. 锡山区人民政府办公室转发区人社局《关于适度调整区级机关事业单位劳务派遣用工2015年部分岗位工资指导价的通知》的通知
锡府办〔2015〕12号 2015年3月9日

11. 锡山区人民政府办公室转发区人社局区建设局区综治办《关于建立依法打击恶意欠薪行为保障劳动者合法权益工作机制的通知》的通知
锡府办〔2015〕13号 2015年3月10日

12. 锡山区人民政府办公室关于转发区文体局等部门《关于推进学校体育设施向社会开放工作实施意见》的通知
锡府办〔2015〕21号 2015年4月3日

13. 锡山区人民政府办公室转发区人社局区民政局《关于进一步做好深度贫困家庭子女就业帮扶工作的操作办法》的通知
锡府办〔2015〕25号 2015年4月30日

14. 锡山区人民政府办公室关于转发《锡山区促进外贸稳增长扶持资金使用管理暂行办法》的通知
锡府办〔2015〕29号 2015年5月11日

15. 锡山区人民政府办公室关于转发《锡山区工业科技人才服务业发展扶持资金使用管理暂行办法》的通知
锡府办〔2015〕30号 2015年5月12日

16. 锡山区人民政府办公室关于印发《2015年锡山区农业保险实施意见》的通知
锡府办〔2015〕36号 2015年6月24日

17. 锡山区人民政府办公室转发区教育局《关于2015～2016学年度初、中等教育事业计划》的通知
锡府办〔2015〕40号 2015年6月15日

18. 锡山区人民政府办公室印发《关于对重大项目建设审批环节服务督导的实施意见》的通知
锡府办〔2015〕42号 2015年8月24日

19. 锡山区人民政府办公室转发区城管局《关于建立锡山区数字化城市管理系统运行机制的方案》的通知
锡府办〔2015〕45号 2015年8月31日

20. 锡山区人民政府办公室印发《关于办理租赁存量集体建设用地使用证的若干意见》的通知
锡府办〔2015〕48号 2015年9月17日

21. 锡山区人民政府办公室关于建立健全全区老楼危楼安全排查和整治情况上报机制的通知
锡府办〔2015〕49号 2015年9月18日

22. 锡山区人民政府办公室关于印发《无锡市锡山区2015年行政审批制度改革工作要点》的通知
锡府办〔2015〕52号 2015年9月25日

23. 锡山区人民政府办公室关于印发《贯彻实施〈无锡市市区征地补偿和被征地农民社会保障办法〉后相关参保补贴事项的处理意见》的通知
锡府办〔2015〕53号 2015年9月25日

24. 锡山区人民政府办公室关于印发《锡山区生猪屠宰行业清理整顿工作实施方案》的通知
锡府办〔2015〕55号 2015年9月30日

25. 锡山区人民政府办公室印发《关于加强司法行政基层基础建设的意见》的通知
锡府办〔2015〕56号 2015年9月30日

26．锡山区人民政府办公室印发《关于加强全区老年体育工作的意见》的通知

锡府办〔2015〕63号　2015年11月9日

27．锡山区人民政府办公室转发区住建局《关于锡山区公有住房解危腾退安置实施方案》的通知

锡府办〔2015〕65号　2015年12月4日

28．锡山区人民政府办公室转发市政府办公室《关于贯彻落实〈无锡市社区戒毒康复条例〉的实施意见》的通知

锡府办〔2015〕66号　2015年12月2日

29．锡山区人民政府办公室关于切实加强全区养老服务机构和农作物大棚火灾防控工作的通知

锡府办〔2015〕71号　2015年12月23日

30．锡山区人民政府办公室关于转发《无锡市人民政府令第154号》的通知

锡府办〔2015〕73号　2015年12月28日

（区法制办）

指导性文件

中共锡山区委
关于贯彻落实党的十八届四中全会精神
全面推进依法治区的实施意见

锡发〔2015〕1号

（2015年1月9日）

为贯彻落实党的十八大和十八届四中全会精神、《中共中央关于全面推进依法治国若干重大问题的决定》（以下简称《决定》）、《中共江苏省委贯彻落实〈中共中央关于全面推进依法治国若干重大问题的决定〉的意见》（以下简称《意见》）、《中共无锡市委关于贯彻落实党的十八届四中全会精神全面推进依法治市的实施意见》（以下简称《实施意见》），现结合锡山实际，研究提出如下意见。

一、深入学习贯彻党的十八届四中全会精神

1．切实增强走中国特色社会主义法治道路的自觉性。党的十八届四中全会是在我国全面建成小康社会进入决定性阶段、全面深化改革进入攻坚期和深水区的重要关头召开的一次重要会议。全会作出的重大部署、取得的重要成果，对于全面建成小康社会、加快实现社会主义现代化、实现中华民族伟大复兴中国梦，具有重大而深远的意义。全会通过的《决定》，充分体现党的十八大和十八届三中全会精神，体现全面建成小康社会、全面深化改革、全面推进依法治国的有机联系，是指导新形势下全面推进依法治国的纲领性文件。省委十二届八次全会通过的《意见》，贯彻落实十八届四中全会精神，对我省全面落实依法治国方略作出了部署安排。市委十二届八次全会通过的《实施意见》，就全市贯彻落实中央《决定》和省委《意见》，全面推进依法治市作出了具体部署。全区各级党组织、广大党员干部要认真学习领会十八届四中全会精神，坚决贯彻中央和省市委的决策部署，切实增强加强法治建设、全面推进依法治区的自觉性和坚定性，扎实做好依法治区各项工作，不断开创锡山法治建设新局面。

2．深刻领会和把握四中全会精神实质。党的十八届四中全会特别是全会通过的《决定》，深刻回答了全面推进依法治国一系列重大理论和现实问题，提出了全面推进依法治国的指导思想、总目标、基本原则和重大任务，具有很强的思想性、理论性、针对性。学习贯彻全会精神，要着力在吃透精神实质、把握丰富内涵、提升思想认识上下功夫。要深刻领

会、准确把握全面推进依法治国的重大意义，充分认识全面推进依法治国是着眼实现中华民族伟大复兴中国梦、实现党和国家长治久安的长远考虑，更加注重发挥法治在国家治理和社会管理中的重要作用；要深刻领会、准确把握中国特色社会主义法治道路的核心要义，毫不动摇坚持党的领导、坚持中国特色社会主义制度、贯彻中国特色社会主义法治理论，推动法治建设沿着正确方向前进；要深刻领会、准确把握党的领导和依法治国的关系，把坚持党的领导、人民当家作主、依法治国有机统一起来；要深刻领会、准确把握全面推进依法治国的总体目标、工作布局和重点任务，确保全面推进依法治国各项任务落到实处。

3．推动学习贯彻四中全会精神取得更大成效。全区各级党组织要按照中央和省市委要求，自觉把学习宣传贯彻四中全会精神作为一项重大政治任务，加强组织领导，制定学习计划，周密部署安排，切实抓紧抓好、抓出成效。要引导广大党员干部精读、细读、深读习近平总书记重要讲话和《决定》原文，不断提高对依法治国理论的理解和法治信仰，进一步把思想和行动统一到全会精神上来，推动全区法治建设持续发展进步。

二、准确把握全面推进依法治区的目标要求

4．科学认识我区法治建设取得成就和存在问题。长期以来，我区高度重视法治建设，依法行政稳步推进，公正司法水平不断提高，全社会法治观念显著增强，全区经济、政治、文化、社会和生态文明建设法治化水平明显提升。但与党的十八届四中全会新要求、党和人民事业新发展、人民群众新期待相比，法治建设还存在不适应、不符合的地方：一些领导干部依法办事观念还不强，以法治思维和法治方式推进改革发展、化解社会矛盾的能力有待进一步提升；执法司法还存在不规范、不严格、不透明、不文明现象，群众对执法司法不公和腐败问题反映还比较多；部分社会成员尊法信法守法用法、依法维权意识还不强，法治权威和法治信仰没有真正树立，等等。全面深化改革、加快建设富强美丽和谐幸福现代化新锡山，迫切要求我们不断提高党的执政能力和执政水平，更好统筹社会力量、平衡社会利益、调节社会关系、规范社会行为，使法治的引领和规范作用得到更加充分发挥。

5．全面推进依法治区的指导思想是：认真贯彻落实党的十八大、十八届三中、四中全会和习近平总书记系列重要讲话精神，按照省委、市委十二届八次全会部署要求，坚持党的领导、人民当家作主、依法治国有机统一，坚定不移走中国特色社会主义法治道路，坚决维护宪法法律权威，依法保障公民合法权益、维护社会公平正义、促进社会大局稳定，全面提升全区经济、政治、文化、社会和生态文明建设法治化水平，为锡山现代化建设提供有力的法治保障。

6．全面推进依法治区的目标要求是：按照中央确定的“建设中国特色社会主义法治体系、建设社会主义法治国家”总目标，围绕形成高效的法治实施体系、严密的法治监督体系、有力的法治保障体系，坚持依法治国、依法执政、依法行政共同推进，法治国家、法治政府、法治社会一体建设，大力推动严格执法、公正司法、全民守法，着力推进中国特色社会主义法治体系和社会主义法治国家建设在锡山的实践和探索，不断开创锡山法治建设新局面。

7．全面推进依法治区的基本原则是：必须坚持党的领导，坚持中国特色社会主义制度，贯彻中国特色社会主义法治理论，根据中央《决定》提出的“三统一”“四善于”，坚持把党的领导贯彻到法治建设全过程，确保全面推进依法治区始终沿着正确方向前进；必须坚持人民主体地位，坚持法治建设为了人民、依靠人民、造福人民、保护人民，保证人民在党的领导下，依照宪法法律规定，通过各种途径和形式管理国家事务，管理经济文化事业，管理社会事务，保证人民依法享有广泛的权利和自由、承担应尽的义务，维护社会公平正义，促进共同富裕；必须坚持法律面前人人平等，尊重宪法法律权威，保证宪法法律有效实施，任何组织和个人都必须依照宪法法律行使权力或权利、履行职责或义务，都不得有超越宪法法律的特权；必须坚持依法治国与以德治国相结合，既重视发挥法律的规范作用，又重视发挥道德的教化作用，实现法律和道德相辅相成、法治和德治相得益彰；必须坚持从实际出发，把中央精神、省市委要求与锡山法治建设实践紧密结合起来，把全面推进依法治区与全面深化改革、促进经济社会持续健康发展紧密结合起来，不断开创全区法治建设新局面。

三、深入推进依法行政，加快建设法治政府

8．坚决贯彻实施宪法。宪法是党和人民意志的集中体现，是通过科学民主程序形成的根本法。任何组织和个人必须以宪法为根本活动准则，并负有维护宪法尊严、保证宪法实施的职责，一切违反宪法的行

为都必须予以追究和纠正。各级人大要加强对宪法法律实施的监督，保证宪法法律在本行政区域内得到切实遵守和执行。认真落实宪法宣誓制度，凡经人大及其常委会选举或者决定任命的国家工作人员正式就职时公开向宪法宣誓。

9. 依法全面履行政府职能。各级政府必须坚持在党的领导下、在法治轨道上开展工作，建立权责统一、权威高效的依法行政体制，研究制定法治政府建设实施规划，加快建设职能科学、权责法定、执法严格、公开公正、廉洁高效、守法诚信的法治政府。

推进机构、职能、权限、程序、责任法定化，推行政府权力清单制度。行政机关要坚持法定职责必须为、法无授权不可为，对法定职能勇于负责、敢于担当，坚决纠正不作为、乱作为，坚决杜绝庸政、怠政，严厉惩处失职、渎职行为；不得法外设定权力，没有法律法规依据不得作出减损公民、法人和其他组织合法权益或者增加其义务的决定。

依照法定职能，完善公开透明、便利高效、程序严密、权责一致的行政审批制度，规范行政审批行为。建立“行政审批事项目录清单”“政府行政权力清单”“投资审批负面清单”“政府部门专项资金管理清单”“行政事业性收费目录清单”制度，实行动态管理，建立健全事中事后监管机制，对于不符合法律法规设定的项目，一律予以取消。

推进各级政府事权规范化、法律化，合理清晰界定政府间事权，促进政府间各司其职、各负其责。

10. 健全依法决策机制。完善行政决策程序规定，严格落实公众参与、专家论证、风险评估、合法性审查、集体讨论决定的重大行政决策法定程序，确保决策制度科学、程序正当、过程公开、责任明确。凡涉及公共利益和群众切身利益的重大决策事项都应进行听证。完善重大行政决策风险评估，正确运用评估结果。建立行政机关内部重大决策合法性审查机制，未经合法性审查或经审查不合法的，不得提交讨论。完善政府法律顾问制度，健全法律事务咨询委员会运行机制，建立以政府法制机构人员为主体、吸收专家和律师参加的法律顾问队伍，通过政府采购公开招标方式确定入围律师事务所名单。

推行重大行政决策实施后评估制度，对引发重大社会问题的及时纠偏纠错或调整完善。建立重大行政决策终身责任追究制度及责任倒查机制，明确追责处理程序，对违法决策、决策严重失误或依法应及时作出决策但久拖不决造成重大损失、恶劣影响的，严格追究行政首长、负有责任的其他领导人员和相关责任人员的法律责任。

11. 深化行政执法体制改革。根据上下级政府的事权和职能，按照减少层次、整合队伍、提高效率的原则，合理配置执法力量。深入推进公共卫生、安全生产、环境保护、农林水利、交通运输、城乡建设等领域综合执法，有条件的领域可以推行跨部门综合执法，大幅减少政府执法队伍种类。积极推进镇级综合执法改革。

完善政府行政执法管理，加强统一领导和协调。理顺城管执法体制，加强城市管理综合执法机构建设，理顺行政强制执行体制，完善城市管理相对集中行政处罚权工作机制、执法规范、保障和监督措施。推动区城市管理领域相对集中行政处罚权工作向镇（街道）延伸。

严格实行行政执法人员持证上岗和资格管理制度，未通过行政执法资格考试，不得授予执法资格，不得从事执法活动。严格执行罚缴分离和收支两条线管理制度，罚没收入必须全额上缴国库，纳入预算管理，严禁收费、罚没收入同部门利益直接或者变相挂钩，严禁下达或者变相下达罚没指标。

健全行政执法与刑事司法衔接机制，完善案件移送标准和程序，建立行政执法机关、公安机关、检察机关、审判机关信息共享、案情通报、案件移送制度，完善信息共享平台，推进网上移送、受理、立案、监督，坚决克服有案不移、有案难移、以罚代刑现象，实现行政处罚与刑事处罚无缝对接。

12. 坚持严格规范公正文明执法。加大关系群众切身利益的重点领域行政执法力度，依法惩处各类违法行为，确保有法必依、执法必严、违法必究。积极完善行政执法程序，建立执法全过程记录制度，明确行政处罚、行政强制、行政征收、行政收费、行政检查等执法行为具体操作流程；建立健全行政处罚自由裁量权基准制度，细化量化裁量标准，规范裁量范围、种类、幅度。加强行政执法信息化建设，推行执法流程网上管理，提高执法效率和规范化水平。

严格执行重大执法决定法制审核制度，未经合法性审核或审核未通过的，不得作出决定。完善行政执法调查和取证规则，推行行政执法公示制度，统一行政执法文书，依法公开执法依据、执法程序、执法结果。探索实行行政执法案例指导制度，全面推行全程说理式执法、行政监管劝勉、执法事项提示、轻微问题告诫、突出问题约谈、重大案件回访等柔性执法制度。

全面落实行政执法责任制，严格确定不同部门及机构、岗位执法人员执法责任，完善行政执法人员执法档案，建立行政执法责任追究机制。加强行政执法监督，探索建立公众参与执法监督机制，建立行政执法特邀监督员制度，排除对执法活动的非法干预，防止和克服执法工作中的利益驱动，坚决惩治执法腐败现象。

13．加强对行政权力的制约和监督。加强党内监督、人大监督、民主监督、行政监督、司法监督、审计监督、社会监督、舆论监督制度建设，努力形成科学有效的权力运行制约和监督体系。

加强对政府内部权力的制约。健全部门内控机制，加强权力风险防控，对财政资金分配使用、国有资产监管、政府投资、政府采购、公共资源转让、公共工程建设等权力集中的部门和岗位实行分事行权、分岗设权、分级授权，制定流程控制和定期轮岗制度，防止权力滥用。强化政府内部层级监督，改进上级机关对下级机关的监督，建立常态化监督制度。加强和改进依法行政考核工作。改革行政复议体制，健全行政复议案件审理机制，建立重大、疑难、复杂的行政复议案件听证制度，推进行政复议委员会试点，探索建立镇（街道）行政复议受理点。完善纠错问责机制，健全责令公开道歉、停职检查、引咎辞职、责令辞职、罢免等问责方式和程序，做到有错必纠、有责必问。

强化对行政权力专门监督。完善审计制度，对公共资金、国有资产、国有资源和领导干部履行经济责任情况实行审计全覆盖。加强行政监察，加大行政问责力度，促进行政机关勤政廉政建设。加强财政监督，各级人大对政府预算编制、执行情况全面实施全口径预算决算审查监督。

14．深入推进政务公开。坚持以公开为常态、不公开为例外原则，积极推进决策公开、执行公开、管理公开、服务公开、结果公开。各级政府及其工作部门依据权力清单，向社会全面公开政府职能、法律依据、实施主体、职责权限、管理流程、监督方式等事项。深入推进行政权力网上公开透明运行。

加大重点领域和关键环节的政府信息公开力度，重点推进财政预决算、公共资源配置、重大建设项目批准和实施、社会公益事业建设等领域政府信息公开。完善例行发布、应急发布、政策解读等机制，改进依申请公开工作，明确办理流程，规范受理、交办、承办和答复等环节，提高答复质量。健全完善规范性文件查询系统，涉及公民、法人或者其他组织权利和义务的规范性文件，按照政府信息公开要求和程序予以公布。加强互联网政务信息数据服务平台和便民服务平台建设，完善区、镇（街道）、村（社区）三级政务服务体系，推进政务公开信息化。

四、保证司法公正，提高司法公信力

15．确保审判权、检察权依法独立公正行使。各级党政机关和领导干部要支持法院、检察院依法独立公正行使职权。建立违法干预司法活动、插手具体案件处理记录、通报和责任追究制度。任何党政机关和领导干部都不得让司法机关做违反法定职责、有碍司法公正的事情，任何司法机关都不得执行党政机关和领导干部违法干预司法活动的要求。对违法干预司法机关办案的，给予党纪政纪处分；造成冤假错案或者其他严重后果的，依法追究刑事责任。

健全完善行政机关负责人依法出庭应诉、支持法院受理行政案件、尊重并执行法院生效裁判的制度规定。严格依法惩戒妨碍司法机关依法行使职权、拒不执行生效裁判和决定、藐视法庭权威等违法犯罪行为。

建立健全司法人员履行法定职责保护机制。非因法定事由，非经法定程序，不得将法官、检察官调离、辞退或者作出降级、免职等处分。

16．优化司法职权配置。健全公安、检察、审判、司法行政机关各司其职，侦查权、检察权、审判权、执行权相互配合、相互制约的体制机制。探索审判权和执行权相分离的体制，完善刑罚执行制度，统一刑罚执行体制。探索实行法院、检察院司法行政事务管理权和审判权、检察权相分离。完善行政诉讼体制机制，切实解决行政诉讼立案难、审理难、执行难等问题。

推进法院案件受理制度改革，变立案审查制为立案登记制，对人民法院依法应该受理的案件，做到有案必立、有诉必理，保障当事人诉权。全面整合和优化法院诉讼服务中心职能，转变立案部门职能。加大对虚假诉讼、恶意诉讼、无理缠讼行为的惩治力度。落实刑事诉讼中认罪认罚从宽制度，完善轻微刑事案件快速办理机制，探索建立基层法庭、派驻检察室办理轻微刑事案件工作机制。加强对涉及公民人身、财产权益的行政强制措施的司法监督。检察机关在履行职责中发现行政机关违法行使职权或者不行使职权的行为，应该督促其纠正。探索建立检察机关提起公益诉讼制度，对行政机关违法行使职权或者不作为造成对国家和社会公共利益侵害或者有侵害危险的案件，由检察机关提起公益诉讼。

明确司法机关内部各层级权限，健全内部监督制约机制。司法机关内部人员不得违反规定干预其他人员正在办理的案件，建立司法机关内部人员过问案件记录制度和责任追究制度。完善主审法官、合议庭、主任检察官、主办侦查员办案责任制，做到谁办案谁负责。健全完善院长、庭长、审判委员会委员担任审判长参加合议庭审理案件的工作机制，建立以法官、合议庭为核心的审判组合运行模式，完善通案、审案、听案、评案、学习五项制度。改革检察委员会工作机制，规范讨论案件的范围、程序和议事规则，强化宏观指导职能。

加强职务犯罪线索管理，健全受理、分流、查办、信息反馈制度，完善保护、奖励职务犯罪举报人制度。明确纪检监察和刑事司法办案标准和程序衔接，健全纪检监察机关与检察机关协作配合机制，依法严格查办职务犯罪案件。积极构建预防职务犯罪体系，深入推进预防职务犯罪人民防线和侦防一体化建设。

17．推进严格司法。坚持以事实为依据、以法律为准绳，做到事实认定符合客观真相、办案结果符合实体公正、办案过程符合程序公正，努力让人民群众在每一个司法案件中感受到公平正义。

推进以审判为中心的诉讼制度改革，确保侦查、审查起诉的案件事实证据经得起法律的检验。全面贯彻证据裁判规则，严格依法收集、固定、保存、审查、运用证据，落实证人、鉴定人出庭及证人保护、证人作证补助等制度，保证庭审在查明事实、认定证据、保护诉权、公正裁判中发挥决定性作用。

推进量刑规范化改革，落实关键岗位和重点环节的司法适用，统一裁判标准，规范自由裁量权行使。明确各类司法人员工作职责、工作流程、工作标准，明确错案、办案过错认定标准和问责条件及程序，建立司法档案，实行办案质量终身负责制和错案责任倒查问责制。

18．保障人民群众参与司法。探索创新人民群众参与、监督、评判司法的途径和方式，在司法调解、司法听证等司法活动和涉诉信访工作中保障人民群众参与。保障公民陪审权利，落实人民陪审员倍增计划，扩大人民陪审员参审范围，完善随机抽选方式，提高人民陪审制度公信度。逐步实行人民陪审员只参与审理事实认定问题，不再审理法律适用问题。扩大公众有序参与旁听庭审。

构建开放、动态、透明、便民的阳光司法机制，推进落实审判、检务、警务公开，完善办案信息查询系统，依法及时公开执法司法依据、程序、流程、结果和生效法律文书。加强裁判文书释法说理，建立重大案件信息发布、生效法律文书统一上网和公开查询制度。

19．强化人权司法保障。依法保障诉讼过程中当事人和其他诉讼参与人的知情权、陈述权、辩护辩论权、申请权和申诉权。健全完善以庭审为中心的审判机制，有效发挥审判对侦查、起诉的引导作用。完善对限制人身自由司法措施和侦查手段的司法监督，加强对刑讯逼供和非法取证的源头预防，实行对所有讯问活动、重要取证活动全程同步录音录像制度，依法保障律师会见权、阅卷权和调查取证权，健全冤假错案有效防范、及时纠正机制。建立健全审查逮捕阶段辩护律师意见交流反馈机制，深入开展羁押必要性审查工作，保障犯罪嫌疑人和被告人的合法权益。定期清理超长期审理和超长期羁押案件。

加大依法强制执行力度，加快建设执行指挥中心网络，进一步深化与公安、工商、税务等部门的信息共享、协调联动，积极推行网络司法拍卖，规范查封、扣押、冻结、处理涉案财物的司法程序，依法公布失信被执行人名单，加大失信被执行人信用监督、威慑和惩戒力度，切实解决执行难问题，依法保障胜诉当事人及时实现权益。

落实诉讼终结制度，实行诉访分离，保障当事人依法行使申诉权利。对不服司法机关生效裁判、决定的申诉，逐步实行由律师代理制度。对聘不起律师的申诉人，纳入法律援助范围。健全完善国家司法救助机制，切实做好司法过程中对困难群体的救助工作。

20．强化对司法活动的监督。认真落实检察机关行使监督权的法律制度，加强对刑事诉讼、民事诉讼、行政诉讼的法律监督，探索建立重大、疑难案件侦查机关听取检察机关意见和建议的制度。完善人民监督员制度，重点监督检察机关查办职务犯罪的立案、羁押、扣押冻结财物、起诉等环节的执法活动。司法机关要接受社会监督，及时回应社会关切。规范媒体对案件的报道，防止舆论影响司法公正。

依法规范司法人员与当事人、律师、特殊关系人、中介组织的接触、交往行为，严禁司法人员私下接触当事人及律师、泄露或者为其打探案情、接受吃请或者收受其财物、为律师介绍代理和辩护业务等违法违纪行为，坚决惩治司法掮客行为，防止利益输送。对因违法违纪被开除公职的司法人员、吊销执业证书的律师，终身禁止从事法律职业，构成犯罪的要依法追究刑事责任。

加强司法人员职业道德建设，坚决破除各种潜规则，坚决反对和克服特权思想、衙门作风、霸道作风，坚决反对和惩治粗暴执法、野蛮执法行为，绝不允许办关系案、人情案、金钱案，绝不允许法外开恩，坚决查处司法领域的腐败行为。

五、加强法治宣传教育，提高全社会法治信仰

21．提升法治宣传教育实效。坚持把全民普法和守法作为依法治区的先导性、基础性、长期性工作，广泛开展法治教育进机关、进乡村、进社区、进学校、进企业、进单位和法律宣传日、宣传周、宣传月等法治宣传教育活动，大力弘扬社会主义法治精神，建设社会主义法治文化，提升公民、企业法人和社会组织法治观念和尊法守法意识，在全社会形成守法光荣、违法可耻的浓厚氛围。

加大宪法宣传教育力度，抓住每年十二月四日国家宪法日等重要节点，在全社会广泛深入开展宪法教育，弘扬宪法精神。

健全普法宣传教育机制，各级党委和政府要加强对普法工作的领导，新闻、文化、教育部门和各人民团体要在普法教育中发挥职能作用。实行国家机关“谁执法谁普法”的普法责任制，建立法官、检察官、行政执法人员、律师等以案释法制度。领导干部要带头学法、模范守法，把宪法法律作为党委（党组）理论学习中心组学习内容，列为党校必修课，推动国家工作人员学法用法。把法治教育纳入国民教育体系，在中小学设立法治知识课程。建立健全针对企业经营者、特殊人群的普法宣传教育机制。加强普法讲师团、普法志愿者队伍建设。加大普法工作保障力度。

22．加强法治文化建设。充分发挥法治文化在法治建设中的教育、熏陶、示范、引导作用，大力推动社会主义法治文化繁荣与发展，着力建设与全面推进依法治区进程相适应，集知识普及、观念引导、能力培养于一体的法治文化体系。将法治教育纳入精神文明创建内容，广泛开展群众性法治文化主题教育实践活动，组织开展法治人物和事件评选等活动。加强法治文化阵地建设，打造一批富有思想性、艺术性、观赏性的法治文化精品力作。加强法治建设理论研究和新闻宣传，增强全社会尊法守法的自觉。

23．加强公民道德建设。强化法律对道德建设的促进作用，道德建设对法治文化的支撑作用，大力弘扬社会主义核心价值观，弘扬中华民族传统美德。强化规则意识，倡导契约精神，弘扬公序良俗，培育社会公德、职业道德、家庭美德、个人品德。发挥法治在解决道德领域突出问题中的作用，引导人们自觉履行法定义务、社会责任、家庭责任，发挥道德对维护社会和谐稳定的积极作用。深入推进诚信锡山建设，健全公民守法信用记录，完善守法诚信褒奖机制和违法行为惩戒机制，使尊法守法成为全社会的共同追求和自觉行动。

六、推进社会治理法治化，加快建设法治社会

24．加快提升依法治理水平。坚持用法治思维谋划社会治理思路、用法治精神引领社会治理实践、用法治方式破解社会治理难题，提高社会治理法治化水平。深入推进“政社互动”改革，大力推进城乡社区网格化服务管理。深化基层组织和部门、行业依法治理，支持各类社会主体依法自我约束、自我管理。依法推进村（居）民自治，完善民主选举、民主决策、民主管理、民主监督机制。依法完善企事业单位民主管理制度，探索建立适应小微企业特点的民主管理形式，保障职工参与管理和监督的民主权利。发挥市民公约、乡规民约、行业规章、团体章程等社会规范在社会治理中的积极作用。

充分发挥人民团体、社会组织在法治社会建设中的积极作用，建立健全社会组织参与社会事务、维护公共利益、救助困难群众、帮教特殊人群、预防违法犯罪的机制和制度化渠道。推动社会组织建立和完善内部治理机制，发挥社会组织对其成员的行为导引、规则约束、权益维护作用。有序推进行业协会商会在机构、职能、资产、财务、人员等方面与行政机关脱钩，支持其发挥行业自律和专业服务功能。依法管理宗教事务，妥善处置涉及民族、宗教等因素的社会问题，促进民族关系、宗教关系和谐。

25．健全依法维权和矛盾纠纷化解机制。强化法律在维护群众权益、化解社会矛盾中的权威地位，完善社会矛盾预警机制、利益表达机制、协商沟通机制、救济救助机制，畅通群众利益协调、权益保障法律渠道，引导和支持人民群众理性表达诉求、依法维护权益。

健全社会矛盾纠纷预防化解机制，完善调解、行政裁决、行政复议、诉讼等有机衔接、相互协调的多元化矛盾纠纷解决机制。构筑全方位、动态化社会矛盾纠纷排查机制，完善人民调解、行政调解、司法调解联动工作体系，加强环境保护、劳资纠纷、医患、消费、交通事故、物业管理、婚姻家庭等行业性、专业性调解组织建设。健全行政裁决制度，强化行政机关解决同行政管理活动密切相关的民事纠纷功能。积极推动信访纳入法治化轨道，依法规范信访秩序，大力推行阳光信访、逐级走访、诉访分离和首办负责制，保障合理合法诉求依照法律规定和程序得到合理合法的结果。

26．建立完备的法律服务体系。将公共法律服务纳入地方经济社会发展规划和政府公共服务范围，按照政府扶持、社会运营、专业发展、项目合作的原则，大力培育发展公共法律服务组织。推进覆盖城乡居民的公共法律服务体系建设，健全公共法律服务网络，建立区、镇（街道）公共法律服务中心和村（社区）司法行政服务站，推行党政机关、人民团体、企事业单位、社会组织和村（社区）法律顾问制度，为群众提供便捷的法律服务。加强民生领域法律服务，完善法律援助制度，逐步将法律援助范围由低保人群扩大到低收入人群。鼓励、引导社会力量参与公共法律服务，建立健全公共法律服务标准和质量评价机制、监督机制、失信惩戒机制、政府购买机制和补偿机制。积极发展法律服务业，制定出台扶持和促进法律服务业发展的政策措施，统筹城乡法律服务资源。

27．深入推进社会治安综合治理。深化平安锡山建设，健全落实领导责任制，进一步创新完善立体化社会治安防控体系，依法打击违法犯罪，严厉打击暴力恐怖、涉黑、邪教、黄赌毒等违法犯罪活动和盗窃、抢劫等多发性侵财犯罪，加强社会治安突出问题和治安重点地区排查整治，保障人民群众安居乐业。健全社区矫正制度，完善特殊人群服务管理制度，有效预防和减少重新违法犯罪。依法强化危害食品药品安全、影响安全生产、损害生态环境、破坏网络安全等重点问题治理，健全安全预防控制体系，依法落实社会公共安全风险和突发事件隐患排查监控责任，保障人民群众生命财产安全。

七、加强法治工作队伍建设，提供人才保障

28．提高法治专门队伍素质。加强理想信念教育，深入开展社会主义核心价值观和社会主义法治理念教育，坚持党的事业、人民利益、宪法法律至上，大力提高思想政治素质、业务工作能力、职业道德水平，着力建设一支忠于党、忠于国家、忠于人民、忠于法律的执法、司法专门队伍。突出政治标准，加强执法、司法机关各级领导班子建设，把善于运用法治思维和法治方式推动工作的人选拔到领导岗位上来。进一步畅通执法、司法部门干部和人才相互之间以及与其他部门具备条件的干部和人才之间交流的渠道。

着力推进法治专门队伍正规化、专业化、职业化建设，严格执行法律职业准入制度，落实法律职业人员统一职前培训制度，落实从符合条件的律师、法学专家中招录法官、检察官制度，畅通具备条件的军队转业干部进入法治专门队伍的通道，健全从政法专业毕业生中招录人才的规范便捷机制。健全法官、检察官、人民警察职业保障体系，完善符合法治工作职业特点的人员管理制度。

29．加强法律服务队伍建设。强化律师队伍思想政治建设，把拥护中国共产党领导、拥护社会主义法治作为律师从业的基本要求，增强广大律师走中国特色社会主义法治道路的自觉性和坚定性。构建社会律师、公职律师、公司律师等优势互补、结构合理的律师队伍。提高律师队伍业务素质，完善执业保障机制。加强律师事务所管理，发挥律师协会自律作用，规范律师执业行为，监督律师严格遵守职业道德和职业操守，强化准入、退出管理，严格执行违法违纪执业惩戒制度。加强律师行业党的建设，扩大党的组织覆盖面和工作覆盖面。各级党政机关和人民团体普遍设立公职律师，企业可设立公司律师，参与决策论证，提供法律意见，促进依法办事，防范法律风险。明确公职律师、公司律师法律地位以及权利义务，理顺公职律师、公司律师管理体制机制。发展基层法律服务工作者、人民调解员队伍，加强法律服务志愿者队伍建设。

八、加强和改进党的领导，开创全面推进依法治区新局面

30．不断提高依法执政水平。各级党委要按照

“三统一”“四善于”的要求，既坚持党总揽全局、协调各方的领导核心作用，确保党的主张贯彻到全面推进依法治区的全部实践之中；又要改进党的领导，自觉在宪法法律范围内活动，以法治的理念、法治的体制、法治的程序开展工作。党员干部特别是领导干部要牢记法律红线不可逾越、法律底线不可触碰，带头遵守法律，带头依法办事，不得违法行使权力，更不能以言代法、以权压法、徇私枉法。

各级人大、政府、政协和区法院、区检察院的党组织和党员干部要坚决贯彻党的理论和路线方针政策，坚决贯彻党委决策部署，党组织要领导和监督本单位模范遵守宪法法律，坚决查处执法犯法、违法用权等行为。

政法委作为党委领导政法工作的组织形式，要把工作着力点放到把握政治方向、协调各方职能、统筹政法工作、建设政法队伍、督促依法履职、创造公正司法环境上，带头依法办事，保障宪法法律正确统一实施。完善政法机关党组织重大事项向党委报告制度，加强政法机关党的建设，在法治建设中充分发挥党组织政治保障作用和党员先锋模范作用。

31．完善法治建设领导体制和工作机制。坚持党委统一领导、各方分工协作、社会广泛参与，加强对全面推进依法治区的组织领导和统筹协调。区依法治区领导小组及其办公室要加强对依法治区工作的部署、指导、检查，推动工作落实。党委要定期听取法治建设工作汇报，党政主要负责人要切实履行法治建设第一责任人职责。党委要领导和支持工会、共青团、妇联等人民团体和社会组织在全面依法治区中发挥积极作用。

充分发挥基层党组织在全面推进依法治区中的战斗堡垒作用，增强基层干部法治观念、法治为民意识，提高依法办事能力。加强基层法治机构建设，建立重心下移、力量下沉的法治工作机制，改善基层基础设施和装备条件，推进法治干部下基层活动。

32．严格执行党内法规制度。党章等党内法规对党员的要求比法律的要求更严格，党员不仅要严格遵守法律法规，而且要按照党章等党内法规以更高标准要求自己。要认真落实《中国共产党党内法规制定条例》，加强对党内法规制度执行情况的监督检查，促进党员干部坚定理想信念，践行群众路线，遵守党的纪律，坚决同一切违法乱纪行为作斗争，坚决纠正有令不行、有禁不止现象。严肃处理各类违反党规党纪的行为，对苗头性倾向性问题必须抓早抓小，防止小错酿成大错、违纪走向违法。

健全完善作风建设长效机制，巩固提升党的群众路线教育实践活动的制度性成果，依纪依法反对和克服形式主义、官僚主义、享乐主义和奢靡之风，持之以恒抓好中央八项规定和省、市委十项规定的落实，着力在抓常、抓细、抓长上下功夫，把作风建设不断引向深入，推动管党治党、改进作风规范化、常态化、长效化。完善和严格执行领导干部政治、工作、生活待遇等方面制度规定，着力整治各种特权行为。

严格落实党风廉政建设党委主体责任和纪委监督责任，坚持标本兼治、综合治理、惩防并举、注重预防，加快构建常态化的党风廉政教育机制、系统化的权力运行制衡机制、立体化的党风廉政监督防范机制、网络化的党风廉政责任落实机制、制度化的作风建设推进机制、零容忍的惩治腐败工作机制，健全完善各项制度规定，持续保持高压态势，对任何腐败行为和腐败分子，都要依纪依法坚决惩处，决不手软。

33．提高党员干部法治思维和依法办事能力。党员干部是全面推进依法治国的重要组织者、推动者、实践者，要自觉提高运用法治思维和法治方式深化改革、推动发展、化解矛盾、维护稳定的能力，领导干部尤其要以身作则、以上率下。把法治建设纳入经济社会发展总体规划，把法治建设成效作为衡量各级领导班子和领导干部工作实绩重要内容，纳入政绩考核指标体系，完善领导干部任前法律知识考试、学法用法执法守法情况考评制度，把能不能遵守法律、依法办事作为考察干部重要内容，在相同条件下，优先提拔使用法治素养好、依法办事能力强的干部。对特权思想严重、法治观念淡薄的干部要批评教育，不改正的要调离领导岗位。

34．完善法治创建和考核评价。总结实践经验，完善工作载体，以法治锡山创建引领和推进全区法治建设，以依法行政示范单位（点）、规范执法示范单位（点）、公正司法示范单位（点）、法治文化建设示范单位（点）和诚信守法履行社会责任示范企业等创建活动引领和推进行业法治建设，以法治镇（街道）、民主法治村（社区）创建活动引领基层法治建设，深入开展多层次多形式法治创建活动。深入实施法治惠民实事工程，不断提高人民群众对法治建设的满意度。根据省市法治建设指标体系，结合锡山实际，制定考核办法，加强检查考核，推动依法治区不断发展。

全区各级党组织和广大党员干部群众要更加紧密团结在以习近平同志为总书记的党中央周围，高举中国特色社会主义伟大旗帜，积极投身全面推进依法治区的实践，为加快建设富强美丽和谐幸福现代化新锡山而努力奋斗。

中共锡山区委 锡山区人民政府 关于印发《开展“项目建设突破年”活动的实施意见》《开展“改革创新突破年”活动的实施意见》《开展“作风建设突破年”活动的实施意见》的通知

锡发〔2015〕12号

开发区、商务区、台创园党工委、管委会，各镇（街道）党（工）委、政府（办事处），区各部委办局，区各人民团体，区直各单位，驻区各条线单位：

现将《开展“项目建设突破年”活动的实施意见》《开展“改革创新突破年”活动的实施意见》和《开展“作风建设突破年”活动的实施意见》印发给你们，请抓好贯彻落实。

中共锡山区委

锡山区人民政府

2015年5月8日

开展“项目建设突破年”活动的实施意见

根据市委、市政府关于开展“项目建设突破年”活动的部署要求，为着力扩大有效投资规模，更好地发挥投资在新常态下对保持经济平稳健康发展的促进作用，实现全区经济持续健康发展，现就我区2015年开展“项目建设突破年”活动提出如下贯彻意见。

一、总体要求

深入贯彻党的十八大、十八届三中、四中全会精神，紧紧围绕市委、市政府关于开展“项目建设突破年”活动的部署要求，主动适应经济发展新常态，坚持稳中求进工作总基调，巩固和提升项目建设成果，力争在重大项目引进、建设上取得新突破，加强投资服务，增强投资信心，提升投资质量，扎实推动投资存量调整和增量优化，切实保持投资适度规模和合理速度，加快建设富强美丽和谐幸福现代化新锡山。

二、坚持导向

探索并把握新常态下的投资规律，顺应投资形势，坚持投资导向，完善政策体系，进一步强化招商引资，积极抢抓新常态下涌现出的投资新机遇，大力招引重大项目，增强可持续发展能力。

1．注重投资质量。优化投资结构，更加注重投资增长质量和效益，着力在推动产业集聚、延伸产业链上抓项目，在激发民间投资热情、深挖民间投资潜力上抓项目，在国家鼓励扩大投资、国内外龙头企业投资方向上抓项目，在补短板、兜底线上抓项目，坚持准入标准，强化源头控制，培育引进、加快实施一批大项目、好项目，扩大有效投入，提升投资质量，保持投资平稳较快增长。

2．发挥市场导向。充分发挥市场配置资源的决定性作用和更好发挥政府作用，强化企业投资主体地位，引导并推动投资要素、政策资源、政府服务向企业和实体经济集聚，促进一产、二产、三产投资协调包容增长。深化完善投资、财政、招商政策及行政审批制度改革，严控过剩行业新增产能项目，有效调动社会投资的积极性，增强投资内生动力和活力。

3．实施项目带动。坚持定向精准发挥重大项目带动效应，进一步加大项目储备、签约、落地、开工、建设、投产力度，围绕年度重大项目实施计划，合力施策，强势攻坚，确保项目顺利建设。深化落实项目动态跟踪、服务督导、约谈考核、检查评估等工作措施，确保项目早开工、早投产、早见效。

4．强化后劲培育。提高招商引资实效，重点加强对先进制造业和现代服务业项目的招引，加快引进一批具有突破性、引领性、带动性的重大产业项目，全面增强锡山经济的活力和后劲。坚持招项目和招人才、引资金和引技术、抓增量和抓技改并重，提升区域对人才、技术等要素资源的集聚水平，促进投资增长方式转变和经济发展动力转化。

三、工作目标

根据区委、区政府重点工作安排，“项目建设突破年”的主要发展目标是：

1．投资总量目标。2015年，全区固定资产投资增长8.5%，力争完成10%；工业投资增长12%，力争完成13%；民间投资占全区固定资产投资65%以上。

2．项目建设目标。2015年，全区推进超1亿元重大产业项目110个，其中新开工项目50个，当年计划投资244.2亿元，其中：工业项目投资104.9亿元，服务业项目投资139.3元；新开工项目投资105.7亿元。

3．发展后劲目标。2015年，全区力争引进重大产业项目66个以上。

四、推进重点

围绕“项目建设突破年”活动主要目标，强化创新，合力攻坚，重点在四个方面取得突破。

1．稳中求进，实现投资总量有突破。统筹推进现代产业、基础设施、科技进步、民生改善等重点领域投资发展，奠定投资总量和增长基础。以行业重组、企业购并、招进来与走出去并重等途径方式，积极拓展投资新的载体和空间，并抓住新技术、新产品、新业态、新商业模式投资机会大量涌现的机遇，努力培育投资新增长极。扎实推进110个重大产业项目，深入落实“千企技改”行动，积极引导区内重点骨干企业实施技改项目、加大技改投入，着力提高企业装备层次、技术水平和产出能力，带动投资平稳增长并提质增效。

2．务求实效，力争招商引资有突破。加强专业招商机构建设，健全招商工作网络和机制，充分发挥高端中介机构、重点行业协会的平台作用，有效放大区内重点骨干企业的资源优势，精心策划各类专题招商会，坚持以战略性新兴产业、现代服务业、传统优势产业改造提升和创新性成长性企业为主攻方向，力争引进一批重特大项目。认真开展引资、引智相结合的“双招双引”活动，并深化实施“人才强企”工程，吸引一批高层次人才来锡创业。

3．强化督导，推进开工项目有突破。突出板块的项目建设主体责任，强化部门协调服务推进作用，加强上下沟通、横向协调，深入基层、深入项目，积极发挥项目督导服务作用，了解掌握项目建设中存在问题和困难并帮助解决，进一步加快项目开工前期手续进度，促进项目早日开工。全年力争新开工重大产业项目50个以上，努力实现重大产业项目开工有突破。

4．重构体系，打造投资环境有突破。围绕建设服务型政府，进一步转变管理理念，改进工作方式，推动政府职能向创造良好环境、提供优质服务转变。继续深化行政审批制度和行政执法体制改革，提高行政审批效率，探索实施清单管理模式，推行重大项目容缺预审服务，完善网上审批、并联审批制度，进一步简化办事流程，提高审批效率。分类规范涉及投资项目的行政性、服务性、商业性收费，提高投资市场公正性、透明度。

五、保障措施

为确保“项目建设突破年”活动顺利开展并取得预期成效，按计划完成年度目标任务和重点工作，全区各级各部门要坚定大局观念，勇于争先进位，切实做好组织保障工作。

1．强化组织领导。充分发挥区重点企业重点项目建设发展联席会议制度，统筹落实安排重点活动推进和各项日常工作。进一步健全完善工作体系和机制，牢牢抓住投资工作关键环节。

2．分解落实责任。及时将“项目建设突破年”活动的主要目标、重点工作逐项分解落实到各板块和各部门（单位），层层分解、层层落实，建立“项目建设突破年”活动月度例会制度，协调解决推进项目建设有关问题。实行重大项目领导挂钩联系制度，对全区110个重大产业项目实施区领导挂钩分工联系，及时解决项目建设过程中出现的各类问题，确保“项目建设突破年”活动要求得到全面落实。

3．严格督查考核。继续强化区委常委会、区政府常务会议定期听取项目建设情况汇报等制度优势，通过项目现场督导推进会等形式，对照计划比项目开工、比建设进度、比投资效益，着力营造抓项目、增投入的良好氛围。完善区项目建设服务督导制度，加强项目建设情况的服务督导，了解掌握项目招引信息，跟踪项目进度，帮助协调解决有关问题。健全和完善重大产业项目建设和项目招引工作通报和约谈制度，督促各板块和项目建设服务督导成员单位强化责任、落实举措，全力做好重大产业项目建设和项目招引相关工作。

开展“改革创新突破年”活动的实施意见

为深入贯彻党的十八大和十八届三中、四中全会精神，全面落实中央和省市委全面深化改革的决策部署，加快开创锡山改革发展新局面，现根据市委、市政府“改革创新突破年”活动的部署要求，结合我区实际，提出如下实施意见。

一、总体要求

深入贯彻党的十八大和十八届三中、四中全会以及习近平总书记系列重要讲话精神，全面落实中央和省市委改革工作部署，围绕锡山改革发展的重点难点，加大攻坚力度，努力以改革的创新突破推动经济社会的持续健康发展；按照主动适应新常态的形势要求，积极通过深化改革激发内生动力和活力，把创新引擎全速发动起来，把改革红利充分释放出来；按照顺应人民群众期盼的推进标准，以更加务实的改革成果取信于民、惠及于民，为加快建设富强美丽和谐幸福现代化新锡山提供不懈动力。

二、重点工作

1．在深化行政体制改革上创新突破。制定权力清单管理办法和行政审批违法违纪行为责任追究办法。全面深化政府机构改革，做好工商质监食品药品管理体制调整。健全农产品和粮食监督管理机制。完成“一办三中心”（政务服务管理办公室、政务服务中心、公共资源交易中心、政府公共服务热线受理中心）体系建设。深化完善企业设立登记“一站式”服务、基本建设项目“并联审批”、重大项目容缺预审制，进一步简化审批流程、提高审批效率。深化行政执法体制改革，推行综合执法。

2．在深化科技人才体制改革上创新突破。贯彻落实省制定的《深化科技体制改革实施方案》《深入实施创新驱动发展战略的意见》《加快苏南国家自主创新示范区建设的意见》和《关于建设苏南人才管理改革试验区的实施意见》。健全完善科技金融服务体系，加强科技支行、科技保险、科技担保、科技小额贷款公司、科技金融综合服务公司等专营机构建设，增加科技金融供给主体。深化拓展“人才强企”工程，鼓励企业引进带团队、带技术、带项目的领军人才。

3．在深化国有资产管理体制改革上创新突破。推进区属国有企业在发展混合所有制、建立中长期激励和约束机制、企业职业经理制度建设等方面的改革。根据国家出台的国有企业专项改革精神，研究出台规范企业领导人员履职待遇和业务支出等专项改革意见，合理确定不同类型企业领导人员的薪酬水平，完善薪酬管理和约束机制。

4．在深化新型城镇化改革上创新突破。积极探索产城融合等新型城镇化发展路径，加强主城区功能更新规划研究，加紧编制锡东新城东区概念规划和核心区城市设计，优化镇村布局规划和布点村庄详细建设规划。逐步将外来务工人员随迁子女纳入义务教育优质均衡发展监测评估、教育现代化建设范围。逐步将进城务工人员及其随迁家属纳入社区基本医疗卫生计生服务体系。稳妥有序扩大土地承包经营权确权颁证试点范围。大力探索推进农村产权流转交易市场建设，促进农村产权交易公开、公正、规范运行。

5．在深化开放型经济体制改革上创新突破。积极推进企业国际化发展，大力培育本土跨国公司，2015年培育1家以上省级认定的具有一定国际竞争力的本土跨国公司。积极组织区内企业参与无锡市海外投资联合会，加快企业“走出去”步伐。加强服务贸易载体和公共服务平台建设，大力推进服务贸易便利化，着力引进培育服务贸易龙头企业，提升服务贸易国际竞争力。

6．在深化生态文明体制改革上创新突破。加强污染源在线监控，扩大监控覆盖，提高环境监管水平。推进排污权交易、污染物排放许可制度配套管理机制的落实。制定区域污染控制对策措施。推广环境污染第三方治理。

7．在深化财税金融体制改革上创新突破。推行全口径预算管理。完善专项资金管理清单，健全一般转移支付、生态补偿等机制。探索实行政府和社会资本合作（PPP）模式。建立规范的地方政府举债融资机制。在同等条件下，政府投资优先支持引入社会资本的项目，根据不同项目情况，通过投资补助、基金注资、担保补贴、贷款贴息等方式，支持社会资本参与重点领域建设。支持民间资本发起设立民营银行、财务公司、保险机构、消费金融公司、融资租赁公司等各类金融机构和金融性公司。开展小微企业风险互助基金试点、借新还旧试点、小额贷款保证保险试点。

8．在深化社会事业改革上创新突破。按照国家、省市的统一部署，启动实施机关事业单位养老保险制度改革。建立深度贫困家庭子女及孤儿就学就业情况数据库和面向志愿吸纳深度贫困家庭子女及孤儿就业的爱心企业数据库，构建常态化的特困家庭子女就业帮扶制度。贯彻落实教育部《关于加强和改进普通高中学生综合素质评价的意见》和省教育厅关于招生考试制度改革的相关要求，推动高中学业水平考试和综合素质评价改革。推进公立医院改革，深化完善政事分开、管办分开、医药分开、营利性与非营利性分开的具体形式。深入开展区域医疗联合体建设，构建以中大医院为龙头，锡山人民医院（中大无锡分院）为核心，区内其他二级医院、基层医疗卫生机构为基础的紧密型医联体。深化文化行政管理体制改革，做好对各类文化企事业单位的规范性管理工作。加快培育文化龙头企业，推进文化企业公司制、股份制改革，打造一批有实力、有竞争力、有影响力的文体企业。

9．在深化民主法制领域改革上创新突破。出台区人大常委会讨论决定重大事项的规定，探索每年初由政府提出重大事项建议议题，与人大商定形成年度重大事项专项计划，推动建立政府重大决策出台前向人大及其常委会报告制度。进一步完善全口径预决算审查监督机制，推进对预算编制、执行、调整、决算和绩效管理的全过程监督，推进预决算和“三公”经费公开。扎实推进法治创建活动，深入实施法治惠民实事工程。

10．在深化司法体制和社会体制改革上创新突破。推进以审判为中心的诉讼制度改革，完善法院案件受理制度。开展人民陪审员制度改革，提高人民陪审员制度公信度。探索建立重大、疑难案件侦查机关听取检察机关意见建议制度，深化检务公开工作。深入推进诚信锡山建设，健全公民守法信用记录，完善守法诚信褒奖机制和违法行为惩戒机制。创新有效预防和化解社会矛盾机制。

11．在全面从严治党上创新突破。制定关于严格党员领导干部民主生活会和基层党组织组织生活会的相关实施意见。健全完善我区干部管理监督制度体系。制定我区关于进一步加强党管人才工作的实施意见。深入落实党风廉政建设主体责任和监督责任，细化“五张清单”，制订完善责任追究办法，倒逼“两个责任”落实。

三、组织保障

1．加强组织领导。各级各部门要把改革作为重要政治任务，保持高度政治定力，明确工作责任要求，提高改革创新突破执行力。党政主要领导作为推动今年改革创新突破工作的第一责任人，要切实把改革创新突破工作放在重要位置，围绕2015年改革创新突破重点，抓紧出台细化实施举措，落实改革推进的直接责任，确保思想认识到位、组织领导到位、责任落实到位、工作推进到位。

2．注重协同推进。在区委全面深化改革领导小组统一部署下，区委改革办、各专项小组要加强对板块和部门工作的指导协调，加强对跨区域跨部门重大改革事项的协调，组织重要改革协作攻关，及时解决重点难点问题。牵头部门和参与部门要进一步加强分工合作，对改革任务进行项目化、责任化分解，明确进度安排和成果形式，形成齐抓共管的工作合力，确保按照时间表取得可检验的成果。

3．鼓励先行先试。各级各部门要加强对改革创新突破工作调研，认真分析工作中出现的新情况、新问题，对已经明确的改革任务通过创新举措，率先取得突破；对需要上级授权的改革事项积极对接，争取先行试点；对允许试点探索的改革领域积极探索，做出特色亮点，为全区的改革探路。

4．强化督导推进。区委改革办、各专项小组要组织力量，抓紧建立规范化、常态化的督查工作机制，定期对已明确的改革进展情况进行专项检查，对检查情况及时通报，督促改进。同时要建立健全改革成效评价和问责机制，把解决实际问题、群众对问题解决的满意度作为评价标准，把改革实绩作为各级各部门党政领导班子民主评议和政绩考核的重要内容。

5．强化舆论宣传。积极发挥报刊、电视、网络等媒体的宣传、引导和监督作用，通过开设活动专栏、专题等形式，及时总结、宣传和推广活动中涌现出的好做法、好经验，挖掘和树立先进典型，充分发挥先进典型的示范、激励和引领作用，营造全社会关心、支持、参与“改革创新突破年”活动的良好氛围。

开展“作风建设突破年”活动的实施意见

为深入贯彻落实习近平总书记关于全面从严治党迈上新台阶的要求，切实巩固提升党的群众路线教育实践活动和“作风建设深化年”活动成果，推动全区作风建设实现新的突破，现就开展“作风建设突破年”活动提出如下意见。

一、总体要求

全面贯彻落实党的十八大、十八届三中、四中全会和习近平总书记系列重要讲话精神，坚持全面从严治党、依规治党，严明政治纪律和政治规矩，持之以恒落实中央八项规定和省、市、区委十项规定精神，驰而不息纠正“四风”，以更严的纪律管好各级党员领导干部，更大的力度强化监督执纪问责，着力解决作风建设中一些仍需继续整改的问题、经常反复的问题以及一些新情况、新问题，树立党员干部的新形象，汇聚改革发展正能量，进一步营造风清气正的良好环境。

二、主要内容

1．严明党的政治纪律和政治规矩。要深入贯彻习近平总书记系列重要讲话精神，引导广大党员干部始终在思想上政治上行动上与党中央保持高度一致；广泛开展党章、党纪的学习，使广大党员干部养成自觉贯彻党章执行党纪的习惯；加强民主集中制建设，完善党委（党组）工作制度和议事规则，严格经常性的党内政治生活；加强党员干部的党性修养，促使党员干部把心思用在谋事上、把精力用在干事上、把点子用在发展上，确保区委、区政府的各项决策部署不折不扣地得到贯彻执行。狠抓在党的政治规矩上搞“上有政策、下有对策”“有令不行、有禁不止”的问题，确保政令畅通、令行禁止；严防少数干部搞“圈子文化”、营建政商朋友圈和私人俱乐部，搞利益输送的行为。（牵头负责单位：区委组织部、区委宣传部）

2．坚决防止“为官不为”。针对有些党员干部中存在的安于现状、看摊子、守位子、推着干、看着干、工作热情不高、进取意识淡化等现象，加强教育引导，抓好典型激励，切实解决“不想为”的问题；针对有些党员干部对锡山全面深化改革、调结构转方式等新任务不熟悉、不学习、不钻研，认识新常态不得要领、适应新常态无所适从、引领新常态缺乏思路，仍然在搞“擦边球”“闯红灯”，搞规避搞变通等现象，加强业务培训，加大能力建设，强化规则意识，切实解决“不会为”的问题；针对有些干部在工作中怕失误冒风险，怕踩红线犯规，畏首畏尾、瞻前顾后、患得患失，把“不出事”当作最大政绩的现象，强化“有错无为皆要问责”的高压态势，推进治庸问责，切实解决“不敢为”的问题。（牵头负责单位：区委办、区委组织部、区纪委）

3．坚决祛除干部不良作风。重点防止“门好进、脸好看、事难办”“面热心冷”等现象的发生，加强对个别机关单位和工作人员对企业、基层、群众服务质量差、服务效率低，办事拖拉、推诿扯皮、“中梗阻”等问题的整改；重点治理上班时间自由散漫，暮气沉沉，业务工作办理不熟练、不及时，上网聊天、炒股票、玩游戏，办公室里唱“空城计”等损害机关干部形象的问题；重点查处对区委、区政府确定的重点目标任务、重要政策文件和重点项目推进工作敷衍塞责，执行力不强，没有规定、批示不办事，该监管的不监管，该拍板的不拍板等现象；重点整改区委、区政府的便民利民惠民措施落实不到位，群众投诉多，群众反映强烈的问题；强化日常督查检查，形成常态长效机制；全力推进基层站所公共服务标准化建设，切实解决服务群众“最后一公里”的问题。（牵头负责单位：区纪委、区委区级机关工委、区政府办）

4．严肃查处顶风违纪问题。加强对违反中央八项规定和省、市、区委十项规定精神行为的执纪问责，坚决查处公款吃喝、公款旅游、公款送礼等问题，重点查处十八大后、中央八项规定出台后、群众路线教育实践活动开展后仍然顶风违纪的行为，加大通报曝光力度。把顶风违纪搞“四风”列为纪律审查的重点，既查处本人，又追究领导责任；对违反制度规定的“零容忍”，发现一起、查处一起、追责一起，对顶风违纪、影响恶劣的典型案例，指名道姓予以通报曝光。健全以问题为导向的检查监督工作机制，加强对厉行节约、公车配备、公务接待、职务消费等规定执行情况的监督检查；抓好元旦、春节、中秋等重要时间节点的督查检查；突出纪律审查重点，加大对违反政治纪律、组织纪律，行政审批、行政执法违纪违规等行为的监督检查力度。紧盯“四风”的新形式、新动向，明察暗访力度不减，问责追究力度不减，推进作风建设常态化、长效化。（牵头负责单位：区纪委）

三、保障措施

1．加强领导，落实责任。活动在区委、区政府的统一领导下进行，由区机关作风与效能建设领导小组具体负责活动组织领导工作。各级各部门，各牵头负责单位要充分认识活动的重要意义，强化主要领导抓作风建设的“第一责任”，实行“一把手”负责制，列入重要议事日程，全面抓好活动的组织实施，保证活动顺利开展。

2．抓好学习，提高认识。各级各部门要按照区“作风建设突破年”活动动员会要求，进行动员部署，提高认识，增强广大党员干部作风突破的责任感、紧迫感。要集中搞好学习，宣传部门要拟定若干学习专题，重点加强对党的十八届四中全会、省委十二届九次全会、市委十二届八次全会和区委三届六次全会精神的学习；重点领会习近平总书记视察江苏时的重要讲话以及加强作风建设的一系列讲话精神；强化对党章、党纪和党的基本理论、基本路线、基本纲领、基本经验、基本要求的学习，切实把广大党员干部的思想和行动统一到中央和省、市、区委的部署要求上来。

3．搞好自查，细化目标。各牵头负责单位，要根据牵头负责的活动内容，搞好调研，查摆出突出问题，制订专项治理整改的方案计划。各级各部门要针对本单位作风建设情况，自下而上地组织一次自查，要对以往三个“作风建设年”的活动实效进行全面评估，查找出本单位作风建设薄弱环节和存在的突出问题；并根据活动意见要求，结合自查结果和本单位实际，研究制订活动方案，进一步细化任务，明确具体部门和责任人，明确时间进度和标准要求。

4．树立典型，营造氛围。各级各部门要坚持典型引路、示范引导，既要注重发现、总结、推广活动中涌现出的先进典型，又要实事求是地曝光典型案例和存在的突出问题，形成强大声势，推动活动扎实有效地开展。区委宣传部要制订详细工作方案，大力宣传活动的意义与成效，形成浓厚舆论氛围。

5．统筹兼顾，注重实效。认真处理好开展活动与推进各项工作的关系，把开展活动与落实区委、区政府决策部署相结合，与建设富强美丽和谐幸福现代化新锡山相结合；要把问题整改贯穿始终，从基层、企业和群众最关心、反映最强烈、最需要解决的问题入手，认真查找本部门和单位作风建设方面存在的突出问题，分析原因，制订切实可行的整改措施，抓紧落实整改，并以适当形式向社会公开整改情况，主动接受社会监督。

锡山区人民政府办公室转发区文体局等部门《关于推进学校体育设施向社会开放工作实施意见》的通知

锡府办〔2015〕21号

开发区、商务区、台创园管委会，各镇人民政府（街道办事处），区各办局，区各直属单位，驻区各条线单位：

经区政府同意，现将区文体局、区教育局、区财政局制定的《关于推进学校体育设施向社会开放工作的实施意见》转发给你们，请认真贯彻执行。

无锡市锡山区人民政府办公室

2015年4月3日

关于推进学校体育设施向社会开放工作的实施意见

区文体局　区教育局　区财政局

（2015年4月）

近年来，在区委、区政府的重视和领导下，我区学校体育设施向社会开放工作取得了扎实的成效，有效缓解了社区居民日益增长的体育健身需求与体育运动场地不足的矛盾。为贯彻落实中央、省相关文件精神和《市政府办公室关于转发市体育局等部门关于推进学校体育设施向社会开放工作的实施意见》（锡政办发〔2013〕68号），充分发挥学校体育设施的功能，满足广大群众特别是青少年学生体育健身需求，推动学校体育设施向社会开放工作，提出如下意见。

一、指导思想

深入贯彻落实科学发展观，以满足人民群众健身需求、增强青少年体质为宗旨，充分发挥学校体育资源的作用，本着"有序、规范、安全、高效"的原则，进一步扩大学校体育设施向社会开放，推动全民健身活动的深入开展，着力提高人民群众的身体素质、健康水平和生活质量，为全面加快锡山率先基本实现现代化步伐做出更大贡献。

二、工作原则

（一）政府主导，协同推进。为确保开放工作公益性，建立由政府主导，文体、教育、财政、公安、民政等部门协调配合的工作体制。

（二）科学规划，分类指导。遵循先室外后室内和安全有序的原则，根据学校实际情况，在不影响正常教学秩序的前提下，推动学校体育设施开放工作稳步实施。

（三）突出重点，服务社区。按照亲民、便民、利民的要求，根据人口密集度和学校所在区域公共体育场馆设施配置情况，突出重点，统筹推进，资源共享，为学校周边社区居民提供更多的体育健身公共服务。

（四）规范管理，提高绩效。制订规范管理文件，健全各项规章制度，按照规范要求，落实管理措施，保障开放工作有章可循，安全有序，长效运行。

三、工作目标

建立健全学校体育设施向社会开放工作的长效促进和管理机制，使全区具备开放条件的公办学校体育设施全面向社会开放。

四、开放办法

（一）开放范围。本意见所指的学校体育设施主要是指具备开放条件的中小学校用于体育教学、训练、竞赛、课外体育活动的室内外体育场馆及其配套设施。

（二）开放形式。学校操场等室外体育设施原则上均应免费开放，学校室外游泳池及室内体育设施（如室内篮球馆、羽毛球馆、游泳馆等）可报物价部门核准后适当收费开放。

（三）开放对象。学校周边社区居民和青少年学生（含社会团体组织）。

（四）开放时间。双休日、法定节假日和寒暑假，学校开放时间每天不少于6小时。有条件的学校，应向平时时段延伸，开放时间每天不少于2小时。

（五）管理方式。按照"政府主导、市场参与、社区协同"的原则实施学校体育设施向社会开放的管理。

1．责任主体。各镇（街道）和区教育局负责组织所辖学校体育设施按照要求实施开放。

2．管理制度。各镇（街道）和区教育局负责制订学校体育设施向社会开放日常管理制度，建立健全执行维护、设施使用、维修保养、安全检查、卫生消毒等各项管理制度；各开放学校负责制订本校体育设施向社会开放各项管理制度，落实管理职责，采取有效措施，保证开放工作安全有序进行。

3．现场管理。学校体育设施开放的现场管理以开放学校为主体，区文体局要组织社会体育指导员加强业务指导，学校属地镇（街道）要协调当地公安、综治等相关部门及体育社团共同参与相关工作，及时解决管理中出现的矛盾和问题；部分开放学校的体育设施开放区与学校其他区域还需做好必要的物理隔断措施，确保学校体育设施向社会开放工作安全有序。

4．督查考核。由区文体局牵头，成立由区教育局、锡山公安分局、区财政局、区民政局分管领导和职能科室相关人员组成的考评小组，对学校体育设施开放工作进行督查考评。具体考核评估办法和考评标准另行研究制订。

5．市民公约。社区居民和青少年学生进入校园进行体育锻炼时必须遵守相关管理制度，自觉维护秩序、爱护公物，杜绝不文明行为，并切实强化安全意识，在进行体育锻炼时应量力而行，避免因自身原因而发生的意外伤害、疾病和财产损失等。

五、经费保障

区财政每年从体育彩票公益金中安排专项资金用于支持学校体育设施向社会开放，各镇（街道）每年也要安排专项财政资金用于支持学校体育设施向社会开放。全区学校体育设施向社会开放公众责任险由区级负责。开放过程中发生的场地设施维修、安全隔断改造、日常管理经费等各项费用，按照属地管理原则由各镇（街道）负责。区、镇（街道）两级财政每年根据考核结果以“以奖代补”的方式给予经费补贴，奖补资金由区、镇（街道）按比例各半承担。

六、组织领导

（一）加强领导，健全机制。成立锡山区学校体育设施向社会开放工作领导小组，领导小组成员单位由区教育局、区财政局、区文体局、区民政局、锡山公安分局、各镇（街道）组成，领导小组下设办公室，办公室地点设在区文体局，统筹协调相关工作推进。

（二）落实责任，强化监督。区领导小组各成员单位要各负其责，加强配合，形成合力，共同做好学校体育设施向社会开放工作。教育部门要将体育设施向社会开放工作纳入对学校工作的考核，督促学校制订学校体育设施向社会开放日常管理制度、妥善做好体育设施开放区与学校其他区域的隔离工作，并向社会公布开放学校名称、开放时间、开放项目和收费标准。财政部门要做好学校体育设施向社会开放的经费保障工作。文体部门要做好体育指导员培训，鼓励村（社区）体育俱乐部、青少年体育俱乐部参与经营和管理学校室内体育运动场地等设施，指导社区开展群众性体育活动，牵头组织对学校体育设施向社会开放工作的督查评估。民政部门督促社区强化责任，加强宣传教育，广泛宣传开放工作和管理制度，引导教育社区居民服从管理、讲究文明、爱护设施、安全锻炼。

（三）加强宣传，营造氛围。要加强新闻宣传，通过各类媒体广泛宣传学校体育设施向社会开放工作，引导村（社区）居民、广大青少年了解科学健身知识，明确权利和义务，自觉爱护学校财务，维护学校正常秩序，促进学校教育功能的延伸。

锡山区人民政府办公室转发区人社局区民政局《关于进一步做好深度贫困家庭子女就业帮扶工作的操作办法》的通知

锡府办〔2015〕25号

开发区、商务区管委会，台创园管委会，各镇人民政府（街道办事处），区各办局，区各直属单位，驻区各条线单位：

经区政府研究同意，现将区人社局、区民政局制定的《关于进一步做好深度贫困家庭子女就业帮扶工作的操作办法》转发给你们，请结合实际认真贯彻执行。

无锡市锡山区人民政府办公室

2015年4月30日

关于进一步做好深度贫困家庭子女就业帮扶工作的操作办法

区人社局　区民政局

（2015年4月）

按照区委、区政府关于就业工作精准发力的要求，以专业化的服务内容和服务项目为手段，帮助我区深度贫困家庭子女及孤儿尽快实现就业和提高就业质量，让发展成果更好地惠及困难群体。现就进一步做好深度贫困家庭子女以及孤儿就业帮扶工作提出以下操作办法：

一、范围对象

帮扶范围和对象为具有本区户籍的经民政部门认定的深度贫困家庭的子女以及孤儿。

二、总体思路

以信息化为服务手段，以源头上帮扶、促进就业为方向，坚持“政府推动、社会参与”的工作思路，努力实现深度贫困家庭“子女就业、家庭致富、社会和谐”的就业帮扶目标。依托社会救助信息系统，建立全区深度贫困家庭子女及孤儿就学就业情况数据库，掌握其基本情况，在其未能继续升学后，及早开展就业帮扶。同时，动员社会力量帮扶深度贫困家庭子女及孤儿就业，重点是发挥爱心企业作用，建立面向志愿吸纳深度贫困家庭子女及孤儿就业的爱心企业数据库。加强信息沟通，完善帮扶机制，通过帮扶深度贫困家庭子女及孤儿就业，促进深度贫困家庭及孤儿脱贫致富。

三、建立深度贫困家庭子女及孤儿就学就业数据库

要全面掌握深度贫困家庭及孤儿基本情况，特别是要摸清由就学向就业时期转移的帮扶对象情况，加强登记管理和跟踪服务，及早提供有针对性的就业帮扶，促进其充分就业。

（一）加强实名制登记。建立帮扶对象实名制管理信息库，在上门调查深度贫困家庭及孤儿基本情况的基础上，全面记录深度贫困家庭子女及孤儿就学情况，重点掌握帮扶对象的毕业时间、专业特长等情况，做到实名登记、信息入库。

（二）加强动态跟踪。根据已采集到的信息数据，依托各镇（街道）、村（社区）人社工作平台，实现对信息数据的动态维护，及时更新相关信息数据，确保信息数据的有效性和准确性。在常规性动态跟踪帮扶对象的基础上，在其毕业前一年具体掌握帮扶对象求职意向、择业方式、求职意愿，开展就业指导，为就业帮扶夯实基础；毕业当年开展多形式的就业帮扶、促进其就业；毕业后两年内继续开展动态跟踪和服务。

（三）加强分类帮扶。根据每一位帮扶对象的需求和特点，研究制定个性化帮扶方案，综合运用各项就业扶持政策，实施重点帮扶。对具有市场就业能力的就业困难人员，要主动提供相应的就业岗位信息，帮助其实现就业；对缺少就业技能的就业困难人员，要主动对接就业培训机构，为其提供免费的技能培训服务；对没有市场就业能力的就业困难人员，通过就业援助帮扶促进其就业。

四、建立爱心企业数据库

在扶贫帮困的社会力量中，挑选一批热心社会公益事业、具有一定产值规模、有条件为深度贫困家庭子女及孤儿提供就业岗位的企事业单位，建立爱心企业信息数据库。

（一）开展宣传发动。通过网络、报纸、电视、广播等媒介，全方位、多层次地宣传我区深度贫困家庭子女及孤儿就业帮扶的政策措施，宣传促进深度贫困家庭子女及孤儿就业的重要意义，增强全社会帮扶困难群体的认同感。树立爱心企业家就业帮扶典型，并对有特殊贡献的爱心企业家给予表彰，营造全社会关心支持深度贫困家庭子女及孤儿就业帮扶工作的良好氛围。

（二）建立维护企业数据库。区经信等部门要加强与企业特别是爱心企业的沟通联系，大力挖掘并储备有意向录用帮扶对象的企业用工信息，实施实时跟踪、动态管理。要建立爱心企业基本数据库，并不断充实和更新。

五、完善深度贫困家庭子女就业帮扶机制

（一）鼓励自主就业创业。贯彻“劳动者自主

就业，市场调节就业，政府促进就业”的方针，鼓励帮扶对象根据自身所学专业、岗位需求、求职愿望等实际，通过自身努力实现就业创业。进一步拓展高校毕业生就业领域，开发更多适合高校毕业生的就业岗位，增加帮扶对象自主择业的机会；支持帮扶对象参加就业见习和技能培训，增强自主择业的能力；进一步加强政策宣传，落实创业补贴、小额担保贷款、税费减免等，鼓励和引导帮扶对象自主创业。

（二）加强就业创业培训。依托就业培训定点机构、公共实训基地等培训资源，紧贴企业技能人才需求和帮扶对象就业意愿，深入落实免费职业技能培训制度，有针对性地组织开展职业技能培训和创业培训，通过强化培训内容与企业技能人员需求的对接，有效提升帮扶对象的就业创业能力，提高培训后的就业率和创业成功率。

（三）加大政策扶持力度。对帮扶对象中符合无锡市就业困难人员认定条件的，认定后可按规定享受相应的社会保险补贴和公益性岗位补贴。对不符合无锡市就业困难人员认定条件的帮扶对象，从事灵活就业的，可按其参加城镇职工社会保险缴纳的养老保险费和医疗保险费的50%给予社会保险补贴；从事个体经营的，可按其应缴纳的社会保险费的50%给予社会保险补贴；上述补贴最长不超过二年。符合全民创业政策条件的按规定给予相应的创业补贴。以上所需资金纳入区促进就业资金支出范围。

（四）加强就业帮扶。健全和完善面向所有深度贫困家庭子女就业的“一对一”帮扶、送岗上门等就业援助制度，形成就业帮扶的长效机制。加大公益性岗位开发，发挥就业援助员队伍作用，完善就业优惠政策，加大就业援助力度，帮助帮扶对象尽快实现就业、实现更高质量就业。

（五）开发公共管理类公益性岗位帮扶就业。要充分发挥公益性岗位在促进帮扶对象就业中的积极作用，将公益性岗位优先安排符合条件的帮扶对象就业。公益性岗位招用符合条件的帮扶对象就业的，可享受社会保险补贴和公益性岗位补贴。

（六）加强结对帮扶。每年上半年在一定范围内公布帮扶对象基本情况，发布爱心企业岗位需求和相关要求，并组织双向交流活动。对仍未实现就业的帮扶对象，由公共就业人才服务机构向爱心企业作“一对一”推介，促进帮扶对象实现更加充分就业。

六、加强组织领导

各级各部门要切实把深度贫困家庭子女及孤儿的就业工作作为扶贫帮困的首要任务来抓，强化责任意识，落实工作举措，全面开展就业创业帮扶工作。民政部门要摸清区内深度贫困家庭及孤儿基本情况，做好社会救助信息平台软件的开发，建立并维护好信息数据库；人社部门负责牵头做好深度贫困家庭子女及孤儿就业帮扶工作，并动态跟踪就业帮扶信息数据；经信部门要做好爱心企业动员工作，建好志愿吸纳帮扶对象就业的企业数据库；开发区、商务区、各镇（街道）要进一步加强组织领导，落实具体的帮扶措施；各有关部门要加强协调配合，形成工作合力，积极发挥职能作用，促进深度贫困家庭子女及孤儿就业创业帮扶工作全面展开并取得实效。

七、本办法由区人力资源和社会保障局负责解释。

锡山区人民政府办公室关于印发《2015年锡山区农业保险实施意见》的通知

锡府办〔2015〕36号

开发区、商务区、台创园管委会，各镇人民政府（街道办事处），区各办局，区各直属单位，驻区各条线单位：

经区政府同意，现将《2015年锡山区农业保险实施意见》印发给你们，请结合实际，认真贯彻执行。

无锡市锡山区人民政府办公室

2015年6月24日

2015年锡山区农业保险实施意见

为全面贯彻落实2015年中央和省委1号文件、《省政府关于加快发展现代保险服务业的实施意见》（苏政发〔2014〕124号）和《省政府办公厅关于做好2015年全省农业保险工作的通知》（苏政办发〔2015〕51号）精神，推动我区农业保险工作持续发展，特制定本意见。

一、明确目标任务

2015年，我区农业保险工作总的目标任务是：确保全区农业保险覆盖面达到64%以上。重点推进果树、蔬菜、茶叶、育肥猪保险等，进一步扩大覆盖面，同时，全面推广设施大棚保险、附加棚内作物和薄膜保险，提高农业保险保障水平。

二、完善联办共保模式

2015年，全区农业保险工作将继续按照“联办共保”模式开展，政府与承保公司的风险责任分摊比例保持5：5。2014年12月，经公开招标确定，2015年的锡山区农业保险工作由中国人民财产保险股份有限公司无锡市锡山支公司承担，并负责具体业务操作。

三、加强农业保险宣传

省农业保险工作领导小组办公室下发的《关于进一步优化部分高效农业保险条款费率的通知》（苏农险办发〔2014〕8号）和《关于江苏省农业保险中央财政保费补贴型险种条款拟定有关事项的通知》（苏农险办发〔2015〕3号）对我省主要种植业保险条款费率进行了进一步优化完善。各镇（街道）要抓住时机，采取各种途径，加大宣传力度，向广大农村干部和群众讲清有关农业保险政策文件精神，将条款完善、费率修订、理赔细则等具体内容宣传落实到位。

四、明确财政保费补贴政策

农业保险坚持政府扶持、市场运作原则，中央、省、市、区、镇（街道）各级财政给予保费补贴。

（一）对主要种植业参保品种，中央财政补贴35%，省级财政补贴25%，市级以奖代补5%，区级财政补贴15%，镇（街道）财政补贴10%，农户承担保费10%。

（二）对主要养殖业参保品种，禁养区外的养殖污染治理到位的能繁母猪、育肥猪等保险，各级财政保费补贴比例为80%。能繁母猪保险，中央财政补贴40%，省级财政补贴10%，市级以奖代补20%，区级财政补贴10%，农户承担保费20%。育肥猪保险，中央财政补贴40%，省级财政补贴10%，市级以奖代补5%，区级财政补贴25%，农户承担保费20%。

（三）对设施农业参保品种，根据《江苏省财政厅关于调整完善高效设施农业保险保费奖补政策的通知》（苏财金〔2014〕87号）精神，保费补贴进行适当调整。区、镇（街道）财政保费补贴比例为80%（含省市以奖代补资金），农户承担保费20%。

五、扩大农业保险覆盖面

（一）险种范围

1. 种植业主要险种：水稻、小麦、油菜。

2. 养殖业主要险种：能繁母猪、育肥猪等。

3. 设施农业参保险种：主要包括设施大棚及棚内作物、林木火灾、露地葡萄、桃、梨、茶叶、苗木种植等省定参保品种。

（二）保险金额及费率

2015年种植业参保险种保险金额、费率执行省农业保险工作领导小组办公室下发的《关于进一步优化部分高效农业保险条款费率的通知》（苏农险办发〔2014〕8号）和《关于江苏省农业保险中央财政保费补贴型险种条款拟定有关事项的通知》（苏农险办发〔2015〕3号）的规定。

1. 主要种植业险种：水稻、小麦、油菜的保险金额设置为400元/亩，费率为4%，保费为16元/亩。

2. 主要养殖业险种：能繁母猪保险金额为1000元/头，费率为7%，保费为70元/头；育肥猪保险金额为600元/头，费率为4%，保费为24元/头。

3. 设施农业险种

设施大棚：符合相关技术标准，投保时能够正常使用，规模面积在5亩以上。

保险费率：钢结构连栋大棚棚架保险费率为2.5%，钢结构单体大棚棚架保险费率为2.5%，竹木结构大棚棚架保险费率为5%，长寿薄膜（含进口薄膜）保险费率为12%，普通薄膜保险费率为18%。

投保农户可以根据各自实际，在以下设定的档次中选择具体的保险金额。

钢结构连栋大棚棚架每亩保险金额为12000元、

20000元、40000元三档，保险费对应为300元、500元、1000元。

钢结构单体大棚棚架每亩保险金额为3000元、5000元两档，保险费对应为75元、125元。

竹木结构大棚棚架每亩保险金额为500元、800元两档，保险费对应为25元、40元。

长寿膜（含进口膜）每亩保险金额为500元、700元两档，保险费对应为60元、84元。

普通薄膜每亩保额金额为300元、400元两档，保险费对应为54元、72元。

棚内附加蔬菜（瓜果）：每亩保险金额为3000元。费率为6%，保险费为180元。

林木火灾：保险金额为2000元/亩，费率为0.3%，保费为6元/亩。

露地葡萄、梨：保险金额为2000元/亩，费率为8%，保费为160元/亩。

桃：保险金额为2000元/亩，费率为9%，保费为180元/亩。

茶叶：保险金额为2000元/亩，费率为6%，保费为120元/亩。

苗木种植：符合相关标准，连片种植面积在50亩以上。每亩保险金额分为2000元、3000元、4000元三档，费率为3%，保费对应为60元、90元、120元。

（三）巩固发展水稻、小麦、油菜、能繁母猪4个主要种植、养殖业品种保险，努力做到“应保尽保”。

六、统一农业保险推进时间

全区于7月底完成水稻的投保工作，8月底完成能繁母猪的投保工作，10月底完成高效设施农业保险，特别是大棚棚架及附属险种，其余高效设施农业险种的参保工作可按其生长、养殖周期灵活处理，但需在12月底前完成，12月底完成小麦、油菜的投保工作。

七、加强农业保险队伍建设

各级农险办要加强农业保险政策宣传、组织协调和督促检查工作。农业保险承办公司要加快建立健全农业保险指导员队伍，完善镇（街道）、村农业保险工作网络，每个涉农镇（街道）都要有农业保险服务机构，每个涉农村都要明确一个农业保险业务指导员，做到全覆盖。同时，以区为单位建好专家队伍，协助做好有关技术咨询和服务工作。

八、提高农业保险运作规范程度

一是规范开展承保工作。做好农业保险“落实惠农政策公示、理赔结果公开”和“投保清单签字、理赔清单签字”的“五公开、三到户”工作。充分尊重农户意愿，不得以任何手段强制农户参加保险。二是规范理赔操作流程。为确保农业保险理赔工作的公开、公平、公正，各地要坚持按保险条款和出险事实、责任理赔，对农业保险出险明细及理赔金额等重要信息，必须以方便群众监督的方式张榜公布，同时，要加快赔款支付速度，提高理赔工作效率，养殖业保险从报案到赔付不得超过10个工作日，切实做到定损到户、理赔到户。其他险种定损后赔付不超过15个工作日。

九、加大农业保险考核力度。区农业保险推进委员会办公室将对各地农业保险目标任务完成情况进行专项考核，重点考核高效设施农业保险保费收入占农业保险保费总收入的比重。

附件：2015年高效设施农业保险目标任务分解表

2015年高效设施农业保险目标任务分解表

表67　　　　单位：万元

序号	镇（街道）、园区	应完成保费	备注
1	安镇街道	9	
2	羊尖镇	27	
3	鹅湖镇	40	
4	东北塘街道	11	
5	锡北镇	41	

续表67 单位：万元

序号	镇（街道）、园区	应完成保费	备注
6	东港镇	41	
7	云林街道	1	
8	厚桥街道	10	
9	台创园	32	
合　计		212	

锡山区人民政府办公室印发《关于加强全区老年体育工作的意见》的通知

锡府办〔2015〕63号

开发区、商务区、台创园管委会，各镇人民政府（街道办事处），区各办局，区各直属单位，驻区各条线单位：

《关于加强全区老年体育工作的意见》已经区政府研究同意，现印发给你们，请认真贯彻执行。

无锡市锡山区人民政府办公室

2015年11月9日

关于加强全区老年体育工作的意见

老年体育是老龄事业和体育事业的重要组成部分，是社会主义精神文明建设的重要内容，直接关系到家庭幸福和社会和谐。近年来，我区老年体育事业呈现蓬勃发展的良好态势，健身场地设施条件明显改善，健身活动广泛开展；但与时代发展要求、老龄化进程及老年群众快速增长的健身需求还不够适应。为主动适应全民健身上升为国家战略的时代要求和广大老年人日益增长的健身需求，深入贯彻国务院《全民健身条例》《全民健身计划》《关于加快发展体育产业促进体育消费的若干意见》和省市有关文件精神，推动我区老体事业持续、健康、协调发展，现就加强全区老年体育工作提出如下意见：

一、指导思想、工作原则和工作目标

（一）指导思想。坚持以邓小平理论、“三个代表”重要思想和科学发展观为指导，深入贯彻“党政主导、社会参与、全民关怀”的老龄工作方针和“促进城市、发展农村、重在基层、面向全体”的老体工作方针，紧紧围绕“建设富强美丽和谐幸福现代化新锡山”的主题，在老龄事业和全民健身的大格局中找准老体工作定位，积极进取，主动服务，把加强老体工作与实施民生幸福工程紧密结合，努力开创老年体育工作的新局面。

（二）工作原则。一要坚持大众化。面向全体老年人，努力动员和吸引更多的老年人参加到体育健身活动中来。根据老年群众的年龄层次、身体状况、兴趣爱好，推广多样化的健身项目，满足不同人群的健身需求。二要坚持科学化。大力倡导科学健身，通过参加健身活动增强体质，活跃身心，增添快乐，延年

益寿。三要坚持常态化。有条不紊，持之以恒地开展工作。

（三）工作目标。到2020年，基本实现老年体育服务和老年健身全覆盖，让全体老年人享受到科学健身的人文关怀和良好服务，积极投身到科学健身活动中来。老体服务覆盖面达100%，经常性参加健身活动的老年人达85%以上，团队人数占其中的30%以上。同时，初步构建起组织网络健全、骨干队伍壮大、场地设施完善、服务保障良好、健身氛围浓厚的老年人公共体育服务体系和健身环境，老年体育工作在全市全省保持领先地位。

二、重点工作

（一）实施老年体育服务和老年健身全覆盖工程。以村（社区）老年体协所设老体小组为实施单位，一次规划，分步实施。从2016年起，要求全区所有村（社区）每年至少有五分之一的老体小组按照区制定的全覆盖标准实施到位，并落实常态化管理制度。到2020年，全区各镇（街道）、村（社区）所有老体小组基本按规定实施到位。积极探索“三主一参与”（党政为主导、老人为主体、社区主阵地、社会共参与）的实施路子，形成适合区情、行之有效的工作机制。鼓励有条件的村（社区）适当提前实施，为面上推广积累和提供经验。

（二）抓好健身项目建设。以项目建设为中心，促进老体事业健康发展和健身活动蓬勃开展。一要大力拓展广场舞、健步走、按摩等参与者众多的基本项目。按照文化部、体育总局、民政部、住房和城乡建设部《关于引导广场舞活动健康开展的通知》的要求，培育推广一批具有文化内涵、审美品位和健身功能，便于群众接受的广场舞作品，实现城乡基层广场舞活动健康、文明、有序开展。健步走是适合最广大老年人群的健身项目，应积极创造条件，促使70%以上的老年人参与到这项活动中来。按摩是适合高龄体弱老人的健身项目，也要积极推广。二要继续提升健身气功、门球等优势项目。健身气功是我区一张靓丽的体育名片，要巩固发展习练人群，不断提升习练和展示水平，争创全国“健身气功之乡”。三要积极培育和推广创新项目，形成具有锡山特色的老年健身品牌。四要着力打造“一镇（街道）一品”特色品牌项目，鼓励创建特色项目之乡。

（三）活跃老年健身活动。一是晨晚锻炼常态化。按“五个有”（有站点牌子、有管理组织、有活动制度、有音响设备、有活动记录）的要求，着重抓好区文体局和区老年体协联合挂牌站点活动的常态化开展。二是团队活动经常化。各类老年健身团队和文体特色团队都要经常性组织开展活动。三是节庆活动系列化。结合老年人体育节、重阳节（老人节）等老年人的节日和庆典，就近、就便组织开展广大老年人喜闻乐见的系列活动。四是展示交流多样化。展示交流项目和形式丰富多彩，促使老年体育锻炼常练常新，不断增强人文魅力，以吸引更多的老年人参加健身活动。

（四）建设志愿者队伍。建设一支以社会体育指导员为骨干力量，具有“奉献、友爱、互助、进步”精神和为老体服务能力，数以千计的老年体育服务志愿者队伍，并充分发挥其在推进老体服务和老年健身全覆盖中的主力军作用。志愿者队伍建设做到“六个有”：有建设目标，有服务项目，有培训计划，有证书授牌，有台账记录，有表彰激励。

（五）加强科学、文明、安全健身的宣传和指导。区各有关部门和各镇（街道）要广泛宣传老年体育健身的积极意义和健身常识，使“生命在于运动，运动要讲科学”“每天锻炼一小时，健康快乐一辈子”“为健康投资，为健身消费”等理念家喻户晓，大力宣传科学健身和老体工作的好做法、好经验，树立一批优秀的老体工作者、志愿者和文体特色团队典型，营造健康、文明、规范、有序参与体育健身活动的良好氛围。指导和引导广大老年人确立正确的健身观念，掌握科学的健身方法，普及基本养生常识，在体质测定的基础上选择适合自己个性的健身项目和健身方法，有效增进身心健康。

三、保障措施

（一）加强领导，统筹有力。全区各级要把老年体育工作摆上重要位置，纳入国民经济和社会发展总体规划、基本公共服务规划、老龄事业发展规划和全民健身实施计划，纳入当地政府重要议事日程和公共文化服务协调机制的工作内容，在财政、税收、土地等方面给予政策支持，明确各部门职责分工，加强统筹协调，形成分工明确、统筹有力、部门联动、协力推进的工作格局。各地要有党政领导分管老年体育工作，及时帮助解决工作中的实际问题。文体部门要切实加强对老年体育工作的统筹规划和协调指导，督促落实老年体育事业发展的政策措施。各有关部门要强化服务意识，积极支持老年体育工作，共同推进老年体育事业发展。建立健全老年体育工作激励机制，对作出突出贡献的单位和个人予以表彰和奖励。

（二）完善网络、健全体系。老年体协作为一个人群的体育协会，在群众体育组织中具有枢纽型的作用，担负着组织全区老年人体育健身的重要责任。要根据全区城镇化建设的新形势和新需求，进一步完善区、镇（街道）、村（社区）、组四级老年体协组织网络，更好地实现对全区老年人群的全覆盖。各镇（街道）、村（社区）要继续加强老年体协组织建设，进一步充实工作力量，把有奉献精神、乐于为老年人服务并有一定工作能力的人充实到各级老年体协组织中来。全区各级老年体协要按照学习型、服务型、创新性社团的要求加强自身建设，充分发挥“组织、协调、导向、服务”的职能作用，真正成为各级政府联系老年群体的纽带和桥梁，积极为老年人提供骨干队伍培养、健身技能培训、科学健身指导、健身活动组织等服务，在“大群体”的格局中做出更大的贡献。

（三）抓好阵地，加快建设。加强统筹协调，将老年体育健身活动场地建设纳入镇（街道）、村（社区）两级文化体育设施建设规划。在拆迁安置过程中，要拆建并重，统筹规划建设好老年体育健身场地设施，适当增加场地面积，努力改善设施设备。在城乡社区、广场、公园、绿地等建设中，要因地制宜规划建设老年体育健身活动场地，保证每千人拥有200米左右的健身场地。要着重建设好健身站点、门球场和健身步道，为广大老年人及各年龄段群众开展广场舞、健步走等普及率很高的健身活动创造良好条件。

（四）保证经费，加大投入。要按照《中华人民共和国体育法》和《全民健身条例》的规定，将老年体育健身活动所需经费列入体育事业经费预算中，保证必要的投入，并随着国民经济的发展和财政收入的增长逐步增加。安排全民健身经费要向老年健身适当倾斜。各镇（街道）要把老年体育工作和老年体育健身活动经费纳入文体事业预算，保障相关活动经费，并逐年有所增加。鼓励社会力量捐助支持老年体育事业，捐赠人依法享受捐助公益事业免税政策。采取多种方式，积极鼓励和引导社会资本参与全区老年体育事业的建设和发展。　（区委办 区法制办 区档案局）

编辑：吴　霞

【锡山旅游集锦】

厚桥街道谢埭荡国际垂钓中心　　（区商务局 供稿）

谢埭荡国际垂钓中心

谢埭荡国际垂钓中心位于“江苏最美乡村”厚桥街道谢埭荡村核心地段，总面积超19万平方米，水域面积超12万平方米，是锡山区最大、配套设施最全的垂钓中心，形成游客接待服务中心、大众垂钓休闲区、渔家生活体验区、特种水产养殖区、生态水产游乐区、国际专业垂钓比赛区、水岸湿地公园、鱼（渔）文化博览馆八大旅游综合片区。谢埭荡国际垂钓中心被评为“江苏省三星级乡村旅游点”“无锡市四星级农家乐”。

索　引

Index

位于安镇街道的吼山浜闸站与吼山浜河道

（区水利局 供稿）

说明：（1）本索引采用主题分析法编制，也有部分选用关键词。（2）本索引设有条目索引、表格索引、随文图片索引三个分目。按标引词首字的汉语拼音音序排列，首字相同按第二字音序排列，依次类推。（3）标引词后的阿拉伯数字表示内容所在的页码，数字后面的a、b、c表示栏别，即a为左栏，b为中栏，c为右栏。在表格索引和随文图片索引中，索引主题词后只标注页码。

条目索引

E

F

G

H

J

K

L

M

N

P

Q

Y